Konrad von Würzburg

Partonopier und Meliur. Turnei von Nantheiz. Lieder und Sprüche

Konrad von Würzburg

Partonopier und Meliur. Turnei von Nantheiz. Lieder und Sprüche

ISBN/EAN: 9783744631198

Hergestellt in Europa, USA, Kanada, Australien, Japan

Cover: Foto ©ninafisch / pixelio.de

Weitere Bücher finden Sie auf **www.hansebooks.com**

KONRADS VON WÜRZBURG

PARTONOPIER UND MELIUR

TURNEI VON NANTHEIZ — SANT NICOLAUS — LIEDER UND SPRÜCHE.

AUS DEM NACHLASSE

VON

FRANZ PFEIFFER UND FRANZ ROTH

HERAUSGEGEBEN

VON

KARL BARTSCH.

WIEN, 1871.
WILHELM BRAUMÜLLER
K. K. HOF- UND UNIVERSITÄTSBUCHHÄNDLER

VORWORT.

Den Hauptinhalt dieses Buches bildet was ich aus dem Nachlasse zweier theurer, der Wissenschaft zu früh entrissenen Freunde herauszugeben übernommen habe. Konrads Partonopier war eine der letzten Arbeiten, die Franz Pfeiffer beschäftigten. Er hatte während des Salzburger Ferienaufhaltes im September 1866 die Riedegger Handschrift, nach welcher er schon mehrere Jahre vorher wiederholt aber erfolglos getrachtet, endlich erlangt und machte sich, in der Freude über den Fund, wohl eifriger als seiner Gesundheit dienlich war, sogleich an die Arbeit, so dass er bei seiner Abreise nach Wien, Anfangs October, schon ein gutes Stück in das Gedicht hineingekommen war. In den Weihnachtsferien wurde die Arbeit weiter geführt und im Februar 1867 vollendet. Pfeiffer hatte nicht eine Abschrift genommen, sondern die Sprache sogleich in die mittelhochdeutschen Formen des 13. Jahrhunderts umgeschrieben, dabei auch schon, wo sie sich ihm leicht ergaben, manichfache Verbesserungen sofort in den Text aufgenommen. Dass diesem ersten 'zu Faden schlagen', wie er es nannte, ein sorgfältiges Durcharbeiten nachgefolgt sein würde, versteht sich von selbst und die Proben kritischer Behandlung, welche er in einem vorläufigen Aufsatze in seiner Germania 12, 6—41 gab, beweisen, wie wenig definitiv die erste Gestaltung war. Er liess als Vorarbeit durch einen seiner Schüler ein vollständiges Reimlexicon zum trojanischen Kriege anfertigen, welchem vermuthlich die andern Werke sich anschliessen sollten; benutzen konnte er es nicht mehr.

So begreift sich, dass in diesem Falle an eine Veröffentlichung ohne Weiteres nicht gedacht werden durfte, sondern dass dem Herausgeber eine vollständige kritische Durcharbeitung oblag. Damit man jedoch dasjenige, was ich Pfeiffers unvollendet gebliebener Arbeit hinzugefügt habe, unterscheiden könne, habe ich durch ein B meine Besserungen und Ergänzungen bezeichnet.

Für das Turnei von Nantheiz lagen äusserst sorgfältige Vorarbeiten von Franz Roth vor. Bereits 1861, als er den Schwanritter Konrads veröffentlichte, stellte er die Ausgabe des Turneis in nahe Aussicht (S. 48). Jedermann weiss, welche liebevolle Pflege gerade Roth dem Dichter gewidmet hat: es ist daher sehr zu bedauern, dass ihm die Vollendung seiner auf Konrad bezüglichen Arbeiten nicht beschieden war. Der Beginn der Ausgabe datiert etwa aus dem Jahre 1847, das mir vorliegende Manuscript ist aus dieser Zeit, wo Roth durch 'die Mähre von der Minne' und 'Der Werlt lôn' im besten

Zuge war, und wo auch seine Gesundheit ein rüstigeres Schaffen ihm erlaubte. Dieses Manuscript, dem später manche Nachbesserungen beigefügt sind, bildet die Grundlage der vorliegenden Ausgabe; es ist mit der von Roth im August 1842 eigenhändig gefertigten Abschrift der Münchener einzigen Handschrift genau verglichen und danach nur wenig verändert worden.

Für die Lieder hatte Roth ebenfalls schon gar manches vorgearbeitet. Eine Collation derselben nach der Pariser Handschrift, die ich ihm besorgte, besass er seit dem Sommer 1853. Den Text kritisch zu gestalten hatte er schon 1847 begonnen, war aber über die beiden Leiche nicht hinausgekommen: der grösste Theil des Manuscripts ist von 1859. Im folgenden Jahre correspondierte er mit mir über mancherlei metrische die Lieder betreffende Fragen, Strophengliederung u. a. 1860 scheint das Manuscript nochmals revidiert worden zu sein. Ein geringer Anfang zu einem Commentar hat sich vorgefunden, ebenso war ein kleiner Theil der Lesarten ausgearbeitet. Auch bei den Liedern habe ich mich an Roths Recension fast durchgängig angeschlossen und wenig Gelegenheit zu Abweichungen gehabt.

Hinzugefügt habe ich, und insofern ist der Titel meines Buches nicht ganz genau, die Bruchstücke eines Lebens des h. Nicolaus, die ich für ein Werk Konrads halte. Es scheint von ziemlichem Umfange gewesen zu sein und sein Verlust ist, wenngleich der Stoff bekannt und eine andere poetische Bearbeitung, im alten Passional, erhalten ist, wegen der gewandten und dichterisch geschmückten Darstellung zu bedauern.

Einen vollständigen Commentar zu geben konnte nicht entfernt in meiner Absicht liegen; die Anmerkungen besprechen daher nur einzelne Stellen oder Punkte, die einer Rechtfertigung bedurften, auch solche, in denen ich von dem Gebrauche der bisherigen Herausgeber von Konrads Werken abgewichen bin. Nur beim Turnei habe ich Parallelen in grösserer Zahl hinzugefügt, um das Gedicht gegen den aufgetauchten Verdacht der Unechtheit zu schützen.

Rostock, im Juni 1870.

K. B.

EINLEITUNG.

I. PARTONOPIER UND MELIUR.

Schon im Jahre 1743 gab Bodmer in seiner 'Sammlung kritischer Schriften' 7, 36—46 die ersten Bruchstücke dieses Gedichtes heraus, denen Müller im dritten Theile seiner 'Sammlung deutscher Gedichte des XII.—XIV. Jahrhunderts' nach einem von Bodmer mitgetheilten Blatte weitere Fragmente folgen liess (Fragmente und kleinere Gedichte S. XII—XIV). In ihnen erkannte zuerst Jacob Grimm (Grammatik 1², 776) ein Werk Konrads, was Lachmann 'Zu den Nibelungen' S. 96 bestätigte. Unabhängig von seinen Vorgängern machte Wilhelm Wackernagel (Literaturgeschichte S. 213) dieselbe Entdeckung.

Jene Bruchstücke, von mir mit A bezeichnet, bestehen

1. aus einem Pergamentdoppelblatte, welches von einem Bücherdeckel in Jena abgelöst wurde. Es umfasst in seinem ersten Theile V. 8413—8558, doch fehlen durch Beschneiden die Verse 8445—8450, 8483—8488, 8521—8526, die volle Spalte hatte demnach 38 Zeilen, das Blatt 152 Zeilen. Von dem angebogenen Blatte hat sich nur die erste und vierte Spalte erhalten, aber durch Beschneiden am Rande fehlen von jener die letzten, von dieser die ersten Silben jedes Verses; beide Spalten bieten V. 9173—9203 und 9287—9317, jede ist also um sieben Zeilen verkürzt. Zwischen beiden Blättern fehlen demnach zwei Doppelblätter. Die Abdrücke bei Müller a. a. O. und bei Massmann (Partenopeus und Melior. Altfranzösisches Gedicht des 13. Jahrhunderts in mittelniederländischen und mittelhochdeutschen Bruchstücken. Berlin 1847) S. 24—30 geben die Bruchstücke in unrichtiger Folge, indem sie das verstümmelte Doppelblatt als éin dreispaltig geschriebenes Blatt betrachten (Massmann S. 129).

2. aus einem Pergamentdoppelblatte, zweispaltig, bei Bodmer a. a. O. und bei Massmann S. 45—53 abgedruckt, umfassend V. 13267—13413 und 14027—14172. Durch Beschneiden der untern Ränder fehlen die Verse 13300—13304, 13338—13342, 13376—13380. Zwischen beiden Blättern fehlen also zwei Doppelblätter derselben Lage.

Die einzige vollständige Handschrift des Gedichtes, so weit es überhaupt vom Dichter geführt wurde, befindet sich in der fürstlich Starhembergischen Bibliothek zu Riedegg. Der Chorherr Jodok Stülz in St. Florian entdeckte sie daselbst 1829, und 1838 gab Chmel in seinem 'Oesterreichischen Geschichtsforscher' I, 154 daraus Anfang und Ende. Doch entgieng diese Mittheilung den Fachgelehrten.

Es ist eine Papierhandschrift in gross Folio, bezeichnet I, 204; sie zählt 197 Blätter, von denen jedoch 1—4, 52, 53, 186—197 unbeschrieben sind. Sie enthält:

Bl. 5ª—51ª die schöne Melusina in der Bearbeitung Thürings von Ringoltingen (1456). Anfang und Ende hat Pfeiffer in seiner Abhandlung 'über Konrad von Würzburg' Germania 12, 4 fg. mitgetheilt. Die Schlussschrift lautet:

Et sic est finis huius historie scripte per m. h. w. Anno domini etc. septuagesimo primo In oppido Hallisuallliseni.

Bl. 55ª—185ª Partonopier und Meliur, in Spalten von 38—50 Zeilen geschrieben. Die Ueberschrift auf 54ᵇ (roth) heisst:

Hie hebt sich an ain hübsche Abentewr von dem Edelen Graffen vnd Ritter vnd Jungeling Graffen Partonopier vnd hat sich ergangen als man zalt nach Christi vnsers lieben herren gepurde Tausent zway hundert und darnach In dem Siben-vndsibenczig Jaren etc.

Am Schlusse (185ª) steht: *Finito isto laus detur Jhesu Christo. Scriptum per me. H. Wincklär Arc. Wacc.* (d. h. *artium baccalaureum*) *In hallisuallliseni Anno domini etc. Septuagesimo primo* 2ª *feria post festum Assumpcionis gloriose virginis Marie. Amen.*

Der Schreiber, H. Winckler, schrieb also zu Hall im Innthal (*Hallis uallis eni*= *Oeni*), und auf diese Herkunft weist auch der Dialekt der Handschrift, welche im 15. Jahrhundert an das Frauenkloster Frauenthal (Maria-Thal) bei Voldep im Brandenbergerthal geschenkt wurde, laut der auf Bl. 5ᵇ und 185ª sich findenden Notiz: *Das půch hat Kristoff Ruether geben in vnser frawentall zu Voldepp vnd man vindet darinn geschriben von ainer merfrawen genant Melusina. vnd darnach von ainem Grafen genant Partonopier* (Germania 12, 3).

Die in der Ueberschrift des Gedichtes genannte Jahreszahl 1277, zu welcher Zeit die Geschichte sich zugetragen habe, hat Pfeiffer S. 21 mit Recht dahin gedeutet 'dass der Schreiber eine datierte Handschrift vor sich hatte, worin am Schlusse gesagt war, dass das Gedicht von Partonopier im Jahre 1277 sei vollendet worden.' Dieses Jahr stimmt zu Konrads Lebensverhältnissen aufs trefflichste. Er hat sein Werk auf Veranlassung des Baseler Patriciers Peters des Schalers (V. 183), aus dem edlen Geschlechte der Schaler (*Scalarii*), gedichtet, dem auch geschichtliche Quellen gleiches Lob wie Konrad ertheilen. Das Chronicon des s. g. Albertus Argentinensis, richtiger des Matthias Neoburgensis, nennt ihn *miles valentissimus* und meint *de huius Scalarii commendatione integra historia esset opus* (Pfeiffer S. 18). Er kommt in Baseler Urkunden von 1236 bis 1292 vor und starb wahrscheinlich 1296. Bereits 1241 war er *advocatus*, Reichsvogt, und 1271—1292 *scultetus*, Schultheiss (Pfeiffer S. 19).

Einen zweiten Gönner nennt uns ebenfalls der Eingang des Gedichts: Heinrich Marschant (V. 202), der, im Besitze zweier Sprachen (210), dem des Französischen unkundigen Dichter (212) als Dolmetsch diente. Derselbe ist urkundlich von 1273—1296 nachgewiesen (Pfeiffer S. 20) und gehörte, wie aus dem Prädicat 'Herr' hervorgeht, ebenfalls einem edlen Geschlechte an.

Der dritte Förderer seiner Arbeit war Arnold der Fuchs (V. 215), der mit lebhafter Theilnahme an Konrads dichterischer Thätigkeit, ihn zu dem Werke ermunterte und antrieb: als *Arnold Vulpes* 1253 urkundlich nachgewiesen (Pfeiffer S. 20).

Die französische Dichtung von Denis Piramus, aus dem Anfang des 13. Jahrhunderts, hat zum grössten Theile G. A. Crapelet in seinem 'Partonopeus de Blois publié pour la première fois d'après le Ms. de la Bibliothèque de l'Arsenal' in zwei Theilen (Paris 1834) herausgegeben. Die Handschrift bricht unvollständig ab und hat auch sonst mehrfach Lücken, welche durch die andern Hss. ergänzt werden. Das Gedicht findet sich ausserdem in den Pariser Hss. franç. 368, anc. 6985, pergam. 14. Jahrh.; S. Germain 1239 perg. 13. Jahrh.; und franç. 792 anc. 7190. 5. 5. A, worin auf zwei Vorsatzblättern des 13. Jahrhunderts ein kleines Stück steht.

Dem französischen Originale schliesst sich aufs ängstlichste das niederländische nur in Bruchstücken erhaltene Gedicht (bei Massmann S. 1—23. 30—41. 53—120) an, während Konrad seiner Quelle freier und vollständiger gegenübersteht. Zwar hält auch er sich treu an den Gang der Erzählung, aber es liegt in der Natur der Sache, dass ein Dichter, dem ein Dolmetsch das fremdländische Original vermitteln muss, in den Einzelheiten mit grösserer Freiheit verfährt. Konrads Neigung zur Breite und seine ganze wortreiche Art hat seinem Werke eine ungleich grössere Ausdehnung gegeben als das Original besitzt; während die von Crapelet herausgegebene Handschrift 10856 Verse zählt, wozu als Ergänzung beiläufig noch etwa 2000 Verse kommen, hat Konrads Dichtung einen Umfang von 21784 Reimzeilen. Und dabei hat er noch manches ausgelassen, mit dem grössten Rechte jedenfalls die im Eingange des französischen Gedichtes sich findende Genealogie, welche die Herkunft der Franken von Troja erzählt. Und so kürzt er nach V. 17398, wo das französische Gedicht einen Zweikampf zwischen Partonopier und dem Sultan erfolgen lässt, worin der letztere das Leben verliert, während er doch in der Fortsetzung wieder lebend auftritt; auch die Partonopier geleistete Huldigung und die Vermählung von Urraque mit dem Könige von Frankreich, sowie von Persewis mit Gaudin ist ausgelassen, worüber man sich eher wundern dürfte, wenn wir nicht wüssten, dass jener Zweikampf und die dreifache Vermählung sich nur in der Arsenalhandschrift finden, während die beiden andern Hss. mit Konrad übereinstimmen. Im Ganzen hat der Stoff unter seinen Händen gewonnen; die trockene Darstellung des Originals weiss er durch lebensvolle Schilderungen, durch psychologische Darlegung der Seelenzustände der handelnden Personen zu heben und zu vertiefen.

Wenn sein Werk unvollendet erscheint, so liegt der Grund darin, dass der Dichter in seiner Quelle nicht mehr vorfand; denn in der That entbehren auch die französischen Handschriften, die sich erhalten haben, des wirklichen Schlusses; keine führt es so weit als das niederländische Gedicht, welches allein also den wirklichen Abschluss der Erzählung bildet und denselben nicht erfunden, sondern wie das übrige treu dem Französischen nachgeahmt hat. Denn dass dies der Fall, geht aus der stofflichen Uebereinstimmung

stimmung mit Konrad von V. 20480 an hervor, wo die französischen Texte abbrechen. Der letzte Theil ist auffallender Weise in anderem Versmasse geschrieben, nicht in rimes plates, sondern in Alexandrinertiraden. Dies könnte vermuthen lassen, Denis Piramus habe sein Werk nicht zu Ende geführt und ein Fortsetzer desselben sich angenommen. Allein die Aenderung des Versmasses rührt wirklich vom Dichter selbst her, den eine Laune seiner Dame dazu bestimmte, vgl. P. Paris, les manuscrits françois 3, 85:

je qui ceste geste vos chant
voil que la fin voist amendant.
tresqu'or ai si trete la lime
que chascuns coples a sa rime:
or la vous traisrons par lons vers,
si vous deviserons par mers.
l'uevre en est costouse et plus fort,
mais en ce est ma vie et ma mort
que je face tot le voloir
de qui je ai petit d'espoir.

Diese Veränderung der Form hat auch eine Abweichung des Stiles in dem Schlusse zur Folge gehabt: er bewegt sich in den Formeln und Ausdrücken der epischen Poesie, der Chansons de geste, und trägt somit ein viel mehr episches Gepräge. Konrad hat auch diese Schlussparthie verarbeitet, bei ihm fühlt man aber kaum eine Abweichung des Stiles vom vorhergehenden heraus.

Wenige Jahre nach Vollendung des Partonopier scheint Konrad die mangelnde Kenntniss der französischen Sprache sich erworben zu haben; denn die Art und Weise, wie er in dem 1281 begonnenen Trojanerkriege, über welchem er 1287 starb, Benoits Roman de Troie benutzte, zeigt ein viel genaueres Anschliessen im Ausdrucke und in den Einzelheiten und lehnt somit die vermittelnde Hilfe eines Dolmetschers ab.

Wie sich von einem Schreiber des 15. Jahrhunderts erwarten lässt, ist die Ueberlieferung in der Riedegger Handschrift nichts weniger als vorzüglich. Der Schreiber hat weniger mit Absicht als aus Nachlässigkeit und Unverstand seine treffliche Vorlage an zahllosen Stellen corrumpiert, wahrscheinlich sie nicht einmal überall lesen können. Pfeiffers Vermuthung, dass ihm das Autograph des Dichters vorgelegen und dasselbe in einer der Cursiv sich nähernden flüchtigen Schrift geschrieben war (S. 22), und dass daraus die vielen Lesefehler sich erklären, hat sehr viel Ansprechendes.

Am störendsten sind die zahlreichen Auslassungen einzelner, mitunter auch mehrerer Verse, und zwar sind sie doppelter Art: entweder, und dies ist der häufigste Fall, übersprang der flüchtige Blick des Schreibers die ganze Zeile oder er gerieth von der einen Zeile in die andere, so dass er dann von der einen den vorderen, von der zweiten den hinteren Theil bietet, manchmal von der ersten alles bis auf das Schlusswort, von der zweiten dann eben nur den Reim. Indess gestattet die glatt dahinfliessende Manier des Dichters, die wir aus so zahlreichen Werken kennen, fast überall eine wenn auch nicht immer genau dem Wortlaut, so doch dem Sinne entsprechende Ergänzung. Manche dieser Ergänzungen hat bereits Pfeiffer hinzugefügt; die meisten rühren von mir her. Nur an einigen Stellen war es unmöglich die Lücken auszufüllen, am meisten nach V. 13682, wo die Hs. für vier, im Original also vielleicht unleserliche Zeilen Raum lässt, aber wenigstens fünf fehlen müssen, wie die Reimverbindung lehrt.

II. TURNEI VON NANTHEIZ.

Das Gedicht ist uns nur in einer einzigen Handschrift vom Anfang des 14. Jahrhunderts, der sogenannten Würzburger, jetzt in München befindlichen Sammelhandschrift, welche Michael de Leone veranstaltete, erhalten und steht darin auf Bl. 59ª—68ª. Es wurde zuerst durch Docen in Massmanns Denkmälern (München 1828, S. 139—148) gedruckt und ist seitdem nicht wieder herausgegeben worden.

Pfeiffer (Germania 12, 26) hält es für Konrads früheste Arbeit, 'wenn anders das geistlose, eines so verständigen und sinnreichen Kopfes, wie Konrad doch war, unwürdige Gedicht wirklich von ihm herrührt und nicht vielmehr, wie es sehr den Anschein hat, das Werk eines Nachahmers ist, der ihm seine Manier abgeguckt und sie nicht ohne Geschick in Anwendung gebracht hat.' Als Grund des Verdachtes wird hauptsächlich die Wiederholung der Verse 398—420 aus dem Schwanritter 906—928 angeführt. Aber solche Wiederholungen, wenn auch nicht in gleichem Umfange, hat sich Konrad auch sonst gestattet: drei auf einander folgende Zeilen kehren wörtlich nicht nur im Schwanritter (975—977) und im Turnei (215—217), sondern auch im Trojanerkriege (34539—41) wieder. Eine Menge anderer übereinstimmender Stellen habe ich in den Anmerkungen zum Turnei gegeben: sie beweisen das Zusammentreffen mit den verschiedensten Werken des Dichters und würden bei einem Nachahmer ein unerhörtes Studium der Werke Konrads und ein fabelhaftes Gedächtniss voraussetzen. Es wird sich schwerlich genau die Grenze feststellen lassen, wo ein Dichter, wenn er einmal sich selbst wiederholt und ausschreibt, stehen bleiben muss. Die Situation im Schwanritter bietet mit der des Turnei viele Aehnlichkeiten und konnte allerdings zur Wiederholung derselben Verse veranlassen. Freilich nur einen Dichter, der einmal noch jung und wenig gewandt war, und sodann einen Geist, der sich in gewissen Gleisen des Gedankens immer weiter bewegt, und ein solcher Geist ist Konrad ohne Frage. Wie in der ganzen mittelalterlichen, deutschen wie romanischen Poesie etwas typisches liegt, und daher schon ganz verschiedene Dichter bei ähnlicher Schilderung ähnliche Ausdrücke und Wendungen brauchen, so zeigt dies typische Konrad in besonderem Masse. Und das gerade ermöglicht, abgesehen von seinen sprachlichen und metrischen Eigenheiten, auch bei den namenlos überlieferten Werken in Konrad den Verfasser zu erkennen. Ein Nachahmer, der so geschickt nicht nur die Ausdrucksweise des Dichters ihm 'abgeguckt', sondern der auch bis ins Kleinste genau in Konrads metrischen und sprachlichen, doch sicherlich sehr individuellen Eigenschaften sich bewegt, kann eben kein anderer als der Dichter selbst sein.

Ein dichtender Anfänger allerdings war Konrad, als er das Turnei schrieb, und dass es in seine Würzburger Zeit fällt, darauf führt die Aufbewahrung des Gedichtes in der einzigen Würzburger Handschrift, die nicht allzu lange nach Konrads Tode zusammengeschrieben wurde. Auch der Schwanritter wird, eben weil er mit dem Turnei so vielfach zusammentrifft, in diese Zeit fallen, also auch er eine Jugendarbeit aus der Würzburger Periode, nach Roths Ansicht sogar früher als das Turnei entstanden.

Die Erfindung des Erzählten ist wohl Konrads Eigenthum; sein Turnei ist der älteste Beleg der später sehr um sich greifenden Herolds- und Wappendichtung. Schwerlich hat er den Stoff aus einer schriftlichen Quelle entnommen: historische Beziehungen sind so gut wie gar nicht darin; doch darf man wohl annehmen, dass bei dem König Richart von England an keinen andern als an Richart Löwenherz (Wackernagel. Literaturgeschichte S. 213) gedacht ist, dessen Fürsten- und Rittertugenden, wenn sie auch nicht überall der Wirklichkeit entsprachen, auch von den provenzalischen Dichtern ins glänzendste Licht gestellt werden. Statt vieler Stellen will ich ein paar Strophen aus dem schönen Klageliede hier folgen lassen, welches Gauselm Faidit ihm nach seinem Tode (1189) widmete: Mahn, Werke der Troubadours 2, 93:

Mortz es lo reis, e son passat mil an,
qu'anc tan pros hom no fo, ni nol vi res,
ni ja non fo mais hom del seu semblan,
tan larcs, tan pros, tant arditz, tals donaire;
qu' Alixandres lo reis que venquet Daire,
no cre que tan dones ni tan mezes,
ni anc Charles ni Artus tan valgues;
qu'a tot lo mon se fitz, quin vol ver dir,
als us doptar et als autres grazir.

Ai seigner reis valens, e que faran
oimais armas ni gran tornei espes,
ni ricas cortz ni bel donar ni gran,
pos vos noi etz qu'en eratz capdelaire?
ni que faran li liurat a maltraire,
cill que s'eran en vostre servir mes,
qu'atendion quel gazardos vengues?
ni que faran cill ques degran aucir
qu'aviatz faitz en gran ricor venir?

Hier ist auch der grossen Turniere gedacht, welche durch seinen Tod gewissermassen verwaist seien. Seine Leutseligkeit und rücksichtslose Freigebigkeit rühmen auch historische Quellen: Pauli, Geschichte von England 3, 290.

Die Ueberlieferung in der Würzburger Handschrift, wenngleich sie dem Zeitalter des Dichters nicht ferne steht, ist keineswegs frei von Entstellung und Ueberarbeitung, wie überhaupt die meisten in ihr enthaltenen Dichtungen eine solche erfahren haben. Abgesehen von Einzelheiten ist der Schluss, von 1157 an, entschieden unecht. Die Worte *nu sprechent alle heid hei* sind zwar am Schlusse eines Tanzliedes am Platze, und da kommt dies *heid hei* oft genug vor (MSH. 1, 142^a. 147^b. 2, 85^b. 87^a. 89^a): hier aber sind sie geradezu läppisch. Aus diesem Grunde darf man auch nicht daran denken, die Entstellung erst mit V. 1160 beginnen zu lassen, und anzunehmen, es habe auf 1159 etwa gereimt *von Wirzeburc ich Kuonrât*, wie Roth wollte, der dabei auf Lachmanns Bemerkung zum Pantaleon 2154 (Zeitschrift 6, 580) verweist. Allerdings wäre der Fall verwandt; der Pantaleon schliesst

der diz werc gefrumet hât.
und wizzent daz helf unde rât
der reine marterære tuot
in allen, die getriuwen muot
ze herzen tragent wider in:
er stœret leides ungewin,

wo Lachmann liest *der diz werc gefrumet hat: der ist geheizen Kuonrât* und den Schluss für gefälscht erklärt, eine Behauptung, die durch nichts erwiesen scheint. Denn *ungewin* ist grade ein Lieblingsausdruck des Dichters; vgl. *ûf mînes lobes ungewin* Troj. 3469. *der marter ungewin* 24570. Die beiden Schlusszeilen des Zusatzes sind aus Freidank 54, 6. 7.

Dagegen ein wirklich verwandter Fall begegnet im Schlusse des Märes von der Minne. Statt der Verse 533—542 der Roth'schen Ausgabe, welche der Strassburger, Heidelberger und Koloczaer Hs. entnommen sind, hat die Lassbergische einen ganz andern, Hagen (Gesammtabenteuer 1, 243) V. 535—592, dessen grösserer Theil entschieden unecht ist, wie schon die Reime *gar: wâr, was: baz* ausweisen, der aber allein den Namen des Dichters enthält, und zwar in Versen, welche ebenso entschieden den Eindruck der Echtheit machen. Andrerseits kann der Schluss in den drei andern Hss. auch nicht der echte sein, denn die Zeile *daz er der spîse ie gewuoc* 535 ist gegen Konrads Brauch, und der ganze Gedanke dieses Schlusses ziemlich einfältig. Den ursprünglichen Schluss hat, bis auf eine verlorene Zeile, die Lassbergische Hs. erhalten, dazwischen aber eine Reihe von Versen (535—581) eingeschoben. Es ist von V. 530 Roth an zu lesen

Hagen 532 *Got welle, swaz ich dinges nime,*
533 *daz ich wider geben daz*
534 *müeze senfter unde baz*
dan den gelieben sî geschehen.
582 *niht anders kan ich iu verjehen,*
von Wirzeburc ich Kuonrât.
swer alsô reine sinne hât,
585 *daz er daz beste gerne tuot,*
der sol diz mære in sînen muot
dar umbe setzen gerne,
daz er dâ bî gelerne
die minne lûterlichen tragen:
590 *kein herze ensol an ir verzagen.*

Die Zeile 533 (nach meiner Zählung) ist verloren gegangen, dafür hat L. im Zusammenhange mit der Interpolation *daz man ez gerne möchte sechen*, und fügt am Schlusse (nach 542) noch zwei Zeilen hinzu *da mit hat diss red ain end das got die falschen hertzen schend*, eine sehr gewöhnliche Art wie die Schreiber einen Schluss anfügen, die sich auch in dem Schlusse der drei andern Hss. ähnlich wiederholt, ohne dass man aus der Uebereinstimmung auf Echtheit schliessen dürfte.

III. SANT NICOLAUS.

Die Bruchstücke dieser namenlos überlieferten, aber sicherlich von keinem andern als Konrad verfassten Legende sind an verschiedenen Stellen gedruckt.

1. In seinem Anzeiger für Kunde des deutschen Mittelalters 6, 418—420 veröffentlichte Mone unter dem Titel 'Bruchstücke aus einem Heiligenleben' 128 Reimzeilen, den Inhalt zweier Pergamentblätter des 14. Jahrhunderts, die auf die innern Deckelseiten eines lateinischen Breviers zu S. Peter, jetzt in Karlsruhe, geklebt waren. 'Das Bruchstück ist in gespaltenen Columnen und scheint in Octav gewesen.' Erstere Angabe ist nicht richtig: denn was Columnen scheint, sind ganze Seiten, es sind also zwei Doppelblätter, welche verschiedenen Lagen angehören. Daraus ergibt sich auch, dass die Reihenfolge des Abdruckes bei Mone eine unrichtige ist und seine Verse 63—78, 79—94, 95—111, 112—128 vielmehr so folgen müssen: 95—111, 112—128, 62—78, 79—94. Auch ist der Inhalt des ersten Doppelblattes (Mone 1—62) dem des zweiten unrichtig vorausgestellt: sie bilden bei mir I und III.

2. Zwei Pergamentdoppelblätter in Duodez aus dem 14. Jahrhundert, aus Melk stammend, veröffentlichte Diemer in Pfeiffers Germania 2, 96—98. Beides sind innere Doppelblätter einer Lage, und gehören dem Schlusse des Gedichtes an: bei mir VI und VII.

3. Vier Pergamentdoppelblätter in gleichem Format und von gleichem Alter, auf die innern Einbanddeckel der Handschriften Cent. VI. 43m und VII. 74 der Stadtbibliothek in Nürnberg geklebt, habe ich in Pfeiffers Germania 4, 241—244 abdrucken lassen. Das erste derselben (bei mir II) V. 1—72 schiebt sich zwischen das erste und zweite Karlsruher Blatt, und bildete wohl die inneren Blätter der zunächst folgenden Lage; das zweite V. 73—144 (bei mir IV) machte ebenfalls die innern Blätter einer Lage aus, die aber einem viel späteren Theile des Gedichtes angehört; das dritte und vierte (bei mir V, V. 145—290) hängen zusammen und waren die vier innern Blätter der nächstfolgenden Lage.

Sämmtliche Bruchstücke gehören zu ein- und derselben Handschrift, die, von kleinstem Format, auf jeder ihrer Seiten nur 16 Zeilen zählt. Die Erzählung war von ziemlicher Ausdehnung, weit breiter angelegt als die Darstellung im alten Passional S. 6—25. Die Neigung Konrads, die Seelenzustände zu schildern, die Situation auszumalen, verleugnet sich hier ebensowenig wie in einem seiner andern Werke.

Alle Eigenthümlichkeiten seiner Metrik finden wir hier genau beobachtet: auch im Ausdrucke die manichfachste Uebereinstimmung mit den übrigen Dichtungen. Zu bemerken ist jedoch, dass der Gebrauch von *rote* und *sân* für *rotte* und *sâ* von dem sonstigen Konrads abweicht (Anm. zu 209. 359): allein jenes kann sich aus der nicht unmöglichen Benutzung des Passionals erklären, dieses aber ist der fränkischen Heimat des Dichters nicht fremd, wenn er auch später dafür das alemannische *sâ* anwendete. Auch können Doppelformen bei Konrad so wenig als bei andern Dichtern ganz in Abrede gestellt werden; er sagt *wunne* und *wünne* neben einander, warum also nicht auch *sâ* und *sân, rotte* und *rote?*

Ein Jugendwerk des Dichters wird dieser heilige Nicolaus sein, in welchem er einer später gemiedenen Form seiner heimischen Mundart sich bedient. Darauf weist auch das nicht in voller Strenge durchgeführte Brechen der Reime, und die Abschnitte sind kürzer als sonst seine Art ist. Ueberhaupt ist der Fluss der Rede noch nicht ganz so breit, aber solche Unterschiede kann die weitere Entwickelung eines Dichters wohl erklärlich machen.

Als Quelle benutzte der Dichter ein lateinisches Werk, wie er selbst angibt (V. 527). In demselben waren Darstellungen vom Leben des Heiligen in verschiedenen Sprachen, den wälschen und der griechischen, erwähnt, der deutschen Sprache aber nicht gedacht, was den Dichter verdrossen und zu einer deutschen Bearbeitung veranlasst zu haben scheint. In der That kennen wir griechische, lateinische und französische Bearbeitungen der Legende; wenn der Dichter hinzufügt *von maniger hande heiden*, so ist das wohl nicht mehr als eine dichterische Redensart. Die Erwähnung der Deutschen veranlasst ihn, deren Lob und Frömmigkeit zu verkünden, eine Stelle, die an das den Deutschen bezüglich ihrer Tapferkeit im Trojan. 23998 ff. gespendete Lob erinnert:

man sol der tiutschen zungen
ungerne alhie vergezzen,
wan si den prîs besezzen
und den gewin ervohten hât.
daz ir lop vil hôhe stât
und ob den liuten allen vert,
die sich an strîte hân erwert.

Wegen der bruchstückartigen Ueberlieferung wird es zweckmässig sein, dem Faden der Erzählung so viel wie nöthig zu folgen.

Das erste Bruchstück gehört dem Anfang der Legende an: es ist von der Jugendbildung des Heiligen die Rede, der alles Gelernte in seines Herzens Schrein verschliesst und bewahrt. Frühe starben seine Aeltern und er fasst den Gedanken, den von ihnen hinterlassenen Schatz an Arme zu spenden. In dem Selbstgespräche, welches er führt, bricht das Fragment ab.

Das zweite gehört in die erste von S. Nicolaus erzählte Geschichte. Ein Nachbar will aus Noth seine drei Töchter der Prostitution preisgeben: Nicolaus aber bindet einen Theil seines Goldes in ein Tuch und wirft es in der Dunkelheit durch das Fenster des nachbarlichen Hauses, wo es am Morgen der arme Mann findet. Den Preis des verborgenen Wohlthäters und das Dankgebet des froh erstaunten Armen enthält das zweite Fragment.

Das dritte berichtet den Tod des Bischofs von Myrea, die darauf folgende Versammlung der Geistlichen, die einen besonders geehrten Bischof aus ihrer Mitte beauftragen, eine geeignete Persönlichkeit vorzuschlagen. Derselbe fordert die Versammlung auf, zu Gott zu beten. Damit bricht III ab, die Legende erzählt weiter, dass Nachts dem Bischof ein Gesicht erschien, welches ihn aufforderte, denjenigen, den er am andern Morgen zuerst an der Kirchthür finde, zum Bischof zu machen. Es ist dies Nicolaus. Diese Erzählung folgt unmittelbar auf die vorige.

IV und V hängen mit einander zusammen und behandeln ein und dieselbe Erzählung. Drei Fürsten, deren Namen in den Bruchstücken nicht vorkommen (die lateinische Legende nennt sie Nepotianus, Ursus und Herpilio), die beim Kaiser (Constantin) von Rom in hohem Ansehen stehen, werden bei diesem verleumdet, als wenn sie nach seinem Verderben und Sturze trachteten, und deshalb ins Gefängniss geworfen. Ihre Neider bestechen den Eparchen Ablavius, der dem Kaiser den Rath gibt, sie ohne Säumen enthaupten zu lassen. Die unschuldig Gefangenen beten am Tage vor ihrer Hinrichtung zum heiligen Nicolaus, mit dem sie früher auf einer im Auftrage des Kaisers gemachten Reise in freundliche Berührung gekommen sind; der Heilige, durch ihre Bitten bewegt, erscheint Nachts dem Kaiser und dem Eparchen, und bedroht beide, wenn sie die Gefangenen nicht freigeben. Der Schluss der Erzählung fehlt, ebenso der Tod des Heiligen und das erste Wunderzeichen nach seinem Tode.

Das sechste Bruchstück hebt in der zweiten Wundergeschichte an. Ein reicher Jude lässt sich, da er von den Thaten des Heiligen gehört, dessen Bildsäule machen und empfiehlt ihr die Bewachung seiner Schätze mit der Drohung, sie zu schlagen, wenn ihm etwas gestohlen werde. Einst als er seinen Geschäften nachgieng, kamen Diebe, stahlen seinen Schatz und liessen nur die Bildsäule zurück. Der Jude, nach Hause gekommen, schlägt sie zur Strafe mit Geiseln. Der Heilige aber begibt sich, aussehend als wenn er selbst geschlagen worden, zu den Dieben, die grade mit dem Theilen des Raubes beschäftigt sind und droht ihnen mit göttlicher und menschlicher Strafe, wenn sie nicht alles dem Juden, der um ihretwillen ihn so geschlagen habe, zurücktragen. Erschreckt folgen sie dem Befehle, und erzählen dem Juden alles, der durch das Wunder bekehrt sich taufen lässt.

Das letzte Bruchstück gehört der Schlussrede des ganzen Gedichtes an; zwischen ihm und dem sechsten liegt also eine grosse Zahl von Blättern. Das Gedicht mag, nach der Anlage des uns erhaltenen zu schliessen, einen Umfang etwa wie der heilige Silvester, d. h. zwischen 5—6000 Versen, gehabt haben.

IV. LIEDER UND SPRÜCHE.

Konrads lyrische und Spruchgedichte sind uns in folgenden Handschriften überliefert:

C, die Pariser Liederhandschrift, die sogenannte Manessische, enthält auf der Vorderseite von Bl. 383 des Dichters Bild, und von Bl. 383 rückwärts bis 391 vorwärts, unter der am Rande von später Hand herrührenden Aufschrift *vō wúrzburg* die beiden Leiche und nach Schobingers oder Goldasts Bezifferung 114 Strophen: bei dieser Zählung ist eine Strophe übersehen, die gar keine Bezeichnung trägt und die v. d. Hagen 55ᵃ nennt, wofür er die in der Hs. mit 55 bezeichnete Strophe durch 55ᵇ unterscheidet. Die Zahl 68 wurde anfänglich übersprungen, dann zu 69 hinzugefügt, so dass die eine Strophe zwei Zahlen (68. 69) trägt. Da sich eine Strophe von Friedrich von Sunburg als 91ste unter Konrads Lieder verlaufen hat, so blieben für diesen in C 113 Strophen, d. h. alles was wir von lyrischen Sachen Konrads besitzen, mit Ausnahme zweier Strophen.

J, die Jenaer Liederhandschrift, gross Folio, 136 Pergamentblätter, enthält auf Bl. 101ᵇ—102ᵈ zehn Strophen mit der Sangesweise von Nr. 32 (32, 1. 16. 46. 61. 76. 196 bis 199. 256. 271. 346. 361ᵛ, von der letzten nur vier Zeilen, dann endet das Blatt, das folgende ist ausgeschnitten. Docen hat hiervon C 92. 95. 93 und die in C fehlenden Strophen (32, 346. 361) in seinen Miscellaneen 1, 96—98 abdrucken lassen.

K, eine Pergamenthandschrift des vierzehnten Jahrhunderts in der Baseler Universitätsbibliothek (B. IX) enthält zwei Strophen (32, 1. 46), welche Wilhelm Wackernagel in den Altdeutschen Blättern 2, 132—133 herausgegeben, nachdem J. J. Banga in Aufsess Anzeiger 1833, Sp. 268 den Anfang der ersten verzeichnet hatte.

N, die Handschrift Rep. II. 70ᶜ der Leipziger Rathsbibliothek, pergam. 14. Jahrhundert, kl. Folio, enthält von Konrad drei Strophen (3, 21—30. 32, 256—265), und zwei ihm nicht gehörige in seinem etwas modifizierten Hofton: vgl. Zeitschrift für deutsches Alterthum 3, 356 ff. Eine Abschrift von Zarncke ist benutzt.

P, drei Strophen in der Pergamenthandschrift 260 der Berner Stadtbibliothek, 14. Jahrhundert, gedruckt in Graffs Diutiska 2, 261—262, Berichtigung der Lesefehler durch W. Wackernagel in Haupts Zeitschrift 4, 479—480.

f, die Liederhandschrift der grossherzoglichen Bibliothek zu Weimar, 150 Blätter in Quart, 15. Jahrhundert, enthält auf Bl. 119ᵇ eine Strophe (32, 166). Beschreibung und Inhaltsangabe der Handschrift in Kellers Fastnachtsspielen 3, 1440—1443.

t, die Kolmarer Handschrift, jetzt auf der Münchener Hof- und Staatsbibliothek, cod. germ. 4997: vgl. meine Meisterlieder der Kolmarer Handschrift, Stuttgart 1862, S. 51—54, enthält siebzehn echte Strophen Konrads (25, 1. 21. 41. 61. 81. 101. 31, 77. 96. 115. 32, 1. 16. 46. 91. 256. 271. 301. 346), von denen die eine (32, 46) zweimal vorkommt. Abschriften und Collationen von A. Birlinger und mir.

u, die Wiltener Meistersängerhandschrift, früher im Besitze der Familie von Wolkenstein, dann des Prof. Kerer in Innsbruck, jetzt auf der Hof- und Staatsbibliothek zu München; vgl. Zingerle, Bericht über die Wiltener Meistersängerhandschrift, Wien 1861, und meine Meisterlieder S. 92—123, enthält vier Strophen des Dichters (32, 1. 16. 91. 301), von denen jedoch die ersten drei nicht verglichen worden sind.

Somit bildet C fast die alleinige Grundlage des Textes, das wenige, was die andern Handschriften bieten, dient fast nur zur Vermehrung des Variantenapparates, selten gewähren sie eine wirkliche kritische Ausbeute.

Von den zahlreichen unechten Sprüchen, die spätere Meistersänger in Konrads Tönen dichteten, und über welche meine Meisterlieder S. 164—166 zu vergleichen sind, habe ich am Schlusse der Lieder (S. 401) nur die beiden Strophen abdrucken lassen, welche in der Leipziger Hs. sich finden. Ihre Unechtheit ergeben unzweifelhaft die gegen des Dichters Gebrauch verstossenden Wortkürzungen im Verse, die fehlerhafte Anwendung des Auftaktes und anderes: sie sind beide von éinem und demselben nicht viel jüngeren Dichter verfasst, der an der Häufung der rührenden Reime seine Freude hat.

PARTONOPIER UND MELIUR.

55a Ez ist ein gar vil nütze dinc,
daz ein bescheiden jungelinc
getihte gerne hœre
und er niemen stœre,
der singen unde reden kan.
dâ lît vil hôhes nutzes an
und ist ouch guot für ürdrutz.
ich zel iu drier hande nutz,
die rede bringet unde sanc.
daz eine ist, daz ir süezer klanc
daz ôre fröuwet mit genuht;
daz ander ist, daz hovezuht
ir lêre deme herzen birt;
daz dritte ist, daz diu zunge wirt
gespræche sêre von in zwein.
ich bin des komen über ein,
daz beide fröude und êre
sanc unde rede sêre
den liuten bringent unde gebent,
die nâch ir zweier râte lebent
unde in beiden volgent mite.
si lêrent hovelîche site
und alle tugentlîche tât.
wie sol der iemer wîsen rât
in sînen muot gesliezen,
der sich des læt verdriezen,
daz man singet oder seit
von aller der bescheidenheit,
der wîlent pflâgen alle die,
der lîp nâch hôhen êren hie
mit flîze kunde werben?
sîn wirde muoz verderben,
der guot getihte smæhen wil.
man überhüebe tugende vil,
die niht ze liehte würden brâht,
ob sanges unde rede gedâht
nie wære in tiutscher zungen.
gesprochen und gesungen
die meister hânt sô rehte wol,
daz man guot bilde nemen sol
an ir getihte schœne.
ir rede und ir gedœne
ist nützebære und frühtic:
reht als ein boum genühtic
durch sîner tugende güete
gît obez nâch der blüete,
sus birt getihte mit genuht
55b nâch schœner blüete guote fruht.

Hie merket wie ichz meine.
diu bluot schœn unde reine,
die von êrst getihte birt
und diu dar nâch ze frühte wirt,
daz ist diu kurzewîle guot,
diu sich alsam des meien bluot
in daz gemüete ströuwet

1 ein *fehlt*. 3 geren. 4 niemant swäre. 6 do leit. 7 fur furdrucz. 8 dreir. 9 dew. und *immer*. 10 ain. 11 frawt vnd. 12 daz *nach* ist *fehlt*. 13 deme] einē; *German*. 12, 7 in deme. birt] virt. 15 gesprochen. czain. 17 payde frewd. 19 leyten pringen. 21 volge. 22 leren hoffleiche. 23 tate. 24 iemer] mir. rate. 25 seinem. 29 der] dy. alle *fehlt*. 30 der lieb. 31 chüden. 33 guet. 34 Man vber tugent vil. 35 bur den. 42 gedone. 46 giht ob es. 47 Sus w't. 48 guote *fehlt*. 49 Die. ichz *B*] ich. 51 getichtet wirt. 52 *fehlt: ergänzt B*. 53 churczbeil. 55 strebent.

und im sîn ougen fröuwet
der guot getihte hœret,
wan ez im trûren stœret
und alle sorge mit genuht.
waz meine ich danne mit der fruht,
diu nâch getihtes blüete gât?
daz ist der nütze wîse rât
und ûz erweltiu bîschaft,
diu beide mit ir lêre kraft
ze bezzerunge bringent die,
die willeclichen merkent hie
swaz man in singet oder seit.
wol tihten mit bescheidenheit
daz ist ein nütze fröuden spil:
wan daz ir worden ist ze vil,
die tihten wænent künnen,
sô möhte man vil wünnen
mit sange und ouch mit rede hân.
getihtes lop muoz abe gân,
'wan ez ist sô gemeine,
daz man dar ûf sô kleine
wil ahten ûf der erden.
der lerchen sanc unwerden
muoz von den schulden alle frist,
daz alsô vil der lerchen ist,
die die werlt bedœnent.
si zierent unde schœnent
die heide mit ir sange lût,
und ist er doch niht alse trût,
als ob sîn wære niht sô vil.
ez leidet aller hande spil,
des man ze vil getrîbet.
ez tihtet unde schrîbet
rede unde sanc vil manic man,
der alsô vil ze rehte kan
gesingen und gesprechen,
als ich mit blîje brechen
kan durch einen quâderflins.
dâ von ist hôher fröuden zins
nu worden gar ze nihte,
die wîlent gap getihte.

Swie gerne ein künste rîcher man
wil tihten swaz er guotes kan,
sô ist der tumben alsô vil,
55c der iegelicher tihten wil,
daz der geswîgen muoz vor in,
dem edeliu kunst und edeler sin
wont in sînem herzen bî.
swaz aber nu der tumben sî,
die getihten wellen noch,
ein meister sol nicht lâzen doch
dar umbe sprechen unde sanc.
swie lützel man im wizze danc
sîner meisterlichen kunst,
sô kêre doch herz und vernunst
ûf edele dœne und edeliu wort.
wer solte reiner künste hort
dar umbe lân verderben,
ob tugentliche werben
niemen wolte wider in?
hæt ich bescheidenlichen sin,
der nütze und edel wære,
ungerne ich sîn enbære
in herzen unde in muote gar,
durch daz man sîn ze kleine war

56 in. frawet. 57 dy. guet. 58 ir trawen. 60 der] diser. 61 tichtes. 63 auserbelte. 64 Dy. 65 pringet. 71 wanēt. 72 mochte. 73 sage. redē. 76 sô: *German.* 12, 11 *geändert in* vil. 77 vil áchten. 79 den schulde. 80 vil *fehlt.* 81 welt pedonen. 82 schonen. 83 gesāge. 84 er *fehlt.* nit sin chraut. 85 si wer. 86 ez *fehlt.* 89 vil *fehlt.* 90 zü richten. 91 vnd gesprigen. 92 plue; *Pf.* blie. 93 ain. 95 zů. 96 wielent. 97 Owie geren e. chunstreich. 100 *nach* Deñ edel chunst vnd edel syn. 101 geswaigen vor hin. 102 edel. edel. 103 wānt. 105 tichten. 108 jn. 110 hercze vnu'nunft. 111 edel. edel. 114 verderben. 115 Nyemand wolde. 116 het. 119 im — im.

næm under tumben liuten.
in holze und in geriuten
diu nahtigale singet,
ir sanc vil ofte erklinget,
dâ niemen hœret sînen klanc;
si lât dar umbe niht ir sanc
daz man sîn dâ sô lützel gert:
si hât in selber alsô wert
und alsô liep tag unde naht
daz si durch wünneclichen braht
ir lîbe grôzen schaden tuot:
wan der dunket si sô guot
und alsô rehte minneclich
daz si ze tôde singet sich.

Hie mag ein künste rîcher man
bild unde bischaft nemen an,
sô daz er künste niht enber
durch daz man ir sô lützel ger
und alsô kleine ruoche.
der sîne kunst niht suoche
dur tugende riches herzen site,
sô mache im selben doch dâ mite
fröud unde kurzewîle guot,
durch sînen frîen hübeschen muot
sing unde spreche zaller zît.
55d swaz liste in sînem herzen lît,
den versmæhe durch daz niht,
daz man die kunst sô kûme siht
mit willeclichen ougen an.
den selben list, den ich dâ kan,
swie kranc der sî, sô wil ich doch
in üeben flîzeclichen noch,
durch daz ich lange stunde
mit herzen und mit munde
mir selben kürzen müeze
und ich mit worten süeze
den hübeschen trûren stœre.
swie man ungerne hœre
sanc unde süeze rede, doch
sô vindet man die liute noch,
die durch ir tugende rîchen sin
niht werfent guot getihte hin,
swâ man ez singet oder seit;
ez hât noch maneger edelkeit
und alsô reines herzen gir
daz er sîn ôre neiget mir,
swenn ich entsliuze mînen list.
ich weiz ir einen, wizze Krist,
sô tugentlichen gartet
daz sîn gemüete wartet
ûf guot getihte gerne.
der sælden leitesterne
der wîset in ûf êren rât.
der selbe diz gefüeget hât
daz ich in tiutsch getihte
diz buoch von wälsche rihte
und ez ze rîme leite.
mit hôher wirdikeite
geblüemet stêt sîn reinez leben.
got hât im ritters muot gegeben
unde eins milten herzen ger.
den ich hie meine, daz ist der
Schaler, mîn her Pêter.
der tugende strâze gêter
und ist ûf êren pfat getreten.
er hât ze Basel mich gebeten
daz ich diz werc volende.
mit sîner gebenden hende
hât er dar ûf gewîset mich
daz mîn tumbez herze sich
vil kumbers an genomen hât.

121 nēme. tumbem. 122 im — im gerawten. 123 nachtigal. 124 gesanck. 125 do nyemant. 126 nit irn gesanck. 127 sô *fehlt.* 131 liebe. 132 wan] Deñ. 135 Bye. 136 wilde. nēmen. 139 also gerñ chlaine. 141 tugent. 145 Sigen vñ sprechen zu aller. 147 v'smäche. 159 noch. 161 tugent. 162 werfen. 168 ain. 169 garttet. 172 Der selbñ lautesterē. 175 tewcz. 180 gebñ. 181 ain milde. 186 wasel. nit. 187 berch. 190 tumber he're.

56a von Wirzeburc ich Kuonrât
erfülle gerne sînen muot.
diz mære dûhte in alsô guot
und des tugent alsô breit,
von dem dis âventiure seit,
daz er durch sînen reinen sin
mich hât gelêret, daz ich bin
ûf diz buoch mit vlîze komen.
ich hân des werkes an genomen
mich durch sîne milte hant.
ouch hât mich Heinrich Marschant
ûf diz werc gestiuret wol.
ob ez volendet werden sol,
des hilfet er mir sêre.
sîn rât mir süeze lêre
zuo wîset unde biutet.
daz buoch er schône diutet
von wälhisch mir in tiutschiu wort.
er hât der zweier sprâche hort
gelernet als ein wîser man.
franzeis ich niht vernemen kan,
daz tiutschet mir sîn künstic munt.
dâ bî sô tuot mir helfe kunt
Arnolt der Fuhs spât unde fruo,
wande er flîzet sich dar zuo
daz für sich gê diz werc von mir.
mit willecliches herzen gir
wont er mir dicke und ofte bî,
durch daz ich sô betrehtic sî,
daz ich der âventiure gar
als ordenlichen mite var
daz si mit lobe neme ein zil.
der lêre ich gerne volgen wil,
ob ich kan und ob ich mac.
swer edeles herzen ie gepflac,
der biete alher daz ôre sîn,
sô wirt im ein historje schîn,
diu beide wâr ist unde guot,
von einem ritter hôchgemuot,
der nie lastermeil gewan.
hie sol diu rede vâhen an.

Hie vor ein künic was genant
Clogiers, der hete in sîner hant
Kärlingen âne widerstrît
und lebte sîner jâre zît
56b mit grôzen êren manicvalt.
sîn hôher künieclich gewalt
schein harte maneger hande.
die fürsten von dem lande
dienten im gelîche.
er hæte Francrîche
sô starc in sîner meisterschaft,
daz wider sîner magenkraft
niemen dô getorste leben.
man sach in sweimen unde sweben
in ganzer wirde schône;
daz zepter und diu krône
stuonden im ze wunsche gar.
sîn tugent schein sô lieht gevar,
daz man si vor den besten
sach liuhten unde glesten
in manic rîche verre.
der selbe landes herre
kunde niht vor êren sparn.
ouch het er einen swester barn
gezogen gar mit flîze,
der was vor itewîze
geliutert und gereinet,
gewieret und gesteinet

192 wirczburg ich conradt. 196 dise antburt. 198 gelernt. 199 vleise chüen. 200 Ich ha mich der werchs an genüen. 201 milde. 206 mir] mein. 207 weyssent. pawtet. 208 *fehlt.* 209 tewcz. 212 fröczois. 213 tewczet. 214 hilfe. 216 wäner sich fleysset. 219 wänt. 220 wetrechig. 222 mit war. 227 beitte. 228 hystori. 232 vachen. 233 Bye. 234 het. 240 den. 241 dietten. 244 siner *B*] seine. 245 niemāt da. 249 zu büsche. 251 von den. 252 gelesten. 256 ain, *vgl.* 6488. 257 gar *fehlt.* 258 war. itewîze *B*] rede w. 260 gewirdet.

mit liehter und mit reiner tugent.
sîn keiserlîchiu süeze jugent
was aller missewende frî.
si wiel ûf milte alsam daz blî,
daz ûf der glüete siudet.
an êren übergiudet
het er manegen werden lîp.
sîn muoter daz vil reine wîp
geheizen was Lucrête,
diu wol gelêret hête
den jungelinc gebâren.
eht von drîzehen jâren
was der wuocher wandels blôz,
und schein dar under doch vil grôz
an lîbe und ouch an krefte.
er was von erbeschefte
grâve zAngies und ze Bleis.
vil maneger werder Franzeis
dienten sîner milten hant.
Partonopier was er genant
56c und kunde wol an sich genemen
swaz einem herren sol gezemen
lobes unde wirdikeit.
gelücke het an in geleit
triuwe, manheit unde ouch zuht.
wart ie keiserlîchiu fruht
und ein liutsælic lîp gesehen,
daz muoste zwâre an im geschehen,
wande er was der schœnste knabe,
von dem ich noch gelesen habe
in tiutsche und in latîne.
von sîner forme schîne
Kärlingen was erliuhtet
und lobelîche erfiuhtet
mit sîner sælden touwe.
sîn herze was ein ouwe,
dar inne wuohs der êren bluot;
er was bescheiden unde guot,
küene, starc und ellentrîch,
gespræche und alsô wünniclîch,
daz manegem schœnen wîbe
daz herze in deme lîbe
nâch im wolte brechen.
waz sol ich vürbaz sprechen?
an im brast al der sælden niht,
die man an menschen lîbe siht,
den got erwünschet selber hât
und alle sîne hantgetât.

Durch die vil hôhe edelkeit,
der wunder was an in geleit,
wart im sîn œheim alsô holt,
der künic, daz er allez golt
für in niht enhet genomen.
ez was von âventiure komen
alsô zeinen stunden,
daz mit sînen hunden
Clogiers wolte rîten jagen
in ein gevilde bî den tagen,
daz was genant Ardenne
und wirt noch eteswenne
geheizen in Francrîche alsô.
der walt von zêderboumen dô
was rîch und von cipresse.
zer heilegen kriuzes messe,
56d sô die wilden eber sint
ze jagene zîtic und der wint
daz loub beginnet rêren,
seht, dô begonde kêren
der künic und der neve sîn

264 biel. milde. alsam *B*] als. 268 vil *fehlt.* 271 geporn. 272 eht *B*] Recht. dreysig joren; *vgl.* 397. 273 d'r buch'r bandls. blôz *B*] scholos 275 liebe. ouch *B*] *fehlt.* 276 bns. 277 zAngies *B*] ze Gries. 278 franczois. 279 dyetten. 280 Port. 282 wol gezam̄. 286 ie] die. 287 lieb. 289 schoniste. 291 tewcz. 295 trewe. 297 inne *B*] innen. der *fehlt.* 301 mangen s. beibe. 302 deme *B*] dem. 303 wolden. 304 vnbars. 306 liebe. 307 dē. 311 ochām. 315 zū ainen. 317 Elogiers. 322 czederpawn. 323 und *fehlt.* 326 zitic] zwe. die wint.

ze walde, dâ vil manic swin
het sîne weide und ouch sin leger.
ir hunde nâmens unde ir jeger,
dâ mite fuoren si zehant
dar in den forst, den ich genant
hân bescheidenlichen vor.
ûf eines grôzen swînes spor
kômen si dô mit genuht;
daz kêrte vor in ûf die fluht
und îlte für sich in den walt.
die snellen hunde manicvalt
liefen im geswinde nâch:
in wart ûf sîne reise gâch.

Si volgten im gar schône.
in einem süezen dône
ir stimme klungen unde ir lût.
durch brâmen unde wildez krût
wart daz eberswîn gejaget.
Partonopier sich unverzaget
ûf siner verte schouwen liez.
ein horn und einen jagespiez
der ellentrîche fuorte,
dâ mite er balde ruorte
nâch dem eber durch daz mies.
die hunde mante er unde blies
nâch meisterlichen prîse
sô fremde jagewîse,
daz man sô wilde nie vernam:
dâ von daz eberswîn dô kam
gerûschet an den snellen.
der hunde lûtez bellen
durchbrechen ez begunde sider:
ez warf sich hin umbe wider
und stuont vor im en bîle
mit grimmiclicher île.

Partonopier, als er gesach
daz im diu state wol geschach,
daz er daz swîn nu mohte slahen
und er solte in im dâ twahen
57a mit bluote sînen scharpfen spiez,
niht langer in dô bîten liez
sîn ellentrîcher mannes muot:
sîn jagepfert schœn unde guot
nam er dô mit beiden sporn,
als ein helt vil ûz erkorn
dem swîne er balde engegen reit.
daz kam geloufen, sô man seit,
ze wer sich harte setzende
und grimmiclichen wetzende
die zene, daz der schûm dar abe
flôz. ouch wolte sich der knabe
langer hie niht sûmen.
sîn wetzen und sîn schûmen
ein ende er schiere nemen liez:
den grimmen unde scharpfen spiez
stach er durch ez unde dranc.
des wart im lop, prîs unde danc
von in allen dô geseit.
Clogiers sîn œheim wart gemeit,
daz im dis êre was geschehen.
er hæte ez selbe wol gesehen,
daz er daz swîn ze tôde sluoc.
durch daz wart er gerüemet gnuoc
von im und dem gesinde.
'seht!' sprâchen si, 'dem kinde
gelücke und êre ist widervarn.

330 do. 331 het jn beide. 334 farst. 337 da. 342 rise. 344 suesse. 346 brâmen *B*] born; *Pf. besserte* dorne. 347 war. 350 ain jagsp. 355 -lichen. 356 frömde. 359 Beruschet. 360 hundes. 362 hin *fehlt.* 363 stand. en] am. 366 stat: *Pf.* stat sô wol. geiach. 367 nu *B*] *fehlt.* mocht schachen. 368 in *B*] *fehlt.* twachen. 369 pluoten. scharfen. 370 lang er in da pitten. 373 da. 374 vil *fehlt.* 377 setzle. 378 *fehlt.* 381 lenger. 384 scharffen. 387 da. 388 ochaim. 389 disc. 390 selbs. geschechen. 391 zû tote. 392 genug. 395 ist im w.

wâ gehôrte ie muoter barn
daz ein drizehenjæric knabe
sô griulich swîn gevellet habe
als der junge süeze kneht?
got êre in iemer, daz ist reht.'

Alsô wart er geprîset,
gerüemet und gewîset
mit lobe in hôhe wirdikeit.
nu daz der eber tôt geleit
wart von im ûf daz grüene gras,
dô warp, als im gemæze was,
der jungelinc vil hôch geborn:
ze valle blies er in daz horn,
der edel unde süeze kneht,
und tet dem swîne gar sîn reht.
er gap den hunden dar ir teil
57b und machte si frech unde geil
als ein jegermeister hôch.
swaz in spîse doch gezôch
von dem vil starken swîne,
daz warf in dar der fîne
und der vil reine jungelinc:
dâ von ir muot und ir gerinc
stuont ûf loufen deste mê,
wand in wart nœter vil dann ê
ze hetzen und ze jagenne.
waz touc nu mêr ze sagenne?
si wurden in dem muote
von des ebers bluote
gereizet ûf ein ander swîn.
daz wart in ouch des mâles schîn,
wan ez von dem gevelle
und von dem horngeschelle
erstoubet was und ûf getriben.
daz ê den hunden was beliben
ir teil, des was in aber gâch
ze loufen disem eber nâch,
der niuwelichen ûf der vart
in kunt von âventiure wart.

Si kômen dô ûf sîne trift.
durch dorne und über manege schift
begundens im dô volgen.
des wart im vaste erbolgen
Clogiers der küene, alsô man seit.
in sînem muote was im leit
an den erwelten hunden,
daz si dô niht erwunden
unde ir hetzen liezen abe.
Partonopier der werde knabe,
als er bevant diu mære,
daz dem künege wære
leit ir striteclichez jagen,
dô kêrte er nâch in, hôrte ich sagen,
und woltes ûz dem walde
trîben wider balde.
daz truog in für niht umbe ein ei.
swie vil er in dô zuo geschrei,
si liefen allez für sich doch
nâch dem swîne, wand ez noch
was vor in harte verre.
und dô der juncherre
57c niht erwenden kunde
die snellen jagehunde,
dô reit er allez ûf ir trite

396 paren. 397 -iarig. 403 hôhe *fehlt.* 404 tote. 406 jm alz gemere. 411 er *und* dar *fehlen*: *für* dar *ergänzt Pf.* sâ. 412 und] er. 413 iagerm. 414 swaz *B*] war. 415 starcke. 416 in do der seine. 419 stanēd — des teme. 420 noter. 421 jagentdee. 422 taugt — z^e^sagañe. 424 e. mitte pl. 429 horñgeuelle. 431 des *fehlt.* 433 der *fehlt.* nu welichen. 435 dô *fehlt*: *vielleicht eher* dar *B.* 436 dorñ. und *B*] *fehlt.* manig`. 437 pegundñ jm da v. 439 Clogires. alsô *B*] als. 440 sînem *fehlt.* 441 erbelten. 442 erbunden. 443 herezen. 445 penūt. 447 stricklicher. 449 wolt es. 452 wie. da. geschay. 453 v'och. 455 vor in *B*] in vor. 459 er *fehlt.*

und volget in sô lange mite,
unz im sîn meiden ûf der vart
ersticket von der hitze wart
sô vaste und alsô sêre,
daz er niht für baz mêre
moht in den walt geriten.
dar umbe er ze den zîten
erbeizte von dem pfärde nider
und sluog ez bî der strâze sider
an ein gras vil grüene,
durch daz der meiden küene
ze krefte wider kæme
und an sich dô genæme
ruowe und eteslich gemach.
rehte dô diz dô geschach
und bî der selben stunde,
dô wâren ouch die hunde
sô verre von im in den walt
geloufen mit dem swîne balt,
daz der juncherre wünnesam
si weder spürte noch vernam.

Er hæte si dô gar verlorn.
daz wart im leit unde zorn
daz er vil trûric nider saz.
dâ stuont ein eich, geloubet daz,
dar under liez er sich dô nider.
und dô der tugende rîche wider
kam ze deme künege niht,
dô was er leidic, sô man giht,
und hiez in suochen balde.
swaz liute ze dem walde
mit im durch jagen was geriten,
die begunde er tiure biten,
daz si Partonopieren,
den klâren und den fieren,
suochten in dem forste.
ir keiner dô getorste
wol übervaren sîn gebot.
si riten gâhes âne spot
den tugende rîchen suochen
und algemeine ruochen,
daz er dâ würde funden.
nu was er nâch den hunden
sô verre komen in den walt,
57d daz in weder junc noch alt
kunde vinden noch erspehen.
als er dô niender wart gesehen
noch funden in der wilde,
dô klagte man sîn bilde,
daz edel unde lieht erschein.
Clogiers der künec sîn œhein
biz ûf den âbent sîn dô beit.
dar nâch kêrte er unde reit
wider heim mit klagender nôt:
er vorhte, er wær gelegen tôt,
der tugende rîche vürste,
von tieren in der hürste.

Sus kam der künic heim gevarn.
der junge sîner swester barn
ein in dem walde dô beleip.
den tag er drinne gar vertreip
biz ûf die naht vil timber.
niht ander wongezimber
wan hôhe boume was sîn dach.
ûf den boumen er dâ sach
egedehse und wildiu tier.
'ei waz tuon ich Partonopier,
daz ich gewan mîn leben ie?

467 pfarde. 468 ez *B*] er. 469 ains. 473 Ruo und etlicher. 474 *das zweite* dô *fehlt: ergänzt B.* 483 trawrt. 484 do staind. 486 tugent reich'r. 487 zu dem. 490 waz. 491 was *B*] wañ. 492 tiure *B*] treuleich; *vgl.* 553. 495 suochte. farste. 497 varen *fehlt.* 499 tugent, *und so immer vor* rich. 501 daz der er da. 503 chūm. 506 *fehlt.* 510 chlogiers. öchain. 515 muste. 516 von den. der bueste. 517 Aus. 519 eine'. 520 drine. 521 timper. 522 anders wañ g. 523 *fehlt: ergänzt B.* 524 dy hochen pawm er da sach, *gebessert B.*

begrîfet mich diu naht alhie,
sô bin ich tôt, daz weiz ich wol.
der walt ist aller würme vol,
des bin ich zwâre vil gewis.
hie lît der übele aspis
verborgen unde stille.
dâ bî der cocodrille
slâfet unde rûzet.
hie loset unde lûzet
der basiliske tougen,
der sterbet mit den ougen
den menschen, als er in gesiht.
dâ von enweiz ich rehte niht,
waz mir geschehen sol ze naht.
got herre, ob mich dîn hôhiu maht
beschirmet niht, sô bin ich tôt.
dâ von hilf mir ûz dirre nôt
durch dîne gotelîche tugent.
lâ niht verderben mîne jugent
von ungehiuren sachen.
geruoche mich bewachen
vor solher âventiure,
diu mich ze schaden stiure.'

Die rede treip der junge.
sîn wol gespræchiu zunge
got alsus vil tiure bat.
in hete daz irre wilde pfat
erschrecket in dem muote.
der edele und der guote,
der hövesche und der klâre,
was noch ein kint der jâre
und was gevaren selten ê:
dar umbe entsaz er deste mê
den wüesten ungehiuren walt.
nu daz der junge degen balt
vorhte alsô der sorgen werc,
dô sach er vor im einen berc
nâch langem ungeverte:
zuo dem truog in der herte
stic, den er mit leide fuor.
als mir dis âventiure swuor,
sô tet er weder wirs noch baz,
wan daz er von dem meiden saz
und fuorte in mit im an der hant.
der was geriten und gerant
sô vil ân allez fuoter,
daz in der knappe guoter
brâht ûf den berc vil kûme.
ein tou von wîzem schûme
ûz im von starker hitze dranc.
vil dürre mager unde kranc
schein daz pfärt von hunger.
ouch was sîn herre junger
âmehtiger und missevar.
iedoch kam er ze jungest dar
mit nœten ûf den hôhen vlins.
er hæte lâzen swæren zins,
ê daz er kæme durch daz holz.
sîn leben hövesch unde stolz
vil tiure wart verzollet.
swaz an im was ervollet
dâ vor mit guoter spîse,
daz hete nu der wîse
und der vil sælden rîche
erdarbet jâmerlîche.

Nu daz er ûf den berc was komen
und er mit im dar ûf genomen
hete sînen meiden,

528 hie. 530 aller *fehlt.* bumes vol. 536 lnset. 538 stirbt. 542 ob ich d. hoche v'macht. 544 Dauon herr got hilf. diser. 545 gotl. 548 bebachen. 549 solicher. 554 hette irre. 559 gefarñ seldñ. 560 dester. 561 buesten vngehorñ. 563 werc] wertte. 564 *fehlt.* 568 alz er mir dise. 569 wirs] 570 meiden] pfart. 571 Mit im auff seiner hant, *vgl.* 620. 575 wrach. pere v. chune. 582 Yodoch. 584 smären. 585 chame. 587 twre. 588 erfullet. 590 het jn der. 592 iamerkl. 595 hette

58b doch swanc daz kint bescheiden
und der junge schœne knabe
aleine sich den berc hin abe
reht als ein grimmez välkelin,
daz hungert und die pfrüende sîn
wil suochen ûf der heide.
sîn ougen liez er beide
verr über daz geböume gân.
dô sach er sweben unde stân
jensît des berges âne wer
daz tobende und daz wilde mer,
dâ wunder inne wirt gesehen.
und als er daz begunde spehen
rehte und endelichen gar,
dô nam er sîne kêre dar
anderthalp den berc ze tal
ûf einem rûhen stige smal;
der truog in ûz dem walde.
doch kam er nie sô balde
von dem berge zuo dem sê,
diu naht het in begriffen ê
mit ir schîne tunkelvar.
iedoch kam er ze jungest dar
zuo dem mer ûf einen sant.
den meiden fuorte er an der hant
bî dem stade ûf unde nider.
er dâhte für sich unde wider,
waz er solte grîfen an.
her unde hin, dar unde dan
gie der getriuwe denkende,
sîn herze in sorge senkende
vast ûf des grüenes plâne.
nu gap der liehte mâne
durch diu wolken sînen glast,
dâ von der ellende gast,
vil reine an der gebürte,
bî dem stade spürte
ein schif und eine brücke dran,
ûf der man sanfte mohte dan
getreten in die barken.
daz selbe schif mit starken
listen was gezieret,
und allenthalp gewieret
mit golde und mit gesteine,
sam ez ein wilde feine
ze wunsche ir selber hæte erwelt.
iedoch envant der junge helt
58c niht lebendes dar inne.
er dâhte in sînem sinne,
daz in dem schiffe mære
doch fridelicher wære
dann ûf dem sande bî dem mer.
dâ von sô gieng er âne wer
an die barken wünnesam.
sîn pfärit fuorte er unde nam
mit im dar vil schiere,
durch daz diu wilden tiere
niht kæmen ûz dem walde
unde ez harte balde
frazen ûf dem sande breit.
nu daz er in daz schif geschreit,
dô saz er nider an daz ort.
sîn houbet legte er ûf daz bort
und entslief ein kleine.
sîn herze fröuden eine
was unde hôher wünne.
des wart sîn ruowe dünne
und sîn beswærde tiefer.

596 swanc] so sach. 598 aleinē. 600 und] umb. pfrūte. 601 haydū. 603 v're. 606 toben. 607 wo't geschěchen. 609 edelleich. 611 berc. 615 won. 618 Yodoch. ze jungest *B*] zem jungsten. 619 ain. 622 fur sig. 623 solde. 625 gie *B*] Be. getrāw degende. 626 sorgen senkete. 633 schef. 634 dan *B*] an. 636 selbig schef. 638 *fehlt: ergänzt B.* 640 milde. 642 envant *B*] enpfant. 643 lebender sache dar jnen. 644 syñen. 645 scheffe. 646 fridleich vber. 649 borcken. 650 pfart. 651 vil] vnd. 652 wilde. 653 chomen. 654 *fehlt: ergänzt B.* 655 fressū. 656 schef. 657 art. 662 rew.

nu wachet unde sliefer,
sam der in einem twalme lît,
wan ze dem mâle und ze der zît,
dô der guote alsô gelac
und er sich ruowe dô bewac,
dô wart daz schif gestôzen an
von im selben unde ran
ûf daz mer in kurzer frist,
als ez vil hôher künste list
geschaffet hæte und ûf geleit.
Partonopier vil ungemeit
wart hie von gemachet,
wand als er was erwachet
und er bevant diu mære,
daz von dem stade wære
daz schif gegangen ûf den sê,
dô wart im alse rehte wê
ze muote daz er weinte
und jâmers vil erscheinte,
sam die knaben und diu kint,
diu fruo zen nœten komen sint,
der si wâren ungewone.
im tet sîn angest sô gedone,
daz ichz iu niemer kan gesagen,
wie vaste er sich begunde klagen.

Er was alrêrst ze nœten komen
58d und het sich sorge an genomen
nâch kumberlicher arbeit.
er wânde fliehen grimmez leit
des nahtes in dem schœnen kiel:
weiz got dô kam er unde viel
in grœzer ange bî der frist,
wan diu vorhte sterker ist
ûf dem sê denn ûf dem stade.
swen ungelücke und übel schade
bringet ûf dem mer ze nôt,
dem kan niht anders dan der tôt
gegenwürtic werden.
ûf lande und ûf der erden
mac man sich mit listen
enthalten und gefristen,
des ûf dem wazzer niht geschiht;
man ist dâ súnder zuoversiht,
swenn ungelücke brichet für.
dâ von der knabe ûz hôher kür
leit in sîn herze mûrte:
gar innecliche er trûrte,
dô daz schif begunde gân.
ich hân des endelîche wân,
er wolde sîn gewesen doch
in dem wüesten walde noch,
dar ûz er was geloufen ê,
durch daz er niht ûf dem sê
den lîp gewâget hæte alsô.
der wint mit sîner krefte dô
kam in die segel starke.
des was des knaben barke
in einer kurzen wîle
geswummen manege mîle.

Si kam für sich geflozzen
und balde enwec geschozzen,
sam ûz der nüzze vert der bolz.
des wart dem jungelinge stolz
von sorgen alse rehte heiz,
daz im der angestliche sweiz
drang ûz an allen enden.

664 w. er vñ. 665 d'rm — twlme. 666 w. dem m. vñ zu der z. 668 rew. 669 schef. 670 selbs. 672 als er. 673 hette. 677 benandt. 679 schef gangen. 680 im] ye. alse *B*] als. 682 jâmers *B*] jamer; *vgl.* 732. 684 zu den notten. 687 ymer — sagen. 689 ward aller erst. 690 sarg. 694 got *fehlt.* 695 gross*j.* 697 den auff. 698 wenn vgel. 700 Dē cham. 702 der *fehlt.* 704 enthalten *B*]. Sithalten; *Pf.* gehalten. 707 wenn. 709 herte. 710 got innickleichen erkurte: *gebessert B.* 711 schef. 712 entl. 720 *fehlt: ergänzt B.* 725 nüzze *B*] nüssz. 727 alz.

an sînen blanken henden
(die wander unde weinte)
vil jâmers er bescheinte,
ez möhte got erbarmen.
er sprach 'owê mir armen,
waz sol mir dirre tiure kiel?
59a ich wolte ûz sorgen unde viel
in zwirent grœzer arbeit.
ez ist wâr daz man noch seit,
daz ein arbeitsælic man
nâch éinem schaden ie gewan
zwivalten kumber gerne.
mit schaden ich hie lerne
varen ûf dem wilden sê,
wan ich beschouwe niemer mê
den œheim und die muoter mîn.
got welle mir beholfen sîn,
sô wirde ich hinaht âne wer
versenket in daz tobende mer.'

Sus fuor der ûz erwelte
sich klagende unde quelte
den lîp mit maneger herzen nôt.
er was warten ûf den tôt
und in der werlte ûf anders niht,
wand er deheine zuoversiht
hæte ze dem lebetagen.
in lie daz aller meist verzagen,
daz er aleine dâ beleip.
nu daz er in der nôt vertreip
die naht biz an den morgen,
dô was sîn muot von sorgen
ein teil enbunden unde ûz klage,
wand er ersach dô bî dem tage
in der barken ein gezelt,
daz nie keiser ûf daz velt
sô wünneclichez nie gesluoc.
ouch lag an dem schiffe genuoc
richeite, des nam er dô war.
si wâren beide erwünschet gar
und an gezierde wunderlich.
dâ von gedâhte er wider sich,
daz im durch âventiure
diu barke zeiner stiure
wær in der naht gesendet.
durch den gedanc erwendet
wart ein teil sîn ungemach.
vil schiere spürte er unde sach
eine burc und eine stat
bî dem mer, daz man getrat
in zwô schœner veste nie.
von in beiden verre gie
durchliuhtic unde liehter schîn.
vil reine und ûz der mâzen fîn
59b wârens unde dûhten.
si glizzen unde lûhten
als ein gestirne wünniclich.
Partonopier dô wider sich
gedâhte in sînem muote
'jâ herre got der guote,
wie sol mir aber noch geschehen?
waz wunders habe ich hie gesehen?'

Hie mite stiez der kiel ze stade
als eben unde sô gerade
als er von meisterlicher art
wær an die reise und an die vart
gewîset und geslihtet.
er hæte sich gerihtet
der bürge und ouch der stat engegen,
die man niht kunde baz gelegen
noch erwünschen zwâre.

735 dirre *fehlt.* dwre. 740 schade. 743 den see. 746 mir] in. beholfen *B*] geholfen. 747 wirt. hinaht *B*] hinte. 748 versenck. tobent. 753 welte. 754 chain. 755 den lebentagen. 762 *fehlt: ergänzt B.* 766 den scheffen gut. 769 wũderkleich. 771 in. 772 eze ainne. 773 wäre. 775 war. 777 pruck. 779 vesten. 789 noch] hie. 790 hie *fehlt.* 791 Sye. 792 sô *fehlt.* 794 war. wart. 797 ouch der *fehlt: Pf. ergänzt* der. 798 pas chfild. 799 czeware.

Partonopier der klâre
mit fröuden ûz dem schiffe trat.
dô het er von der selben stat
enphangen hôchgemüete,
wan er begunde ir güete
beschouwen ûf ein ende.
ir porten unde ouch wende,
ir türne und alle ir mûre
von golde und von lâsûre
sach er vil schône glîzen.
mit rôten und mit wîzen
mermelînen steinen
wâren si nâch reinen
siten wol gezieret,
gequâdert und gevieret,
alsam ein schâchzabelspil.
Partonopier schœnheite vil
an der selben veste sach;
er kôs an ir vil rîch gemach
ê daz er kam da rîn gevarn.
doch vander einer muoter barn
niendert ûzerhalp dervor.
des kêrte er dar în ze dem tor
und wolte gerne schouwen,
ob ritter unde frouwen
dâ wæren oder lebendes iht.
dône was éin mensche niht
dar inne, den er sæhe.
dâ von der knappe spæhe
verzagte in sînem muote.
59c doch reit der hövesche guote
durch die gazzen über al,
dâ manic wunderlicher sal
inne gab erwelten schîn.
si wâren alle mermelîn
geverwet maneger leie dâ:
der eine rôt, der ander blâ
vil wünniclichen lûhte;
der dritte in grüene dûhte,
der vierde wîz, der fünfte gel,
der sehste brûn. êst niht ein spel
daz ich iu wil-ze mære sagen.
mit silber oben übertragen
daz dach was, niht mit ziegel,
und gleiz alsam ein spiegel
der gar durchliuhtige knopf.
dar ûf manic edel kopf
schein von golde lieht gevar.
swer diu venster worhte gar,
der kunde si wol zieren.
von lewen und von tieren
was vil dar an gehouwen.
man dorfte nie beschouwen
sô manegen schœnen palas.
an den louben vorne wa
manic bilde hôhe erhaben
und etelîchiu drîn ergraben,
als man ez wünschen solde.
mit lâsûr und mit golde
was vil an dem gemiure
der alten âventiure
gemâlet harte reine.
die strâze mit gesteine
wâren gesterichet,
dâ von diz mære sprichet,
swenne ez begunde nazzen,
von regene die gazzen
wurden lûter als ein glas.

801 scheffe. 802 *fehlt: von B. ergänzt.* 807 alle ir mûre *B*] als ir gemure. 815 Alz sam ain schachzagl. 816 hait. 817 vesten. 818 an *B*] *fehlt.* 819 drine. 820 wand — bran. 822 Der kerte in zû dem tar. dar *B*] *fehlt.* 832 schall. 833 inne *B*] im; *Pf.* ime. 840 sexte. ist nicht spel. 841 wil *fehlt: Pf. ergänzt nach* daz. 843 daz dach was *B*] was daz. mit *fehlt.* 844 alsam *B*] als. 845 *Pf.* der (vil *fehlt*) gar durchliuhte knopf. 848 wer. warchte. 849 wol] vil. 850 leben. 851 gehangen. 852 dorste. 853 pallas. 854 vornē. 855 manige wilde hoche. 856 etleiche drum. 863 w. gestricket dauon. 864 Disz mere sprichet an. 866 regen.

ein iegelicher palas
schein von gezierde harte rîch.
ein ander wâren si gelîch
und alle in einer mâze wît.
man dorfte weder ê noch sît
beschouwen nie deheine stift
sô gar durchliuhtic, sô diu schrift
und diz mære von ir zelt.
59d si was gelesen und erwelt
ûz allen houbetvesten.
ein ouge mohte ir glesten
kûme erlîden und vertragen.
si was gereinet und getwagen
mit des wunsches hende
vor aller missewende
und schein iedoch diu burc dar obe
an schœnheit rîcher unde an lobe.

Partonopier als er gesach
an der stat sô rîch gemach
und er niht liute drinne vant,
dô dâhte er wider sich zehant,
daz von der helle ein bœser geist
im ze schaden aller meist
tribe dâ sîn goukelspil,
daz er müeste kumbers vil
enphâhen und erwerben.
er wânde er solte sterben
von ungehiuren dingen.
diu vorhte in aber twingen
begunde in angestbæren grûs.
er gienc in iegelîchez hûs:
dâ sach er tische wol bereit
von maneger hande rîcheit
und dar ûfe spîse gnuoc,
daz man als edel nie getruoc
für keiser und für künegîn.
môraz, mete und klâren wîn
in liehten köpfen er dâ vant.
in iegelîchem hûse erbrant
was ein viur ân allen rouch.
er wolte dô mit willen ouch
ze tische sîn gesezzen,
und hæte gerne gezzen,
wan daz im an der stunde
von edeles herzen grunde
wart ein sô redelîch muot gesant,
daz er gedâhte sâze hant
'ob hie des tiuvels glouber
machen wil ein zouber,
dâ von ich sol verderben
und âne zwîfel sterben,
daz muoz in der burc geschehen,
dâ bezzer spîse wirt gesehen
und rîcher tische sint bereit.
60a ob mir der tôt ist ûf geleit,
den lîde ich unde kiuse dâ
vil lieber doch denn anderswâ,
dâ niht sô wünnebære
und als rîlîche wære,
sam in jener bürge dort.
sît ich sô maneger sælden hort
in dirre stat beschouwet hân,
sô weiz ich âne valschen wân,
daz ich vinde, kan ich dar,
ûf der bürge lieht gevar
den wunsch der êren lobelich.
swie mir gelinge, doch wil ich

868 pallas. 869 harte *fehlt; Pf. ergänzt* alsô. 871 allein ain' m. beit. 873 dn chaime. 874 geschrift. 876 gelesten. 879 kam. 883 iedoch *B*] doch. bruck. 884 Ain s. reich. 887 dar jne. 890 schaden *B*] schanden. 892 muoste. 894 solde. 895 von dem v. 897 angst werff. 899 Do. 900 rechtikait. 901 auff peyse guet. 902 getuet. 905 do. 908 wolde da. 913 redelîch *B*] rechtleich. 914 so zu hant. 915 tiefes. 917 sold. 919 bruck. 921 sein. 923 chuse. 924 den. 925 wūne ware. 926 reilicher ware. 927 ainer. 928 manige saeden. 929 diser. beschaw. 934 wie mier.

bî kunden und bî gesten
mich haben ze den besten
und wil daz wæger minnen
mit herzen und mit sinnen.'

Hie mite reit er ûz der stat
zuo dem kastel, des in dâ bat
sîn edel herze reine.
dô was diu burc gar eine
liut unde lebender sache.
doch vander von gemache
dâ rîchen rât vil ûz erkorn.
swaz der juncherre wol geborn
in der stat gezierde sach,
diu dûhte in âne zwîvel swach
gên der vil liehten schônheit,
diu gar mit flîze was geleit
an daz erwelte kastel.
sît Kâîn und der guote Abel
begunden samet zürnen,
sô was nie burc an türnen
noch an mûren nie sô glanz.
der wunsch der hæte sînen kranz,
mit êren wol geloubet,
gesetzet ûf ir houbet
sô daz si was geblüemet,
geprîset und gerüemet
für alle schœne veste.
si was vil gar diu beste,
die man beschouwen iemer sol.
diu stat erschein gezieret wol
und was diu burc ân allen haz
vil tûsentstunt gezieret baz
mit rîchen dingen über al.
60b dar inne stuont vil maneger sal,
der eime keiser wære
gewesen wol gebære
ze hûse und zeime palas.
der schœnste, der dar inne was,
dar ûf gie Partonopier,
kapfende umbe alsam ein tier,
ob iemen drinne wære.
dô vander in sô lære
gesindes unde liute gar,
daz er dâ nihtes wart gewar,
des ûf der erde ie lebende wart.
dâ was ein tisch nâch hôher art
gezieret und gerihtet.
ouch het er sich verslihtet
daz er zehant dar über saz.
dâ stuont von golde ein giezvaz,
daz von im selben wazzer gôz,
und ein beckîn, daz den flôz
ab den henden schône enphie.
zuo den beiden er dô gie
vil hovelichen unde twuoc
sîn ûzerwelte hende kluoc,
die lûter wâren unde blanc.
in kurzer wîle, niht ze lanc
kam ein twehel dort her dan;
seht, dâ truckent er sich an.
dar nâch was der knappe frisch
zaller obrist an den tisch
vil schiere dô gesezzen.
aldâ begunde er ezzen
unde trinken als ein man,
den hunger ist gevallen an
ûf einer langen reise
von angestlicher freise.

937 vil. 940 dâ *B*] do. 942 *fehlt: statt* gar *schrieb Pf.* ouch. 943 Lauter. 945 do reichen. richern? 946 waz. 948 âne zwîvel swach *B*] auch czifach. 949 Gen vil leic leichten. 954 *fehlt.* 966 vil] mit. 969 ain k. ware. 971 hawsen vnd zu ainem. 972 schoniste. darme. 974 alsam *B*] als. 975 ieman. 977 Gesundes. 978. 79 Daz er da nichtes lebende was Daz er da michtes ward gebar Des auff erden nie lebende was. 979 der *B*] *fehlt.* 982 Auch het sy. 985 selber wass, gass. 986 peck. 993 don. 996 dem t. 997 dô] was da. 1001 raisen (: fraisen).

Ouch mohte er ezzen oder lân,
im wart diu state wol getân
von künicliclier spîse:
diu wart im alsô lîse
gesetzet ûf den tisch daz er
niht wizzen kunde rehte, wer
si getragen hæte dar.
gesindes wart er niht gewar,
daz trinken oder ezzen sol,
und wâren doch die tische vol
60c von zame und ouch von wilde.
des wart ein grôz unbilde
tougenlîche dran geholt.
vor im gesteine und edel golt
er hete wol und trincvaz.
und als er eine trahte gaz,
sô kam ein ander für in dar
und wurden al die tische gar
der selben spîse vol zehant,
diu vor des wart alsô gesant
verborgen unde tougen.
mit klâren sînen ougen
spürt er den ritter unde kneht.
in irte schallen noch gebreht,
diu harphe noch diu lîre.
ein kopf ûz eim sapfîre
stuont vor im unde ein adamas.
geworht vil grüener dan ein gras
zeim überlide was dar obe
ein smaract, der stuont wol ze lobe.
ûz karfunkel was sîn knopf.
der selbe rîlîche kopf
stuont des besten wînes vol,
den keiser oder künic sol
ie trinken ûf der erden.
und als er von dem werden
wart îtel ein vil kleine,
sâ wart im aber reine
unde erwünschet edel wîn
geschenket tougenlichen drîn.

Waz touc hie langiu tegedinc?
der ûzerwelte jungelinc
het aller wirtschaft genuoc,
dar ûf in dô sîn wille truoc,
von trinken und von ezzen.
er hæte gar besezzen
den wunsch in disem palas.
daz aber dâ niht liute was,
dâ von beleip er ungemuot.
sîn herze ûf sich dar umbe luot
der sorgen fuoder unde ir soum.
ez dûhte in allez gar ein troum
und ein gespenste, daz er sach.
doch hæte er alsô rîch gemach,
daz er gedâhte wider sich
60d 'betriuget hie der tiufel mich
mit der goukelfuore sîn,
doch habe ich nâch dem willen mîn
getrunken unde gezzen wol.
swie mirz ergân dar umbe sol,
mîn ist gephlegen schône.
got selbe in sînem trône
mache dirre wirtschaft
mit sîner gotelichen kraft
genædiclichen ûzganc;
ir mittel unde ir anevanc
sint beide süeze mir gewesen.

1003 er *fehlt*. 04 stat. 05 chünikleichen speysen. 09 tragen. 14 des *B*] Das. grosses. 15 Taugenleiche dar an. 17 er hete *B*] zierte. 18 in trüchte. 21 wol. 22 des *B*] *fehlt*. 24 sein augen. 27 herphe. 28 sophire. 31 zü aim. 32 *fehlt: ergänzt B*. 33 sin *B*] ain knop. 34 selbig reilig. 36 Der. 37 Hie. 38 den. 39 ein vil *B*] ain weil. 40 so. 42 tugentl. 43 taugt. tâding. 45 guet. 46 willn. 49 der w. 53 sargen. swam. 55 gespente. 62 wie. 65 dicze. 69 sein.

swaz mit rede ie wart gelesen,
des bin ich worden hie gewar.
ob ich gesunt von hinnen var,
sô lobe ich iemer disen wirt,
der mir hie biutet unde birt
sô rehte keiserlich gemach,
daz ich sô rîchez nie gesach.'

Sus saz er unde dâhte,
biz daz man ime brâhte
swaz man im bringen solte;
und als er dô niht wolte
langer ezzen in dem sal,
dô wurden ûf schier über al
die tische erhaben und genomen.
daz giezvaz sach er für sich komen
und daz vil schœne beckîn.
dar ûz twuog er die hende sîn
vil reiniclichen aber sâ.
die twehele wâren aber dâ
in sînem dienste erfûhte.
ein wunder in daz dûhte
für manic wunder wilde,
daz er dâ menschen bilde
sach niender in dem hûse leben
und im doch wazzer wart gegeben
und ander guot geræte.
der edel und der stæte,
der süeze und der gehiure
gienc dô zeinem fiure
nâch dem ezzen alzehant,
daz harte schône was erbrant
in eime schœnen kämîn.
mete, môraz unde wîn
61ᵃ brâhte man im aber dar
in eime kopfe lieht gevar,
sô daz er liute niht ensach.
man schuof im allez daz gemach,
daz eime gaste lobesam
nâch ungeverte wol gezam.

Nu daz er bî dem viure was
gesezzen in dem palas
sô vil und alsô lange,
biz im der slâf tet ange
und er ze bette solte gân,
dô sach der knabe wol getân
zwô kerzen komen in den sal,
die gâben dâ schîn über al
und wâren ungefüege.
wer aber si dâ trüege,
des enkunde er niht gespürn.
bescheidenlîche ze den türn
kêrtens ûz vor im zehant
und er gie nâch, biz er dâ vant
ein gaden harte wünniclich;
dâ inne stuont ein bette rich,
gedræt ûz helfenbeine.
mit golde und mit gesteine
ze wunder ez gewieret was.
ez lûhte sam ein spiegelglas
und schein als die cristallen.
von salamanders ballen
ein deckelachen lac dar obe,
vil gar nâch ganzer wirde lobe
erziuget âne vulter.
lîlachen unde gulter,
wangeküsse, diz unt daz,

1070 was. mit *B*] uns. 74 pindet vnd wirt. 78 ime *B*] icht; *Pf. schreibt* eht. prächte. 79 was. solde: wolde. 81 Lenger. 83 gebûgen. 84 sich *fehlt*. 69 erfûhte *B*] erlewchte. 92 wilde. 94 geben. 95 gerate. 96 state. 97 suessen. 98 dô *B*] *fehlt*. ze ainem. 1100 schône *fehlt*. verprant. 02 unde *B*] vnd auch. 04 liechteuar. 06 daz *fehlt*. 07 D. ain state l. 11 vil *B*] wil ich. alsô *B*] als. 13 zu dem pette solde. 16 dâ *B*] *fehlt*. 17 vngefuegen. 24 jnen. 28 Als leuchte. 30 ballen *B*] vallen. 31 Sein d. 33 volter: golter. 34 Liel. 35 Gebandtchusse.

erwünschet wâren verre baz
denn iemen künne erahten.
wie möht ich betrahten,
waz ich dâ von richeite las?
von zêderholz ein schâmel was
vor dem bette, ûf den man schreit.
dâ was ein tepich ûf geleit
rich unde seltsæne erkant.
fênix ein vogel ist genant,
der in dem viure brennet sich:
von des hiute wünniclich
61b unde ûz dem gevidere sîn
was der tepich alsô fîn
gemachet und sô spæhe,
daz keiner nie sô wæhe
gezierte küneges palas.
sît alsô wol beschœnet was
der schâmel rich, dar ûf man trat,
sô wizzet daz diu werde stat,
an die man sich geleite,
muoste an edelkeite
sîn gar ûz erkirnet.
alsam ein trôn gestirnet,
den gote hânt gebiuwen.
seht, alsô gab entriuwen
bett unde gaden liehten glast.
und dô der hôchgelobte gast
in die kemenâten schreit
und er sô ganze richeit
dar inne von gezierde vant,
weizgot, dô tet er mit der hant
über sich ein kriuze unt sprach
'Krist herre, heiles obedach,
geruoche phlegen mîn noch hînt,
daz niht der unlidige vînt
sîn goukel mit mir trîbe.
die sêle zuo dem lîbe
ergibe ich gotes huote.'
hie mite saz der guote
für daz bette künieclich.
dâ stuont ein sezzel harte rich,
dar în sô lie sich dô der knabe.
aldâ wart im gezogen abe
daz geschüehe sîn zehant,
daz er dar under nie bevant,
wer in entschuohet hæte.
er slouf ûz sîner wæte
gezogenlichen unde schreit
hin an daz bette wol bereit:
dar ûfe leite er sich dô nider.
die kerzen beide giengen wider
ûz der kemenâten
und liezen in berâten
mit sorgen und mit leide:
diu brou der guote beide.

Geloubet sicherlichen,
61c daz den vil tugentrichen
twanc der vorhte klamere,
wan diu vil schœne kamere
wart vinster unde tunkel,
dâ manic licht carfunkel
und edel stein vor ime bran.
dô der getriuwe junge man
den gulter über sich gezôch,
dô wart erleschet unde flôch
der ganzen kemenâten schîn
*
von golde und von gesteine,
daz an dem bette reine

1136 was. 37 Denne chune iemant. 40 ein *fehlt*. 41 schrit. 42 do. 43 Reth u. selczem. 47 gefider. 50 vehe. 55 geleite *B*] an leite. 57 auserchirêt. 59 gotten h. gewuwen. 60 entruwen. 61 genaden. 66 dô tet] daz. 67 ein k. uber sich: *umgestellt B*. 68 heiles *B*] aller. 70 unlidige *B*] laidige. 73 Gegib. 76 stain. 77 dô *B*] *fehlt*. 80 das vnder n. benät. 82 schlöff. wate. 90 diu brou *B*] die puwt. 93 chlämer. 94 chamer. 97 jm. 98 trewe. 99 golter. 1200 flog. 02 *fehlt*.

lag und an ir wenden.
nu wart in allen enden
dar inne tunkel vaste:
dâ von dem werden gaste
sîn herze in grimme sorge viel.
in vorhten bran er unde wiel,
der hôchgeborne reine,
daz niendert hâr sô kleine
stuont ûf sînem kopfe,
dan hienge ein sweizes tropfe
von angestbæren dingen an.
Partonopier aldâ gewan
strengez leit und ungemach.
dekeiner dinge er sich versach.
wan daz der leide vâlant
kæm unde fuorte in sâ zehant
mit lîbe und mit der sêleenwec.
wan daz sîn herze was sô quec
und alsô veste ze der nôt,
sô müeste er sîn gelegen tôt
von grimmen sorgen in der naht.
nu daz er in der nœte vaht,
dô kam dort her geslichen
still unde tougenlichen
ein mensche zuo der bettestat.
sô lîse ein phâwe nie getrat,
sam ez geschriten kam dar în.
alrêrst dô was daz herze sîn
an fröuden îtel unde toup.
er zittert als ein espen loup
und hæte nâch den sin verlorn.
der sorgen distel unde ir dorn
stâchen beide in sînen muot.
der knabe sælic unde guot
wart in grimme swære brâht.
61[d] waz solt er anders hân gedâht,
wan daz der tiuvel wære komen
und in dâ wolte hân genomen?

Er was in die geværde
gevallen von beswærde,
daz im verzagten alliu lide.
dem ûz erwelten gotes fride
lîp unde leben er bevalch.
von leide wart der edel Walch
gevärwet als ein tôte.
nu kam ouch ie genôte
der mensche mit sô lîhten triten
für daz bette hin geschriten,
daz er sîn vil kûme entsuop.
die decke er mit der hende ûf huop
und leite sich dar under zim.
'ah! wie balde ich doch nu nim
jâmerlîche ein ende!'
mit leide zuo der wende
begunde er rücken an daz ort,
daz er dekeiner slahte wort
von sînem munde niht enliez.
diu grimme nôt in swîgen hiez,
die sîn gemüete fuorte.
er lac daz sich enruorte
niht an im ein âder.
der guote sam ein quâder
ersteinet was in vorhten.

1207 darin. 09 sorgen. 13 Staind. 14 dan hienge *B*] do gieng. swaiz. 15 wern. · 18 Da chainer digne. 20 cham vnd jn fuerte so z. 21 der *B*] *fehlt*; *vgl.* 1302. enbeck. 22 daz *fehlt*. 26 in der nœte] dy note. 28 tugent. 29 ze. 32 Allererst. 34 czittret. espan. 35 den sin] sein. 37 sein. 38 u. auch g. 39 grimmen sware. 43 gewerde. 45 verzagten *B*] verzatten. alle glider. 47 er bevalch *B*] peplach. 50 nu *B*] und. ie] jn. 51 leich tr. 52 hin *fehlt*. 53 vil *fehlt*. 56 Alhie, doch *B*] *fehlt*. nu *fehlt hier und steht zu Anfang der folgenden Zeile*. neme. 60 chaine. 61 niht en *B*] *fehlt*; *Pf. ergänzt* komen. 62 Do. 64 daz] alz.

die sorge an im daz worhten,
dar în gevellet was sîn lîp.
in dûhte wol, ez wære ein wîp,
daz an daz bette was geschriten.
an sînen senfteclichen triten
spürte er frouwen bilde.
doch wânde er daz der wilde
tiuvel hæte an sich genomen
wîplîche forme und daz er komen
wær an daz bette wol bereit.
des wart diu angest sîn sô breit,
daz im daz hâr ze berge gie.
diu vorhte in alsô vaste nie
getwanc, dês âne lougen.
er dâhte dicke tougen
in sînes herzen grunde
'ez was ein übel stunde
daz mich diu muoter mîn gebar,
sît ich sô jâmerlichen gar
lîp unde leben hie verzer.
62a wær ich versunken in daz mer,
daz wære mir wol alsô liep
sô daz mir tougen als ein diep
der tiuvel hie daz leben stilt.
daz in dem walde mich daz wilt
niht æze, daz erbarme got,
durch daz der vâlant sînen spot
ûz mir niht solte machen.
er mac sîn iemer lachen,
ob ich verdirbe alsô von im
und ein sô bitter ende nim
daz er mich hie zebrichet,
als er mich dort betrichet
in der helle ân allen schranz
mit lîbe und mit der sêle ganz.'
Sus lag er in trûren.
vil nâhen zuo der mûren
was er hin dan gerücket
und hæte sich gesmücket
zuo ein ander als ein igel.
der sorgen wârez ingesigel
was im gedrücket in den muot.
nu wolte sich diu frouwe guot
ein wênic dô gestrecket hân,
dâ von diu maget wol getân
ruorte mit den füezen
den klâren und den süezen,
sam si sîn niht dâ weste.
und dô diu tugende veste
an dem bette sîn enphant,
dô zôch si wider alzehant
die blanken füeze linde.
si ruofte lûte und swinde
'ei frouwe sante Marje,
ein salbe und ein latwarje
maneger siechen sêle wunt,
wen hân ich nu ze dirre stunt
bî mir sô nâhen funden hie?
wer ist sô balt, daz er sich lie
nider an daz bette mîn
und er getorste dâ her în
tougenlichen sich versteln?
waz sol ich im dar an verheln?
er gît den lîp dar umbe nu.
sag et vil drâte, waz bist du
daz sich geleget hât her an?
lâ mich wizzen, ob du man,
62b tiuvel oder mensche sîst.
wan sô du mir niht schiere gîst
antwürte, ez ist dîn grimmer tôt.
ich heize bringen dich ze nôt

1268 daz] da. 72 senfteclichen *B*] senftigen. 76 Wiplich. 77 ware prait. 78 *fehlt: ergänzt B.* 88 ware. 89 *fehlt: ergänzt B.* 92 mich nit. 93 niht] mich. 97 verderbe. 1300 betrichtet. 01 schrancz. 02 sêle *fehlt.* grancz. 04 nachet. 05 hindñ. 07 Ze. 08 jnsigel. 10 woltñ. 11 da. 15 sin *B*] in. 16 tugent. 20 lautę vnd geswinde. 21 sand maria. 22 latware. 23 sichen seln. 24 diser. 25 nachen. 29 sich] da. verstelln. 32 sag et *B*] sage. bistu. 36 sô *B*] *fehlt.* 37 Antbart.

die ritter und die knehte mîn.
des mahtu sicher an mir sîn.'

Hie von erschrac Partonopier.
gejaget wart er als ein tier
in grôzen angest, wizze Krist,
wan er gedâhte bî der frist,
daz er genæse niemer
und er von sorgen iemer
solte sîn vil unerlôst.
iedoch gewan er einen trôst,
der im sîn trûren stôrte,
daz er die frouwen hôrte
dô gotes muoter nennen.
dâ bî muost er bekennen
für ein wârez mære,
daz doch gehiure wære
der minniclichen süezer lîp,
wan in dûhte daz ein wîp
mit im geredet hæte.
dâ von der knappe stæte
gar einen vesten muot gewan,
sì daz er bieten ir began
antwürte grôzer sorgen frî.
'frouwe, ir frâget, wer ich sî?'
sprach der vil tugentrîche zir,
'ich bin ein kneht, geloubet mir,
der niht ze laster noch ze schaden
komen her ist in daz gaden:
ich kom von âventiure her.'
'nu sage mir balde', sprach si, 'wer
brâhte dich her in den sal
und ûf diz hûs, daz über al
ist von eigenschefte mîn?
ich bin des landes künegîn
und sint mîn êre manicvalt.
wer hiez dich wesen alsô balt,
daz du dich getorstes legen
sô rehte nâhen mir engegen
unde an mîne sîten?
nie künic überschrîten
getorste mîne bettestat.
62c kein fürste nie dar an getrat
noch deheiner slahte man.
war umbe gienge du her an
und bist ân urloup komen her?'
'genâde, frouwe mîn', sprach er,
'ich bin dâ her gestrichen
vil kûme und angestlichen
zArdenne durch den wilden walt.
sorg unde vorhte manicvalt
dar inne leit ich âne wer
und kam ze jungest an daz mer.
dâ spürte ich an dem lande
ein schif, daz mich dô sande
her ze dirre veste dan.
dâ sach ich weder wîp noch man,
ze den ich urloup næme alhie.
dâ von sô kêrte ich unde gie
selb in den besten palas,
der ûf dirre bürge was,
und saz hie nider über tisch.
wîn unde reine trahte frisch
az ich mit willen unde tranc.
dar nâch enwart mir nie sô lanc,
sà zwô kerzen wünniclich
mich wîsten an diz bette rîch.
seht, alsô kam ich dâ her în.
wær in dem hûse ieman gesîn,
der gesprochen hæte ein wort,

1341 Pat. 47 solde. 55 süezer *fehlt.* 60 erbieten ir. 61 antworte. 63 zier. 66 Yo chom. 69 sprach *fehlt.* 71 -schaffte. 73 sein. 74 werñ a. waldt; *Pf. besserte* werden. 75 getorste. 79 Nite ch. 81 chainer schlechter. 88 sorge. 89 Dar jne laid ich. 91 Dan. 92 schef. 93 her *B*] *fehlt.* ze diser vesten. dan *B*] an. 94 Do. fraw. 95 nam. 96 ich *fehlt.* 97 Selben. 98 diser. 1400 reinē trancke. 02 en *B*] *fehlt.* nie] nit. 03 ly. 04 weisten mich an. *Pf.* wîsten an diz bette mich.

frouwe, richer sælden hort,
sô wære ich niht her an getreten.
dar umbe sult ir sîn gebeten,
daz ir genâde an mir begânt
unde ir mich belîben lânt,
biz diu naht ein ende habe;
sô gên ich von iu hin abe
und rûme dise bettestat,
dar ûf ich âne schulde trat.'

'Belîben?' sprach diu frouwe dô.
'geselle, rede niht alsô:
belîbens mac hie niht gesîn.
du rûmest mir daz bette mîn
und die kemenâten ouch.
du maht wol sîn ein tumber gouch,
62d sît du sô kintlichen redest
und ûf dich grôzen kumber ledest.
du verst benamen dort hin abe.'
'nein süeziu frouwe', sprach der knabe
minniclichen aber zir,
'durch iuwer sælde gunnet mir,
daz ich an disem bette lige,
biz daz der morgen an gesige
der naht unmâzen trüebe.
sît ich mit iu niht üebe
daz laster oder schade sî,
sô lâzet mich iu wonen bî
biz an den liehten schœnen tac,
wan ich enkan niht noch enmac
ûz der kemenâten komen:
strâz unde wec sint mir benomen
ab dem bette zuo der tür.'
'sô wil ich leiten iuch derfür
sunder slege und âne stôz.'
'nein, frouwe, ich bin gemaches blôz
gewesen nu vil lange frist
und bin frô daz komen ist
diu zît daz ich geruowen sol.
dar umbe tuot an mir sô wol
unde erloubet mir, daz ich
an disem bette keiserlich
geslâfe doch ein kleine.
bedenket, frouwe reine,
ob ir von adel sît geborn,
und lânt belîben âne zorn,
daz ich alhie ze ruowe kum.'
'diu rede ist dir ze nihte frum',
sprach aber si dô wider in;
'du muost ab disem bette hin
kêren endelichen nu.
waz ruowe vinden wænest du
bî mir, vil tumber jungelinc?
wol ûf! geschicke dîniu dinc
und irre mich niht langer.
dîn kintlich rede swanger
vil ungefüeger wünsche wirt,
wan si dir machet unde birt
hie manegen angestlichen streich.
von slegen wirt dîn rücke weich,
swie du niht balde gêst hin abe.
du wænest lîhte daz ich habe
63a niht liute in mînem hûse alhie?
weizgot, ich hân noch ritter, die
bî dem hâre ziehent dich
ab dem bette jâmerlich
und bringent dich ûz durch die tür.
wilt du niht selbe gân dâ für,
si lêrent dich mit dîme schaden
rûmen diz vil schœne gaden.'

1409 her *B*] *fehlt.* 10 solt. 14 euch. 20 mir] nu. 24 grôzen *B*] *fehlt.* 25 dor. 26 mein; *vgl.* 1442. 27 zier. 28 eur salde. 30 der *fehlt.* 32 euch. 33 schaden. 36 niht *fehlt.* mag. 38 Strasse. 40 leiten iuch derfür *B*] leiden do fur. 44 d. es chūme. 45 geren sol. 46 so tuet. 50 Pedenck. 53 rue. 60 gesichikn. 61 lange. 62 recht swänge. 64 machtet. 67 wie. 68 *fehlt.* 69 laute. 73 Vñ aus pr. dich d. d. t. 74 wildu.

'Nu wol', sprach dô der jungelinc,
'ich leit sô kumberlîchiu dinc
ûf wazzer unde in walde,
daz ich nu lîden balde
wil an dem bette grimmen schaden.
ê daz ich kêre für daz gaden,
sô muoz mir sicherlichen ê
von swæren slegen werden wê,
daz man ez wol erswüere.
sît ich iuch niht enrüere
unde als ein juncfrouwe lige,
vil sælic wîp, durch waz verzige
dann iuwer güete mich, daz ich
an disem bette wünniclich
biz an den morgen niht belîbe?
ob ich die naht alhie vertrîbe,
daz würre iu doch vil kleine.
genâde, frouwe reine,
bewæret, ob kein edeliu tugent
ie kam an iuwer süeze jugent,
und lâzet mich alhie bestân.
wan sol ich von hinnen gân,
sô muoz ich werden ê gebert.'
'diu sælde dir niht widervert
daz man dich slahe', sprach si dô,
'wan ich gefüege ez lîhte alsô
daz dich bestêt ein græzer nôt:
dir muoz ein grimmiclicher tôt
ân allen zwîvel künftic sîn
und dîme gemüete wecken pîn
ûf ein angestbære zît.'
si lâgen ûf dem bette sît
bî ein ander unde swigen.
ir zweier rede was gedigen
unde ir strît ze nihte gar.
si wurden beide krieges bar
und ernestlicher worte.
er lag an einem orte,
63b si lag an disem ende.
gar âne missewende
stuont ir zweier hôhez leben.
rîlîchiu sælde in was gegeben
und was der wunsch an si geleit
von schœne und ouch von edelkeit.

Si lâgen stille beide
mit wîter underscheide,
daz ir dekeinez ruorte
daz ander, wan si fuorte
zwîvel in den missetrôst,
daz ir deweders wânde erlôst
werden von der minne.
des landes küniginne
geliten hæte wol daz er
nâch sînes edeles herzen ger
gerücket næher wære.
dô was der knabe mære
von ir rede alsô verzaget,
daz er die keiserlîche maget
niht getorste grîfen an.
doch wizzet daz sîn herze bran
nâch ir minne sam ein kol.
er hôrte an ir gebære wol
und an ir sprâche reine,

1477 dô *B*] *fehlt.* 79 im w. 80 balde] wolde. 81 dem *B*] *fehlt.* grime. 83 sicherlich. 84 swæren *fehlt.* 86 ruere. 88 v'zigñ. 89 Dañ ewr. mich *B*] *fehlt. Pf. schrieb* iuwer güete dann daz ich. 91 pelibñ. 93 würre *B*] wunde. ew. 94 rainew. 95 webaret. edel. 96 iuwer *fehlt.* 98 wand ich solt von hinen. 99 ee werden. 1500 dir] deu dir. 01 si doch. 02 gefueger liecht. 03 dich — grosse. 04 grimerl. 05 alle. 06. 7 vnd sein gemuete wekein auff ain angest pey der czeit: *gebessert B.* 11 ir *fehlt.* 12 war. 17 Staind. 18 Reichliche salde was in geben: *gebessert B.* 20 ouch von *fehlt: Pf. ergänzt nur* von. 21 lâgen *fehlt.* 23 do aines. 25 Czweiul in dem. 26 do weders. 29 hetñ. 30 edelns. 32 *fehlt.* 33 ire. alz. 36 wist. 37 *fg.* chole: wole.

daz nie wart von beine
noch ûz fleische ein wîp geborn
sô lûter unde als ûz erkorn
sam diu minniclîche fruht.
daz selbe erkante mit genuht
an im diu reine guote.
si weste ouch in ir muote,
daz kein juncherre mohte sîn,
an dem got solher tugende fîn
und solher zühte wart enein.
dâ von diu minne gab in zwein
gelîchen sin und einen muot:
si wurden beide sam ein gluot
und als ein viures zander
erbrennet ûf ein ander.

Partonopier der klâre
lie manegen siuften zwâre,
der von des herzen grunde kam.
ouch hôrte er von ir und vernam,
daz si daz selbe nâch im tete.
dâ von gedâhte er an der stete
'swaz mir joch drumbe sol geschehen,
ich wil versuochen unde sehen
mit krefte und mit dem lîbe,
63c ob mir an disem wîbe
gelinge nâch dem willen mîn.'
sus greif er mit der hende sîn
an die frouwen mit gelust
unde ruorte ir süezen brust,
diu sam ein apfel was gedrât.
durch disiu dinc und die getât
wart diu schœne zornic niht:
diu frônte sich von der geschiht
und tet doch diu gelîche,
sam si leides rîche
von dirre sache wære,
daz der knabe mære
an si gerecket hæte alsô.
'wê!' sprach si zorniclichen dô,
'tuo dîne hant hin dane baz!
wer lêrte dich, juncherre, daz
daz du mich ane grîfest nu?
zwâr ich geloube alrêrst daz du
ze rehte niht versinnest dich.'
hie mite leite er nâher sich
und umbevieng ir werden lîp.
'genâde, frouwe, sælic wîp',
sprach der ûz erwelte dô.
'durch got enredet niht alsô:
tuot an mir iuwer güete schîn.
ich wil ûf erden iemer sîn
für eigen iu gebunden,
durch daz ir mîne wunden
geruochet heilen ûf ein ort,
die mir iuwer reiniu wort
gehouwen habent in daz leben.
sô sol mir aber trôst gegeben
iuwer rede minniclich.
swie vaste ir zürnet wider mich,
sô dunket iuwer sprâche doch
mîn herze unmâzen süeze noch,
wan si nâch wunsche erhillet:
si dœnet unde schillet
durch daz ôre in den gedanc
vil baz denn aller harpfen klanc,
den Orfêus brâhte für.
ich prüeve daz wol unde spür,

1540 daz] Die. war. 47 mohte sîn *B*] macht gesein. 48. 49 *fehlen: ergänzt B.* 50 Dān von. 53 zunder. 56 seuffter. 61 was. joch *B*] ja. dar vmb so g. 62 unde sehen *B*] und versehen. 63 schreffte. liebe. dem *B*] *fehlt.* 65 Glinge. 68 *fehlt: ergänzt B.* 70 getāt. 73 den geleichen. 75 diser. ware. 76 *fehlt: ergänzt B.* 79 dan. 80 lerñt. 81 nu] mich. 82 aller erst. 83 v'saumest. 85 ir] sein. 86 salis. 89 iuwer *fehlt.* guetñ. 91 ewr. 92 Durch. 95 habñ gehawen: *umgestellt B.* 96 *fehlt: ergänzt B.* 1600 v'massen. 03 ôre] er. 04 herpfen.

sî iuwer rede vientlich
unde herte wider mich,
daz iuwer minne und iuwer lîp
sint bezzer vil dann ander wîp,
die man ûf erden ie gesach.
swaz man von wîbes güete sprach,
63[d] daz dunket mich vil gar ein wint,
biz ûf die swære, die mir sint
von iu ze herzen komen hie.
mîn ouge daz erkante iuch nie
noch lihte niemer mê getuot,
und weiz ich doch wol, daz ir guot
und ûz erwelt nâch wunsche sît.
mîn herze seit mir âne strît
von iu durch wâre schulde,
ir sît ein übergulde
der besten wîbe, die nu sint.
ach, frouwe, rîcher sælden kint,
des lâzet mich geniezen
und helfet mir entsliezen
die stricke mînes herzen.
ich dulde grimmen smerzen,
dar în mich iuwer sælikeit
an disem bette hât geleit.'

Diu frouwe im antwürte bôt.
'juncherre', sprach si, 'disiu nôt
hât gâhes dich bestanden.
swer mit der minne banden
ze drâte wirt begriffen,
der ist dar ûz gesliffen
schier unde in kurzer wîle.
niht sûme dich und île,
tuo dich sô tumbes willen abe,
wand ich vil harte wênic habe
mich an dînin spæhen wort.'
'frouwe, mîner sælden hort',
sprach aber der getriuwe dô:
'nu füeget ez sich dicke alsô,
daz man in kurzen stunden
mit leide wirt gebunden,
des niemer ende werden mac.
der wilde tobende donerslac
den menschen gæhes triffet noch
und lât in harte kûme doch
von im mit lîbe entwichen.
dar zuo wil ich gelîchen
der minne strâle und ouch ir schoz,
diu manegen wirfet in daz sloz,
dar inne er muoz geligen tôt.
ich bin gevallen in die nôt
bî dirre kurzen stunde,
64[a] dar ûz ich mit gesunde
gescheide niemer, sælic wîp,
iuwer minne und iuwer lîp
geruochen danne mich gewern.
genâde, frouwe, lât mich zern
iu ze dienest mîne tage,
und lœset mich ûz dirre klage,
durch daz ich lîp, herz unde leben
für eigen iu well iemer geben.'

Diu frouwe sprach im aber zuo
'lâz abe dîn klaffen unde tuo
dich von mir hin dane baz.
du trîbest sam mir, ine weiz waz,
dar umbe ich harte kleine gibe.
du schepfest wazzer mit dem sibe,
dîn rede ist niht dann üppikeit.
tuost du mir iht deheinin leit,
ez gêt dir an daz leben dîn.
ich ruofe daz gesinde mîn,

1607 ventl. 08 *fehlt: ergänzt B.* 09 vnd auch geleich (*so*) [leib]. 10 sein — ander'. 12 *fehlt.* 15 in *fehlt.* hie] ie. 16 iuch *fehlt.* 17 mem' nie. 23 peste beibe. 27 striche. 34 Swär. 41 deiner. 42 meiner wort s. h. 43 der *fehlt.* 44 ez sich *fehlt.* 46 gewunden. 49 gehâs. 51 liebe. 53 ouch *B*] *fehlt.* 57 bî *B*] Dy; *Pf.* in. durre ch. stunden. 59 saligs. 60 iuwer] Er. 62 fraw fraw. 64 diser. 66 welle. wil? 69 danne. 70 Daz treibest sam mir mine baz. 73 dann *fehlt.* 74 nicht chaiu.

daz mich von dir nu lœset.'
'nein, frouwe, ir sît gerœset
mit êren und mit hôher tugent.
dar an gedenket, reiniu jugent,
und lât mich niht verderben;
wan sol ich drumbe sterben,
mîn wille muoz an iu geschehen.
ich hœre sprechen unde jehen,
genâde sül an frouwen sîn.
des lât mich, herzen künegîn,
geniezen und begnâdet mich.'
alsô begunde er nâhe an sich
die vil werden twingen.
durch sîner fröuden lingen
wart der minnesieche balt.
ob er iht næme mit gewalt
des in diu starke minne twanc,
daz er ein teil mê nâch ir ranc
dann in ein friundes zuht gebôt?
nein, der gernden minne nôt
gab im gein liebe lîbes kraft,
daz er an liebe sigehaft
nâch sô lieber vehte wart.
ob dâ der fröuden spil gespart
von im würde? nein ez, nein!
64b diu minne an den gelieben zwein
ir süeze werre niht enlie.
swaz liebe, fröude und sælde ouch hie
zesamen bringen kunden,
daz wart zen selben stunden
Partonopiers gelücke kunt.
sîn munt an ir vil süezen munt
ein vor gereizet minne spil
sô dicke treip und alsô vil,
daz si des wurden balde ermant,
daz in ê was vil unbekant,
jâ unbekant in beiden.
si wurden dô gescheiden
von ir magetuome.
ir magetuomes bluome
an sîne stat enspringen lie
der minnen bluot, diu sît zergie
an herzenliebe bernde fruht.
sîn alsô zühticlich unzuht
an der süezen dâ gewan,
daz si wart wîp und er wart man.
diu liebe ir wehsel ûf gewin
an in warf her und an si hin.
swes gerte ir beider willen gir
von ir an im, von im an ir,
daz was erfüllet ûf ein ort.
si vant an im der fröuden hort
und er an ir der wünnen spil.
waz hulfe, ob ich nu seite vil
von ir beider minne guot?
ob ie kein edeles herzen muot
nâch wunsche erwelte fröude vant,
diu wart ouch disen zwein bekant
sô rehte volliclîchen dâ,
daz si benamen anderswâ
nie sô volliclîchen zwein
wart erkennet noch erschein.

Nu daz diu minne ir anevanc
an den gelieben über lanc
ze süezem ende brâhte,

1679 und mit *B*] und. 82 darumb sol ich sterben. 83 muoz *B*] sol. 85 sül *B*] sol. 88 an *fehlt.* 89 An die. w. iugent tw. 90 lingen *B*] gelingen. 91 m. streite. 92 Ob ich naiũ g. 94 teil mê *B*] michel. 95 friundes *B*] fremde. 96 gernden *B*] begerten. 97 liebe liebes. 98 sigehaft *B*] schafft. 99 wort. 1700 gesport. 01 es n. es n. 02 an den gelieben *B*] under dem lieben. 03 were *B*] wer nusse. 04 was. 05 chũen. 06 zu s. 11 des] daz. wurden balde *B*] balde wurde. 14 wurden dô *B*] beide wurden. 15 irñ. 17 enspr. hie. 18 De m. pl. diu sît *B*] disich. 19 verunde. 20 -leichen vñz. 22 *das zweite* wart *fehlt.* 25 wille. 29 wunden. 32 chains edel. 33 wunschñ. 36 penomen ander wa. 38 war. 39 diu] der. ir *fehlt.* 41 zu sussen.

dô sprach diu wol bedâhte
'vil sælic herre, trûter man,
daz wîp sô lieben nie gewan,
dir ist an mir gelungen,
64c und hât mich des betwungen
dîn kraft hie sunder mînen danc,
wan ich bin dar zuo alze kranc,
daz ich mich dîn künde erwern.
dâ von sô wil ich dich beswern
bî der edelkeite dîn,
daz du nâch dem laster mîn
mit gedanke niht engrabest
und du mich deste wirs niht habest,
daz in sô rehte kurzer frist
an mir dîn wille ergangen ist.
geloube sicherlichen nu,
wær ich gesîn sô starc als du,
ich hæte alhie gelenget
daz, daz ich verhenget
hân sô rehte schiere dir.
doch ist diu schulde niht an mir,
niwan der ich hân bekort.
ûf dich mîner sælden hort
was geleit vor maneger zît.
an dir mit langer stæte lît
mîn leben und mîns herzen muot.
friunt, herre, trût geselle guot,
vernim, wie sich daz hüebe,
daz ê mîn herze grüebe
nâch dîner werden minne.
ich bin ein küneginne
des riches hie ze lande.
und ist vil maneger hande
mîn êre, daz entsliuze ich dir.
wol zweinzic künege dienent mir
unde ahtzehen herzogen.
vor mir hânt ir knie gebogen
zwei hundert grâven dicke.
swaz ich mit den hie schicke,
daz ist allez wol getân.
sô vil ich werder frîen hân
und hôher dienestliute,
daz ich ir zal bediute
niht sagen mac ze rehte.
der ritter und der knehte
ist wunder mich gevallen an.
nu rieten alle mîne man,
daz ich kür einen herren mir
64d vil gar nâch mîner minne gir,
und gâben mir alsô die wal.
si jâhen, ich hæt âne zal
richtuom unde landes genuoc.
ez wære ein michel ungefuoc,
ob ich durch guot næm einen man.
swâ mir die sinne vielen an,
dâ solte ich kiesen eteswen,
eintweder disen oder den,
der mir ze herren töhte
und wol mit liebe möhte
bringen mînen willen für.
nu wan mir alsô diu kür
gelâzen und gegeben wart
umb einen man von hôher art,
dô wurden von mir ûz gesant
boten in vil manegez lant,
die mir dâ fuogten einen
sô guten und sô reinen,
daz ich mit grôzen êren
mîn herze möhte kêren
an sînen wünniclichen lîp;
wan ich gedâhte, daz ein wîp
verkoufen niht solt umbe guot

1745 nu ist an dir mir. 47 sunder hie. 54 est' weiser. 59 hæte *fehlt.* 62 ist] ich. 63 niwan] nur. 66 lange state. 67 mins *B*] *fehlt.* 70 Die ee m. hertzñ gruebñ. 76 dientñ. 77 herczogein. 78 knie *fehlt.* 82 wil — wed'r. 84 Daz ir cz. b. 85 *fehlt: ergänzt B.* 88 ritten. 90 mines. 94 war. vnfug. 95 nâ. 99 herren *B*] hertzen. dawchte. 1802 wan] von. 03 und geben. 08 *fehlt.*

ir minne, friheit unde muot:
si solte an rehte wirde spehen.
dâ von hiez ich die boten sehen
niht vil an hôhen richtuom:
swer ganzer wirdikeite ruom
trüeg an dem lîbe danne,
den wolte ich zeinem manne.
sus kêrten dô die boten hin,
reht als ich hæte erloubet in,
unde ersuochten manic lant:
dar inne man dekeinen vant,
der mir ze manne töhte
und mir gelichen möhte
an wirdiclichen dingen.
nu kâmens in Kärlingen
ze jungest unde ersâhen sich.
dô was dîn leben wünniclich,
von itewîze alsô getwagen,
daz si mir begunden sagen
wunder hie von dîner jugent.
si jâhen, daz dîn reiniu tugent
65ᵃ wær alsô vîn und alsô klâr,
daz du mir stille und offenbâr
ze manne wol gezæmest,
und daz du rehte kæmest
zêren und ze fröuden mir.
hie von enbran mîns herzen gir,
daz ich niht lâzen wolte,
swaz mir geschehen solte,
ich wolte dich mit ougen sehen
und daz wunder selbe spehen,
daz mir von dir wart geseit.
hie mite wart ein kiel bereit
rîlichen unde schône mir.
dar în saz ich nâch mîner gir
und île in Francrîche dan.
dâ sach ich, herzen lieber man,
dich vor dînem künege dô,
der dîn ze neven was sô frô,
daz er dir bôt êr und gemach.
swer dich mit ougen an gesach,
der was dir in dem herzen holt.
sam für kupher liehtez golt
gît erwelten ganzen schîn,
reht alsô gleiz diu schœne dîn
für manegen werden Franzeis.
dâ von ûf dich mîn wille reis
und wart mîn herze an dich gewant
und mîn sin nâch dir enbrant
sô vaste und alsô sêre,
daz ich sît iemer mêre
lag in der sorgen brünste.
ich schuof mit mîner künste,
daz der künec, dîn œheim,
kam des jagens über ein
zArdenne in daz gevilde.
daz du den eber wilde
slüege, daz hæt ûf geleit
dîn manicvalde wîsheit,
der an mir ein wunder ist.
ouch schuof daz mîner künste list,
daz du bist komen in daz lant.
daz schif wart dir von mir gesant,
daz dich dâ her truoc über sê.
65ᵇ friunt, waz sol ich sagen mê?
jâ wolte ich gerne, junger helt,
hân ze manne dich erwelt
nâch mîner künege râte.
nu bist du mir sô drâte
komen hinaht von geschiht,

1819 Truege an den liebe. 21 dô *fehlt*; *Pf. ergänzt* sâ. 24 Dar in m. do chainen. 25 rehte. 27 digen. 31 itewîze *B*] rëtt wisse; *vgl.* 258. 35 als. alz. 44 selben. 46 ein *fehlt*. 47 reichlichen. *Dann V*. 1840 *wiederholt*. 48 ich *fehlt*. n. meinen herczen. 52 Der czu nŏuen dein s. fr. 53 êr und *B*] herlich. 55 im. 56 vnd l. g. 61 was. 62 Mein s. vñ wart n. d. erbarmt. 64 nymerm. 69 gefille. 71 Slueg. daz *fehlt*. 73 ein] an. 76 schef. 78 ich *fehlt*. 80 manen. 81 chungen.

daz mîn wille mohte niht
werden ûf ein ende brâht.
ich hete mich des sus bedâht
mit den landes herren mîn:
ein tac sol hie ze hove sîn
über drittehalbez jâr,
dâ sol ich kiesen offenbâr
einen man der mir behage.
wilt du nu beiten zuo dem tage
mit guotem willen, sô kius ich
ze herren und ze manne dich
vor allen mînen künegen hôch.
war umbe ich disen tac ûf zôch
sô lange, friunt, daz merke nu.
dâ wolte ich, süezez liep, daz du
gedigen wærest danne
sô michel zeinem manne,
daz du gewünnest ritters namen.
ich müeste mich sîn iemer schamen,
ob ich ze man kür einen kneht,
wan ez ist hie ze lande reht,
daz frouwen niht getürren haben
zer ê sô kindische knaben,
sam du, vil trût geselle, bist.
dâ von sô hab ich eine frist
gemachet über daz dritte jâr.
in deme wil ich offenbâr
dich kiesen mir ze manne.
ich weiz wol, du bist danne
gewahsen alsô rehte wol,
daz man beschouwen niemer sol
dekeinen man sô wünneclich.
des nim ich zeinem manne dich
und zeinem herren danne mir.
friunt, nu hân ich gesaget dir
von ende zende mîniu dinc,
durch daz du, werder jungelinc,
niht wænest, daz ich alrêrst habe
an dich, tugende richer knabe,
mîne minne nu geleit.
65c ich hân mit reiner stætekeit
geminnet dich vil lange her.
dâ von sô bite ich unde ger,
daz du deheinen swachen wân
ûf mich dar umbe ruochest hân,
daz dir in alsô kurzer stunt
mîn süeziu minne ist worden kunt.'

'Genâde, frouwe', sprach er dô.
'durch got enredet niht alsô,
daz ich deheinen swachen wân
ûf iuch dar umbe welle hân,
daz mîn wille ergangen ist.
ich weiz wol, daz nu lange frist
an mir lît iuwer sin begraben,
und daz sich niht alrêrst erhaben
hât an iu der ursprinc.
ir wizzet alliu mîniu dinc
sô schône und alsô rehte wol,
daz ich iu des getriuwen sol,
daz ir von herzen meinet mich
und daz vil sælden wünniclich
an iuch von gote sî gewant.
ich hân den wunsch an iu bekant
ûf ein ende und an ein ort.
der sælden und der fröuden hort
vant ich sô vollicliche nie.
dekeinen bresten habe ich hie,

1884 Das die m. 86 *fehlt: ergänzt B.* 89 dritthabs 93 gueten. chuse. 95 doch. 98 suesser. 99 gedingen. 1902 iemer *fehlt.* 04 ist *fehlt.* 06 zu ee. 07 traw. 08 hab ich so. 10 den. 11 mir] mich. 12 das du. 13 alz. 14. 15 *umgestellt.* 15 wunnesam. 16 ich dich wol zeinem man: *Pf.* wol ze manne dich. 17 und *fehlt.* 20 du *fehlt.* 21 nich. ich *fehlt.* 23 *fehlt.* 25 lange *B*] langer. 26 pit dich vil v. g. 27 chainen. waun. 32 redet. 34 wellñ. 35 willen. 36 longe. 39 vrsprung. 42 des] das. 45 von *fehlt.* genant. 46 des w. 50 Chainen.

wan daz ich iuwer niht ensihe.
von wâren schulden ich des gibe,
möht ich mit ougen iuch gesehen,
mir kunde lieber niht geschehen
an fröuden in den jâren mîn.'
'friunt', sprach si, 'daz enmac niht sîn,
daz mich dîn ouge sehen müge.
du solt daz wizzen âne trüge,
sît ich dîn künde alrêrst gewan,
daz mich dekeiner slahte man
nie beschouwen mohte sît,
noch niemer mêr biz an die zît,
dar ûf gesprochen ist der tac,
daz ich vor mînen fürsten mac
offenliche sehen dich.
friunt, sô wil ich danne mich
sehen lâzen al die man,
wan ich vil starke liste kan,
65[d] mit den ich mich beschirme wol,
daz mich die wîle keiner sol
erkennen mit den ougen.
du muost mich haben tougen,
helt, ob du mich triuten wilt,
biz ûf den tac, den ich gezilt
hân biz in daz dritte jâr.
sô maht du mich denn offenbâr
beschouwen unde ninnen.
ê solt du niht gewinnen
an mir kein offenbærez dinc.
du hâst mich, süezer jungelinc,
die naht an disem bette hie,
dâ du mit mir trîbest ie
swes dîn herze welle gern.
des tages muost du mîn enbern
mit ougen und mit angesiht.
wan daz du lebender liute niht
hie maht beschouwen noch gesehen,
sô kan dir anders niht geschehen,
daz dînem willen widerstê.
du vindest kurzewîle mê
dann iemen künne bringen für.
du maht nâch dînes herzen kür
hie birsen, beizen unde jagen,
trinken, ezzen, kleider tragen
und dar zuo rîten schœniu pfert.
allez, des dîn herze gert,
daz vindestu nâch wunsche allhie.
ze naht kum ich geslichen ie
lîs unde tougen her ze dir,
sô daz ich alle dîne gir
leist ûf ein ende bî der frist.
swes dir den tac gebrosten ist
an guoter kurzewîle,
daz wirt in sneller île
mit süezem werke erfüllet gar.
wilt aber du mîn nemen war
mit dînen ougen eteswie,
sô daz du mich gesehen hie
mit keinen listen gerne wilt,
sô wizzest daz, daz dich bevilt
der sælden und der êre mîn,
wan ich dar nâch müest iemer sîn
in jâmer unde in klagender nôt.
ouch soltu wizzen, daz du tôt
muost benamen dar umbe ligen.
des lâ verborgen und verswigen
66[a] sîn vor dir mîn bilde.
ez sol dir werden wilde

1951 iuwer *B*] ew; *Pf.* iuch. 53 ew. 54 *fehlt.* 56 mag. 57 augen — mugen. 58 trugen. 60 mich mich chain schlecht'. 61 möchte. 66 wille. 67 al *fehlt.* 69—71 Mit den ich mich die weile sol Daz chainer mich peschirme wol Erchenne. 75 pis. 76 den. 78 gewinen. 80 mich *fehlt.* 81 An disem pette die nacht hie. 82 So du. 83 wes. geren. 87 mocht. 89 deinen. 91 Däne chunnen pr. f. 94 Trinck. 98 czum ich geschichen. 99 leise vnd. zu. 2002 swer. 05 suessen wercken. 06 wil du aber. 10 *fehlt*: *ergänzt B.* 11 vnd ere m. 12 muest dar n. 13 Im i. v. chagender n.

biz an die zît und ûf den tac,
daz ich dich offenlîche mac
erlesen unde erkiesen.
ob du niht wilt verliesen
dîn leben und die sælde mîn,
sô lâ dir niemer werden schîn
mîn schœne antlitze wünniclich,
ê daz ich sol ze manne dich
ûz allen mînen fürsten weln
unde zeinem herren zeln.

Ich weiz wol, dich nimt wunder,
durch waz ich hie besunder
vor dînen ougen berge mich.
du wænest lîhte nu, daz ich
ein ungehiurez bilde sî.
nein, du maht des wânes frî
belîben und der vorhte,
wan mich der selbe worhte,
der alliu dinc beschaffen hât.
sîn gótelîchiu trinitât,
almehtic und gewaltic,
ist einlich und drivaltic
und stricket sich mit disen zwein
sô gar drivalticlîche in ein
und als einvalticlich in driu,
daz niemer êwiclîchen diu
verworrenheit enbindet sich.
an die drî namen gotelich,
vater, sun und heiligeist,
hân ich gelouben aller meist,
und daz weiz ich âne spot,
daz si sint ein wârer got,
der was und ist und iemer wert.
daz er von himel ûf den hert
kam und in gebar ein maget,
des wil ich iemer unverzaget
getriuwen âne zwîvel wol.
friunt, ich geloube swaz ich sol,
als ein getoufet mensche tuot:
66b dâ von du, trût geselle guot,
maht wesen dirre sorge frî,
daz ich von tiuvels goukel sî
komen an daz bette nu.
niht grabe noch gedenke du
dar nâch, wie du beschouwest mich.
nâch dînem willen soltu dich
mîn genieten hie ze naht.
dâ bî du tages schicken maht
allez daz du gerne tuost,
wan daz du lebender liute muost
und mîner angesiht enbern.
iedoch sol daz niht langer wern
wan über drittehalbez jâr:
sô wirstu künic offenbâr
des landes und des rîches,
und sol dir niht gelîches
an herren unde ûf erden
in keinem lande werden.'

Der rede gap Partonopier
antwürte, sam ein knappe fier,
der tugende sich versinnet wol.
'frouwe', sprach er, 'ich ensol
gedenken niemer hie, daz ich
seh iuwer bilde wünniclich,
ê mirz erloubet iuwer lîp.
swaz ir mich heizet, sælic wîp,
hie schouwen und vermîden,
solt ich dar umbe lîden

2021 Auserlesen vnd auserch. 22 wilt *fehlt.* 23 lesen. 25 antlutze. 27 furste welln. 28 hie czelln. 29 wol *fehlt.* 31 dein. 33 sein. 34 wones. 36 selber. 38 göttl. 40 ainlig. 41 mit] mich. 42 driualtichlig. 43 ainvaltige. 46 gotl. 47 sum und häliger g. 49 weiz ich *B*] wissen. 52 er *fehlt.* die erd. 53 in *fehlt.* gebor. 54 ich *fehlt.* 58 gessel. 59 diser sorgen. 60 kaukl. 65 zuhant. 70 lenger. 71 dritthalb. 76 wern. 83 lieb leib.

den tôt, sô wolte ich sîn enbern.
mîn herze sol ouch niemer gern,
daz iuch mîn ouge hie gesehe.
swie rehte kûme ez doch geschehe,
ich lâze iuch unbeschouwet.
mit sælden ist betouwet
gar iuwer tugende rîcher sin,
dar umbe ich des ân angest bin,
daz ir sît ungehiure.
vil reiniu crêâtiure,
beid offen unde tougen
(diu rede ist âne lougen),
ich hæte des wol ê gesworn,
daz iuwer lîp vil ûz erkorn
wær ein gespenste wilde
66c und ein verworhtez bilde,
daz der leide vâlant
ze schaden hæte mir gesant.
nu bin ich ûz dem wâne komen.
ich hân daz an iu vernomen,
daz sô gehiures niht enwart,
sam iuwer lîp von hôher art
und iuwer reinez leben ist.
durch daz sol ich dekeinen list
suochen, der uns beiden tuo
schaden hie spât unde fruo;
des nement hin die triuwe mîn.'
'nein', sprach si, 'des ensol niht sîn,
daz ich enphâhen welle die.
du lebe nâch dînem willen hie
reht als dîn herze sî gemuot.
tuostu wol, ez ist dir guot
und wirt ouch vil nütze mir.
niht für baz wil ich sagen dir,
wan ob du des geruochest,
daz du die liste suochest
dâ mite du mich wellest sehen,
des wil ich dir der wârheit jehen,
daz ich beswæret iemer bin.
ouch lîdestu sus ungewin,
daz du benamen sterben muost.
ist aber, daz du des niht entuost
und du behaldest mîn gebot,
du wirst ein herre, samir got,
der ob allen künegen swebet
und iemer nâch dem wunsche lebet.'

Hie mite was diu rede hin,
die si dâ triben under in
von sô getânen mæren.
si liezen allen swæren
muot beliben under wegen.
der minne wart von in gephlegen,
daz man niht süezer mohte haben.
ich wil des einen eit mir staben,
daz der edel batschelier,
der sælden barn Partonopier,
lie sîn gemüete fliegen hô.
66d ich wæne rehte wol, daz dô
sîn hôhe swebender gedanc
an vor geliten arbeit lanc
vil kleine dâ gedâhte.
sorg unde leit in âhte,
fröud unde liep vereigte in hie.
für alle sorge si ouch hie vie
der werden in ir herzen sez.
in beiden wart gelîchez mez
von der minne dar gegeben.
des wart ir muot in ein geweben,
der ê zwivaltic lûhte.

2087 sô *fehlt.* 88 ouch *B*] *fehlt.* niem'. 89 augen. 91 vnpschauet. 92 mit *B*] in. gepawet petawbet. 93 vntugent. 98 het es. 2101 gespente. 02 verworcht' wilde. 04 mir het. 05 wanne. 07 D. ich dez so g. nit wort. 08 ort. 10 chainen. 14 sol. 19 wil. 20 Nich. 24 Daz wil. 26 sunst. 27 peyn. 28 aber *fehlt.* en *B*] *fehlt.* 30 samer. 32 wunschñ. 36 all. 39 macht. 42 borñ. 43 fliechen. 45 hocher. 47 dâ *B*] dar. 49 Frewt — veraigtũ h. 50 sorge n. 53 geben. 55 Daz — laute.

Partonopieren dûhte,
daz nie manne würde baz.
er lag in fröuden sunder haz,
biz er entslief dar under.
diu schœne diu was munder
und lie den werden slâfen.
in hæte arbeite wâfen
getroffen ê sô vaste,
daz dem erwelten gaste
was ruowe nôt, geloubet mirz.
in hæte sorge alsam ein hirz
dâ vor mit leide erilet.
des wart gekurzewîlet
von im dô niht langer.
der süezen fröuden anger,
dâ minnen bluomen unde klê
gelesen ûfe wâren ê,
den liez er unde entslief alsus.
dâ von diu schœne manegen kus
slâfende im an sînen munt
gab in einer kurzen stunt.

Er mohte entslâfen suoze:
diu werde mit unmuoze
in maneger liebe sîn dâ phlac.
in alsô süezem slâfe er lac,
daz si niht wolte wecken in.
si kêrte von dem bette hin,
dô si des dûhte, ez wære zît,
und lie den werden slâfen sît,
biz daz der lûter morgenrôt
sîn glesten wünnicliche bôt
67' und in hiez wachen drâte.
diu schœne kemenâte
was von der liehten sunnen
und al dem glanze erbrunnen,
der von gesteine lac dar an,
sô starke, daz der junge man
ûz dem slâfe erschricte.
er greif dar unde blicte
an daz bette enebent sich,
ob diu frouwe minniclich
dâ læge. nein, si was enwec.
dâ von wart im der fröuden stec
enzücket und geworfen abe.
der hôchgeborne süeze knabe
ûf rihten sich begunde.
er suochte bî der stunde
sîn kleit von lîhter koste gar,
daz er gefüeret hæte dar.

Nu was enwec genomen daz,
ein anderz dâ, gezieret baz,
zuo den füezen sîn geleit.
ich wæne, daz sô rîchez kleit
ein rœmisch künic nie gewan.
daz golt und daz gesteine bran
durchliuhticlichen ûz der wât.
ez was der beste ciclât,
der ie von meister was gebriten,
nâch sînem lîbe wol gesniten
daz selbe kleit ze wunsche gar.
von blanker sîden liehtgevar
spürte er dâ bî ein gewant.
dâ bî kôs er unde vant
schuoh unde keiserlîche hosen.
ich sage iu, welt ir sîn gelosen,
wie dô gewarp der süeze man.
er stuont ûf und leite ez an
mit willen allez bî der zît.
nu kam daz beckîn aber sît
und daz vil wæhe giezvaz.

2157 wurdñ. 60 wunder. 62 arbait. 66 als. 67 nit l. 71 unde] vnd ir. 72 auff ware. 77 Si — ersl. 80 Alsus in suessen slaffen l. 85 der *fehlt*. 86 gleste. 90 al *B*] ob. 92 so tarck. 93 erschrickte. 94 vnder bl. 95 enbent. 2203 dar. 06 was. 12 was *fehlt*. 17 bî ein *B*] leinen. 19 Schueche vn. 20 sage *fehlt*. 24 peckl.

die hende twuog er unde saz
nider in daz gaden niht:
daz ouge sîn und angesiht
den glanz sô rehte kûme leit,
67b der an im lac von rîcheit,
daz er dar ûz gie sâ zehant.
den tisch er wol gerihtet vant,
ob dem er des nahtes az.
dar über gieng er unde saz
mit guotem willen aber sît.
dâ wart ez im an der zît
nâch dem wunsche wol erboten.
wilt, gebrâten und gesoten,
mete, môraz, klâren wîn
und swaz in wirtschaft mac gesîn,
daz brâhte man im allez dar,
alsô daz er niht wart gewar,
wer im gedienet hæte aldâ.
von dannen gie der guote sâ
dô wider ûz dem palas.
dâ bî der naht gestellet was
sîn meiden, seht, dâ kêrte er hin
und wolte schouwen, ob er in
mit fuoter fünde wol bewart.
dô was er ûf ein ander vart.

Er vant ein ors an sîner stat,
ez überschreit noch übertrat
kein ritter nie sô wæhez mê.
niht blanc noch wîz alsô der snê
was sîn hût gevärwet wol:
ez schein noch swerzer dan ein kol
an hiute und ouch an hâre.
dâ von erschrac der klâre,
wand ez in dûhte griuwelich.
er dâhte 'nu wil aber mich
bestân mîn ungevelle:
dem tiuvel ûz der helle
muoz ich verzollen disen gemach,
der mir hînte alhie geschach.
er hât diz ors mir her gesant,
durch daz ich kêre sâ zehant
mit im dâ hin. waz sol des mê?
swiez aber nu dar umbe stê,
diz ors daz wirt von mir geriten.'
67c sus wart dâ langer niht gebiten,
er saz dar ûf geswinde.
dem edeln werden kinde
wart gegeben mannes muot.
daz ors vil ûzer mâzen guot
reit er, doch niht ze verre.
und dô der juncherre
gestaphet was biz an daz tor,
dô stuont ein turn dar obe enbor,
der dûhte in alsô wünniclich,
daz er vil harte schiere sich
ab dem orse nider lie.
durch schouwen kêrte er unde gie
mit willen ûf den turn zehant,
den er bereiten schône vant
mit wer, der man ze strîte gert.
er sach dar ûz ze walde wert.
aldâ begunde er schouwen
von wegen und von ouwen
ein wunder bî dem mer hin abe.
zAllexandrîe von der habe
spürt er die strâzen ûf dem sê,
die rîcher schiffe truogen mê
zuo der stat, denn ich iu sage.
die kiele brâhten alle tage
vil gæben schatz ûf dise bane.
ez wart gefüeret dâ her dane

2234 er *fehlt*. 36 da von. 38 praten. 40 magesein. 43 hiet hie a. 45 da. 47 do. 49 wollet — jm. 52 Er. 53 fehes nie. 54 als. 57 ouch *B*] *fehlt*. 59 gröblich. 60 nu *B*] ez. 61 vngewelle. 63 disen. 64 das mir. 65 mir *fehlt*. 69 daz *B*] *fehlt*. 70 wär da lenger. 71 Es. 76 *fehlt*. 78 Da — dar obenpor. 81 ob. 83 den *fehlt*. 85 der] den. 86 zu welde. 89 wegen *B*] wegern. 90 z *B*] *fehlt*. 92 reich scheffe. 93 iu *B*] nu. 94 De chiel. 95 pane.

der samît und der ciclât,
der purpur und der blîât,
der zendâl und der baldekîn.
pheffer, muscât, nägelîn,
bisem, balsam, wîrouch,
und swaz joch edel heizet ouch,
daz brâhte man dâ her gerade
und fuorte ez allez dâ ze stade
vor dirre veste keiserlich.
Partonopier nu daz er sich
der ougen weide stæte
sô wol genietet hæte,
dô kêrte er ab dem turne dâ
und gieng ûf einen andern sâ,
der niht von disem verre stuont.
er îlte drûf, als die noch tuont,
die schônheit gerne wellent spehen.
aldâ begunde er ûz hin sehen
67d und umbe sich dô warten.
von edelen wurzegarten,
von boumen und von wînreben
wart sînen ougen dâ gegeben
rîlîchiu weide mit genuht.
er kôs dâ maneger hande fruht,
die man noch schouwet gerne.
kesten, mandelkerne.
vîgen, zukker, lôrber,
swelch obez guot ist bî dem mer,
des hienc dâ vol vil manic zwic.
den aphel schœne von Punic,
der wilde ist unde fremde gnuoc,
den sach der junge fürste kluoc
zieren dâ der boume rîs.
wart ie kein irdisch paradîs
in den rîchen anderswâ,
sô wart von im ouch einez dâ
beschouwet, als ich hœre jehen.
und als er hæte gnuoc gesehen
diz allez, dô gieng er zehant
ûf einen turn vil schœne erkant,
der was der dritte, sô man seit,
und lag an im diu rîcheit,
diu guot ist noch ze lobene.
nu daz er drûf kam obene,
dô spürte er unde kôs ein velt,
dâ daz beste korngelt
lac ûfe, daz man ie gewan.
geloubet, daz kein ackerman
mit sînem phluoge nie durchfuor
sô rehte wünniclîchen fluor,
sô den Partonopier dâ sach.
dâ von gedâhte er unde sprach,
daz er sô rîch geræte
von aller hande sæte
erkante nie bî sîner zît.
von dannen gieng er aber sît
ûf den vierden turn zehant.
weizgot, dô sach er unde vant
ein wazzer lûter unde grôz,
daz in daz mer geswinde flôz
an der bürge hin ze tal.
ein brücke drüber, niht ze smal,
ûz marmel was gehouwen.
68a dâ nâch begunde er schouwen
jensît dem wazzer ein kastel
ûf einem berge sinewel,
der als ein kugel was gedrât.
in dûhte, daz der beste rât
möhte sîn dar inne wol,
des ein hûs bedürfen sol

2298 Dur — pilat. 99 und pold. 2301 weirach. 02 joch *B*] ich; *Pf. vermuthet* eht. hiesset. 04 fur. dâ *fehlt*; *Pf. ergänzt* sâ. 05 Von diser. so ch. 07 waidn̄ state. 08 Dy wol geniez. 09 dâ *fehlt*. 10 aber sûde. 12 darauff. 13 welln̄. 22 und m. *gebessert B*. 23 vn̄ l. 24 swelch] solch. 25 heinig. vol vil *B*] von. zwic *B*] zwei. 26 Punic *B*] punei. 27 und fromde gnûd. 40 drauff chan. 41 Da. 42 do. 43 La auff. 47 den *B*] der; *vgl.* 2384. da gesach. 50 handn̄. 52 dan̄. 60 Dennach.

von rîchen sachen alle zît.
diu burc was in der mâze wît,
daz si mit kraft wol umbeslôz
von liuten ein gesinde grôz.

Dâ stiez von schœnen velden,
von wisen und von welden
ein wunder an, geloubet mirz;
daz rêch, den eber und den hirz,
daz rephuon und den vasant
zallen zîten man dâ vant,
sô man si vâhen wolte.
swaz man dâ jagen solte,
daz wart erloufen schiere.
sô wünniclich riviere
von holze noch von heide,
von wazzer noch von weide
wart beschouwet noch bekant,
sô die Partonopier dâ vant
mit sînen ougen blicken snel.
er hæte ûf disem kastel
an vier enden ûz gesehen:
darumbe er dô begunde jehen,
ob got im selben hæte
ein hûs erwelt ze stæte,
sô wære im ouch gebære daz,
wan ez enkunde niemer baz
gelegen sîn in lande
von râte maneger hande,
der ze bürgen hœren mac.
nu daz er hæte alsô den tac
vertriben und die stunde,
und daz diu naht begunde
zuo slîchen und der âbent dâ,
dô kêrte er ab dem turne sâ
und îlte ûf sînen palas wider.
ze tische saz er aber nider,
68b den er dâ vant vil wol bereit.
waz touc hie lange daz geseit?
er tranc, er az, dar nâch gie er
slâfen, sît ich bin des wer,
von den zwein kerzen, daz im die
ze bette lûhten aber hie
sô daz er niht wart gewar,
wer si getragen hæte dar.

Nu daz er hæte sich geleit
an daz bette wol bereit
und diu lieht erlâschen dâ,
dô kam geslichen aber sâ
dort her sîn frouwe nâch ir site.
mit eime lîsen senften trite
schreit an daz bette si zehant.
ir kleit und allez ir gewant
hæte si gezogen abe.
Partonopier der hövesche knabe
niht erschrac von ir dô mê,
als er was erschrocken ê
von dem erwelten wîbe.
ze herzen und ze lîbe
twang er si dô nâhe gnuoc.
sîn tugent lêrte in den gefuoc,
daz er mit rehter minne
die werden küniginne
nâch ir willen dô beriet
und ir gemüete ûz leide schiet
mit fröuden rîcher stunde.
dar nâch si dô begunde
frâgen, wie der stæte
den tac vertriben hæte
und die wîle. dô sprach er,
daz er nâch sînes herzen ger
sô vil gesehen hæte dâ
von wünne, daz er anderswâ

2368 pruck. massen. 74.recht. der — der. hiers. 75 Da r. der. 76 ze aller czeit. 77 wolde: scholde. 80 -lichen. 93 im. 95 zu. 2402 thise. 04 taug. daz *B*] da. 08 lûhten aber *B*] aber l. 09 so sprach er daz da war[t] gewar; *vgl.* 2617. 13 dar. 15 sittn̄. 21 nie. 22 er *fehlt.* erschracken ie. 23 erbelte. 29 da. 31 -reichn̄. 35 dô *fehlt.*

beschouwet ê sô schœnes niht.
swaz sîn ouge und sîn gesiht
beschouwet hæte bî dem tage,
daz wart ir allez dô mit sage
von im entslozzen ûf ein ort.
er jach, daz aller êren hort
dâ wüehse in deme lande,
von obez maneger hande
68c und ouch von guoter sæte.
swaz er eht von geræte
dâ kôs, daz nander allez ir
mit willicliches herzen gir.

Nu seite ouch im diu schœne sider
vil manic fremdez mære wider
von der lantriviere.
si tet Partonopiere
seltsæniu dinc mit rede kunt.
'sich, herre', sprach si dô ze stunt,
'vernim ein wunder spæhe.
daz wazzer, daz du sæhe
für diz hûs gân in daz mer,
daz springet hie gar âne wer
und ist âlhie sîn widerganc.
daz ende und ouch der anevanc,
diu beide sint im hie beschert.
swenn ez gefliuzet und gevert
für sich vil harte verre nider,
sô loufet ez her umbe wider
zuo dem urspringe sîn.
diz breite künicriche mîn
sîn ganc vil gar besliuzet.
ez rinnet unde fliuzet
für allez daz ich geltes hân.
swaz mîner kraft ist undertân,
dâ gêt ez ümbe und ümbe.
geloube, daz sîn krümbe
erkennet wilder sache zins.
ez vert für manegen herten vlins
und durch wüeste velde gnuoc.
diu erde wazzer nie getruoc,
daz sô verre dieze
und aber danne flieze
wider an den ursprinc:
durch daz wunderliche dinc
hân ich dise burc genant
Schiefdeire, daz sî dir bekant,
wan schief daz wort behende
den urhap und daz ende
uns eigenliche enbiutet
(si beide ez gar bediutet),
und heizet Eire disiu fluot.
sô man diu zwei zesammene tuot,
68d Eir unde Schief, diu hellent doch
Schiefdeire mit ein ander noch
und wirt dar ûz ein name sleht.
dâ von sô dunket mich daz reht,
sît hie daz wazzer springet
und in daz mer hie klinget,
daz ich die burc geheizen habe
nâch wazzer und nâch urhabe,
diu man hie beide erkennet.
ouch ist diu stat genennet
Schiefdeire durch die selben schult.
du solt daz wizzen mit gedult,
daz disiu lantriviere sî
gar bresten unde mangels frî,
wan drinne wahset michel rât.
diz wazzer umbeflozzen hât
allez, des mîn herze gert,

2439 beschawete nie s. s. icht: *gebessert B.* 40 angesicht. 45 wüehse *B*] wunsche. deme *B*] dem. 47 sate (: geratc). 48 acht. 49 chass — aller. 51 ouch *B*] *fehlt.* 55 -säme. 57 speche. 58 schec. 59 jm. 61 sîn *fehlt.* 62 der *fehlt.* 63 diu *B*] die. 67 vrsprung. 70 Er. 73 er. umbe: krumbe. 76 vert *B*] *fehlt.* 81 vrsprung. 84 deire *fehlt.* dir] der. 85 schueff. wart. 87 was aichenleichen enpeutet. 89 heissät awre. 91 Awre. 92 Schief-awre. 93 mäne. 2500 gennet. 01 d'eire] daz. dy sibfi. 07 daz.

und manegen hôhen künic wert,
der mîn gebot erfüllen kan;
fürsten, grâven, dienestman,
frîen, ritter, knehte
und manic hôch geslehte
dienent mîner werden hant.
ich bin dîn bester friunt genant,
du mich niht anders heizen solt.
mîn herze ist dir gewesen holt,
sît dich mîn ouge alrêrst gesach.
êr unde keiserlich gemach
schicket mir dîn helfe zuo.
den willen dîn spât unde fruo
wil ich mit triuwen leisten.
die grœsten und die meisten
fröude solt du von mir hân,
und wirt daz ûf den trost getân,
und anders durch dekeiniu dinc,
wan daz du, süezer jungelinc,
an triuwen mir niht wenkest
und niemer des gedenkest
noch in dem herzen des gehügest,
wie du mich beschouwen mügest.'

'Owê!' sprach der guote,
'in herzen unde in muote
wil ich iemer unde sol
mich dâ vor behüeten wol,
daz ich dar nâch gedenke
69a daz iuwer êre krenke .
und mîne fröude swache.
mir ist mit dem gemache
sô wol, des ir mich hânt gewert,
daz mîn herze für baz gert
keiner slahte wünne mêr.'
'nu sage mir,' sprach diu frouwe hêr,
'wie du morgen wellest leben.
waz kurzewîle sol ich geben
dir, getriuwer degen balt?
weder wilt du in den walt,
den hirz erjagen und daz swîn,
oder bî dem wazzer sîn
durch beizen mit dem vederspil?
swederz hie dîn herze wil,
des maht du rîchen vollen hân.
ir beider kür sol an dir stân
nâch wunsche in disen zîten.
wilt du ze walde rîten
durch hessen, fürste hôchgeborn,
sô sende ich dir ein jagehorn,
sô man enbîzet morne.
mit dem selben horne
rît ûf daz velt und blâs dar în:
sô wirt dir offenlichen schîn
ein schar von edeln hunden,
gekoppelt und gebunden
zein ander nâch ir rehte gar.
mit den rît bald unde var
in den vorst ân allen haz.
stêt aber dîn gemüete baz
ûf beizen bî des wâges fluot,
sô ganc, vil trût geselle guot,
hie nâhen bî mir in ein gaden.
dar inne vindestu geladen
die stangen vol mit vederspil.
der valken und der habeche vil,
der sperwær und smerillen
maht du nâch dînem willen
dâ schouwen michel wunder.
nim unde kius dar under
daz aller beste dir gezeme,
unde ganc hin dan mit deme

2510 vñ d. 11 vñ k. 12 geschehte. 17 augen gesachen. 18 gemahe. 20 Dein willñ sp. 23 Frewnte du solt. 24 wert. 25 chaine. 29 des *fehlt; Pf. ergänzt* ie. 32 jm. 34 dauon. 39 daz. habt. 41 schlach. 45 gegen. 46 wildu. 48 oder wildu. 51 voldñ. 54 wildu. 62 gewunden. 63 ir *fehlt.* 67 pluet. 69 nahent. 73 smerillen *B*] samrmellen. 76 chos. 77 gezäme. 78 *fehlt: ergänzt B.*

zuo dem wazzer alzehant.
dâ vindestu den vasant,
69b den reiger und daz rephuon.
wederz du nu wellest tuon,
und daz dich mê wil reizen,
jagen oder beizen,
daz soltu mir ze rehte sagen.'
'frouwe', sprach er, 'ich wil jagen,
durch daz ich den schœnen walt
und daz gewilde manicvalt
müge erkennen und gesehen.'
'daz du wilt, daz sol geschehen',
sprach diu minnicliche dô.
mit disen worten unde alsô
gelâgens und entsliefen.
ir herze was von tiefen
sorgen harte wol erlôst.
gedigen ûf vil lieben trôst
mit fröuden was ir beider sin.
die naht vertriben si dâ hin
mit herzenlicher wunne.
des morgens, dô diu sunne
schein in den liehten palast,
dô stuont ûf der vil werde gast
und saz aber über tisch.
guot wîn und edele trahte frisch
die wurden im gegeben sâ.
nu daz er gezzen hete dâ,
dô kam dort her ein jagehorn
sô rîlich und als ûz erkorn,
daz man tiurrez nie gewan.
dâ lac gezierde ein wunder an
von golde und von gesteine.
ez was von helfenbeine
erziuget unde wol gesniten;
der borte ûz sîden was gebriten,
dar an ez gehenket was.
ez wart im in den palas
brâht, daz er niht wart gewar,
wer ez getragen hæte dar.

Nu daz der knabe stæte
an sich daz horn nu hæte
genomen unde enphangen,
seht, dô kam er gegangen
zuo sînem orse, drûf er saz
und îlte sunder allen haz
für den walt ze velde sâ.
69c schôn unde rehte blies er dâ
mit kreften in daz jagehorn:
dâ von der fürste hôchgeborn
sach traben an den stunden
ein her von guoten hunden,
die kunden harte wol ir amt.
gebunden wâren alle samt
an eine koppel rich erkant.
ir stricke, ir seil, ir wintbant
ûz guoten sîden wâren.
nie hunde in keinen jâren
wurden alsô guot gehabet.
si kâmen an in her getrabet
schôn unde rehte garwe.
mit einer swarzen varwe
bedecket was ir aller vel:
dâ von der juncherre snel
begunde erschricken aber dô.
daz si gebrûnet wâren sô,
daz misseviel im sêre.
doch nam er sîne kêre
mit in zuo dem walde.

2560 den *fehlt.* 82 nu *fehlt.* 83 *fehlt.* 89 müge erkennen *B*] erkennen m. 90 *fehlt.* 95 wol *fehlt.* 96 *fehlt: ergänzt B.* 2603 vber recht tisch. 05 jn. 07 drot. 08 als *fehlt.* 09 tewres. 10 Do l. gecziert. 14 was aus seidn̄. 17 was g. 19 daz *fehlt.* 20 nu *fehlt.* 21 enphagen. 23 ors darauf. 24 s. an a. h. 29 traben *B*] tumben. 31 harte *B*] *fehlt.* ir ammet. 32 *fehlt: ergänzt B.* 35 guetn̄. 36 Ir h. 38 her *fehlt.* 40 frawe. 41 in a. v. 45 jn. 47 jm.

si funden vor in balde
ein eberswin küen unde starc.
den selben ungefüegen warc
spürten si bî sînem trite
und liefen im dô alle mite
vil ebene unde schône.
von ir stimme dône
wart erfüllet dirre walt.
ir bel sô rehte manicvalt
und alsô wunniclîche erhal,
daz der eber mohte ir schal
niht lange dulden und vertragen.
er lie sich alzehant erjagen
unde erllen ûf der vart.
nu daz er dô gevellet wart,
ze rehte als ein erloufen tier,
dô reit von dan Partonopier
mit den jagehunden.
die kêrten an den stunden
von dem velde an ir gemach,
daz er ir keinen mê gesach
wan zweier schœner winde:
69d die wurden sîn gesinde
und wâren dar nâch alle wege
in sîner steticlichen phlege.

Si kêrten mit im, als ich las,
hin wider ûf den palas
in snellicilicher île.
in der selben wîle
vertreip der edel fürste klâr
die zît biz an daz ander jâr,
sô daz er under stunden
reit jagen mit den hunden
und eteswenne beizen fuor.
sîn herze tegelichen swuor,
daz nie manne würde baz
von hôher wunne, eht âne daz,
daz er dâ liute niht ensach.
er hæte keiserlich gemach
des tages von wirtschefte,
und wart mit ganzer krefte
ze naht erfüllet fröuden ie,
wan sîn frouwe danne gie
slâfen zuo dem süezen.
mit werken und mit grüezen,
mit rede und mit gebærde
wart von ir sîn beswærde
und al sîn trûren hin geleit.
hovelichen und gemeit
macht in daz keiserlîche wîp,
wan ez wart nie frouwen lîp,
diu baz gehovet wære
und im sô wol die swære
getrîben künde ûz sîner brust.
si gab im alle wollust,
der lîp von lîbe wirt gewert.
anders niht het er begert,
wan daz er hæte si gesehen.
doch mohte er grœzer sælden jehen,
swie sîn ouge ir sæhe niht,
danne ein man, der dicke siht
sîn herzen liep und er dâ hât
von im ze fröuden keinen rât.

Nu daz der guote dâ beleip,
biz er ein jâr alsô vertreip
und der ander herbest kam,
weizgot, dô las er unde nam
70a in sîn herze disen muot,

2650 prack. 51 tritten. 52 alle im do. 54 stim ged. 55 diser. 56 bel *B*] pot; *Pf.* lôt. 61 dy v. 68 D. er ch. nie. 69 zwier schonen. 71 albege. 73 alz laz. 76 in *B*] und in. 77 edel *fehlt.* clare. 78 jare. 82 tegelichen *B*] tugentlichen. 83 D. m. nie wurdñ. 84 eht] secht. 87 tags von wirtschaffte. 88 chraffte. 89 erfüllet fröuden *B*] erfult sein freude. 96 Froleich hoffenleich v. 2702 alhie w. 04 niht anders er hiet. 06 *fehlt: ergänzt B.* 07 wie. seche. 08 ainer. 09 do. 12 pis das.

daz er lant, êr unde guot
dort heime gerne wolte sehen,
und sô daz wære alrêrst geschehen,
daz er danne kêrte wider
und aber sich hie lieze nider
bî der frouwen sîn zehant.
ûf sînes werden vater lant
wart sîn herze dô verdâht
und ûf sô vesten willen brâht,
daz er niht lâzen wolte,
swaz im dar umbe solte
und sîner frouwen hie geschehen,
sîn ouge wolte dort besehen
den künic, sînen œhein.
dâ von began ze lande hein
der knappe sich vil starke senen
und sîn getriuwez herze wenen
ûf einen jâmerlichen muot.
er dâhte an lant, êr unde guot,
an friunde und an sîn edelkeit.
daz er diz allez nu vermeit,
daz was sîn grœstiu swære.
swie manicvalt hie wære
sîn liebe, fröude und sîn gemach,
doch jâmert in, daz er niht sach
den œhein und die muoter sîn.
er tet alsam daz vogellîn,
daz wider in die grüene senet.
swie vil man ez gemaches wenet
bî den liuten anderswâ,
sô wære ez doch vil gerner dâ,
von dannen ez kam dar geflogen.
swâ der mensche wirt erzogen,
weizgot, dâ strebet im der sin
ie ze jungest wider hin,
als in den walt daz wilde tier.
durch daz sô viel Partonopier
in den willen dô zehant,
daz er sînes vater lant
benamen wolte schouwen
und aber sîne frouwen
dâ heime suochen unde sehen.
im was sô wol von ir geschehen,
70b daz er si lange wolte niht
doch mîden umbe die geschiht,
daz im ze lande stuont der muot.
ê daz er von ir minne guot
sich gescheiden hæte gar,
ê wolte er sînes geltes bar
und aller friunde worden sîn.
nu daz im wart der wille schîn
und er geviel in den gedanc,
daz er wolte ân allen wanc
ze lande kêren wider hein,
dô kam der edel über ein,
daz er sîne frouwe bat
urloubes an der bettestat,
dâ si des nahtes lâgen
und süezer minne phlâgen.

'Genâde, frouwe', sprach er zir,
'ir habet sô volliclichen mir
iuwer güete erzeiget
und wider mich geneiget
iuwer tugent alsô wol
daz ich von wâren schulden sol
neigen iu ze dienste mich.
erlœset hât mîn herze sich
ûz angestlichen swæren.
ob mîn joch tûsent wæren,

2716 lant] laut; *vgl.* 2734. 2796. 18 allererst gesehen. 19 er *fehlt.* 25 wolde: solde. 27 gesehen. 28 wolde. 30 *fehlt: ergänzt B.* 31 sich *fehlt.* starckū. 35 frewde; *vgl.* 2765. 2793. 2830. und *B*] *fehlt.* -chaitte. 36 nu *fehlt.* vermeite. 42 als. vögelin. 43 grüene] schone. 46 gerne. 52 vil so. 62 ê] So. 65 friunde] freuden. 69 haim. 72 Verlos. 79 alsô *B*] daz ich. 80 daz — schulden *B*] von w. sch. daz ich. 81 euch zū diensten. 84 noch.

die möhten niht verschulden
hie gein iuwern hulden,
daz ir mir liebes habt getân.
ich lebe in fröuden unde hân
den wunsch gehabet aldâ her.
dâ von bite ich unde ger,
sît mir hie ist sô wol geschehen,
ir lât mich wider heime sehen
die friunde eht eine wîle,
unz ich mit sneller île
zehant her wider kêre.
mîn lant, mîn guot, mîn êre,
den œhein und die muoter mîn
sæhe ich gerne, möhte ez sîn.
ich weiz als endelichen wol,
sô daz ich ersterben sol,
daz si lîdent klagende nôt,
70c wan si gedenkent, daz ich tôt
ân aller slahte zwîvel sî.
dâ von wær ich in gerne bî,
durch kein dinc, wan umbe daz,
daz sich ir herze deste baz
erfröuwen, daz ich lebe noch;
und alzehant, swenn ich si doch
gesæhe, sô kêrt ich her wider
und lieze mich hie danne nider
stæticlichen iemer,
sô daz ich wolte niemer
von iu scheiden mînen muot.
dar an gedenket, frouwe guot,
unde erloubet mir, daz ich
des vater landes ruoche mich
eht eine wîle nieten.
geruochet mir nu bieten
mit willen iuwer gunst dar zuo,
daz ich dâ hin die reise tuo;
wan zwâre, ob ez iu wære
an keinen dingen swære
niwan sô tiure, als umbe ein hâr,
sô wolte ich sterben ê für wâr,
ê daz ich füere, sælic wîp.
ich setze iu leben unde lîp
ze gîsel und mîn êre,
daz ich her wider kêre,
sô daz alrêrst ist geschehen,
daz ich die friunde hân gesehen.'

Dem ûz erwelten wîbe
ze herzen und ze lîbe
diu rede gienc vil nâhen.
mit armen umbevâhen
begunde si den jungen.
er wart an si getwungen
vaster unde nâher baz.
ir ougen wurden beidiu naz
von jâmer und durch leides nôt.
mit süezem munde rôsen rôt
sprach diu wunnicliche zim:
'daz ich den willen dîn vernim,
daz gêt ze herzen nâhen mir,
wand ich, vil süezer friunt, enbir
kûm unde marterlichen dîn.
70d iedoch ist ez der wille mîn,
daz du ze lande kêrest heim.
dîn vater und dîn œheim,
die beide sint gelegen tôt
und hebet sich dâ michel nôt
umbe ir guot und umbe ir. lant.

2789 aldâ *fehlt.* 92 lasset. haim. 93 recht. 94 unz *B*] und. 96 mîn êre] und ere. 98 gesein. 2800 enst. 02 gedenckten. 06 sich *fehlt.* dister. 07 erfrewen. lebte. 08 ich *fehlt.* 09 Gesehe. 10 hie *fehlt.* 16 vaters lande ruechñ. 17. 18 *umgestellt.* 17 recht. 22 chain dîgne. 23 niwan *B*] *fehlt*; *Pf.* und. tewr. hare. 24 furbare. 27 gîsel *B*] sigel. 29 frewde. 32 hercz. 34 arm. 37 Väster. 40 suessen. 42 *fehlt.* 43 nahent mire (: enbire). 46 willñ. 47 h. zu l. cherst. 48 vnd ochaim. 49 sein.

man üebet rouben unde brant
in aller dîner marke.
dîn muoter ist vil starke
besezzen in der stat ze Bleis.
dâ von dich werden Franzeis
mîn bete niht sol wenden.
man darf nu zallen enden
wol ze Kärlingen dîn.
dem lande muostu nütze sîn,
ob ez von nœten komen sol.
dar umbe tuo sô rehte wol
unde ensûme dich niht mê.
swie nâhe mir dîn reisen gê,
sô dunket ez mich wæger doch,
daz du ze lande kêrest noch,
danne ich iemer angest habe,
daz du betalle komest abe
des guotes und der êren dîn.
ez sol mit mînem willen sîn,
daz du ze Francrîche varst
und selbe dîniu dinc bewarst;
wan des ist endelîche nôt.
von silber und von golde rôt
wil ich dir geben rîchen hort.
dâ mite soltu die liute dort
soldieren und die ritterschaft,
die dir helfen dâ mit kraft
dîn erbe und dîne gülte wern.
swie vil du guotes maht verzern,
daz sende ich dir ân allen spot.
wis biderbe unde minne got
vor aller slahte dingen:
sô mac dir wol gelingen
an urliug unde an strîte.
du solt dich alle zîte
von herzen lân erbarmen
den frumen edelarmen,
der dîner helfe ruoche.
71ª swer dîne gâbe suoche,
dem gip mit willen unde lîch,
niemen güete du verzîch,
und êre werde frouwen.
hier under lâ dich schouwen
getriuwe, stæte und ellenthaft.
ûf manheit und ûf ritterschaft
leg alle dîne sinne
und lâ dir ûze und inne
die beide wol gevallen.
vor disen dingen allen
gebiute ich unde râte dir,
daz du sîst getriuwe mir
und du mîn niht vergezzest.
du trinkest oder ezzest,
du solt an mich gedenken
und niht von mir enwenken
durch keiner frouwen minne.
ze herzen und ze sinne
lâ mich dir alsô wonen bî,
daz niemen dir ûf erden sî
sô liep, der ûzerrâte dir,
daz du nâch dînes herzen gir
mich beschouwen wellest.
wan sô du dar nâch stellest,
daz du mich gesinnest sehen
sô muoz uns beiden wê geschehen
an êren unde an lîbe gar.
dâ von du, herre, dich bewar
vor solhem ungelinge,
daz iemen dar zuo bringe
mit râten und mit lêre dich,
daz du kiesen wellest mich,
ê komen sî des tages zil,

2858 zallen *B*] allen, 63 nit ynne. 66 du *fehlt.* 69 der] auch. 72 selber dein d. 74 *das zweite* von *fehlt.* 77 die *fehlt.* 81 alles ane sp. 82 Pis pider. 83 allen schlechten. 85 und ritters str. 86 alle zîte *B*] dich czû czeitte. 88 frawen. edelarmen *B*] edel vnd a. 93 und êre *B*] vnder; *Pf.* sunder. 94 Herr vnd. 96 vnd auch r. 97 Lägen all. 98 und *fehlt.* 2902 getrewen. 07 chaine frôme. 14 wan sô] wann. 15 gesinnest *B*] gunnest; *vgl.* 3103. 17 liebe.

daz ich gar offenlichen wil
dich welen zeinem manne.
sich, friunt, sô maht du danne
mich nâch dînem willen sehen
und allez mîn gesinde spehen,
daz nu verborgen alle frist
vor dînen klâren ougen ist.'

Partonopier antwürte bôt
der rede ûz süezem munde rôt
71[b] gezogenlichen unde sprach
'got mache mîn gelücke swach
und alle mîne sælde kranc,
ob ich gewinne den gedanc,
daz ich brech iuwer hôch gebot.
ir sult gelouben âne spot,
daz mir kein mensche ûf erden
sô liep sol iemer werden,
daz ûzerrede mir, daz ich
seh iuwer bilde wunniclich,
ê komen sî der zîte mez
und diu stunde, daz ich ez
beschouwen offenlîche sol.
mir ist von iu sô rehte wol
geschehen, herzenlîchiu fruht,
daz ich mîner triuwen zuht
an iu gevelsche niemer.
ich wil behalten iemer
den rât, den ir mir habt gegeben.
die wîle daz ich mac geleben
kumt er niht ûz dem herzen mîn.
ez sol mit iuwern hulden sîn,
daz ich von hinnen morgen var.
got selber sî, der iuch bewar
gesunt, biz ich her wider kume.
êr unde rîcher sælden frume
ist an iu, frouwe keiserlich.'
'friunt herre, got gesegene dich!'
sprach diu wunniclîche dô;
'kum schiere wider und lebe alsô,
daz ich tugent an dir spehe
und dir getriuwes herzen jehe.'

Sus wart dâ von in beiden
ein urloub unde ein scheiden
enphangen an der stunde.
vil siuften wart von grunde
verlâzen under disen zwein.
si kômen trûrens über ein
und was in herzenlichen wê.
Partonopier der hæte mê
leides dan diu frouwe sîn.
ir klage, ir jâmer unde ir pîn
wâren grôz, geloubet mirs;
doch gehabte sich dâ wirs
der vil getriuwe durch die nôt,
71[c] daz im gelegen wæren tôt
sîn vater und sîn œhein.
des morgens dô der tag erschein
und diu sunne, dô wart er
dar ûf bereit nâch sîner ger,
daz er von dannen kêrte.
swaz in sîn herze lêrte,
daz liez er ûf ein ende komen.
er hæte schiere zim genomen
daz ors und ouch die winde.
dar nâch ilt er geswinde
zuo dem wilden mer zehant.
daz schif er dô bereite vant,
daz in getragen hæte dar.
gezieret nâch dem wunsche gar
stuont ez nâhe bî dem stade.

2925 wellen czu ainem; *Pf.* weln ze minem. 31 antwart. 35 saldn. 37 ew. 40 ymer mer. 41 aus errate. 42 seh iuwer *B*] an sehe ewr. 46 sô *fehlt.* 49 gevalsche. 50 *fehlt.* 52 chunt. 54 hinne. 57 kum. 59 Ere. frum. 64 getriuwes *B*] tr. 65 Aus wart wart. 70 chumen. 73 frawen. 79 se ochaim. 83 danne. 86 hette. sicher zu jm. 91 scheff. 93 nache pey stade.

er saz dar în dô vil gerade
in gotes namen unde fuor.
als mir dis âventiure swuor,
sô vander guot geræte
von rîcher bettewæte
des mâles in dem schiffe.
man seit, daz er begriffe
gemach und er sich leite
dâ nider vil gereite
durch ruowen ûf dem wâge tief.
hie lac der edel unde slief
fünfzehen tage âne underscheit,
als ez mit listen ûf geleit
von sîner frouwen künste wart.
sîn ouge entwachet ûf der vart
nie biz er ze lande kam
und sîn gelende schiere nam
in der guoten habe ze Bleis.
dâ wart der junge Franzeis
ûz gestôzen an daz lant
unde erwecket alzehant
verborgenlichen unde alsô,
daz er niht kunde wizzen dô,
wer in gefüeret hæte.
und dô der knappe stæte
zuo dem stade gestôzen wart,
dô kêrte wider ûf sîne vart
daz schif unmâzen rehte.
71ᵈ dem ûz erwelten knehte
wart ze sînem orse gâch.
dar ûf saz er, die winde nâch
liefen ûf die verte sîn.
der süeze leit drivalten pîn.
daz eine muote in starke,
daz er sîns landes marke
verhert, geroubet und verbrant
sô vaste bî der zîte vant.
daz ander was diu grimme nôt,
daz im gelegen wâren tôt
sîn vater und sîn œhein.
die dritte sorge zuo den zwein
leit der vil getriuwe
durch daz jâmer niuwe,
daz er gescheiden hete sich
von sîner frouwen wunniclich
und er si mîden solte.
doch wizzet, daz er wolte
niht lange stunde si verbern.
er muoste ir reinen minne gern
und hete sich dar ûf gewent,
daz er ze tôde was versent
mit herzen und mit lîbe
nâch dem erwelten wîbe.

Nu daz er ûf der strâze reit
und inniclîche sorge leit,
dô sach der edel Franzeis
engegen sîner stat ze Bleis
zwelf soumer gâhen unde zogen.
dar ûfe lac, dêst ungelogen,
gesteine, silber unde golt.
den selben küniclichen solt
truogen mûle, wizzet daz;
ûf ieglichem ein knappe saz
mit rîchem purpur wol bekleit.
ein ritter mit in sanfte reit,
der fuorte brûn scharlachen.
er was mit allen sachen
bescheiden, biderbe unde wîs.
sîn hâr al grâ betalle grîs
was von alter worden.
er hete ritters orden

2996 Also. 99 scheffe. 3002 vil nider. 03 rue. 05 Funzētag. 11. 12 *umgestellt.* habes pl. 12 Do. 15 -leich. 17 hette. 19 stat. 23 zu. 27 diz. 29 verrawbet; *vgl.* 3203. 32 woren. 33 ochaim. 39. 40 solde: wolde. 41 nich. 43 hette. 48 sorgen. 51 gaben. 52 Darauff. 54 Dem s. 56 -lichen. 57 sit reichen. 58 mit *fehlt.* 59 praweſſ. 61 pider. 62 grâ betalle *B*] grabe tawl. 64 hette.

behalten wol ze rehte.
72a dem ûz erwelten knehte
begunde er nâhen unde sprach
'got, alles heiles obedach
und aller fröuden ursprinc,
der mache iu, sælic jungelinc,
lobes und êren vil erkant!
mich hât mîn frouwe ziu gesant
von Schiefdeir diu künigîn.
ir sult von ir gegrüezet sîn
mit herzen und mit munde.
für alle man von grunde
meinet iuch ir süezer lîp.
daz reine minniclîche wîp
hât iu disen hort gesant
dar umbe, daz ir iuwer lant
dâ mite schirmet unde wert.
nu gebent rîlîch unde zert
nâch milticlîches herzen gir:
daz ist enboten iu von ir
gar endelîche an disen tagen.
ouch heizet iu dar under sagen
diu schœne durch die wâre schult,
daz ir niht wankel werden sult
biz an die versprochen zît,
daz ir wider komen sît
in ir hûs und in ir stat.
sô hiez diu sælige unde bat,
daz ir belîbent stæte,
und durch dekeine ræte
ir tougen offenbæret.
si wil, daz ir bewæret
friundes zuht ûf erde
und daz iu niemen werde
sô liep, der iuch daz lêre,
daz ir triuwe und êre
zebrechen an ir wellet,
sô daz ir dar ûf stellet,
daz ir si gesinnet sehen.
ir sult daz allez lân geschehen,
des iuch diu minniclîche bat
in ir hûse und an der stat,
dâ si von iu ze jungest schiet.
swaz iu durch ganze triuwe riet
72b diu werde und diu vil reine fruht,
daz sult ir leisten durch die zuht,
der iu got wunder hât gegeben.
sît daz si muot, êr unde leben
an iuch sô gar verlâzen habe,
sô gêt ir ir niemer abe
durnähticlicher stætikeit.
mit willen sît dar ûf bereit,
daz ir iuch lât getriuwe sehen.
swanne ez müge alrêrst geschehen,
sô kêret wider alzehant
in daz vil ûz erwelte lant
daz iuwer eigen werden sol.
ez wirt iu gar, daz weiz ich wol,
noch dienende âne widersatz.
diz golt, daz silber und den schatz
enphâhet unde lât uns varn.
got selber der müez iuch bewarn
und ruoche iu senden einen muot,
der beide lûter unde guot
engegen mîner frouwen sî,
diu valsches unde meines frî
wider iuch benamen ist.
si minnet iuch ân argen list

3069 orsprung. 71 Lobs ern. 73 -dawre. 82 reichlich. 83 mittel. 85 entleich. 88 wankel *B*] *fehlt.* schold. 89 verdorben. 90 chüne. 93 An ir peleiben. 94 durch dekeine *B*] ir durch k. 95 -baret. 96 pebaret. 97 frewdes — erden. 98 werden. 3103 gesinnet *B*] pegunnet. 05 iuch *B*] mich. Daz -leichn. 06 dy st. 07 do. ze jungest *B*] zum jungsten. 09 vil *B*] *fehlt.* fruht *fehlt.* 10 *fehlt bis auf* zuht. 11 geben. 13 ew. haben. 14 *ein* ir *fehlt.* 15 -leichen. 18 Wann — allererst. 21 iuwer *B*] euch; *Pf.* iu ze. 22 iu] ewr. 23 noch *B*] nach. 24 satz. 26 der *fehlt.* ew. 27 euch

und hât ir herze an iuch geleit
mit êwiclicher stætikeit.'

Partonopier der guote
ûz jâmerhaftem muote
gap dem ritter sînen segen.
er bat sîn got vil tiure phlegen
und jach, wie gerne er wolte,
als er von rehte solte,
erfüllen sîner frouwen wort.
daz golt, daz silber und den hort
begunde er schiere enphâhen
und lie die boten gâhen
wider ûf ir strâze.
von jâmer ein unmâze
begiengen beide, si unt er.
si fuoren hin, er kêrte her
engegen sîner veste dan.
die sach er vor im allezan
ligen ûf dem plâne.
der junge und wol getâne
treip vor im die mûle dar,
72c die mit golde liehtgevar
geladen wâren verre.
und dô der juncherre
kam ze Bleis hin an daz tor
und er niht lange enhielt dâ vor,
dô wart entslozzen im zehant.
man hete in schiere dâ bekant
bî sînem klâren bilde.
des wart in trûren wilde,
die der veste phlâgen dâ.
suoz ûnde minniclichen sâ
wart er von in enphangen.
geloufen und gegangen
ein bote kam zer muoter sîn
und tet ir dâ mit rede schîn
daz liebe niuwe mære,
daz der vil süeze wære
komen an der stunde.
des wart ir muot von grunde
erfröuwet unde ir herze gar.
si kêrte im ûz der bürge dar
engegen unde enphieng in baz
denn ich iu sage; wizzet daz
diu reine ganze fröude truoc.
vor liebe si dô weinte gnuoc
unde kuste im an der stunt
diu liehten ougen und den munt,
hend unde beidiu wangen.
ouch wart er wol enphangen
von aller sîner hovediet.
sîn kunft si gar von leide schiet,
die sîne friunde wâren.
swer aber in den jâren
haz unde nît truoc wider in,
dem gap sîn kunft den ungewin,
daz er von sîner widervart
beswæret inniclîche wart.

Sîn werdiu muoter diu vuort in
besunder von den liuten hin
und tet im ir angest schîn.
'sun', sprach si, 'der künfte dîn
bedarf diz lant ze rehter nôt.
72d dîn vater ist nu leider tôt
und dîn œheim, wizze Krist,
dâ von diz rîche in kumber ist
gevallen und gesliffen.
mich hânt sît an gegriffen
mîn umbesæzen starke.
mîn volc und mîne marke

3133 ew. 38 tiure *B*] trewleich. 39. 40 wolde: solde. 47 vnder. 50 allesan. 54 leicht. 55 sere. 57 hin *B*] *fehlt*. 59 jn. 65 er *fehlt*. 66 geganen. 67 chöm. 68 reden. 71 stunden. 72 grunden. 74 im] nu. 77 granczew. 78 da. 79 jn. 81 paide. 83 allen seinen. 86 Wâr. 88 dem *fehlt*. 90 minnickl. 91 [d]ein w.: wart jn. 93 ir *fehlt*. 3200 haben seind. 01 -sassen.

hânt si geroubet und verbrant.
mir tuont schaden vil erkant
die leiden nâchgebûre.
biz an der veste mûre
bin ich von in besezzen.
mîn herze ist vol gemezzen
leides bin ze grunde,
sît der veigen stunde,
daz du von heimen kæme;
wan du mir fröude næme
und allez hôchgemüete sît.
dâ von ist ez benamen zît,
daz du bist her wider komen.
dîn hilfe muoz dem lande fromen,
sol ez von nœte ûf erden
enbunden iemer werden.'

'Nu frouwe muoter', sprach er dô,
'gehabt iuch wol und weset frô!
sît ich her wider komen bin,
sô triuwe ich gote wol, daz hin
des landes ungemüete sî.
mîn helfe sol ez machen frî
schaden unde leides gar.
ich hân von horde liehtgevar
sô rehte michel überkraft,
daz ich die meisten ritterschaft
gewinne der ie wart gedâht.
swaz ich hân von guote brâht,
daz nement, frouwe, in iuwer phliht
und sûmet iuch hie langer niht,
geruochet balde senden
nâch helfe in allen enden
und gebet silber unde golt.
swer dienen künne richen solt
und sich ze staten biete,
den lâzet hôhe miete
enphâhen und verschulden.
73a diz lant en sol niht dulden
fürbaz kumber einen tac:
ob ich erwerben liute mac
mit guote, des ich wunder hân,
sô wirt sîn trûren hin getân.'

Mit disen dingen unde alsô
nam den hort sîn muoter dô
snellicliche in ir gewalt.
manegen werden ritter balt
besenden si vil balde liez.
in driu lant si künden hiez
und ernestliche enbieten,
swer sich mit guote mieten
wolte lâzen ûf den strît,
daz der kæme ze der zît,
man gæbe im silber unde golt.
durch den vil keiserlichen solt
gewan si gnuoc von gesten.
die tiursten und die besten
ritter kâmen dar gezoget.
Partonopier, des landes voget
unde ein herre wol gemuot,
wol zweinzic tûsent helde guot
in kurzer friste dô gewan.
mit den sô reit der küene man
ûf die vînde und ir gesez.
mit kraft begunde er stœren ez
unde erlôste sîne stift.
im gap diu sælde hantgift,
sô daz der unverzagte
den sige dô bejagte

3203 Haben. 06 der *B*] die. 07 in *fehlt*. 08 wol gemessen *B*] gesessen. 10 fiegen. 12 mit freuden. 16 hilfe. dē landū chumen (: frwmen). 17 auf note von e. 18 enbunden *B*] Eben; *vgl.* 3285. iamer. 19 Do. 20 ew. 21 chūme. 22 truwe. 24 hilfe schol wesen frey. 26 harde. 28 *fehlt*. 30 guettes. 32 lenger. 34 hilfe. 36 chumen solt. 37 staten *B*] steten. pietten. 38 hoch mietten. 40 sol. 51 ernestliche enbieten *B*] ernestlichen b. 52 gueten. 53 wolde. 58 tewristen. 59 da. 63 frist. 65 gesās. 70 sig do.

und al sîn angest überwant
und diu burc erlôst zehant
wart von im entriuwen.
drî bürge dô gebiuwen
wâren ûf sîn eigen:
seht, die begunde er veigen
unde vellen schiere.
der biderbe und der fiere
brach si nider ûf den hert.
sîn lant des frides wart gewert
von der vil hôhen frümikeit,
der wunder was ûf in geleit.

73[b] Nu daz der hôchgeborne
von schedelichem zorne
enbunden hete sîne diet
und er mit helfe si geschiet
ûz allen sorgen bitter,
dô nam er sîne ritter,
der zehen tûsent wâren,
und brâhte bî den jâren
ze helfe sînem neven die,
von Kärlingen meine ich hie
dem jungen werden künege hôch,
der in sîn herze jâmer zôch
und an sich grimme sorge las,
sît daz Clogiers sîn vater was
verdorben unde tôt gelegen.
dâ von vil schaden het der degen
und ouch verlüste gnuoc genomen,
wan in sîn lant dô wâren komen
ungetoufte geste.
die wolten im die veste
und daz lant gestrîten abe.
er was ein kint noch unde ein knabe
des lîbes und der jâre.
des leit er schaden zwâre
von manegem Sarrazîne.
ouch wâren im die sîne
vil nâch geswichen alle.
dâ von kam er ze valle
unde in angesthæren grûs.
iedoch het er ein niuwez hûs
gebiuwen in der freise,
daz was genant Punteise:
alldâ lag er mit sîner kraft.
von der vil argen heidenschaft
sîn herze trûren an sich las.
ir houbetherre ein künic was
genennet und geheizen,
der het ûz sînen kreizen
gefüeret manegen stüefen degen.
der künic dâ von Norwegen
und der von Orchadîe
mit al ir massenîe
gestuonden im vil starke.
der künec von Tenemarke
und der von Gruonlanden
73[c] die wâren ouch gestanden
mit helfe sînen henden.
er kunde vînde swenden,
sam daz holz ein wildez viur.
er was geheizen Sornagiur
und was vil schœne und ellenthaft.
er hete manheit unde kraft
an herzen unde an lîbe.
von ungetouftem wîbe
kam nie frecher jungelinc.

3272 vnd dew erloset alczch. 73 wort. entruwen: gebuwen. 78 vnd auch f. 80 landes fr. 81 hoche. 84 schedenl. 85 Enphunden. 86 hilfe, *und so immer.* 89 De z. 90. 91 Cze hilffe pei den jarñ Pracht seinen nefen hie. 92 nam ich die. 94 sein herczñ. 98 *fehlt; ergänzt B.* 3304 noch *fehlt.* 08 sinne. 11 — warñ. 12 er *fehlt.* 13 gebuwen. 16 *fehlt; vgl.* 3397. 21 stueffen. 22 do. 23 Arch. 24 aller ir massanie. 26 tennem. 27 v. grünen l. 30 wenden. 32 sornagewr. 33 was *fehlt.* 36 -tauffteu. 37 frechter.

an im wâren alliu dinc,
dâ mite ein helt geprîset wirt.
swaz einem künege ûf erden birt
ritters lob und êre,
dâ was er mite sêre
geblüemet zallen orten.
an werken unde an worten
was er nâch wunsche vollekomen.
hæt er den touf an sich genomen
und die kristenlichen ê,
sô wære an im kein breste mê
gewesen noch kein wandel.
sîn jugent als ein mandel-
boum in êren bluote.
der hübesche wol gemuote
hete in aller heidenschaft
an lobe erstriten hôhe kraft.

Er was gelegen zAgisors.
wol hundert tûsent heiden zors
het er in Francrîche brâht.
sîn muot ûf strîten was verdâht
und ûf starke ritterschaft.
dâ wider mohte keine kraft
der junge künec geleisten.
die grœsten und die meisten
helfe, die sîn lîp gewan,
daz wâren zehen tûsent man
mit liehten stahelringen.
die fürsten von Kärlingen
wâren meistic wider ime
und heten, als ich hie vernime,
sich gesetzet im engegen.
dâ von enmohte er niht erwegen
zein ander ritterschefte mêr.
73[d] und dô sîn friunt Partonopêr
den grôzen kumber sîn vernam,
dô stuont er, weizgot, unde kam
ze helfe sîner edelkeit.
er hete schiere sich bereit
ûf sîner strâze reise:
aldar ze Punteise
brâht im der junge degen fruot
wol zehen tûsent ritter guot.

Hie mite sô wart des küneges kraft
gemêret und sîn ritterschaft
vil harte mähticlichen dô.
Partonopieres künfte frô
wart sîn edel herze gar.
in unde sîne werde schar
enphieng er inniclichen wol,
als man friunt enphâhen sol,
des man ze rehter nôt bedarf.
sîn angest leite er unde warf
im dô klägelichen für.
'friunt', sprach er, 'von hôher kür
und mîn getriuwer lieber mâc,
versunken ist in sorgen wâc
diu fröude mîn von leider klage.
ich dulde jâmer alle tage
von der vil argen heidenschaft.
diu ist worden sigehaft
mit strîte an mir und mînen man.
si stôzent mîniu dörfer an
vil harte schedelichez viur.
mich lât der künic Sornagiur
entslâfen niemer in der naht.
er kam mit grôzer übermaht
gestrichen in daz rîche mîn.

3339 mit — wart. 40 waz ain chunig — w't. 42 Daz w. 43 gepluenet. 46 dy tauff. 47 -leiche ee. 52 hulsche. 59 ûf *B*] zu. bedaht. 60 macht chain. 67 maisten w. jnen. 68 vernymme. 69 jn. 73 nam. 77 stasse. 79 der junge degen *fehlt*. 81 mite *fehlt*. 89 Das. 90 laid er. 91 chlaegl. 94 in sorgen wâc *fehlt: Pf.* in tiefen wâc. 95 diu fröude mîn *fehlt: Pf.* fröud unde trôst. 98 *fehlt: ergänzt B.* 99 an mir und *B*] und mit. 3400 darffer. 02 hatt. 04 Es mit gr.

wol hundert tûsent Sarrazin
hât er gefüeret her mit kraft.
dâ wider ist mîn ritterschaft
gefüege und alze kleine noch.
niht wan zehen tûsent doch
ritter ich ze velde hân.
mit den getar ich in bestân
niht strîtes ûf dem velde.
in offenlicher melde
strîchet er ûf mînen schaden.
er hât mit kumber überladen
74a mich und daz gesinde mîn.
daz lâ dir hie geklaget sîn
unde râte mir dar zuo.
sprich waz ich darumbe tuo,
daz ich ân alle schulde
die angest von im dulde.'

Partonopier der reine
bedâhte sich ein kleine,
dar nâch sô gab er unde bôt
dem künege dâ ze sîner nôt
antwürte mit bescheidenheit.
'herre', sprach er, 'mir ist leit
des landes schedelicher slac.
swâ mite ich iuwer angest mac
erwenden ûf der erden,
daz sol niht langer werden
von mir gesûmet noch gespart.
ich râte iu, künec von hôher art,
daz ir geruochet senden
nâch helfe in allen enden
zuo den fürsten in daz lant.
swer iu ze dienste sî gewant
und den diz zepter hœret an,
den heizet komen ziu her dan,
durch daz er iu ze staten stê.'
'friunt', sprach er, 'daz habe ich ê
getân und ouch versuochet wol.
swer mir ze rehte dienen sol
und an diz rîche hœret,
der brichet unde stœret
mîn gebot vil starke.'
die fürsten von der marke
jehent niht ze künege mîn
noch wellent si mich lâzen sîn
ir herren und des landes voget.
mîn bote dicke ist ûz gezoget
durch helfe zuo der lantdiet,
alsô daz er von dannen schiet
sunder aller stiure kraft
und wider âne ritterschaft
zuo mir alleine kêrte.
swen mîn vater êrte,
74b der hât mich in der nôt verlân.
wan daz ich zehen tûsent hân,
die mir gestênt mit triuwen gar,
sô wære ich aller helfe bar.'

Partonopier sprach aber dô
'gehabt iuch wol und wesent frô:
jô mac sîn werden vil guot rât.
sît daz uns nieman bî gestât,
sô helfe uns got mit sîner kraft:
der mag uns unser ritterschaft
gesterken und gemêren.
an die vînde kêren
sul wir in dem namen sîn.
die argen veigen Sarrazin
müezent uns entrinnen
od aber hie gewinnen
den schaden und daz herzesêr,

3409. 10 noch: doch *B*] doch: noch. 12 tar. in *fehlt*. 14 welde. 15 er *fehlt*. 22 von *B*] an. 26 daz czü. 28 mir ist] mit. 32 lenger. 33 gesport (: ort). 34 iu *fehlt*. 36 hilffen in allew e. 38 jn cze diesten. gesant. 39 den *B*] die. diz *fehlt*. 45 d. reiche an geh. 49 jehen. 50 wellen lassen mich s. 51 herre. 52 ist dicke. 58 Wer mein. 66 stat. 67 So lehelff. 72 argen *fehlt*. 74 oder.

daz in betrüebet iemer mêr
beide ir leben und ir gelider.'
hie mite liez er sich dô nider
aldâ ze Punteise.
dem werden Franzeise
schuof man keiserlich gemach.
vil hôher êren im geschach
von al den burgæren sâ,
wan ez der künic selbe dâ
gebôt mit willen unde bat.
Punteise gar ein edel stat
von türnen und von graben ist,
dâ von der künic, wizze Krist,
dar inne gerne sich enthielt.
des sites phlag er unde wielt,
daz der stete porten
wâren zallen orten
beslozzen unde zuo getân,
wan er niemen wolte lân
dar ûz rîten ûf daz velt.
er dâhte strengez widergelt
enphâhen tägelich dâ vor.
dâ von liez er der bürge tor
tag unde naht vil sêre stân
beslozzen unde zuo getân.

Daz dûhte ein spot der heiden schar,
wan si dicke und ofte dar
74c vâhten für die werden stift.
ir übel herze sam ein gift
was bitter unde unmilte.
si wielten vil der schilte
und maniges ungefüegen spers.
ein veste was genennet Swers
und ist geheizen noch alsô.
dâ wâren zweinzic tûsent dô
der veigen Sarrazîne zors,
und lac der künic zAgisors,
ir houbetherre Sornagiur.
deck unde liehter covertiur
hete er vil in sîner wer.
die zweinzic tûsent von dem her
besunder wâren für geriten
durch daz si wolten hân gestriten
sêre an die Franzeise
und in ze Punteise
batelle geben alle stunt.
und dô den selben heiden kunt
wart diz niuwe mære,
daz in die stat dô wære
Partonopier der edel komen
unde er mit helfe wolte fromen
dem künege sînem mâge,
dô wart ein starkiu lâge
von in gemachet und bereit.
weizgot, dâ wurden in geleit
fünf hundert heiden alzehant.
ouch wurden schiere für gesant
fünf hundert gegen Punteis,
durch daz Partonopier von Bleis
zuo in ûz der veste rite
und iegenôte, swenne er strite
mit in ûf dem velde dâ,
daz si gegen der lâge sâ
von im entwichen alles hin
und dâ gar ungewarnet in
mit liuten umbeslüegen,
alsô daz den gefüegen
die zehen hundert manne
bestüenden strîtes danne

3477 ze *fehlt*. 82 gesach. 83 purgān. 84 es waz d. 91 state. 99 sêre *B*] ruen. 3503 Fechten. 04 ubeliu herzen. 05 Warñ. vnmilde. 06 schilde. 07 manigen. 10 Do. 11 -zene ors; *vgl.* 3356. 12 dem ch. sagiors. 14 Dick vnd ofte l. chon'tur. 17 Pesundern. 18 wolden vnd striten. 21 Patelle. 22 dem. 25 der *fehlt*. chumen. 26 mit *B*] nicht. wolte *B*] *fehlt*. frumen. 28 iage. 34 von] vñ. 35 jm aus vesten ritten. 36 stritten. 37 jn. 38 si *fehlt*. lagen. 39 jn entwichens. 43 hundert] tausent.

und mit ir hôher überkraft
an in würden sigehaft.

74[d] Nu daz diu lâge was bereit
und dâ wâren în geleit
fünf hundert ungetoufter man,
dô riten ouch fünf hundert dan
für die stat ze Punteis.
Partonopieren dâ von Bleis
begundens an der zîte
ze velde und ouch ze strîte
jagen unde reizen.
ze snellen puneizen
ranten si hin unde her.
ûf hôhe warfen si diu sper
und enphiengens aber wider.
ze berge ritens unde nider
und triben des vil unde gnuoc.
Partonopier dô balde truoc
ein argez herze bitter.
er nam eht hundert ritter,
mit den sô kêrte er für daz tor
und wolte gerne sich dâ vor
genieten strîtes ûf den plân.
diu porte wart im ûf getân,
als er hete dô begert.
ouch wart der junge künic wert
wol bereit ze strîte gar.
zwei tûsent helme liehtgevar
het er in sîne phliht genomen.
mit den wolt er ze velde komen
ûf die vil argen Sarrazîn.
Partonopier, der neve sîn,
erwinden in dô schiere bat.
er sprach 'belîbet in der stat,
herre, küniclicher degen,
und lât mich kurzewîle phlegen
mit den Sarrazînen.
ich wil mich dar ûf pînen,
daz in schade von mir geschehe.
ob iuwer ouge daz gesehe,
daz ich ze nœten komen sî,
sô lât mir iuwer helfe bî,
snellichen hie gestân
und îlet zuo mir ûf den plân.'

'Gerne', sprach der künic dô.
mit disen dingen unde alsô
Partonopier der guote
75[a] mit unverzagtem muote
kam ûf daz velt gerennet.
sîn herze was enbrennet
ûf strengen unde ûf grimmen zorn.
ze beiden sîten mit den sporn
daz ors gar swinde er ruorte.
daz truog in unde fuorte
vil gâhes an die Sarrazîn.
ein heiden fürste hiez Aldîn
und was enpholhen im der vane:
der kam engegen im her dane
vil hurticlichen dô gerant.
er fuorte ein banier in der hant
rich unde wunniclich gevar.
Partonopier ouch hete dar
der verte mâze ûf in genomen
und was im alsô nâhen komen,
daz er durch den glanzen
schilt dâ sîne lanzen
stach unde frävelichen stiez.
im drauc der niuwe scharpfe spiez
durch den lîp biz ûf daz leben.
Partonopier het im gegeben

3548 dar. 50 dan *B*] an. 52 Partonopier. 54 ouch *B*] *fehlt.* 55 lagen. 59 enphings. 61 vnd gen. 62 da. 64 eht *B*] rech. 66 und *fehlt.* 68 portñ. 71 bereit *fehlt.* 83 schaden. 87 hie pey stan. 92 -zagtñ. 96 *s.* er mit sp. 97 er *fehlt.* 3600 fürste *fehlt.* 01 was *fehlt.* 04 fur. panier. 06 hette. 08 jn.

den stich mit alsô richer state,
daz im der halsberc und diu blate
entrennet wurden beide
und daz er ûf die heide
mit orse viel mitalle.
er nam dâ mit dem valle
ein bitterlichez ende gnuoc.
Partonopier eht aber sluoc
ir einen an der selben tjost,
der was geheizen Arnost
und hete liehten prîs bejaget.
der junge degen unverzaget
traf den selben heiden wert
durch den helm, daz im daz swert
ze tal biz ûf die zene wuot
und im zehant daz rôte bluot
drang ûz der wunden unde wiel.
er strûchte nider unde viel,
als im diu wâre schult gebôt,
und lac dâ jâmerliche tôt.

Alsô het dô Partonopier,
75b der knappe sælic unde fier,
der heiden zwêne tôt geleit.
dar nâch kêrte er unde reit
ûf daz ander teil hin dane.
sîn ûz erwelten ritter ane
rief der edel alzehant:
'ir herren', sprach er, 'sît gemant,
daz iuch gereinet hât der touf.
gedenket an den tiuren kouf,
dâ mite ir sît erlœset.
geblüemet und gerœset
hât iuch got der guote
mit sînem hêren bluote,
daz er umb unser schulde gôz.
die manicvalte wirde grôz
lât niht verderben hiute,
und vehtet an die liute,
die sînem namen sint gehaz.
ir helde, niht verhenget, daz
uns die heiden an gesigen:
wir sulen machen, daz si ligen
alle jâmerlichen tôt
od aber hie von rehter nôt
beginnen kêren ûf die fluht.'
sus tete er, als diu tobesuht
in hete dâ bestanden,
und gap ze beiden handen
daz swert vermezzenliche.
daz velt er machte riche
der veigen und der tôten.
man sach in dâ verschrôten
ungetoufter liute gnuoc.
sîn edel hant die heide twuoc
mit ir bluotes wâge.
hin wider zuo der lâge
entwichen dô die Sarrazîn,
wan si die starken slege sîn
niht kunden mêr gelîden.
si wolten gerne mîden
sîn swert unmâzen grimmiclich.
si wâren schiere hinder sich
geflohen bî den stunden,
dâ si der heiden funden
fünf hundert âne lougen,
die dâ verborgen tougen
75c sich heten im ze vâre.
und dô die selben zwâre
sâhen ir gesellen komen,
die an den kristen heten genomen
ir schädelichen ungewin,

3616 hals preg. 19 vil. 21 gut genug. 22 eht *B*] recht. 23 tost. 25 leichten. 28 dem h. 34 -leich. 35 hette. 37 czen. 39 danne. 41 Rueffl. 43 dy t. 47 h. mich euch. 48 herten. 50 -tig. 53 sin. 58 oder. 61 hettn. 69. 70 *vertauscht u. gebessert B.* 70 iage. 72 wa sy de. 75 vmassen. 81 hetten. im *B*] nu. 82 do sy die. 84 *fehlt: ergänzt B.*

dô kâmens unde stuonden in
ze helfe niht ze trâge.
si kêrten ûz der lâge
schiere ûf die Franzeise dar.
und dô si wurden dô gewar,
daz in diu lâge was geleit
und daz diu manicvaltikeit
der heiden alsô kreftic wart,
dô kêrtens ûf der flühte vart
und ilten gein Punteise dan.
daz hundert ritter tûsent man
bestüenden dâ mit strîte,
daz dûhte bî der zîte
unwæge die Franzeise.
des wart in an die reise
der flühte doch vil harte gâch.
Partonopier in allez nâch
durch schirmen an dem rücke reit,
sô daz in keiner hande leit
geschæhe von der heidenschaft.
si nam der knappe sældenhaft
ûz tiefer sorgen stricke.
er warf hin umbe dicke
des mâles ûf der selben fluht
und schuof, daz schade mit genuht
den Sarrazînen wart bekant.
mit sîner ellentrîcher hant
macht er si ganzer wunne frî:
er vellet unde sluog ir drî
an sîner widerkêre.
der süeze tugenthêre
sluog einen, der hiez Phâres.
sô was der ander Marases,
den er sluoc, genennet.
der dritte wît erkennet
was durch sînen werden lîp.
er hete manic edel wîp
erworben ê mit sîner bet.
er hiez der schœne Sâret
und wart nie niht sô tiures.
des küneges Sornagiures
75d bruoder sun der selbe was.
er wart gevellet ûf daz gras
von Partonopêre.
mit einem scharpfen gêre
schôz in der hôchgeborne
sô vaste in sînem zorne,
daz er von dem lîbe kam
und ein vil snellez ende nam.

Diz wart der heiden ungewin.
mit leide kêrtens über in
unde enthielten ob im gar.
fröud unde hôher wunne bar
klagten si den jungelinc.
'hei!' sprâchen si, 'der ursprinc
vil maneger êren ist gelegen,
sît dirre werde junge degen
verdorben ist sô rehte fruo.
der hende müeze sîgen zuo
verlust und all unsælikeit,
diu sînen werden lîp versneit
in alsô kurzer wîle.
wê dem vertânen phîle,
der in sô schedelîchen traf!
er hât an im der wunne saf
vergozzen und der minne fluot.
kein lîp verrêrte als edel bluot
nie sam der schœne Sâret.
ach got, vil werder Mahmet,
wes hât uns dîn gewalt gezigen,
daz du lieze tôt geligen

3689 Franzoisen. 3702 alles. 03 handes. 05 Geschen. 09 hin *fehlt.* 11 Der sarrazein. 13 Möcht. 14 vellet *B*] valte. 16 herre. 19 *fehlt.* 23 seinem pet. 26 -gurres. 29 von dem Partonopiere. 35 *ohne Absatz.* 36 chertes. 37 enh. ob jn. 42 diser. werde *fehlt.* 50 An hat jm — schaf. 54 Machmet. 56 liessest t. ligen.

den höveschen alsô früege?
daz dirre plân geblüege
niemer noch gegrüene mêr,
ûf dem verdarp der fürste hêr,
des wünsche wir von schulden.
sîn adel übergulden
kunde maneges herzen jugent
mit rîcher und mit hôher tugent.'

Sus klagten in die Sarrazîn.
ir herze jâmer unde pîn
in sich vil tiefe mûrte.
vil maneger sêre trûrte
durch sîn tœtlich ungemach.
und dô Partonopier gesach
76[a] die heiden alle ob im enthân,
dô liez er über jenen plân
zuo zin riuschen alzehant.
er kam dar under si gerant
mit sîner massenîe.
ir wüefen unde ir krîe
begunde er dô zestœren
noch wolte er nie gehœren,
ê daz er si gar durchbrach.
ouch spürte er, weizgot, unde sach,
daz im starkiu helfe erschein:
dâ kam der künec, sîn œhein,
geriten von Punteise.
zwei tûsent Franzeise
brâht er im dâ ze stiure.
des wart ein schumphentiure
vernomen unde grimmer schade.
den heiden aber zeinem bade
vergozzen wart ir bluotes.
der künic freches muotes
sich under si mit sîner schar
sô rehte krefticlichen war,
daz der ungetouften her
mit den kristen âne wer
vil sêre wart gemischet.
vil manic wunde erfrischet
wart von den Kärlingæren.
die werden und die mæren
sô ritterlîche vâhten,
daz si die vînde brâhten
in schädelîchiu herzen sêr.
doch wizzet, daz Partonopêr
des tages vor in allen streit.
sîn name in hôhen prîs geleit
wart ûf der heide grüene.
der edel und der küene
sluog einen, der hiez Lûdân:
der hetez dâ sô wol getân,
daz man in muoste weinen.
dar nâch sluog er ir einen
mit dem erwelten swerte sîn,
der waz geheizen Fulsîn
und kunde vînde rêren.
76[b] er was an ritters êren
stæt als ein vestiu mermelsûl.
ein lant daz heizet Valbrûl,
von dannen was der helt geborn.
sîn frecher lîp vil ûz erkorn
kam von ungelücke zuo
Partonopiere ein teil ze fruo,
wan im verlust von im erschein.
er sluog im durch daz abselbein
ze tal biz ûf den satelbogen.
des het in schiere dâ gezogen
des bitterlichen tôdes kramph.

3758 diser. 59 Meiner noch geruene. 60 verdorp. 63 hercze. 65 *kein Absatz*. 71 do g. 73 in ruschen. 76 wüefen *B*] wueten. 77 da. 78 er *B*] *fehlt*. 82 Do. sein chaim. 84 tawsen. 86 schimpleiche tewre. 88 Der. 89 versorgen w. in pl. 96 wunden. 97 war. 99 ritterlich si. 3801 schadleichen. 02 partonopier. 04 in *fehlt*. 06 und] auch. 08 sô *fehlt*. 10 Dennach. ir *B*] *fehlt*. 14 ain. 15 state. 16 *fehlt; ergänzt B*. 18 leif auserch. 20 Partonopier. 22 jn.

durch den vil angestbæren kamph
erschrâken dô die Sarrazîn.
der selbe ein kemphe was gesîn
in aller heidenschefte.
daz in mit hôher krefte
Partonopier dâ hæte erslagen,
dâ von begunden si verzagen,
daz si fluhen gegen Schers.
daz reht des schiltes und des spers
brâchen si ze sêre:
mit sneller umbekêre
strichens ûf die reise.
die werden Franzeise
riten in geswinde nâch.
ûf si wart in sô rehte gâch,
daz si niht erwunden,
ê daz si vor in funden
die veste michel unde wît;
wan Schers an eime grunde lît
verborgen unde als tougen,
daz si mit den ougen
ir niht hæten war genomen,
ê daz si zuo zir wâren komen
vil nâch biz an den burcgraben.
aldâ begunden sich enthaben
die Franzeise milte.
ir helme und al ir schilte
zaltens unde nâmen war,
wie vil si liute von ir schar
verloren hæten bî der stunt.
verhouwen unde tôtwunt
wol zweinzic ritter wâren in.
dâ wider was der ungewin
76c der heidenschefte manicvalt.
mit starken slegen ungezalt
was an ir gewundert:
ir lâgen zehen hundert
verhouwen und verschrôten.
daz schein wol an den tôten,
die des mâles ûf dem wal
gerechent wurden âne zal.

Nu daz die Sarrazîne
mit schedelicher pîne
flühtic in die stat geriten,
niht langer die Franzeise biten,
si kêrten gegen Agisors,
dâ manic wol gewirdet ors
stuont des mâles inne.
si kâmen in dem sinne
gerennet dar vil snelle,
durch daz si dâ batelle
gæben Sornagiure.
dem was diu schumphentiure
der liute sîn dô zôren komen.
doch wart dâ Sornagiur genomen
ab dem kamphe sêre.
nâch sîner fürsten lêre
liez er den strît dô wendic sîn.
si rieten, daz er wider în
kêrte von dem anger,
und daz er bite langer,
biz er gewünne liute mê,
die von der ungetouften ê
wolten im ze helfe stân.
alsus begunde er von dem plân
in die stat dô dringen.
der künic von Kärlingen
und al die Franzeise
dar heim ze Punteise

3826 -werft. 27 dô *fehlt.* 28 Desselbe. 29 -schaffte (: chrafte). 30 jm. 34 Da reckt. und des *B*] und. 40 jm. 43 unde *fehlt.* 44 aim grunne. 48 ir waren. 50 sich] sy. 52 und *fehlt.* 56 unde tôtwunt *B*] und tot verwunt. 65 dem *B*] der. 69 ritten. 70 lenger. franzeisen. 72 gewirdet *B*] werdig. 74 chumen in den s. 75 da. 76 palde; *vgl.* 3521. 77 geben. 78 diu] sy. schinph. 79 dô *B*] *fehlt.* *dann* Auch het er daz vernomen Daz die franzeisen komen. 80 Auch. sorgnir. 82 Noch. 83 dô *fehlt.* 84 ritten. 85 chertten. 87 geunne. 93 die *fehlt.*

riten unde fuoren.
si jâhen unde swuoren,
daz des tages hæte
Partonopier der stæte
bejaget michel êre.
sîn werder name sêre
76d geprîset und gerüemet wart
durch die vil hôhen süezen art,
die got mit rîcher sælikeit
ze wunder hæte ûf in geleit.

Er lie sich nider in der stat.
der künic hiez sîn unde bat
schône unde keiserlichen phlegen.
ouch kunde er selbe sich bewegen
rîlicher unde hôher zer.
er hete dar in sîner wer
vil hordes dô gefüeret.
der wart von im gerüeret
vil harte milticlîche:
er machte guotes rîche
die kumberhaften alle
und lebte in êren schalle
den âbent und den morgen.
diu schande was verborgen
vor den klâren ougen sîn.
bescheiden was er unde vîn,
diemüetic unde wol gezogen.
sîn lop sô verre was geflogen,
daz alle Kärlingære
jâhen, daz er wære
ein spiegel hôher wirdikeit:
got selber hæte ûf in geleit
vil ganzer sælden überkraft.
an guote nie sô kumberhaft
wart dekeiner slahte man,
und hæte er in gesehen an
eins mâles in der wochen,
er müeste hân gesprochen
'ich bin an guote worden rîch:
ez lebet niender mîn gelîch
an guote noch an êren.'
sîn lop begunde mêren
und machte sich den liuten wert.
er gap in silber unde pfert,
ross unde liehtiu kleider.
im was diu schande leider
danne iht anders alle wege.
ir huote flôch er unde ir phlege,
sam den tan der sitikus.
er schuof mit hôher milte sus,
77a daz in vil maneger suochte.
swer sîner helfe ruochte,
der wart enphangen schône.
von sînes lobes dône
mêrte sich des küneges her.
mit sîner vil hôchgülten zer
gewan er vil der schilte.
er het an rîcher milte
vil starke dâ gewundert.
hiute riten hundert
in einer samenunge zuo;
sô kômen tûsent morgen fruo,
durch daz si dâ gesæhen
den höveschen und den wæhen,
dem man sô hôhes lobes jach.
vil maneger in dâ gerne sach,
der sîn geniezen wânde.
ê daz ein ganzer mânde
het ein ende dâ genomen,
dô wâren vierzic tûsent komen
ritter unde knehte dar,
die der tugende nâmen war,
diu von im wart gesprochen.
und in der sehsten wochen
dô was durch sîner milte kraft

3902 suesse. 05 Er] av. 13 minickleichen. 29 chainer schlachter. 31 eins mâles B] czu ainem male. 40 selber unde. 41 wegen. 43 tand'r. 44 sus B] kus. 50 vil] hillfe. 57 Daz durch si da gesachen. 58 vehen. 62 mane. 64 da.

des jungen küneges ritterschaft
gewahsen und gesterket sô,
daz die fremden geste dô
niemen kunde bî der zal
geprüeven, weizgot, über al.

Nu was komen dô diu zît,
daz sich die heiden ûf den strît
heten gar bereitet
und ûf daz velt geleitet
heten ritterschefte vil.
für wâr ich iu daz sagen wil,
diu was in komen alliu dô.
dâ von wart ez geredet sô,
daz der strît ûf erden
niht wendic solte werden
durch deheiner slahte dinc.
Partonopier der jungelinc
hiez dô künden in diu lant,
swer ze helfe sîner hant
77[b] kæme dar mit strîte,
dem wolder bî der zîte
silber geben unde golt.
durch den keiserlichen solt
sîn here begunde wahsen.
die Franken und die Sahsen,
die Beiern und die Swâben
sach man nâch sînen gâben
ze helfe sêre dringen.
im kam von Lutringen
vil helfe und ouch ûz Flandern lant.
im wart ritterschaft gesant
vil schiere von Hispanje.
die besten ûz Britanje
tâten im ir stiure schîn.
ouch sach in manic Poitewîn
durch sîner tugende schouwe.
vil herren von Anschouwe
brâhten im ir helfe dar.
ûz Friesen lant ein michel schar
stuont ze helfe sîner kraft.
ouch kam zuo zim diu ritterschaft
gestrichen von Wasconje.
ûz Parme und ûz Bolonje,
von Pâfî unde Meilân
wart im helfe grôz getân
durch sîn vil hôhez mieten.
ouch hiez er dô gebieten
und endelichen schaffen,
swâ in Kärlingen phaffen
unde müneche wæren,
daz die gote bæren
genæmen dienest bî der frist
und alle tiure bæten Krist,
daz er die Franzeise
vor schedelicher freise
müeste in deme strîte nern
und si mit helfe muochte wern,
daz diu vil arge heidenschaft
an in niht würde sigehaft.

Diz wart getân und ez geschach.
man stürte dâ got unde sprach
vil manegen salmen unde vers.
zwischen Punteis unde Schers
ûf einem grüenen wîten plân
77[c] solte dirre strît ergân
an eime zîstage fruo,
wan der selbe tac dar zuo
von alter ist gerihtet,
daz man gerne vihtet
an im unde kemphet.

3978 *fehlt; ergänzt B.* 81 jm. alle. 82 so wart. 84 solde. 89 dar *B*] und da. 91 unde *B*] und daz. 99 ouch *B*] *fehlt.* 4000 w. von r. 02 petranie. 03 ir *fehlt.* 04 pantewin. 06 ansawe. 10 im. 11 vastonie. 12 *das zweite* ûz *fehlt.* Polonie. 13 Pasij. 14 gross hilf. 18 wo in kärlinge. 20 gott weren. 22 peten. 23 franczeisen. 25 Muesten in den. 26 si] ir. 29 ez *fehlt.* 30 stürte *B*] stute. 34 diser. 35 zinst. 38 vichet.

mit lügen ist gestemphet
niht diz wâre mære.
diu schœne wunnebære
zît gap ûz erwelten schîn
und was der himel alsô vîn,
daz nie kein lâsûr wart sô blâ.
kein wolken noch kein flecke dâ
niender wart an im gesehen.
man sach dô glenzen unde brehen
der liehten klâren sunnen blic.
genomen hete si den sic
an trüebem ungewitter dô,
des al die liute wâren frô,
die dâ wolten strîten.
reht in den selben zîten,
dô der kampf des morgens fruo
solte in allen sîgen zuo,
dô was der künic Sornagiur
durch baneken und durch âventiur
in einen boumgarten komen.
der hete frühte an sich genomen
vil manegen wunniclichen soum.
under einen aphelboum
gesaz er nider ûf den klê.
wol hundert ritter oder mê
sâzen umbe in ûf dem grase,
und hete sich der grüene wase
geblüemet für sîn ougen brâht.
ûf den strît was er verdâht
sô vaste, daz er lange sweic.
ze tal im dô sîn houbet seic,
daz hieng er nider vorne.
ûf kampf der hôchgeborne
gesetzet hete den gedanc.
zuo sînen fürsten über lanc
sprach der ungetoufte helt
'ir werden ritter ûz erwelt,
77d die mir dâ sint ze helfe komen,
ir habt daz alle wol vernomen,
daz wir strîten müezen fruo.
dâ von gedenket nu dar zuo
vil starke und ouch vil sêre.
geruochet mir die lêre
geben, daz ich wol gevar
und ich mîn her alsô geschar,
daz ich gelige den vînden obe,
alsô daz ich an hôhem lobe
müeze werden rîcher.
sprech iuwer iegelîcher,
waz in daz beste dunke.
swer ie dâ her getrunke
des brunnen ganzer wîsheit,
der sî ze râte mir bereit,
durch daz ich prîs ervehte.
sîn künne und sîn geslehte
erhœhe ich alle mîne zît,
der mir sô nütze lêre gît,
daz ich den kristen an gesige
od aber tôt mit êren lige.'

Der rede gab ein künic hêr
antwürte, der hiez Lôemêr
und was geborn von Norwegen.
er kunde hôher witze phlegen
und was der êrste, wizze Krist,
der Sornagiure bî der frist
begunde râten offenbâr.
'herre', sprach er, 'ez ist wâr,
daz wir vehten müezen fruo.
der strît uns balde sîget zuo

4040 lingen. geschemphet. 42 -here. 45 war. 47 Mender war an jn. 48 und enbrechen. 49 l. vnd chl. 50 hetīi. 51 trueben. 52 alz. 56 solde. 58 *das zweite* durch *fehlt: ergänzt B.* 59 ainem. 60 frucht. 62 under *B*] er was vnder. 63 gesaz er *B*] gesezzen. 65 daz gr. 70 h. do s. 77 sin. 85 geleich gelig. 86 hochn̄. 88 spreche in wer. 91 weihait. 95 alles. 96 u. leit lere. 97 chisten a. gesigen. 98 oder — lign̄. 4100 Lôemêr *B*] Lonmer. 02 hocher nucze. 04 sornogure. 05 Pegn̄ne.

noch mac niht werden wendic.
des sul wir sîn genendic
ze kamphe sunder allen spot.
her Mars, der edele strîtes got,
sol uns sô rîche stiure geben,
daz wir die sigenuft geleben
an der kristenheite noch.
und riete ich âne zwîvel doch,
ob ez mit êren möhte ergân,
daz wir den strît hie solten lân
scheiden endelîche,
sô daz wir ûz Francrîche
78ª kæmen wider heim gezoget.
büt uns der Kärlingære voget
daz er uns anders tages bôt,
wir solten âne strîtes nôt
mit êren in gemache leben.
er wolte iu gerne hân gegeben
rîlichen unde starken zol:
zwelf hundert schrîne silbers vol
bôt er iu zeiner miete,
durch daz ir sîner diete
niht mêr ze leide tætent
noch sînes landes hætent
fürbaz dekeine ruoche.
ouch wolder iu der tuoche,
diu von sîden sint geweben,
zwelf hundert soume hân gegeben
und dar zuo tûsent mûle starc.
der krâm der hæte manige marc
vergolten, des er iu gewuoc.
er wolte iu helfande gnuoc
unde ouch lewen haben gewert.
er bôt iu kamel unde phert,
valken unde winde,
und ander jagegesinde
wolt er vil starke reiten,
und für iuch heizen leiten
daz ir mit fride liezet in
und wider heim ze lande hin
von Kärlingen füeret doch.
ob man die teidinc fünde noch
an dem jungen künege fruot,
sô diuhte ez mich benamen guot,
daz wir des strîtes wæren abe
und mit uns hin in unser habe
den prisant fuorten und den schatz,
den er uns âne widersatz
dô gerne wolte hân gegeben.
man solte in lân mit fride leben,
büt er uns nu den selben hort.
er hât mêr ritterschefte dort
dann ir geleisten müget hie.
kein dinc wart uns gewisser nie
dan daz uns misselinget,
78ᵇ ob unser herze ringet
nâch strîte an disen stunden.
herr, ich hân daz befunden,
daz die Kärlingære
an hôher helfe mære
gerîchet sint vil starke.
ouch kunnents ûf ir marke
und in ir lande vehten baz
dann unser volc; geloubet daz,
swer in die kuntschefte vert
ze sturme, daz er sich ernert
vor schaden lîhter danne ein gast.
ez ist verlüste ein houbetlast,

4110 genädig. 11 sunder an. 12 edel streitte. 16 rite. 18 solden. 19 entleichen. 20 -reichen. 21 kæmen *B*] komen. 22 Pate uns. 23 tage. 24 sterites. 25 geben. 28 silb'r. 29 mitte. 30 ir] er. 31 teten (: hetten). 33 chaine. 34 der] dy. 36 sawm h. geben. 38 D. chram hete. 39 geneeck. 40 wolde. helfende genug. 42 bôt] het. 43 winden. 44 jage] daz. gesindñ. 46 *fehlt: ergänzt B.* 50 dy tading. 52 daucht. 55 preysant. 57 geben. 58 solde. freyden. 60 -schaft. 63 dan *fehlt.* 69 gerichtet sein. 70 chumens.

daz ieman kêret in den kreiz
ze strîten, dâ man niht enweiz
wâ man sich enthalten sol.
dâ von gevellet ez mir wol,
daz wir an strîte erwinden.
ob wir die teidinc vinden,
diu nâch êren sî gewant,
sô strîchen heim in unser lant:
daz dunket mich der beste rât,
des sich mîn herze nu verstât.'

Nu Lôemêr alsô geriet
und er die zungen sîn geschiet
ûz dirre lêre banden,
dô sprach von Gruonlanden
ein künic, der hiez Fabruîn,
'vernemet ouch die rede mîn,
vil werder keiser Sornagiur.
ir sît ûf strîtes âventiur
ûz komen unde vrâget noch
hie râtes einen man, der doch
ze strîte keinen willen hât.
sîn herze niht ze kamphe stât,
ez ist ûf silber mê gewant.
ir kâmet her in disiu lant,
durch daz ir lob erwerbet.
nu wil er, daz ir sterbet
an küniclichen êren,
wan er iuch heim hin kêren
heizet sunder allen prîs.
er wil daz iuwer loberîs
in vil swache wirde kume.
78r dêswâr, der biderb und ouch der frume
vil selten nider hânt geleit
durch kranker miete gîtikeit
rîlichen unde reinen muot.
wer solte durch ein bœse guot
an der tât erwinden,
an der sîn name vinden
noch ganze wirde möhte?
diu gâbe iu kleine töhte,
dâ mite ir wæret iemer mêr
gekrenket. neinâ, künic hêr,
lât niemer iuch gelêren,
daz wir ze lande kêren
und âne strît von hinnen varn.
wir sulen unser liute scharn
in wunneclicher rotte.
ze schalle und zeinem spotte
die kristen unsich bræhten,
sô wir in zuo gedæhten,
daz wir durch guotes willen
hie wolten lâzen stillen
daz urliug und den grimmen sturm.
wir müesten uns reht als ein wurm
vor ir gewalte rimphen
und iemer hân ir schimphen,
ob wir teidinc suochten
und an si gâbe ruochten
durch daz wir hinnen füeren:
si jæhen unde swüeren,
daz wir alle wæren zagen.
ir sult des, herre, niht gesagen,
daz wir ze lande rîten,
ê wir mit in gestrîten.'

Diz wâren Fabruînes wort.
er het an krefte rîchen hort
und was der schœnste Sarrazîn,
der under in dâ mohte sîn

4177 dem. 79 enthalten *B*] enthanten. 83 sî *B*] sin. 85 ducket. 87 Lôemêr *B*] Lonmer. 89 diser. 90 grûne l. 92 vernemt. 94 streitû. 95 doch (: noch). 98 chemphe. 4200 komet. 04 heim hin *B*] haiman. 05 sunder an a. 06 in ew'r. 07 Ain. 08 pider. 16 iu] ein. 17 ir *fehlt*. werent. 18 Gedencket. herr. 20 landen. 23 -leichen. 24 spote. 29 virlinge. 30 Wer. 33 mir — schuechten. 35 hinne. 36 iahen. 38 gesagen *B*] verzagen. 42 reich. 43 schonist. 44 dâ *fehlt*. gesein.

ald in aller heidenschaft.
und dô sîn zunge redehaft
alsus gerâten hæte,
dô gab ouch sîne ræte
ein ander künic schône;
der truoc des landes krône
78b zOrchadie mit gewalt.
er schein der jâre grîs und alt
und was geheizen Marufîn.
'herre', sprach er, 'Fabruin
hât gerâten harte wol.
er sprichet allez als er sol
und als ein junger baschelier,
der sîn frechez leben zier
und sînen schœnen starken lîp
mit strîte gerne durch diu wîp
arbeiten wil und üeben.
wir alten und wir trüeben
ruochen aber kamphes niht,
wan unser muot und unser phliht
ze ruowe und ze gemache stât.
dâ von gevellet uns der rât,
den Loêmêr zem êrsten gap,
unmâzen wol. den urhap
sîner wîsen lêre
den lobe ich harte sêre,
wan er uns muoz wol gezemen.
mich dunket bezzer, daz wir nemen
hort unde rîchen prisant
und wider heim in unser lant
ân allez vehten rîten,
dann ob wir morgen strîten
mit den Kärlingæren.
jô prüeve ich an den mæren,
daz der getouften ritterschaft
an liuten unde an hôher kraft
sich vaste mêre zaller frist.
ouch wizzet, daz ein tiuwel ist
ûz den lüften in gesant,
der ist Partonopier genant,
und mac sich niht vor im erwern.
er kan sô ritterlichen zern
sîn guot, daz maneger suochet in.
durch die gâbe und den gewin,
dâ mite er gnuoge richet,
kein Franzeis im gelîchet:
sô keiserlich ist al sîn dinc.
er ist der schœnste jungelinc,
der ie dehein ors überschreit.
er hat mit sîner miltikeit
79a gesterket wol des küneges wer.
gewahset nu der kristen her
an liuten unde an rîcher habe,
sô gêt uns Sarrazînen abe
an helfe zallen zîten.
ouch kunnent si wol strîten
und üeben ritterlich geveht.
dar zuo sô hilfet in daz reht
und vellet uns diu missetât,
daz uns diz rîche niht bestât,
nâch dem wir nû in kriegen.
herr, ich enwil niht triegen
iuwer hôhen edelkeit:
wir mügen schaden unde leit
hie nemen und enphâhen,
ob wir ze strîte gâhen
mit der getouften diete.
ich râte, swer uns biete
guot an disen zîten,
daz wir ze lande rîten

4245 Alz aller in. 52 iaren. 55 het. 56 allez *fehlt: Pf. ergänzt* rehte. als ob er s. 57 als *fehlt.* 61 Arbaten. 63 ruochten. 65 mache. 67 Loymer. 68 dem. 71 geczüen. 72 namen. 81 aller. 85 in. 88 vnd durch den. 92 schœne. 93 chain. 95 her. 96 gewahset] so vaste. 4300 Auch so chunnen. 01 üeben] vmbe. gevächt. 03 vnd wellent vellet. 06 petriegen. 07 hoche. 11 dietten (: pieten). 14 landes.

sunder kamphes orden.
wir sîn geswachet worden
von dirre langen reise;
sô phlâgen die Franzeise
gemaches nu vil lange zît
und sint geruowet ûf den strît:
dâ von ist ez unwæge,
daz wir müed unde træge
zuo zin kêren ûf daz velt;
wir müezen strengez widergelt
von ir kraft gewinnen
und schämeliche entrinnen.'

Der rede antwürte ein künic bôt,
der hete in strîte manege nôt
erliten unde erkennet.
Fursin was er genennet,
und truoc die krône zÎrlant.
bescheidenlichen dô zehant
sprach er ze Marufîne
'dem künege Fabruîne
geschehen ist mit rede gewalt,
der zeinem baschelier gezalt'
von iu wart in spottes wîs.
er het ûf ritterlichen prîs
gestellet alle sîne tage.
79b swie rehte vaste iu missehage
sîn rât und al sîn lêre noch,
sô hât er uns daz beste doch
gerâten sicherliche;
wan ob wir disiu rîche
durch guotes willen rûmen
und uns an êren sûmen,
des mac sich wol mîn herze schamen.
ouch sult ir wizzen daz benamen,
swaz man uns anders tages bôt
prisandes unde goldes rôt,
daz würde uns nu vil tiure.
der künic hæte uns hiure
gegeben âne widersatz
vil riches kleinât unde schatz,
des er nu gerne wandel hât,
wan sîn dinc an liuten stât
vil baz dann ez im tæte dô.
sîn herze kleine ûf unser drô
wil ahten stille und offenbâr,
noch gæbe drumbe niht ein hâr,
daz wir den strît verbæren.
er wânde, daz wir wæren
verzaget an dem muote,
sô wir nâch sînem guote
mit worten und mit rede striten.
welt ir in tagedinge biten,
vil werder künic Sornagiur,
sô brennet iuch der schande fiur
beide an êren unde an lobe.
ir sult im sus geligen obe
mit herten und mit grimmen slegen.
daz sol iuch, herre, niht erzegen
an herzen unde an muote gar,
daz nu der getouften schar
hât mêr rehtes danne wir.
geloubet endelichen mir:
ich wolte ê kemphen rehtes frî,
denn ich dem rehten stüende bî
und ich ein zage würde hie.
wer vernam solch wunder ie
sô daz ir ûz gevaren sît
79c durch vehten unde grimmen strît
und âne kamph nu wellet leben?

4316 gewachset. 17 diser. 19 gemahes. 20 sein geruet. 22 muede. 23 in. 26 oder schämlich entrinen. 27 antwurt. 30 Fursein — gennet. 33 Marusine. 34 Fabrune. 35 gwalt. 43 -leichen. 48 pey n. 50 unde *fehlt.* 51 wurt. 55 nu] nivr. 57 im *B*] *fehlt: Pf. ergänzt* ê. 58 vns dro. 59 vil a. 60 gab darvmbe. 61 verlaren. 64 seiner. 66 täd. 68 pēnet. der *fehlt.* 73 am — am. 74 nu *fehlt.* 75 dan. 77 chemphes. 80 nie. 82 grime. 83 nu *fehlt.*

iuch hiezen iuwer râtgeben
strichen her ze lande
nâch prîse maneger hande,
und heizent iuch nu kêren
von hinnen mit unêren
und wider varen âne strît.
si möhten iuch dâ heime sît
hân verlâzen, herre guot,
dô niht ze kamphe stuont ir muot.'

Nu daz der künic Fursîn
verliez aldâ die rede sîn
und er niht sprechen wolte mêr,
dô wart ein werder grâve hêr
schier unde balde redehaft.
der phlac mit sîner meisterschaft
des küneges und der hovediet,
wan allez, daz sîn muot geriet
Sornagiure, daz tet er
und lebte dô nâch sîner ger
sô vaste und alsô sêre,
daz er ûf sîne lêre
sich und al sîn dinc verliez.
Mareis der selbe grâve hiez
und was von gebürte swach.
mit zegelîchem muote er sprach
ze Sornagiure disiu wort
'vernemet ouch biz ûf ein ort
ein kleine, werder künic, mich.
mîn zunge gerne flîzet sich
ûf iuwer hôhen êre.
des sult ir mîne lêre
enphâhen mit vil stæter gir.
Fursîn verkêret uns daz wir
iuch heizen mit gemache leben.
er strâfet iuwer râtgeben
durch sînen frævelichen muot
und sprichet, ez wær alsô guot,
daz ir dâ heime wæret sît
beliben, sô daz ir den strît
verbæret, der hie solte ergân.
79[d] gewalt ist den mit rede getân,
der lêre iuch her ze lande zôch.
daz iuwer râtgeben hôch
dâ her zuo disen rîchen
iuch, herre, bâten strîchen,
daz dûhte uns alle wæge dô,
wan ez kam von geschiht alsô,
daz uns ein bote seite vert,
Kärlingen und diz rîche wert
stüende küneges eine,
niht wan ein kint vil kleine
phlæge alhie der krône,
daz eben unde schône
den stuol berihten möhte niht.
ûf die vil starken zuoversiht
wart iu gerâten alzehant,
daz ir füeret in daz lant
mit kraft und ir dem kinde
schier unde vil geswinde
daz künicrîche ervæhtet abe:
ez wære noch der jâre ein knabe
und hæte engegen iu niht wer.
alsô begunde wir mit her
strîchen her in disen kreiz
ûf den wân und den geheiz,
daz wir ein kint hie fünden
und wir daz überwünden.
nu habe wir funden einen man,
den niemen überwinden kan,
der in mit strîte alhie bestât.
der lecker uns gelogen hât,

4384 haissen. ratte geben. 86 preissen. 87 hiessen euch ch. *nach* 89 *wird* 4383 *wiederholt.* 98 De. 99 des hawe diet. 4401 sornagw'r. 03 so s. 06 Marcis *und* Mareis *wechseln.* 08 -leichen. 09 zu. 10 pis ain wort. 13 hohe. 16 wekeret. 17 gemachē. 18 stafft. 20 sprechet. 23 verheret. 28 Ew. 29 wege. 30 gesicht. 32 chaling. 37 mochtñ. 39 euch getan. 40 fwerent. 43 ervæhtet *B*] ervechtet. 46 begunde mir. mit *B*] mit dem. 51 hab.

der uns dâ seite mære,
daz ein knabe wære
des riches hie gewaltic.
sîn kraft ist manicvaltic,
der hie des rîches krône treit.
er wirbet umbe wirdikeit
mit aller slahte dinge.
sô frechem jungelinge
wart nie swert gesegenet.
ouch ist im ûf geregenet
ein tiuvel, der ê was verlorn,
sô frävel unde als ûz erkorn,
90a daz niender lebet sîn gelich.
schœne starc und ellentrîch
wirt sîn junger lîp erkant.
Partonopier ist er genant
und überhœhet milte leben.
er gît sô vaste, daz sîn geben
hât weder ort noch ende.
jô nîget sîner hende
swer in mit ougen an gesiht.
al disiu welt in stæter phliht
mit willen dienet sîner maht.
kein lebender mensche nie gevaht
sô ritterlîche sam er tuot.
im ist durch sînen frien muot
nâch gevolget manic helt.
er hât vil ritter ûz erwelt
gesamnet hie mit sîner gebe.
daz niemen alsô milter lebe,
des wænet maneger unde giht.
dâ von ist ez uns wæger niht,
daz wir ze velde ûf jenen plân
dort hin ze disen zîten gân
und mit dem künege striten
dan daz wir sîn erbîten,
der wider uns hie vehten wil.
er hât wol dristunt alse vil
ritter sô wir haben mügen.
daz wir uns von kriege zügen,
daz râte ich ûf mîn êre.
doch gibe ich uns die lêre,
daz wir gebâren diu gelîch,
als ob wir mit dem künege rich
vil gerne striten morgen fruo.
mit flîze sul wir uns dar zuo
bereiten unde stellen,
sam wir vehten wellen
mit der getouften diete.
ob man uns danne biete
diu teidinc, diu mit êren sîn,
diu nemet, lieber herre mîn,
und lâzet scheiden hie den strît
ist aber, daz man uns niht gît
güetliche rede vil drâte,
sô lêre ich unde râte,
80b daz wir teidinc suochen
und alle des geruochen,
daz man uns rîten lâze
mit fride ûf unser strâze.'

Mareis dô der alsô gesprach
unde dise lêre swach
gegeben hæte bî der zît,
dô wart im âne widerstrit
gevolget schiere, als ich ez las;
kein herre wider in dô was
mit rede, wan eht Fursin
und der künic Fabruin:
die zwêne dûhte wol, daz er
ûz eins verzagten herzen ger
gerâten hæte in allen.

4454 kecker. 61 digne. 62 frechen. 66 als *fehlt.* 69 iugent. 71 überhœhet *B*] vber hohe. 72 sô *fehlt.* 74 megent. 75 jm. 76 Als. 78 lebendiger. 43 Gesamet. 85 Das. 87 ainen pl. 90 *fehlt; ergänzt B.* 92 alz. 97 den g. 4500 uns *fehlt.* 05, 6 diu *B*] die. 08 daz man uns aber nit g. 14 frewden. 15 dô *fehlt.* 16 unde *B*] vnd sy; *Pf.* und hie. 19 ez *fehlt.* 20 he'r da w. 22 der *fehlt.*

ouch hete missevallen
sîn lêre Sornagiure,
der in des zornes fiure
durch sîne valschen rede bran;
wan er verstuont sich und versan,
erfulte er sîne ræte,
daz er benamen hæte
verloren al sîn êre.
dâ von dûht in sîn lêre
unmâzen bœse und alze swach.
doch wizzet, daz er niht ensprach
und sîniu wort dâ leite nider,
wan er enwolte niht dâ wider
reden in dem schalle.
dô si gevolget alle
sus hæten sîner lêre,
waz mohte der vil hêre
Sornagiur dô sprechen?
er muoste lâzen brechen
sîne kranke lêre für.
sîn edel muot von hôher kür
niender stuont ûf zageheit;
dâ von was im von herzen leit,
daz man erwenden wolte
den strît und er niht solte
vehten mit dem künege rîch.
iedoch gebârte er diu gelîch,
als im der rât geviele wol.
für wâr ich iu daz sagen sol,
daz er gebôt in allen dâ,
daz si bereite wæren sâ
des morgens ûf den herten strît,
sô daz si tæten in der zît,
sam si vehten solten
und üeben gerne wolten
des schiltes orden und des spers.
zwischen Punteis unde Schers
hiez er si kêren ûf den plân,
und sô daz wære alrêrst getân,
daz si aber denne tæten
vil schiere nâch den ræten,
die Mareis dâ het gegeben.
dô tet er als er wolte leben
vil gar nâch sîner lêre,
und was im doch vil sêre
vient worden unde gram.
heimliche sleich er unde kam
in sîne kemenâten
und wolte sich berâten
mit im selben drinne baz.
ûf sîn bette er nider saz
erzürnet und betrüebet.
des wart vil jâmers güebet
von dem erwelten heiden.
sîn herze wol bescheiden
begunde trûren sêre
durch die verschamten lêre,
die Mareis im des tages bôt.
er wolte sîn gewesen tôt,
sô leide was im dâ geschehen,
wan er hete wol ersehen,
daz sîn zegelicher muot
des strîtes manegen ritter guot
mit râte hæte erwendet.
des wart von im verendet
vil klage bî der stunde.
mit ougen und mit munde
erzeiget er vil ungemach.
ze sînem kapelâne er sprach,
der tougenliche sache treip
und alle sîne brieve schreip:

4526 *fehlt: ergänzt B.* 29 seiner. 30 erstund. 31 Erfullet er sein rede. 32 penomen. 38 es er w. 40 geuollet. 43 da gesprechen. 47 st. niend'r. 49 wolde: solde. 52 dem. 56 perait. 58 in der] wider. 59 fechten sy. solden (: wolden). 61 spies. 62 schiers. 67 hæte geben. 68 da. alsam er wolde. 72 nam. 74 wolde. 78 dô? geübet. 79 den. 84 wolde. 85 dâ *fehlt.* 92 *das zweite* mit *fehlt.*

'Friunt, vil lieber man, nu sich,
wie Mareis hât verràten mich,
den ich von nihte erhœhet hân!
80d er hât vil reht an mir getân,
daz er mich sus gehœnet hât.
billîche dunket mich sîn rât
niht wilde noch ze sûre,
sît ich in von gebûre
gemachet zeinem grâven habe.
ich hân durch in gebrochen abe
den liuten, die gar edel sint.
enterbet hân ich al ir kint
durch sîne valschen lêre,
dâ von ich al mîn êre
verlieren sol ze rehte.
jô wart sîn kranc geslehte
von mir ûf gesteiget,
und sint durch in geneiget
die hôhen und die werden.
wie solte mir ûf erden
iemer wol gelingen,
sît ich mit allen dingen
hân getiuret sîne fruht?
er heizet bieten mich die fluht
und gerâtet mir, daz ich
mit Kärlingæren süene mich
vil gar nâch mînem laster.
wie künde er mich nu vaster
geschenden und gehœnen,
sô daz er mîne schœnen
unde werden ritterschaft
gemachet hât sô zagehaft,
daz ir dekeiner strîten wil?
owê daz ich sô rehte vil
êren hân ûf in geleit,
daz ich ze ganzer wirdikeit
Mareisen ie gebrâhte!
des muoz ich in der âhte
der tiefen schanden sîn begraben.
durch wâre schulde sol ich haben
von mînen fürsten itewîz,
dar umbe daz ich hôhen flîz
geleget ûf in einen hân.
hæt ich den allen wol getân,
die von adel sint geborn,
sô hæte ich niht sô gar verlorn
prîs unde küneges êre,
81a wan si mir hülfen sêre
nu strîten unde vehten.
die ritter zuo den knehten
sint mir abe gestanden.
ich muoz von disen landen
sô lasterlîche scheiden,
daz ich vor allen heiden
iemer mêr gehœnet bin.
ûf den vil starken ungewin
hât mich der bœse grâve brâht,
des ich dâ leider hân gedâht
ze liebe und ouch ze guote
vil dicke in mînem muote.'

Dem künege dô ze sîner nôt
der capelân antwürte bôt
bescheidenlîchen unde sprach
'swer ein armez künne swach
ûf bringet unde erhœhet,
benamen der enphlœhet
im selben guot und êre,
wand er sich iemer mêre
schaden muoz von im versehen.
seht, herre, als ist ouch iu geschehen,
ob ich sîn rehte habe gedâht.

4597 vil *fehlt.* 98 v'miten. 4601 gehochet. 02 mich dunket billich: *umgestellt B.* 03 Mit w. 04 in von] von sein. 05 zeinem] ainen. 16 solde. 21 geratñ. tar gerâten? 29 doch. 32 ganczen. 36 war ew. 37 etewaiz. 42 sô *fehlt.* 57 da. 58 c. do antwurt. 60 chinē. 62 entphohet. 65 verschehñ. 66 also. ew auch.

ir habt Mareisen ûf brâht
und sîn vil kranc geslehte:
ûz eime snœden knehte
ist er ze ritter worden
und hât eins grâven orden
an sich gezogen und genomen.
ze guote ist er von nihte komen:
dâ von enmag er noch enkan
gerâten niemer keinem man
prîs unde ganze wirdikeit.
ez ist verlorniu arbeit,
daz man bûren smeichet.
swer einen slangen streichet
ze vil, er öuget im die gift.
ir habet ûf hôher êren trift
Mareisen hie gezücket,
der iuwer lop verdrücket
ze vaste und alzesêre.
wie sol er iemer mêre
81b den rîchen und den werden
gerâten ûf der erden,
der von gebürte unedel ist?
der swache der muoz alle frist
ûf sîn geslehte warten
und iemer nâch dem arten,
von dem sîn krankez leben kam.
vil werder künic lobesam,
lât iu niht swære sîn den rât,
den Mareis iu gegeben hât:
er tuot, als er von rehte sol.
gehabet iuch dar umbe wol
in herzen und in muote.
jô mac sich hie ze guote
gezichen allez iuwer dinc.
niht trûret, werder jungelinc!'

'Von schulden muoz ich trûric wesen',
sprach der künic ûz erlesen
trûriclichen aber zime.
'ich merke daz wol und vernime,
daz ich mîn êre hân verlorn,
ob ich den künic hôchgeborn
von Kärlingen fliuhe.
nein zwâr, ich enziuhe
mich von deme strîte niht.
swaz dar umbe mir geschiht,
ich bin, der kamphes in bestât.
sît Mareis mich verlâzen hât,
sô wil ich, Sornagiur, bestân
den jungen degen wol getân,
ob ichz gefüegen iemer kan.
schrîb einen brief, getriuwer man,
dem künege von Kärlingen,
daz er nu lâze dringen
daz jâmer in sîn herze fruot,
daz alsô manic ritter guot
verderben muoz an dirre zît,
ob für sich gêt der grimme strît,
der zwischen uns hie sol geschehen.
heiz in sîn hôhez adel sehen
und sîne rîche jugent an,
sô daz er niht sô manegen man
mit dem strengen tôde quele,
81c und er im einen kemphen wele
ûz sînem her gemeine,
der mich getürre aleine
bestân mit ellentrîcher kraft.
für alle mîne ritterschaft
welle ich selber strîten:
daz er bî disen zîten
ouch eteslichen suoche,

4674 er *fehlt.* 79 smaycket. 81 anget. 84 verducket. 89 von purde auff. 91 geschlachten. 96 Maires. 99 Im — im. 4701 iuwer] er. 03 *kein Absatz.* 05 czu yme. 10 enzuche. 11 deme *B*] dem. 13 der] des. 16 *fehlt: ergänz B.* 17 ich. 21 Da. 22 alles. 23 diser. 25 vnser. 27 iungēt. 30 jn a. champhe welle. 32 getar.

der kamphes hie gernoche
für sine ritter alle.
und swem daz heil gevalle,
daz er den sic nem ûf dem plân,
dem sî der ander undertân,
als ez dem namen sîn gezeme.
sî daz ich dâ den prîs geneme
als ein kemphe schône,
sô diene mir sîn krône,
als einem künege lobelich.
ist aber, daz sîn kemphe mich
erslahe und er mich sterbe,
sô wil ich, daz mîn erbe
diene sînen handen,
daz von beiden landen
mîn sun dar balde gâhe
und er von im enphâhe
ze lêhen sîne hêrschaft.
mîn rîche werde zinshaft,
ob ich den lîp alhie verzer.
. schrîb im daz ouch, daz man swer
bî den stunden einen fride,
sô wir daz leben und diu lide
wâgen an dem strîte,
sô daz ze beider sîte
al unser liute stille enthaben.
mit endelichen buochstaben
solt du betiuten im dâ bî,
daz bezzer unde wæger sî,
daz einer sterbe von uns zwein,
dann ob wir komen über ein,
daz manig edel ritter
an dem strîte bitter
verderbe ân alle schulde gar.
den brief den soltu selbe dar
81[4] dem künege von Kärlingen
füeren unde bringen,
alsô daz hie ûf erde
des niemen innen werde,
waz dar an geschriben wese,
ê daz er in selber lese
und er gehœre mîniu wort
gar ûf ein ende und an ein ort.'

Ûz disen dingen unde alsô
wart der brief geschriben dô
von dem capelâne,
und alles valsches âne
ein ingesigel dar an geleit,
dâ bî des küneges stætikeit
wart geprüevet unde erkant.
hie mite kêrte dô zehant
der schrîber ûf die reise
und kam ze Punteise
für den künic, hôrte ich jehen.
den liez er disen brief gesehen
und Sornagiures boteschaft,
und dô der herre tugenthaft
überlas die selben schrift,
dô wart in der vil schœnen stift
ûf einen wunniclichen sal
sîn rât besendet über al:
dem legte er für dis âventiur,
die der künic Sornagiur
enboten het alsô dâ hin.
des wart vil maneger under in
von herzen inniclichen frô.
si dûhte des gemeine dô,
daz Sornagiur der mære
ein helt des lîbes wære
unde ein ritter ûz erkorn,
sît der künic hôchgeborn

4738 chemphes. 41 den. 43 er den. 45 sein chemphñ. 47 ain kunig. 48 daz *fehlt.* champhe. 53 sum palde. 56 werden. 57 al *B*] *fehlt.* 58 ouch *B*] *fehlt.* 59 den stunden *B*] der stunde. 60 wir] wer. 65 jm petewten. 72 pr. soltū. 76 inne. 81 Aus. 82 geschibñ. 85 ingesigel *B*] insigel. 92 sehen. 95 geschrifft. 97 ain. 98 Seinē.

aldâ sîn küniclichez leben
für sine liute wolte geben
ûf des tôdes wâge.
ân aller hande frâge
stuont ûf zehant Partonopier.
dem künege biderb unde fier
82a viel der getriuwe süeze
zehant für sine füeze
und sprach alsô dô wider in
'gedenket, herre, daz ich bin
iuwer mâc und daz ich sol
guot unde lîp ze rehte wol
durch iuch bieten in den tôt.
iuwer leit und iuwer nôt
sol ich mit herzenleide klagen
und iuwer liep mit liebe tragen:
hier an gedenket hiute
und lât für iuwer liute
mich vehten unde strîten.
sît daz bî disen zîten
diu sache alsô gevalle,
daz einer für uns alle
wâge an deme sturme sich,
sô gunnet, herre, mir, daz ich
hiut iuwer kemphe werde.
nieman ûf aller erde
für iuch billicher vehten sol.
dar umbe tuot an mir sô wol
unde erfüllet mîne bete.
mich dunket süezer danne mete
der grimme tôt vil bitter,
ob ir für manegen ritter
mich lât alhie verderben.
des wil ich eine erwerben
den prîs und dise wirdikeit.
daz ich ir aller arebeit
trage ûf mînem rücke,
daz wirt mir ein gelücke
und ein sô lobelich gewin,
daz ich sîn iemer gêret bin.'

Der künic von der bete erschrac,
wan si gienc im unde wac
ze herzen und ze muote.
der edel und der guote
sprach getriuwelichen dô
'friunt, lieber, rede niht alsô
durch alle dîne wirdikeit!
82b ze sô getâner arebeit
bistu ze sælic und ze guot,
daz man dîn edelez hôhez bluot
vergieze noch sô früeje,
sît daz in êren blüeje
dîn herze sam ein rôsen zwîc.
vil süezer neve, noch geswîc
der tugentlichen bete dîn.
ich müeste leidig iemer sîn,
würd ich an dir beswæret.
ez wirt vil wol bewæret,
an Sornagiure, daz er ist
ein degen unde er alle frist
nâch hôhem prîse ringet.
sîn kraft die vînde twinget
alsô die bluot der kalde wint.
sô bistu noch der jâre ein kint
und hâst iedoch an dich genomen
ein leben alsô vollekomen,
daz niemen dir gelîchet.
dîn jugent ist gerîchet
mit hôher mannes krefte.

4810 wolde. 12 all hant. 14 fier] wer. 15 g. vñ s. 21 ew. 24 leib. 28 d. ich pey. 31 deme *B*] dem. 33 chempher. 37 mein gepete. 40 ir] ich. 41. 42 Allain lasset mich erberben Des wil ich alain verderben. 44 arbeit. 46 ein] alain. 48 goret. 50 wan im sein wack gieng. 51 hercz. vñ auch. 52 vnd auch. 54 nit redt. 56 gauczer arbeit. 59 frue. 60 plue. 61 zwek. 62 gesweck. 63 petñ. 64 lädig. 65 dir *fehlt.* 67 erst ist. 69 hohen. 76 iunget.

ir sît an ritterschefte
nâch wunsche beide vollebrâht.
dâ von hân ich des wol gedâht
daz ich ungerne wâge dich.
der strît enmöhte niemer sich
gescheiden sunder eines tôt,
ob ir zwêne kamphes nôt
trüeget für uns alle.
nâch dînes heiles valle
mîn herze in sorgen iemer süte.
durch daz gæbe ich unde büte
mich gevangen ê benamen,
ê daz ich dînen wunnesamen
jungen lîp von hôher kür
hie wâget unde ich in verlür.'

'Nein, herre, des enredet niht.
ich kemphe swaz mir joch geschiht',
sprach aber dô Partonopier.
'kein vogel noch kein wildez tier
ze fluge noch ze loufe wart
82c nie sô gîtic ûf der vart,
als ich, herre, bin dar zuo
und daz mit willen gerne tuo
swaz iu ze dienste wol gezeme.
ich wil, daz iuwer gnâde neme
zeinem kemphen hiute mich,
vil werder künic, durch daz ich
diz lant von sorgen lœse.
jô rœte ich unde rœse
daz velt mit mînem bluote,
ê daz ich disem muote
und mîner bete widerstê;
ich wolte namelichen ê
ze den tôten sîn gezelt,
dann iemen anders würde erwelt,
der vehten solte disen wîc.
swie selten ich der êren stîc
zuo hôher manheit habe geriten,
sô muoz benamen doch gestriten
werden hie von mîner hant.
ob iuwer tugent wît erkant
mir des rîchen heiles gan,
ich kemphe zwâre mit dem man,
der iuwer lant verderben wil.
friunt, herre, sorget niht ze vil,
daz er mich überwinde.
ob ich die sælde vinde,
daz er bestât mit kamphe mich,
sô triuwe ich gote wol, daz ich
mit sîner helfe im an gesige
und im mit kreften obe lige!'

Der künic sprach im aber zuo
'durch den willen mîn sô tuo
dich der rede slehtes abe,
wan swaz ich ûf der erde habe
landes unde liute,
daz wolte ich allez hiute
machen hie der heidenschaft
gar êwiclichen zinshaft,
ê du bestüendest disen helt.
ob ich dîn leben ûz erwelt
und dînen jungen lîp verlür,
sô engerte ich hinnen für
langer niht ze lebene.
du solt daz wizzen ebene,
82d daz an dir al mîn leben stât.
Kärlingen trôstes niht enhât
noch rehter fröude niht wan dîn.
du solt dem lande ein spiegel sîn,
dar inne ez sich nâch wunsche ersiht.

4878 Ye seit. 80 wol *fehlt.* 81 woge. 86 halles. 92 wage. 93 Aain. enrede. 94 joch *fehlt.* 99 pin herre. 4901 gezäme (: nâme). 03 champhe. 07 meinen. 08 daz ich mit d. 09 stene. 13 solde disen wec. 14 stec. 21 verteriben. 24 sælde *B*] vele. 25 chemphe. 26 truwe. 27 im *fehlt.* 34 wolde. 37 bestüendest *B*] bestuende. 40 hinan. 41 lenger. czu lebñ. 45 rechte frewden nit wanne. 47 ez] er.

an dir lît alliu zuoversiht
des rîches und der krône:
dar umbe ich gerne schône
dîn, getriuwer jungelinc.'
'mîn herre, lât die teidinc
belîben und die rede gar',
sprach der hövesche aber dar,
'wan ich des kamphes niht enbir.
lât sehen, ob ir lobes mir
günnet unde wirdikeit,
und helfet mir, daz ich bereit
ze strîte müeze werden.
zwâr ich gediene ûf erden
niemer iu mit willen,
ob ir niht lâzet stillen
mich des landes strenge nôt.
ich wil dâ sicherlichen tôt
geligen ûf dem plâne
ald aber leides âne
mit helfe machen disen kreiz,
wan ich wol âne zwîvel weiz,
daz niemen disem rîche
sô rehte willicliche
sol ze staten stên als ich.
dâ von sô heizet, herre, mich
strîten nâch dem rehten;
daz ich nu müeze vehten,
die sælde lâzet mir geschehen,
welt ir mich iemer frô gesehen.'

Nu daz der künic lobesam
an der rede sîn vernam,
daz er niht wolte lân den strît,
dô wart im an der selben zît
sô rehte wê ze muote,
daz der hövesche guote
weinte sam ein kindelîn.
er sprach 'getriuwer neve mîn,
ich muoz, swie kûme ich joch ez tuo,
dich vehten lâzen, sît dâ zuo
83ᵃ dîn muot sô vesticlichen stât.
und ob sîn keiner hande rât
mac sîn ze disen zîten,
friunt, dune wellest strîten,
sô lâze dich diu gotes kraft
frœlich unde sigehaft
von dem kamphe scheiden.
daz rîche müeste leiden
iemer und diu krône mir,
ob iht an dem lîbe dir
von mîner schult geschæhe.
kein mensche frô gesæhe
mich ûf der erde niemer:
ich wolte leben iemer
in jâmer unde in leides klage
biz ûf ein ende mîner tage.'

Sus hete dô Partonopier
den künic edel unde fier
mit sînen worten überkomen,
daz er sîn leben ûz genomen
wâgen solte bî der zît.
doch wizzet, daz er im den strît
mit grimmer nôt erloubte.
sîn bete in fröuden roubte
und machte im alle wunne kranc,
wan si durch sîn gemüete dranc
als ein lanze stähelîn.
nâch al der ritterschefte sîn
hiez er senden alzehant.
und dô si wurden êrst besant,
des werden küneges liute,

4950 ich] siech ich. 56 loles. 61 Meiner. 63 dem lande stringe. 66 aber *B*] oder. 69 nieman. 70 -leichū. 76 mich *fehlt.* 79 wolde. 81 wen. 85 joch *B*] *fehlt.* tue tu. 86 daz czu. 90 dnue. 94 reichte. 98 *fehlt.* 99 erdū. 5000 wolde. 03 Aus. 07 solde. 08 jn dem. 13 stächlein. 14 al der *B*] aller. -schaffte. 16 pestand.

dô seite er in ze diute
der boteschefte mære.
der hôhe tugenthære
sprach in algemeine zuo,
daz si vil gar des morgens fruo
sich bereiten solten,
sam si trîben wolten
daz reht des schiltes und des spers
und alle kæmen gegen Schers
geriten ûf dis âventiur;
ob der künic Sornagiur
63b niht wolte lâzen stæte
daz er gelobet hæte,
daz si langer niht enbiten
und dâ mit sînen liuten striten
bewegenlichen ûf dem plân.
dar nâch hiez er den capelân
ze Sornagiure kêren sider
und sante im einen brief hinwider,
daz er benamen tæte
mit willen swaz er hæte
enboten im des mâles dar;
er wolte ân allen zwivel gar
Partonopieren strîten
lâzen bî den zîten
für sîne ritter alle.
von dirre mære schalle
fröute sich der Sarrazîn.
daz ellenthafte herze sîn
viel ûz sorgen unde reis,
durch daz er mit dem Franzeis
solte dâ ze kamphe treten.
'ich lobe' sprach er, 'Machameten,
den werden got vil ûz erwelt,
daz ein sô tugende richer helt
sol mit strîte mich bestân.
mües ich den lîp verloren hân,
dar umbe gæbe ich niht ein hâr,
sît daz ein degen alsô klâr
gernochet vehten sam mir hie,
wan ich sô grôze manheit nie
gehôrte in allen mînen tagen
von keinem jungelinge sagen.'

Alsô gebôt er auch hie sâ
den liuten sîn gemeine dâ,
daz si des morgens alle sich
mit wâpenkleiden wunniclich
vil schône zieren solten,
sam si dâ vehten wolten
mit den Kärlingæren.
er hiez si, daz si wæren
vor Schers bereit ze wunsche gar:
Partonopier der kæme dar
und wolte mit im strîten.
63c er seite in ze den zîten,
daz si zwêne aleine
für beidiu her gemeine
gar willeclichen væhten,
dar umbe daz si bræhten
ûz nœten manegen werden helt.
waz touc hie lange rede gezelt?
die kristen und der heiden schar
ze beiden sîten wurden gar
des morgens fruo vil wol bereit.
für Schers geriten, sô man seit,
kâmens ûf die heide:
und ob die künege beide
stæte niht enliezen
den kamph, den si gehiezen
von in zwein mit schalle,
daz danne ir ritter alle

5019 potschafft. 21 im. 25 vñ spies. 26 chomen. schiers. 27 disc. 29 wolde. 30 daz *B*] des. 31 lenger. 33 Webegel. auf den pl. 40 wolde. 44 diser. 48 des. 51 vil *fehlt*. 52 so ain tugent. 53 streitñ. 55 gab. 56 geruechtñ. 59 Gehorten. 62 l. gemaine zame da. 65 solden (: wolden). 70 der *B*] do. 71 wolde. 75 vechten. 76 prachten. 78 gedelt. 79 der *fehlt*. 81 fruo vil *fehlt*. 83 chanens.

zesamene kêrten unde riten
und ûf der liehten heide striten
gar einen offenlichen strît.
nu si zein ander bî der zît
ûf dem plâne wâren komen,
dô wart ein sicherheit genomen
unde ein fride alsô gesworn,
sô die kemphen ûz erkorn
mit ein ander væhten
und sich mit strîte bræhten
ze grimmer nœte bitter,
daz beidenthalp die ritter
stille enthielten ûf der wisen
unde ir keiner hülfe disen
noch si getörste scheiden.
der fride wart mit eiden
versichert dâ vil tiure.
swaz mit Sornagiure
künege dâ ze helfe reit,
die muosten alle disen eit
dâ sweren ûf die reise.
ouch swuoren Franzeise
des selben an der stunde.
mit gemeinem munde
wart diu vil hôhe sicherheit
gar vesticlichen ûf geleit.

Ouch wurden bî der selben zît
vier tûsent man ze beider sît
83d dar zuo geschicket von den hern,
daz si mit huote solten wern,
daz niemen solte disen eit
brechen und die sicherheit,
diu von den künigen was geschehen.
und swaz dâ ritter wart gesehen,
die wurden ir gewæfens bar:
si leiten ir gesmide gar
von in verre dort hin dan,
eht âne diu vier tûsent man,
die des frides wielten:
die warten und behielten
ir gewæfen unde ir wer.
zwei tûsent ûz der heiden her
und zwei von der getouften schar
solten mit ir huote gar
des frides phlegen ûf dem plân.
und dô diu sicherheit getân
was ûf kamphes âventiur,
dô wart der künic Sornagiur
gewâpent schône, sô man seit.
wie der vil küene wart bereit,
daz merket, welt ir sîn gelosen.
er leite halsberg unde hosen
an sich vil unverschertet,
von stahelwere gehertet
diu beide wâren, als ich las;
si glizzen als ein lûter glas,
dar inne man sich wol ersiht,
daz daz ouge mohte niht
ir glesten wol geliden.
von liehter ciclâtsiden
wâren sîniu wâpenkleit.
der schilt mit silber was beleit,
der im ze schirme wart gegeben.
dâ was von spæhen wînreben
erhaben ûf ein grüenez dach,
durch daz man schône glizen sach
daz silber unden von dem brete.
enmitten ûf diu löuber hete
ein wilder grîfe sich zertân;
der was von golde, als ich ez hân
vernomen an der âventiur.

5089 riten vnd cherten. 90 und *fehlt.* dy liechte h. streitten. 93 den plan. 96 chempher. 98 *fehlt.* 99 note. 5100 die] da. 04 fierde. 09 swere. 12 *fehlt.* 18 solden. 19 nieman solde. 20 die *fehlt.* 23 irs gebesñ war. 24 gesinde. 26 eht *B*] Recht. 29 gewefgñ — gewer. 33 den pl. 41 vnuerscherzet. 42 were] wart. 46 *fehlt.* 47 gläste. 50 waz m. s. 51 sichi'me — geben. 54 durch daz man] Durch man dy. 58 der] daz. ez *B*] *fehlt.*

81[a] der werde künic Sornagiur
nam den schilt frôliche dô.
deck unde kursît ouch alsô
gezeichent wâren beide.
mit disem wâpenkleide
wolte er kêren in den melm.
gezieret was sîn liehter helm
gar wunniclîche durch gelust:
des grîfen houbet unde brust
und die flügel beide
mit fremder underscheide
wâren oben drûf gestaht.
dar under hete in gar bedaht
ein twehel sunder liegen,
die sach man schône fliegen
hinden von dem helme danc;
dâ hiengen rîche vasen ane
ûz golde wol gespunnen.
nie twehel wart gewunnen
sô wæhe noch sô rehte vîn.
mit sîden was geweben drîn
von zame und ouch von wilde
sô maneger hande bilde,
daz man daz wunder nie vernam.
ein swert, daz ime wol gezam,
wart umbe in dô gegürtet,
daz manegen gehürtet
hæte nider ûf dem wal.
ein twerchakes und ein al
geboten wurden im zehant;
die beide hieng er unde bant
einhalb an den satel sîn
und anderhalb ein stähelîn
swert von golde lieht gemâl.
dar zuo nam er sunder twâl
in die zeswen einen spiez.
diu vier gesmîde schouwen liez
der künic dô in sîner wer.
noch swerzer danne ein brâmber
wart im ein ors gezogen dar,
daz was verdecket schône gar
mit einer vesten covertiur.
dar ûf der künic Sornagiur
81[b] zehant vermezzenlîchen saz.
nie ritter wart gezieret baz
mit rîchen wâpenkleiden
dan ouch der selbe heiden.

Ouch hete sich Partonopier,
der knappe sælic unde fier,
vil harte gâhes dâ bereit.
sîn lîp nâch wunsche wart bekleit
mit liehten stahelringen.
des küneges von Kärlingen
zeichen leite er an sich dâ.
deck unde kursît lâsûrblâ
bôt man dem höveschen klâren;
dar ûf geströuwet wâren
liljen rôt von golde.
der schilt, der im dâ solde
den lîp beschirmen garwe,
der was der selben varwe,
und alliu sîniu wâpenkleit.
si glizzen verre, sô man seit,
in einem liehten glanze.
im wart ein scharphiu lanze
geboten in die rehte hant
unde ein swert, daz er dô bant
an den satel neben sich.
er hieng ez drau, sô dunket mich,

5162 kursig. 68 unde *B*] von der. 71 gemacht. 73 tuehl'. 77 gespunden. 78 tuehel. 79 rede fein. 80 gebebet. 82 wilde. 83 genam. 85 geburzet. 86 *fehlt: ergänzt B.* 5187 hæte *B*] hæte er. dem *B*] der. 89 jm w. alz. 92 -halm. 94 wal. 95 zesen. 96 gesinde. 97 dô *fehlt.* 98 pranper. 99 ein ors *fehlt.* 5204 nie] Mer. 05 wapen reichen. 06 *Pf. vermuthet* dan joch. 09 gehas. 14 kursig. 16 gestrebet. 19 peschirme grawe. 20 frawen. 27 in den.

wan sîn frouwe stæte
geboten im daz hæte
mit ir rôten munde wert,
daz er niemer solte swert
gegürten umbe sînen lîp,
ê si, daz vil reine wîp,
ze ritter in gemachete.
sîn herze in leide erkrachete
nâch ir minne reine.
der hövesche wandels eine
saz ûf ein ors vil ûz erkorn,
daz er begunde mit den sporn
houwen unde twingen.
der künec von Kärlingen
mante got vil tiure,
daz er geruochte stiure
mit helferîchen henden
84c Partonopiere senden.

Die Sarrazine tâten
daz selbe, wan si bâten
ir abegöte bî der stunt,
daz Sornagiure müeste kunt
diu sælde werden von ir kraft,
daz er des tages sigehaft
würd an Partonopiere.
si zwêne wurden schiere
wol bereit ze strîte.
in wart ze beider sîte
ein kreiz gemachet unde ein rûm.
daz rôte bluot, der wîze schûm
mit sporen ûz gesprenget wart
ûf der vil herlîchen vart,
dô si mit grimme ranten
zein ander unde entranten
den orsen vil des verhes.
niht krumbes noch entwerhes
erhuoben si den puneiz:
si kâmen ebene durch den kreiz
geriten sunder twâle.
ein wildiu donrestrâle,
diu von dem himele snellet,
sô balde niht envellet,
sô drâte si zesamene flugen.
an der joste si betrugen
niht ein ander bî der frist:
si trâfen beide, wizze Krist,
sêr unde grimmiclîche.
der biderb ellentrîche
Partonopier sîn sper dô brach,
wan er Sornagiuren stach
durch gewæfen unde schilt.
den heiden schiere des bevilt
hete bî der selben stunt.
versêret wart er unde wunt
in den lîp durch ganze hût.
iedoch moht er niht über lût
sîn sper zebrechen ûf dem plân:
beliben muoste ez unvertân
an der êrsten joste sîn.
diu stange was apfalterîn
unde alsô gebunden
84d mit îsen oben und unden,
daz der ungefüege schaft
von des hôhen küneges kraft
gewinnen mohte keinen schranz:
er muoste in füeren allen ganz
von Partonopiere sider.
daz ors warf er hin umbe wider
geswinde mit dem zoume
und nam des rehte goume,
daz er den schaft vertæte.

5232 ymer mer solde. 34 daz *fehlt.* 36 jm. 39 vil *fehlt.* 49 ob ir abgötte. 51 ir] der. 59 sporñ. 61 ranten *fehlt.* 62 zein ander unde *fehlt.* 63 ors — vrhes. 67 quale. 69 dorñ. 70 enuelet. 75 -leichñ. 76 ellentreichñ. 78 -gew'r. 79 den s. 82 er *fehlt.* 88 stangen. opholt. 93 chrancz. 94 allen *B*] alle. 99 dem. -tate.

Partonopier enhæte
kein ander sper in sîner phliht;
dâ von enbeit er langer niht:
dô der künic kam gellogen,
dô hete er under des gezogen
daz swert ûz sîner scheiden.
dem ellenthaften heiden
entwancte er kündicliche.
er liez in an dem stiche
verlieren des er gerte
und sluog im mit dem swerte
sô gar vast ûf den zieren helm,
daz im des wilden viures melm
dar ûz vil krefticlichen stoup:
dâ von dem künege wart sô toup,
daz im daz hirne alumbe gie.
die lanzen er dô sinken lie
für sich nider ûf die schôz;
mit kranker unkrefte grôz
hielt er sich an dem satelbogen.
in hete nâch der slac gezogen
zuo dem plâne, goteweiz.
doch reit er für sich an den kreiz
biz an des ringes ende.
dâ hete der behende
vil schiere sich versunnen
und niuwe kraft gewunnen
von ellentrîchem muote.
der biderb unde fruote
gereizet wart ûf strengen zorn:
mit grimmen unde scharphen sporn
daz ors er balde ruorte,
daz in dô fluges fuorte
an den erwelten grâven hin.
mit der lanzen wolter in
85ª durchstochen hân, des dunket mich:
seht, dô geriet der selbe stich
dem orse durch daz tehtier,
daz der helt Partonopier
des mâles rehte slihte.
daz sper von ungeslihte
ze vaste vorne nider sanc.
dâ von gieng ez ûnde dranc
dem orse durch die stirne.
im wart koph unde hirne
vil gar zeklocket als ein ei,
sô daz diu lanze sich enzwei
von dem vertânen stiche spielt:
dâ von des tôdes balde wielt
daz ors von ûz erwelter kür.
ez gie dâ wider unde für
strûchend als ein toubez huon.
waz mohte dâ sîn herze tuon,
der ein helt des lîbes was?
er warf sich von im ûf daz gras,
sam die sinnerichen tuont.
ez viel dâ hin und er bestuont.

Von sînem ungevelle dô
die Sarrazine wurden frô,
wan si dûht an der âventiûr,
ez hæte ir herre Sornagiur
nu bezzer unde wæger.
an hôher wunne træger
der künec von Kärlingen
wart von disen dingen,
daz sînem neven sus misselanc.
ze himel er sîn ougen swanc
diemüeticlichen unde sprach
'got herre, sîst ein obedach

5300 enhate. 01 sper *fehlt.* 02 lenger. 07 wanckete er chuenickleiche. 08 jm. 09 daz. 10 jn. 11 eziertn. 13 stab (: tab). 18 -chrefftn. 19 den. 25 versumen. 26 genomen. 27 enllentreichen. 28 vnd fr 35 durchstochen hân *B*] durchstechen; *Pf.* durchstechen sâ; *vgl.* 5745. 36 selbig. 39 rehte *B*] reckt die. 40 von *B*] durch. vngeschite. 41 nider vorne. 46 sô daz *fehlt.* lanczn. 48 vilet. 50 er. 51 struchen. 52 macht. 56 pestanet. 58 sarrazene. 65 also gelang.

den liuten und dem volke dîn,
und lâz uns niht die Sarrazîn
mit ir kreften an gesigen!
gedenke, daz si haben verzigen
lobes dînem namen ie.
mit dîner kraft beschirme die
gereinet hât des toufes wâc.
Partonopieren mînen mâc
behüete und al mîn êre,
85[b] durch daz ich iemer mêre
dir ze dienste sî bereit
mit êwiclicher stætikeit!'

Diz gebet der künic tete
gar inneclichen an der stete
durch des siges âventiur.
und dô der künic Sornagiur
ze fuoz Partonopieren sach,
dô reit er für in unde sprach
'jô riete ich, werder jungelinc,
daz ir den kamph und disiu dinc
mit liebe scheiden liezet
und ir den künic hiezet,
daz er mir tæte manschaft,
sô daz er mîner hôhen kraft
neigen sich geruochte.
swaz er genâde suochte,
die fünde er an mir danne:
swenne er sich ze manne
gebüte mîner wîsen hant,
enphienger von mir sîniu lant,
und günde mir der êren,
daz ich mit lobe kêren
möhte von Kärlingen,
ich wære an allen dingen
wider in gefüege noch.
niht anders gerte ich von im doch,
wan ob mich nôt an gienge,
daz ich die stiure enphienge
von sîner hant genæme
und daz er mir kæme
ze staten mit den sînen,
und er mir leite mînen
kumber sâ mit helfe nider.
daz selbe tæte ich im dâ wider:
swann in bestüende urliuges nôt,
ich hülfe im unz an mînen tôt
die vînde starke twingen.
liez er mich ûz Kärlingen
scheiden mit dem prîse dan,
daz ich in hæte zeinem man
und mir sîn dienest würde schîn.
muoz iuwer leben veige sîn,
daz sol mich riuwen iemer,
85[c] wan ich verklage niemer,
ob ir von mîner hende
sult nemen hiute ein ende.'

Partonopier der hövesche dô
gab im der rede antwürte sô
bescheidenlîche sâ ze stunt.
'herre,' sprach er, 'iuwer munt
der hât geredet harte wol.
ir sprechet als ein kemphe sol,
dem sîn dinc als ebene gât,
daz er in sîner hende hât
daz bezzer und daz wæger spil.
dar umbe sol ich doch ze vil
erschrecken in dem muote niht.
ich hân die rîchen zuoversiht,
daz mîner sorgen werde buoz.
swie vaste ich komen sî ze fuoz

5375 der tawffes. 85 fuesse. 87 riete *B*] reit; *Pf.* râte. ich *fehlt.* 93 naigen s. geruechſt. 94 suche. 98 mir] jm. 5401 scharl. 02 alle. 08 *fehlt.* 09 den sinen *B*] dem sinne. 10 laid. minen *B*] minne. 11 sâ *B*] sam. hilfe. 13 wann — vrliges. 14 unz *B*] hinz. 19 wurdſt. 20 iuwer] ir. 27 so zu hant. 30 chempher. 31 eben. 32 in] ein.

und ich ân ors hie vor iu stê,
sô wil ich doch ersterben ê
dan iu mîn herre werden
sol undertân ûf erden,
daz iu sîn krône zinse.
ûz einem herten flinse
gemachet wirt ê honicseim
ê daz ir füeret balde heim
dis êre von Kärlingen,
daz iu mit allen dingen
mîn œheim dienen müeze.
gar edel unde süeze
ist iuwer rede minniclich:
ir habt gesprochen wider mich,
daz ich verschulden gerne sol.
iedoch sô dunket mich des wol,
daz ich dem künege stæte
sîn êre niht enhæte
beschirmet als ich solte,
swenn ich gestaten wolte,
daz iu diente sîn gewalt.
jô schînet alze manicvalt
dar zuo sîn küniclicher prîs,
daz er in eigenschefte wîs
85d enphienge von iu sîniu lant.
erslagen muoz mich iuwer hant,
ê daz diu smâheit im geschiht,
daz man sîn rîche iu dienen siht.'

An disen worten sich verstuont
der heiden, als die wîsen tuont,
daz niht sîn wille möhte ergân.
des wolte er aber dô bestân
den werden grâven dâ von Bleis.
an den erwelten Franzeis
huob er sich drâte, sô man seit,
der sîn mit frechem muote beit
und in durch vorhte niht enflôch.
den schilt den bôt er unde zôch
für sich zeinem schirme dar.
mit einer swinden joste gar
der heiden kam ûf in geflogen.
daz swert sîn hete er ûz gezogen,
daz tiure und edel was erkant.
dâ mite wolte er im zehant
hân geslagen einen streich.
dô wancte er einhalb unde weich
zer lenken hende sîme slage.
geloubet mir swaz ich iu sage:
sîn tiurlich swert, daz er dâ truoc,
daz huob er ûf unde sluoc
enzwei vil zene und ouch den grans
dem orse, daz den künec dans,
sô daz die beide sprungen hin
und der heiden was ûf in
gestrûchet mit dem orse nâch.
in beiden wart ze valle gâch
dâ nider ûf daz grüene gras:
daz ors lac tôt und er genas.

Mit disen dingen Sornagiur
kam ûf den plân von âventiur
und ûf die lichten heide.
die kemphen wâren beide
von den orsen komen dâ.
des giengen si zein ander sâ
mit vermezzenlichen siten.
si vâhten sêre unde striten
umb daz leben under in.
der eine her, der ander hin

5439 ane. 40 erstreben. 42 sol] als. auf der erdñ. 45 w. der h.-sam. 57 solde (: wolde). 59 diente *B*] dienet. 60 alze *B*] also. 63 sein l. 65 smahet. 67 jN. 70 wolde. 71 dâ *fehlt*. Pleis. 74 sîn] sich. wait. 76 den *fehlt*. 82 wolde er jn. 83 ainem. 85 seine. 87 dâ *fehlt*. 89 ouch den *B*] *fehlt*. 90 den künec *B*] dem kunege. 91 sprunge. 97 digne. 98 von aventiur *B*] ze fuoz fur. 99 der l. haidñ. 5500 chempher. 01 do (: so). 03 vermassekl. 04 sêre *fehlt*; *vgl.* 5574.

86a sluoc des mâles unde stach.
si liten strengez ungemach
umb êre und umbe ir lobes guft.
man hôrte ir slege ûf in den luft
erschellen unde erklingen.
ûz spiegelvarwen ringen
spranc daz wilde rôte viur.
Partonopieren Sornagiur
traf in den schilt mit kreften.
daz swert begunde heften
wol eines fuozes tief dar în,
dâ von diu klinge stähelîn
gesteckte alsô dar inne,
daz er mit sînem sinne
si dar ûz mohte nie gewegen:
si was von ungefüegen slegen
ze vaste drîn gedrungen.
dâ von liez er dem jungen
daz swert in deme schilte stân
und île von im ûf den plân
ze sînem tôten orse dar.
ein ander swert vil liehtgevar
hieng im an dem satelbogen,
daz hæte er vil gern ûz gezogen
und wolte ez hân gebrûchet.
dô was dar ûf gestrûchet
daz ors mit einer sîten;
ez mohte im an den zîten
gestân ze keinem trôste.
des nam er unde lôste
die twerchakes mit der hant.
ab dem satel er si bant,
dar an si was gestricket.
ouch hete dô geschicket
Partonopier dar under,
daz er im slege ein wunder
bî der selben stunde gap:
die wîle daz er ab entwap
daz veige wâfen stähelîn,
dô wart im ûf den rücke sîn
von dem erwelten jungen
der streiche vil geswungen.

86b Doch wolte er sich nicht langer
dâ sûmen ûf dem anger:
dô diu twerchakes im zuo kam,
ze handen er si drâte nam
und île zuo dem klâren,
des er begunde vâren
mit der akes wol gesmidet.
er hæte in gerne dâ entlidet,
möht im diu state sîn geschehen.
dô lie dâ schouwen unde sehen
Partonopier der klâre,
daz er sich kunde zwâre
wol gehüeten in der nôt.
den schilt er dar ze schirme bôt,
der von dem swerte mære,
was unmâzen swære,
daz gestecket drinne was.
er hete in sêre, als ich ez las,
bekumbert an der stunde,
wan er sich vor im kunde
bekêren dô vil kûme.
doch werte er âne sûme
daz leben sîn vil harte:
der slege er dô niht sparte
des mâles ûf der heide.
si vâhten sêre beide,
wan si vermezzen wâren.
si kunden wol gebâren
als ûz erwelte kemphen.

5509 *das zweite* umb *fehlt: ergänzt B.* 10 hôrte ir *B*] hort die. 19 innen. 21 si *B*] *fehlt; Pf.* ers mit nie macht. 24 den. 27 tote orso. 28 leicht. 30 vil gern *B*] gerne. ausczogen. 31 ez *fehlt.* 32 was es. 37 twechakes. 40 gesicket. 43 stundñ. 46 rucken. 49 wolde. 52 hande. 56 dâ *fehlt.* 62 dar *B*] da. 65 dar jnne. 66 ez *B*] *fehlt.* 73 dye h. 76 gesporñ. 77 A. ain auserbelter.

die rede wil ich stemphen
niht mit lügenmæren.
man seite mir, si wæren
des muotes und der krefte rich
unde ein ander sô gelich,
daz man gâhes mohte niht
erkennen mit der angesiht.
wer den sic næm under in.
dar unde dan, her unde hin
tribens umbe ein ander.
diu lerche und der gâlander
ob in ze wunsche sungen.
dâ bî sô lûte erklungen
die starken slege dar under,
86c daz dâ gedœnes wunder
schellen muoste sêre.
si guzzen beide umb êre
den grimmen angestlichen sweiz.
diu sunne schein unmâzen heiz,
wan diu liehteberndе zît
den anger und die heide wît
geblüemet hete wol ze lobe,
und was der himel schône drobe
geliutert und gereinet.
des wart dâ vil erscheinet
von in kamphes offenbâr,
wan ez ist endelîche wâr,
daz diu liehte schœne zît
ein herze sterket ûf den strît,
dâ manheit inne blüeget.
mit strîte wart gemüeget
ir stæter wille reine.
swenne vaht der eine
sô guot und alsô wæge
daz man gedâhte, er phlæge
der sigenüfte dâ zehant,
sô wart ez schiere alsô gewant,
daz man des hæte wol gesworn,
der ander solte hân erkorn
den sic ân allez kriegen.
ir striten âne triegen
schuof dâ wandelunge vil.
die Sarrazîne fröuden spil
enphiengen eteswenne:
sô wurden aver denne
frô die Kärlingære.
Mareis der wandelbære,
ein grâve der gebürte swach,
erkante daz wol unde sach,
daz sîn herre Sornagiur
enbrennet als ein wildez viur
was in zorne wider in.
durch den grôzen ungewin
und die vil starke missetât,
daz er sô zegelichen rât
ime gegeben hæte vor,
dâ von wolter ûf daz spor
sîner gnâden wider komen
96d und hæte gerne an sich genomen
die küniclichen hulde sîn.
der ungetriuwe Sarrazîn
dâhte 'swie nu daz geschiht,
daz den sic mîn herre niht
mag erwerben ûf dem plân,
sô muoz mîn helfe kunt getân
im vil drâte werden.
wan ob ich ûf erden
komen sol ze minnen
und sîne gunst gewinnen,
daz ergât noch hiute.
ich heize mîne liute
den fride brechen durch die nôt.

5581 chrefftñ. 82 an a. 83 gachs. 85 nâme. 95 angstigen. 97 bernde *B*] vnbernde. 98 Der a. — prait. 99 wol *fehlt.* 5601 gelutert. 07 Do. 08 gemüeget *B*] genueget. 10 *fehlt: ergänzt B.* 13 signufften. 16 solde. 17 sig. 18 *fehlt: ergänzt B.* 20 -zene. 22 awer. 32 daz er *B*] der; *Pf.* dêr. geleichen. 33 yme geben. 43 der e. 47 er get nach. 49 frit. die *fehlt.*

Partonopieren slahe ich tôt
oder vâhe in alzehant:
sô wirt vil schiere mir bekant
Sornagiures friuntschaft.
erlœset in mîn hôhiu kraft,
ich bin im dar nâch iemer mê
lieber tûsentstunt dan ê.'

Mit disem willen unde alsô
reit der ungetriuwe dô
ze sînen liuten über al.
der wâren dâ mit rehter zal
driu tûsent âne lougen.
'vernemet', sprach er tougen
unde lîse in allen zuo,
'mîn herre ist leider alze fruo
komen her ze strîte,
wan ez bî dirre zîte
muoz sîn bitter ende sîn,
ob in diu starke helfe mîn
hie niht erlœset alzehant.
durch got, dar umbe sît gemant,
daz iuwer liehtiu wâpenkleit
werden schiere an iuch geleit
verborgen unde lîse.
in tougenlicher wîse
werfet iuwer kappen drüber.
der kristen bluotes hundert züber
vergozzen müezen werden,
ê daz ich ûf erden
verliese alhie den herren mîn.
ir sult gewarnet alle sîn,
swenn ich dem orse henge
und an die vinde sprenge,
daz ir nâch mir kêret
und alle die versêret,
die wider uns hie wellent sîn.
ir wâpenkleider stähelîn
der sint si worden alle blôz
und ist diu wer vil harte grôz,
die wir verborgen füeren.
des sul wirs alle rüeren,
durchslahen und durchstechen.
vil bezzer ist, wir brechen
den eit, der hiute wart gesworn,
denn unser herre sî verlorn.'

Diz wart getân und diz geschach.
swaz der ungetriuwe sprach,
daz tâten sîne liute.
vil nâhen an ir hiute
burgen si diu wâpenkleit.
dar über heten si geleit
ir kappen harte gâhes an,
als ez der wandelbære man
geboten hete bî der zît.
die zwêne kemphen doch ir strît
dar umbe niht enliezen:
si wolte niht verdriezen
sleg unde maneger stiche.
si vâhten angestliche
mit ein ander umb daz leben.
Partonopiere wart gegeben
von Sornagiure leides gnuoc.
die twerchakes er im sluoc
ûf den schilt mit hôher kraft.
si wart dar inne alsô behaft,
daz er si kûme drûz gewan.
der ungetoufte küene man
daz wâfen zôch ze vaste wider,

5650 -pier slach ich zu t. 51 vach. 54 jm. 56 stunt *fehlt.* 62 vernemt. sô *fehlt.* 63 lisse. 65 chamen — streitn. 66 diser. 68 jm. hilfe. 75 ew k. daruber. 80 a. gew. 83 mi ch. 89 verporchen. 90 all sein r. 93 wort. 95 diz *fehlt.* 98 *fehlt: ergänzt B.* 99 chlaide (: gelaite). 5701 harte *B*] *fehlt.* 02 A. er den — peren. 04 zwâne. doch *B*] *fehlt.* 10 -pier w. geben. 11 genueg. 12 flüg. 15 dar aus. 17 hin wider.

daz er dâ mite zuhte nider
Partonopieren ûf diu knie.
des wâren leidig alle die,
der muot nâch sînem heile ranc.
87b doch was dar under niht ze lanc,
ê daz er wider ûf bekam
und als ein degen lobesam
ûf den erwelten künic sluoc.
des helmes, den er ûfe truoc,
der ellenthafte gerte.
den traf er mit dem swerte
sô vaste, daz er viures blic
dar ûz brâhte und im der stric
der riemen wart enknüphet.
des hæte er sich gelüphet
ab dem houbet alzehant,
wan bî der stunt, dô sich enbant
der selbe künicliche helm,
dô was er nider ûf den melm
vil schiere dâ gesprungen.
doch hete alsô gedrungen
daz edel scharphe swert dar în,
daz durch in der Sarrazîn
wart in den koph gehouwen.
mit bluote dâ betouwen
sach man die wunden schiere.
den slac Partonopiere
wolte er hân vergolten hie,
wan er wart sô zornic nie
von keiner slahte dingen.
ûf in begunde er dringen
vermezzenlichen vorne.
sîn akkes er mit zorne
ze beiden henden schiere bôt
und wolte in ûf den grimmen tôt
hân gewiset bî dem tage.
er hæte in gerne mit dem slage
entwerhes troffen an den slâf,
daz er als ein toubez schâf
gestrûchet nider wære.
dô was der tugentbære
knappe alsô behende gar,
daz er dô nam des slages war
und er dem wâfen stähelîn
mit dem erwelten houbte sîn
vil kündecliche entwancte.
sîn witze niht verhancte
noch diu reine gotes kraft,
daz in der heiden ellenthaft
87c gewirsen kunde mit dem slage.
des tôdes porte bî dem tage
wær im dâ worden offen,
hæt er in ebene troffen,
als ez von im was ûf geleit,
wan alliu sîn gemuotheit
wart ûf den slac gewendet,
der von im was verendet.

Nu dirre slag alsô geschach
von Sornagiure und dô gesach
der jungelinc bescheiden,
daz der vil werde heiden
des helmes wart beroubet,
dô wolte er im daz houbet
hân gespalten und den gebel.
ûf in sô bran er als ein swebel
in zorneclicher tobeheit.
sîn hant vil schiere wart bereit
ûf einen grimmiclichen slac,
den er mit hôher krefte wac
hin ûf den künic milte.
dô dacte er mit dem schilte

5726 auff. 29 *fehlt: ergänzt B.* 33 haube. 37 do. 44 -pieren. 45 wolde. 46 zornnige. nie *fehlt.* 47 chaine. 49 vermessenckl. 52 jm. 53 geweysset. den 56 *fehlt.* 59 als. 61 den wasen. 63 chuēdleichen wante. 64 verhante. 69 war. 75 diser. 76 sach. 79 helmes] hymels. 80 wolde. 81 den *fehlt.* 87 milde (: schilde).

daz houbet unde enphienc dar în
den slac, den mit den henden sîn
Partonopier ûf in dô swanc.
daz edel guote swert im dranc
durch des schiltes bret dâ nider.
und dô der jungelinc ez wider
wolte zücken mit der hant,
dô schiet der heiden unde want
gerade von dem schilte sich:
ûz dem vezzel kündiclich,
dâ mite er wol geriemet was,
slouf er und liez in in daz gras
für sich vallen ûf den hert,
dar umbe daz sîn kürlich swert
Partonopier dar ûz niht züge
und er im werte ân alle trüge,
daz im diu klinge würde wider.
schilt unde wâfen beide nider
lâgen von dem heiden.
der kristen wol bescheiden
wart âne swert alsô gesehen
87[d] dâ von daz ez niht geschehen
lie der Sarrazîn mit slegen,
daz er die klingen dâ gewegen
mohte von dem schirmbrete.
weder helm noch schilt enhete
Sornagiur der künic fier,
und was der helt Partonopier
gescheiden von dem swerte sîn.
des treib in dô der Sarrazîn
her unde hin, ûf unde nider,
noch liez in ze dem swerte wider
niender komen ûf den plân.
er muoste sich dâ sunder wân
mit sînem schilte decken.
daz mohte wol erschrecken
die werden Kärlingære;
si liten klagende swære
durch den erwelten kristen.
dô gieng er vor mit listen
dem künege Sornagiure
al umbe ûf der plâniure,
biz er ze jungest dâ mit nôt
bekam ze sînem orse tôt:
dô greif er zuo dem satelbogen
und hete schiere an sich gezogen
daz swert ûz sîner scheiden,
daz ê der küene heiden
niht gewinnen kunde.
gelücke dô im gunde,
daz im diu selbe klinge wart:
dâ von der helt von hôher art
begunde sich dô vaste wern.
daz leben und den lîp genern
wolte der getriuwe.
frisch unde rehte niuwe
wart sîn ellenthaftiu maht.
an Sornagiuren er dô vaht,
der weder schilt noch helm enhete.
mit inniclicher herzen bete
in beiden ûf des strîtes vart
gelückes vil gewünschet wart.

Si giengen dâ ze bîle.
vil harte lange wîle
si dô vermezzenlichen striten
und alsô grimmiclichen liten,
88[a] daz man daz wunder nie gesach.
der eine sluoc, der ander stach,
swenn ez diu stæte lie geschehen.

5790 D. s. mit. 97 gerade *B*] gerne. sich *fehlt.* 98 chundleiche. 5800 Slueff. 05 nit w. w. 09 geschehñ. 10 *fehlt: ergänzt B.* 14 Wer h. 19 dô] doch. 24 m. er w. erschricken. 27 den *fehlt.* 29 Sornagiure *fehlt.* 30 al umbe *fehlt.* auff den plânewr. 36 haide. 38 da. im] mit. 41 da. 42 wern. 43 wolde. 44 r. in n. 46 -gewr. 47 hete. 48 minnickleichen hercze. 51 ze weile. 53 Do sy vermessenckl. 56 fleug.

belde und übermuot gesehen
von lobelichen sachen ist:
sus wâren si bî dirre frist
vil starke erzürnet und ergremt.
Partonopier der hete erlemt
den künic Sornagiuren,
wan daz er sîne tiuren
akkes allez für sich hielt:
dâ mite phlag er unde wielt
schirmes swenne ez mohte sîn.
nu sluoc reht alsô vil dar în
Partonopier der kemphe wert,
daz im dô brach enzwei daz swert
schier ûf dem wâfen herte.
wâ mite er sich dô werte,
daz kunde er aber wizzen niht.
daz wart ein hôhiu zuoversiht
der ungetouften heidenschaft,
und wâren drumbe jâmerhaft
die kristen al gelîche.
der künic ellentrîche
treib in umbe als einen toph
und hæte gerne ûf sînen koph
geslagen oder anderswâ.
dô gie der junge degen dâ
vor im alles wenkende
und iegenôte denkende,
waz im ze tuone wære.
der schilt was im ze swære,
dar inne stuont des heiden swert:
den warf er nider ûf den hert
zuo der gebluomten heide.
die füeze sazte er beide
zein ander eben und spranc
ze Sornagiure, des in twanc
sîn ellentlicher muotgelust.
mit der fûst an sîne brust
stiez in der hôchgeborne
sô krefticlichen vorne,
daz der künic lobelich
was dâ nâhen hinder sich
68b gestrûchet an der selben stete.
und mit dem stôze, den er tete,
sô greif er mit der hende sîn
an die twerhakkes stähelîn,
die der Sarrazîn dâ truoc.
mit im dar umbe sêre gnuoc
zehant begunde ringen er.
der eine hin, der ander her
daz angestliche wâfen zôch,
biz der vil küene grâve hôch
den sic ze jungest dâ gewan
und ez dem künege lobesam
ûz der hende sîn gewant.
und dô dem heiden ûz der hant
wart diu selbe wer genomen,
dô was er harte schiere komen
dort hin ze sînem schilte;
dar ûf sô trat der milte
unde zôch dar ûz mit kraft
daz swert, daz drinne was behaft
von Partonopiere vor.
mit der hende sîn enbor
huob er daz wâfen herte,
mit dem er sich dâ werte
sêr als ein frävel ritter.
die grimmen slege bitter
sluogen si dâ beide
und giengen ûf der heide
sich ze strite setzende,
grisgramend unde wetzende
sam zwên eber mit den zenen.

5858 paide vnd ubermutig vechen: *gebessert B*. 60 bî dirre *B*] pey der. 61 ergrimt. 65 hielt] het. 69 chempher. 70 daz] Do. 71 den w. harte. 72 warte. 74 Daas — hochfl. 76 warn dar umbe. 83 wechende. 98 nahent. 5904 umbe *B*] *fehlt*. genueg. 07 Do a. 09 zu gunste. 20 enpor. 22 M. er dem. 24 Dy grimme. 29 zenden.

disen der und dirre jenen
gerne erslagen hæte.
Partonopier der stæte
Sornagiures akkes truoc:
dâ wider hielt der künic kluoc
des ûz erwelten grâven swert.
die kemphen edel unde wert
alsô gewehselt heten hie.
der heiden an den kristen gie
mit ellenthaften muote.
der biderb und der guote
daz swert vermezzenlichen zôch
und sluog ez ûf den grâven hôch
58c sô gitecliche enrihte,
daz im von ungeschihte
diu klinge ûz siner hende enphuor.
als mir dis âventiure swuor,
sô was er im ze nâhen komen
und hete ûf in ze kurz genomen
den swinden slac, den er dâ sluoc,
dâ von daz wâfen übertruoc
ze verre und im entwipfte.
Partonopier dô kripfte
wider sin erweltez swert;
die twerhakkes ûf den hert
warf der ellentriche dô.
vil zorniclichen sprach er sô
'nu var enwec in gotes haz!
ich kan mit minem swerte baz,
daz mir nu wider worden ist.'
sus was der heiden bî der frist
worden sunder alle wer:
dâ von sîn ritterlichez her
begunde werden ungemuot.
Partonopier der kemphe guot
ze beiden henden nam daz swert.
er huop sich an den künic wert
mit einem snellen sprunge.
der edele werde junge
den heiden rîch von hôher kür
begunde wider unde für
dâ jagen unde triben,
noch liez in dô beliben
niender an dekeiner stat.
von sweize wart ein niuwez bat
im aber ûf gegozzen,
daz im dô kam geflozzen
durch die liehten ringe sîn.
der ellenthafte Sarrazîn
gie dô wenkend ûf dem grase
den slegen sîn, reht als ein hase,
der sich den hunden wil entsagen.
erschricken muoste er und verzagen,
wan er niht hete an sîner hant.
ze sorgen wart ez im gewant,
und ouch ze grôzer swære.
Partonopier der mære
58d der hete im alle wer genomen
noch enliez in niender komen
ze keinem sînem wâfen.
dar umbe in sorge trâfen
und angestlicher smerze.
sîn ellentrîchez herze
wart in vorhte dô geleit,
daz nie keine zageheit
dâ vor enphangen hæte.
der werde grâve stæte
mit slegen treib in zuo der nôt,
daz er wânde ligen tôt
und sin küniclichez leben
ûf sine gnâde wolte ergeben.

5930 Dyser den vnd iener disen. 31 hiete. 33 truge (: chluge). 36 chempher. 37 heten also gewehselt. 38 den] dy. 39 -hafftñ. 41 v'mass. 44 -gesichte. 47 so nahent. 51 entwuffte. 52 chreffte. 55 -reichñ da. 56 sa. 58 cham. 60 wär. 64 chempher. 66 dem. 73 an ch. 74 niuwez *B*] mudez. 79 da wech. 81 en sagen. 82 erschrecken must vnv'czagen. 87 Da h. 88 lies. 89 chainen seinen. 90 sorgen. 93 jm. 6000 wolde.

Mareis der grâve, als er daz kôs,
daz Sornagiur dâ sigelôs
begunde werden unde stuont
alsô die kemphen alle tuont,
den diu wer benomen ist,
dô wart von im sîn valscher list
vil gâhes ûf ein ende brâht.
reht als er im vor het gedâht,
alsô gewarp der arge sît.
vil tougen sprach er 'es ist zît,
daz ich den herren mîn gener
und ich hie sînen schaden wer:
wan ob ich sîne hulde sol
erwerben, sô bedarf ich wol,
daz ich sîn nu beginne.
zwâr ob ich sîne minne
bî dirre zîte niht bejage,
ich muoz ir alle mîne tage
bresten unde mangel hân.'
alsô begunde er ûf den plân
dô sprengen vil geswinde.
sîn ritterlich gesinde
und alle sîne knappen
die wurfen ûf ir kappen,
dâ si verdecket under
des mâles heten wunder
der liehten stahelringe wert.
si kripften algelîche swert
und îlten ûf den anger.
den fride si niht langer
83a stæte wolten halten.
dô si den wol gestalten
Partonopieren sâhen,
aldar begunde gâhen
daz ungetriuwe volc zehant.
Mareis der hete vor gemant
die ritter sîn gemeine,
daz si den grâven reine
dâ viengen oder slüegen,
und daz si niht vertrüegen
daz er den sic behielte gar.
und dô des an in wart gewar
Sornagiur der stæte,
daz si mit meintæte
den fride wolten brechen,
seht, dô begunde er sprechen
und lûte rüefen ûf den plân
'Mareis, durch got, lâ stân, lâ stân!
waz wiltu meines üeben?
soltu den fride trüeben,
der hiute von uns ist gesworn,
sô muoz ich iemer hân verlorn
mîn lop, daz ie durliuhtic schein.'
'entriuwen, herre, dast al ein,'
rief der ungetriuwe zage:
'ê daz ich lieze an disem tage
verliesen iuch lîp unde lide,
ê wolte ich brechen hundert fride
und dar zuo tûsent eide.
ich wil iuch ûf der heide
enbinden hiute ûz dirre nôt
od aber hie geligen tôt.'

Hie mite spranger in den rinc,
dâ der vil küene jungelinc
Partonopier stuont inne.
ze grôzem ungewinne
wolt er in gerne trîben,
durch daz gesunt belîben
möhte dâ sîn herre wert.

6001 daz *B*] *fehlt.* 02 Da S. s. 03 vñ strait stund. 04 chempher. 08 im *B*] *fehlt.* 18 diser zeit b. 21 sperugñ. 25 Daz sy. 26 vunder. 28 kripften *B*] rouften. 31 wolden halden. 32 gestalden. 33 schachen. 34 Als d. begunden. 42 jm. 44 meinate. 45 wolden. 48 lan stan *nur einmal.* 49 wildu. 51 vor ist. 54 dast] daz. allein. 55 Rueffñ. 56 lies — disen. 57 ewr l. vñ ewr l. 58 wolde. 61 diser. 62 oder — ligñ. 64 Der do v. chunde.

er sluog im ûz sîn edel swert
durch grimmen unde strengen haz.
die ritter dô die sahen daz,
die ze beiden sîten
des frides bî den zîten
phlâgen unde wielten,
69b niht langer si dô hielten
beidenthalben stille:
si lêrte daz ir wille,
daz si kâmen zuo gerant;
ietweder teil dô sâ zehant
wolt ûf dem wunniclichen plân
mit helfe gerne bî gestân
dem kemphen und dem künege sîn.
sus huoben dô die Sarrazîn
und die kristen bî der zît
mit ein ander einen strît,
der bitter unde strenge wart.
Mareis durch sînen valschen art
gemachet hete disen zorn.
swaz dâ der eide wart gesworn,
die wurden gar zebrochen.
geslagen und gestochen
wart schiere bî der stunde
vil manege tiefe wunde,
diu niht geheilen mohte sît.
der künic Sornagiur den strît
sêr unde tiure klagete,
wan der vil unverzagete
enphienc dâ von vil grôzez leit,
daz im sîn hôhiu sicherheit
gevelschet unde entfridet was.
sîn herze an sich dar umbe las
sô grimme swære tougen,
daz im diu klâren ougen
vor zorne wurden beidiu naz.
doch half in harte kleine daz,
swie vil er sich dar umbe kramph,
wan er mohte niht den kamph
erwenden noch gescheiden.
die kristen und die heiden,
die wâpenkleider fuorten,
die riten unde ruorten
zein ander dâ mit nîde.
vil manegiu lûter snîde
mit bluote wart gerœtet
und sige vil genœtet,
die ze dem tôde trâfen.
69c man sach dâ mit den wâfen
die ritter üeben wunder.
Partonopier dar under
wart gezücket ûf ein ros
und über heide und über mos
gefüeret snellicliche dan.
Mareis der ungetriuwe man
der hiez in vâhen in der nôt,
dâ maneger sich ze strîte bôt,
der ein bitter ende nam.
von Bleis der grâve lobesam
alsô gezücket was enwec,
wan der strît was alsô quec
von maneger hande freise,
daz in die Franzeise
des mâles niht ensâhen
sô schedelichen vâhen.

Waz touc hie langiu teidinc?
Partonopier der jungelinc

6070 jn. 72 dô *fehlt*. schachen. 74 *fehlt; vgl.* 5118. 5133. 75 weilten. 76 lenger. da. 77 paidenthalb. 80 do zeh. 82 Mit geren peistan. 83 chemphe. 84 da. 88 falchen. art *B*] rat. 90 ait. 94 teuffe. 95 gehalen. 99 vil *B*] *fehlt*. gros. 6100 hocho. 04 diu *fehlt*. 05 D. ain chlaine harde. 07 wie sich vil d. 08 macht. 10 vnd auch d. 11 kleide. 13 nide [neyde]. 14 snide [seyde]. 24 Maires. 28 Pleis. 32 in] ir. 33 ersahen. 34 schedenl. 35 taugt h. lang tading.

wart alsô gevangen.
dennoch was niht ergangen
der strît gar egebære.
wâ der vil küene wære,
daz was den sînen unbekant.
mit grimmer und mit frecher hant
si ritterlîchen vâhten,
wan sich die heiden flâhten
under si mit maneger schar.
swert unde lanzen liehtgevar
sach man dâ verre glenzen
und ûf der heide schrenzen
vil manegen lîp ze stücken.
hin treten unde drücken
wart dâ niht verlâzen;
weien, schrîen, grâzen
hôrte man vil orse dâ.
die schilte rôt, gel unde blâ
glizzen schône bî der frist.
hie 'Machemet', dort 'herre Krist'
wart geruofen und geschrît.
die tôten vielen wider strît
89[d] ab den orsen ûf die wisen.
der eine den, der ander disen
stach dâ nider unde sluoc.
man sach dâ liuhten verre gnuoc
des wilden viures flammen.
man hôrte dâ grisgrammen
und mit den zenen klaffen:
daz kunde maneger schaffen
dur sînen bitterlîchen zorn.
der heiden wart dâ vil verlorn
und ouch der Kärlingære.
wan daz diu naht ir swære
begunde scheiden und den strît,
dâ wære an liuten bî der zît
ergangen schedelîcher nôt.
daz grüene gras mit bluote rôt
wart geverwet und daz mos.
dâ lâgen ritter unde ros
gestrûchet vil gewisse.
daz trüebe vinsternisse
dem strîte gab ein ende gar.
die Kärlingære nâmen war
daz in Partonopieres brast:
daz wart ir sorge ein überlast,

Si fuoren heim versêret.
mit grimmer nôt gemêret
was ir leit ûf der plâniur.
der werde künic Sornagiur
spürte daz wol unde sach,
daz in sô leide nie geschach
durch dekeiner slahte dinc,
sô daz der süeze jungelinc
Partonopier dâ was verlorn.
dâ von der heiden hôchgeborn
gedâhte wider sich zehant
'sît daz ich bin alsô geschant
von Mareise worden,
daz er mir küneges orden
und al mîn êre hât genomen,
sô wil ich ûz dem laster komen,
dar in ich bin gevallen.
den Kärlingæren allen
90[a] sol ich bewæren schiere,
daz ich Partonopiere
mit valsche nie kein leit getete,
und daz ich hiute an dirre stete
an im des frides niht enbrach.
des leides, des im hie geschach,
des wil ich ûf der erden

6143 *fehlt.* 45 V. sich sy. 46 leichtg. 50 treten *B*] tresen. 52 waynen. 57 gerouffen. 62 dâ *B*] *fehlt.* 65 zenden. 70 dy nach. 71 von dem streit. 72 war. 73 schedenleichñ. 76 do. 80 do n. w. 82 ein *B*] *fehlt.* 85 leit] laut. der *B*] ir. planir. 86 Sornagir. 87 spuret. 89 chainer. 96 mit. 6204 dise. 06 *das zweite* des *fehlt; Pf. setzt* daz. ie.

sô gar unschuldic werden,
daz man erkennet unde weiz,
daz sich mîn herze nie gefleiz
dekeines valsches wider in.'
dâ mite kêrte er über hin
von den Sarrazînen
und stal sich ûz den sînen
verholne bî den stunden.
zuo den vil unkunden
Franzeisen er gemischet wart.
durch sîner triuwen hôhen art
kam er mit in ze hûse unfrô.
diu trüebe naht diu liez in dô
belîben sunder melde.
vil sorgen ûf dem velde
die werden Kärlingære liten,
wan si den reinen wol gesiten
Partonopieren klageten.
durch den vil unverzageten
huop sich jâmer unde nôt:
si wânden alle daz er tôt
gelegen wære bî der stunt.
des wart vil manic herze wunt
an fröuden richem muote.
vil tiure wart der guote
beweinet dâ durch sîne tugent.
si klagten alle sîne jugent
und die vil hôhe wirdikeit,
der wunder was an in geleit.

Doch was ir aller swære
niht alse klagebære,
sam diu beswærde aleine,
die der hövesche reine
künic von Kärlingen truoc.
er lie sô grôzen ungefuoc
von klage umb in erscheinen,
90b daz man joch nie geweinen
gehôrte vaster einen man.
sîn herze in ungemüete bran
unde in sorgen bî der stunt.
im hete jâmer an gezunt
ein jâmerliche nœteviur.
ouch was mit leide Sornagiur
begriffen ûf der reise.
er kam ze Punteise
mit den Kärlingæren sô,
daz niemen sîn geverte dô
bekante noch sîn hôhez leben.
er wolte sich des mâles geben
gevangen oder tôt geligen,
dar umbe daz er dâ gezigen
würde keiner trügeheit.
sîn frevelich tugent was sô breit,
daz er noch lieber wolte
verderben dan er solte
ze den valschen sîn gezelt.
und dô der heiden ûz erwelt
was mit den vînden ûz gezoget,
dô gienc der Kärlingære voget
mit leide ûf sînen palas.
ein bette dâ gezieret was
hêrlichen unde schône gar:
dar ûf sô vil er wunne bar
und aller fröuden lare.
sîn trûren klagebære
wart umbe sînen werden mâc.
der ougen trahen unde ir wâc
beguzzen sîniu wangen.
er hete sich gevangen
vil schiere bî dem hâre:
dar ûz begunde er zwâre
brechen manegen rîchen loc.
er zarte sînen wâpenroc

6211 Doch chaines. 18 hochu. 19 zu haws mit in. 25 chlatten. 31 rechtem. 39 peswart. 41 Charlinge. 43 erschainne. 44 joch *B*] sich. nie] ime. 49 ein] vnd. 55 bekande nach. 56 wolde. 60 frevelich *B*] frolich. frechiu? 61 wolde. 62 solde. 67 sein. 68 gepete. 69 schône. 79 reich.

und alle die gezierde sîn.
sô rehte marterlîche pîn
der hôchgelobte erscheinte,
daz manic ritter weinte
durch sîn vil strengez ungemach.
vil lûte ruofte er unde sprach
'got herre, almähtic unde starc,
vor dem sich nie kein dinc verbarc,
90c war ist mîn süezer neve komen?
hât er daz ende sîn genomen,
sô wil ich sterben ouch zehant.
waz sol mir zepter unde lant,
daz rîche und al mîn hêrschaft?
owê! daz ich ie wart behaft
mit urliug und mit strîte,
daz wil ich zaller zîte
durchnähticlichen weinen,
sît daz ich mînen reinen
friunt dar inne hân verlorn.
Partonopier was ûz erkorn
unde erkirnet als ein helt,
der zeinem spiegel was gezelt
für alle man besunder.
er was zer werlt ein wunder
an êren unde an wirdikeit.
der sælden hort an in geleit
was nâch lobelicher art.
ûf erden nie sô fries wart
noch sô reines niht erkant.
er hete in sîner frechen hant
vil manheit unde milte.
mit sper und ouch mit schilte
kund er bejagen rîchen prîs.
er bluote sam ein rôsen rîs
in êren und in reiner tugent.
owê, sô hât sîn klâriu jugent
jâmerlîche ein zil genomen.
ei, Sornagiur, war ist nu komen
dîn triuwe und al dîn stætikeit?
du bræche aleine manegen eit,
den hôhe künege habent gesworn.
des muoz verderben und verlorn
iemer al dîn êre wesen.
du wære doch gar ûz erlesen
und frî vor aller missetât:
wer gap dir disen valschen rât,
daz du den fride stœrest
und dich selbe ertœrest
an sô vertânem meine?
man hæte dich ze reine
dar zuo bekennet unde ersehen,
daz iemen solte dir gejehen
der missetât ûf erden,
90d daz von dir müeste werden
gevelschet künicllcher eit.
dîn lob ist iemer hin geleit,
daz ê durchliuhticlichen bran.
du hâst verrâten einen man,
der aller fürsten krône was.
hert als ein vester adamas
wart er bekant in rehter nôt.
nu lît er jâmerlichen tôt
und ist verdorben âne schult.
des muoz ich lîden ungedult
ân ende in mînem herzen.
durnähticlichen smerzen
sol ich durch in erscheinen.
möht ich nâch im geweinen
ûz beiden ougen rôtez bluot,
des hæte ich williclichen muot.'

6287 almächtiger. 88 von. 89 war *B*] wa. 90 Hart hat. 94 war. 95 vrlinge. streitñ. 96 ich aller. 99 dar inne. 6304 welt. 06 hart. 12 ouch *fehlt*. 13 kund er bejagen *B*] begunde er jagen. 15 reiner *fehlt*. 18 wo pistu chomen. 20 prachst. 21 Dem. 24 dw wart. 26—28 Wer gab dise fride störest: *ergänzt B*. 29 vertanen. 32 iemer dir solt gesechen: *gebessert B*. 33 der *B*] die. 34 dir] der. 40 Herte. 44 das. 46 Dy nacht.

Die klage treip der künic junc.
sîn herze tranc der sorgen trunc:
der was niht süeze als wîn von Kleven.
durch sînen werden süezen neven
wurden liehtiu ougen rôt.
der künic Sornagiur die nôt
erkante, wan er hôrte wol,
daz si leides alle vol
wâren durch den reinen.
er muoste mit in weinen,
wan er under in dô stuont
verborgenlîchen, sam die tuont,
die noch vil starke sint gevêch.
daz in der künic meines zêch,
daz tet im alsô rehte wê,
daz er niht langer mohte mê
geliden sîner worte gelm.
von stahel sînen glanzen helm
stricte er ab dem houbte wert.
dar zuo nam er sîn küneges swert
dort hinden bî dem orte dâ:
sus gieng er für den künic sâ,
dem er daz swert mit zühte bôt.
'seht, herre', sprach er, 'mir ist nôt,
daz mir ein wênic baz geschehe,
dan iuwer herze sich versehe,
daz mîn lîp erworben habe.
ir sprechet, ich sî komen abe
91ª triuwen unde stætikeit.
daz ist mir âne mâze leit,
und bin durch daz geriten her
mit willicliches herzen ger,
daz man erkenne, daz ich sî
der valscheit ledig unde frî,
daz ich gebrochen habe den fride.
den lîb und alliu mîniu lide
wil ich hînaht gevangen geben
und al die wîle in sorgen leben,
biz man gehœre mîne schult.
verderben ir mich, herre, sult,
ist iuwer neve tôt gelegen.
wes mîne ritter haben gephlegen
mit im, daz vreischet iuwer kraft.
ist daz der guote lebehaft
noch sî, sô lât ouch mich genesen;
gebunden wil ich vaste wesen,
biz man versuochet, waz im sî
geschehen. ist er worden frî
des lîbes und des lebetagen,
sô werde ich alzehant erslagen
unde erstecket hie nâch ime.
den tôt ich, herre, lieber nime,
dan ich erschîne triuwen bar.
Mareis hât mich gehœnet gar
und al mîn lop dâ hin geleit,
durch daz er brach den hôhen eit,
den die künege habent gesworn.
swie leit ez mir wær unde zorn,
sô tet er sînen willen doch,
dâ von ich mîne schulde noch
wil bieten wider, künic wert.
geruochet nemen hie mîn swert
in dem namen, daz man jehe,
daz man mich âne wer hie sehe
und ich gevangen welle sîn
vil starke, biz iu werde schîn,
wie der vil hôhe tugentbarn
Partonopier nu sî gevarn.

Ist er gevangen, sô wil ich
lân die wîle vâhen mich,
biz daz er wirt enbunden.

6351 Si. 52 trunc *fehlt.* 53 *fehlt bis auf* kleven: *ergänzt B.* 54 vorden. 63 nach. 66 lenger. 68 stächel sein glanczer. 70 küneges *B*] kunclich. 76 sich ewr hercz. 80 massen. 82 -leichen. 87 hinaht *B*] heint. 89 schulde. 90 here. 93 ein] mir. vreischet *B*] *fehlt.* 94 lebehaft *B*] lobschaft. 95 mich *fehlt.* 98 worden *B*] verdorben. 99 und des *B*] und der. 6400 wert. 03 war. 06 *fehlt.* 08 war. 12 nemēt. 14 an hin wert s. 17 warn.

hât er dekeine wunden,
sô werde ouch ich alhie versniten.
91[b] zwâr allez, daz er hât geliten,
daz lîde ich willicliche hie,
durch daz ir wizzet, daz ich nie
schuldig an dem meine wart,
den iu durch sînen valschen art
Marcis tet offenlichen schîn.
ich möhte wol geriten sîn
swar ich wolte, wan daz ich
entreden gerne wolte mich
der dinge, der ich bin gezigen.
ê daz ich in den worten ligen
wolte, daz ich hæte
zebrochen mîne stæte,
ê lite ich einen grimmen tôt
und alsô marterliche nôt,
daz man iemer seite
von mîner arebeite
biz an den jungestlichen sent.
ez ist der êren fundament
unde ein hort der sælikeit,
daz man triuwe in herzen treit
und swaz der man versprichet,
daz er daz niht enbrichet.'

Diu rede in allen wol geviel.
sîn muot in ganzer stæte wiel
unde in triuwen als ein blî,
daz dem fiure nâhen bî
stât, sô man ez siudet.
sîn tugent übergiudet
het aller tugende wirde,
wan ir dekeines girde
an êren alsô lûter was,
daz ie sô reinen muot gelas
an sich ein ungetoufter man.
daz ist ein wunder, des ich kan
vergezzen harte kûme.
er wart ân alle sûme
geslozzen in gebende,
biz man reht ûf ein ende
vernam diu wâren mære,
daz dennoch lebende wære
Partonopier der Franzeis,
und in der grâve Marcis
gevangen hæte bî der stunt.
ouch wart den Sarrazînen kunt,
91[c] wie Sornagiur der stæte
getân des mâles hæte
und daz er læge in banden.
des wart er in den landen
gerüemet durch die triuwe sîn.
sîn lop durchliuhteclichen schîn
wart über al dô gebende
und aber hôher swebende
in küniclicher wirdikeit.
im wart gesprochen und geseit
daz aller beste in widerstrît.
ouch wart niht langer bî der zît
von beiden teilen dâ gebiten:
ze tage fuoren unde riten
die kristen und die heiden.
dâ wart sô gescheiden,
daz man die bî den zîten
liez beide ledic rîten,
die man gevangen hæte.
ein lûter süene stæte
wart under in gemachet sô,
daz Sornagiur ze lande dô
von dannen müeste kêren,
und daz er iemer êren

6423 alhie *fehlt.* 25 laid. 27 den. 28 art *B*] rat. 31 Wo ich wolde. 32 wolde. 35 wolde. 37 grime. 40 arb. 41 sent *B*] fent. 42 des. der êre ein f.? 44 jm. 47 allen *fehlt.* 48 weil. 49 jm. 50 fewre nahent. 51 swent. *vgl.* 265. 52 *fehlt.* 54 dochaines. 56 Dy. 57 tugenthaffter. 62 ein *fehlt.* 65 dem sarazen. 71 lag in der p. 83 vnd h. 85 Da m.

die Kärlingære solte,
und sô der künic wolte
und er ze nôt sîn gerte,
daz er in helfe werte
und ritterlicher stiure.
daz selbe Sornagiure
wart von im gelobet sâ.
swaz ê von vientschefte dâ
was gewesen under in,
daz wart geleget allez hin
mit lîbe und ouch mit guote.
der hövesche wol gemuote
Sornagiur fuor wider heim.
sîn lob alsam ein honicseim
wart süeze und als ein wîn von Cleven.
doch liez er einen sînen neven
mit Partonopiere varn.
der selbe sîner swester barn
was von sippeschefte.
91d vil hôher triuwen krefte
wielt daz reine herze sîn.
er was ein edel Sarrazîn,
gar hövesch unde kurteis.
sîn œheim wolte in franzeis
vil gerne heizen lêren,
dar umbe er den vil hêren
Partonopiere dâ bevalch:
wan er ein tugentricher Walch
was ân allez underbint,
sô liez er sîner swester kint,
daz Fursîn was geheizen,
in sîme dienste erbeizen.

Sus hete künic Sornagiur
ûf die höveschen âventiur
verlâzen dâ den neven sîn.
der hôchgeborne Sarrazîn
heim ze lande wider kam.
Kärlingen an sich fröude nam,
wan ez dô was enbunden
ûz leide bî den stunden
von Partonopieres hant.
daz edel und daz rîche lant,
daz Sornagiur der stæte
sô gar verderbet hæte,
daz was dô schiere wider komen
und hete fröude an sich genomen
nâch sînem ungemache.
mit wunniclicher sache
lag ez dô wol geblüemet.
Partonopier gerüemet
von allen Kärlingæren wart
durch sîne weidelichen art,
diu si von sorgen hete erlôst.
er was ir leben unde ir trôst,
ir heil und al ir zuoversiht.
der künic hete liebers niht
noch ganzer wunne, wan eht sîn.
durchliuhticlicher êren schîn
flôrierte sînen werden lîp.
swie Meliûr, daz schœne wîp,
niht wære dâ ze lande,
doch wart er von ir bande
niemer keine stunde frî.
92a sîn herze was ir allez bî
mit durchnæhtiger triuwe.
ûf jâmer unde ûf riuwe
der tugentrîche was gewent.
er hete vil nâch ir gesent.
die wîle er an die vînde streit.
daz er si sô lange meit,
daz was im âne mâze sûr.

6493 solde — wolde. 96 jm. 97 ritterliche. 6502 geleit. 09 warñ. 10 warñ. 12 hochñ chraffte trewen. 15 gurteis. 16 wolde. 21 vnter wint. 23 Dy fursein. 24 sime *B*] sine. 25 Aus. 29 heim *fehlt.* 30 Charlinge. freuden. 36 verderbet *B*] vertriben; *Pf. vermuthet* verdrücket. 44 wedel. 48 De. 51 Zlozierte. 52 Melnir dy. 53 daz elande. 54 vor. 56 in aller. 62 sô] do. 63 massen swär.

diu reine süeze Meliûr
twang in ûf herzelîche nôt.
ir zweier minne sam der tôt
was unmâzelichen starc:
daz er sô tougenlîche barc,
daz niemen dâ ze lande
sîn ungemüete erkande.

Sîn fröuden rîch gebærde
verdahte die beswærde,
die sîn herze tougen leit.
prîs unde danc wart im geseit
von der vil werden lantdiet,
die sîn helfe ûz sorgen schiet
unde ûz ungemüete enbant.
man seite dâ von sîner hant
vil harte lobelîchiu dinc.
'seht', sprâchen si, 'der jungelinc
Partonopier hât uns gegeben
êr unde wunniclîchez leben
mit sîner starken helfe wider.
an grôzer fröude læge nider
iemer diz erwelte lant,
hæt in got selbe niht gesant
uns allen zeime trôste.
diz künierîch er lôste
mit einer stæten süene.
sîn herze in fröuden grüene
und allez sîn gemüete.
mit lebender wunne blüete
gezieret werden müeze
der edel und der süeze,
der uns hât von leide brâht.'
sus wart ze guote sîn gedâht,
durch daz er den gehiuren
künic Sornagiuren
in lûterlicher stæte
92b mit in versüenet hæte.

Nu daz mit disen dingen
daz urliug in Kärlingen
wart allez alsô hin geleit,
dô kêrte dan schier unde reit
Partonopier der Franzeis
und îlte wider heim ze Bleis:
dâ wart er schône enphangen.
vil sêre in dô belangen
nâch der frouwen sîn began.
sîn herze von ir minne bran
in jâmer unde in sender klage.
der süeze was an eime tage
gesezzen über sînen tisch
und hete im wê diu sorge frisch
in sîn gemüete dô geleit.
sîn ingesinde was gemeit
und lac sîn herze an fröuden mat.
er sach für sich an eine stat,
ab ir enkam sîn ouge nie.
geverwet wart sîn bilde alhie
bleich und aber denne rôt,
als ez diu minne dâ gebôt,
diu sîn gemüete in sorgen twanc.
rîlîchiu spîse und edel tranc
wart für in ze tische brâht.
sô saz der guote alsô verdâht,
daz er niht ezzen wolte.
vil manegen siuften holte
der edele bî der stunde,
der von des herzen grunde
ze berge ûf muoste wallen.
sîn muoter vor in allen
begunde merken diz alhie,

6566 czway. 68 Das der. 72 verdach dy wesswærde. 76 hilfe. 81 geben. 83 starcke hilfe. 86 nit selbe. 87 *fehlt.* 89 state. 6603 hin also. 04 dan schier unde *B*] schiere dan und. 06 Pleis. 07 Do. 11 *das zweite* in *fehlt.* 12 einem. 14 diu *fehlt.* frich. 15 sinn. 19 A. er erkam s. augen. 22 als ez *B*] Alles; *Pf.* als. 31 wallen *B*] vallen.

wan ez ir aller nâhest gie,
daz er in leide saz begraben.
und dô der tisch wart ûf gehaben,
dô fuorte si besunder
den helt ûf sorgen wunder
unde ûf strengez ungemach.
ze hant si wider in dô sprach

'Nu sun getriuwer unde zart,
nie crêâtiure ûf erden wart
92c ir kinde als ûzermâzen holt,
sam daz wîp. dar an du solt
gedenken, herre guoter.
sît daz ich bin dîn muoter
und dich von herzen triute,
sô lâ mir ze tiute
dîn ungemach erschînen.
entsliuz mir schiere dînen
kumber, den ich an dir spür.
wan ich ez wol hân dâ für,
daz du verholne swære tragest.
mich dunket, swaz du leides klagest,
daz si von liebe ergangen.
dîn herze hât gevangen
ein frouwe mit ir minne.
diu lît dir in dem sinne
beslozzen sunder alle wer.
dar umbe ich tiure dich beswer
bî müeterlicher triuwe,
daz du dîns herzen riuwe
vor mir langer niht verhelst.
ob du nâch einem wîbe quelst,
daz lâ mich wizzen, herre mîn,
wan ich muoz von rehte sîn
ze sorgen und ze grôzer klage
dîn râtgebinne mîne tage.'

'Frouwe, muoter,' sprach er dô,
'daz ir mînes liebes frô
und mînes leides trûric sît,
daz wil ich alle mîne zît
gar endeliche wizzen.
ir habet iuch geflizzen
ûf mînen frumen harte vil:
dar umbe ich vor iu niht enhil
der nœte der ich hân bekort.
ir habt errâten ûf ein ort
vil rehte mîne sache.
in leides ungemache
leb ich von herzeliebe gar.
mich tuot diu sorge fröude bar,
diu von der süezen minne gât.
ein frouwe, als ir gesprochen hât,
ist worden mîn gewaltic,
der sælde manicvaltic
und ûz genomen schînet;
gereinet und gevînet
92d ir leben ist für alliu wîp.
des hân ich muot, herz unde lîp
mit stæte an si gewendet.
vil rîchen hort gesendet
hât si mir âne widersatz.
den starken ungefüegen schatz,
den ich dâ bôt ze miete
den liuten und der diete,
die mir strîten hulfen hie,
den gap si mir. kein frouwe nie
wart sô rîch ûf erden,
daz si mich hât sus werden,
daz ist von ir genâden komen.
ir helfe uns trûren hât benomen
und allen kumber hin geleit.
wir haben unser edelkeit

6634 nagst. 41 sun *B*] *fehlt.* 42 erde. 47 vnd ich. 48 tawte. 51 ich *fehlt.* 52 ez *B*] *fehlt.* 58 deinem s. 59 aller. 63 lenger. 68 Das rat gebinn mein t. 70 liebes] leben. 72 allezeit mein. 74 *fehlt.* 76 von euch. 78 mein o. 82 frandwar. 83 suesse m. gaut. 84 haut. 88 gesanuet. 95 do. 6700 si *fehlt.* 02 hilfe.

erhœhet von ir trôste:
daz ich diz lant erlôste,
daz schuof ir silber unde golt.
des muoz ich ir von schulden holt
belîben in dem herzen mîn.'
'diu frouwe müeze gêret sîn',
sprach diu muoter aber zime,
'von der sælden ich vernime
sô ganzer wirde stiure.
rîlicher âventiure
wart von wîbe nie gesehen,
des muoz ich hie der wârheit jehen
der frouwen klâr unde fier.'
'âmen', sprach Partonopier,
'si müeze lange wesen frô!'
'nu sage mir', sprach diu muoter dô,
'wie stêt ez umbe ir hôhez leben?
ist ir ein schœner lîp gegeben
und ein antlitze wünnesam?'
'frowe, ine weiz, wan ich vernam
nie von ir schônheite niht.
ir antlitz unde ir angesiht
mir beide fremde worden sint.'
'wie füeget sich daz, liebez kint,
sît daz du si ze herzen treist,
daz du niht von ir schœne weist
und von ir bilde wünneclich?'
'entriuwen', sprach er, 'dâ muoz ich
93ª beid offen unde tougen
si mîden mit den ougen,
wan ich getar si niht gesehen.
solt ich ir werden lîp besehen,
daz wære niht ein kleinez dinc.
ez diuhte mich ein ursprinc
aller êren lobelich.
nu stêt ez leider sô, daz ich
die lieben mîne frouwen
niemer sol beschouwen,
ê mir daz urloup wirt gegeben.
mir ist geboten an mîn leben,
daz ich niemer si gesehe,
ê mir daz heil von ir geschehe,
daz mir diu reine süeze
des günne, daz ich müeze
ir lîp beschouwen offenbâr,
der beide schœne ist unde klâr.'
'daz ist ein grôziu wîsheit',
sprach aber si, 'daz du bereit
ir ze dienste gerne bist.
du solt erfüllen alle frist
ir hôhe lêre und ir gebot.
friunt, sage mir nu, sô dir got,
wilt du zuo zir iht schiere varn?'
'jâ, muoter, ich ensol niht sparn
die reise wan unz morgen fruo:
sô bereite ich mich dar zuo,
daz ich var in kurzer frist:
sô man êrste enbizzen ist,
sô kêrte ich zuo zir sâ zehant
in daz erwelte schœne lant,
dem ich nâch wunsche lobes gihe.
wan daz ich liute niht ensihe,
sô wirde ich alles des gewert,
des man von hôher wünne gert,
und lebe rîlich unde wol.
dar umbe ich gerne lâzen sol
ir hôhen lêre stæte.
ich leiste gar die ræte,
die mir von ir gegeben sint.'
'sô tuostu rehte, liebez kint',

6705 irn trosten. 07 unde *B*] und daz. 08 ir *fehlt*. 10 mues geeret. 14 Vnd reichleich. 19 Sein mues. 20 stat. 21 geben. 24 ine] nie. 27 fronde. 28 liebn. 31 von *fehlt*. 33 vn t. 34 mîden] schouwen. 38 dauchte — vrspring. 40 sô *fehlt*. 43 vrlab. 51 grosse waish. 53 diesten. 56 nu *fehlt*. seider g. 57 wil du czu ir. 58 sol. 59 dise r. 63 sâ *B*] *fehlt*. 65 lobes wunsch. 69 reileich. 70 lassen. 73 geben. 74 recht.

sprach diu muoter aber sît.
'die frouwen, diu nâch wunsche gît
93b dir sô rîcher êren dinc,
die soltu, werder jungelinc,
von herzen triuten sêre
und ûz ir hôhen lêre
getreten niemer keinen stic.
ir süezen minne du verswîc
noch bringe si ze melde niht.
daz selbe tuon ich die geschiht,
diu mir von dir ist geseit:
ich sol mit ganzer stætekeit
vor den liuten si versteln
und iemer tougenliche heln.'

Sus gie von im sîn muoter hin.
ir wort benamen unde ir sin
die phlâgen underscheide.
si missehullen beide
ein ander bî der stunde.
ir herze wart von grunde
beladen mit beswærde.
doch wielt si der gebærde
vor sîme antlitze wünneclich,
sam ir gemüete fröute sich
von sîner âventiure guot.
betrüebet sêre und ungemuot
erdâhtes eine reise
und fuor ze Punteise
in angestbæren dingen.
dâ vant si von Kärlingen
den künec biderb unde wert,
für den si nider ûf den hert
vil drâte viel enkriuzestal.
ir herze ûf ungemüete swal
sô vaste bî der stunde,
daz si mit dem munde
diu wort vil kûme brâhte für.
'her künic rîch von hôher kür',
sprach si mit klage wider in,
'durch helfe kam ich unde bin
gestrichen her ûf iuwer tugent.
nu lât mîn alter iuwer jugent
mit ganzer stiure zieren.
wir hân Partonopieren
verloren êwecliche,
ob iuwer helfe riche
niht wendet sîne freise.
93c ûf der vertânen reise,
dô sîn erweltez bilde
zArdenne in daz gevilde
sô rehte vaste sich verreit,
dô wart im kumber ûf geleit
gar bitter unde vreissam:
ein tiufel zuo zim drinne kam,
zuo dem er sich vil nâhen smouc.
in wîbes forme er in betrouc,
daz er mit ganzer stætekeit
sîn leben hât an in geleit
und allen sînes herzen muot.
daz füeget anders niht wan guot,
daz im der ungehiure gît.
er minnet in nu lange zît
für alliu wîp besunder,
sô daz er in dar under
nie gesach mit ougen.
daz weiz ich âne lougen,
daz in der tiufel triuget.
diu wâre schult beziuget
wirt an im dâ mite gar,

6776 fraw. 79 trewen. 83 bringe *fehlt.* 84 daz selbe *B*] desselbe. czugesicht. 89 Aus. 92 hulde. 96 weilt. 97 seim̄ antlicz. 6803 angsterben. 05 pider. 07 jn churczer st. 11 dy wart. 14 hilfe. 15 gestrawchet. 20 hilfe. 21 sein *steht doppelt.* 27 fräsam. 28 dar inne. 29 vil nâhen *B*] dar inne. strueg. 30 petrueg. 31 er *fehlt.* 33 seinen. 37 alle. 41 in *fehlt.* 42 schuld. 43 Wir.

daz er niht sehen in getar
und im doch dicke nâhen lît.
gedenket, herre, daz ir sît
sîn mâc von sippeschefte,
und füeget, daz enthefte
sîn muot sich ûz der klouber,
dar în des tiufels zouber
geworfen sînen willen hât.
herr, ich hân einen guoten rât
in mîme herzen funden.
den sage ich hie zen stunden,
ob ir sîn welt verhengen.
lât iu die rede niht lengen,
wil sîn gestaten iuwer gunst.
ich füege daz mit mîner kunst,
daz er enphâhet hôhen trôst.
Partonopier der wirt erlôst
ûz sorgen von der lêre mîn.
ir habt ein schœnez niftelîn,
daz von der muoter iuch bestêt
und mînen sun niht ane gêt
von sippeschefte ein halbez ei.
nu râte ich wol, daz man diu zwei
93d lâze mit ein ander leben.
ir sult Partonopiere geben
die maget zeime wîbe,
sô wirt er von ir lîbe
enbunden ûz ir friuntschaft,
mit der sîn leben ist behaft
und an im ist ervirnet.
ir lîp vil ûz erkirnet,
der tugende vol gemezzen,
lât in vil gar vergezzen
der liebe, die sîn herze treit.
mit inneclicher stætekeit
hât er dar în versenket sich.
wirt im diu maget wünneclich
unde ir süeziu minne erkant,
sô mîdet in der vâlant
gar bitter unde frecher.
ouch wil ich einen becher
bereiten mit der künste mîn:
sô si den klâren süezen wîn
trinkent beide samt dar ûz,
sô wizzet, daz er niht ein grûz
mêr gibet umbe ein ander wîp;
er muoz ir wünneclichen lîp
für alle frouwen minnen.
dâ von lât in gewinnen
ze wîbe die vil reine fruht:
ir schœne, ir adel unde ir zuht
entsliezent sîner sorgen bant.
besenden heizet in zehant
ê daz er morgen rîte.
ob ir an dirre zîte
niht wendet sîne reise,
er vellet in die freise,
von der uns trûren sîget zuo,
wan er benamen rehte fruo
wil kêren in daz veige lant,
dar inne wont der vâlant,
den er geminnet hât dâ her
mit lûterliches herzen ger.'

'Frouwe', sprach der künic dô,
'wir suln beide werben sô,
daz wir Partonopieren
ze tôde niht verlieren
von des argen tiufels hant.'
sus wart der jungelinc besant
ûf den sal ze Punteis.
94a er kam geriten dar von Bleis

6844 nit er s. 45 jn — nachent. 47 sipes schaffte. 48 enhaffte. 50 in d. tewfel. 51 G. jn s. 52 ain. 54 den *B*] daz. czu disen st. 61 von *fehlt.* 64 mein. 65 sipeschafften. 68 Partonopier. 74 lieb. 75 wol. 77 der] die. 79 *fehlt: ergänzt B.* 86 den *fehlt.* 87 sampt paide. 89 gibet *B*] gæbe. 95 Entsleissen. 98 diser. 6900 velt. 04 want. 06 -leichen. 07 Eraw. 08 werden. 11 tewfel.

für den künic wol gemuot.
ouch was diu juncfrouwe guot,
sîn niftel, komen in die stat,
die man dô schiere kêren bat
ze dem getriuwen in ein gaden.
mit sorgen was sîn muot geladen,
daz wol an sîner varwe schein.
ouch gie dar în zuo disen zwein
sîn muoter, seht, daz künde ich iu.
zein ander sâzen dô diu driu
dâ nider in den schœnen sal.
die rede tribens und die zal,
diu liebes ôren wol behaget.
diu reine keiserliche maget,
die man dô zeime wîbe
Partonopieres lîbe
mit guotem willen wolte geben,
diu schein sô lûter, daz ir leben
durliuhtic als ein engel was.
si kam dar in den palas
gegangen hoveliche alsus:
noch grüener danne ein siticus
was ir ein samît an geleit.
ir lîp benamen und daz kleit
stuonden wol ein ander an.
daz schapel von gesteine bran
und der gürtel, den si truoc.
si was gewizzen unde kluoc,
liutsælic unde schœne.
ir leben des ich krœne
unde ir minneclichen lîp,
daz in Kärlingen was kein wîp,
diu sô wünnebære
an allen dingen wære
sam diu vil hôchgemuote.
ir lachete unde bluote
diu minne ûz beiden ougen.
ouch was dar under tougen
der becher und der wîn bereit,
den diu maget vil gemeit
mit Partonopiere
dâ trinken solte schiere.

Daz selbe süeze minnetranc
daz in dem becher alsô blanc
94b sîn muoter hete dâ gemaht,
daz was getempert in der naht
mit zouberlichen dingen sô,
swenn ez getrunken hæten dô
diu maget und der jungelinc,
daz ir gemüete und ir gerinc
ûf ein ander würde enbrant
und der getriuwe sâ zehant
müeste erfüllen daz gebot,
daz im sîn muoter âne spot
und der künic leiten für.
diu maget junc von hôher kür
was geheizen ouch dâ vor,
daz si den becher schône enbor
mit ir henden lieht gevar
Partonopiere büte dar
unde in trinken hieze sâ.
diz wart getân vil schiere dâ,
si trunken in in kurzer stunt.
des wart ir zweier muot erzunt
von der minne viure.
diu reine und der gehiure
enphlammet wurden harter.
gar innecliehiu marter
Partonopiere wart gegeben.
er wânde, er müeste dâ sîn leben
und den lîp verliesen,

6915 War. 17 chom. 18 Da. 21 frawen. 23 czu ain. 27 eren. 31 wolde. 32 ir *B*] sin. 34 dar *B*] vor im. 36 siligaws. 37 ein *fehlt.* samat am g. 39 anander. 40 daz *B*] die. 41 der *fehlt.* 47 wunne wäre. 48 vare. 50 ir pl. 52 ouch] Aus. dar under *B*] da sunder. 59 gemachet. 60 g. vnd in. 64 ring. 65 wart geprant. 66 so czu h. 75 in *fehlt.* 76 vil *fehlt.* 77 in in *B*] in. 82 -leicher. 84 wante.

ob in ze friunde kiesen
wolte niht diu reine fruht.
der wilden minne tobesuht
het in bestanden bî der frist
durch disen veigen zouberlist,
wan es ertôrte sîn gedanc.
in daz vertâne minnetranc
sîn witze was versunken.
hæt er dâ niht getrunken
des wînes ûz dem becher ouch,
doch möhte er worden sîn ein gouch
an herzen unde an sinne
von der juncfrouwen minne,
diu vor im als ein engel saz,
gezieret nâch dem wunsche baz
dann ich mit rede entsliezen müge.
man seit, daz sîn gesihte flüge
dick ûf die keiserlîche fruht.
mit worten und mit hôher zuht
94c ranc er umbe ir minne guot.
dô sprach diu frouwe wol gemuot,
sam si was geheizen ê,
geruochte er si dâ nemen zê,
si tæte swes er gerte.
ob er si des entwerte
und ir niht wolte in stæter phliht,
son hülfe in al sîn bete niht.

Waz mohte dô Partonopêr
sprechen, dô diu maget hêr
daz spil im dâ geteilte?
er tet alsam der heilte
vil gerne sîne wunden.
er lobete bî den stunden
der schœnen ganze stætekeit.
er sprach, er wolte ir sîn bereit
mit triuwen âne vorhte.
daz tranc an ime worhte,
daz er der frouwen sîn vergaz,
diu vor in sîme herzen saz
und dar inne lac begraben.
in dûhte ir süezen minne waben
dô gar ze bitter und ze sûr.
weizgot diu süeze Meliûr,
diu sælige und diu guote,
was im ûz sînem muote
ze verre dô gesliffen.
ein ander liep begriffen
hæte dô sîn herze:
daz schuof der minne smerze
und daz vertâne veige tranc.
ouch was dar under niht ze lanc,
ê daz der künic selbe kam
und die rede gar vernam,
die si dâ triben under in.
des kam er zuo zin beiden hin
gegangen schône und ebene
und lobte in dô ze gebene
rîliche stiure dâ zehant:
bürge, dörfer unde lant
mit willen er in dô gehiez,
des in sîn herze niht erliez,
daz in beiden, als ich las,
vil harte nâhe sippe was.

Nu diz allez dô geschach
und Partonopier gejach
94d der schœnen ganzer stæte,
und er die süeze hæte
vertriuwet mit den henden gar,
dô sprach diu maget lieht gevar
dem ûz erwelten knehte zuo

6986 jm czu frewden. 87 Nit wolt. 91 W. entoret. 96 Do machet er. 97 Am. 7000 baz] was. 03 dicke. 09 wes. 10 enberte. 11 wolde. 12 hülfe in *B*] hulfen. 13 *kein Absatz.* Partonopier. 19 schone. 20 wolde. 22 *von späterer Hand nachgetragen.* 24 vor jm jn s. 25 ine. 26 ir] in. 27 zu swär. 28 Melawr. 33 het da. 35 zeklank. 40 zu jn. 42 da. 43 do. 46 entlies. 48 nach. 49 diss. 51 ganeze. 54 leicht.

'juncherre, nu sît ir ze fruo
mit künder süezekeit betrogen.
wir hân mit listen iuch gezogen
ûz der minne stricke,
in dem ir alze dicke
wâret nu verknüphet,
wan der sin entslüphet
ist iuwerm klâren bilde
von der veinen wilde,
nâch der sich lange hât gesent
iuwer muot. ir sît gewent
ûf ein ander herzetrût.
ir müezet stille und über lût
vermîden iuwer frouwen
und mich aleine schouwen
für alliu wîp besunder.
iuch hat ein fremdez wunder
bezoubert sunder lougens wân:
daz ist mit künste widertân,'

Diu reine minneclîche
sprach sus und diu gelîche
disiu wort nu wider in,
durch daz diu stunde gienge hin
mit kurzewîle manecvalt.
si was mit rede ein wênic balt,
dâ von diu schœne durch gelimph
wolte dâ mit im ir schimph
trîben aller gernest.
seht, dô wart im als ernest
von ir worten alzehant,
daz er von grunde wart ermant
der lieben sîner frouwen.
in sînes herzen ouwen
begunde ir minne blüejen
und aber in dô müejen
mit gedanken rehte als ê.
daz tranc enmohte dô niht mê
gehüeten sînes lîbes.
daz man des schœnen wîbes
vor im hete dô gedâht,
des wart sîn edel herze brâht
95[a] in angest bitter unde tief.
ûf spranc der sælige unde lief
bald ûz der kemenâten hin
reht als ein man, der sînen sin
hât ze tôde gar verlorn.
ûf sîn ors vil ûz erkorn
saz der getriuwe Franzeis
und îlte wider heim ze Bleis:
aldâ slôz er sich in ein gaden.
dar inne klagte er sînen schaden
mit ougen und mit herzen.
er weinte sînen smerzen
und allen sînen ungemach
erbarmeclichen unde sprach
'ich armer, waz hân ich getân,
daz ich alsô vergezzen hân
der klâren und der süezen,
diu mir nâch wunsche büezen
kund aller sorgen riuwe?
mîn œheim ungetriuwe
und diu vertâne muoter mîn,
diu müezen beide unsælic sîn,
daz si mich haben verrâten.
sô wê der kemenâten,
dar inne ich habe alsô getobet,
daz ich ein ander wîp gelobet
hân für mîne frouwen!
gar wider si verhouwen
ist mîn triuwe und al mîn zuht.
hei, Meliûr, vil reine fruht,

7057 chunder. 68 haben. ew. 62 *fehlt.* 63 chlare. 73 langen w. 76 sus und diu *B*] nu mit. 80 walt. 82 wolde mit. 83 Da tr. a. gerinst. 85 warten. 86 Des er. 89 pluen (: muen). 90 da. 94 daz] Dauon. 96 Da w. 99 chēmanten. 7105 sich da in. 15 chunde. 16 diu *B*] die. 21 Darin. 26 Hye.

wie sult ir mich enphâhen,
sît daz ich iuch versmâhen
wolte durch ein ander wîp?
ir hânt doch sêle, êr unde lîp
durch mich gewâget unde guot.
war wâget ich den frîen muot
und den willen meisterlôs,
daz iuch mîn tumber sin verkôs?'

Die klage treip der jungelinc.
sîn herze ûf angestbæriu dinc
wart gekêret unde enbrant.
und dô sîn muoter dô bevant
in der stat ze Punteis,
95b daz er von dannen hin ze Bleis
alsô gevarn was und geriten,
dô wart langer niht gebiten,
si kêrte ouch wider heim iesâ
und gie zer kemenâten dâ,
dar inne er klagte sich alsô.
vil minneclîche sprach si dô
'lieber sun, lâ mich dar în.'
'zwâr ich entuo, ir müezet sîn
dort ûze', sprach Partonopêr.
'ir habt benomen iemer mêr
ganz unde stæte wünne mir.
dâ von wizzet nû, daz ir
der fröuden von mir sult enbern,
der von rehte solte wern
ein kint noch sîne muoter.'
'nein, süezer lîp vil guoter',
sprach diu frouwe im aber zuo,
'niht zürne langer unde tuo
die rede wider mich enwec.'
sus gie si dan, ir was der stec
geworfen aller fröuden abe.
mit jâmer und mit ungehabe
lie si den sun berâten
ein in der kemenâten.

Nu daz der lange dâ gesaz
und im sîn wundez herze fraz
sorg und der herzeminne rôst,
dô gewan sîn angest trôst
mit einer niuwen zuoversiht.
'entriuwen', dâhte er, 'sît ich niht
hân übergangen daz gebot,
daz ûf gesetzet âne spot
mir wart von mîner frouwen,
sô mac ich noch beschouwen
die zît, daz ich ir hulde
erwirbe und alle schulde
noch wider si gebüeze.
diu sælige und diu süeze
gebôt mir an mîn êre,
daz ich niemer mêre
dar nâch gewerben solte,
daz ich ir bilde wolte
unde ir schœne antlitze sehen.
sît daz von mir niht ist geschehen,
95c sô mac ich noch ir gunst bejagen.
swie mirz ergê bî disen tagen,
ich wil genâde suochen
und aber des geruochen,
daz ich kêre in ir gewalt.
ir tugent ist sô manecvalt,
daz si verkiuset die getât,
die wider si begangen hât

7129 versmächen. 30 habet hie sele ere. 31 unde *B*] und daz. 32 war wâget *B*] wa wagt ie. 34 erkos. 36 angsterbare. 37 gezieret. 38 do die sein m. do peywant. 40 hin *fehlt.* 41 was geuarñ. 42 *fehlt.* 44 *fehlt.* 45 klagter — alsa. 46 da. 49 ausse. 50 Partonopier. 53 sult *fehlt.* endern. 54 Dew. 55 Nain. 56 Mein. 57 aber jm. 58 lenger. 59 enbeck. 62 *das zweite* mit *fehlt.* 63 Ainc. 65 fraz] was. 67 roste. 68 Der im sein angstnurte: *gebessert B.* 70 niht *B*] *fehlt.* 76 Erbirbe v. all ir schlude. 77 w. sich. 81 solde (: wolde). 84 nit von mir nit. 86 wie mirs. 87 genaden.

mîn lîp ûf dirre veigen vart.
der wec niht langer wirt gespart,
wand ich wil strîchen alzehant
dar heim in ir erwünschet lant.'

Sus kêrte er ûz geswinde
und seite dem gesinde,
daz er bî den zîten
durch bancken wolte rîten
für die stat ze velde wert.
aleine saz er ûf ein phert
und îlte balde zuo dem mer.
dâ vant er aber âne wer
ein schif gezieret schône gnuoc,
daz in zuo sîner frouwen truoc
alsô, daz er niht wart gewar,
wer in gefüeret hæte dar
zuo der wünneclichen stat.
er gienc eht aber unde trat
ûf den liehten palas wider,
er az und îlte balde nider
an daz bette wünnesam.
sîn frouwe nâch ir site kam
geslichen zuo zim aber dô.
si wart von sîner künfte frô,
der si vil schône het erbiten.
er wart nâch minneclichen siten
von ir enphangen schône.
des kuste er si ze lône
und umbevienc ir werden lîp.
'genâde, frouwe, sælic wîp,
und ûz erweltiu küneges fruht,
erzeiget gein mir iuwer zuht
und iuwer hôhen edelkeit.
ich hân in mîner tumpheit
iuwer hulde ein teil verlorn.
95[1] des lâzet werden hie verkorn
mîne swære missetât.
wizzet daz mîn muoter hât
geschicket mit ir lêre,
daz ich dâ heime sêre
wider iuch hân missetân.
ein wîp ich vertriuwet hân
und ze stæter ê gelobet.
seht, frouwe, sus hân ich getobet
mit grôzer übermâze.
iedoch ich si verlâze
durch iuch und durch die triuwe mîn
und wil gebunden iemer sîn
iu für eigen, werdez wîp,
durch daz mîn schuldehafter lîp
von iu begnâdet werde.
kein dinc ûf aller erde
nie gerou sô vaste mich,
vil sælic frouwe, sô daz ich
hân wider iu sus missetreten.
dar umbe sult ir sîn gebeten,
daz mir iuwer sælde frume
und ich ze hulden wider kume,
wan ich bin endelîche tôt,
ob iuwer munt durchliuhtic rôt
der gnâden mir verzihen wil,
der an iu lît sô rehte vil.'

'Friunt herre', sprach diu süeze dô,
'niht trûre, lâ dîn herze frô
belîben, daz in sorgen stât.
jô mac sîn werden vil guot rât;
sît du niht anders hâst getân,
wan daz ich hie vernomen hân,

7193 diser. 94 wec *B*] wer. 95 wand] vnd. 96 erwünschet *B*] wunsches. 97 aus. 7200 b. wolde. 10 eht *B*] rècht. 16 chufte. 22 saligs. 25 hohe. 26 tunhait. 30 *fehlt.* 31 gesicket. 35 stæter ê] state ir. 37 vbermassen. 38 *fehlt; vgl.* 7269. 39 ew — triuwe *B*] frewde. 42 schuldh. 46 sô *fehlt.* 47 sus *B*] nu. treten. 48 solt. 50 zer. chumen. 51 bin *fehlt.* 52 durchleichtig. 55 herre *fehlt; Pf. ergänzt* mîn; *vgl.* 7428. 8042. 58 vil *fehlt.*

sô mahtu sunder angest sîn,
daz ich dich der hulde mîn
enterbe, süezer jungelinc.
dîn lîp begât dekeiniu dinc,
dâ mite du verlierest mich,
ob du dâ vor behüetest dich,
daz du niht schouwest mînen lîp.
hâst du gelobet ein ander wîp
und die dur mich verlâzen dort,
friunt herre, mîner sælden hort,
des soltu hie geniezen.
kein sache mac entsliezen
96a an dir mîner hulden stric,
wan dîner klâren ougen blic
unde ir offenlichez spehen:
wiltu mich diu lâzen sehen,
sô müezen wir gescheiden sîn.'
'ê wolte ich sterben, frouwe mîn',
sprach aber dô Partonopêr.
sîn angestbærez herzen sêr
was von ir rede verswunden.
er hete fröude funden
nâch leide bitter unde sûr.
dô sîn frouwe Meliûr
im ir hulde wider gap,
dô wart beslozzen im daz grap
der sorgen und der swære.
si wurden fröudenbære
mit ein ander bî der stunt.
in wart erweltiu minne kunt,
die liep tuot sîme liebe schîn,
daz lange von im ist gesîn.

Alsus bestuont er aber dâ.
mit êren und mit liebe sâ
er sîner tage zît vertreip.
wan daz er eine dâ beleip
gesindes unde liute als ê,
sô gebrast im nihtes mê
beide nahtes unde tages.
er hete an fröuden vil bejages,
den er von kurzewîle enphienc.
und dô daz halbe jâr zergienc,
seht, dô kam er über ein,
daz er vil drâte wider hein
eht aber kêren wolte,
dar umbe daz er solte
die friunt gesehen und daz lant.
urloubes bat er dô zehant
die reinen Meliûren:
dâ von diu schœne trûren
begunde klegelîchen.
den werden tugentrîchen
twanc si dâ ze herzen,
mit jâmer und mit smerzen
96b sprach diu werde künegin
'ich wæne, trût geselle mîn,
daz du mit dirre verte
mîn angest alze herte
machest und sô bitterlich;
ich fürhte, daz dîn muoter dich
mit listen underwîse,
daz sich von hôhem prîse
dîn tumbez herze kêre.
vil anclîche sêre
wirt si dar nâch ringende,
daz du mich werdest bringende
ze nœten und ze leide,
sô daz dîn ougen beide
mich geschouwen und gesehen.
ach, herre, daz lâ niht geschehen
durch den almähtigen got:

7263 Enterben. 64 dekeiniu *B*] do kain. 70 herre *fehlt*; *Pf. ergänzt* aller. 76 wil du. die. 78 wolde. 79 Partonopier. 80 -baren. 82 wunden. 83 swär. 87 de sw. 88 -wäre. 91 leid t. sein leib. 95 *fehlt*. 96 wan daz] Pis. do. 98 nichte. 7301 Dem. 04 haim. 05 eht *B*] recht. wolde: solde. 08 het er. 09 raine. 16 gesel. 17 diser. 22 mich v. hohen. 23 tumber. 24 anclihe. 29 dy. 30 lat.

erzeige an mir durch sîn gebot
genâde, triuwe und êre,
wan ich muoz iemer mêre
mit lebendem lîbe sterben,
ob si beginnet werben,
daz mich dîn ouge erblicket.
mîn fröude in leide ersticket,
mîn liehtiu wünne erlischet.
mit bluote wirt gemischet
daz wazzer, daz ich weine.
mîn herze trûrens eine
muoz in sorge sliefen,
der langen unde ouch tiefen
siuften ich genieten mich,
mîn wirde in laster kêret sich
und al mîn êre in schande.
mîn sælde maneger hande
wirt sêre misschandelt.
mîn trôst in klage sich wandelt,
mîn liep in leit, mîn guot in übel.
dâ von du, herre, niht engrübel
ze verre nâch der sache,
diu mich gesihtic mache
den wünneclichen ougen dîn.
dir sol von mir geboten sîn
an dîn êre und an dîn leben,
daz du dir keinen rât lâst geben
96c ze schouwen mich, getriuwer man.
ob ez niht wendec werden kan,
dîn ouge enwelle mich gesehen,
sô lâ die sælde mir geschehen
daz du mich tœtest hie zehant,
ê daz ich werde alsô gephant
an allen dingen lobelich.
mir ist vil lieber, daz du mich
ersterbest mit der hende dîn,
dann ich benamen iemer sîn
müeze ein sældelôsez wîp.
ê du sæhest mînen lîp
ân urloup, trût geselle,
ê wolte ich in der helle
begraben êweclichen ligen.
dâ von lâ dir niht an gesigen
swacher liute ræte.
erzeige dîne stæte
an mir und die triuwe dîn
und lâ mich dir bevolhen sîn,
sô daz du niht beschouwest mich,
biz an die stunde, friunt, daz ich
wil ze manne dich erweln
und zeime hôhen künege zeln.'

Partonopier der kluoge
sprach dô mit hübescher fuoge
als ein bescheiden jungelinc
'frouwe, ir dürfent mir diz dinc
sô tiure niht verbieten,
wan obe mirz die rieten,
die lebens ie bekorten,
die künden mit ir worten
mich dar zuo niht bringen,
daz ich wolte ringen
dar nâch, daz ich gesæhe
den lîp schœn unde wæhe,
den iu got selbe hât gegeben.
war zuo sol ich langer leben,
swanne ich triuwe unde êre
an iu durch valsche lêre
ie zebreche und mîne zuht?
sît gar ân angest, reiniu fruht,
daz ich des iemer iht begê,
dâ von uns beiden ûf erstê

7335 lebenden. 37 plicket. 38 laid in frewden. 42 *fehlt: ergänzt B.* 45 Säwfften. 47 schanden. 48 handen. 58 kain. 59 peschawest. 61 mich welle. 62 gesehen. 63 totes. 65 digne. 69 mues a. salde lobes w. 71 vrlab. 75 Swäher. 81 manen d. erbellen. 86 turffent. 88 ob mirs. 93 gesehe. 94 vehe. 95 euch — geben. 96 lenger. 99 all mein. 7401 ich pege.

96d kumber unde leides nôt.
ich wil den bitterlichen tôt
ê dulden, herzen künegîn,
wan ich bœser müeste sîn
iemer danne ein übeler hunt,
swenn ich iu schaden tæte kunt
mit willeclicher andâht.
ir habt mich des wol inne brâht,
daz nie crêâtiure
wart alsô gehiure
sam iuwer wünneclicher lîp.
dar umbe sol ich, sælic wîp,
dar nâch iemer ringen,
daz ich mit keinen dingen
iuch gesche, frouwe guot.
verschüten lieze ich allez bluot,
daz mir ûf erde ie sippe wart,
ê daz ich mîner triuwen art
an iu zebrechen wolte,
wan mir kein mensche solte
mêr dar nâch gelouben.
got müeze mich berouben
gelückes unde sælikeit,
ob ich keiner sache leit
mit willen iemer iu getuo.'
'friunt herre, dâ gedenket zuo',
sprach diu minneclîche dô.
mit disen worten und alsô
Partonopier sich von ir schiet.
und dô daz wetter sô geriet,
daz er guoten wint gewan,
dô kêrte er wider heim von dan
und îlte in sîne stat ze Bleis.
dâ wart der hövesche Franzeis
enphangen rîlich unde wol.
sîn muoter hôher wünne vol
wart von sîner künfte gar.
der künic der kam selbe dar
und die fürsten alle.
mit êren und mit schalle
wart im geboten manic gruoz,
als man den wol enphâhen muoz,
der nie wandelbære wart.
sîn junger lîp von süezer art
macht alle Kärlingære frô.
97a man sach in teilen aber dô
gar minniclichen sînen schatz.
sîn guot er âne widersatz
gap dem, der sîn dâ gerte.
dâ von man in gewerte
rîliches lobes wunder.
nu was eht ie dar under
sîn muoter allez trahtende
und angestlichen ahtende,
wâ mite si geschüefe,
daz der juncherre stüefe
lieze sich dâ heime nider
und er niht aber kêrte wider
zuo sîner frouwen minneclich.
si dâhte dicke wider sich,
wie si möhte erleiden
daz reine wîp bescheiden
Partonopiere zaller zît.
si truoc ir âne schulde nît.

Ir angest was daz aller meist,
daz ez wære ein übel geist,
der ir sun mit zouber trüge
und in mit wîbes bilde züge
an sîne valsche minne.
diz lac ir in dem sinne
versigelt weizgot alle frist.

7405 dulten. 06 poser ich. 08 euch. kunt] schin. 10 inne *fehlt.* 11 ain cr. 14 solt. 18 Verschulten. 19 erden. 21 euch. 27 ew. 32 also. 35 ze seiner. 36 do. 37 reichleich. 40 *das zweite* der *fehlt.* 45 w. wâre. 46 jung l. 51 dem *fehlt.* 52 gert. 54 eht *B*] recht. 55 als. *Darnach* 7457 *voraus wiederholt.* 58 stuefe. 59 Lies. 65 -pier zu a. 68. 69 *fehlen.* 73 alfrist.

dar umbe suochte si den list
in harte manegen enden,
dâ mite si gewenden
möhte ir zweier trûtschaft.
beide ir witze und ouch ir kraft
kêrte si dar ûf zehant.
vil schiere wart von ir besant
der erzebischof von Pârîs.
der was bescheiden unde wîs,
gespræche und alsô künste rîch,
daz niender lebte sîn gelîch
ze Francrîch in dem lande,
der alsô vil erkande
der gotes lêre und ouch der schrift.
und als er in die schœnen stift
was zuo dirre frouwen komen,
dô wart besunder hin genomen
97b der fürste von ir in ein gaden.
aldâ begundes im ir schaden
künden unde ir ungemach.
si weinte vor im unde jach
'vernement, herre, mich durch got,
wie gar der tiufel sînen spot
ûz mînem kinde hât gemaht.
Partonopier tac unde naht
mit leide ist überziuget.
ein wildiu veine in triuget,
daz er sich nâch ir minne senet.
in hât ir zouber sô gewenet,
daz er sîn leben nâch ir zert.
er kêret zuo zir unde vert
dicke und ofte, ich weiz niht war.
er meinet si von herzen gar
und ist ir inneclichen holt.
gesteine, silber unde golt
im diu selbe frouwe gît.
si füeget im nu lange zît
êr unde keiserlich gemach,
daz er dar under nie gesach
ir bilde mit den ougen.
si birget ime tougen
tac unde naht vil starke sich.
seht, herre, daz erschrecket mich,
wan ich gelouben muoz dâ bî,
daz diu selbe frouwe sî
niht anders wan der vâlant.
dar umbe sult ir sîn gemant
durch gotes willen tiure,
daz ir daz ungehiure
wunder von im kêrent
und in mit rede lêrent,
daz er die minne fliehe,
diu ze helle ziehe
die sêle zuo dem lîbe.
lât mir vil armen wîbe
die sælde von iu sîn beschert,
daz er mit râte werde ernert
und von der hôhen wîsheit,
der wunder ist an iuch geleit.'

'Frouwe mîn, daz sol geschehen',
sprach er, 'ich wil an im sehen,
97c wie sîn leben sî gewant.'
hie mite wart für in besant
Partonopier schier über hof.
nu hœrent, wie der bischof
den tugende rîchen hinder greif.
mit rede manegen umbesweif
begunde er machen, sô man giht,
als ob er sus geteiltes niht
mit im dâ wolte kôsen.
er seite im ûz der glôsen

7478 ouch *B*] *fehlt.* 83 gesprache v. als chunstr. 84 nindert. 86 Also der. 88 er *fehlt.* 89 diser. 91 von ir] vor. 92 ir] schir. 98 t. noch nacht. 99 -zueget. 7502 also gebenet. 04 czu jr. 05 und ofte *fehlt.* 07 minnickl. 11 Ere. 14 im. 15 vil *fehlt.* 24 nit r. lernend. 29 sele. 32 an ew. 33 geschen. 39 der. hinderpraff. 40 swaff. 42 als *B*] *fehlt.* geteiltes *B*] geteiles.

der schrifte maneger hande dinc.
'ei', sprach er, 'süezer jungelinc',
zuo dem getriuwen über lanc,
'wie sult ir alsô rîchen danc
gote bieten unde geben,
der iuwer hôchgebornez leben
als ungemeinecliehen hât
für alle sîne hantgetât
geblüemet und geschœnet.
gezieret und gekrœnet
ist iuwer keiserlîchiu jugent
mit êren und mit hôher tugent
für alle Kärlingære.
man seit von iu ze mære,
daz ir sît der schœnste knabe
den iemen ûf der erde habe
in sîner zît beschouwet.
mit sælden ist betouwet
iuwer nam und iuwer lîp.
iuch lobent man, iuch rüement wîp,
iuch prîset allez daz der ist.
diz wunder hât der süeze Krist
mit ganzer wirde an iuch geleit.
nu sult ir ouch die wirdekeit
niht verlieren wider in:
sît er iu leben unde sin
nâch wunsche hât gebildet,
sô schaffent, daz entwildet
diu sêle werde niht von ime.
ich merke daz wol und vernime,
daz an iu gotes gnâde lît:
dar umbe sult ir alle zît
werben umb sô rîchez heil,
97[d] daz niht der tiufel sînen teil
an iu gewinnen müeze.
ze lûter und ze süeze
ist iuwer lîp dar zuo vil gar,
daz iuwer sêle missevar
werd in der helle rouche.
wê dem vertânen gouche,
der sich dunket alsô frech,
daz er den swebel und daz bech
der wîze niht entsitzet,
dar inne maneger switzet
von nœten angestlichez bluot.
dâ lît des wilden viures gluot,
diu tobelichen senget.
dâ wetzet ie und enget
diu vipper und diu nâter.
dâ wehset manegiu blâter
von schedelichem gifte.
der grimmen helle stifte
stechent durch die sêle dar.
der tac vil lieht und heitervar
niht dar inne wirt bekant.
diu vinsternisse mit der hant
begriffen dâ vil rehte wirt.
reht als ein frouwe, diu gebirt,
als hât diu sêle grimmez leit.
ir bitterlichen arbeit
kein marter übergiudet.
dâ brinnet unde siudet
daz wazzer in den sêwen,
dâ wert von êwen zêwen
gar inneclichez ungemach.
man hœret schrîen wê unt ach
die leien und die phaffen.
grisgrammen unde klaffen
trîbent si tac unde naht.
von dirre nœte manecslaht

7549 gegeben. 51 -gemanl. 58 ewch. 59 Da. schœnist. 60 Den ieman sei auf der habe: *gebessert B.* 62 mit *B*] in. petawbet. 64 ew roment. 65 Ew — da ist. 69 nich. 72 entwillet. 74 daz *fehlt.* 79 gewinne. 87 wicze. 92 ie] mē. 93 natter. 94 waschset. 95 schedenleichen. 96 *fehlt: ergänzt B.* 98 lieht und h. *B*] heiter vnd gar. 7600 der vinsternusse. 03 Also — selbe. 05 müller übergaudet. 08 Das — eben. 10 da schr. wê *fehlt.* 12 -gramen. 13 sy da t. 14 diser.

sult ir iuwer hôhez leben
beschirmen. sît iu got gegeben
hât ein edel herze wîs,
sô werbent umb daz paradîs,
dâ got mit sîner engel schar
durchliuhtic unde liehtgevar
die rehten inne krœnet.
lât werden niht gehœnet
98a iuwer frîen edelkeit.
ob iuwer jungez herze treit
keinen muot im nâhen bî,
der gote widerzæme sî,
den werfent von iu, süezer helt.
lât iuwer leben ûz erwelt
von sünden werden lîhte
und tuot mir iuwer bîhte
durnähteclichen alzehant.
juncherre trûter, sît gemant
der angestlichen stunde,
dô got mit sîme munde
die sünde rîchen âne trôst
schicket in der helle rôst,
der êweclichen timphet.
hab iuwer iht geschimphet
mit sîner goukelwîse,
daz ruochent mir nu lîse
entsliezen und engründen.
swer in den houbetsünden
verscheidet âne riuwe,
der muoz ûf mîne triuwe
lîden iemer gotes zorn
und êweclîche sîn verlorn.'

Von dirre predigunge
der hôchgeborne junge
in alsô grimme vorhte viel,
daz im sîn edel herze wiel
dar inne als ein zerlâzen blî.
dar under seite im und dâ bî
der wîse bischof alsô vil
von der liehten engel spil
und von dem ungevelle
der tiufel in der helle,
daz im diu klâren ougen
begunden über tougen
fliezen unde wallen.
sîn muot der was gevallen
in den willen stæte,
swaz er begangen hæte,
daz er daz bîhten wolte.
vil manegen siuften holte
98b der süeze dâ von grunde.
mit sîme rôten munde
sprach der hübesche jungelinc
'geruochent, herre, mîniu dinc
vernemen und die schulde mîn.
ich bin ein kneht dâ her gesîn,
der sünden vil begangen hât;
dar under eine missetât
entsliuze ich in der bîhte doch,
diu dunket mich die grœste noch
vor allen mînen schulden.
nâch einer frouwen hulden
hân ich gerungen manegen tac,
diu mir sô rehte nâhe lac,
daz ich ir was von herzen holt.
gesteine, silber unde golt
gap si mir unde krâmes vil.
der ûz erwelten minne spil
schuof si mir unde rîch gemach,
daz ich dar under nie gesach
ir bilde mit den ougen.

7615 Solt ew'r. 16 geben. 19. 20 *umgestellt*. 20 -leichtig. 21 darine. 25 nachent. 26 got — zame. 29 liechte. 33 jungstl. 34 dô *B*] so. 37 templet. 38 nicht gesimphet. 44 Das. 47 diser predunge. 49 vorhte *B*] sunde. 52 da *fehlt*. 55 dem *fehlt*. 61 state. 62 was — hette. 63 wolde. 64 suessen holde. 67 hubsch. 68 mein. 78 vahe.

si barc sich vor mir tougen
als ein ungesihtic wîp.
an êre, an leben unde an lîp
vil dicke si mir daz gebôt,
daz ich durch keiner slahte nôt
si beschouwen solte,
ê si mir selber wolte
erlouben mit dem munde doch,
daz ich ir bilde sæhe noch.

Sus habe ich lange zît vertân,
daz ich ir niht beschouwet hân,
und ist mîn angest aller meist,
daz mich betrogen habe ein geist,
ald ungehiures eteswaz.
sô vaste ich nie kein dinc entsaz
noch lîhte entsitze niemer,
sô daz ich armer iemer
ân ende müeze sîn verlorn
dar umbe daz ich niht verborn
ir minne und al ir wünne hân.
ich hân ze tôde missetân
wider got, daz weiz ich wol.
98c dâ von sô wil ich unde sol
iuch biten, herre lobelich,
daz ir geruochet hiute mich
des besten underwîsen.
anders muoz ich grîsen
unde in sorgen werden alt,
ob iuwer witze manicvalt
und iuwer wîsheit mich verlât.
sol mir der sêle werden rât,
sô muoz benamen iuwer kunst
erleschen valscher minne brunst,
von der ich sô bewollen
ze grunde bin mit vollen.'
'Juncherre', sprach der bischof zime,
'diz mære, daz ich hie vernime
daz fröuwet mir die sinne mîn.
got müeze des gerüemet sîn
und iemer mêr geprîset,
daz er iuch hât gewîset
ûf den muot bî disen tagen,
daz ir dem tiuwel widersagen
sô volleclichen wellent.
ich râte, daz ir stellent
dar ûf mit listen eteswie,
daz ir gesehen mügent die
frouwen und daz selbe wîp,
diu mit ir goukel iu den lîp
und die sinne hât benomen.
ir sult des ûf ein ende komen
mit eteslicher künste noch,
ob diu selbe frouwe doch
gehiure od ungehiure sî.
dar nâch sô kan ich iu dâ bî
geràten verre deste baz.'
'entriuwen, herre, ich tæte daz,'
sprach aber dô Partonopier,
'wær ich sô wîs und alsô fier,
daz ich die liste kunde
dâ mite ich si begunde
schouwen unde ir bilde.
nu sint mir leider wilde
die künste rîchen sache,
96d dâ mite ich si gemache
den ougen mîn gesihtic.
ich muoz des werden gihtic,
ob ez iemer mac geschehen,
daz ich si gerne wolte sehen.'

7686 prag. 68 eren. 90 kain schlechte. 91 solde: wolde. 94 sehe. 99 ald ungehiures *B*] als ungehure. etzwas. 7700 nie *fehlt.* 01 entsiczt. 11 der. 12 *fehlt.* 19 also. 20 pin ich m. 21 der bischof *fehlt.* 22 hie *fehlt.* 23 die] all. 31 Das auff meinen l. e. 33 selbig. 37 etzl. 39 oder. 40 iu *B*] *fehlt.* 41 dester. 42 hete. 44 war — so vier. 48 seint. 50 gemahe. 51 mîn] nein. 52 nucz der werden. 53 es iemaht. 54 wolde.

Nu was ouch sîn muoter komen
und hete dô die rede vernomen,
der sîn zunge dâ verjach.
dâ von si dô mit fröuden sprach
'sun, ich kan wol machen
mit künste rîchen sachen
den list, dâ mite du gesihst
die frouwen dîn, sît daz du gihst,
daz du si schouwest gerne.
ûz horne ein guot lucerne
ist dir bereit von mîner hant.
dar inne werde ein lieht enbrant,
daz niht erlischet, herre guot,
ê du volendest dînen muot
und du gesehen hâst ir lîp.
ze hant sô sich daz selbe wîp
zuo dir an daz bette leit,
sô solt du bî dir hân bereit
daz wünniclîche liehtvaz.
verborgenlîchen setze daz
hin under dîne decke.
den schîn du niht enwecke,
ê daz diu frouwe nider sî
komen und dir nâhen bî
gelige nackent unde blôz.
sô wirf du von dir unde stôz
diu deckelachen, liebez trût,
sô mahtu sehen über lût
bescheidenlîchen sâ zehant,
ob si der leide vâlant
unde iht ungehiures sî.
sô bit die gotes namen drî,
vater, sun, heiliger geist,
daz si dir helfen aller meist
unde ir êweclîchen segen
dîn lâzen hüetèn unde phlegen.'

'Daz tuon ich', sprach der jungelinc.
'ich wil erfüllen disiu dinc
99ª gar inneclîchen gerne.'
sus wart im ein lucerne
bereit von zouberlisten.
die nam der edel kristen
willeclîche in sîne phlege
und îlte schiere ûf sîne wege,
als er was gevaren ê.
geschiffet kam er über sê
mit snellecîicher île.
Schiefdeire in kurzer wîle
begunde er sehen unde kam
hin ûf den palas wünnesam,
dar inne er guot geræte vant.
er lie sich nider alzehant
und az ein wênic, sô man seit.
sîn herze kûme des erbeit,
daz der tisch wart hin genomen,
wan er gerne wolte komen
hin an daz bette wæhe.
daz er die frouwen sæhe,
dar ûf het er gedingen starc.
der valsche die lucerne barc
sêr under sîniu kleider.
er wolte sich dâ leider
verwürken unde entêren
und alze vaste sêren
triwe unde ganze stæte.
owê daz im die ræte
sîn eigen muoter ie gebôt,
dâ von er in sô grimme nôt
kam ze jungest unde viel.
sîn herze bran sêr unde wiel
dar ûf, daz er beschouwen
möhte sîne frouwen

7756 die] sein. 62 daz *fehlt.* gist. 64 horñ. 66 werde *B*] wert; *Pf.* wirt. 68 meinen. 76 enbecke. 78 chûme. 80 wurff. 82 magstu. lût *B*] hut. 83 sâ] si. 90 huttñ. 93 minnickl. 97 -leichen. 98 seinê. 99 geuorñ. 7802 -dawre. 08 chaw̄. 11 vehe. 15 sere. 17 verburchen. 19 state. 20 jn. 21 aige. 24 sere. 26 sein liebe.

durchnähteclichen an der zit.
zwô kerzen kamen aber sît
die rîlich gar in dûhten.
ze bette si dâ lûhten
dem ungetriuwen gaste,
der alsô rehte vaste
an sîner frouwen missefuor.
swaz er gehiez und ouch geswuor
99[b] ie dem wîbe keiserlich,
daz brach er unde leite sich
nider an der zîte sô,
daz von im ûf dem bette dô
diu lucerne wart verholn.
er hete sich dar an gestoln
durch sîne valsche vulter.
und dô daz rîche kulter
was gedecket über in,
dô giengen ûz die kerzen hin,
sam si dicke tâten ê.
waz touc hie langiu rede mê?
sîn frouwe kam geslichen.
lîs unde tougenlichen
leite sich daz reine wîp
an daz bette, ir süezer lîp
was vil herzelichen dô
Partonopieres künfte frô,
der sîne triuwe an ir verschriet
und âne schulde si verriet.

Nu waz tet er dô mit ir?
dô sich mit reines herzen gir
diu schœne zim geleite,
dô stiez er vil gereite
ab hin daz deckelachen.
ir lîp begunde er machen
betalle nackent unde blôz.
daz lieht von zouberîe grôz
der ungetriuwe zôch her für,
durch daz er schouwet unde kür
daz wîp nâch wunsche wol getân.
nu mohte er sehen oder lân,
wan si vor im endecket lac.
ez wart ein liehter meientac
und ein glanzer sunneschîn
nie sô lûter und sô vîn,
sam ir lîp nâch wunsche gleiz.
got selber sich vil harte fleiz,
dô si geschuof sîn meisterschaft.
er hete rîches heiles kraft
geleit an Meliûre.
ir forme und ir figûre
99[c] het er mit sîner hende
vor aller missewende
gereinet alsô garwe,
daz man sich in ir varwe
und in ir bilde wol ersach.
swer des ie von ir gejach,
daz si der tiuvel solte sîn,
der loue, si was ein engelîn,
durchliuhtic und durchsihtic.
ich bin des zwâre gihtic,
daz nie sô lebendiu klârheit
an wîbes bilde wart geleit,
als an ir lac besunder.
wie möhte ich iu daz wunder
entsliezen allez ûf ein ort,
daz von ir schein? des wunsches hort
ûz ir antlitze lûhte.
Partonopieren dûhte,
daz wünneclicher frouwe
bî lüften und bî touwe
nie gewüehse ûf erden.
die klâren und die werden
moht er mit voller angesiht

7827 -leich. 34 ouch *fehlt.* 41 sein valsche. volter. 42 golter. 45 täten. 46 taugt — lang. 47 geschichen. 48 Leise. 57 zu in. 59 A. h. von ir. 61 Zetalle. 73 Di si. 75 Meluren. 76 figuren. 79 garuwe. 84 lag. 86 *fehlt.* 88 wibes *B*] libes. war. 90 ewch. 92 Dauon. 97 gewuchs.

beschouwen dâ ze rehte niht,
wan diu liehten ougen sîn
ir lûterlicher varwe schîn
sô kûme dâ vertruogen,
daz er an si geluogen
niht mohte lange stunde.
diu lûter und diu blunde
het an ir aller sælden phliht:
si was der wunsch und anders niht.

Partonopier als er gesach,
daz ir lîp, der êren dach,
sô wünneclicher schœne wielt,
daz im daz herze niht enspielt
von leide in tûsent stücke,
daz was ein grôz gelücke
gar seltsæn unde wilde.
sîn wünneclichez bilde
wart alsam ein tôte bleich.
sîn mähtic ellen im gesweich
und alle sîne witze.
99d gar in tôtlicher hitze
wart diu lucerne dô zehant
von im geworfen an die want,
daz si ze manegen stücken brach.
mit zorne rief er unde sprach
'nu var enwec in gotes haz!
mîn muoter, diu dich ie gemaz
und dich ze samene brâhte,
die werde in tiuvels âhte
versenket iemer und begraben.
der bischof müeze unsælde haben,
der mich daz ie gelêrte,
daz ich sô gar verkêrte
die triuwe und die gelübede mîn.
verwâzen sol diu schuole sîn,
dar inne er wart sô wîse,
daz er mich ûz dem prîse
der êren hât gevellet.'
hie mite wart geswellet
im der muot ûf herzesêr
sô vaste, daz er doch niht mêr
gesprechen mohte ein kleinez wort.
mit leide viel er an daz ort,
dâ lac er als ein tôte.
nu was ouch ie genôte
der frouwen sîn geswunden.
oft und ze manegen stunden
viel diu sælege in der naht
erbärmecliche in âmaht.
diu schœne wart beswæret gar.
ir liehten ougen spiegel var
von leide ir überwielen.
ir blanke hende vielen
nider ûf den wîzen lîp.
si wart als ein verscheiden wîp
gevärwet dâ von riuwe.
ir herze daz getriuwe
begunde in jâmer sliefen.
der langen und der tiefen
siuften holte si genuoc.
mit herzewazzer si dâ twuoc
ir liehten wängel rôsenvar.
100a 'dô mich diu muoter mîn gebar',
sprach überlanc diu blunde,
'daz was ein übel stunde,
diu vor gote was vertân.
ach des daz ich mir selber hân
den schaden ûf getrochen,
daz an mir ist zebrochen
triuwe, stæte und êre!
ich was ûf kranke lêre

7901 sy dy. 02 -leiche. 06 vnd auch. 07 ir *fehlt.* 11 wunnickleich. 12 spielt. 15 seltsame. 17 sam eim tott'. 18 ellent jn. 21 von jm z. 22 Dar gew. 26 genas. 27 same. 28 tewfel. 30 mues unsalde. 33 geholde. 34 Verbassen. sol] al. 35 er *fehlt.* 43 Do. 45 sein. 47 salge. 48 Erbarmickleichen in 'macht. 60 herczerw. 61 Da. 65 vor *B*] von. 66 Alles.

ze snel und alze wacker.
vil tumbes herzen acker
hât mîn sin gebiuwet.
wes mohte ich hân getriuwet,
daz mich der sus verriete,
den ich ûz aller diete
mir ze friunde hete erkorn?
got herre, waz sol ich geborn?
war zuo sol ich nu für baz leben?
daz mir der tôt niht si gegeben,
daz müeze den erbarmen,
des lîp für mich vil armen
an dem frônen krinze starp.
und owê, daz ich niht verdarp
in mîner muoter libe,
wan mir armen wîbe
wart al min werdekeit benomen.
ân alle mîne schulde komen
bin ich ze leides riuwen.
verrâten an den triuwen
sint mir al min êre.
jô muoz ich iemer mêre
ze tôde sîn geswachet.
min trûren ist gemachet
ze bitter und ze herte.
vor solhem ungeverte
got alle frouwen warne,
des valsch in sîne garne
mich hât gevangen als ein tier.
ach herzefriunt Partonopier,
vil süezer unde werder lîp,
durch waz hâstu mich armez wîp
100b geworfen in die stæten klage,
daz ich gar alle mîne tage
belîbe in sorgen lebende,
tief in der schande swebende?
nu sprich, waz habe ich dir getân,
dâ mite ich hie verschuldet hân,
daz du mich hâst geschendet?
hân ich des iht verendet,
daz wider dînem muote si,
daz du mich aller êren fri
gemachet hâst sô rehte gar?
ich nam doch ie dîns willen war,
swâ mite ich kunde, sælic man.
nu hâst du mich geworfen an
sunder schulde dînen haz.
hæt ich um dich verdienet daz,
daz du mich soltest mîden,
sô wolte ich gerne lîden
von dir laster unde leit.
nu bin ich dir mit stætekeit
gar inneclichen holt gesin:
nu hâstu gar die triuwe dîn
engegen mir zebrochen.
waz hâstu, friunt, gerochen
an eime wîbe, diu noch nie
deheinen valsch an dir begie?'

Mit disen worten unde alsô
sweic eht eine wîle dô
diu jâmerhafte künegin.
in einen mantel härmîn
diu reine guote sich dô want.
ir wängel rôt mit wîzer hant
begundes underleinen:
ersiuften unde erweinen
die rede ir ûz dem munde nam.
und dô diu süeze wider kam
ze worten und ze muote,
dô sprach diu reine guote
bescheiden unde wol gezogen

7971 snelle. baker. 73 gebuwet: getruwet. 80 daz] da. 84 meinener. 86 *fehlt: ergänzt B.* 87 war. 99 hat] lat. 8003 statn. 05 swebende. 06 sch. swebende] schanden phûle. *oder fehlen zwei Zeilen?* 07 sprach. 11 deinen; *Pf.* dime. 14 nan dich des deinen. 15 kunde *fehlt.* 18 um dich *fehlt.* 19 du *fehlt.* soldest. 24 trewen. 28 chainen. 30 eht *B*] reht. 32 härmlin. 33 sy do vant. 35 Pegundens.

'friunt herre, wie bin ich betrogen
an dîner liehten varwe!
ich wânde, daz du garwe
100[c] vor valsche wærest lûter,
dô man dich, herre trûter,
sô wünneclich erkande.
swie schœne maneger hande
an dîme lîbe læge,
daz man dâ triuwen phlæge,
daz was billich unde reht.
du schînest ûzen harte sleht
und bist geriuhet innerhalp.
du wândest, herre, daz der alp
unde ein tiuvel trüge dich,
dô du mich unsihteclich
fünde, werder kristen.
nein, ich schuof mit listen,
daz du mich niht ensæhe.
war umbe daz geschæhe,
daz merke, süezer jungelinc.
ich wil dir lâzen mîniu dinc
werden ûf ein ende schîn.
ein keiser was der vater mîn,
der zepter unde krône
truoc mit êren schône
ze Cunstenopel in der stift.
der hiez mich lêren alle schrift
durch wîser liute ræte.
wand er niht sunes hæte,
der sîn lant besæze,
sô dûhte in vil gemæze,
daz er mich lêren hieze,
swenn er daz rîche lieze
nâch sîme tôde in mîner hant,
daz ich liute, êr unde lant
berihten künde deste baz.
hie mite gienc ich unde saz
in die schuole sâ zehant.
die besten meister, die man vant,
die wurden mir gewunnen.
der selben liste brunnen,
von deme fliuzet alliu kunst,
begunde ich sêre mit vernunst
schephen in daz herze mîn.
ich wart ein houbetmeisterîn
100[d] der buoche maneger hande.
ze rehte ich wol bekande
gesteine und edele würze.
daz ich die rede kürze,
sô verstuont ich wol von art
swaz ie dâ her verschriben wart
von allen den prophêten.
den zirkel der planêten
erkande ich unde ir umbesweif.
nigrômancîen ich begreif
für manegen list besunder,
dâ mite ich fremdiu wunder
machte swenne ich solte.
und sô mîn vater wolte
gewinnen kurzewîle,
sô wart in sneller île
nâch mir schiere dô gesant,
daz ich dar kæme sâ zehant
in ein gaden sitzen.
ich schuof mit zouberes witzen,
daz in bedûhte, er sæhe
vil manic wunder spæhe
von zame und ouch von wilde.
mîn goukel manic bilde
worhte vor den ougen sîn:

8044 grawe. 48 wie. 49 lage (: phlage). 50 trawrñ. 51 war. 53 geriuhet *B*] geruchet. 56 vnsihtl. 57 Frewnde. 65 vnd der chr. 67 Constâtinopel. 70 sunes] schoners. 79 so. 81 gebunnen. 83 von der. 84 vernufft. 87 puecher. 92 geschriben *Pf.* 94 Der. 96 nigrômancîen *B*] nigromanciam. 99 schode. 8100 wolde. 02 w. do jn. 03 schier. 04 daz] Vnd. cham so. 05 Vnd in. 06 sueff. 09 ouch *fehlt.* 10 vilde. 11 Forchte von.

den lewen und daz eberswîn,
den grifen und den helfant
liez ich dâ werden im erkant
und alliu tier besunder.
der wilden merwunder
vil ze kiesenne im geschach.
als er es danne gnuoc gesach,
sô liez ich in beschouwen
von bergen und von ouwen,
von wazzer und von heide
die schœnsten ougen weide,
der ie kein mensche wart gewar.
dar nâch sô liez ich komen dar
ein tûsent ritter oder zwei,
die samet einen turnei
dâ triben oder einen strît.
ich liez in sehen bî der zît
swaz ie gekrouch od ie geflouc.
mit listen ich in sô betrouc,
101ª daz in des dûhte, ez wære wâr
swaz ich dâ stille und offenbâr
der lügelichen dinge treip.
reht alsô wart ich und beleip
der swarzen buoche ein meisterîn.
swaz ûf der erde mac gesîn
von zouberlichen sachen,
daz kunde ich wol gemachen,
und wolte dich ûf disme sal
vor mînen liuten über al
verborgen hân sô tougen,
daz dich mit sînen ougen
niemen hæte alhie gesehen,
biz an die zît, daz dir geschehen
solte sîn des heiles kraft,
daz ich vor mîner ritterschaft
dich offenlîche hæte erwelt
und zeime herren mir gezelt
für alle man besunder.
mit zouber ich daz wunder
wolte alhie gemachet hân.
friunt, nu hâst du widertân
mit dîner künste mînen list,
sô daz er gar verdorben ist
und er niht krefte mêr enhât.
der hôhen kündekeite rât,
daz ich von dir gesehen bin,
der füeget mir den ungewin,
daz mich hilfet niemer mê
kein starkiu zouberîe als ê.
nigromancîe kan ich noch
wol üeben unde enhilfet doch
an mir noch diu selbe kunst:
si wart erleschet von der brunst
der kerzen, diu dô brante,
dô mich dîn ouge erkante,
daz mich ze schaden hât gesehen.
daz heil mir niemer kan geschehen
für dise veige stunde mê,
daz mîn zouber müge als ê
gehelfen unde für getragen.
swenn ez beginnet morgen tagen,
sô wirt ez wol bewæret
und schône geoffenbæret,
101ᵇ daz nu mîn kunst vervâhet niht,
wan dich hie schouwet undesiht
al mîn ingesinde gar.
niht langer mac ich noch getar
dich verbergen, süezer lîp.
dich kiesent man, dich sehent wîp
und alle, die nu bî mir sint:

8117 gesach. 23 war. 26 samten. 29 waz gestaub oder geflog. 31 wâr *fehlt.* 33 dingen. 34 Secht. und *fehlt.* 35 swaren puecher. 39 wolde. disen. 43 nieman. 51 wolde. 52 du nu h. w. 53 siner. 54 *fehlt.* verdorben: *Pf.* (*Germ.* 12, 37) erleschet. 68 nieman. 70 zaubrey. 72 wenn. 73 pebaret. 74 geoffenbaret. 75 D. nie die ch. 77 Als. 78 lenger. 80 sechen.

künege, fürsten, grâven kint
die wizzent allez, daz wir hân
mit ein ander hie getân
von minneclichen dingen.
ze liehte muoz hie dringen
unser tougenlichez dinc.
und owê, süezer jungelinc,
sô daz laster mir geschiht,
daz man mit den ougen siht,
daz du mîn friunt gewesen sîst,
sô bringest du mir unde gîst
sô bitterlîche swære,
daz ich begraben wære
noch lieber in der helle
dann ich, vil trût geselle,
müez an den êren veigen.
ez wirt ein vingerzeigen
ûf uns beide mit der hant.
ze tôde wirde ich hie geschant
vor allen mînen kunden.
mîn heil daz ist verswunden
drivaltecliche, sælic man.
daz eine ist, daz nu niemer kan
mîn kunst getragen für als ê;
daz ander ist, daz iemer mê
gehœnet muoz mîn leben sîn;
daz dritte leit von disen drîn
daz ist diu nôt ob aller klage,
daz ich dîn, herre, al mîne tage
muoz darben iemer unde enbern.
swaz du mich leides maht gewern,
daz ahte ich harte kleine,
biz an die swære aleine,
die ich vil herzenlichen dol,
daz ich dîn êweclichen sol
hân bresten unde mangel.
des grimmen tôdes angel
stichet in mîn herze,
101c sô mich bestêt der smerze,
daz ich dîn, herre, wirde entwert.
diu sorge als ein gelüppet swert
mich snîdet durch die sêle mîn,
swenn ich beginne darben dîn
und dich ze tôde hân verlorn.
ich hete dich ze friunde erkorn
mit ganzer und mit stæter kraft:
nu muoz ich iemer vîentschaft
von dir êweclichen haben.
mîn fröude lac an dir begraben:
nu bistu mîner wünne slac.
an dir mîn hôchgemüete lac:
daz kêret sich ze leide.
du bist mîn ougen weide
für alle man gewesen ie:
nu soltu werden niemer hie
güetliche von mir an gesehen.
ich hân dir lobes vil gejehen:
nu muoz ich schelten sêre dich.
mîn liehter meie wünneclich
bistu gewesen al dâ her:
nu muote ich für dich unde ger
des kalten winters alle frist.
mîn rôse du gewesen bist:
nu soltu werden hie mîn dorn.
ich hete dich mir ze heile erkorn:
nu wirst du mîn unsælekeit.
an dich mîn êre was geleit:
diu ze laster ist gedigen.
mîn leben an dir solte ligen:
nu bistu mînes herzen tôt,
der mich begrebet in der nôt,
dar ûz ich niemer komen sol.
ouch mahtu wizzen selbe wol,
daz dich der schade niht vergât:

8187 Vnd ser. 89 gesicht. 90 mich jn den. 98 wir. 8200 wirt. 06 nimer mer. 11 derben. 12 mahst *aus* magst *geändert*. 20 pstat. smerczen. 21 w't enbert. 24 dorben mein. 26 dein. frewd. 27 ståte. 31 pist. 37 vor meinen. 46 mir *fehlt*. 47 vsalickait. 52 begrabet.

sô man dich morne ersehen hât,
sô wirt dîn angest bitter.
ich hân sô manegen ritter,
der dînes ungewinnes gert,
daz man dich schiere hât gewert
des grimmes tôdes strenge:
wan ob ich sîn verhenge,
du wirst zerhouwen und zerlidet.
101d ob dich mîn helfe niht befridet,
man schrenzet dich ze stücken.
gelingen und gelücken
müeze dir, geselle guot,
baz danne dîn unstæter muot
wider mich geworben habe.
ich bin der êren komen abe,
der ich zer werlte solte leben.
ich wolte lieber mich ergeben
dem wilden hellerôste,
durch daz ich mich erlôste
ûz der vertânen schande,
diu mir sô maneger hande
künftic ist mit riuwen.
du hâst mich an den triuwen
verrâten alsô sêre,
daz ich muoz iemer mêre
hie klagen ûf der erden.
mîn wange niemer werden
sol trucken noch daz ouge mîn.
ich muoz ein armiu frouwe sîn,
diu daz von herzen weinet,
daz du mir hâst erscheinet
sô rehte lügenlichen muot.
ach, herre, liebez herzen bluot,
wie gar dîn tugent ist gelegen!
von dir ze sêre ist widerwegen
mîn triuwe lieht karfunkelîn
mit swacher stæte kupherîn.'

Die rede treip dâ Meliûr.
ze tôde bitter unde sûr
wart ir lîbes ungehabe.
in marterlicher herte grabe
versenket lac ir herze.
ouch wart der grimme smerze,
den Partonopier dâ leit,
sô tief, sô lanc und alsô breit,
daz ein frouwe, diu gebirt,
sô vaste niht beswæret wirt,
sam der hôchgeborne degen.
er was vil lange dâ gelegen,
daz er ein wörtelîn niht sprach.
sô veste was sîn ungemach
und alsô rehte stæte,
der in zersniten hæte,
102a daz er niht möhte hân geredet.
swaz trûren ûf daz herze ledet,
des wielt sîn angestlicher muot.
er möhte hân daz rehte bluot
geswitzet und geweinet,
wan daz sîn herze ersteinet
sô vaste was von leide,
daz im diu muosten beide
vil tiure werden under in.
er lac alsam der siechet hin:
sô gar verzagten im diu lider.
ze kreften er ze jungest wider
kam mit nœten unde sprach
'got riuwe, daz mir ie geschach

8256 morgū. 59 deines. 60 Da man. 61 strengen. 62 verhengen. 64 pefidert. 71 Dich zerbelte solde. 72 *fehlt. Pf.* zwâre ich wolde mich ê geben. 76 mir] mit. 77 chumftte. 80. 81 Das mus ich chlagen yemer mere Hye auff diser erden. 83 So t. n. d. augen m. 88 leibes. 90 wider geben. 91 leicht. 92 state. 95 liebes. 8301 daz] als. 05 wortlein; *vgl.* 8505. 10 waz. ûf *B*] *fehlt.* 11 der. -leich. 17 tewre muesten w. 18 als sam der zecht. 19 glyder. 20 eze wust. 22 gesach.

liep von reinem wîbe.
mîn herze in mîme lîbe
zerklocken müeze sam ein ei.
der grimme tôt der snîde enzwei
mit jâmer und mit nœten ez,
sît dar în ein vollez mez
gesenket sî der trügeheit.
mîn êre und al mîn sælekeit
ist verwürket und vertân.
mich selben ich verteilet hân
mit valsche, den ich hân getriben.
ich bin sô triuwelôs beliben,
daz niender lebet mîn gelîch.
viur, wazzer noch daz ertrîch
mich lîden solte noch der luft.
der tievel in der helle kruft
mich solte lebendic begraben.
daz ir mîn gnâde wellet haben,
seht, frouwe, des enger ich niht.
kein hulde noch kein zuoversiht
hœret mich verworhten an.
ich sol verderben als ein man,
der mit sô hôher meintât
den grimmen tôt verdienet hât,
daz er niht leben wolte.
erschiezen mich hie solte
102[b] der tobende wilde donerslac.
ob ich zehant verderben mac,
daz ist mir âne mâze liep,
wan sich verworhte nie kein diep
sô vaste noch kein schâchman.
dar umbe ich iuwer tugent an
schier unde heize weine.
daz ir mich, frouwe reine,
lâzet iuwer ritter
des grimmen tôdes bitter
vil marterlîche sterben.
ân urteil mich verderben
heizet, keiserlîchiu fruht.
sît daz ich triuwe, êr unde zuht
habe an iu zebrochen,
sô werde an mir gerochen
der mein, den ich begangen hân.
doch wizzet, daz ich niht getân
hân von mir selben disiu dinc:
ich triuwelôser jungelinc
wart dar ûf gewîset ê.
swiez aber nu dar umbe stê,
sô bin ich schuldic, frouwe, doch,
wan ich durch keine ræte noch
mîn êre solte hân versniten.
ich wil iuch niemer des gebiten,
daz ir genâde an mir begêt.
sît ir iuch des wol verstêt,
daz ich hân wider iu getân
und ich verworht mîn leben hân,
sô ger ich, frouwe mîn, daz ir
den lîp benemen heizet mir.
daz ist mir lieber tûsentstunt,
dann ich biz ûf der sêle grunt
müez iemer sîn beswæret.
ez wirt an mir bewæret,
ob ich langer leben muoz,
daz mir niemer leides buoz
mac werden sunder endes zil.
dâ von ich lieber sterben wil,
danne ich langer müeze leben
102[c] und in sô grimmer nœte sweben.'

Partonopier alsô gesweic.
der tac die wîle hôher steic
mit laster und mit leide,

6323 rainen weiben. 24 leiben. 25 mües. 29 trugh. 31 selbe. 33 falche. 35 nindert. 36 Fraw w. 38 krust. 41 ich] ist. 43 verworten. 47 er *fehlt: von späterer Hand ist* ich *nachgetragen.* 48 ersiessen. 49 tobund w. toner s. 55 schiere und. 62 ere. 63 euch. 64 wert. 69 geweisset. 70 Wies. 72 w. euch d. kain rate. 74 piten. 85 langer *B*] lange. 89 lenger. 90 leben sweben. 91 geswaige. 92 *fehlt: ergänzt B.*

wan si dô vielen beide
in angest unde in herzen nôt.
si muosten werden schamerôt
vor dem ingesinde gar,
daz dô gegangen offenbar
kam in den liehten palas.
swaz von in zwein geschehen was,
daz weste dô vil manic wîp.
juncfrouwen unde schœniu wîp
kâmen schiere ân underbint.
küneges töhter, fürsten kint
drungen ûf den wîten sal:
sunder mâze und âne zal
gienc ir dar în ein wunder.
si wâren al besunder
gezieret nâch ir wirdekeit.
si truogen maneger hande kleit
von sîden und von golde rîch.
für daz bette wünneclîch
giengen si mit leide.
diu zwei geliehen beide
vil schiere sâhen si dar an.
Partonopier lac als ein man,
der niht des lîbes ruochet.
im wart dâ vil gefluochet
von rœselehten munden.
wie möhte ich ez durchgründen,
waz übels im gewünschet wart?
sîn junger lîp von hôher art
mit rede wart verdamnet.
si sprâchen, daz gesamnet
würd ûf in alle unsælekeit:
sît er in laster unde leit
hæt an ir frouwen kunt getân,
er müeste flüeche ein wunder hân,
die bitter wæren unde sûr.
ouch wart diu schœne Meliûr
des selben niht erlâzen.
mit rede si verwâzen
102d begunden alle ir dienestwîp.
ir name und ir getriuwer lîp
enphiengen smæhen itewîz.
'frouwe', sprâchens, 'iuwer flîz
ist lasterlichen an geleit,
sît iuwer lûter edelkeit
ist worden tunkel unde brûn.
ir habt durch einen garzûn
gewâget alze sêre
die keiserlichen êre,
diu nie dâ her von iu geflôch.
waz was iu richer fürsten hôch
und ûz erwelter künege wert,
daz ir der habet niht begert
und einen kneht ze friunde erkurnt,
an dem ir alsô gar verlurnt
êr unde ganze wirdekeit?
ez ist wâr, daz man dâ seit:
swar ûf daz wîp enbrennet wirt,
ob ir daz grôzen schaden birt,
ir wille muoz doch für sich gân.
seht, alsus hânt ouch ir getân,
frouwe, daz ist worden schîn.
waz möhte ein laster grœzer sîn,
sô daz ir manegen werden
künec ûf der erden
versprochen hânt ze manne

8396 schome. 97 von. 8401 veste. 03 -wind. 04 vnd f. 10 hende. 14 Dy. 16 Partinopier *A immer.* 17 liebes *A a.* 19 rœselohten *A*, rosenleichen *a.* 20 iz *A*, *fehlt a.* 23 verdampnet *A a.* 24 gesämet. 26 vnd in l. 27 kunt] . . . *A.* 28 must. vndir *A.* 29 bitter warent *A*, waren bitter *a.* swär *a.* 32 vermassen. 33 Begundent *A*, pegund *a.* 35 smachen. verwiz *A.* 36 sprachen sy *a*, sprachent *A.* 37 -leich. 40 hant *A.* grazun *a.* 42 keserlichen *A*, kaiserleiche *a.* 43 d. nie waz von ew da her geflog. 44 Was] bas *a*, *fehlt A.* 47 frewd. 49 Ere. 51 wer. 52 Ob daz ir. 54 also *a.* habt *a*, hat *A.* 57 w. man. 58 auff e. schon. 59 habt.

und iuch ze kebese danne
triuten liezent disen kneht?
zwâr ez ist billich unde reht,
daz man iuch iemer hœne.
war hânt ir iuwer schœne
getân und iuwer edelkeit?
der tumben wîbe klârheit
gedîhet unde ir schœnez dinc
reht als ûz golde ein edel rinc,
der eime swîne wirt geleit
an sînen grans: swar ez in treit
unde in ziuhet oder hebt,
ez wüelet doch mit unde grebt
in den swachen fûlen mist.
103a der site an iu bewæret ist
ze vaste und alze sêre
got hete prîs und êre
geleit an iuch für alliu wîp.
ze wunsche was gar iuwer lîp
gesetzet ûf der êren stuol.
nu sît ir in der schanden phuol
gerücket ûz der wirdekeit,
wand iuwer name ist nu geleit
ze kranker wirde solde.
ir hânt mit liehtem golde
den fûlen mist zerwüelet.
der cirkel ist enphüelet
von iu sô rehte vaste,
daz er von sîme glaste
muoz gescheiden iemer sîn.
waz sult ir zeiner keiserîn,
sît iuwer êre manicvalt
ze swachem prîse wirt gezalt?'

Alsus getâner rede gnuoc
unsenftecliche dâ vertruoc
diu reine süeze Meliûr.
des tôdes bitter unde sûr
hæte si dâ für gegert.
die frouwen edel unde wert,
die gewaltic wâren ir,
die tâten ir, geloubet mir,
mit smæhen worten alse heiz,
daz ir der angestbære sweiz
von der blanken hiute seie.
Partonopier lag unde sweic,
daz er ein wörtelîn niht sprach.
von strengen flüechen ungemach
leit er ûf dem bette.
er wart vil sêre enwette
gestrâfet unde in widerstrît.
und aber, dô die frouwen sît
ersâhen in ze rehte,
dô wart dem hôhen knehte
niht geflüochet langer,
103b wan der fröuden anger
und der wunne paradîs
bluoten als ein meien rîs
beid under sînen ougen.
er lac, dêst âne lougen,
von schame in hitze glüegende
und als ein rôse blüegende,
diu von dem touwe nazzet.
er hete in sich gevazzet
von herzeleit ein wunder
und was iedoch hier under
sô lieht und alsô reine,
von fleische noch von beine
wart nie sô lûter bilde mê.

8461 Tvten *A*. 64 habt. 65 werdekeit *A*. 66 chlarait. 69 an ain sw. 70 grans. 72 do mit. 74 pebärt. 77 alle *A*. 79 êren] sêlden *A*. 81 geruchet *A*. 82 wan. 84 habt. 85 zerbuelet. 86 enckel. 94 Vns enfrechleich. 97 gert. 8500 ir *A*, all *a*. 01 also. 02 der *fehlt*. 03 hvte *A*, haude *a*. 05 wœrtlin *a*. 08 enbette. 10 vrowe *A*, fraw *a*. sait. 13 Nich. lenger. 17 beide under *A*, paider *a*. 18 des. 19 gluende: bluende. 23 herczenl. 24 doch. 26 fl. vnd v. p.

des wart vil herzecliche wê
den frouwen dâ ze muote.
dô der vil hübesche guote
sô schœne was von in gesehen,
seht dô begondens alle jehen
'wir hân vil sêre missetân,
daz wir unser frouwen hân
gestrâfet umb des knappen lîp.
dêswâr, ein schœne sælic wîp
mac dur in gerne wâgen
die sêle zuo den mâgen
und alle ir hôhen werdekeit.
der wunsch benamen ist geleit
vil volleclîche an sîne jugent.
er hât sô keiserlîche tugent,
sô gar liutsælic als er ist,
sô muoz in triuten alle frist
ein sælic wîp von schulden.
er kan wol übergulden
mit sînre klârheit alle man.
nu seht, daz schînet im wol an,
sît er bî sus getâner nôt
lît blüegende als ein rôse rôt.'

Die rede triben under in
die frouwen. dô si kômen hin
ein wênic von dem bette baz
103[c] und in gesâhen, wizzent daz,
in was vil ûzer mâzen leit,
daz im sô michel smâcheit
von in mit rede erboten was.
nu kam ouch in den palas
geslichen iegenôte
mit sînem morgenrôte
der vil liehtebernde tac.
Partonopier sich dô bewac
des lîbes ûf ein ende.
er hete sich zer wende
geleit ûf sînen ellenbogen.
vil zornic sêre und ungezogen
wart Meliûr dâ wider in:
si jagete von dem bette hin
den jungen fröudelôsen degen.
'wol ûf! du bist genuoc gelegen',
sprach diu wünnecliche zime.
'sît ich von dîner schulde nime
ze herzen alsô grimmen schaden,
sô rûme drâte mir daz gaden
und den vil schœnen palast.
du solt der hulden mîn ein gast
belîben, daz sî dir geseit.
wan daz ich mîner wîpheit
und aller frouwen schône,
dir würde alhie ze lône
der tôt gegeben anders.
des wilden salamanders
herze nie gestuont sô gar
zuo dem heizen viure dar,
sô mîn gemüete ûf dînen schaden.
daz du mich âne schult geladen
hâst mit schanden iemer mê.
des muoz dir werden ouch sô wê,
daz du vil lieber stürbest,
ê daz du sô verdürbest
beid offen unde tougen.
strîch bald ûz mînen ougen,
daz ich dich niemer mê gesehe,
ê daz dir wirs von mir geschehe.'

Partonopier begunde
mit jâmer an der stunde
103[d] ûf rihten an dem bette sich.
daz in sîn frouwe minneclich
von ir sô zorneclichen treip,

8528 herczen. 29 Der. 32 begondes *A*, begundens *a*. 35 umbe *A a*. 37 durch. 38 dem. 39 hohe. 41 vil *A*, so *a*. -leichen *a*. 42 salickl. 44 alz fr. 50 rosen. 51 tribens. 54 gesahent *A*. 58 den] daz. 60 seiner. 61 *fehlt: ergänzt B*. 63 liebes. 64 zu der. 70 hie g. 74 m. drate. 75 palas. 85 den s. 86 schuld. 87 schanden *B*] schulden. 91 Paide.

daz machte, daz im dô bekleip
vil grundelôsiu herzenôt.
von leide wart er alse tôt,
dêr vil kûme dâ gesaz.
sin ougen wurden beidiu naz
und sîn rôtiu wangen.
nu kam dô dar gegangen
ein frouwe schœne und ûz erkorn.
dô der vil süeze sûren zorn
von sîner frouwen munde leit,
dô trat ir swester unde schreit
mit zühten in den palas.
Irekel diu geheizen was
nâch der âventiure zal.
der frouwen brehten unde ir schal
hete si gewecket
und ûz dem slâfe erschrecket
sô vaste bî den zîten,
daz si niht mohte erbîten,
biz si mit kleiden wünneclich
hæte dâ ze rehte sich
gezieret und gesteinet.
gebriset und gereinet
ir ermel unde ir houbetloch
beide wâren unnâch noch,
dô si dar kam geslichen.
sô gar winneclichen
fuor diu vil gehiure,
sam der ûz eime viure
gâhet unde entrinnet,
swann ez vil sêre brinnet
unde ein hûs ist an gezunt.
ob si gezieret bî der stunt
hæte sich ze rehte gar,
si wære unmâzen liehtgevar
gesîn ob allen frouwen.
swer si gedorfte schouwen,
der was ir inneclichen holt.
ir hâr als ein gespunnen golt
104[a] schein durchliuhtic über al.
für den gürtel hin ze tal
sluogen ir die zöphe lanc.
von sîden ein gebende blanc
daz hetes an den stunden
in schapel wîs gebunden
al umb daz houbet obene.
sô rehte wol ze lobene
stuont ir lîp in aller wîs,
daz ich kûme ir hôhen prîs
mit worten ûz erkirne.
sleht unde wîz diu stirne
was ir und ze mâzen breit.
got hete ir nasen ûf geleit
vil gar mit hôhem flîze.
erlôst von itewîze
was ir leben unde ir muot.
reht alse milch unde bluot,
wîz unde rôt, ir varwe schein;
diu zwei gemischet under ein
stuonden wünneclichen dâ,
man dorfte weizgot anderswâ
nie beschouwen schœnre lich.
ir ougen lûterkeite rich
wâren von der minne.
liutsælde was dar inne
ze hûse mit gewalt gezogen.
dar obe stuonden wol gebogen
zwô smale brûne brâwen.
er müeste in leide grâwen
swer âne ir hulde solte sîn.
ir munt alsam ein lieht rubîn
durchliuhtic unde rôt erschein.

8600 peleib. 02 leide *fehlt.* als. 03 chune. 06 auch do da. 13 sal. 14 prachten. 15 bewecket. 22 si preiset. 24 unnâch noch *B*] dennoch; *vgl.* 8740. 25 dar *B*] do. geschichen. 26 winneclichen *B*] wunnichlichen. 27 fuor diu *B*] für die. 30 wann. 31 ist *fehlt.* 34 war — leicht. 36 wer — getorfte. 42 blanc *B*] lanc. 45 als umb d. haup ebene. 56 als ain milich. 60 anderwa. 63 von *fehlt.* 66 *fehlt.* 67 Wo — praben. 70 alz a. liecht'.

dar inne sam ein helfenbein
stuonden kleine zene wîz,
die wâren sunder itewîz
zein ander wol gedrungen.
an ir schœnen zungen
lac der minne weide.
ir wängel wâren beide
rôt alsam ein rôsen blat.
ietwederz ôre an sîne stat
was eben unde wol geleit.
dâ hiengen zwêne löcke reit
104b ir goltvarwen hâres für,
die nâch edeles herzen kür
wâren krispel unde krûs.
si kam geslichen ûf daz hûs
gezieret wol nâch richer state.
ûfreht als ein sumerlate
gienc diu wol getâne.
ir kinne wandels âne
schein unde missewende gar.
ir kel unmâzen liehtgevar
gap sô lûterlichen schîn,
daz man dâ durch den klâren wîn
sach liuhten swenne si getranc.
ir hende wâren alsô blanc
und ir gedræten arme,
als eime wîzen harme
sîn vel noch hiute schînet.
diu schœne sich gepînet
hete ûf ganze wirdekeit.
von samîte was ir kleit,
daz under beide und ouch daz ober,
noch rœter vil dann ein zinober
unde ein niuwez lösche.
frisch unde unmâzen rösche
die valden wâren und der roc.
der mantel hete ein underzoc
rîch unde wol gezieret.
schâchzabelwîs gevieret
stuont diu veder wunneclich.
von harmen und von zobel rîch
was zein ander si geleit,
ûz kleinen stücken niht ze breit,
diu swarz erlûhten unde wîz.
der wunsch der hete sînen flîz
geworfen an die klâren.
ir tassel beide wâren
von saphîren liehtgevar.
bort unde zobel tiure gar
von richer koste glizzen.
ir sult daz rehte wizzen,
daz der mantel sînen sweif
vil eben umbe ir lîp begreif
104c und der roc dar under
der krumben valte ein wunder
dâ niden umbe ir füeze nam.
an die maget wunnesam
het ob der gürtel sich daz kleit
getwungen unde alsô geleit,
daz ir gefüegen brüstelîn
den roc schœn unde sîdîn
truogen wan vil kleine enbor.
von rubîne ein spiegel vor
hetes an ir, sô man saget.
dâ mite gienc diu werde maget,
nüschende iegenôte sich,
wan der juncfrouwen keiserlich
von dem bette wart sô gâch,
daz si gezieret unnâch
hete sich ze rehte noch.
gar offen stuont ir houbetloch:
daz tete si dô zein ander baz.

8673 zende. 76 *fehlt: ergänzt B.* 79 als. 82 zwe locke. 84 n. des edln. 85 chrisel. 87 w. auch nach. 90 chame. 91 war. 95 getranc *B*] tranc. 98 ain w. 8700 gepainet. 01 wirdik. 02 samate. 03 ouch *fehlt.* 07 walden baren. 08 vnterrock. 10 -zagel. 13 zu e. 20 Porte. 22 schuldt. daz *B*] *fehlt.* 26 velte. 36 mit. 38 von. 40 unmach.

wie si geheften möhte daz.
dar ûf sô kêrtes iren flîz.
ir hût durliuhtic unde wiz
schein dar ûz alsam ein snê.
waz touc hie langiu rede mê?
si was erwünschet mit genuht.
an ir stuont schœne bî der zuht,
als bî dem golde ein lâsûr.
wan daz ir swester Meliûr
liehter unde schœner was.
sô wizzent, daz nie wîp genas
neheiner tohter mê sô klâr,
sam Irekel offenbâr
an êren unde an lîbe schein.
ir lop als ein karfunkelstein
gap durchliuhteclichen glast,
wand ir deheines dinges brast,
daz eine frouwen in der jugent
mit schœne zieret und mit tugent.

Nu daz diu sælige in den sal
was komen, dô stuont über al
daz gesinde ûf hôher baz.
si liezen si, geloubet daz,
104d für dringen unde wichen ir.
mit snellecliher herzen gir
si gie zer kemenâten,
dâ disiu zwei berâten
mit sorgen inne wâren.
und dô si den vil klâren
Partonopieren hete ersehen,
seht, dô begunde ir herze jehen,
daz ir ouge und ir gesiht
erkande nie sô schœnes niht
von bluote noch von beine.
dô lie sich diu reine
erbarmen sêre disen zorn,
den ir swester hôchgeborn
wider in des mâles hielt.
daz ir herze tugende wielt,
daz tete diu wol getâne schîn.
'genâde, erweltiu swester mîn',
sprach diu keiserliche fruht,
'erzeiget reiner wîbe zuht,
der man sich vil an iu versiht,
unde enzürnet hiute niht
sô vaste wider einen man,
der iegenôte und allezan
gelegen ist in nâhen bî.
gedenket, frouwe, daz er si
gewesen iuwer trût âmîs,
und lât in sus in übel wîs
niht von iu scheiden unde gân.
hab er iht wider iu getân,
daz vermiten solte sîn,
daz ruochent, werdiu keiserîn,
vergezzen hie durch mîne bete.
die fröude süezer danne mete
sult ir zwei sament niezen
und niht dar under giezen
den argen und den swæren zorn.
er ist von iu ze friunde erkorn,
daz sol belîben stæte noch.
ir hânt die reinen minne doch
mit ein ander güebet:
durch got die lât betrüebet
105a niht werden von iu beiden.
man sol von liebe scheiden
niht durch üppeclichiu dinc.
er ist der schœnest jungelinc
der sîn leben ie gewan.
frouwe, dâ gedenket an

8845 chertens irn. 46 hût] hant. 47 als ain. 48 taugt. langiu *fehlt.* 55 Noch kain t. nie. 56 die I. 60 chaines. 61 ain fraw. 68 *fehlt: ergänzt B.* 69 zer] in die. 77 noch] vnd. 89 wider *steht doppelt.* 90 alles an. 91 nahent. 95 euch. 97 solde. 98 werde. 99 vergessent — gepete. 8804 frewd. 06 habt d. raine. 07 getbet. 10 Mam. 12 schœnist.

und übersehent im die tât,
dâ mite er iuch erzürnet hât'.

'Du redest', sprach dô Meliûr,
'sam der mit herzen leide sûr
von liebe selten wirt geladen.
swer nie gewan deheinen schaden,
den dunket harte senftelich,
daz der schadehafte sich
ziehe von der swære sîn.
reht alsô wiltu, swester mîn,
daz ich gar lîhte scheide
von grôzem herzeleide,
daz mich hât umbevangen.
ob dir dîn dinc ergangen
wære als ez mir komen ist,
du liezest mich niht, wizze Krist,
sô sanfte lâzen mînen zorn.
ich hân êr unde prîs verlorn
und alle mîne wirdekeit.
in sorge bin ich hie geleit
unde in houbetschande.
der mir sô maneger hande
laster ûf gebunden
hât hie bî disen stunden,
des friundîn sol ich werden
niemer ûf der erden,
die wîle unz ich daz leben hân.
er hât mir âne schult getân
leides unde schanden vil,
des ich vergezzen niemer wil.'

Irekel sprach aber dô
'durch got enredet niht alsô,
frowe unde swester süeze.
daz iuwer sælde müeze
sich mêren sunder allen haz!
105b vil harte wol erkenne ich daz,
daz dirre juncherre hât
mit ungefüeger missetât
verwürket iuwer hulde.
iedoch enwart kein schulde
sô michel ûf der erden nie,
dan hœre wol ze jungest ie
genâde und erbarmunge zuo.
daz man den schulde riehen tuo
milt unde rehte güete schîn,
daz lêret unser trehtîn
an der geschrift uns alle.
von tiefer sünde valle
wær alliu menneschelt verlorn,
hæt unser herre niht verkorn
die missetât der liute.
dar an gedenket hiute,
vil ûz erweltiu küneges fruht.
geruochent iuch durch iuwer zuht
erbarmen über disen kneht.
verkiesent hie sîn unreht
und alle sîne missetât.
sît er niht von im selben hât
begangen sus getâniu dinc,
sô lât den werden jungelinc
ze hulden und ze gnâden komen.
wir hân ez alle wol vernomen,
daz im sîn muoter ûzerriet,
daz er von dem gebote schiet,
daz im von iu gesetzet wart.
von alsô kündeclicher art
wart nie beschouwet mannes lîp,
im ûzerriete wol ein wîp,
daz er missetæte.
jô schuofen wîbes ræte,

8816 ew. 17 da. 18 herczen — swar. 19 sellden. 20 wer — chainen. 21 senfftleich. 22 schadh. 24 wildu. 27 vmf. 29 ez *fehlt*. 32 ere. 36 vnd der. 39 frowden. 44 ymer. 45 *ohne Absatz*. 48 salde. 50 erken. 51 diser. 56 Dan. 59 Milde. 63 menscheit. 64 Hete — nich. 65 lewten. 68 ew. 80 chündtickl. 83 -tate (: rate).

daz Adam der wîse
von dem paradîse
wart gestôzen und vertriben.
Sampsône schiere was bekliben
sô rehte manicvaltiu vlust,
daz er durch wîbes âkust
sîn leben und die kraft verlôs.
105c her Salomôn den schaden kôs
durch diu wîp und ir gebot,
daz er diu valschen abgot
mit willen gar muost ane beten.
Dâvit begunde ouch missetreten
wider got vil drâte:
von der wîbe râte
wart er verwîset schiere.
sît daz nu dise viere
niht mohten über werden,
ir tugent würde ûf erden
geswachet von den wîben,
wie solte dô belîben
unverkrenket dirre knabe?
swâ die wîsen komen abe
durch frouwen hôher witze sint,
dâ mugen sich diu tumben kint
von der wîbe listen
enthalten und gefristen
kûme od aber niemer.
jô sol iuch billich iemer
gedunken, herzeswester mîn,
ob disen kneht diu muoter sîn
mit ir hôhen wirdekeit
gar listeclichen überschreit,
daz er iuch, frouwe, hât gesehen.
ez ist den alten mê geschehen,
daz man si zallen orten
des überkam mit worten,
daz si daz dinc begiengen,
dâ von si beide enphiengen
ze jungest laster unde leit.
wer solte grœzer wîsheit
Partonopiere muoten?
ez schînet an dem guoten
wol und offenlichen doch,
daz er ein kint der jâre ist noch.'

'Er ist ein kint, daz weiz ich wol',
sprach diu frouwe tugende vol
bescheidenlichen aber zir.
'doch hete ich in, geloube mir,
sô vil gewarnet al dâ her,
daz er niht solte sîne ger
105d gestellet hân dar ûf benamen,
daz er ze laster und ze schamen
hæte mich sô verre brâht.
ich hân im dicke zuo gedâht,
daz er niht ensæhe mich,
und bat in ofte, daz er sich
dâ vor behüeten solte,
daz er mich iemer wolte
beschouwen über mînen danc.
nu dûht ich in gar ze kranc
an êren unde an werdekeit,
daz er mich âne schult geleit
hât in laster und in spot.
er hât gebrochen mîn gebot
sô vaste und al ze sêre,
daz ich in iemer mêre
wil hazzen umbe die geschiht.
hæt ich in vor gewarnet niht,
sô diuhte ez mich gefüege,
daz ich im nu vertrüege,
swaz meines er begangen hât.

8889 -ualte v'lüst. 92 den *fehlt*. 94 Des. 99 erweiset. 8900 diser. 01 mocht. 05 Von verchr. diser chanabe. 06 chôme. 09 weiben. 11 chawm oder. 12 sol unbillich niemer. 13 herczen. 17 ew. 19 zu a. 24 grosse. 31 peschaidenleich a. zu ir. 32 gelobt. 34 solde. 39 ensehe. 41 solde. 42 nyñer wolde. 46 schuld. 48 *fehlt: ergänzt B.* 52 gewornet. 53 taucht.

ich liez in einer missetât
genædeclichen komen hin
ûf den trôst und den gewin,
daz er dekeine tæte mê:
dort heime ein ander wîp zer ê
lobete er und brach alsô
wider mich vil sêre dô
die triuwe und alle stæte sîn.
daz übersach ich, swester mîn,
ûf guoter bezzerunge wân.
nu hât er aber missetân
geswinder unde vaster,
und hât mich in daz laster
geworfen, daz ich iemer trage.
des wird ich im mîne tage
niemer holt von herzen.
der schanden houbetsmerzen
lîde ich unde dulde,
daz er mich âne schulde
verriet an reinen triuwen,
daz sol in iemer riuwen
die wîle daz ich mac geleben.
nu sprich, wie möhte ich im vergeben,
daz er mir al mîn êre
106a geswechet hât sô sêre,
daz ich biz an daz ende mîn
muoz iemer mêr gehœnet sîn?'

Irekel sprach aber dar
'vil sælic frouwe, ob ich getar
die wârheit reden ûf ein zil,
sô nement ir iuch al ze vil
des dinges zeime laster an,
daz ir ze friuntschaft einen man
hânt genomen, süezer lîp.
ez hât getân vil manic wîp,
diu reht und edel was von art.
ob iuwer herze enbrennet wart
von minne ûf disen jungelinc,
daz ist kein wunderlichez dinc,
wan ez ist dicke mêr geschehen.
swer in mit ougen hât gesehen
oder in noch hiute siht,
der verkêret iu daz niht,
daz im wart iuwer minne kunt.
beschouwet wart ze keiner stunt
nie sô wunneclicher lîp.
hiute sprâchen iuwer wîp,
ir hætent an im missevarn.
und dô si dô begunden warn
der manicvalten schônheit,
der wunder ist an in geleit,
dô jâhens al gemeine,
ein wîp schœn unde reine
diu möhte in gerne triuten
ob allen werden liuten,
die man gesæhe ûf erden ie,
wande ez würde ein knappe nie
baz gebildet zeinem man.
frouwe, dâ gedenket an
und zürnet niht ze sêre doch.
sît iuwer künege wellent noch,
daz ir kiesent eteswen
ze manne, disen oder den,
der künne schicken iuwer dinc,
sô lât in disen jungelinc
ze herzen wol gevallen.
gernochent nâch den allen
106b senden in diu rîche,
die sich nu dâ geliche
ûf iuwer minne haben gewegen.
verberget disen jungen degen
die wîle tougenlichen hie,
biz ir beschouwet alle die,

8960 zu ee. 61 sprach. 67 Gswinder — väster. 70 wirt. 76 in *fehlt.* 80 Geswehet. 85 mein z. 86 ew. 87 zû aim. 89 Habt. 90 manigs. 96 Wer. 9011 gesach. nie. 12 ie. 14 do. [22 dem. 25 gewegen *B*] geben. 27 taugentl.

der muot ûf iuwer minne stât.
sô man die gar besehen hât
unde erkennet wol ir sin,
sî danne ir einer under in,
sô schœne riche und alsô vier
sam iuwer friunt Partonopier,
den kiesent zeinem manne
und lâzent disen danne,
der iuch dâ her geminnet hât.
doch wizzent, frouwe, ob ez ergât,
daz iuch ein ander man genimet,
daz vil sêre missezimet,
daz iuch hete dirre vor.
ûf jâmer unde ûf leides spor
sît ir alrêrst danne komen,
wan euer, den ir hânt genomen,
verwîzet iu daz iemer mê,
daz ir hânt geminnet ê
ze friuntschaft einen andern trût.
ir sît gehœnet über lût
alrêrst ze grunde danne.
und nement ir ze manne
dekeinen wan den êrsten,
die tiursten und die hêrsten,
sô die koment alle her,
sô bin ich offenlichen wer,
daz under in dekeiner ist
sô gar liutsælic alle frist
sam dirre junge süeze knabe.
durch got dar umbe lâzet abe
wider in haz unde nît.
ze stæte sol er alle zît
von iu werden ûz gelesen.
sît er ist iuwer friunt gewesen,
sô ruochent nemen in zer ê
dar umbe, daz iu niemer mê
kein ander man verwîze noch,
daz ir gespulget habet doch
106c verborgenlicher trûtschaft.
ir müezent iemer jâmerhaft
belîben, ob nu daz geschiht,
daz man den knappen scheiden siht
in zornes wis von hinnen.
lâzent in gewinnen
iuwer stæte hulde gar,
ê daz er sîne strâze var.'

'Zwâr ich entuon', sprach Meliûr.
'solt iemer er mîn nâchgebûr
belîben ûf der erden,
sîn friundîn wolte ich werden
niemer unze an mînen tôt.
dâ von ist ez ân alle nôt,
daz du mich sô tiure manst,
wan du mich niht erbiten kanst,
daz ich nu lâze mînen zorn.
er hât ze tôde mich verlorn
die wîle daz ich mac geleben.
den zepter und die krône geben
wolt ich ê ûz der hende mîn,
ê daz im solte werden schîn
mîn lûterlîchiu friuntschaft.
sît daz er sîner triuwen kraft
hât wider mich zebrochen,
sô muoz an im gerochen
werden sîn vil hôher mein.
ich bin des worden über ein
daz ich benamen stürbe,
ê daz er mich erwürbe
zeiner ganzen friundîn.
dâ von lâ die bete dîn
belîben unde heiz in varn.

9033 schön und also reiche vier. 38 es gat. 39 gemaiđet. 41 diser. 42 *das zweite* ûf *fehlt.* 43 aller erst. 44 ainen. 45 mere. 46 habt. 49 Allererst. 51 chainen. 55 chainer. 57 diser. 63 zu ee. 64 d. ich ew. 67 verborgenleichen. 72 gewingen. 73 hulde *fehlt.* 76 er *fehlt.* 78 frewtin. 86 Der z. 87 ê *B*] *fehlt.*. henden. 92 m. ich an. 95 pey n. 96 erburbe. 97 zu ainer. 98 dîn] sein.

wil er die reise langer sparn,
er muoz den lîp dar umbe geben.
zwâre ez gêt im an daz leben,
ob in erstrîchen ûf dem sal
die werden ritter über al,
der ich ze dienste wunder hân.
er hât ein schouwen hie getân,
dar an im diu verlust geschiht,
daz er mich niemer mêr gesiht
für diz mâl, ez sî sîn tôt.
106[d] dâ von ist des harte nôt,
daz er strîche schiere
von diseme lantriviere
und alsô tougen hinnen var,
daz man sîn werde niht gewar.'

An disen worten schiere
wart kunt Partonopiere,
daz er genâde niht envant.
dâ von sô kêrte er alzehant
mit jâmer ûz dem palas.
sîn herze tôt an fröuden was
und an hôher wunne gar.
swaz er gewandes brâhte dar
bî dem êrsten mâle,
daz wart im sunder twâle
getragen für und an geleit.
daz edel und daz tiure kleit,
daz im gegeben hæte
diu frouwe sîn diu stæte,
daz wart im schiere dâ genomen.
er kêrte dan als er was komen
bî der êrsten zîte dar.
den roc von lichter koste gar,
den er zeigen hete erkorn,
den fuorte er an im unde ein horn:
dâ mite schiet er ûz dem sal.
sîn herze ûf ungemüete swal
und wart von jâmer alsô grôz,
daz im ûz sînen ougen flôz
vil manic trahen bitter.
nu wâren ouch die ritter
dô komen al gemeine.
wan daz im diu vil reine
Irekel dâ geleite bôt,
sus müeste er sîn gelegen tôt
von ir henden sunder wanc.
sîn phert vil mager unde kranc,
daz er geriten hete dar,
daz wart im aber schiere gar
für gefüeret und gezogen.
daz edel ors vil unbetrogen,
daz im aldâ ze helfe wart
107[a] gegeben an der êrsten vart,
daz liez der hôchgeborne dâ.
den meiden swach den fuorte er sâ
mit im an ein schif zehant,
daz er bî dem stade vant
gezieret wol nâch sîme site.
Irekel gienc im allez mite,
diu sælige und diu guote.
in ir getriuwen huote
diu tugentrîche in hæte,
durch daz im niemen tæte
den strengen bitterlichen tôt.
diu reine süeze den gebôt,
die des kieles solten phlegen,
daz si den jâmerlichen degen
mit ganzem fride liezen
noch niemer ûz gestiezen,
ê si den jungen Franzeis
gefuorten in die habe ze Bleis.

9100 lenger. 03 den. 09 males sey. 10 des] mir daz. 12 refiere. 13 hinnen *B*] hin dan. 24 wale. 26 trewe. 27 geben. 28 diu *vor* stæte *fehlt*. 32 liechte. var. 44 Sünst m. 46 kanck. 50 vil *fehlt*. 51 da all ze hilfe. 53 Dicz. 54 den *fehlt*. 55 an] in. scheff. 57 wol *B*] schon. seinē sitē. 58 alles. 62 niemant. 64 den] an.

Diz wart getân und diz geschach.
der süeze bitter ungemach
an siner hineverte leit.
mit jâmer gienc er unde schreit
in den wünneclichen kiel.
vil manec heizer trahen viel
ûz sinen ougen lûter.
'juncherre guot vil trûter',
sprach Irekel wider in,
'got sende iuch hein ze lande hin
vrœlicher danne ir hinne varnt.
mir ist gar leit, daz ir niht sparnt
diz jâmer und den unmuot.
diu sorge enist ze nihte guot,
diu nâch der verlust geschiht.
swâ man den schaden vor besiht,
dâ hilfet trûren eteswaz.
vil sælic lîp, ir sult iuch baz
gehaben danne iu sî geschehen.
ir hânt daz selbe wol gesehen,
solte ez hân iht für getragen,
ich hæte gerne in disen tagen
107b diu swester mîn umb iuch gemant.'
'frouwe, ez ist mir wol erkant',
sprach der jâmerhafte zir,
'daz ir hânt engegen mir
triuwe erzeiget unde tugent.
sich hât mîn sældelôse jugent
verwürket unde alsô vertân,
daz über mich kein bete stân
von wîbe noch von manne sol.
ez wære billich unde wol,
daz mich verslünde dirre sê,
durch daz ich solte niemer mê
für menschen angesihte komen.
sît ich mir selber hân genomen
êr unde ganzer fröuden pfliht,
sô ger ich noch enmuote niht,
daz mir iemer wol geschehe.
der got, der in diu herzen sehe
und alliu dinc beschouwe,
der füege, sælic frouwe,
swaz iuwer reiner wille sî,
wand ir betalle meines fri
und aller missewende sît.
mîn ouge nie ze keiner zît
sô guotes niht bekande.
daz ir sô maneger hande
tugent hânt bewæret mir,
des ist mînes herzen gir,
daz iuwer dinc nâch heile ergê.'
mit disen worten ûf den sê
wart daz schif gestôzen.
er schiet von dan mit grôzen
riuwen an der stunde.
mit herzen und mit munde
gap Irekel im ir segen.
diu reine hât sîn tiure phlegen
der himelischen megede kint.
er hete guoten segelwint
biz in die habe hin ze Bleis.
dâ wart der junge Franzeis
ûz gefüeret an daz lant.
daz schif kêrt umbe sâ zehant
und îlte wider hein von dan.
dâ von sich mêren dô began
des jungelinges ungemach.
107c wan dô der hôchgeborne sach

9171 diz *fehlt.* 73 hinv. 76 tra ... *A.* zacher *a.* 78 junchere *A.* 79 Arekel *A.* 80 landen. 81 hin. 83 den *fehlt.* 84 ist *A a.* 88 ew. 90 habt. 91 es ew h. f. g. 93 iuch *fehlt.* 95 zu ir *a*, ... *A.* 96 habt gegen. 98 saldlose. 99 Verwirket *A*, verburchet *a.* 9202 war. 03 diser. 07 Ere. 08 muete. 09 nymer. 10 hercz. 13 was. 14 wetalle. 16 augen. 19 habt pewaret. 20 *fehlt: ergänzt B.* 23 scheff. 29 mage. 30 guetn. 31 hin *fehlt.* 32 dâ *fehlt.* 34 scheff. sâ *fehlt.* 35 haim dan.

von dannen kêren disen kiel,
dô seic er nider unde viel
âmähteclichen ûf den sant.
von herzen sorgen im geswant
nâch ein ander dristunt.
an fröuden gar ze tôde wunt
ûf dem griene er dô gelac,
sam der niht mêr geleben mac.

Der junge fröudelôse degen,
nu daz er lange was gelegen,
biz er ze kreften wider kam,
dô rihte er sich ûf unde nam
vil siuften an der stunde,
die von des herzen grunde
ûf giengen unde slichen.
lût und erbarmeclichen
rief der edel unde sprach
'owê mir hiute und iemer ach!
war umbe wart ich ie geborn,
sît ich mir selbe hân verlorn
êr unde ganze werdekeit?
owê daz mich diu erde treit
und mich diu sunne schînet an!
wie bin ich sældelôser man
komen hôher triuwen abe!
verrâten ich die lieben habe,
die wider mich nie valsch getreip.
dâ von der schade mir beleip,
daz ich verrâten iemer bin.
ûf lasterlichen ungewin
hân ich ir lop gewendet.
des muoz ich sîn geschendet
von schulden alle mîne tage.
in jâmer unde in tiefe klage
ir hôhen fröude, ich hân geleit.
dâ von ich armer ungemeit
in der sorgen wâge swebe.
got müeze erbarmen, daz ich lebe
und ich niht si verderbet.
mich solte hân ersterbet
der bœse grâve Mareis.
daz mich niht in Ardeneis
âzen egebæriu tier!
107d war zuo sol ich Partonopier
des tages lieht beschouwen,
sît daz ich mîne frouwen
mit willen hân gehœnet,
der leben ist beschœnet
vor allen crêâtiuren?
ich hân an der gehiuren
mîn leit verwürket alle vart,
wan sô reines nie niht wart
noch sô guotes sam ir lîp.
ir müezen alliu werden wîp
entwichen an dem ruome.
ein spiegel unde ein bluome
ist ir hôchgeborniu jugent
der lichten keiserlichen tugent,
diu frouwen tiuret unde ir pris.
ein werltlichez paradîs
vil stæter wunne lît an ir.
der wunsch nâch sînes herzen gir
hât ir leben ûf geleit
mit alsô rîcher sælekeit,
daz ir lop niht endes hât.
wie sol mîn iemer werden rât,
sît ich mit valsche die verriet,
diu sich von triuwe nie geschiet
und als ein golt ist lûter?

9245 gruene — lag. 46 mere geligen. 49 zu den — widre. 54 Lewte. 55 Rueffl. 59 Ere. 60 erden. 64 liebe. 65 D. falsch w. m. n. g. 66 schalde. 67 verwâzen? *B*. 73 hoche. 78 solde. ersterbet *B*] verderbet. 80 m. assen nit. 81 âzen *fehlt*. die egwarre. 88 hab. 89 (v)erwirket *A*, verburcket *a*. 90 Dann. 92 ælle *A*. 94 An. 95 -borne *A*, *a*. 98 . . . . hes *A*, weckleiches *a*. 99 leicht. 9301 ir] er *a*, . . *A*. 06 nie v. t. sich.

ach lieber got vil trûter,
daz ich ersterben niht enmac!
daz mich der lichtebernde tac
beschînet, daz erbarme dich,
sît alsô grimmez trûren sich
gesenket hât in mîne brust.
ich hân genomen die verlust,
diu mich beswæret âne zil.
Adâm verlôs niht alsô vil
an sîner missetât als ich:
wan dô der schuldehafte sich
ûz dem paradîse zôch
und er sich aller wunne hôch
dar inne muoste frîen,
dô fuorte er sîne âmien
mit im dar ûz an sîner hant,
106ᵃ an der sîn riuwic herze vant
fröud unde trôst vil ofte sît.
daz wirt mir alle mîne zît
niht gegeben noch beschert.
mîn frouwe niender sam mir vert
ûz der wunne, der ich phlac.
mîn herze sol für disen tac
keiner fröuden sich versehen.
dâ von ist mir nu wirs geschehen
dann ez Adâme ergangen sî.
mit alle bin ich worden frî
gelückes unde sælekeit.
alsô grimmeclichez leit
hât mîn tumbez herze,
daz êweclicher smerze
sol mich armen twingen.
ich muoz von rehte dingen
ûf den tôt, niht ûf daz leben.
ein sterben sol mir sîn gegeben,
daz lange wirt bestætet.
swer sînen friunt verrætet,
der sol niht zeimâl sterben,
er sol den tôt erwerben,
der in des tages tûsentstunt
versêre und im sîn herze wunt
biz ûf die sêle mache.
sît ich mit valscher sache
verrâten mîne âmien hân,
sô werde mir ein tôt getân,
der niht ein ende mac gegeben.
ich müeze sterben unde leben
mit ein ander beide,
sô daz kein underscheide
müeze sîn dâ zwischen.
kein wunne sol sich mischen
ze mîner strengen herzen nôt.
ein niuwer unde ein frischer tôt,
der an mir stæteclichen wer,
der kome alsô gewarnet her,
daz er mich lange müeze slahen.
mit bluote sî der heize trahen
gemenget, den ich weine.
mîn fleisch und mîn gebeine
sol swinden unde dorren.
106ᵇ sît daz ich mich verworren
hân wider mîne friundîn,
sô werde mir daz jâmer schîn,
daz überhœhet alle nôt.
ich tæte selber mir den tôt,
wan daz ich wil dar umbe leben,
daz mir lange sî gegeben
ein stætez trûren, daz ich dol.
geschehen wære mir ze wol,
müest ich zehant ersterben.

9309 iht *A*. 10 l. werde. 11 pescheine *a*. dich] got. 12 sich] pot. 13 G. sich h. 19 schuldh. 25 said. 26 *fehlt: ergänzt B*. 27 geben. 36 *fehlt: ergänzt B*. 40 rechten d. 42 sterbe? *B*. 43 der lange. 45 zu ainem mal. 51 amaien. 53 geben. 54 mues. 56 vnter schaiden. 59 herczen str. n. 61 war. 62 alsô *B*] als. gewornet. 63 slachen. 65 waine *doppelt*. 67 Versw. 68 verborren. 74 geben. 76 ware. 77 erstreben.

nein zwâre, ich sol verderben
von tage ze tage ie vaster
dur daz vil smæhe laster,
daz ich ân aller slahte nôt
mîns herzen küneginne bôt.'

Alsô beleip der guote
mit jâmerhaftem muote
des mâles ûf dem sande.
mit leide maneger hande
wart verzinset im der grien.
für sîn ougen er dâ spien
daz leit vor allem sêre,
daz er niht solte mêre
gesehen Meliûren.
sîn bitterlichez trûren
daz hete wîten umbegrif.
dô von im gienc der frouwen schif
und er ze stade muoste gân,
dô wart im alsô wê getân
von herzeclicher swære,
daz er noch lieber wære
versunken an des meres grunt,
danne er hæte bî der stunt
gescheiden ûz dem kiele sich.
sîn klage wart sô jâmerlich,
daz mich sîn iemer wundert.
er hete sich gesundert
von allen fröuden, als ich las.
nu daz er ûf gesezzen was
und er ze Bleis geriten kam,
sîn hofgesinde lobesam
begunde in wol enphâhen.
vil trûric si gesâhen
ir herren, den vil edelen knaben.
sô marterlich sîn ungehaben
was daz er des mâles truoc,
108c des wart ir ungemüete gnuoc
von herzeleide bitter.
sîn ûz erwelte ritter
die buten im ir antphanc.
des wart in keiner slahte danc
von dem munde sîn geseit.
swîgende er dâ für sich reit
mit strengen swæren überladen.
dar nâch in ein gewelbtez gaden
der sorgen rîche sich beslôz.
dar inne er saz mit leide grôz
und want dâ sîne hende.
sîn jâmer niht ein ende
dannoch hete enphangen.
von sînen liehten wangen
brach er daz rœselehte vel.
sîn hâr alsam ein sîde gel
wart von im ûz gezerret.
in leide alsô versperret
saz der juncherre guoter
als lange biz sîn muoter
hin für daz gewelbe trat
und sich dar în mit leide bat
erbarmeclichen lâzen.
'sô müeze ich sîn verwâzen,
ob ir koment dâ her în',
sprach er: 'ir sult dâ ûzen sîn
vor der kemenâten.
sît ir mir hânt verrâten
mit valscher dinge lêre
mîn leben und mîn êre,

9380 schmache. 81 slachter. 84 -haffte. 87 Verz. wart. 89 allen. 91 *fehlt.* 93 weite -greff. 94 Davon — scheff. 95 er *fehlt.* 97 herczenl. 9401 chiese. 03 iamer. 07 er mit laide ze. 09 pegunden in. 10. 11 *fehlen: ergänzt B.* 12 sin ungehaben *B*] sich gehabe. 14 des *B*] do. 15 laider. 17 aneph. 19 jm. 23 pschlos. 24 dar inne er saz *B*] Dar in saz er. leiden. 25 sein pitterleich h. 29 roslachte. 30 als ain seyden. 31 von *fehlt.* 35 hin *fehlt.* 39 mus — pewassen. 42 habt.

sô müezet ir mîn ouch enbern.
ir sult des niemer mêre gern
daz ir wellent für mich komen.
ir hânt leider mir benomen
stæte fröude ân underbint.
gêt, suochet iu ein ander kint,
wande ich weder sol noch mac
iuwer sun für disen tac
niemer mêr geheizen.
dô mich begunde reizen
iuwer lêre ûf die geschiht,
108d daz mîn ouge und mîn gesiht
erkande Meliûren,
dô wart mir êwic trûren
von iu gegeben und beschert,
daz iemer dur mîn herze vert
als ein phîl gelüppes vol.
frouwe, tuot an mir sô wol
und îlet balde für die tür:
zwâre ich mac niht hine für
mit iu gespræches mê gehaben.
ir hânt mich in die nôt begraben,
diu mir an mîn leben gât
und mir den lîp benomen hât.'

Mit leide sprach diu muoter dô
'niht rede, liebez kint, alsô
durch dîner tugende willen.
mit trôste lâ gestillen
dînen grimmeclichen zorn.
hâstu die frouwen dîn verlorn,
dâ wil ich sîn unschuldec an,
wand ich dir hôher êren gan
für alle kristenlichen diet.
swaz ich dir bî der stunde riet,
dô si dîn ouge wolte sehen,
daz ist dur guot von mir geschehen
unde umb anders niht benamen,
wan ich ez mit dem wunnesamen
gote wol erziugen mac,
daz mir ze herzen nie gelac
kein dinc sô nâhen als du tuost.
ob du von mîme râte muost
jâmer lîden unde sêr,
daz ist mir leit (waz sol es mêr?)
und gât mir an die sêle mîn.'
'nu, frouwe, lât die rede sîn',
sprach der juncherre leides vol.
'ir weget doch, daz weiz ich wol,
ze ringe mînen smerzen.
gieng iu mîn leit ze herzen,
dar inne ich muoz ân ende leben,
sô hætent ir mir niht gegeben
die trügelichen ræte,
daz ich gesehen hæte
109a mîns herzen küneginne.
mir hât ir reine minne
benomen iuwer lêre.
ir jâhent alze sêre,
daz si der tiuvel solte sîn,
und rede ich ûf die êre mîn,
daz von kristenlicher art
alsô gehiures nie gewart
sam ir wünneclicher lîp.
ir schœne treit für alliu wîp
den spiegel und der minne kranz.
mîn ouge mohte ir schînes glanz
die lenge niht gelîden.
owê nu muoz ich mîden
si die wîle daz ich lebe.
dar umbe got von himel gebe,
daz mich der grimme tôt bestê,

9445 must. 46 das — mer geren. 47 wellent *fehlt*. 48 habt. 50 ewch. 51 Waū. 55 gesicht. 56 daz] Do. 59 geben. 63 pald hin f. 64 hin. 67 legben. 79 si *fehlt*. 81 pey n. 82 ichs. 85 nache. 87 v. laide ser. 92 *fehlt*: *ergänzt B.* 93 meinē. 94 Gēg euch. 95 in. 96 het ir mich mir n. geben. 97 tugentleichen rate.

durch daz diu strenge nôt zergê,
dar inne ich sunder ende
muoz winden mîne hende,
wirt mir diu sælde niht gegeben,
daz ich verliere gar mîn leben.'

'Nein, süezer sun vil guoter',
sprach aber dô sîn muoter
mit klegelicher stimme:
'diu ungemüete grimme
lâ belîben under wegen.
wer sol umb eine frouwen phlegen
sô marterlicher ungeschiht?
ûf erden ist sô guotes niht,
ein ander dinc sî alsô guot.
man sol für swæren unmuot
die fröude in herzen mûren.
ez sint zuo Melûren
niht gedigen alliu wîp.
man kiuset noch wol manegen lîp,
der nâch wunsche ist ûz erkorn.
hâstu die frouwen dîn verlorn
unde ir minne ûf erden,
sô mac dir schiere werden
109b ein ander wîp ze teile,
diu baz nâch dîme heile
sich füeget unde stellet;
wan swelhiu dir gevellet,
die soltu, friunt, gewinnen.
swaz wîbes du wilt minnen,
diu muoz erfüllen dînen muot.
dîn hôchgebürte und richez guot
und dîn vil minneclicher lîp
diu füegent, daz kein schœnez wîp
mac ir minne dir versagen.
des soltu deste baz verklagen
dîn minneclichez liebez trût.
des küneges niftel über lût
für alle frouwen schînet:
si flîzet unde pînet
ûf daz beste gerne sich.
die kiusch̀en maget wünneclich
lâ geben dir ze dîner ê,
sô maht du wesen iemer mê
gewaltic in Kärlingen.
dîn lop beginnet dringen
für den künec dînen mâc.
der sælden und des heiles wâc
beginzet dînen werden lîp,
wirt ein sô hôchgebornez wîp
und ein sô richiu frouwe dir.
trût sun, dar umbe volge mir
dur dîner tugende güete:
lâ strengez ungemüete
und allez trûren bitter.
jô stênt hie dîne ritter,
die jâmers vil erscheinent.
si klagent unde weinent
alle dînen grimmen schaden.
nu lâ si zuo dir in daz gaden
oder ganc her ûz dâ für.
entsliuz in, herre mîn, die tür
unde erzeige in dînen trôst.
ob si dîn helfe niht erlôst
von ir leide machet,
109c ir leben wirt geswachet,
wan si geligent alle tôt
von jâmer und von herzen nôt.'

'Zwâr ich entuon', sô sprach er dô.
'belîbet ir deheiner frô,
daz ist mir alsô mære.

9520 verlure. 27 -leich. 30 versweren. 33 getigen. 34 chusset. wol *fehlt*. 40 dem. 48 die. 49 minnen. 51 minneclichez *B*] ainigen. 54 fliesset. 58 magt. 61 dienen. 63 dienen. 65 frawen. 68 las. 70 sten. 74 las. 75 ge. 77 in herr d. 78 hilfe. 80 ir leben *doppelt*. 83 entue. sô *fehlt*. 84 chainer.

ich muoz ir aller swære
nu wegen ringe als einen grûz,
wand ich enkume niht hin ûz,
ob si dâ vor gelægen tôt.
ir trîbent sunder alle nôt
der üppiclichen mære vil.
verderben ich benamen wil
in dirre kemenâten.
sît ir mich hânt verrâten
und mînes herzen künegîn,
sô müezet ir mîn âne sîn,
alsam die triuwelôsen tuont.'
hier an diu frouwe sich verstuont,
daz niht umb eine slêhen
gehelfen möhte ir flêhen
und ez si trüege kleine für.
dar umbe gie si von der tür
mit jâmer und mit maneger nôt.
Partonopier an fröuden tôt
beleip in dem gemiure.
diu bitterliche siure
vil manecvalter swære
macht in sô klagebære,
daz er die naht biz an den tac
niht anders in dem herzen phlac
wan trûrens unde sorgens.
dem künec wart des morgens
enboten gegen Punteis,
wie sîne neven dâ ze Bleis
gelungen únd geschehen was.
des nam er zuo zim unde las
die bischove und die phafheit,
an die von gote was geleit
swaz hôher künste wol gezam.
109[d] mit den kêrte er unde kam
für daz gewelbe, dâ sîn mâc
der sorgen und des leides wâc
lie dringen ûz den ougen.
nu wizzent âne lougen,
daz si den werden bâten,
daz er die kemenâten
durch got in ûf geslüzze,
sô daz er niht vergüzze
sô manegen trahen bitterlich
und er geruochte mâzen sich
der klägelichen swære sîn.
swie vil si zuo zim dar în
gesprâchen stille und offenbâr,
daz kunde si niht umbe ein hâr
gehelfen unde für getragen.
zuo zin gereden noch gesagen
wolte er niht ein kleinez wort.
von riuwe lac sô michel hort
versigelt in der brüste sîn,
daz er niht wolte machen schîn
mit rede sînen smerzen.
er hete in sîme herzen
fröud unde trôst versprochen.
die geste siben wochen
beliben dâ ze hove alsô,
daz si Partonopieren dô
bâten allertägelich,
daz er sîn trûren klägelich
und sîne grôzen ungehabe
lieze durch ir willen abe.
daz half si niht als umbe ein ei.
swie vil man im dâ zuo geschrei,
sô sweic der sorgebære
sam er ein stumme wære,
noch gap in niht antwürte

9587 als ain. 88 chume. 89 gelegen. 92 pey n. 93 Hie in diser. 94 habt. 95 chunigiße. 96 must i. meinen a. siße. 99 ain slechen. 9600 flechen. 04 freyden. 07 sware (: pare). 10 hercze. 16 zu im. 19 Waz. 20 kam *B*] nam. 27 slusse. 33 gesprochen. 35 tragen. 36 zu in — sagen. 42 seinem. 43 Frewde. 47 alle. 49 seinen — vngenage habe. 52 wy — schray. 53 -ware. 54 stume. 55 in niht] niht ain.

der künec von gebürte
gar edel zallen stunden.
die fürsten im enkunden
mit listen noch mit sinnen
110ᵃ ein wort niht abe gewinnen.

Als dô die geste sâhen,
daz wider in vervâhen
ir bete niht enmohte,
und daz sô wênic tohte
des mâles al ir teidinc,
dô liezen si den jungelinc
belîben in der swære
und riten klagebære
wider heim von dannen.
diu fröude wart verbannen
von allen den gemeine,
die den knappen reine
erkanden unde sîne tugent.
dâ weinte manic edel jugent
sîn herzelichez ungemach.
vil manic reiniu frouwe sprach
'got riuwe durch den namen sîn,
daz alsô bitterlichen pîn
Partonopier der süeze
an ende lîden müeze,
und er sô grimme swære trage.
sîn herze in grundelôser klage
versigelt und beslozzen ist.
er muoz verderben alle frist
und als ein halber tôte sîn.'
alsô getâne rede schiu
tet vil manic edel wîp
durch sînen klâren werden lîp,
der in leide was begraben.
man sach sich übele gehaben
alle sîne lantdiet.
diu muoter sîn ûz fröuden schiet
sô sêre und alsô vaste,
daz mit der sorgen laste
ir herze bî den stunden
ze rehte was gebunden.

In alsô grimmer swære
der süeze unwandelbære
110ᵇ vertreip dô vollecliche ein jâr.
den bart, die negel und daz hâr
liez er niht abe schrôten.
bleich als die gelwen tôten
wart sîn durliuhtic bilde.
er tete alsam er wilde
gienge in eime vorste.
daz houbet im getorste
nieman gestrælen noch getwahen.
sich selbe roufen unde slahen
den tugende rîchen man dô sach.
er leit sô bitter ungemach,
daz ich mit tûsent münden
niht möhte gar ergründen
sîn angestliche herzenôt.
ûz gersten jâmerlichez brôt
az er unde eht anders niht.
dar zuo tranc er, als man giht,
eins küelen kalten brunnen.
dâ von het er gewunnen
vil schiere jâmerlichen pîn.
diu lûterliche varwe sîn
wart im beroubet und daz vel.
sîn hâr alsam ein side gel
begunde sich verwalken.
als eime jungen valken

9659 vnd m. 60 abe] aus jm. 61 Vnd also do — sachen. 62 vervachen. 63 enmochten. 65 täding. 71 vor. 78 -leiche. 81 truege. 85 schein (: sein). 90 vbel. 92 freyden. 93 so v. 94 Damit d. sorgenlaste. 96 rede. 97 *ohne Absatz*. 98 wandel wäre. 9700 Dem wart. 02 gelben. 05 Gieng in ain v. 07 gestralen n. tawhen. 08 schlachen. 09 tugent. 13 -leichs. 15 eht *fehlt*. ander. 18 chultn. 20 -leiche. 22 als. 24 ain.

spilten ê sîn ougen:
diu weinten im nu tougen
und offenlichen alle stunt.
er wart biz ûf der sêle grunt
leides vil genœtet.
er hæte sich getœtet,
möht er die state funden hân.
doch wart im niht der rûm getân,
daz er sich hæte ersterbet.
doch wart er sô verderbet,
daz er gelîch dem tôde was.
in sîn gemüete er dicke las
den manievalten smerzen,
des hundert tûsent herzen
noch hæten gnuoc ze tragene.
110[c] er was bereit ze klagene
den âbent und den morgen.
in angestbæren sorgen
bran der edel unde wiel.
an eime tage er nider viel
ze der erden unde sprach
'wâfen hiute und iemer ach,
daz ich gesouc ie wîbes milch!
got herre, einvaltic unde drilch
in der magenkrefte dîn,
lâ dich sô manegen hôhen pîn
erbarmen als ich lîde nu.
von dîme reinen vater du
füer ûf diz ertrîche,
dur daz wir al gelîche
möhten komen in den himel.
der alten houbetsünden schimel
hât dîn bluot uns abe getwagen.
an daz kriuze wart geslagen
umb unser heil dîn werder lîp.
alt unde junc, man unde wîp
begunde dîn vil heilic tôt
ûz strenger unde ûz grimmer nôt
enbinden unde entsliezen.
des lâ du mich geniezen
durch dîne gotelîche kraft.
mîn riuwic herze jâmerhaft
ûz angestlîcher nôt enbint!
sît alle mîne fröude sint
gedigen sus ze nihte gar,
sô nim der armen sêle war
unde ersterbe du mîn leben,
durch daz ich lebende niht gegeben
sî dem tôde strenge.
ê daz ich sus die lenge
stürbe in mîme herzen
und ich des tôdes smerzen
niht volleclîche erfünde,
ê wolte ich daz abgründe
der helle biuwen iemer mê.
sô swinde noch sô rehte wê
wart nie menschen lîbe,
110[d] sô mir nâch einem wîbe
von herzenlîchen sorgen ist.
getriuwer unde süezer Krist,
erkese mich ûz dirre nôt
durch dînen reinen hêren tôt,
der uns vil sælden hât bejaget.
Mariâ muoter unde maget,
der himel keiserinne,
durch die vil stæten minne,
die du zuo dîme kinde treist,
sô sende mir den volleist,
daz mîn tôter lebetage
von des lebenden tôdes klage

9728 dy s. 32 rnen. 34 sô *B*] *fehlt.* 35 tote. 37 -ualden. 46 imerach. 47 gesog. 48 drilich. 52 deinem v. rainen. 53 ertreich. 54 geleich. 57 hat uns d. bl.: *umgestellt B.* 61 hailiger. 62 strenger *doppelt.* 65 gotl. 67 -leichler. 68 meinen frewde. 70 arme. 71 V. der sterbe. 72 lebent u. geben. 75 meinem. 77 erfunden. 78 abegrunde. 79 buwen. 80 swinde *B*] winde. 81 liebe. 82 nah. 85 diser. 86 hêren *B*] herrñ; herten *Pf.* 90 state. 92 den] der.

gescheiden werden müeze.
erweltiu frouwe süeze,
frî vor aller siure,
du bræche der nâtiure
site gar mit dîner tugent.
wan du gebære in dîner jugent
den almähtigen schepfer dîn.
got selber der geruochte sîn
dîn vater und dîn liebez kint.
dem alle crêâtiure sint
vil undertân ûf erden,
der wolte von dir werden
ze menschen hie gebildet.
leit unde sorge entwildet
uns allen ist von dîner maht.
durch dîne gnâde maneeslaht
gestille mînes herzen sêr.
der tôt ist leider alsô hêr,
daz er mîn niht geruochet.
ich bin sô gar verfluochet,
daz er mîn armez leben spart.
er hât an im die hôchvart
und dunket sich sô rehte wert,
daz er niht bœser liute gert
und er die besten alle nimet.
swer gote und êren wol gezimet
unde in hôher tugent swebet,
der stirbet, weizgot, unde lebet
der ungetriuwe bœse zage,
111ª der nie gewarp die sînen tage
nâch hôher êren schalle.
sît nu die besten alle
verderbent von dem tôde sûr,
sô weiz ich wol, daz Meliûr
verdorben ist, diu reine fruht.
ir schœne, ir adel unde ir zuht
wâren alsô maneeslaht,
daz si der tôt mit sîner maht
lie niht leben lange frist.
Irekel ouch erstorben ist,
die mit ir snêwîzen hant
ze jungest leite diz gewant
an mînen veigen armen lîp.
daz reine schœne sælic wîp
begienc an mir sô reine tugent,
daz der grimme tôt ir jugent
hât verderbet zwâre.
jô gestarp diu klâre
und ouch ir swester minneclich.
Mareis der bœse grâve unt ich
lebent noch und si sint tôt.
wir zwêne von dekeiner nôt
ersterben mügen leider.
der tôt wil unser beider
niht gewaltic werden.
ich hân den mein ûf erden
begangen an der frouwen mîn,
daz mich sîn angestlicher pîn
versmæhet unde schiuhet.
sît mich der tôt nu fliuhet
unde er sich mîn wil geschamen,
sô muoz ich aber sîn benamen
flîzeclichen ruochen.
ich solte in zwâre suochen
zArdenne in dem gevilde,
dâ manic wunder wilde
von tieren loufet inne doch.
sol ich sterben iender noch,
daz mac dar inne wol ergân.
der state ich leider niene hân
111ᵇ vor der huote grœzlich,
daz ich selbe tœte mich:

9797 allen sware. 98 prachte. 99 Seit. 9800 dîner] der. 02 der] de. 10 durch die gnaden maneger slaht: *gebessert B.* 17 defickel. 19 nimet. 24 sein. 27 von] vnd. swäre. 30 Ich schon. 31 maneeslaht *B*] maneger slaht. 38 Dy r. 42 starb. 46 chainer. 52 -leichew. 53 verschewhet. 55 schman. 56 pey n. 58 solde. 59 Zu a. gevîlle. 60 Do. 61 lauffent. 62 doch noch. 64 ninder. 65 grosleichen.

dâ von sô wil ich hinnen
kêren unde entrinnen
in den wüesten wilden walt,
daz mich diu tiere manecvalt
zerlzen und zezerren.
ê daz ich langer derren
welle sus mîn armez leben,
ê wil ich ze spîse geben
in der vertânen wüeste mich
den grimmen lewen angestlich
und den grîfen unde bern,
daz si des tôdes mich gewern,
dar ûf sô werden si gemant;
wand ich versuoche dâ zehant,
ob ich erwerbe den gewin,
daz mich ir einer under in
lege in sînen backen.
die lewen und die tracken
müezen mich versêren,
sît daz sich des bekêren
der leide tôt wil niemer mê,
daz er sîn reht an mir begê.'

Alsô wart er ze râte,
daz er sich wolte drâte
verderben lân diu wilden tier.
und dô der helt Partonopier
gar des lebens sich bewac,
dô kam ein knappe, der sîn phlac
mit der getriuwen huote sîn.
der selbe was ein Sarrazîn
und wolte nie getoufen sich.
der werde künec lobelich
Fabruin sîn vater was.
rîliche tugent an sich las
sîn edel herze ân underbint.
für Sornagiures swester kint
wart er von sippeschefte erkant.
der hæte in dar ze Bleis gesant
Partonopiere, durch daz er
111c mit willecliches herzen ger
die sprâche von dem lande
gelernet unde erkande
der hübeschen Kärlingære site.
man seit benamen, daz er mite
valsch und ungetriuwen muot.
bescheiden was er unde guot
und als ein engel schœne.
mit lobe ich iemer krœne
daz leben und den namen sîn.
er was geheizen Fursîn
und hete gar an sich genomen
swâ mite ein jungelinc bekomen
ze ganzer werdekeite mac.
Partonopieres er dô phlac
den âbent und den morgen.
sîn herze lebte in sorgen
durch sînen kumber, den er truoc.
der hübesche juncherre kluoc
was für in ze der zîte komen
und hete dar mit im genomen
ein girstîn brôt vil kleine,
dâ mite sich der reine
solte spîsen, wizze Krist.
ouch brâhte er an der selben frist
mit wazzer einen becher wîz
und leite dar ûf sînen flîz,
daz er im gæbe zezzen.
er was für in gesezzen
dâ nider an den esterich.
Partonopier der hete sich
geleinet ûf den ellenbogen.
und dô der grâve wol gezogen
vor im den juncherren sach,

9870 tiere *B*] *fehlt.* 71 czreissen vnd zerren. 72 daz *B*] *fehlt.* lange. 77 den pern. 80 zo zeh. 86 bekêren *B*] peberen. 87 niemer *B*] iemer. 90 wolde. 9903 -schaffte. 12 er *fehlt.* 18 Wo — iungeleich. 19 ze *B*] *fehlt.* 26 jn. 27 gristen. 33 gabe czu e. 37 ellepogen.

gar minneclichen er dô sprach
'friunt und geselle, stæter helt,
den ich ze dienste hân erwelt
ûz allen mînen kunden,
mîn herze lît gebunden
mit leide nu vil manegen tac:
111[d] des ich langer niht enmac
geduldén noch gelîden.
ich wil die sorge mîden,
der ich armer hân gephlegen.
ob mir dîn helfe wolte wegen
und diu vil hôhe stiure dîn,
sô würde ich von der swære mîn
gesundert und gescheiden.'
'trûtherre', sprach der heiden
getriuwelîche wider in,
'ir sult daz wizzen, daz ich bin
dar ûf bedâht spât unde fruo,
daz ich mit willen gerne tuo
swaz iu ze dienste wol behage.
jô müezen alle mîne tage
ân allen zwîvel werden
gewâget ûf der erden,
swenn ir geruochet, herre wert.
swes iuwer herze an mich gegert,
daz leiste ich allez, ob ich kan.'
'nu lône dir got, lieber man',
sprach aber dô Partonopier.
'getriuwer degen unde fier,
ganc unde erfülle mîne bete:
ein mîn phert, daz sanfte trete
unde enzelte schône gê,
daz bringe mir und lâz uns ê
den âbent komen und die naht,
wan ich wil rîten âne braht
durch baneken ûf den grüenen plân.
ich bin als übel nu getân
von leide und alsô missevar,
daz ich die liute niht getar
mich des tages lâzen sehen.
mîn reise tougen muoz geschehen
ûf daz velt des nahtes ie,
biz ich ze kreften wider hie
von dem lufte komen sî.'
sus tet der knappe wandels frî
swaz im gebôt sîn herre wert.
112[a] zehant dô brâhte er im ein phert,
daz vil sanfte gienc enzelt.
er huop in drûf, hin an daz velt
fuort in der junge heiden.
er selbe sînen meiden
reit mit im verholne.
sô rehte gar verstolne
geschach diu reise, daz ir vart
verswigen dem gesinde wart.

Nu daz si kâmen ûz der stat,
Fursîn Partonopieren bat
dô kêren zuo dem wazzer hin.
mit zühten sprach er wider in
'juncherre, tugentlich gemuot,
daz baneken niender ist sô guot
als an dem mere bî dem stade.
geloubet mir, daz iuwer schade
mac werden vil gefüege dâ.
daz velt ist niender anderswâ
sô luftic und sô stille:
dâ von sô ist mîn wille
zuo dem wazzer wünneclich.'
'nein', sprach er, 'ich hân anders mich

9941 und geselle *B*] mein. 42 dinsten. 45 vil *fehlt*. 46. 47 lenger nit geduldén mag Darczu nicht gel. 48 die *fehlt*. 50 helfe *fehlt*. wolde. 55 Geträwlich do. 57 bedâht *fehlt*. 59 Was. diensten. 60 jo mues ich al mein lebetage: *gebessert B*. 64 gert. 68 unde *B*] vil. 69 Gange. 70 mîn *B*] *fehlt*. 71 in z. 75 wancken. 87 im z. 88 dar auff. 93 Gesach. 94 Verswingen. 95 do sy chumen. 98 er do w. 10000 wancken. 04 nit a.

berâten, werder jungelinc.
ich sol dir alliu mîniu dinc
ze rehte künden unde enbarn.
ich wil nâch dem tôde varn
und niht nâch der gesuntheit.
mîn reise weizgot ist geleit
zArdenne in daz gevilde starc,
dar umbe daz die lewen arc
mich frezzen und diu grimmen tier.
zwâr ê daz ich Partonopier
in den sorgen iemer swebe
und in sô grimmer nœte lebe,
ê wil ich sterben alzehant.
mîn wille ist ûf den tôt gewant,
den muoz ich armer suochen.
112b dâ von du solt geruochen,
daz du bî disen zîten
mich eine lâzest rîten
und du dich von mir scheidest nu.
rît wider heim vil schiere du,
wand ich des niht verhenge,
daz du diz jâmer strenge
schouwest, daz ich tœte mich.
mîn herze daz erkennet dich
sô rehte gar getriuwen,
daz dich mîn schade riuwen
durnähteclichen müeste,
sô du mich in der wüeste
verderben lîhte sæhest.
ich weiz, daz du dir jæhest
selb es ze herzelicher nôt,
ob du den angestbæren tôt
erkandest mit den ougen,
den ich dâ sunder lougen
wil dulden unde lîden.
dâ von soltu vermîden
die reise zuo dem walde.
var wider heim vil balde,
getriuwer knappe reine,
und lâ mich rîten eine
mîn leben swenden unde zern,
daz ich niht langer wil genern!'

Fursîn der hübesche jungelinc
durch disiu klagebæriu dinc
wart leidic âne lougen.
ûz sînen klâren ougen
wielen heize trähene.
vil jâmers ich gewähene,
daz sîn triuwez herze truoc.
zein ander leite er unde sluoc
die blanken hende sîn alsô.
'nein, herre', sprach der guote dô,
'die rede lât belîben.
ê daz ich lâze trîben
mich von iu bî dirre stunt,
ê wil ich sterben oder wunt
geligen ûf der erden.
112c gescheiden kan ich werden
von iu durch keiner slahte nôt.
ich wil den bitterlichen tôt
mit iu lîdèn unde tragen,
durch daz ich niht bî disen tagen
von iu kêren müeze.'
'entriuwen', sprach der süeze
grâve, 'des gestate ich niht.
swaz mir ze lîdenne geschiht,
daz dulde ich alters eine.
ze sælic und ze reine
ist dar zuo dîn lebetage,
daz dîn edel herze trage
durch mich angest unde nôt.

10013 nâch *B*] an. 18 ê *fehlt*. 20 swebe. 22 gebant. 23 Dem. 26 lasset. 28 Rait. 34 schaden. 37 villichte. 38 dir *B*] selb. 39 selb es ze *B*] dir selber. -leichen. 40 angswaren. 42 Der. 46 vil *B*] nu. 49 wenden. 50 langer *fehlt*. 55 trahen. 56 gewahen. 59 blacken — alsa. 60 da. 63 diser. 69 euch. 74 zu laide.

gar einen marterlichen tôt
ich ungetriuwer lîden sol,
wan den hân ich verdienet wol:
sô bistu gar unschuldic drane.
durch daz sô bite ich unde mane
dich unmâzen tiure,
daz du zuo Sornagiure
strîchest, werder Sarrazîn,
und im daz ungelücke mîn
kündest unde mînen schaden,
er ist mit êren sô geladen,
daz in diu nôt erbarmet,
daz ich sô gar erarmet
an aller sælikeite bin.
dâ von rît heim ze lande hin
und lâ mich zuo dem walde
nâch mînem tôde balde
nu strîchen unde kêren.
got lâze dich mit êren
besitzen al dîn erbeschaft.
hæt ich sô rîches heiles kraft,
daz ich gelônen möhte dir
der hôhen stæte, die du mir
bewæret hâst, du triuwer kneht,
sô wære ez billich unde reht,
daz ich dir büte rîchen danc.
nu bin ich worden alsô kranc
an sælden ûf der erden,
112[d] daz dir gelônet werden
mac niemer von der hende mîn
nâch der vil hôhen triuwe dîn.'

Fursîn der junge heiden
schœn unde wol bescheiden
sprach mit triuwen aber dô
'zwâr, ich enscheide sus noch sô
von iu, werder jungelinc.
ich wolte drumbe ein hôhez dinc
tuon bî disen zîten,
daz ir mich lâzet rîten
mit iu zuo dem vorste.
den orden ich getorste
nie verlân ûf erden,
dâ mite ich solte werden
behalten in der heidenschaft,
und wil in, herre tugenthaft,
nu lâzen unde mîden,
durch daz ich müeze lîden
mit iu beid übel unde guot.
ich ziuhe des gelouben muot
ûz mînes herzen grunde,
der nu vil manege stunde
gestecket ist dar inne,
durch daz ich hie gewinne
die sælde, daz ich mit iu var.
in willeclichem muote gar
wil ich getoufet werden
und iemer ûf der erden
mînen goten widersagen.
Appollen, dem ich hân getragen
mit triuwen dienestlichen muot,
den lâze ich durch iuch, herre guot,
und alle sîne liste.
jô wil ich Jêsû Kriste
ze dienste gerne sîn gegeben,
durch daz ich tôt oder leben
mit iu noch müeze erwerben.
genesen oder sterben
muoz ich sô mit iu vil gar.
ze Sornagiure ich wider var
niht, ê daz ich mac gesehen,
113[a] waz iu ze jungest sol geschehen.'

10080 ain. 83 darane. 84 masse. 91 jm. 98 las. 10102 state. 03 pewaret. 09 niemer *fehlt.* 10 mein. 14 en *B*] *fehlt.* 16 darvmb. 19 ju den v. 22 solde. 23 behalden. 27 paiden. 37 meinen gotter. 38 Appollon. 40 ew. 41 V. auch a. 42 wil ich] willickleich. 45 euch m. noch. 50 iu *fehlt.*

Partonopier als er vernam,
daz der juncherre lobesam
sich toufen lâzen wolte,
durch daz er mit im solte
rîten unde kêren dô,
dô dâhte er wider sich alsô
'swie daz bî dirre zît geschiht,
daz dirre kneht sich toufet niht,
sô bin ich an der missetât
vil schuldic, die sîn lîp begât
in der heidenschefte doch,
wande er kristen würde noch,
ob ich in lieze sam mir varn.
entriuwen diz sol ich bewarn:
ich wil in mit mir rîten
lân ze disen zîten,
biz er getoufet worden ist;
und als er danne Jêsum Krist
und den gelouben hât erkant,
weizgot sô wil ich alzehant
vil tougen mich von im versteln
und danne mîne vart verheln
vor sîme klâren bilde.
zArdenne in daz gevilde
rîte ich alters eine,
durch daz der knappe reine
dâ niht beschouwe mînen tôt.
mir wære leit, daz in diu nôt
bestüende, daz er sæhe mich
diu grimmen tier vil angestlich
zezerren und zebrechen.'
alsus began dô sprechen
der jungelinc bescheiden
ze dem vil guoten beiden,
er wolte in bî den zîten
mit im lâzen rîten,
dar umbe daz er toufte sich
und er sîn leben tugentlich
schiede von der heidenschaft.
des wart unmâzen fröudenhaft
Fursîn der hübesche guote.
in herzen unde in muote
113b schiet er sich von dem leide.
si zwêne riten beide
mit ein ander al die naht.
des morgens, dô mit sîner maht
der tac begunde ûf dringen,
dô kam den jungelingen
ze herzen dirre wille,
daz si lægen stille,
durch daz von dem lande
nieman die vart erkande,
die si dô tâten under in.
si fuoren ie des nahtes hin
unde burgen sich des tages.
an ungemüete vil bejages
Partonopier der stæte
an sich genomen hæte
von herzeschulde bî der zît.
si kâmen ûz Kärlingen sît
in ein lant, geloubet des,
daz ist geheizen Albiges:
dar inne wârens unbekant.
dâ von sô riten si alzehant
dô beide naht unde tac.
ein münster ûf der strâze lac
vor in ze den stunden,
dar în si dô begunden
kêren an der selben vart.
Fursîn getoufet drinne wart
mit willeclichem muote.
Partonopier der guote,

10157 diser z. geschit. 58 diser. 60 lîp *B*] *fehlt*. gepat. 63 lies. 71 t. v. i. verstellen mich. 72 *fehlt: ergänzt B.* 74 jn dem g. 78 jm. 79 daz *fehlt*. 82 al so. 84 wil. 85 wolde. 86 *fehlt*. 87 tauffen. 92 jm – jm. 98 dem. 99 diser. 10200 lagen. 02 wart. 05 s. mer d. t. 07 state (: hete). 09 vor. 10 charling. 12 abies; *im Franz.* Albigois. 14 si ryten so. 19 cherten. 20 darin. 21 -leichen.

ein hôher wunne lazzer,
der huop in ûz dem wazzer
und wart sîn gote bî der frist.
sus hete schiere Jêsum Krist
sîn herze dô bekennet.
Anshelm wart genennet,
der Fursîn vor geheizen was.
hie lâgen stille, als ich ez las,
den tac die tugenthêren.
dem toufe zeinen êren
wolten si dâ ruowe phlegen.
113c und dô der kristenlîche degen
Anshelm zehant entslief aldâ,
dô stal sich tougenlîche sâ
Partonopier enwec von ime.
den guoten, als ich hie vernime,
liez er an der stunde,
wand er im des niht gunde,
daz im sô wê geschæhe,
daz er die marter sæhe,
die sîn herze bî den tagen
wolte ân allen zwîvel tragen.

Er liez in slâfent alsô ligen
und het in des vil gar verzigen
in herzen unde in muote,
daz der getriuwe guote
mit im geriten wære.
in angestlicher swære
der tugentrîche kêrte dan.
er îlte zuo dem wilden tan
und zuo der wilden wüeste,
durch daz er drinne müeste
verderben unde ligen tôt.
sîn herze marterlîche nôt
erkande bî der stunde.
ez gie von sînem munde
vil jâmerlicher stimme gelm.
und dô der sælige Anshelm
des morgens was erwachet,
dô hete er ûf gemachet
ab dem bette schiere sich.
nu daz der knappe lobelich
Partonopieres niht envant,
dô wart daz herze sîn gemant
ûf bitterlichez ungemach.
ze himel ruofte er unde sprach
'vil rîcher got almähteclich,
vor des gewalte niemen sich
mac beschirmen noch bewarn,
war ist Partonopier gevarn,
mîn herre der vil reine?
wie bin ich von im eine
nu hie verlâzen hiute!
jâ setze ich unde biute
113d mîn leben in des tôdes klage,
ob ich die sælde niht bejage,
daz ich den werden vinde noch.
ich wânde, daz er nieme doch
sô vaste missetæte,
daz er nu sîne stæte
alsus zerbræche wider mich,
daz er nahtes von mir sich
verborgenlîchen hüebe.
gemachet ist ze trüebe
dîn lûterlîche triuwe sîn.
er was mir in dem herzen mîn
lieber dan mîn selbes leben.
dâ wider hât er mir gegeben
iemer siuftebernde nôt.
zwâre ob er den grimmen tôt
muoz nu lîden âne mich,

10225 sîn *fehlt.* guet. 28 er g. *von späterer Hand.* 30 ez *fehlt.* 31 herren. 32 Der tauff zu. 33 ruen. 34 -leichen. 35 da. 36 tougenleich da. 40 gunne. 43 dem. 45 schlaffen. 46 vil *fehlt.* 47 Im — jm. 70 nieman. 72 Wo — hin g. 74 allaine. 83 zerber'. 86 genacht. 87 -leichen trube. 88 mir *fehlt.* 89 meins. 90 geben. 92 dem.

daz ist ein trûren klägelich,
daz mich beswæren iemer sol.
ich hæte im des getriuwet wol,
daz er niht wære von mir komen,
ê daz ich eteswâ genomen
hæte mînen tôt mit ime.
ob ich alsô mîn ende nime,
daz er niht gegenwürtic ist,
daz muoz benamen alle frist
dort mîne sêle riuwen.
ich hân mit reinen triuwen
geminnet in von herzen ie.
durch waz hât er nu lâzen hie
mich in den sorgen swebende?
al die wîle ich lebende
bin, sô muoz ich trûric sîn.
der mâge und des gelouben mîn
hân ich durch in vergezzen:
des muoz ich sîn besezzen
mit schaden ûf der erden.
Appollen den vil werden
und den hôhen abgot
hân ich verlân durch sîn gebot
und bin getoufet worden.
in kristenlichen orden
bin ich von sîner schulde komen.
114a des muoz mir iemer sîn benomen
pris und êre, swâ ich var,
wande ich niemer heim getar
gevorschen noch gevrâgen.
den friunden und den mâgen
wær ich sô widerzæme,
ob ich ze lande kæme,
daz si würfen an mich hor.
ich solte in hôher wunne enbor
in der heidenschefte sweben:
nu muoz ich âne fröude leben
bî den getouften iemer,
wand ich enwirde niemer
wert in mîme lande.
die swære maneger hande
und den vil schamelichen pîn
hât mir der liebe herre mîn
Partonopier gefüeget.
daz klaget unde rüeget
mîn zunge wol von rehte.
owê mir armen knehte,
daz ich gewan daz leben ie!
wie bin ich sus verweiset hie
und âne trôst verlâzen!
ich sol mich fröuden mâzen,
daz ist vil harte mügelich,
sît daz mîn lieber herre sich
an mir sus hât misschuot.
doch weiz ich wol, daz er durch guot
von mir ist enwec geriten.
er hât mich lâzen und vermiten
umb anders niht wan umbe heil,
daz ich frœlich unde geil
belîbe und des niht sæhe
daz im dort geschæhe
in der vertânen wüeste.
daz ich verderben müeste
mit im, daz was sîn angest.
er hât mich aller langest
geminnet ie von herzen:
dâ von er mich des smerzen
gern überheben wolte,
daz ich mit im niht solte
114b verderben unde tôt geligen.

10294 täglich. 96 getruwet. 98 ich *fehlt.* 10301 -wärtig. 02 muoz *fehlt.* 03 mus rewen. 06 im sassen. 08 *fehlt.* 14 Appolonem. 15 abtgot. 21 pr. er vnd wa. 23 vnd auch fr. 26 enpor. 29 -schaffte. 30 an freuden. 33 meinen. 35 dy v. schamlich. 40 *fehlt.* 43 Vnd auch an. 45 ist] ich. 47 sus hat. 48 wol *fehlt.* 49 enweg ist. 53 pelibe vnd der not nit sahe. 54 ze sterben drot geschahe. 58 aller ee l. 59 Grimet. 61 Geren.

ich hân unrehtes in gezigen,
wand er ez niht durch übel tete,
daz er sich an dirre stete
von mir tougenlichen schiet.
sîn edel herze im nie geriet
den valsch benamen, daz er mich
verlieze und daz er von mir sich
züge alhie durch mînen schaden.
mit hôhen triuwen ist geladen
sîn tugende rîchez herze.
muoz in des tôdes smerze
nu twingen in dem walde,
daz ich mit im niht balde
sterben sol, daz tuot mir wê,
wand ich ungerne langer mê
nâch sînem tôde leben wil.
an im lag êren alsô vil,
daz er mich riuwet iemer.
mîn herze mac sîn niemer
vergezzen ûf der erden.
ich sol den hôhen werden
mit triuwen klagen alle frist.
ach rîcher unde süezer Krist,
durch den ich bin getoufet hie,
war umbe lieze du mir ie
daz ungelücke werden schîn,
daz der getriuwe herre mîn
von mir tougenlichen reit?
sîn herze ist âne kunterfeit
getriuwe und einvalt als ein schâf.
verwâzen sî der veige slâf,
der mich bestuont des mâles hie,
dô mich ân allen trôst verlie
Partonopier der reine.
jô klage ich unde weine
biz ûf ein ende mîner tage,
ob ich die sælde niht bejage,
daz ich in lebende vinde.'
sus kêrte im nâch geswinde
der jungelinc ûf sîne spor.
swâ der vil tugentrîche vor
114c was hin geriten bî der zît,
dâ fuor im nâch der knappe sît,
der edele von gebürte.
vil eben er in spürte
des mâles ûf der strâze
unde kam ze mâze
reht unde schône ûf sîne vart.
betrüebet sîn gemüete wart
vil sêre bî der stunde.
mit herzen und mit munde
erzeiget er vil hôher klage.
er wolte gerne bî dem tage
mit im sîn erstorben,
hæt er die stat erworben,
daz er in funden möhte hân.
über heide und über plân
reit der vil getriuwe.
gar inneclîchiu riuwe
und angesthafter smerze
sîn tugende rîchez herze
besâzen und betwungen.
ze dem erwelten jungen
Partonopiere was im nôt,
durch daz er müeste ligen tôt
in der vertânen wilde
mit sîme reinen bilde.

Sus reit er von dem morgen
mit jâmer und mit sorgen
Partonopieren suochende
und inneclichen ruochende,

10365 ers. 66 diser. 67 taugentl. 69 pey n. 73 tugent. 78 lenger. 80 lage ere. 81 ymer me. 82 nyme. 83 Sein verg. 88 liestu. 91 tugentl. 93 *fehlt: ergänzt B.* 94 Als sam sey. 95 pegund. 99 mein t. 10402 er im. 03 jungelinge — seinem gespor. 11 *fehlt: ergänzt B.* 22 Gar minnickleichen mit r. 24 tugent. 34 minnickl.

daz er in möhte vinden sâ.
dô verlôs der guote dâ
des weges und der strâze spor,
dâ der vil jâmerhafte vor
geriten hæte bî der zît.
diu vinster naht enliez in sît
des pherdes trit niht kiesen:
dâ von muost er verliesen
den wân, daz er in fünde.
man seit, daz im geswünde,
dô sîn ouge niht mêr kôs
114d daz spor und er die slâ verlôs,
dar ûf er dar geriten was.
er viel dâ nider ûf daz gras
und lac unspræche lange zît.
ze kreften kam er wider sît
und roufte bî dem hâre gel
vil sêre sich und brach daz vel
ab sînen wangen rœselvar.
vil riuwic was sîn herze gar
und aller fröuden lære.
allhie sul wir daz mære
legen von Anshelme nider
und an die rede grîfen wider,
dâ si vor gelâzen wart,
von der angestlichen vart,
die Partonopier getete.
er hete zuo der wilden stete
des mâles sich gerihtet
und ûf den wec verslihtet,
der in dar vil ebene truoc.
der egebæren tiere gnuoc
spürte er vor im unde sach,
von den im doch kein leit geschach,
wand ir deheinez under in
wolte ûf sînen ungewin
flîzen unde kêren sich.
ez ist ein dinc vil wunderlich,
swer nâch dem tôde wirbet,
daz der vil kûme stirbet,
und der des tôdes niht engert,
der wirt vil schiere sîn gewert.
reht alsô gieng ez im ouch dâ:
wande er sterben wolte sâ,
sô lebte er deste langer.
nâch dem tôde ranger
und mohte niht erwerben sîn.
serpenten, eber unde swîn,
einhürne, grîfen unde bern
niht wolten in des tôdes wern,
swie vil er sîn geruochte.
niht anders er dâ suochte,
115a wan daz er sterben müeste.
in der vertânen wüeste
kôs er gewürmes alsô vil,
daz mich sîn wunder nemen wil,
daz er von in dô genas.
Partonopier nu daz er was
in daz gevilde verre komen
und im daz leben niht genomen
von den grimmen tieren wart,
dô vant er vor im ûf der vart
einen grôzen holen boum:
dâ slouf er în und lie den zoum
des phärdes ûz der hende sâ.
daz gienc an eime grase dâ
und suochte sîne weide.
mit jâmer und mit leide
lac er in der holen eich
und wart von nœten alsô bleich,
daz nie sô gel ein tôte wart.
vil gar verslozzen und verspart

10438 Do. 43 wan. 45 mer nit. 46 den schla. 47 Daz auff. 51 roufte] sich. 52 Raufft sich aus vnd. 53 roselv. 54 Wil rewilg. 56 sull. 59 Do. 60 vara. 61 da g. 63 gerichtes. 64 wege. 66 egewaren. 68 dem. 69 dan chaines. 72 ein d. v. w. B] *fehlt.* 73 swer *fehlt.* 76 w. sein schir g. 77 als. 79 dester lenger. 82 dy sw. 85 Wie. 91 dô B] allen. 93 Vnd in. 94 und *fehlt.* in. 97 holn. 98 Do schlaff. 10505 toter.

wart in sorgen sîn gedanc.
swenn in der hunger des betwanc,
daz er ezzen solte,
sô gienc er unde holte
loup unde gras, würz unde krût.
dâ nerte sich der herre trût
vil harte marterliche mite.
der edel unde wol gesite
wart ungemüetes vil gewert.
in einer naht dô gie sîn phert
ûf dem grase grüene,
und wart ein lewe küene
von geschihte sîn gewar:
der suochte sîne lîpnar,
und was der aller schœnsten ein.
doch wizzet, daz er mager schein,
des in betwanc sîn breste.
er îlte ûz sîme neste
zuo dem pherde wünneclich
und hete sam ein katze sich
115b gestrûbet und gesmücket,
diu sich zesamne drücket,
sô si der miuse lâgen muoz.
die rehten klâwen und den fuoz
der lewe nâch dem pherde sluoc:
er traf ez hinden in den buoc
sô sêre und alsô drâte,
daz im dar ûz ein brâte
wart gezücket alzehant.
und dô der meiden hete erkant,
daz er mit schaden was beladen
und er begunde sînen schaden
merken unde prüeven,
dô sluoc er mit den hüeven
hinder sich ze berge sâ.

den lewen traf er schiere dâ
mit beiden füezen an den koph,
daz er begunde alsam ein toph
al umbe und umbe zwirben
unde im als eime schirben
zeklocket wart diu hirnschal.
des nam er einen swinden val
ze der erden unde starp.
diu wunde, die daz phert erwarp
von des grimmen lewen kraft,
diu machte ez alsô zagehaft
unde ouch alsô vorhtesam,
daz im ein kluph ze herzen kam
und ez begunde vliehen.
ez wânde, im solte ziehen
der lewe ûf sîner verte nâch.
des wart im ûz dem walde gâch:
ez lief in starker vorhte,
die sîme herzen worhte
beide kumber unde nôt.
daz der wilde lewe tôt
lac von im aldâ zehant,
daz was im dennoch unbekant
in herzen unde in muote.
daz frevel und daz guote
phert von hôchgelobter art
115c ûf der selben verte wart
alle wünne friende.
weiende unde schriende
kam ez sô rehte balde
geriuschet ûz dem walde,
daz man daz wunder nie vernam.
mit vorhten ez geloufen kam
an daz mer vil drâte sider.
bî dem lief ez ûf unde nider,

10506 Weñ — das b. 11 *das erste* unde *fehlt: ergänzt B.* wurcz. 18 leone. 19 gesihte. 20 leibenar. 21 was *fehlt.* 22 wirt. 25 pharte. 27 gesturbet. 28 zu same. 29 mause. 30 rechte klaen — der. 38 pegunde er. 39 prieffen. 42 leon. 44 als ain t. 46 ain. 53 forchtsam. 57 leben. 60 *fehlt: ergänzt B.* 61 kumer. 65 Im — jm. 68 verter. 70 Wainde — schreinde. 71 sô] cze. 72 Geruschet. 74 forchte.

sam ez wære wilde,
die berge und daz gevilde,
daz wazzer und die velse grôz
erfulte sîner stimme dôz
geschreies an der stunde.
ez gie von sîme munde
vil angestlich gedœne.
gar heiter unde schœne
was diu naht, des hœre ich jehen.
durch diu wolken schône enbrehen
sach man den mânen sunder wer.
gestillet hete sich daz mer
und was daz weter linde.
deheiner slahte winde
ruorten ûf dem wâge sich,
dâ von diu stimme frevelich
des pherdes deste lûter hal
und ûf daz mer sô verre schal.

Nu kam ez von geschihte alsô,
daz ein erweltiu maget dô
fuor ûf dem wâge wilde,
der wünneclichez bilde
für manege schœne frouwen gleiz.
diu was, ob ich ez rehte weiz,
durchliuhtic an der angesiht.
ir kiel enhete windes niht
und mohte bî der zît niht gân.
diu selbe maget wol getân
unde ir ingesinde gar
der lûten stimme wart gewar,
diu von des pherdes munde schal.
und dô in alle ir ôren hal
115[4] sîn gràzen und sîn weien,
die phaffen und die leien,
die mit ir fuoren ûf dem sê,
die frâgte si (waz sol des mê?),
waz gedœnes von dem stade
in ir ôren sô gerade
erklünge bî der zîte dan?
dô sprach ein alter schifman,
der was geheizen Maruoc,
'juncfrouwe sælic unde kluoc,
ez ist ein ors vil ûz erkorn,
daz hât den herren sîn verlorn
und loufet irre bî dem mer.
ist ez iu liep, ân alle wer,
ich und des schiffes knehte
ervaren iu ze rehte,
wie sich der selbe meiden
hât von dem man gescheiden,
der in dâ solte rîten.
wir sitzen unde schrîten
an dise kleine barken,
diu neben dem vil starken
und dem vil grôzen kiele swebet.
zwâr ob des pherdes herre lebet,
daz versuochen wir zehant.
wir sîn geschiffet an daz lant
schier unde in kurzer wîle doch.
mich dunket an dem pherde noch,
dâ si ein âventiur geschehen,
die sul wir schouwen unde sehen.'

'Ein âventiure'? sprach si dô.
'durch got enrede niht alsô,
daz wirt dir kumber unde schade,
ob du kumest zuo dem stade,
wan daz stôzet an den walt.
wildiu tier gar manicvalt

10579 valse. 80 Erfülten. 85 daz. 87 man. 90 Do chainer schalte. 94 und] Hin. 97 den. 10600 ichs. 01 der *B*] dem. 02 hete. 08 Vnd im ir alle irn. 09 grossen. 10 und auch dy. 11 den. 15 Erklungen. 16 scheflem. 17 Des namē w. 19 vil *fehlt*. 21 ir. 23 scheffes. 24 Eruarn euch. 26 Von dem man hat; *umgestellt B*. 27 Das ju der. 29 warcken. 30 nebent. 31 den. 34 gesichffet. 37 Daz sy aintweder. 38 schulde. 40 rede. 41 Wirt dir *B*] wir. schaden. 44 da m.

dar inne loufent unde gânt,
diu liute vil ersterbet hânt
in ir zorne grimmeclich.
si bræhten in grôz angest dich,
ob du kæmest zin gevarn.'
'nein, frouwe, ich kan mich wol bewarn
116[a] vor in', sprach der alte degen.
'ich hân gelernet einen segen,
der mich vor in beschirmet gar.
ich kêre zuo zin unde var
und schaffe wol mit mîner kunst,
daz ich hân ir aller gunst
und daz ich vor in werde ernert.
swer sam mir in die wüeste vert,
dem kan arges niht geschehen.'
'entriuwen, sô wil ich besehen
mit dir dis âventiure',
sprach dô diu vil gehiure
ûz hôhem muote wider in.
sus fuoren ir dô zweinzic hin
in der barken an daz stat.
diu maget mit ir füeren bat
einen mûl wîz als ein harm.
daz weter edel unde warm
an der selben zîte was.
die bluomen durch daz grüene gras
vil wünneclichen drungen,
die kleinen vogele sungen
in ir ôren ûz der bluot,
und was diu kurzewîle guot
des mâles in der wilde.
zArdenne in daz gevilde
kêrtens an der stunde.
Maruoc als er wol kunde
schuof mit sîme zouber,
daz si von der klouber
der grimmen tiere kâmen.
si sâhen und vernâmen
vil schedelicher würme,
und mohte in ir gestürme
niht geschaden, wizze Krist.
si lâgen alle bî der frist
mit offenbæren ougen
und sliefen âne lougen.

Seht, sô fuor diu frouwe stolz
mit ir gesinde für daz holz,
dar umbe daz si müeste
116[b] verr in der wilden wüeste
beschouwen âventiure.
diu reine und diu gehiure
kôs in dem gedürne
steinböcke und einhürne,
den fuhs, den eber und den hirz.
ouch vant si dâ, geloubet mirz,
daz pantier und den helfant,
den lewen und den serpant,
den grîfen und den wilden bern.
swaz iemen tiere mac gegern,
der spürten si dâ wunder.
ouch wonte vil dar under
scorpen unde tigertier.
diu maget edel unde fier
wart fremder würme dâ gewis.
dâ lac der übel aspis,
slâfend unde stille.
dâ bî der cocodrille
und der basiliske frech
wâren ouch dar zuo gerech,
daz si dâ ruowe phlâgen.
tier unde würme lâgen
alsô daz ir dekeinez bie

10648 angste. 49 zu dem stade ju g. 54 zu in u. war. 57 wert. 58 Wer. 59 Den. 61 dise. 63 hochen. 64 czwainck. 65 bracken. 66 ir *fehlt.* füeren bat *B*] gefueret hat. 72 vogelein. 76 dem. 78 Marûc. 79 seiner. 81 grimme chere. 85 Nich. 96 stainpocke vnd aingehurne. 97 den *vor* eber *fehlt.* hiers. 98 miers. 10700 *fehlt.* 02 ieman. gern. 04 wante. 08 Do. 13 rue. 15 chaines.

die frouwen unde ir knehte nie
getorste rüeren, wizze Krist.
daz kunde bî der selben frist
mit zouberlichen sachen
Marnoc vil wol gemachen.

Nu si fuoren lange zît
al durch daz gewilde wît,
dô kam ez von geschiht alsô,
daz si schiere funden dô
den starken lewen küene,
den ûf dem grase grüene
ze tôde sluoc der meiden.
diu maget wol bescheiden
und ir gezoc dar under
nam dirre mære wunder,
wer in erslagen hæte alsô.
'benamen', sprach der schifman dô,
'diz bluot des lewen niht enwas,
daz hie vergozzen ûf daz gras
116c sô gar unmæzeclichen ist.
swaz in sluoc bî dirre frist,
daz hât verlust von im genomen.
ez ist ouch hie ze schaden komen,
wand ez der lewe hât verwunt.
ez ist von im in kurzer stunt
geflohen unde entrunnen.
als ich mich hân versunnen,
sô râte ich unde lère daz,
swâ diz gevilde bluotes naz
worden ist, daz wir dem spor
nu volgen, sô wirt uns hie vor
kunt, wer disen lewen sluoc.
war in sîn frecher wille truoc,
daz wirt uns schiere wol erkant:
daz bluot uns wîset dâ zehant
an die stat, daz weiz ich wol,
dâ man für wâr in vinden sol.'

Sus kêrtens ûf des pherdes spor.
den wec het ez in allez vor
gezeichent mit dem bluote sîn.
diu maget lûter unde vîn,
seht, diu bestuont aleine.
daz tet diu maget reine
durch einen siuften harte lanc,
der ûz herzen grunde dranc
Partonopiere bî der frist.
diu maget hôrte in, wizze Krist,
ersiuften jâmerlîche.
dar an diu tugende rîche
erkante in ir gemüete sâ,
daz ein mensche læge dâ
verborgen ir vil nâhen bî.
diu reine süeze wandels frî
began dô warten umbe sich,
biz daz ir ouge wünneclich
den holen boum aldâ gesach,
dâ marterlichez ungemach
Partonopier leit inne.
diu werde küneginne
kôs im daz houbet und daz hâr:
daz was im allez offenbâr
verwalken in die swarten.
116d an in began dô warten
diu hôchgeborne sunder haz.
si kêrte zuo zim nâher baz
und îlte bieten im ir gruoz.
si sprach 'der alle sache muoz
berihten schône und alliu dinc,
der füege, sælic jungelinc,
mit liebe swaz dîn wille sî.'

10716 der f. chnete. 17 Getorsten. 20 vil *fehlt.* machen. 22 al *fehlt.* 23 gesicht. 25 leoen. 30 Namen diser. 31 hiet. 32 pyn. scheffm. 33 des *fehlt.* 35 vmassenl. 36 Was. diser. 40 *fehlt: ergänzt B.* 41 entrunen. 44 Wa. geuide. 45 den. 46 wert. 48 Wo. 49 Was. uns *fehlt.* 50 weisset. 52 Daz. 54 allen. 62 waisse. 64 tugent. 65 erkande. 69 da. 80 zu jm.

Partonopier dô vröuden vrî
vil kûme ir antwürte bôt,
wand er daz wort mit grôzer nôt
ûz sîme munde brâhte.
ûf minne der verdâhte
sprach dô minnecliche zir
'frouwe, daz ir wünschet mir,
des selben des gewer iuch got
mit fröuden iemer âne spot.'

Diu schœne sprach im aber zuo
'friunt, nu sage mir unde tuo
dîn leben ûf ein ende schîn.
durch waz treistu den hôhen pîn,
daz du dich hâst her în geleit?
wer twinget dich der arbeit,
daz du biuwest ditze hol?'
'frouwe', sprach er, 'ich ensol
noch enwil iu niht enbarn
war umbe ich armer bin gevarn
ze walde von den liuten.'
'du solt mir ez bediuten'
sprach diu minnecliche zime,
'wand ich dir lîhte hie benime
die manicvalten swære dîn
mit dem vil hôhen râte mîn,
den ich dir willeclichen gibe.'
'nein, frouwe', sprach er, 'ich belibe
ungerne mîner sorgen frî.
mir ist lieber, daz ich sî
beswæret, danne ich frô bestê.
geschehen ist mir nie sô wê,
mîn lîp hab ez verdienet wol.
kein fröude mîn gemüete sol
besitzen ûf der erden.
117ª ich wil ze spîse werden
in dirre waltriviere
eim angestbæren tiere,
daz mich sol verslinden.
des lât mich an iu vinden
die gnâden rîchen zuoversiht,
daz ir mich langer irret niht
und iuwer strâze von mir varnt,
wand ir mîn veigez leben sparnt
von des tôdes freise.'
diu schœne sprach 'mîn reise
wirt gesûmet, lieber man,
wand ich niemer ûz dem tan
wil komen, ê du mir geseist,
durch wen du disen kumber treist
und den angestbæren pîn.
du künde mir den namen dîn,
sô wil ich dir den mînen sagen.
daz du mich lâst bî disen tagen
sô rehte lange vor dir stân,
daz ist niht wol an dir getân,
wande ich bin eins keisers kint.
vil hôchgeborne fürsten sint
noch undertænic mîner hant.
Irekel sô bin ich genant.'

Partonopier als er vernam,
daz diu juncfrouwe lobesam
Irekel was genennet,
dô wart sîn muot erbrennet
ûf sînen alten smerzen.
er wart in sîme herzen
sô bitterlicher nôt ermant,
daz im von jâmer dô geswant
und im geswichen sînin lider.
er viel reht als ein tôte nider,
der niuwes ist verscheiden.

10786 vröuden vri *B*] worden sy. 91 dô] der. zu ir. 93 Der s. gewer. 96 nu *fehlt*. 98 den *fehlt*. 10801 perwest d. holtz. 03 vil. 04 her g. 10 dem *fehlt*. 16 ist *fehlt*. nit. 18 freyde. 19 pisitzen. 20 ze] ain. 22 -waren. 26 lenger. 35 -waren. 36 du *B*] Da. 38 Du hast das mich l. 41 kaiser. 45 *ohne Absatz*. 49 sein. 51 -leich. 52 im *fehlt*. 54 als *fehlt*. 55 niuwens.

sich müeste ein wilder heiden
über in erbarmet hân.
er wart alsam ein wahs getân
von strengem ungemüete sûr,
wand im sîn frouwe Meliûr
sô tiefe lac ze herzen dâ,
117b daz er benamen wære sâ
verdorben, hæte in niht erlôst
Irekel und der süeze trôst,
den im diu wünnecliche bôt.
hin ab dem mûle wart ir nôt,
von dem si balde nider saz.
Partonopieren, wizzent daz,
ûf ir schôz huop si zehant.
dâ von wart ir sîn lîp erkant,
wan dô sim alsô nâhen kam,
daz si sîn rehte war genam,
dô wart in êrste erkennende
diu süeze und in dâ nennende
mit namen sunder lougen.
si blicte im under ougen
ie vaster unde ie verre baz.
'Partonopier und bistu daz?'
sprach wider in diu frouwe kluoc.
'daz mich mîn muoter ie getruoc!
wie bistu danne sus gedigen?
wes hât gelücke dich gezigen,
daz man dich armen alsô siht?
ob du dich, friunt, versinnest iht,
des muoz mich iemer wunder hân.
wie bistu worden sus getân?
war ist dîn schœner lîp bekomen?
wer hât dir dîne kraft genomen
und alle dîne werdekeit?
sît daz der wunsch an dich geleit
was aller hôhen manne,
war umbe bistu danne
verdorben alsô vaste?
mit dîner tugende glaste
Kärlingen schône erliuhtet was.
du wære ein lûter spiegelglas
der êren unde ein bluome.
nu bistu von dem ruome
vil jâmerlichen komen hie.
got müeze erbarmen, daz ich ie
dich, herre, hân alsô gesehen.
ich weiz wol, daz dir ist geschehen
von mîner swester dirre schade.
117c friunt vil süezer, des entlade
mit fröuden richem muote dich,
wan diu vil schœne diu hât sich
von herzen lân erbarmet,
daz du sô gar erarmet
bist an fröuden lange zît.
dîn sache ir alsô nâhen lît,
daz si mich hât zuo dir gesant,
durch daz du kêrest in ir lant
und sülst ir stæte minne hân;
si welle dir ir hulde lân
durchnähtecliche alle stunt.
ir ist alrêrst nu worden kunt
dîn lûterlichiu triuwe.
des lît vil ganziu riuwe
versigelt in ir herzen,
daz du sô grôzen smerzen
lidest unde hâst getragen.
ich wil dir nämelichen sagen,
daz ir lîp vil hôchgeborn
hât dîne missetât verkorn
und alle dîne schulde.

10858 als ain w. 59 strengen v. swar. 61 tiffte. lac *fehlt.* 68 partonopier. 70 lieb. 71 *Absatz.* Ban do si im nahent. 73 erchennen. 76 dy augen. 77 väster. 80 mich *fehlt.* 83 arme. 87 Wo — chomen; *Pf.* gekomen. 95 charling — erleicht. 10900 mus. 01 hân *fehlt.* sehen. 02 ich weiz *fehlt.* 03 diser. 05 -reichen. 10 alsô *fehlt; Pf. ergänzt* nu sô. 13 sülst *fehlt.* 14 dich. 16 alters. 24 auserchorn.

ir êweclîchen hulde,
die du verwürket hetest ê,
die soltu haben iemer mê
sunder ende und âne zil,
wan si nu des gelouben wil,
daz dich dîn hôhiu missetât
geriuwen herzenlîchen hât.'

Diu reine erdâhte disen trôst
durch daz der arme würde erlôst
ûz marterlîcher swære.
ouch wizzet, daz er wære
verdorben unde tôt gelegen,
hæt im ir helfe niht gewegen
und der getriuwelîche rât,
den si vant durch die getât,
daz er kæme ûz leide sûr.
diu schœne, ir swester Meliûr,
enbôt im dirre mære niht.
doch kam er ûf die zuoversiht,
117d daz er gedâhte, ez wære wâr,
swaz im Irekel offenbâr
von ir hete dô geseit.
sîn trûren allez wart geleit
von den erdâhten mære nider.
ze kreften und ze trôste wider
wart sîn herze dô gejaget.
er hiez die keiserlîchen maget
gote willekomen sîn.
'Irekel', sprach er, 'frouwe mîn,
sol ich für eine wârheit
diz mære, daz ir hânt geseit,
vernemen unde merken daz,
sô wirde ich schiere sunder haz
ûz aller mîner sorge brâht.
ist aber, daz ir hânt erdâht
durch anders iht diz mære,
sô wirt mîns herzen swære
grimmer tûsentstunt dann ê
und ich gelebe niemer mê
mit willen eine stunde.'
Irekel dô begunde
der rede antwürte bieten im.
'friunt lieber', sprach si, 'nu vernim
schône unde willeclîchen mich.
ich wolte vil ungerne dich
hie trœsten keines dinges,
dar an dir iht gelinges
ûf erstüende, sælic lîp.
mîn swester, daz vil schœne wîp,
ze manne dîn geruochet.
des hân ich dich gesuochet
in disem wilden vorste alhie.
war umbe wære ich anders ie
komen her n disen tan,
wan daz ich, herzelieber man,
dich wânde vinden, als ich habe.
lâz allen bœsen zwîvel abe
und île mit mir in daz lant.
dar inne ich füege sâ zehant,
118a daz dir gestarken dîniu lider.
ich bringe dich zuo lîbe wider,
ê daz mîn swester dich gesiht.
sô tougenlîchen daz geschiht,
daz niemen sîn wirt innen.
ich lâze dich gewinnen
mit gemache ein senftez leben.
ein wünneclîchez lant gegeben
ist mir besunder in dem mer,
dar inne ich schône dich erner,

10927 verburcket. 28 mere. 31 hoche. 32 gerawen herczenl. 33 *ohne Absatz*. 37 tode. 39 hilfe. 41 kæme *fehlt*. 43 diser. 45 wer wär. 46 was. 51 gejaget *B*] gezoget. 52 kaiserliche. 53 willickamen. 55. 56 *umgestellt*. 56 habt. 58 wir. 60 habt. 63 stunt] wann. 64 ymer. 66 dy da. 68 nu *fehlt*. 75 mannen. 81 wände. 82 Lasse. 84 so. 85 glider. 86 liebe. 94 ich *fehlt*.

daz man sîn niemer wirt gewar.
dar nâch zuo mîner swester var,
der leben lît an dir begraben.
diu wil dich triuten unde haben
zeime stæten friunde als ê
mit ganzen triuwen iemer mê.'

Partonopier der arme dô
von herzen wart der rede frô,
wand im ir trôst sîn trûren brach.
gezogenlîche er zuo zir sprach
'durch got, wie sol ich hinnen komen,
wan mir ist diu kraft benomen,
daz ich einen halben schrit
niht mac getuon noch einen trit
vollecîichen ûf den hert.
ich reit dâ her ein schœnez phert:
frouwe, daz hân ich verlorn.
ich hete mir diz hol erkorn,
dar inne ich armer bin gelegen.
swann ich der spîse wolte phlegen,
dâ mite ich solte mich ernern,
sô muoste ich ezzen unde zern
loup unde kriuter manecvalt,
und muoste nâch den in den walt
ûf mînen henden kriechen.
ich spürte mich sô siechen
an herzen unde an muote gar,
daz ich der armen lîpnar
moht ûf den füezen niht enholn.
hæt ich nu wider mînen voln
115b daz er mich trüege für den tan,
des wære ich dürftic, als ein man,
der von herzenlicher nôt
ist halber an dem leben tôt
und sich niht mac verwalten.'

der süezen wol gestalten
sô nâhen giengen disiu wort,
daz si wol ganzer triuwen hort
erbärmeclîche erscheinte
und sînen kumber weinte
mit herzen und mit ougen.
ouch kâmen sunder lougen
die marner unde ir knehte dô:
die machten mit ir künfte frô
den grâven edel unde wert,
wan si brâhten im sîn phert
hin wider an den stunden.
daz hæten si dâ funden
bî sîme bluotvarwen spor,
als ir vernomen hânt dâ vor,
wie si dâ suochen wolten.
nu si daz phert geholten,
dô wart ûf ez Partonopier
gesetzet, als diu maget fier
mit ir munde dô gebôt.
si fuoren dan, in wart vil nôt,
ûz dem vertânen vorste.
Irekel niht getorste
Partonopieres dinc enbarn.
si jach, ez wære alsô gevarn,
daz si bî den stunden
in hæte ligende funden
in der wilde ân alle kraft.
nu wolte si gesunthaft
in machen durch der sêle heil.
des wart ir ingesinde geil.

Der edel und der werde
wart hin ûf sîme pherde
gefüeret ûz dem walde
und in dem kiele balde

11007 Wann ich han vernomen: *gebessert B.* 08 getain. noch *fehlt.* 14 wañ. 16 zeren. 17 chraudt. 21 Am — am. 22 leibe n. 23 holn. 24 volen. 27 herczenl. 29 V. si mit. 30 Dy s. 33 Erparmicklichen. 36 komen. 38 mochtē. 44 habt. 45 sachen. 46 Nu da sy daz. 47 da. 48 hier. 52 getroste. 62 war. 64 V. czdem ch. p.

ze dem gefüegen schiffe bråht.
118[c] Irekel was sô wol bedâht,
daz si den tugende richen hie
legen senftecliche lie
und sînes pherdes phlegen bat,
biz daz si kæmen zuo der stat,
dar si wolten kêren.
der süezen und der hêren
Partonopier dô seite
wol nâch ir werdekeite
genâde, lop, êr unde prîs,
daz im diu guote in aller wîs
ze liebe tet sô rehte vil.
für wâr ich in daz sagen wil,
daz si kâmen dô zehant
in daz vil wünnecliche lant,
des diu schœne Irekel wielt
und ez in ir gewalte hielt
vil stætecliche und in ir wer.
ez was gelegen in dem mer
und wuohs dar inne grôz genuht
von korne und obez, unde fruht
diu beste, der ie mensche enbeiz.
der selbe wünnecliche kreiz
stuont als ein irdisch paradîs:
kesten, vîgen, mandelrîs,
zucker unde lôrber
dar inne wuohsen, und daz mer
gienc allenthalben umb daz lant.
daz hete Irekel in ir hant:
ez hete ir Meliûr gegeben,
sô si vil schône wolte leben
mit kurzewîle, daz si dar
füer und in hôhem muote gar
vertribe aldâ die stunde hin,
dâ si vil edelen gewin
an sich erwelter fröude las.
Salenze si geheizen was,
diu selbe lantriviere.
si wâren drîn vil schiere
geschiffet ûf dem wâge snel.
dar inne stuont ein kastel,
118[d] daz schœnste, daz man ie gesach,
und was dar an sô rîch gemach
von maneger hande biuwe,
daz ich des wol getriuwe,
ez würde ûf ertrîche alhie
sô keiserlichiu veste nie
beschouwet noch gewunnen.
man sach dâ küele brunnen,
boumgarten, wisen unde reben.
dekeiner bürge nie gegeben
von wazzer und von heide
wart bezzer ougen weide.

Irekel hiez dar în ze naht
von Bleis den grâven wol geslaht
vil tougen füeren unde alsô,
daz niemen sîn geverte dô
wizzen kunde noch ervarn.
Partonopier der tugende barn
mit wunsche was berâten
in einer kemenâten
mit senfter handelunge,
wan sîn diu reine junge
Irekel mit ir hende phlac.
si was vor im naht unde tac
mit flîzeclicher huote.
diu reine wol gemuote
in dicke badet unde twuoc,
daz si verborgenlichen truoc
vor dem ingesinde gar.

11065 In den g. scheff. 67 tugent r. hies. 68 lies. 70 chomen. 71 Da. 72 suesse. 73 da. 75 l. vnd er pr. 77 also. 78 das ew. 79 daz] als. komen. 83 in *fehlt*. 85 gras. 86 und *fehlt*. obs. unde *B*] vnd auch. 95 ez] daz. ir *fehlt*. geben. 96 si *fehlt*. 99 stunden. 11100 *fehlt: ergänzt B*. 01 erbelte. 04 drinn. 09 buwe. 10 getruwe. 16 geben. 18 wär. 19 *kein Absatz*. so zehant. 22 nieman. 30 was *fehlt*.

kein mensche wart sin dâ gewar,
wan ein juncfrouwe stæte,
die dâ besunder hæte
Irekel ir ze dienste erkorn.
diu was ein maget hôchgeborn
unde eins werden küneges fruht.
an ir lac schœne bî der zuht
und ûz erwelter frouwen prîs.
si was geheizen Persanîs
und hiez ir vater Milête.
daz rîche ze Lucrête
was undertân der hende sîn.
119a daz selbe hübesche magedîn
wielt vil hôher triuwen kraft.
ir niftel was von sippeschaft
Irekel diu vil reine:
dâ von truoc si gemeine
mit ir übel unde guot.
si weste ir willen unde ir muot
unde ir leben über al:
dekein dinc si vor ir enhal.

Die zwô vil reinen frouwen
sich beide liezen schouwen
bî Partonopiere dô.
si machten sîn gemüete frô
mit rede und mit gebærde.
sîn leit und sîn beswærde
wart von in gestillet gar.
si nâmen sîn mit vlîze war
alle zît und alle wege.
ir huote und ir vil reiniu phlege
brâhte im wider sîne kraft.
er wart von in gesunthaft
an herzen unde an lîbe sâ.
si machten valsche brieve dâ
dem süezen hovebæren;
si seiten im, si wæren
von Meliûre im dar gesant,
durch daz er lieze sâ zehant
swaz sorge in sînem herzen was.
und als er danne dâ gelas
die lugelichen botschaft,
sô wart sîn lîp sô fröudenhaft
und hôhes muotes alsô rîch,
daz niender lebte sîn gelîch
an manecvalter wunne dô.
vil schœne, kreftic unde frô
wart der ûz erwelte gar.
die valschen brieve ein lîpnar
im wâren unde ein spîse
dâ mite sich der wîse
nâch wunsche kunde mesten.
sîn bilde sach man glesten
119b sô gar durchliuhteclîchen hie,
daz im dâ vor sîn varwe nie
sô lûter noch sô reine wart.
die megede rîch von hôher art
die phlagen sîn mit vollen,
vil kiusche und umbewollen,
und leiten ûf in hôhen flîz.
ir blanken hende snêwîz
im worhten daz er solde
von sîden und von golde
kleinœtes und gezierde hân.
er wart sô rehte wol getân
und alsô klâr in aller wîs,
daz im diu schœne Persanîs

11141 unde *B*] Von. 43 auserwelten. 44 persaneis, *franz.* Persewis. 49 wielt *B*] hielt. 50 was *fehlt.* 51 Was I. 54 ir *vor* muot *fehlt.* 56 dekein *B*] chain. ir hall; *Pf.* kein dinc si vor ir nie gehal. 59 -pieren. 61 gewärde. 63 jm gestellet. 65 Alczeit. 66 ir vil *fehlt.* 69 Am — am. 71 hofewaren. 73 Melawren. 74 so. 75 Dy sorg dy in seinem. 77 -leiche. 78 sô] do. sô *fehlt.* 80 nindert. 81 -valten. 84 leibennar. 86 er sich. 89 -leichtig. 92 maget. 93. 94 *vertauscht.* 93 vmbvillen. 94 willen. 99 chlaindes. 11202 Persaneis.

wart vil herzenlichen holt.
si truoc ûf sîner minne solt
vil strengez ungemüete sûr.
ob sîn frouwe Meliûr
ir niftel niht enwær gewesen,
diu maget hæte an sich gelesen
durch in sô grimmen smerzen
daz nie kein wîp ze herzen
geleite grœzer ungemach.
diu süeze in willecliche sach
durch daz vil ûz erwelte leben,
daz im nâch wunsche was gegeben.

Nu daz der hübesche guote
an kreften unde an muote
was mit alle wider komen
und er gemach an sich genomen
nâch sîme kumber hæte,
dô wart ein bote dræte
von Meliûre dar gesant,
durch daz Irekel sâ zehant
zuo zir gevarn kæm über sê:
si wolte si (waz sol des me?)
gesprechen und beschouwen.
diz mære was der frouwen
gar innecliben swære,
wan si gewesen wære
119c Partonopiere gerne bî.
diu reine süeze wandels frî
volenden muoste daz gebot,
daz ir swester âne spot
si leisten unde erfüllen hiez.
Partonopieren si dâ liez
belîben unde fuor si dan.
der junge süeze werde man
bî Persanîse dâ beleip.
mit fröuden er die zît vertreip
und die stunde dâ mit ir,
wan si mit reines herzen gir
sîn plâac getriuweliche dô.
si was der lieben dinge frô,
daz Irekel schiet von dan
und si dem ûz erwelten man
belîben eine solte bî.
si wart ir frouwen gerne frî,
durch daz si möhte sunder haz
Partonopieren deste baz
heinlich an geluogen.
getörste si mit fuogen
sîn ze friunde hân gegert,
er müeste worden sîn gewert
ir hôhen minne stæte,
durch daz si lâzen hæte
ir strengez ungemüete sûr.
nu was ir niftel Meliûr,
dâ von sô dûhte si daz reht,
daz si den hôchgebornen kneht
verborgenlichen meinte
und im dâ niht erscheinte
ir minne und ir beswærde
mit werke und mit gebærde.

Waz tonc hie langiu rede mê?
nu daz Irekel über sê
waz ze Schiefdeire komen
unde ir swester dâ vernomen
hete ir kunft, dô was si frô.
119d mit ein ander giengen dô
die klâren und die zarten
in einen boumgarten,
der gezieret schône was.
erwelter bluomen durch daz gras

11205 ungemach. swar; *vgl.* 11255. 07 wer. 10 Da. 12 jm. -leich. 14 geben. 19 hâte. 20 drate. 22 sâ *B*] kōme. 23 Czu ir. gevarn kœm *B*] gevaren. 27 minnickl. 37 parsane. 41 getrewlich. 44 den. 45 eine] hie. 48 dester. 62 warck — geparde. 63 taucht h. lang. 65 scheffdawre. 72 erwelter *B*] erwelte. pluemlein.

sach man dâ dringen manegen soum.
dâ stuont ein wünneclicher boum
dâ phersich ûfe bluoten.
dâ sâzen die vil guoten
geselleclichen under
und triben rede ein wunder
von senecilcher swære.
si jâhen, minne wære
süeze und eteswenne sûr.
diu küneginne Meliûr
liez einen siuften unde sprach
'swaz mir noch liebes ie geschach
von minneclicher sache,
daz wart mit ungemache
mir sô tiure widerwegen,
daz ich von ir hân gephlegen
mêr leides danne wünne.
swer schône sich versünne,
der solte minne fliehen.
si kan die liute ziehen
ûf schedelichen ungewin.
hie legen disiu mære hin
und sage wir iht anders nu.'
Irekel sprach 'wie redest du
sô zwivelliche, swester mîn?
ich prüeve an̄ den gebærden dîn,
daz eteswaz dir wirret.
dîn muot der ist verirret,
des wirde ich dar an innen:
du seitest ê von minnen
und wilt nu reden anders iht.
daz ist ein zwivellich geschiht,
mit der du guot urkünde gist,
daz du verirret vaste sîst
und dîn gemüete trûric stê.
120a man hôrte dich ersiuften ê:
waz meinet, frouwe swester, daz?
dir ist geschehen eteswaz,
dîn herze trûren̄ üebet.
dâ von du bist betrüebet,
daz selbe du mir sagen solt.
ich bin dir ûzer mâzen holt,
daz du niht darft vor mir verdagen.
du solt mir dînen kumber sagen,
den wende ich alse verre ich kan,
wand ich nie liebers niht gewan,
danne ich hân, vil sælic wîp,
dîn êre und dînen werden lîp.'

Antwürte ir Meliûr des bôt:
ûz liehtem munde rôsenrôt
sprach si zuo der swester guot
'ob du mir trüegest holden muot,
als mir dîn zunge alhie vergiht,
du hætest mich sô lange niht
vermiten, als du hâst getân.
ein jâr ich dîn gemangelt hân,
daz du nie gesæhe mich.
daz was vil ungetriuwelich
an dir, swester ûz erkorn.
wer solte sînen friunt verlorn
hân sô rehte lange zît?
wan swaz dem herzen nâhen lît,
daz sol daz ouge dicke sehen:
des hôrte ich wîse liute jehen.'

Irekel sprach 'du redest wâr,
sîn ist nu volleclîche ein jâr,
daz ich von hinnen kêrte,
wan mich der dinge entêrte

11273 do drugen. 75 Do — auff. 81 entwenn swar. 83 ain. 84 ie *fehlt.* gesach. 90 Wer. 91 solde. 94 dise mare. 95 wer. 97 -leich. 98 dem geperde. 99 etwas. 11300 der *fehlt.* 01 daz wirt. 02 saist. 03 wildu r. 05 vrchunt. 07 trûric *B*] vaste. 10 etwas. 13 daz du mir dein ellent sagen solt: *gebessert B.* 15 von mir. 17 verr als. 18 niht *B*] *fehlt; Pf.* liebers nie. 21 Antwarte. 32 sein frewnt verlorn. 36 daz. 37 *ohne Absatz.* 38 -leichen. 40 der ding.

dîn herze bî der selben zît,
daz ich nie wider wolte sît
her sîn komen in die stat.
gar flîzeclichen ich dô bat,
daz du dich hætest, sælic wîp,
erbarmet über sînen lîp,
der ê dîn friedel was gesîn.
120[b] der bete wart ich, swester mîn,
von dir verzigen alsô gar,
daz ich sît fuor anderswar
und ich zuo dir niht wolte komen.
ich hân diu mære sît vernomen,
dar umbe ich harte trûric bin:
Partonopier der ist dâ hin
und hât vil nâch verendet.
er derret unde swendet
nâch dir leben unde lîp.
dîn ungenâde, sælic wîp,
hât in gemaht der sinne frî.
man siht in, als er tobic sî,
nâch dîner hulde wüeten.
dâ vor kan er behüeten
niemer sich die lenge,
der grimme tôt vil strenge
welle an im begên sîn reht.
der arme fröudelôse kneht
wil anders niht verderben
wan jâmerliche ersterben
von eime grimmen tiere.'
diz mære dranc vil schiere
ze herzen Meliûre.
vil senecliche trûre
diu wol getâne erscheinte.
daz si dâ niht enweinte,
des überhuop si kûme sich.
ir strengen sorge bitterlich
unde ir ungemüete starc
vor der swester si dâ barc
sôs aller meiste kunde.
ûz rôsenvarwem munde
sprach diu sælige über lanc
'Partonopieres trûren kranc
hæt ich gemachet schiere doch:
wolt ich im stân ze helfe noch,
er würde ûz sîme leide erlôst,
wande ich fünde wol den trôst,
der im ze staten stüende
120[c] und allen zorn versüende,
der under uns gewesen ist.
zwâr ich erdæhte wol den list,
der in noch tæte wünnesam.
nu bin ich im sô rehte gram,
daz im mîn helfe wirt versaget.
sît aber im, getriuwiu maget,
dîn herze treit sô reine gunst,
sô wil ich lêren dich die kunst,
dâ mite er sorgen frîet sich.
durch dînen willen, niht durch mich,
wil ich dir geben einen rât,
der in zehant erlœset hât
ûz aller sîner swære.
sî er dir alsô mære,
daz du wellest in genern
und angestlicher nôt verbern,
sô var nâch im, ich râte dir,
unz du volendest dîne gir
alsô, daz er genesen muoz.
ich selbe wil im niemer buoz
der swære sîn gemachen.
wilt du sîn trûren swachen,

11343 sîn *B*] *fehlt.* 47 fridel. 50 fuer seit. 53 harte *fehlt.* 56 Der. 65 Wol. 67 ersterben: verderben; *umgestellt B.* 68 wan] Nur. jarmerlich. 71 der M. 72 snellickleichen. 74 en *B*] *fehlt.* 76 strenge sorgen. 79 so si; *Pf.* sô si meiste. 80 -varben. 83 noch. 85 wurt. 90 erdahte. 91 im. 93 hilfe. 96 dich lerñ. 99 *fehlt.* 11402 So e. d. a. wäre. 03 wollest. 04 verbern. 05 war. 06 Vnd. 09 sware. 10 wil.

erweltiu swester mîn, daz tuo.
dâ stiure ich unde hilfe zuo
vil gerne durch den willen dîn,
und niht dar umbe, daz er mîn
eines ûf der erden
müez aber schiere werden.'

Die rede treip diu guote,
diu tougen in ir muote
Partonopieren meinte,
und ûzerhalp erscheinte
die rede und die gebærde,
als ir dekein beswærde
ûf stüende von der schulde sîn.
si wolte ir swester sînen pîn
mit helfe lâzen wenden
und selbe niht verswenden
sîn angest bitter unde sûr.
sus wânde sich dâ Meliûr
120[d] beschœnen vor der lieben.
gelîch den minnedieben
woltes ir dâ vor versteln
ir ungemach und ir verheln
den kumber, den si dâ bî hielt.
nein, sine mohte, Irekel wielt
der sinne und der bescheidenheit,
daz si bekante ir herzen leit,
dâ von si doch gebârte,
als ob si niht beswârte
Partonopieres ungemach.
unwirdeclîche si dô sprach
'swester, du wilt lêren mich
durch mînen willen, niht durch dich,
wie Partonopier genese
und wider heim an sich gelese
fröude, kraft, sin unde muot.
dâ mite wil ich, frouwe guot,
vil unbekümbert werden,
wan ich hân ûf der erden
ze tuone, weizgot, anders iht,
dann ich erwende die geschiht,
daz er tôt geligen muoz.
nu mache im sîner sorgen buoz,
swester, unde wellest du.
sît er von dîner schulde nu
verdorben ist an sîner kraft,
sô lâz in ouch gesunthaft
von der helfe dîn bestân.
waz hât er leides dir getân,
dar umbe er tôt geligen sol?
wir sehen alle dicke wol
an den alten grîsen,
daz si lânt verwîsen
mit ræten eteswenne sich.
dâ von ist niht unmügelich,
ob dich durch sîner friunde rât
Partonopier gesehen hât;
wande er ist der jâre ein kint.
sô grôz niht sîne schulde sint.
121[a] sô du si machest, frouwe guot.
getriuwen unde stæten muot
hât er von grunde dir getragen,
und hœre ich dich dâ wider sagen,
daz du von im verrâten sîst.
swaz du der hôhen schulde gîst
im, die solte er geben dir,
wan du mit stætes herzen gir
niht meinest in, als er dich tuot.
er hât sîn leben und ouch den muot
nâch dir verslizzen und versent,
und ist dîn herze alsô gewent
und dîn gemüete wider in,

11416 mues. 22 do kain. 23 stund. 24 seine. 25 hilfe. 27 swâr. 29 peschonen. 30 der. 31 verstellen. 33 bi *fehlt*. 34 Name sein mocht. 35 seinē. 36 bekande. 39 psparte. 42 niht *fehlt*. 43 genuse. 49 zu tuen. 50 Den — gesicht. 52 jn. 57 hilfe. 62 lassent verbeissen. 63 raten etewanne. 74 Waz. 75 im] Nu. schol. 76 mit] nit.

daz du sînen ungewin
mit leide grœzer machest.
er weinet, sô du lachest,
er trûret, swanne du bist frô.
mit disen dingen unde alsô
wirt bewæret alle frist,
daz im sîn muot getriuwer ist
dann im dîn herze welle sîn.
er solte dich verræterîn
billicher heizen danne du
den tugende rîchen zîhest nu,
daz er dich verrâten habe.
des lîbes und der êren abe
ist er von dîner schulde komen.
nu hâstu schaden niht genomen
von im, sîn werde vil guot rât.
ei waz er dîn engolten hât
an lobelîchem ruome!
er was der êre ein bluome
unde ein spiegel rîcher tugent.
sô reiniu und sô klâriu jugent
nie wart ze Francrîche erkant.
er was schœn über alliu lant,
der friest und der hêrste,
der edelst und der êrste,
swâ man solte prîs bejagen.
121b er was gereinet und getwagen
vor aller missewende.
nu muoz vil gar ein ende
sîn lop von dîner schulde haben,
wan er ist leider nu begraben
oder stirbet schiere noch.
und swie der reine süeze joch
von dîner schult verderbet sî,
sô wont im doch dîn herze bî
vil nâhe und dîn gemüete gar.
des wart ich ê vil wol gewar,
dô von dîme herzen dranc
der siufte bitter unde lanc,
den ich lâzen hôrte dich.
du wilt dîn jâmer angestlich
vor im tougenlichen heln,
und weiz ich doch wol, daz du queln
nâch Partonopiere muost.
wan daz du mir ungerne tuost
dîn bitter ungemüete schîn,
du weintest ûz den ougen dîn
anders manegen trahen heiz:
von wâren schulden ich daz weiz.'

'Nein zwâre', sprach dô Meliûr:
'mîn leit enist niht alsô sûr
als du, swester, dich versihest.
daz du sprichest unde gihest,
daz nu von minne kæme
der siufte, den ich næme,
dar an hâstu niht wâr gesaget.
ich hân in, ûz erweltiu maget,
umbe ein ander dinc genomen:
daz her ze hove wâren komen
die fürsten algemeine.
die mîner hende reine
vil undertænic müezen wesen,
die jâhen, daz ich solte lesen
ûz allen künegen einen man,
dâ diz lant behalten an
wære und mînes herzen sin.
si rieten her und rieten hin,
121c nu zuo dem und danne ûf disen.
doch kundens alle ûf einer wisen,

11485 wan. 87 pewart. 90 ain v. 92 tugent. 99 lôbeleichen. 11500 eren bl. 04 schœn *B*] der schonst; *Pf.* er was über alliu lant der schœnist. 10 nu *fehlt.* 12 vnbegr. 14 wie. doch *aus* noch *geändert.* 16 want. 17 nachen. 18 vil *fehlt.* 20 saufften. 22 wild. 23 heln] haben. 24 doch *fehlt.* quaben. 29 czacher. 31 da. 32 en *fehlt; Pf. ergänzt* daz. so swär. 34 sprechest. 35 chame. 36 name. 43 vnterläding musen. 44 solde. 48 ritten — ritten. 50 noch.

diu vil wol geblüemet schein,
nie des komen über ein,
wâ man den künic næme,
der in ze herren zæme
und mir ze manne töhte.
si jâhen, wer sich möhte
genôzen mîner werdekeit.
mîn hôhez lop wær alsô breit,
daz man dekeinen fünde noch,
an des minne ich solte doch
mîn herze kêren und den sin.
nu was ein ritter under in,
bescheiden, listic unde wîs,
der schein von alter rehte grîs,
und hete an im scharlachen brûn.
Arnolt hiez er von Malbriûn,
als im diu werlt gemeine jach.
der stuont ûf unde sprach,
daz man den armen solte
ouch hœren, der sich wolte
mit triuwen und mit êren tragen.
dar nâch begunde er schiere sagen,
daz er geriete niemer
ûf einen man, der iemer
des frumen sîn gevârte.
ob es in joch beswârte
und im ze schaden kæme noch,
sô riete er endelichen doch
daz wægest und daz beste,
daz sîn gemüete weste,
und alles sînes herzen gir.
dâ von sô wolte er gerne mir
râten ûf sin êre,
daz ich niht solte sêre
vorsehen nâch rîchtuome:
jâ solte ich mê nâch ruome
frâgen und nâch wirde,
sô daz ich mîne girde
leite an eines herren jugent,
der beide schœne und edel tugent
121d hæte an sîme lîbe.
dem wære ich zeime wîbe
gemæze und er ze manne mir.
daz einer nâch mîns herzen gir
hie funden möhte werden,
daz wolte er ûf der erden
wol schicken mit der lêre sîn.
her in die schœnen veste mîn,
an richeit wol gestarket,
hiez er mich einen market
ûz bieten endelichen,
durch daz von allen rîchen
koufliute kæmen aldâ her
und ie der man nâch sîner ger
den krâm hie fünde veile,
der im ze sîme teile
vil rehte und ebene kæme,
und swaz im wol gezæme
von harnasch und von liehter wât,
daz man des den vollen rât
bræhte in dise werde stat.
dar zuo senden er mich bat
brieve in alliu fremdiu lant
zuo den künegen wîte erkant
und zuo den fürsten ûz genomen,
daz si dâ her gemeine komen
bî der zît gernochten
und einen turnei suochten,
der solte werden hie für wâr.
swer denne stille und offenbâr

11551 gepluemete. 52 chümen. 54 ze *B*] zu aim. 55 tohte. 59 den funde chainen. 66 Maulbriawn, *fr.* Ernols de Mal-Brion. 74 *fehlt: ergänzt B.* 75 frumen sein. 76 noch. 83 seiner. 86 ich *fehlt.* 90 beide schœne *B*] sch. b. 93 Gemasse. 94 *fehlt: ergänzt B.* 96 er *fehlt.* 98 schone. 11601 Gepieten aus. 03 kömen. 05 funde. 09 leichter. 10 *fehlt: ergänzt B.* 13 alle fromden. 14 weit. 15 zuo *B*] *fehlt.* 18 turnire.

der beste ritter wære,
der möhte mir gebære
sîn ûf hôher minne solt.
von Malbriûn her Arnolt
gap mir, swester, disen rât,
der für sich leider schiere gât
ûf einer wisen grüene.
vil manic ritter küene
kumt her, dêst âne lougen.
ich selbe mit den ougen
muoz des turneies nemen war.
122a ûz mîner hôchgelobter schar
die liute man dâ welen sol,
die ze rehte erkennen wol,
wen got erwünschet habe dar zuo,
daz er dâ vor in allen tuo
daz beste dâ mit sîner gir.
und swen die selben liute mir
dâ gebent zeinem manne,
den muoz ich nemen danne
und mac sîn über werden niht.
Irekel, sich, durch die geschiht
liez ich den swæren siuften ê.
nâch Partonopiere mê
ist mîn herze niht unvrô.
nein, der rede ist niht alsô,
daz mîn gemüete nâch im sene
und ich ûf sîne minne wene
ze vaste sin und ougen.
doch ist ez âne lougen,
mîn herze günne im guotes wol.
ob er durch mich verderben sol,
diz überwünde ich niemer.
künd ich gefüegen iemer,
daz er ze lîbe kæme
und wider an sich næme
fröude, leben unde kraft,
dar ûf wolt ich gedanchaft
in herzen unde in muote sîn.
sprich, erweltiu swester mîn,
wie gerætest du dar zuo?
waz wilt du, daz ich arme tuo,
daz ich niht schuldic werde an ime?
ist daz ich im den lîp benime,
und er niht von mir kan genesen,
sô muoz ich iemer trûric wesen.'

'Genesen?' sprach Irekel zir:
'geloube, schœniu swester, mir,
sîn genesen ist dâ hin,
wand ich des leider sicher bin,
122b daz er nu verdorben ist
od aber gar in kurzer frist
erbarmeclichen tôt gelît.
du hâst im leben unde zît
benomen und geswendet.
sîn lîp der hât verendet
mit herzenlicher ungehabe.
der rede tuo dich, swester, abe,
daz er iemer werde frume
und zuo dem turneie kume,
der genomen ist dâ her.
dîn wille und dînes herzen ger
hât dir den besten friunt verlorn,
der ûf der erden ie geborn
von keiner muoter lîbe wart.
des muost du dîne frîen art
sô gar der eigenschefte geben,
daz du niemer kanst geleben
mit liebe noch mit wunne mê.
man gît dir einen man zer ê,
sô disiu ritterschaft geschiht,

11624 Malbrium. 29 des an. 33 wellen. 38 wen. 43 seufft'. 45 *fehlt: ergänzt B.* 48 ûf *B*] *fehlt.* 50 an ain. 53 nymmermer. 57 freuden. 59 Im — im. 61 gerætest *B*] geredest. 62 wildu. 63 w't. 64 dem. 70 sicher laider. 72 Oder. 76 der *fehlt.* 78 T. d. sw d. r. a. 80 turnire. 82 wil. 84 diser erde. 87 -schaffte. 88 ymer. 89 leibe. 90 ain m. zü der.

der lihte dir gevellet niht
und dînen fürsten wol behaget.
sô bistu danne alrêrst betaget
in jâmer unde in leide.
fröud unde trôst diu beide
siht man dich gar verliesen.
du muost den ritter kiesen,
den die fürsten gebent dir,
und maht nâch dînes herzen gir
keinen man getriuten.
du minnest dînen liuten
und niht dir selber, wizze Krist.
dâ von du, swester, alle frist
hâst dînen frîen muot verlorn.
doch soltu, frouwe hôchgeborn,
durch disiu dinc niht trûren.
lâ strengen unde sûren
smerzen dir niht wonen bî.
reht als ez nu geschehen sî,
122c dar nâch soltu dich gehaben.
Partonopier der ist begraben
eintweder oder stirbet doch
in harte kurzer wîle noch.'

Sus gap Irekel zwâre,
diu reine und ouch diu klâre,
ir swester disen missetrôst,
dar umbe, daz der minne rôst
die süezen twünge deste mê
und ir geschæhe wirs dann ê
von herzenlicher swære.
wan swer den senedære
von sîme liebe iht leides saget,
der trîbet weizgot unde jaget
sîn herze in grœzer ungemach.
dâ von diu schœne Irekel sprach,
Partonopier der wære tôt,
durch daz ir swester würde nôt
nâch sîner minne deste mêr.
ouch wart diu keiserinne hêr
mit leide gar durchgründet
und von der rede enzündet
nâch Partonopiere alsô,
daz diu vil wünneclîche dô
begunde heize weinen.
die kinschen und die reinen
bat si genâden unde sprach,
daz sir lieze ir ungemach
erbarmen unde erdæhte,
wie man noch widerbræhte
Partonopieren an den lîp.
als ein jâmerhaftez wîp
phlac si vil sorgen an der stete.
Irekel diu gelîche tete,
sam si niht ahte drûf ein ei,
daz ir gebrochen wære enzwei
daz herze in deme lîbe.
dem ûzerwelten wîbe
bôt si dekeine zuoversiht.
122d si seite ir, man enmöhte niht
den armen wider bringen,
wand er an allen dingen
sô gar verdorben wære,
daz in von sîner swære
nieman enbinden möhte:
kein erzenîe entöhte
für sîn tœtlich ungemach.
urloubes gertes unde sprach,
daz si wære unmüezec gar,
si müeste kêren anderswar

11692 geuallent. 94 erst. 95 laiden. 96 Frewde linde tr. die. 99. 11700 *umgestellt.* 99 geben. 11700 enmacht. 09 niht *fehlt.* wane. 13 noch. 14 harter churczw. 15 zwâre. 16 ouch *fehlt.* 19 twünge *B*] twinge. dester. 20 geschahe. 29 dester. 33 -pieren. 38 sir *B*] si. 41 dem. 43 der test. 44 dem gelichen. 45 darauff. 46 ir *fehlt.* wer. 47 dem. 49 Pat s. doch. 50 enmochten. 56 endauchte. 59 vnwiczig.

beschicken daz ir kæme wol.
dâ von diu schœne leides vol
begunde werden an der stat.
die minneclichen si dô bat,
daz si dar wider kæme,
sô si daz êrst vernæme,
daz der turnei solte sîn.
diz lobte si der keiserîn
mit willen unde kam zehant
hin heim geschiffet in ir lant
und in ir hûs vil wünneclich.
Partonopier des fröute sich,
der si von herzen gerne sach.
diu minnecliche im dô verjach
des mæres, als ir hânt vernomen,
wie dar ze Schiefdeire komen
solte michel ritterschaft:
und swer daz beste dâ mit kraft
vor in allen tæte,
daz der verdienet hæte
ir swester Meliûren.
si sprach, ob er sîn trûren
schier überwinden wolte,
sô müeste er unde solte
dar komen ûf den turnei.
sîn trôst wær anders gar enzwei
und al sîn zuoversiht verlorn.
der grâve rîch und hôchgeborn,
als er diz mære aldâ vernam,
123[a] dô wart der knappe wünnesam
von herzen frœlich unde geil.
er sprach 'nu gebe mir got daz heil
und alsô rîcher sælden kraft,
daz ich die selben ritterschaft
geleiste nâch dem willen mîn
und ich der beste müeze sîn,
des man ze guote dâ gehüge.
wie daz geschehen aber müge,
des enweiz ich, frouwe, niht,
wande ich hân in mîner phliht
weder ros noch wâpenkleit.
ze strîte bin ich unbereit
und ûf den schœnen turnei.
möht ich gehaben disiu zwei,
der ich bin sô rehte bar,
sô füere ich dar vil ungevar.'

Irekel sprach 'geselle mîn,
wilt du guot wâfen stähelîn
unde ein ors vil ûz erwelt,
daz hân ich wol, guoter helt,
in mîner schœnen veste nu.
diu beide solt versuochen du,
friunt, ob si dir rehte komen.
und mügen si dir iht gefromen,
sô nim si dar in gotes namen.'
hie mite wart dem lobesamen
ein alse frechez ors bereit,
daz bezzerz man nie überschreit
weder hie noch anderswâ.
sîn varwe diu was aphelgrâ,
diu von im wünneclichen schein.
sîn lîp, sîn houbet und diu bein
nâch wunsche stuonden alle wîs.
dar nâch brâhte im Persanîs
rîlich gewæfen unde ein swert,
diu maneger marke dûhten wert
und an ir stæte wâren ganz.
ein albere, der gap hôhen glanz,
wart im gesuochet und bereit.
123[b] dâ wart im über an geleit
ein wâpenroc durch hôhen prîs,

11761 pesicken. 64 minnecleiche. 67 solde. 75 habt. 77 solde. 88 und *fehlt.* 91 frol. 94 selbe. 11800 wan. 02 vnprait. 05 war. 06 vngevare. 07 *ohne Absatz.* 08 Wil du gueten w. stächl. 11 vesten. 13 kuenn. 14 frumen. 17 alz. 18 D. man nie vber. 20 diu *fehlt.* 22 sin *vor* houbet *fehlt.* 24 parsaneis. 25 Richleich gewaffen. 27 stete. 28 der gap *B*] jm. 29 im] er. 30 Do. 31 pris *B*] pras.

der harte schœne in alle wîs
und maneger slahte varwe was.
ein ort schein grüene alsam ein gras,
daz ander wîz, daz dritte rôt,
daz vierde wünneclichen bôt
den ougen brûner varwe schîn.
deck und diu covertiure sîn
wâren ouch alsô gesniten
unde ûz sîden baz gebriten
danne ie keine würden mêr.
diu maget lûter unde hêr
wolt im daz swert hân umbegurt,
dem grâven edel von geburt.

Dô sprach der degen ûz erlesen
'nein, frouwe, des ensol niht wesen
unde enmac nu niht gesîn.
dannoch dô mir diu keiserîn
was holt von herzen als ich ir,
seht, dô gebôt diu reine mir
mit ir süezen munde wert,
daz ich niemer solte swert
gegürten umbe mînen lîp,
ê si, daz schœne sælic wîp,
ze ritter noch gemachte mich.
dâ von diu klinge wünneclich
sol die siten mîn verbern.
man henke si, des wil ich gern,
dem orse an sînen satelbogen.'
dô sprach diu maget wol gezogen
'ist ez dir liep, ich schicke wol,
daz Meliûr mîn swester sol
ze ritter machen dich zehant
und du doch werdest niht erkant
der hôhen keiserinne wert.
mir ist gar leit, daz du dîn swert
getarst niht füeren umbe dich,
wand ez gefüeget lîhte sich,
daz du vil wol bedurfest sîn:
sô wære ez dir, geselle mîn,
123c ze verre an deme satel gar.
dâ von ze Schiefdeire var
mit mir zuo dîner frouwen.
die lâze ich dich beschouwen,
sô daz si niht erkennet dich
und ir hant vil wünneclich
daz swert um dîne sîten
muoz stricken bî den zîten
vil schône und ouch vil rehte.
si wil dâ hundert knehte
ze ritter machen mit ir hant.
sich, under den wirstu gesant
für die vil schœnen, werder man,
daz si dich niht erkennen kan
und du si maht beschouwen doch.
der site ist hie ze lande noch,
daz mîn swester alle die
ze ritter selber machet hie,
die von ir hende lêhen hânt.
gewâpent wol ze rehte gânt
für si die selben, wizze Krist,
und hânt ir helme bî der frist
gestürzet ûf ir houbet gar.
sich, under die vil werden schar
wil ich stôzen dînen lîp.
wie mac daz keiserliche wîp
dich erkennen danne,
sô du mit manegem manne
gewâpent für si dringest
und ûf dem houbte bringest

11832. 33 *fehlen: ergänzt B.* 34 als ain. 41 keine *B*] samet. 43 wolt im *fehlt; Pf.* wolte. 45 *ohne Absatz.* 46 sol. 54 daz] vil. 55 gemochte. 61 sicke. 64 und dâz du doch niht werst: *gebessert B.* 69 bederffest: *Pf.* bedörftest. 70 war es. 71 ezu wer a. dem. 72 Schefdeire. 76 *darnach* gewappent wol ze rechte gar. 77 umb. 82 wirstu] fürsten. 85 du *fehlt.* maht *B*] nicht; *Pf.* darft. pschawen. 89 lechen haben. 90 gaben. 92 haben. 98 manigen.

den helm, den ich dir hân gegeben?
du maht gar âne sorgen leben,
ich füege, daz du ritter wirst
und daz du langer niht enbirst
des swertes an der sîten.
wilt du nâch lobe strîten,
dir wehset prîs und êre
von miner helfe sêre.'

123[d] 'Genâde, frouwe', sprach er dô:
'der alliu herzen machet frô,
swenn er gebiutet unde wil,
der gebe iu stæter wunne vil
und müeze iu danken, werdiu fruht,
der triuwen und der hôhen zuht,
diu mir von iu geboten sî.
sô guot, sô reine und alsô frî
wart nie kein crêâtiure,
sam iuwer lîp gehiure
muoz benamen iemer sîn.
werd an mir disiu gnâde schîn,
der iuwer munt mir hât verjehen,
wie künde danne mir geschehen
ûf erden baz an keiner stat?'
hie mite er im dar ziehen bat
daz ors gar edel unde fier.
dar ûf saz dô Partonopier
durch versuochen alzehant.
ez wart geriten und gerant
von ime ûf eine plâne.
diu reine wol getâne
Irekel unde Persanîs
den grâven edel unde wîs
vil gerne rîten sâhen,
wan di des beide jâhen,
daz im daz ors gezæme
nâch wunsche und daz im kæme
vil eben al sîn wâpenkleit.
nu daz er lange dâ gereit
daz ors an der vil schœnen stete
und ez gar sînen willen tete,
dô kêrte er in die burc hin wider.
ab dem orse erbeizter nider
und liez entwâpen sich zehant.
ors und daz stâhelîn gewant
hiez er behalten und bewarn
biz er von dannen solte varn.

Diz wart getân und ez geschach.
Irekel schuof im rîch gemach
124[a] mit sitezer handelunge.
iedoch beleip diu junge
niht lange dâ, noch Persanîs:
die frouwen sælic unde wîs
mit Partonopiere
von dannen fuoren schiere,
daz man den êrsten wint gewan.
si brâhten in geswinde dan
zuo der bürge lobelich,
dâ Meliûr ûf solte sich
genieten hôher wunne vil.
doch wizzent, daz ir fröuden spil
was dô vil harte kleine.
diu hôchgeborne reine
was in grimmez trûren brâht
und ûf ir friunt alsô verdâht,
daz si niht hôhes muotes wielt.
daz ir herze niht enspielt
ze stücken in dem lîbe,
daz was dem süezen wîbe
sô leit, daz mich sîn wundert.
si hete sich gesundert

11901 geben. 02 machet. 04 lenger. 06 wildu. 07 wächset. 08 hilfe. 10 herez. 16 sô *vor* reine *fehlt.* 17 kein *B*] ain. 19 pey̥n. 20 W't; *Pf.* wirt. 24 da. 27 versueche. 29 ainē planē. 30 rainē w. getanē. 31 pars. 33 V. gr gerne. 39 vil *B*] *fehlt.* 43 enwapen. 44 ros. stachl. 46 danne. 47 ez *B*] *fehlt.* 51 Psaneis. 53 -pieren. 54 danne. 64 alsô *fehlt.* 65 muotes *fehlt.*

von allen fröuden an der stunt
und waz biz ûf der sinne grunt
beswæret in dem muote,
wan diu vil hôhe guote
gedâhte, daz Partonopier,
der ritter edel unde fier,
sîn ende hæte dô genomen.
nu daz Irekel was bekomen
vil nâhen zuo der stat mit ime,
dô wart er, als ich vernime
in daz hiuselîn geleit,
daz in dem schiffe wart bereit
dem werden frumen durch gemach.
sô tougenlichen daz geschach,
daz er geborgen wart dar in,
daz Meliûr diu frouwe sîn,
noch anders niemen wart gewar,
daz der vil tugende rîche dar
was komen an der stunde.
124b diu lûter und diu blunde
Irekel ûf die burc dô gienc,
dâ si vil minneclîche enphienc
diu swester und diu hoveschar.
eine und ir gesindes bar
sâzen dâ si beide nider
und redeten aller hande sider
des in dô ze muote was.
Irekel sprach, als ich ez las,
ze Meliûre disiu wort
'nu sage mir, swester, ûf ein ort,
wenne sol der turnei wesen,
der von den fürsten ûz erlesen
ist her gesprochen und genomen?
wie sol man über ein des komen,
daz er geteilet werde gar?
wer sint die künege, die der schar
ze beiden sîten sülen phlegen?
mac iemen sich dar ûf gewegen,
daz er daz beste hie begât,
vil êren der verdienet hât
und ist der sælden nâchgebûr.'
von disen worten Meliûr
Partonopieres wart ermant
sô vaste, daz ir dâ geswant
von herzenlicher swære.
diu süeze sældenbære
von grunde manegen siuften nam.
dô si ze kreften wider kam,
dô sprach diu werde keiserin
'ach herzenliebiu swester mîn,
waz du mir ungemüetes ganst,
sît daz du mich der dinge ermanst,
diu mir sô nâhen müezen gân!
ich arme, waz hân ich getân,
daz ich den hân verderbet gar,
der wider mich sô liehtgevar
an herzenlicher minne schein
und als ein herter märmelstein
veste an hôher stæte was!
owê daz ich den muot gelas
124c ie ze herzen und den sin
daz ich im schuof den ungewin,
der im den lîp benomen hât!
ich solte im sîne missetât
wol hân vergeben an der stunt,
dô sîn durliuhtic rôter munt
vor mîner angesihte bran
und mich sô jâmerlichen an
rief, daz ich begnâdet in!
mîn zorn der möhte wol dâ hin
gewesen ze dem mâle sîn,
dô du, vil reiniu swester mîn,

11973 gemuete. 76 ritter *B*] grave; *vgl.* 12686. 78 chomen; *Pf.* gekomen. 82 scheffe. 84 taugentl. 87 nieman. 88 tugent, 92 Do. 94 gesinde war. 96 redten. 98 ez *B*] *fehlt.* 12006 die *fehlt.* 08 nieman. gebegen. 16 Dise suessen s. wäre. 20 Ach got h. 26 leicht. 31 ie *B*] *fehlt*: *Pf.* ze herzen ie und ouch den sin. 36 durchlauchleichtig. 39 Rueffi. 40 der *fehlt.* 41 den mallen.

umb in sô tiure bæte mich
und im sîn ougen lûterlich
von jâmer überfluzzen,
diu beide gar beguzzen
im diu wange rœseleht.
zwâr ez ist billich unde reht,
daz ich lebende sterbe
und einen tôt erwerbe,
der mich verlâze niemer.
ich muoz von schulden iemer
in houbetsorgen sîn begraben
und êweclichen riuwe haben,
von der ich si genœtet.
swer sînen friunt ertœtet
sus, der sol sterben alle tage
und doch dar under leben in klage
alsô daz im tôt unde leben
mit ein ander sîn gegeben
und er diu beide lîde gar.
wîplicher triuwen bin ich bar
und aller stæte worden,
sît daz ich den ermorden
liez des tôdes smerzen,
den ich ze mîne herzen
vil dicke hân getwungen.
mir armen ist gelungen
als allen tumben wîben,
die wellen für sich trîben
swaz in gevellet in den muot:
124d ez sî denn übel oder guot,
ir wille muoz dar an geschehen.
ich möhte an im wol übersehen
hân vil kleine missetât,
wan daz ich mînes herzen rât
niht wolte lân erwinden.
mir ist ouch als den kinden
geschehen und gelungen:
diu sint als unbetwungen
in herzen unde in muote,
daz si für daz guote
daz arge dicke meinent
und dicke daz beweinent,
daz man in muoz ir schaden wern.
sus wolte ich arme niht enbern,
mîn wille gienge für sich hie:
dâ von ich die verlust enphie,
daz ich mit grundelôsem schaden
muoz êwecliche sîn geladen.'

Die rede treip dâ Meliûr
und wart ir nôt sô rehte sûr,
daz si von leide manecslaht
viel aber schiere in âmaht
und als ein tôtiu frouwe lac.
Irekel daz vil ringe wac
in herzen unde in muote.
diu sælige und diu guote
gap keinen trôst ir lîbe,
durch daz dem schœnen wîbe
nâch ir friundes minne
würd aber in dem sinne
vil heizer unde ouch deste wirs.
si wolte si, geloubet mirs,
enzünden ie baz unde baz.
diu werde truoc ir keinen haz
und was ir leit ir ungemach,
wan daz si doch vil gerne sach,
daz si dâ würde schiere
nâch ir Partonopiere
enbrennet deste harter
125a unde im sîne marter,
der sô vil sîn herze leit.

12043 pate. 44 ymer. 49 leb. ich. 57 Sus sol er. 59 im] mein. 60 geben. 62 wär. 71 was — dem. 81 Im — im. 84 *fehlt: ergänzt B.* 85 in *B*] *fehlt.* schande. 87 gieng. 89 -losen. 91 dar. 93 manecslaht *B*] maneger slaht. 94 in dy. 97 Im — im. 12100 schon. 02 wurt. 03 des w. 11 dester.

ein lützel mit ir arbeit
gülte und widerwæge.
nu daz an fröuden træge
Meliûr gelegen was,
biz daz si wider heim gelas
ir kraft und ûf gerihte sich,
dô sprach diu frouwe minneclich

'Waz sol ich armez wîp geborn,
sît daz ich mînen friunt verlorn
und alle mîne fröude hân?
mir hete solhes niht getân
Partonopier der werde,
daz ich in solte ûf erde
dar umbe hân ersterbet.
ich hân in gar verderbet
und bin ich selbe mit im tôt.'
Irekel ir antwürte bôt
der rede smierende unde sprach
'dîn trûren und dîn ungemach,
daz man dich, swester, lîden siht,
benamen daz entreistu niht
durch Partonopieren gar.
dîn wille der stêt anderswar
und ist an fremde stat gewent.
dîn herze trûret unde sent
nâch eime liebe, daz noch lebet,
wand ez niht ringet unde strebet
nâch eime tôten friunde dort.
Partonopier der ist daz wort
unde ein ander man daz werc.
dîn herze drücket als ein berc
der minne jâmer unde ir sêr,
und aber niht Partonopêr
ist, den du dâ meinest.
nâch deme du nu weinest,
den wilt du mit im decken
und niht vor mir enblecken
dîn herzeliep daz inre.
dîn trûren würde minre,
125b woltestu mir dîniu dinc
entsliezen und den ursprinc
dîner niuwen trûtschaft,
mit der dîn herze lît behaft.'

Diu rede tet, geloubet mirs,
der schœnen Meliûre wirs
danne ir ander ungemach.
erbärmeclichen si dô sprach
'Irekel, lâ die rede sîn:
si dringet durch daz herze mîn
und wil mich hie des tôdes wenen.
mîn herze wolte nie gesenen
nâch keinem man ûf erden,
wan nâch dem hôhen werden
Partonopiere, den ich habe
geschicket leider hin ze grabe
umb alze kleine schulde.
mîn kumber, den ich dulde,
daz ist nâch im, daz wizze got.
mîn jâmer dunket dich ein spot,
wan du mir niht gelouben maht.
swer mit leide nie gevaht,
daz rehtiu liebe machet,
der smieret unde lachet,
sô der vil heize weinet,
der minneclichen meinet
und herzenlichen ist versent.
sich, alsô wirde ouch ich gewent
vil sorgen, sô du fröuwest dich.
getriuwiu swester minneclich,
wie mahtu niht gelouben mir?

12122 mein. 26 solde. 29 hab. 30 swentewre. 33 dich] dicke. 34 entreisn̄. 36 der *fehlt*. 37 fronden stetn̄. 42 dar. 43 unde] wann. 47 dâ *fehlt*. 48 nu *fehlt*. 49 wil du. 50 erbecken. 53 dein. 54 deinen vrsp. 56 du dein. 63 penemen. 69 Gesicket. 71 waisse. 75 macht. 76 suneret. lacht. 80 wirt. 83 mochstu gel.

dîn wille und dînes herzen gir
sint lûter unde kiusche,
dâ von dir daz getiusche
der minne ist unerkennet.
si derret unde brennet,
si drücket unde bindet.
wirt si dir zuo gesindet,
sô wirstu mir gelouben,
wan si dich danne rouben
wirt herzen unde muotes.
swaz dir geschehen guotes
125[c] mac von ir ûf erden,
daz muoz vergolten werden
mit jâmer und mit leide.
fröud unde trûren beide
diu minne prüevet unde birt.
swem si zem êrsten süeze wirt,
dem machet si daz ende sûr.'
mit disen worten Meliûr
viel zem dritten mâle
in âmaht von der quâle,
die si von herzenleide truoc.
Irekel sprach 'du hâst mir gnuoc
geseit hie von der minne vor.
got helfe mir, daz ûf ir spor
mîn herze selten müeze komen.
ich hân sô vil von ir vernomen
ungewinnes aldâ her,
daz ich ir lônes niht enger
unde ir soldes, den si gît.
swester mîn, ez wære zît,
daz du dîn trûren liezest abe
und die vil strengen ungehabe
die man dich üeben hiute siht,
wand ez dich leider hilfet niht,
swie vil du maht alhie geklagen.
dîn trûren kan niht für getragen:
Partonopier der ist dâ hin.
dâ von sô kêre dînen sin
ûf eteslichen, der nu lebe,
durch daz er dir noch fröude gebe
und er dich sorgen müeze entwenen.
man sol sich nâch dem dinge senen,
daz den liuten werden müge.
man seit, daz trûren dâ niht tüge,
swâ man niht wider mac bejagen
daz unheil hât enwec getragen.'

Der rede antwürte dô gebôt
diu keiserîn mit maneger nôt,
wan si ze sprâche wider kam
vil kûme und einen siuften nam,
125[d] der von des herzen grunde ûf dranc.
si sprach mit jâmer über lanc
'swester mîn, du rætest mir,
daz ich nu wende mîne gir
und mînes herzen sinne
an fremdes mannes minne:
daz sol mir got verbieten.
ê daz ich welle nieten
mich dekeiner trûtschaft,
ê sol des grimmen tôdes kraft
mîn riuwic herze spalten.
der wider mich behalten
hât sô reine stætekeit,
daz er von mîner schulde leit
den strengen angestlichen tôt,
durch den wil ich mit maneger nôt
iemer sîn gebunden.
mîn herze sol die wunden
enphâhen ûf der erden,
diu niht verheilet werden

12187 vnkennet. 69 windet. 90 Wirt *B*] swar. 91 So wurstu wirstu. 96 Des. 99 wirt. 12200 Wenn s. zu ersten sus. 01 swar. 03 zu dem. 06 genug. 09 selden mus. 16 strenge. 22 sô *fehlt.* chere du d. s. 23 et-schl. 25 mus. 26 den dingen. 27 werde. 28 trûren] turnei. 29 Wo. 31 antwort da. 34 sin sewffler. 37 ratest. 43 M. chainer. 45 rewigs.

mit keiner erzenîe kan.
niht zwîvel, swester mîn, dar an,
ist der hôchgeborne degen
Partonopier nu tôt gelegen,
daz ich verderben wil nâch ime.
ist daz ich sînen val vernime
für eine ganze wârheit,
der noch in zwîvel ist geleit,
sô muoz mîn leben enden.
des mac nieman erwenden
mit keiner slahte dinge mich.
ich sol die triuwe lûterlich,
der sîn herze hât gephlegen,
mit reiner stæte widerwegen
alsô daz ich verdirbe
und ouch durch in erstirbe,
als er durch mich sol wesen tôt.
alhie geswîgen dirre nôt,
diu mir ze herzen lît mit kraft,
und reden von der ritterschaft,
126a von der du hâst gefrâget mich.
du spræche, swester minneclich,
wer den turnei solte hân
ze beiden sîten ûf dem plân
und wenne er solte werden.
daz wil ich dir ûf erden
bediuten hie mit kurzer sage.
ze phingesten ûf deme tage
sô wirt er an gevangen.
geriten und gegangen
kumt her vil maneger muoter kint.
swaz künige unde fürsten sint
hie dishalp unde jenhalp mers,
die varent her. ein wunder hers
wirt her gefüeret und geholt.
von Malbriûn her Arnolt,
der ûf den turnei sînen rât
gegeben und geboten hât,
und in sol teilen ouch mit kraft,
der wil, daz man die heidenschaft
und die getouften liute gar
misch under ein, sô daz diu schar
der kristen und der Sarrazîn
beide ein ganziu rotte sîn
und man si danne teile enzwei
als ebene, daz der turnei
ze beiden sîten sî gelîch,
wan der heiden künege rîch
von liuten hânt daz wunder,
ob man si gar besunder
liez an die kristen rîten,
daz in ein grimmez strîten
gedige alhie der turnei
unde in wâfenlich geschrei
sich kêrten schimphlîchiu wort.
dâ von ist gar und ûf ein ort
geredet, daz die heiden
belîbent ungescheiden
und die kristen ûz genomen.
126b si müezent schaden unde fromen
sament teilen ûf dem plân.
von Persîâ der soldân,
des muot nâch hôher wirde stât,
den turnei zeiner sîten hât,
und anderhalp der keiser
von Rôme, der niht heiser
an prîse und an den êren ist.
sus hân ich dir in kurzer frist
von der ritterschaft geseit,
wie si gesprochen und geleit
ist her ze dirre veste mîn.
der keiser in der stat sol sîn

12272 diser. 76 sprache. 77 solde. 79 solde. 82 dem. 87 disshalb v. enh. 88 vnders hers. 90 Malbrun. 92 Geben. 93. 94 *umgestellt B.* 93 Vñ der sol in t. auch m. chraft. 94 der] Vnd. 95 taufften. 96 Mische. 99 dann sy. 12300 eben. 03 habent. 05 Liesse. 09 wart. 10 und *fehlt: Pf.* unz. 14 mussen. 15 den. 16 Persia. 15 mut nacher w. 18 Der. 22 Sunst — dar. 25 diser.

mit sîme ritterlichen her;
sô wirt beliben an dem mer
und bî dem wazzer ûf dem plân
von Persîâ der soldân
und al sîn massenie.
vil reine wandels frîe,
noch wil ich dir ein mære sagen.
swenn ez beginnet morgen tagen,
sô muoz ich hundert knehte
nâch mînes landes rehte
ze ritter schône machen.'
Irekel von den sachen
wart vil herzenlichen frô.
zuo Meliûre sprach si dô
'vil schœniu swester ûz erlesen,
sô wil ich früeje bî dir wesen,
wan du vil lîhte danne mîn
bedarft, vil werdiu keiserîn.'

Der rede wart vergezzen.
die frouwen giengen ezzen
mit ein ander dô ze naht.
spîs unde tranc vil manecslaht
truoc man in für nâch ritter art.
126c und dô der tisch erhaben wart,
dô sprach diu schœne Irekel dâ,
si wolte ze dem schiffe sâ
kêren zuo zir dinge,
durch daz kein ungelinge
geschæhe nahtes ir dar zuo.
si kæme wider morgen fruo:
daz seite si der swester dô.
mit disen dingen unde alsô
kam si geslichen alzehant
hin ze dem kiele dâ si vant
Partonopieren inne.
diu werde küneginne
des nahtes sîn ze wunsche phlac.
des morgens, ê der schœne tac
ûf gegangen wære,
dô nam diu wunnebære
den knappen hovelich unde vîn
und fuorte in durch ein türlîn
heimlichen ûf daz castel.
si wart ûf sînen frumen snel
unde ûf sîne wirde.
si wolte in nâch ir girde
mit fröuden wol berâten.
in eine kemenâten
brâhte si den hêren,
durch die des morgens kêren
die knappen alle solten,
die swert dâ nemen wolten,
ûf einen schœnen palas,
ûf dem diu keiserinne was,
ir frouwe, zaller stunde.
und dô der tac begunde
ûf dringen unde nâhen,
dô sach man balde gâhen
die werden jungelinge zuo,
die ze ritter werden fruo
solten, als ir hânt vernomen.
unde dô si wâren komen
126d für die kemenâten wît,
dar în verborgen an der zît
Partonopier der süeze was,
dô wart der schœne palas
ûf enslozzen und diu tür.
nu was Irekel ouch dâ für
bekomen ze dem mâle
und gie dô sunder twâle
mit den knappen in den sal.

12327 Mein sinne pitterl. 34 Wenn. pegunnet. 42 frue. 47 zehant nacht. 48 unde *fehlt*. manecslaht B] maneger slaht. 52 scheffe. 53 zu irm. 55 ir B] *fehlt*. 59 geschichen. 63 phalg. 65 gangen. 66 -bare. 67 hofflich vnd vier. 69 Haimlich. 72 irer. 75 tugent herren. 79 ain schon. 80 chayserleich. 81 zû allen. 87 habt.

dô was ein hundert an der zal
und dar zuo manic ander man,
der in volgen dâ began
durch dienest unde werdekeit.
ir harnasch hetens an geleit
und ûf diu houpt gebunden
ir helme bî den stunden,
als ob si wolten strîten.
nu was ze den zîten
Partonopier gewâpent wol,
sam der ze rehte wesen sol,
dem niht eins riemen bristet.
dâ von wart im gefristet
sîn heil, daz in dô niht verliez.
Irekel schoub in unde stiez
bescheidenlichen under die,
die für in balde drungen hie
mit einer wünneclichen schar.
ein mensche wart des niht gewar,
daz er gemischet drunder was.
si giengen ûf den palas
mit fröuden und mit schalle
für Meliûren alle.

Diu was alrêrst erwachet
und hete sich gemachet
ûf alsam diu rôsenbluot,
diu morgens früeje sich zertuot
engegen des meien touwe.
diu keiserliche frouwe
gesezzen was ûf eine banc:
diu was ûz helfenbeine blanc
127ᵃ geworht nâch hôhem prîse gar.
rîch unde wünneclich gevar
schein ir leben unde ir wât.
si truoc den besten ciclât,
der ie ze Kriechen wart gebriten.
nâch ir lîbe er was gesniten
schôn unde meisterlichen ouch.
er schein ingrüene sam der louch,
dem ab geschrôten ist der kil,
und was dar în von golde vil
tier unde vogellîn geweben,
dâ spæhe lîsten unde reben
gemischet wâren under.
ez lac rîlichez wunder
an dem gewande reine.
vil margarîten kleine
was drûf geströuwet obene,
die glizzen wol ze lobene
ûz dem erwelten golde dâ.
wîz, rôt, gel, grüene, swarz, grâ, blâ
was ir wünneclicher schîn.
blanc unde lûter hermelîn
was ir mantels underzoc.
doch hete si niht wan den roc
an ir des mâles, hœre ich jehen.
dar inne wart si dâ gesehen,
wand er ze wunder von ir gleiz.
die liute machten ir sô heiz
und diu zît vil wünneclich,
daz si den mantel hinder sich
lie vallen durch die küele.
si saz ûf dem gestüele
sam ein erwünschet engel vîn.
ein borte wünnebaren schîn
gap von ir houbte reine,
der schône mit gesteine
ze wunder was gewieret.
127ᵇ dannoch was si gezieret
mit eime schappellîne smal,
gemaht ûz vîol über al,

12402 Irn — heten an. 04 helm̄. 09 rieme. 12 schob. 17 dar vnder. 20 Melawr. 21 *ohne Absatz.* aller erst. 24 frue. 25 Gegn̄. 27 ainē. 28 auff — bain. 34 waz er. 36 jn gr. 37 Ab dem geschorten. 42 reichl. 45 darauff gestrebet. 48 gel grüene *B*] gruen gel. 51 mantel vnterzogen. 52 nit anders. 55 ertze w. 59 den chüele. 61 erbunster engelein. 63 *darauf* So lautter nie chain faine, *vgl.* 12506. 66 Dannach. 68 Gemachet.

der niuwes was gebrochen.
von richeit wart gesprochen
nie sô vil als an ir lac.
des wæhen rockes, des si phlac,
wer möhte des vergezzen?
gesniten und gemezzen
was er in rehter mâze lanc.
er leite sich nâh unde twanc
an ir arme und an ir brust.
dâ niden was er durch gelust
geschrôten alsô rehte wît,
daz manic valte bî der zît
lac unden umbe ir füeze doch.
ir ermel unde ir houbetloch
diu stuonden an den orten
bestellet wol mit borten
gedrungen in der heidenschaft.
von rubîne dran gehaft
wâren kleiniu knöphelîn:
diu gâben rœselehten schîn
ir blanken henden und ir keln.
ein herze nâch ir minne queln
muoste wol von grunde.
diu lûter und diu blunde
truoc einen gürtel umbe dâ,
daz weder hie noch anderswâ,
als ich iu sage ûf dirre vart,
nie sô rîlich borte wart
gespenget und gesteinet.
si selbe saz gereinet
vor aller missewende.
der Wunsch mit sîner hende
der hete si besunder
im selben zeime wunder
gemachet und gebildet.
ir klârheit überwildet
hæt alle frouwen reine.
127c sô lûter nie kein feine
noch kürlicher wart gesehen.
man sach ir lougen unde enbrehen
die minne ûz beiden ougen.
ir schœne sunder lougen
wirt ûf ein ende niht gezelt.
si was erkennet unde erwelt
und alsô gar unmâzen vîn,
daz kein ouge ir liehten schîn
mohte erlîden noch verdolen.
man sach die knappen alle holen
für si manic edel swert,
daz in diu keiserinne wert
solte bî den zîten
stricken umbe ir sîten.

Si kâmen dar gemeine
für die frouwen reine
mit grôzer samenunge.
Partonopier der junge
begunde durch si dringen
und dar nâch balde ringen,
daz er ze vorderst wære
und im diu wunnebære,
sîn âmîe, würde kunt,
alsô daz er si bî der stunt
möhte sehen deste baz.
er kam für si, geloubet daz,
êrst gegangen unde kôs
an ir daz wunder endelôs,
daz an ir lac von klârheit.

12469 Des niuwens. 72 vechen rocks sy da phl. 75 massen. 76 nachen. 79 Goschorten. 82 haubl. 86 dar an. 88 *fehlt: ergänzt B.* 89 hende v. recheln. 93 ain g. 94 daz] der. 95. 96 *umgestellt.* 95 diser. 97 Gespanget. 99 allen — wenden. 12500 seinen henden. 02 selbe zu ainem. 06 luetter. 08 M. sag ir lag vnd enph'n. 21 komen. 23 schamunge. 25 si] die. 27 vordrist. 29 amaye. 30 d. ey pey sy. 31 dester. 33 êrst gegangen *B*] züm erst gangen.

ir schœne durch sîn herze sneit
des mâles und der stunde.
sîn altiu minnewunde
erniuwet unde erfrischet wart
durch die keiserlichen art,
die sîn ouge spürte an ir.
sîn herze, des geloubet mir,
wart beide trûric unde geil.
daz im geschehen was daz heil,
127d daz er si mohte blicken an,
dâ von enphienc er und gewan
wunn unde fröuden rîchen muot.
daz aber im diu frouwe guot
sô tiure was ûf erden,
daz er niht bî der werden
nâch sîme willen mohte sîn,
daz brâhte im angestbæren pîn
und gap im strengen smerzen.
sus was in sîme herzen
leit unde liep gemischet
und altiu sorge erfrischet,
wand in gerou von grunde.
daz er ze keiner stunde
mit valsche wider si getete.
er stuont gewâpent an der stete
und sach si durch die barbel.
ir stirne, ir ougen unde ir kel,
ir nase, ir munt, ir tinne,
ir wangen unde ir kinne,
ir hende, ir arme, ir brüstelîn,
daz allez gap sô reinen schîn,
daz er vil kûme sich enthielt,
daz im daz herze niht enspielt
und im von liebe niht geswant,
wand er vil dicke wart ermant
der triuwen und der hôhen zuht,
die diu vil keiserlîche fruht
geboten hete im âne spot,
ê daz er brach ir hôch gebot.

Waz touc hie langiu teidinc?
Partonopier der jungelinc,
nu daz er vor der lieben stuont
gezogenlîche, sam die tuont,
der muot vil hôher êren gert,
dô bôt er sîn gar edel swert
mit beiden henden ir zehant.
er kniete nider und si bant
ez umbe in ze den sîten.
128a ez wart zuo sîner sîten
gefüeget von ir ebene gar.
si nam sîn tougenlîchen war
mêr danne ir hovediete;
wan dô der süeze kniete
vor dem erwelten wîbe,
dô was er an dem lîbe
sô rehte wunnebære,
daz si des dûhte, er wære
Partonopiere gar gelîch.
si wart an sîner zühte rîch
ermant dô sînes bildes,
dar umbe ir niht sô wildes
wart sô fröuden rîcher sin.
si was vil nâch gevallen hin
von herzenlicher nœte.
mit bleiche wart diu rœte
gemischet an der stunde,
diu von ir süezem munde
und ûz ir wangen lûhte.
des die getriuwen dûhte,
daz was ouch endelichen wâr:
daz bilde ir süezen friundes klâr

12536 smait. 40 -leiche. 45 si *fehlt.* 47 wunden. 49 trewe. 52 -wäre. 61 warbl. 62 ir stirne *B*] *fehlt; Pf. ergänzt* beide. 67 er sich chawn e. 68 n. da sp. 75 taucht h. lang täding. 85 eben. 87 hoffd. 89 erbelte. 93 -pier. gar *fehlt.* 95 da. 98 nachen. 12600 plaich. 01 Gewunschet. 02 suesse. 03 leuchte. 06 pilde res s. frewde chlar.

was in die kemenâten komen.
dar umbe Irekel wart genomen
von ir besunder dort hin dan.
'sich, swester', sprach si, 'dirre man,
der ritter von mir worden ist,
der ist gelîch, daz wizze Krist,
dem herzen lieben friunde mîn.
er hât mit der gebærde sîn
Partonopieres mich ermant.'
hie mite gap si dô zehant
den knappen urloup unde sprach
'ir herren, ich bin worden swach
ein lützel unde ein wênic kranc:
ir sult mich alle tâlanc
hie lâzen ruowen, dêst mîn ger,
und koment alle morgen her,
128b sô bin ich kreftic worden
und mag iu ritters orden
geben hie ze rehte.'
sus giengen dô die knehte
von dan, als in geboten was.
Irekel ûz dem palas
mit Partonopiere trat.
an eine tougenlîche stat
si den hôchgebornen slôz:
in eine kemenâten grôz,
dâ nieman sîn wart innen.
sîn herze was mit minnen
bevangen und mit liebe alsô,
daz er gedâhte dicke dô
'gelebe ich die vil werden zît,
daz sich der ritterlîche strît
erhebet und der turnei,
sô brichet al diu sorge enzwei,
die mîn gemüete duldet.
sît daz ich hân verschuldet,
daz ich nu ritter worden bin,
sô wehset mir ein rîch gewin,
daz ich der beste wirde.
mîn herze und al mîn girde
sint vaste nu gesterket,
daz ich alhie gemerket
hân mîner frouwen bilde.
des muoz mir iemer wilde
belîben zegelîcher sin,
wand ich sô kreftic worden bin,
sît si mich hât geblicket an,
daz ich entsitze keinen man
durch vorhte noch durch dröuwe.
von schulden ich mich fröuwe,
sît ich die lieben hân gesehen,
von der mir ist sô wol geschehen,
daz menschen lîbe ûf erden
baz niemer künde werden.'

128c Sus dâhte in sîme muote
Partonopier der guote
des mâles und der zîte.
er hæte wol mit strîte
ein her bestanden eine.
daz schuof sîn frouwe reine
mit ir klâren angesiht.
ouch kam ir vergebene niht
daz ougen blicken, daz si tete.
si wart beswæret an der stete
von sîme erwelten lîbe,
daz dem vil reinen wîbe
ir wünneclîchiu varwe entweich.
betrüebet unde minnen bleich
leite sich diu guote wider
an ir schœnez bette nider,
daz vil wol gezieret lac.
Irekel diu beleip den tac
bî ir, als ich hân vernomen.

12610 diser. 13 herczen. 21 ruen das ist. 27 danne. 37 werde. 44 wachset. 45 dester peste. 51 ze geleicher sein. 55 drœ. 56 frewde. 59 leib. 60 chunde. 61 Avs. 64 hate. 66 Do s. 68 *fehlt: ergänzt B.* 70 peswaret. 71 seinem erbelten liebe.

und dô diu naht begunde komen
und der hof wart eine,
dô fuorte diu vil reine
Partonopieren alsô dan,
daz sîn weder wîp noch man
wart innen, wan eht Persanîs.
den ritter edel unde wîs
brâhtes in den kiel zehant
und îlte wider in ir lant.

Nu si ze hûse kam hin wider,
dâ lie sich diu vil süeze nider
mit ir gaste reine.
si wurden blôz und eine
sorgen und beswærde.
frôlich wart ir gebærde
und grôz ir kurzewîle,
wan sich mit sneller île
diu zît begunde nâhen,
daz sich wolt ane vâhen
der ritterlîche turnei.
dar umbe ir sorgen stric enzwei
128d gebrochen was vil schiere.
ez wart Partonopiere
schône erboten an der zît.
er nam an sich enwiderstrît
an êren horte vil bejages.
vor der ûfvert eines tages
leite Irekel slâfen sich,
diu juncfrouwe minneclich,
in eine kemenâten wît.
heiz unde schœne was diu zît
von der sumerlichen kraft.
Partonopier gedanchaft
was ûf den turnei vaste.
dem ûz erwelten gaste
stuont sîn gemüete drûf alsô,
daz er niht slâfen mohte dô
noch geruowen zwâre.
dâ von sô gie der klâre
durch kurzewîle zuo dem mer.
dô sich der juncfrouwen her
geleite nider in den sal,
dô kêrte er bî dem sê ze tal
und vant dâ stên ein schiffelîn.
dâ saz der junge ritter în
durch kurzewîle dô zehant.
zwei ruoder sach er unde vant
dar inne bî der stunde,
mit den er dô begunde
hin ûf daz mer geswinde varn,
durch daz er trûren möhte sparn
mit âventiuren eteswie.
nu daz er ûf daz wazzer hie
geschiffet was ân underbint,
dô kam gerüeret dar ein wint
sô starc und alsô rehte quec,
daz er daz schiffelîn enwec
gar über sînen willen treip.
dâ von Partonopier beleip
in sorgen unde in angesten.
die grœsten und die langesten
129a vorhte wurden im beschert.
in truoc daz schif an einen wert,
der in des meres flüete lac.
dâ gie von boumen umbe ein hac,
die frühte und obez bâren.
ein ritter bî den jâren
gesezzen was dar inne,
der hete sîne sinne

12680 pegundet. 85 inne wañ pars. 87 pracht sy. 89 kom. 90 Do l. si dy. 94 Sorg. 96 jn churczer w. 97 sich] si do. 98 wolte an. 12704 in w. 05 harte — pejagens. 06 auffert ains. 08 diu] Vnd. 09 aim ch. 12 *Absatz.* gedenckh. 15 gemued darauff. 17 geruen. 20 sicht. 23 scheffl. 24 Do. 25 da. 28 da. 30 er *fehlt.* 31 etewie. 33 vnteweng. 34 *fehlt: ergänzt B.* 35 queb. 36 scheffl. 39 angsten. 40 langsten. 44 Do — pawm. 47 inc.

ûf zücken unde ûf roup geleit,
daz er vil selten ie vermeit,
swenn im diu state wart gegeben.
verre wîte wart sîn leben
gemerket unde erkennet.
Herman was er genennet
und hiez diu insel Thenadôn,
dar inne er sich ûf roubes lôn
dâ nider hete gelâzen.
sîn wîp und er die sâzen
ûf einer guoten bürge starc.
er was sô grimmeclichen arc,
daz man sîn niht geloubet.
vil manigen geroubet
het er und ouch in tôt geleit.
sîn herze niemer wart gemeit,
wan swenne er einen sterben sach.
den liuten zôch er unde sprach
daz leben abe und ouch daz guot.
vergozzen hete er maneges bluot,
der wider in gewarp doch nie.
swen er begreif und gevie,
der muoste in sîme turne tôt
geligen. sunder alle nôt
begienc er mort unde mein.
an deme lîbe er michel schein
und was unmâzen ellenthaft.
turnei unde ritterschaft
suocht er mit willen unde treip:
dâ von schadehaft beleip
129b vil maneger von der hende sîn.
er was wol halber tiuvelîn
unde ein vâlandes man.
nu daz er künde des gewan,
daz Partonopier was komen
ze sîme werde und er genomen
hæte sîn gelende dâ,
dô kam der übel ritter sâ
von sîner bürge zim geriten.
vil gar nâch zorneclichen siten
vienc er den guoten alzehant.
er slôz in schiere in sîniu bant
und warf in in den turn sîn.
dar inne leit er swæren pîn
und angest maneger hande.
Irekel niht erkande
noch enhete niht vernomen,
war der guote hin was komen
oder waz im was geschehen.
dâ von diu reine wart gesehen
vil trûric an den stunden.
ir fröude was verswunden
unde ir trôst in alle wîs.
Irekel unde Persanîs
den lîp vil sêre quelten
und weinten den erwelten
ritter von gebürte hôch.
ir herze jâmer an sich zôch
und bitterlichez ungemach.
ouch wizzent, daz im dort geschach
ze Thenadôn beswære gnuoc.
dar under sich alsô getruoc
diu zît und ouch diu stunde,
daz Herman sich begunde,
der in gevangen hæte,
mit koste und mit geræte
bereiten ûf den turnei.
er wolte wâfenlich geschrei
dâ stiften unde mêren.
nâch ritterlichen êren
129c ors unde wâpenkleit er nam.
dâ mite reit er unde kam

12749 zwicken. 51 stat wurt. 54 gennet. 62 er hete v. m. g. und auch dar zuo in: *gebessert B.* 64 ymer. 71 seinen. 72 s. an s. 75 enlenth. 82 chundes gew. 85 sa (: da). 87 zu jm. 88 noch. 90 sicher. 92 swäre. 95 het. 12802 Pars. 03 *fehlt.* 04 Waintten vmb den erbelten. 07 *fehlt; ergänzt B.* 08 dor g. 19 unde *fehlt.*

ze Schiefdeire bî den tagen.
Partonopier begunde klagen
die nôt vor allen sachen,
daz er niht solte machen
sîn lop dâ michel unde wît,
und er niht mohte bî der zît
komen an den turnei.
von leide was im schiere enzwei
gesprungen dâ sîn herze.
sîn klägelicher smerze
wart ûf den turnei bitter.
der junge niuwe ritter
grôz jâmer leite an sînen lîp,
daz in daz minneclîche wîp,
diu dâ ze hûs gesezzen was,
hiez füeren ûf den palas
unde in ûz den banden nam.
si lie sîn trûren freissam
erbarmen sich vil tiure.
diu reine und diu gehiure
begunde in frâgen an der zît,
wâ von sîn jâmer alsô wît
und alsô michel wære.
dô sprach der sorgenbære

'Frouwe, ich muoz von schulden klagen,
sît daz mîn heil bî disen tagen
gebrochen ist sô gar enzwei,
daz ich ûf disen turnei
getar niht rîten noch enmac.
ez ist an fröuden mir ein slac
und gar ein grimmeclich verlust,
daz mîn herze in mîner brust
muoz iemer leidic drumbe sîn,
wan ob ich, liebiu frouwe mîn,
niht suoche dise ritterschaft,
129d sô wirde ich armer schadehaft
an aller mîner sælekeit.
mîn heil ist iemer hin geleit
und al mîn fröude erstorben,
erloschen und verdorben
an êren ist mîn zuoversiht,
swie mir helfe niht geschiht
ze disem mâle und der gelimph,
daz ich den ritterlichen schimph
gesuoche und in beschouwe.
dâ von mir, sælic frouwe,
leit unde trûren ist bekant.
ez ist dar umbe alsô gewant,
daz ich getiuret werden
möht iemer ûf der erden,
kæm ich ûf dise ritterschaft.
nu bin ich armer sô behaft
mit angestbæren dingen,
daz ich niht volbringen
mac leider nu den willen mîn,
wand ich muoz hie gevangen sîn
des wirtes unde ouch iuwer.
ein frischer unde ein niuwer
kumber ist mir hie gegeben,
der mich alten unde leben
in sorgen êwecliche lât,
wan des leides niemer rât
mac werden, daz ich lîde,
ob ich den turnei mîde.'

Diu frouwe liez erbarmen sich
sîn grimmez trûren klägelich
und al sîn bitter ungemach.
dâ von diu reine guote sprach
mit minneclicher triuwe
'herr, iuwer klagendiu riuwe

12821 Scheffdawre. 23 von. 31 ûf den] im der. 33 seinem leib. 38 fraisam. 43 ware. 44 sorgenware. 47 sô *fehlt*. 50 schag. 51 so gar. -leich v'lust. 53 darumb l. s. 56 sô] Vnd. 62 hilfe. 63 gelimph *B*] simph. 64 schimph *B*] gelimph. 67 leit unde *fehlt; Pf. ergänzt* michel. 70 der *fehlt*. 71 cham. 72 also. 79 geben. 83 laide. 84 mäide.

beswæret mir daz herze mîn.
und möhte ich sicher an iu sîn,
sô daz ritterlîche spil
130ª genomen hæte ein endes zil,
daz ir wider füeret her,
ich wolte erfüllen iuwer ger
alsô daz ich bî dirre zît
iuch lieze sunder widerstrît
kêren an den turnei.
mir brichet iuwer klage enzwei
mîn fröuden rîch gemüete gar.
ich nime an iu der dinge war,
daz ir von adel sît geborn,
wand iuwer lîp vil ûz erkorn
sô keiserlichen ist getân,
daz ich dar umbe trûren hân,
daz iuwer fröude lît hie nider.
und weste ich, daz ir kæmet wider,
ich lieze iuch rîten alzehant.
ez ist mir leider sô gewant,
daz ich wære ein tôtez wîp,
ob under wegen iuwer lîp
belibe und ouch erwünde;
wan swie der wirt niht fünde
in sînen banden iuwer hie,
sô wære wîp als übel nie
gehandelt, sam er tæte mich.
Herman der ist als griuwelich,
daz mir sîn ouge würde ein hagel.
eim orse binden an den zagel
hiez er mich âne widerstrît.
ich würde von im an der zît
gesleifet, swanne er kæme
und rehte war genæme,
daz ir wærent hin gevarn.
dâ von sô muoz ich iuch bewarn,
wande ich fürhte sînen zorn.
kein man als übel nie geborn
von sîner muoter lîbe wart.
entsæze ich niht die grimmen art,
der ein wunder an im ist,
ich lieze iuch rîten, wizze Krist.'

130ᵇ Antwürte gap der guote
mit jâmerhaftem muote
der rede gâhes unde sprach
'frouw, aller sælden obedach,
ir sprechent wol, daz lône iu got.
wær aber ez niht iuwer spot,
ich wolte iu zeiner sicherheit
beide lâzen triuwe unt eit,
daz ich her wider kæme,
swann êrst ein zil genæme
der turnei und diu ritterschaft.
ê daz ich lieze kumberhaft
belîben iuch durch mîne schult,
ê wolte ich sterben mit gedult,
daz wizzent âne valschen wân.
niht bürgen ich hie leider hân,
dâ mite ich iuch gewisse,
daz sich in vancnisse
mîn lîp her umbe kêre;
wan woltent ir mîn êre,
ze gîsel gæbe ich iu die wol,
und swaz ein ritter haben sol
triuwen unde stætekeit,
daz würde gar für mich geleit
ze phande in iuwer hende,
daz ich in daz gebende
zehant her wider leite mich,
sô volendet hæte sich
der turnei und diu ritterschaft.

12892 euch. 96 wolde. 97 diser. 98 Ew. 12900 klage *fehlt.* 02 euch. 04 wil. 07 daz *fehlt.* 13 erbunde. . 15 ewr. 16 wär chain w. 18 also grawl. 20 Ainem. orse *B*] rosse. 21 an. 23 Geslaiphet wañ er chôme. 26 ew. 30 Entsasse. 34 j. senfften m. 35 redes. 41 chôme. 42 wann. 45 meiner. 49 ew. 50 ich. 53 gebe. die *fehlt.* 55 triuwen *B*] Trewe.

vil sælic frouwe tugenthaft,
dar an gedenkent und gehügent;
sît ir mir wol helfen mügent
von leide an disen zîten,
sô lâzent mich nu rîten
ûf alle mîne sælekeit.
ich setze iu beide triuwe unt eit
ze phande, daz ich wider kume.'
mit disen worten viel der frume
der schœnen für die füeze
und bat die frouwen süeze,
130c daz si geruochte erbarmen
sich über in vil armen
und im ze trôste kæme.
dô sprach diu vil genæme
sunder haz und âne zorn
'wol ûf, ritter ûz erkorn,
swie mir ergê darumbe noch,
sô wil ich âne zwîvel doch,
ritter, lâzen iuch enwec.
mich dunket wol, daz ir sô quec
an êren sît, getriuwer degen,
daz ir belîben under wegen
niht lâzent mich und iuwer zuht.
ich müeste lîden âne fluht
des bitterlichen tôdes pîn,
ob iuch in dem gebende sîn
niht fünde mîn unsælic man.
seht, herre, dâ gedenkent an
und lât mich niht ersterben
noch âne schult verderben
von des grimmen tôdes kraft.
ich wil iuch ûf die ritterschaft
mit hôhen êren lâzen komen.
ein ors vil starc und ûz genomen
wirt iu von mir gelihen dar.
daz ist als ein snê gevar
an hiute und an dem hâre.
sîn ôren beidiu zwâre
sint noch rœter danne ein bluot.
ein swert vil ûzer mâzen guot
und dar zuo stähelîn gewant,
daz beste, daz ie wart erkant,
sult ir von mir gewinnen.
ê daz ir kêrent hinnen,
sô wende ich an iuch mînen vlîz.
daz wâpenkleit ist allez wîz,
daz iu von mir wirt gegeben.
ez ist gebriten und geweben
ûz blanker sîden als ein harm.
130d ouch wirt iu von mir an den arm
ein schilt von rîcher kost bereit,
der ist mit silber überleit,
daz nie sô glanzes niht enwart.
hie mite sult ir ûf die vart
in gotes namen kêren
und sult nâch ritters êren
her wider komen, sælic lîp;
wande ich würde ein tôtez wîp,
ob ir valschhaft wærent,
daz ir diz hûs verbærent
und ir alsô vergæzent mîn.'
'des sult ir, frouwe, ân angest sîn',
sprach Partonopier zehant:
'wan ich her wider in diu bant
mich antwürte bî der zît,
sô der turnei dort gelît
und sô er ist zergangen.
wird ich dâ niht gevangen
noch ersterbet, frouwe mîn,
sô wizzet, daz ich danne sîn
wil âne zwîvel hie ze hûs.

12976 genänc. 83 getrawren. 88 ew. gepande. 90 dâ *fehlt.* 92 an. 93 grimme. 97 euch. 13003 stachl. 05 gwingen. 06 d. cherent von h. 07 ew an. 08 ist *fehlt.* 10 gepirten. 12 euch. 13 richer *B*] wizer. 15 entwart. 18 *fehlt: ergänzt B.* 19 vnd her. 23 vergessent. 28 gelait. 30 Wirt.

sunder vorhte und âne grûs
belîbent, tugentlichiu fruht.
ir wellet an mir iuwer zuht
bewaren unde erzeigen.
dâ von wil ich für eigen
iu dienen nâch getriuwen siten
und got umb iuwer sælde biten,
daz diu gemêret werden
müez iemer ûf der erden.'

Hie mite stuont er ûf zehant.
ors unde stähelin gewant
hiez im diu frouwe bringen.
er wart mit lîhten dingen
bereit nâch wunsche garwe.
blanc unde wîzer varwe
lûhten sîniu wâpenkleit.
nu daz er schône wart bereit,
dô gap der ûz erwelte degen
der frouwen schiere sînen segen
131ª und îlte enwec ûf sîne vart.
in eime schiffe er dannen wart
gefüeret, sô daz mære giht.
iedoch enhete er windes niht,
der in bræhte bî der zît
in sîner frouwen veste wît,
diu Schiefdeire was genant.
dâ von sô muoste er über lant
kêren dô vil rehte.
er bat die schifknehte,
daz si ze stade stiezen
unde in ûz dâ liezen.
daz tâten si dô schiere.
vor einer waltriviere
wart im geholfen an daz lant.
er îlte ûf sînen wec zehant
und kam in einen schœnen tan
als ein gar unmüezec man
geriten bî der selben stunt.
der was im ê gewesen kunt,
wand er dar în vor dicke jagen
kam bî der zît und in den tagen,
dô Meliûr sîn frouwe kluoc
im dannoch holdez herze truoc,
als iu dâ vorne wart geseit.
nu daz er in den walt gereit,
dô sach der junge werde man
fünf knappen komen dort her dan,
die riten wol getâniu phert.
in sîner blanken hende wert
fuort iegelicher dô mit kraft
einen schœnen niuwen schaft,
der mit zinober rôte
sêr unde vil genôte
geverwet was, und hienc dar ane
ein harte wunneclicher vane,
der von zendâle was gesniten.
nâch den fünven kam geriten
ûf eime pherde lobelich
ein ritter guot, der hete sich
131ᵇ von lasterbæren schanden
mit ellentrîchen handen
gereinet und gewischet.
sîn hâr was undermischet
mit grâwen locken rehte,
und schein im rœtelehte
sîn bart, dêst âne lougen.
gar vollich under ougen
und michel an dem lîbe was
der selbe ritter; als ich las,
sô was im ie ze prîse gâch.
im riten ouch fünf ander nâch,

13037 pewaren: *Pf.* bewæren. 42 Muesse. der *fehlt.* 44 stachl. 46 leichten; *Pf.* liehten. 47 p. mit wunschen gare. 54 aim scheff er danne. 56 er *fehlt.* 61 v. schire r. 62 scheffk. 64 dâ *B*] *fehlt.* 65 teten. 69 ain. 70 gar ein. 77 do. 78 rait. 84 *fehlt.* 85 zinopel. 86 vnd vleis vil. 88 hart. 89 zendal. 90 füffen. 93 -waren. 97 mit *fehlt.* graben. 98 in rote l. 99 das ist an l. 13100 vollickleich.

als ich diu mære hie vernime,
der iegelicher neben ime
fuorte ein ros und einen schilt.
an dem was weder zam noch wilt,
er was geverwet sam diu sper
zinoberrôt; des bin ich wer,
daz alliu siniu wâpenkleit
diu selbe varwe niht vermeit.

Er was ein wünneclicher man
und kam gezogen dort her an
vil sanfte, wande im was niht gâch.
fünf knehte vor und fünve nâch
im fuoren, als ich hân geseit.
reht under in enmitten reit
der selbe ritter hôchgemuot.
gar edel und ze wunsche guot
was alliu sîn bereitschaft.
der selbe ritter ellenthaft
Partonopiere zuo gereit
ûf eime phade niht ze breit,
der in truoc an sinen wec.
mit einer süezen stimme quec
bôt er dem grâven sinen gruoz,
sam der tuon ze rehte muoz,
der tugent hât und edelkeit.
gnâd unde danc wart im geseit
von Partonopiere wider.
dar nâch begunde er in dô sider
131c frâgen umbe siniu dinc.
er sprach 'vil werder jungelinc,
von wannen rîtent ir dâ her?
war ist gewant al iuwer ger,
daz sagent mir, vil tiurer helt.
ouch werde mir von iu gezelt
iuwer name an dirre zît.
lât mich hie wizzen, wer ir sît:
daz selbe tuon ich iuch zehant.
mîn name der werd iu bekant
und allez daz geverte mîn.'
'herre, entriuwen daz sol sîn',
sprach wider in der grâve stolz.
'von Thenadôn her in diz holz
bin ich gevaren und geriten.
vil kumbers hân ich dort erliten
und ouch verlüste vil genomen.
swiez aber si dar umbe komen,
vil werder ritter hôchgemuot,
diz ors und diz gesmîde guot
sint mir dâ worden beide.
vil gar ân underscheide
wurden si mir dâ beschert.
alsus hân ich den selben wert
verlâzen unde bin dâ her
gestrichen, wan mîns herzen ger
stât ûf den turnei sêre.
waz sol ich sprechen mêre?
Partonopier bin ich genant
und hân gesuochet disiu lant,
dar umbe daz ich müeze sehen
die ritterschaft, diu nu geschehen
alsô ze Schiefdeire sol.
nu wizzent ir daz, herre, wol,
wâ mîn wille ist hin gewant.
mîn dinc ist iu nu wol erkant
worden ûf ein endes zil.
dâ von ger ich unde wil
iu muoten, ritter lobelich,
daz ir ouch underwîsent mich,
131d war iuwer edel herze stê.
verswîget mir niht langer mê
daz leben, daz ir haltent.
den namen, des ir waltent,
den machent mir ze rehte schîn.'

13108 zawm. 10 zinopelrot. 14 dor. 17 hab. 23 rait. 26 stime. 32 er *fehlt*. da. 35 wann ritten. 37 mir trew'r. 39 diser. 42 wert; *Pf.* wirt. 45 Sp. er wider grafe st. 48 dort *fehlt*. 49 verlust. 50 was. 52 Dises. diz *fehlt*. 53 do. 60 ich *fehlt*. 62 dise. 68 wol *fehlt*. 73 herze] her. 74 lenger. 75 habent. 76 walent. 77 m. reche.

'herre, ich heize Gaudîn',
sprach der ritter ûz erkorn
und bin von Spangenlant geborn,
dâ sint noch mîne friunde gar.
ein ungetoufet wîp gebar
mich und ist mîn vater noch
ein heiden, swie mîn leben doch
kristenlich erkennet sî.
geloubent, ritter wandels frî,
ez sint wol sehs und drîzic jâr,
daz ich getoufet bin für wâr,
und ich der kristenheit geswuor,
wand ich ze Kärlingen fuor
nâch solde zeime strîte dô.
seht, herre, dâ gewarp ich sô
daz ich Appollen mînen got
verliez und allez sîn gebot
mit reinem willen übergienc.
den touf genam ich unde enphienc
an mich dâ kristenlichez leben.
sît hân ich lâzen und begeben
vil gar daz heimôte mîn,
wan ich entorste mêr dar în
gevorschen noch gefrâgen
vor allen mînen mâgen,
die wizzent, daz ich bin getouft.
ich hân der friunde haz gekouft
unde ir êweclichen zorn.
daz gelt ich allez hân verlorn,
daz ich dâ heime solte zern.
dâ von sô muoz ich mich genern
mit schilte beidiu und mit sper.
der zweier ich gelobet her
hân, sît ich von lande reit,
wand ich vil selten ie vermeit
132ª turnieren unde ritterschaft.
ich was dar ûf gedanchaft,
daz ich aldâ bejage mich,
und ouch vil ritter lobelich
ûf disen turnei kêren,
der nu mit grôzen êren
sol ze Schiefdeire sîn.
dâ von sô ger ich, daz ir mîn
geselle dâ geruochet wesen.
ir dunket mich als ûz erlesen,
an lîbe und an gebære,
daz ich des iemer wære
vrô daz ze heile iu komen sol.
benamen ir gelîchet wol
eim ellenthaften ritter,
der ûf die vînde bitter
vermezzenlichen gâhet.
ob ez iu niht versmâhet,
sô kêrent sam mir aldâ hin.
ich hân den willen und den sin,
daz ich mit triuwen harte
ûf iuch dâ gerne warte:
daz selbe tuot ouch ir ûf mich.
waz ob ez gefüeget sich,
daz uns dâ beiden wol geschiht.
herberge hânt ir lîhte niht
enphangen, wande ir fremde sît.
des volget mir an dirre zît,
ich wil iu schaffen rîch gemach.
mir hânt ein schœnez obedach
gewunnen dâ die knehte mîn:
dâ sul wir under beide sîn.'

13178 Gaudein: *so immer.* 87 sex. 89 und *B*] daz. 92 geborb. 96 den touf genam *B*] Dy tauff nan. 97 -leich. 99 haimede. 13200 torste. 04 frewten. 07 haime da. 09 paide. 12 wil. 20 ich *fehlt.* 21 ruchet. 22 vnu'lesen. 24 des *B*] das. 25 vrô *B*] *fehlt.* daz euch ze heile: *umgestellt B.* 26 pey n. 27 Ainem. 30 euch. 31 mir *B*] ir. 34 ew. 35 ir *fehlt.* 38 habt. 40 diser. 41 euch. 42 habn. 43 gewunnen *B*] Gewnden; *vgl.* 13277.

Partonopier der guote
wart in sînem muote
der rede inneclichen frô.
'genâde, herre!' sprach er dô:
'got durch sîner tugende kraft
vergelte die geselleschaft,
der iuwer lîp mich wil gewern.
132b ich sol ouch unde muoz ir gern
von wâren schulden iemer.
gescheiden wil ich niemer
von iu weder lîp noch muot.
ich sol ûf iuch, geselle guot,
warten unde luogen.'
sô heten sich die kluogen
gesellet dâ vil schiere.
Gaudîn Partonopiere
wart holdez herze tragende
und im ein wunder sagende
von hovelichen mæren sider.
daz selbe tet ouch im her wider
der hôchgeborne jungelinc.
ir beider muot und ir gerinc
gelîches willen muoste jehen.
Schiefdeire wart von in gesehen
in harte kurzer wîle.
mit snelleclicher île
kâmen si geriten dar.
ein tal von bluomen lieht gevar
lac dâ bî mit stæte,
dar inne Gaudîn hæte
enphangen wunneclich gemach.
ein herberg unde ein obedach
was ime aldâ gewunnen
bî eime kalten brunnen,
dâ grüene boume stuonden obe.
ein pavilûne wol ze lobe
was im geslagen ûf daz velt,
und stuont vil schône sîn gezelt
mit bluomen und mit grase beströut.
der meie hete dô gevröut
mit der liehten künfte sîn
diu wilden waltvogelîn,
dar umbe aldâ ze prîse
ir süezen sumerwîse
wurden lûte erklenket.
132c si heten sich gesenket
in die schœnen boumes bluot
und liezen süeze stimme guot
des mâles hellen über al.
in disem wunneclichen tal
Gaudîn sich nider schiere
lie mit Partonopiere,
der im die naht vil êren bôt.
des tages dô daz morgenrôt
durch den liehten himel schein,
dô kâmen si des über ein,
daz si bî den zîten
ir knappen liezen rîten
für ûf den niuwen market,
der sêre was gestarket
von koufe, der vil nutzes birt.
die knehte solten einen wirt
in kiesen, der in gæbe sâ
des si dürftic wæren dâ
ze ritterlicher koste.
si wolten ûf die joste
nâch hôher minne lône
bereiten sich vil schône.

13246 gemuete. 47 minnecl. 49 sein tugent. 51 vil. 52 ouch *fehlt*. 60 *darnach* der jm dy nacht vil eren pot, *vgl.* 13297. 61 tragen. 62 sagen. 63 von] Dy. der hovelichen mære? 66 mit. 67 mueste *A*, muesten *a*. 68 jm. 69 harter *A*. 73 mit der state. 74 hate. 75 -leichen mach. 76 Vnd ain herberg obed. 77 da. 80 lone. 81 in *A*. 82 schône *A*, schön *a*. 83 boumen *A*. vnd gras pesträt *a*. 84 gesät. 85 chunste schein. 89 erchannet. 96 Lie da mit. 98 daz *A*: dez *a*. 13300 chumen. 01 *fehlt: ergänzt B*. 05 nucze. 07 Nu erch. gabe. 10 w. sich.

Nu daz die knehte für geriten,
die ritter dâ niht langer biten,
Gaudîn und Partonopier.
zuo der stat schœn unde fier,
diu Schiefdeire was genant,
kâmen si dô sâ zehant,
dâ si vil geste sâhen
zuo rîten unde gâhen
ûz manegem künecrîche.
si bêde vil gelîche
ir ougen blicke niht verlurn,
wan si dâ spürten unde kurn
werder künege ein wunder.
ouch sâhen si dar under
manegen herzogen hôch.
vil grâven unde frîgen zôch
hin zuo dem turneie.
rîch unde maneger leie
schein diu gezierde ir werden hers.
132ᵈ hie dissît unde jenhalp mers
was ir volc gewahsen.
Westvalen unde Sahsen,
Franken, Beier, Swâbe
durch werder minne gâbe
kâmen dar mit hôher kraft.
ouch wart dâ michel ritterschaft
gesehen von Vasconje.
dar kom von Babilonje
der hôchgelobte soldân
und manic rîcher Persân,
der schône diente sînre hant.
der künic von Egiptelant
und der von Iturîe,
mit grôzer massenîe
wurden beide erkennet dâ.
der künic rîch von Libîâ
kam dar mit disen bêden.
ouch fuor dâ hin der Mêden
gebieter unde ir lande vogt.
von Barbarîe dar gezogt
was der künec schône.
ein herre truoc die krône
des rîches in Arâbîâ:
den sach man werdeclichen dâ
zuo gâhen unde rîten.
ouch was dâ bî den zîten
der künic von Syrîe,
und der von Armenîe
brâhte dar vil grôz gedranc.
von Baldac und von Zazamanc
die zwêne künege vuoren dar.
sô was dâ hin mit sînre schar
gestrichen der von Marroch.
diz wâren heiden alles doch
und hete si der soldân
gefüeret dar ûf siges wân,
daz in diu frouwe solte erweln.
nu wil ich iu die künege zeln,
die von der werden kristenheit
133ᵃ ouch riten ûf die heide breit
und ûf daz wol geblüemte gras.
der keiser dâ von Rôme was
hêrlîch unde schône komen
und hete manegen zime genomen,
des krône diente sînre hant.
der künic rîch von Ungerlant
was dâ mit werden rotten.
von Riuzen und von Schotten
die zwêne kâmen ouch aldar.
die fuorten beide in liehter schar

13314 lenger. 17 -dere *A*, -daure *a*. 18 da *A*, dar *a*. 22 beide *A*. 28 unde *fehlt*. 31 der zier. 32 disen v. enhalbs. 35 Peier *A*, Paier *a*. swaben *a*. 36 gaben *a*. 38 dy m. 39 vastonie. 42 ritter. 43 dienten *A*. 47 wurdent *A*. 54 here *A*, her *a*. 57 vnd zu r. 63 zwe. 65 Mo'roch. 66 Do w. 68 Gefueget auff *a*. des siges *A*. 69 erbelten. 70 *Absatz A*. iu *fehlt a*. 72 hait perait. 74 do. 75 Reichleich. 80 rancz.

manegen ritterlichen degen.
der künic rîch von Norwegen
und der von Orchadîe
mit grôzer massenîe
zuo riten unde randen.
der künec von Îrlanden
und der von Tenemarken
fuoren dar mit starken
rotten ûf die grüenen wisen.
ouch wart gesehen dâ mit disen
der künec von Yspanje.
des rîches von Britanje
phleger was dâ hin gevarn.
der brâhte dar in sînen scharn
vil manegen werden Britûn.
dâ was der künec von Arragûn
und der Kärlingære vogt.
von Nafarre dar gezogt
kam ein künec wît erkant.
sô was ouch der von Engellant
komen dar mit hôher kraft,
unde ein künic ellenthaft.
geheizen von Secilje.
koufliute von Marsilje
kâmen dar mit sîme her,
die den market bî dem mer
zierten mit ir krâme guot.
vil werder fürsten hôchgemuot
133b begunden sich dâ dringen.
der herzog ûz Lutringen
und der von Normandîe
mit liehter massenîe
wurden schiere dâ bekant.
ein fürste rîch von Brâbant
fuor ouch dâ hin durch hôhen prîs.
von Andehs der markîs
und ûz Ôsterlant geborn
ein edel herzog ûz erkorn,
die zwêne liezen sich dâ spehen.
von Düringen wart ouch gesehen
der rîche lantgrâve dâ,
mit dem geriten was von Plâ
der voget werdeclichen dar.
si fuoren beide in einer schar
gelîch den minne gerenden.
von Merân und von Kerenden,
von Brandenburc, von Missenlant
vier hôhe fürsten wît erkant
den werden fuoren dâ gelîch.
von Rîne ein phalzgrâve rîch
und manic herzog ûz genomen
was hin ze Schiefdeire komen
nâch vil werdeclicher art.
diu stat beherberget wart
von gesten und daz wîte velt.
der keiser hete sîn gezelt
einhalp geslagen zuo dem mer.
dâ lac er und der künege her,
die von der kristenheite gar
rîliche wâren komen dar.

Gedecket wart der heide grien,
wan man dâ wunneclichen spien
manic liehte pavilûn,
diu beide rôt, wîz unde brûn,
blâ, gel unde grüene was.
ûf eine schœnen palas
lac der soldân in der stat,
133c den in diu keiserinne bat
dâ haben in der veste.

13394 rich *fehlt*. 85 Arch. 89 von *fehlt*. 91 gruene. 93 Hisponie. 94 in Br. 97 Britan. 98 der *fehlt*. Arrogan. 99 Und] von *a*. Kerlingere *A*. 13400 Naforie. 03 chom. 06 Cecilie *A*. 07 sinem *A*, irme *a*. 09 chramen. 10 werden *A*. hocher muet *a*. 15 do. 18 marckreis. 21 turgingen. ouch *B*] *fehlt*. 24 -leicher. 27 dem. 29 vnd von. 30 hochen. 32 von *B*] vom. 36 -beget. 38 het hete sine zelt. 39 Ain hab. 41 -hait. 43 dy h. gruen. 44 man *fehlt*. spuen. 47 plab, gell. 50 jm. 51 haben *B*] hihen. de v.

swaz mit im hôher geste
was von künegen dâ komen,
herberge heten die genomen
innerthalp der mûre,
als ez von Meliûre
wart geboten an der zît.
si saz ûf eime turne wît,
der an der bürge ob eime tor
stuont vil wunneclîche enbor;
dar ûf was si gegangen
mit jâmer umbevangen,
durch daz si dâ gesæhe
wem daz heil geschæhe,
daz er gewünne gar den prîs.
Irekel unde ouch Persants
die sâzen ir dô nahen bî.
geweinet hetens alle drî
sô vaste und alsô sêre
nâch Partonopêre,
daz in ir liehtiu varwe
und ouch ir schœne garwe
von leide was entwichen.
si wâren harte erblichen
durch daz er solte sîn verlorn.
die siben künege hôchgeborn,
die dâ solten schouwen
wer die vil werden frouwen
gewünne dâ mit sîner kraft,
die wâren ouch vil samenthaft
gesezzen ûf des turnes wer.
der heiden und der kristen her
wolten gerne si besehen.
ir namen wil ich iu verjehen:
der eine der hiez Cursanz,
und der ander Germanz,
und der dritte Ansins
und der vierde Clârins
und der fünfte Cursabris
133d und der sehste Grundalis
und der sibende Arnûs.
si sâzen ûf dem wîchûs
durch warten und durch luogen,
wen si nâch ritters fuogen
turnieren schône sæhen.
swem si des lobes jæhen,
der solte bî den stunden
die liehten und die blunden
keiserinne wol getân
erworben zeime wîbe hân.

Nu daz enbizzen wâren
die werden und die klâren
bî dem mer und in der stat,
ir aller wille si dô bat,
daz si kêrten ûf daz velt.
dâ wolten si durch lobes gelt
begân die vesperîe.
mit sîner massenîe
was geriten ûf den plân
von Persîâ der soldân,
durch daz er dâ vertæte
mit sîner hende stæte
ein sper des mâles oder zwei.
sîn krie er dâ vil lûte schrei,
ob iemen wolte stechen
und einen schaft zebrechen
durch die keiserinne dâ.
keiner engetorste jâ
sprechen noch geruofen,
wan sîne krefte schuofen,
daz maneger in dâ sêre entsaz.
kein heiden was gestellet baz

13454 *fehlt.* 59 ain. 61 gangen. 62 vnd mit v. 63 daz das sy s. 64 wenn. 66 Pars. 67 suessen. dô *fehlt.* 69 so s. 70 -piere. 79 dâ *fehlt.* 80 samenh. 84 euch. 89 fuffte. 94 Weñ — ritter. 96 wem. 13502 die *vor* klâren *fehlt.* 08 massanie. 13 Daz spere. 15 ieman. 16 ainem. 18 getorste. 19 ruoffen. 20 chreffte.

an lîbe und an gebâre
dann ouch der selbe klâre
heiden ûf dem velde schein.
veste alsam ein marmelstein
was er an ritters muote.
sîn edel herze bluote
gar in keiserlicher tugent.
er hete dar von kindes jugent
134a getragen ie der êren kranz.
er was geheizen Floridanz
und schein des lîbes gar ein helt.
vil ûz erlesen und ûz erwelt
was sîn ors, daz er dô reit.
durchliuhtic fuor sîn werdekeit.
diu niht an hôhem prîse erlasch.
gefüeget was sîn harnasch
als ein lûter mîol.
reht alsam blâwe viol
wâren sînin wâpenkleit
geweben nâch ir edelkeit
ûz palmâtsîden reine.
von margarîten kleine
was ein netze drîn getragen,
unde ûz golde drûf geslagen
vil manec bilde, daz gelîch
was einer küneginne rîch,
diu zepter unde krône treit.
vil hôher koste was geleit
an sînen blâwen niuwen schilt.
gesteines gnuoc, des mich bevilt,
was drûf geströuwet obene.
ein bilde wol ze lobene,
gestalt nâch einer frouwen,
lie sich nâch golde schouwen
in dem velde lâsûrvar.
ûf einen helm gefüeget dar
was ein wîplich houbet
von silber, daz beroubet
was aller itewîze.
von meisterlichem vlîze
gap er durchliuhtigen schîn.
sîn krône was ein glanz rubîn,
sîn har schein als gespunnen golt.
der soldân ûf der minne solt
wolte ein vrouwen ritter wesen,
dâ von sîn kleinœt ûz erlesen
was âne missewende.
er hete in sîner hende
ein bilde alsam der minne got,
134b vil wol geblüemet âne spot,
der vert ûz sîme trône
und an gebunden schône
gevider hât durch vliegen.
er hielt ân allez kriegen,
wande er was sô küene,
daz ûf der heide grüene
kein ritter dâ justieren
getorste mit dem fieren,
der sô fries muotes wielt.
nu daz er luogend alsô hielt,
ob iemen wolte stechen,
dô kâmen ouch die frechen,
Gaudîn und Partonopier.
die riten alsam wildiu tier
tobend allez umbe sich,
ob iemen alsô ritterlich
wær ûz der heidenschefte dâ,
der mit ir eime wolte sâ
justieren durch die minne
der werden keiserinne.

13523 gepäre. 24 ouch: *Pf.* joch. 25 *fehlt: ergänzt B.* 26 als. 40 hech als ain pl. 42 Gebeben. 46 darauff. 52 vilt. 53 darauff gestrabet. 58 aim. 59 Wais. 62 -leichen. 63 -leichten. 64 glanzz'r. 65 Vnd schain sein har alz gespün g. 68 chlainate. 69 ain. 71 *fehlt: ergänzt B.* 72 vil *B*] der. 75 vliechen. 79 heiden. 80 den. 83 ieman. 86 alsam wildiu *B*] als ain wildes. 87 vmbe alles. 88 ieman. 89 Wäre — haidenschafft. 90 m. jm ir ainĕ.

Rehte alsô dô diz geschach,
daz er si zwêne komen sach
durch stechen zuo dem plâne,
dô hielt bî dem soldâne
ein fürste, der hiez Kursis,
der ouch ûf werdeclichen prîs
het allen sînen muot geleit.
die zwêne ritter wol bereit
zuo rîten er geswinde sach.
dar umbe er zuo dem künege sprach
'ich sihe dort zwêne ritter komen
sô kürlich und als ûz genomen,
daz man si prîsen drumbe sol.
man spürt an ir gebærde wol,
daz si jostieren suochent.
nu dar, ob irs geruochent
und ob sîn iuwer herze gert,
sô kêrent in engegenwert,
erwelter künic reiner.
sô wirt zehant ir einer
134[c] mit iu justieren ûf dem plân.'
alsô began der soldân
mit ellenthaften henden
daz ors hin umbe wenden
Partonopiere engegenwert.
der bete sîn ouch dô begert,
als uns dis âventiure jach.
er kôs wol an im unde sach,
daz in sîn herze meinte:
dâ von er im erscheinte
dâ wider ouch den willen sîn.
daz wâpencleit gap liehten schîn,
daz er des mâles fuorte.
sîn ors er balde ruorte
mit grimmen unde scharphen sporn.
der werde soldân ûz erkorn
daz selbe gar mit willen tete.
zein ander flugens an der stete
vil gâhes unde alsô gerade,
sam wellen, die zuo deme stade
schier ûf dem mer geschozzen sint,
sô si der wilde sturmwint
an sîner tobeheite jaget.
sam zwêne riter unverzaget
wurben si nâch prîse.
die siben künege wîse,
die dâ mit Meliûre
kâmen ûf die mûre
durch warten unde luogen,
die sâhen, daz die kluogen
und die werden jungen
nâch êren bêde rungen,
sam die tugende rîchen tuont.
Partonopiere bî gestuont
Cursanz mit der rede sîn,
und dem soldâne Clârîn,
wan si dâ beide sâzen
und ir gebærde mâzen
mit herzen und mit ougen.
'diu rede ist âne lougen',
sprach der künec Cursanz,
131[d] 'der mit dem wîzen schilde glanz
gesige an dem soldâne.'
'sô bin ich in dem wâne',
sprach wider in Clârîn iesâ,
'der soldân mit dem schilte blâ
stech abe den wîzen ritter.
swie frevel unt swie bitter
sich der selbe dunke noch,
er wirt von im gevellet doch.'

Sus sâzen si dâ kriegende,
dô zuo zein ander fliegende
kâmen dise beide.

13593 als. gesach. 94 er *fehlt*. 13601 Zwe — geswinde. 02 ze. 03 sich. 04 als] so. 05 darumbe. 11 Vnd erbelter. 13 iu *fehlt*. den. 14 pegund. 18 dô *fehlt*. 19 disew. 21 jm. 32 die *fehlt*. 36 vnuerzaht. 39 dâ *fehlt*. 46 bi gestuont] pey der stund. 51 hercz. 58 schide.

ein rinc wart ûf der heide
gemachet unde ein wîter rûm.
daz rôte bluot für wîzen schûm
hiewens an den zîten
den orsen ûz den sîten,
dô si zein ander fluges riten.
vælieren wart von in vermiten,
wan si trâfen nâch ir ger
sô vaste ein ander, daz diu sper
kluben sich ze sprîzen,
daz dâ von die wîzen
schiveren in die lüfte flugen.
si ranten für sich unde zugen
diu ros her wider ümbe.
zwei sper ân alle krümbe
lêch man in aber beiden sâ,
daz eine blanc, daz ander blâ
*
*
*
*
*
dâ von der soldân bî der zît
hiez im dâ geben einen schaft,
der veste wære an sîner kraft
unde ein lützel grœzer schîne.
der wart im dâ geboten hine
von eime künege schiere.
Gaudîn Partonopiere
135a gap ouch ein michel sper zehant,
dâ mite er balde kam gerant
hin an den künec von hôher art,
der im begegent ûf der vart
als ein helt, der lobes gert.
in traf der küene grâve wert
ûf den schilt niuw unde glanz,
daz im ein loch wart unde ein schranz
dar în gemachet harte wît.
daz galt im an der selben zît
der hôchgeborne Sarrazîn.
daz ors er mit dem zoume sîn
hin wider umbe kêrte.
der küene und der gehêrte
begunde ez houwen mit den sporn,
dar umbe ez dô durch sînen zorn
lief balde sam ein snellez wilt.
Partonopieren ûf den schilt
der heiden sô geswinde stach,
daz der gesteinte borte brach,
dâ mite er was geriemet wol,
und daz der schilt gezierde vol
wart dâ gevellet ûf daz gras.
Clârîn, der ûf dem turne was
unt dem soldâne bî gestuont,
der tete, als alle die noch tuont,
der sin ze spotte gerne stât,
swenn ez den liuten übel gât,
den si niht gunnen guotes.
er wart vil hôhes muotes
durch den ungefüegen stich.
er kêrte zuo Cursanze sich
des mâles und der stunde.
mit lächenlichem munde
sprach er in spotte wider in
'her künec, friunt, nu sehent hin
wâ der wîze schilt nu sî,
dem ir dâ stênt sô vaste bî
mit lobelichem prîse.
135b er lît in kranker wîse
und anders danne er solte.
swer in hie koufen wolte,
der fünde guoten market sîn.

13668 Do rot. für] dem. 71 zu ein. flugēs. 72 Vellieren. 74 aneinander. 75 speiczen. 77 lufften. 81 beiden *fehlt.* 82 Der — der. 83 *in der Hs. leerer Raum für 4 Zeilen.* 90 wære] was. 91 schaine. 93 ainen. 96 mit. 98 jn. 13702 D. jn ain. 12 Partonopier. 14 D. er g. porten. 15 gerimet. 20 alle *fehlt.* 21 sin] sein. 22 Wann. 25 den] seinen. 28 -leichen. 33 lobleichen. 37 guete markte.

sîn blanker wünneclicher schîn
hât swache wirde an sich genomen.
von sînes herren arme komen
vil schamelîche ist er ze fuoz:
justierens er sîn âne muoz.'

Cursanzen müete dirre spot.
er dâhte 'friunt, nu welle got,
der edel und der süeze,
daz ich noch hiute müeze
schimphen ouch des schiltes blâ.'
der rede wart geswigen dâ,
wand ir ein ende was gezilt.
Partonopiere ein ander schilt
von Gaudîne wart geholt,
der ouch geverwet âne golt
was vil reine silberwîz.
der mâler hete sînen vlîz
mit hôher koste ûf in gewant.
Partonopier nam in ze hant
und îlte wider ûf den plân.
und ê daz dô der soldân
wart an die jost gerihtet,
dô hete sich verslihtet
ein ritter, der hiez Herman,
daz er Partonopieren an
vil herteclichen rante
und er si zwêne erwante
der joste, der si phlâgen.
er wolte sich dâ wâgen
durch Meliûren gerne.
von silber manic sterne
zierte sîniu wâpencleit,
der vil mit flîze was geleit
ûf einen brûnen samît.
er kam geriuschet an der zît
135c an den grâven ûz erwelt.
und dô Partonopier den helt
justieren im engegen sach,
dô reit er ûf in unde stach
den selben ritter sô zehant,
daz er ûf daz geblüemte lant
ab dem orse nider flouc
und einen val dâ niht erlouc
ûf den vil wünneclichen plân.
ein ander heiden, hiez Lugân,
der wolte in hân gerochen.
dô wart er ouch gestochen
von Partonopiere sider,
daz er von dem orse nider
kam, dêst âne lougen.
dem soldân vor den ougen
nam er einen gæhen sturz.
dô wart des küneges fröude kurz
und al sîn hôhiu wunne smal,
wand ez in müete, daz der val
im sô rehte nâhe ergienc.
ein sper begreif er unde vienc,
mit dem er aber schiere
vlouc Partonopiere
ze dem vierden mâle engegen.
ûf und ze tal geswinde regen
begunde er beide schenkel
und machte bî dem enkel
die sporen mit dem bluote naz,
daz sînem orse, ûf dem er saz,
wart von im ûz gehouwen.
dô diz begunde schouwen
der küene grâve dâ von Bleis,
dô kam der werde Franzeis
im engegen ûf der vart.
sîn ors mit hôher krefte wart

13740 herzen. 42 Justiren. 43 cursancz. disen. 59 joste. 60 h. er s. verschliht (: geriht). 63 rante] muete. 67 D. dy Melauren gern. 68 stern. 69 Zierten. 70 vil] wol. 72 geruschet. 74 den *B*] der. 77 also. 79 flog. 80 erlag. 82 der hies. 83 in *fehlt*. 87 das ist. 88 den s. 91 wunden. 93 nahen. 97 gegen. 13808 ors auff der mit.

ûf einen gæhen louf gewenet.
gestrecket wart im und gedenet
sîn verch und al sîn âdern.
gelîch den herten quâdern
was er veste in rehter nôt.
135d ze stiche er sich mit nîde bôt,
des bin ich endelichen wer,
wand er den soldân mit dem sper
traf an den gezierten helm
sô vaste, daz er in den melm
was nâch gestrûchet hinder sich.
geloubet, daz der selbe stich
den künec sô betoubte,
daz er mit dem houbte
für swenket, als er wære
sinn unde witze lære.
Cursanz, als er diz gesach,
mit fröuden er dô schiere sprach
zuo Clârîne disiu wort
'herre künec, beschouwet dort,
waz iuwer soldân welle tuon.
er vert alsam ein toubez huon,
daz balde nider strûchen sol.
der wîze ritter hât sich wol
an im des schaden sîn erholt.
er koufet hôher êren solt
und ist der beste alhie gewesen.
kein ritter ist als ûz erlesen
noch als edel ûf dem plân.
er hât ez hiute alsô getân,
daz man im lobes sol gejehen.'
nu daz diu rede was geschehen,
dô fuorte mit dem zoume sîn
Partonopieren Gaudîn
ûz dem ringe noch enlie
niht langer in justieren hie
mit dem soldâne wîse.
nâch wirdeclichem prîse
wolte er selbe ouch ringen sâ.
von Lœfen hielt ein fürste dâ
nâch wunsche wol gezieret,
mit deme gejustieret
Gaudîn der küene wolte hân.
dô liez ûf in des mâles gân
der künic von Sirfe.
dô sich der wandels frîe
136a Gaudîn dar ûf begunde wegen,
daz er jostierens wolte phlegen
mit dem vil werden herzogen,
dô kam der künec her geflogen
als ein wol gezieret man
und reit vil ungewarnet an
den werden helt Gaudînen.
er liez an im erschînen,
daz er ein frouwen ritter hiez,
wand er in niht vor wizzen liez,
daz ûf in dô sîn wille stuont.
er kam alsam die werden tuont,
der muot ie nâch der minne streit.
gebildet was sîn wâpenkleit
alsam die wæhen ziechen.
ein samît rôt von Kriechen
sîn kursît und sîn decke was:
mit sîden grüene alsam ein gras
und ouch mit golde lieht gevar
wâren si ze wunsche gar
von wîbes henden wol zernât.
nieman erkante sîne wât
von sînes herzen tougenheit.
entwerhes kam er unde reit
urschiltes ûf Gaudînen,
alsô daz er den sînen

13809 einem gahen. 10 Gestercket. 15 Daz. endeleicher. 18 dem. 19 nachen. 20 selbig. 25 gesach. 26 er dô schiere *B*] sch. er do. 28 Her. 29 eur. 30 als ein touber. 33 der schäden. 37 den. 38 als. 39 lehen. 41 zwaine. sîn *B*] hin. 42 pier. 44 lenger. 45 sald. 48 loffen. 56 wolde. 62 ausersch. 66 als. 67 ie *fehlt*. 69 Alz sam ziehen. 70 somet. 71 chursig. 72 als. 73 l. var. 76 erkande.

stach nider herticlichen gar.
ê daz er würde sîn gewar
und in gesæhe, dô was er
einhalp ûf in gesiuset her
und valte in ûf den anger dô.
mit disen dingen unde alsô
kam nider an daz grüene gras
Gaudîn, der ê vil selten was
von keinem man gevellet.
sîn ors was wol gestellet,
daz fuorten hin die Sarrazîn.
nu daz in der geselle sîn
Partonopier dâ ligen sach,
dô reit der edel unde rach
136b den süezen und den guoten.
den rîchen hôchgemuoten
künic von Sirie
den stach der wandels frîe
dâ nider ûf den grüenen plân.
sîn ors schœn unde wol getân
Gaudîne er schiere brâhte,
dar ûf der wol bedâhte
gern unde williclichen saz,
und wart dem werden künege daz
erwelte ros vil ûz erlesen,
daz ê Gaudînes was gewesen.

Sus wâren dô ze wehsel komen
mit den orsen ûz genomen
Gaudîn und der künic fier.
dâ von der helt Partonopier
vil hôhe wart gerüemet.
sîn prîs fuor dâ geblüemet
mit wirdeclichen dingen.
der künec von Kärlingen,
sîn neve, lobte in sêre gar.
der hete sîn genomen war
unde erkante sîn doch niht.
er jach, er hæte in sîner pfliht
vil manheit unde milte.
von sîme blanken schilte
wart êren vil gesprochen.
er hete alsô gestochen,
daz man im werdekeite jach.
vil maneger ûf der heide stach,
der wol nâch hôhem prîse ranc.
doch was ir aller wunder kranc
dâ wider sîme namen hôch.
nu kam der âbent unde zôch
diu naht vil snellicliche zuo.
des wart biz an den morgen fruo
gespart daz ritterlîche spil.
tambûren und pusûnen vil
wart erschellet ûf dem plân,
dar umbe daz man solte lân
136c daz stechen und die ritterschaft.
die werden geste samenthaft
liezen anger unde velt.
si kêrten alle in ir gezelt
und in die stat vil wünneclich.
Partonopier der huop ouch sich
von dan und der geselle sîn.
er und der werde Gaudîn
riten beide von dem wal
und îlten in daz bluomen tal,
dar inne die vil stæten
herberge enphangen hæten.

Und dô die zwêne wol gesiten
für den hôhen turn geriten,
dâ Meliûr was inne,
diu blunde keiserinne,

13883 gesache. 84 ûf in *B*] *fehlt.* gesuset. 89 mane. 97 chunigen. 98 wandel. 99 gruen. 13905 vil *fehlt.* 12 fur dy da. 17 erkande. 23 D. nieman. 24 haiden. 25 hôhem *fehlt.* 27 seinen. 29 vil *fehlt.* 32 Taub. 36 samenhaft. 40 der *fehlt.* 43 dem *B*] der. 45 Darine. 48 ritten. 49 Dar. 50 pluede.

dô wart in wol gezartet.
Cursanz het ir gewartet,
wand er in guotes gunde.
mit ruome er si begunde
flôrieren dâ biz ûf ein ort.
er sprach 'die zwêne koment dort,
der hant sich hiute lobes vleiz.
got riuwe, daz ich niht enweiz
ir namen und ir künne rich.
kein ritter ist in hie gelich
gewesen ûf dem grüenen plân.
si hânt daz beste noch getân,
des müezen wir in alle jehen.
got lâze in beiden wol geschehen:
vil wol hânt si verdienet daz.'
Clârîn gevienc der rede haz
durch sînen wandelbæren sin.
'lât sehen', sprach er wider in,
'wie si ze jungest werben.
jô mac ir lop verderben
ê daz diu ritterschaft zergê.
swie vaste ez nu geblüemet stê,
sô mac ez doch hie werden kranc.
man sol des dinges anevanc
besehen und daz ende.
prîs oder missewende
136[d] lît ze jungest an dem zil.
vil maneger an dem zabelspil
von êrst gewinnes wirt gewon,
der mit verlüste gêt dervon.'

Hie mite was diu rede hin,
die si dâ triben under in
von den gesellen tugentsam.
Partonopier geriten kam
ze hûse mit Gaudîne,
daz mit der bluomen schîne
vil schône stuont gezieret,
bestecket und gewieret
mit loubegrüeme rîse.
vil keiserlîchiu spîse
und edel tranc was in bereit.
dâ wart ez nâch ir werdekeit
in ze wunsche wol erboten.
wiltbrât gebrâten und gesoten
gap man den tugende rîchen dô.
Gaudîn Partonopieres frô
was von herzen unde geil.
in dûhte gar ein hôhez heil,
daz er im gesellet wart.
durch sîne tugende rîchen art
und die vil grôzen schœne sîn
truoc im der werde Gaudîn
stæt unde ganze triuwe.
nu was ûf leides riuwe
Partonopier alsô gewent,
daz er den âbent gar versent
nâch sîner frouwen minne saz
und vil harte wênec az,
swie vil man im dâ für getruoc.
Gaudîn dâ von beswæret gnuoc
wart in sîme herzen.
des werden grâven smerzen
erkante er niht ze rehte dô.
daz in diu minne twanc alsô,
daz was im ein verborgen dinc.
er bat den süezen jungelinc
137[a] vermîden allen swæren sin.
'geselle', sprach er wider in,
'geruochent iuwer ungehabe

13953 vil g. 54 rume. 57 Dy habñ. 58 ich *fehlt.* 59 künne *B*] chunens. 61 den — plane. 62 haben. getane. 63 wer — allen. 65 haben. 66 vervienngen. 67 wandel waren. 69 verwern. 72 Wie. 79 gewines wert. 84 -pierñ. 86 Dar m. 89 loube grume. 94 Wilpr. 95 dem tugent r. 14000 tugentreiche ardt. 03 State. 08 wênec *B*] ain w. 09 trueg. 10 gesw. 13 Erkande. 15 verborgenz. 17 alle swäre sein.

und alle sorge lâzen abe:
iu ist gelungen hiute wol,
wand iuwer heil sich mêren sol,
dâ von iu morgen baz geschiht.
ich hân des rîche zuoversiht,
ê disiu ritterschaft zergê,
daz iuwer dinc ze wunsche stê,
wan ir werdent hie gewert
swes iuwer edel herze gert
und über daz noch liebes mêr.'
'owê!' sprach dô Partonopêr,
'würde erfüllet hie mîn gir,
sône gerte ich niht, daz mir
gelünge baz, geselle kluoc.
jô diuhte mich sîn rehte gnuoc,
vil hôchgelobter man, hie mite,
geschæhe daz, des ich hie bite.'

Sus gieugen si dô slâfen.
ir harnasch unde ir wâfen
heten si von in geleit.
si pflâgen nâch ir müedekeit
vil ruowe unz an den morgen fruo.
dô wurden si bereit dar zuo,
daz si dâ langer niht enbiten.
si kêrten aber unde riten
für die stat hin ûf den plân.
dâ sanc ein werder kapelân
in eime gezelte messe
der kristenlichen presse
vor allem ungelouben frî.
si zwêne stuonden ouch dâ bî
mit reinem willen stæte.
nu man gesungen hæte
nâch vil gotelicher art,
der turnei dô geteilet wart,
137ᵇ daz kristen unde heiden
beliben ungescheiden,
wan man si mischet under ein,
durch daz kein strît dâ von in zwein
sich hüebe noch kein slahte,
der wendic lîhte mahte
der frouwen minneclichen solt.
von Malbriûn her Arnolt
den rât bescheidenlichen gap,
daz man die Sarrazîne wap
hin under die getouften schar.
nu si gemischet wurden gar
zein ander ûf der heide,
sô daz kein underscheide
wart von in gehalten,
dô wurden si gespalten
und in zwei ganze teil geschart.
der kristen und der heiden wart
beidenthalp gelîche vil.
an dem ritterlichen spil
enweder teil wart minre:
daz ûzer und daz inre
niht eines mannes heten mê.
kein turnei weder sît noch ê
wart als eben ûf geleit.
daz kam dô zeiner sælekeit
in allen und ze heile.
eime ietwedern teile,
ê daz turnieren dâ began,
wurden zwêne houbetman
besunder ûz bescheiden,
die kristen unde heiden
niht strîtes liezen walten.
den turnei muoste halten
der soldân zeinre sîten,
und wielt sîn an den zîten

14020 sorgen. 23 gesicht. 28 pegert. 29 d. liebers. 32 son *A.* gert *A a.* 33 Gelunge *A a.* 34 duhte *A.* 36 hie *fehlt.* 39 si *fehlt.* 40 nâch *fehlt.* 43 lenger. 46 Do. 47 ainem. 48 -leiche *A.* 52 hate. 53 gotl. 57 vnde man *A.* 59 slahte *fehlt A.* 62 -brun. 65 die *fehlt.* 67 haidē. 68 -schaiden. 70 Da *A.* 73 -halben gl. 80 czn ainer. 82 eim *A.* In *a.* 83 ê *B*] *fehlt A a.* 86 dy h.

nüt im ein künec ûz erkorn,
der was ûz Spangen lant geborn.

Si zwêne mit ir liehten schar
137c des mâles werdeclichen gar
wurden in die stat geleit.
diu veste michel unde breit
was ir litze und ouch ir fride.
si wolten beide ir starken lide
nâch prîse lâzen ringen.
der künec von Kärlingen
und der keiser ellenthaft
daz ander teil der ritterschaft
solten halten in ir pflege
und ûf des grüenen plânes wege
lêren si daz beste.
si zwêne für die veste
wurden ûzerhalp geleit
zuo dem mer wît unde breit
under boume ûf grüenez gras.
der künec von Kärlingen was
der keiserinne wunnesam
von herzen vîgent unde gram,
durch daz er wânde hân verlorn
von der frouwen hôchgeborn
Partonopieren sînen mâc.
des wart er an des meres wâc
geleit mit hôher witze.
sîn fride und ouch sîn litze
was ûzerhalp der mûre.
der schœnen Meliûre
ze wîbe er niht engerte.
jô suochte er unde werte
die ritterschaft wan durch verlust
und truoc den willen in der brust,
möht ez sich wol gefüeget hân,
er hæte ir eteswaz getân,
daz si betrüebet hæte gar.
nieman gefüeret hæte dar
sô manegen ritterlichen degen.
er hete sich ûf strît gewegen,
wand er der schœnen was gehaz.
dâ von in Meliûr entsaz,
daz reine wîp vil ûz erlesen,
137d und liez in bî dem keiser wesen
ûzerhalben an dem mer.
Partonopier wart in ir her
geteilet unde Gaudîn.
si muosten in der rotte sîn,
der si pflâgen beide
mit êren ûf der heide.

Nu daz die geste rîche
den turnei sus gelîche
geteilet hæten under in,
dô wart geleit dar ûf ir sîn
unde ir willeclich gedanc,
daz ie der man ein wênic tranc
und az ein edel mursel.
dar nâch si beide wurden snel,
daz si kêrten ûf den plân.
von Persîâ der soldân
ûz der veste kam gezogt;
sô reit der keiserliche vogt
im engegen von dem mer.
ir zweier küneclichez her
und ir zwô schœnen parte
gezieret wâren harte
mit sîden und mit golde lieht.
von Endlân, von Ûztrieht,
von Kriechen und von heidenlant
was in ze stiure dar gesant
vil manic edel samît.
die werden künge in widerstrît

14093 Si *A*: Dy *a*. 97 letze. 14103 haben. 08 mere *A*. 10 kerlingen *A*, charling *a*. 11 wunes. 20 schône. 22 svoht *A*. 23 wan *B*] *fehlt A a*. 26 het er *A*. 35 -halb. 44 ir] sein. 46 weinic *A*. 47 Vnd daz *a*. murzel *A a*. 54 zway — leich. 55 V. in zepeschawen p. 58 v. E. und auschriecht *a*.

hæten sich gegestet
und an ir lîp gebestet
tiur unde seltsæne wât.
der purpur und der pfliât,
der zendâl und daz paldekîn
die bâren wunneclîchen schîn
ir liehten ougen reine.
daz golt und daz gesteine,
daz silber und daz stahelwerc
mit glanze dô tal unde berc
138a sêr unde vaste erlûhten.
die ritter alle dûhten
nâch wunsche wol gezieret.
dâ schein gezimieret
mit hôhem vlîze maneges helm.
daz grüene velt was âne melm,
dar ûf der turnei was genomen.
diu keiserîn was aber komen
ûf des turnes warte.
Irekel und diu zarte
Persanîs ir wâren bî.
die siben künege wandels frî
sâzen ouch des mâles dâ.
der schilte rôt grüen unde blâ,
wîz, gel unde brûn gevar,
der nâmen si genôte war
und der decken wol gebriten,
die fremdeclîchen dâ gesniten
zein ander wâren und geweben.
man sach dâ fliegen unde sweben
von sîden manegez banier.
der grâve rîch Partonopier
kam aber wîz alsam ein snê.
mit rôten wâpenkleiden ê
Gaudîn was komen in daz her:
nu kam er als ein brâmber
gebriunet ûf daz grüene gras.
ir beider wâpen virric was
in der hôhen künege schar.
diu wîze varwe lieht gevar
schein dâ bî der brûnen.
man hôrte von busûnen
schalles ûf der heide vil.
die gîgen und daz harphen spil,
die tambûr und die flöuten
vil manec ors dâ fröuten
schœn unde wunneclich getân.
von Persîâ der soldân
und der von Spangen landen
mit ellentrîchen handen
138b einhalp den turnei hielten.
des andern teiles wielten
mit ritterlichen dingen
der künic von Kärlingen
und der keiser vollekomen,
als ir dâ vorne hânt vernomen.

Dô wurden beidenthalp mit sporn
diu snellen ors vil ûz erkorn
gehouwen in die sîten.
die ritter sach man rîten
zein ander fluges ûf der wisen.
hie dirre den, der ander disen
begunde zoumen ûf dem plân.
von Persîâ der soldân
mit den sînen kam gerant.
der fuorte aleine in sîner hant
ein sper und ir deheiner mê.
daz wolte gâhes ûf dem klê
vertuon der künec milte.

14163 haten *A a*. gastet *a*. 64 bewaschet. 65 Trew *a*. selzêne *A a*. 66 purper. pilat. 73 Sere. 76 Do. 77 Mit veisse maneger. 80 caiserine. 86 rôt grüen *B*] gruen rot gel. 89 decke. 91 andern 92 dâ *fehlt*. 93 maneges panier. 95 wîz *fehlt*. als. 98 praaper. 99 Gebrunet. 14202 *fehlt: ergänzt B*. 06 giengen. herphen. 07 taunb. vnd vnd dy floiten. 08 frewten. 13 den *fehlt*. 14 Der. 18 vorne *B*] *fehlt*, *Pf.* vor: *vgl.* 13077. habt. 19 Si — halben. 20 sullen. 23 flugens. 24 diser d. 25 pegunden zâmen. auf den. 29 chainer.

man sach wol tûsent schilte
ûf in aleine warten,
die glizzen als die garten,
die der meie verwet.
sîn herze sich engerwet
hete ûz swachem muote gar.
er nam Partonopieres war,
der ouch aleine fuorte ein sper:
ûf den kam er geriuschet her,
als ob er hæte an im gevider.
iedoch nam er den stich ze nider
ûf den grâven wol gezogen
und brach im an dem satelbogen
daz sper enzwei mit hôher kraft.
daz galt der degen ellenthaft
mit sîner frechen hende sider.
daz ors warf er hin umbe wider
und nam ez mit den scharpfen sporn.
hin ûf den soldân hôchgeborn
begunde er wenden sîne just
und traf in an die lenke brust
138c also geswinde mit dem sper,
daz er viel, des bin ich wer,
ûz dem satel ûf daz gras.
Cursanz, der ûf dem turne was,
begunde von dem stiche
erlachen minnecliche,
wand er im wol von herzen tete.
Clârînen stiez er an der stete
ein wênic mit dem ellenbogen,
durch daz er sæhe, wie geflogen
sîn friunt der küene soldân
wær ûz dem satel ûf den plân.

Nu daz er nider was gehurt
und in Partonopier gespurt
het an der wisen grüene,
dô liez an im der küene
vil hôhe tugende werden schîn:
dem ûz erwelten Sarrazîn
brâhte er sâ daz ors hin wider,
ab dem er was gestochen nider,
und hiez in sitzen drûf als ê.
noch tet er im ze dienste mê,
wan als er an den satel greif,
dô wolte er im den stegereif
mit guotem willen hân gehabt.
dô kam dort her gên im getrabt
sô rehte manic wunder,
daz er im dâ besunder
niht mêr gedienen mohte.
swaz im des mâles tohte,
daz tet er unde kêrte dan.
ez hienc an sîme sper ein van
klein unde rehte wîz gevar:
den brâhte er unde fuorte dar,
dâ Meliûr sîn frouwe saz,
und tete weder wirs noch baz,
wan daz er daz banier sâ
bôt ir wunneclichen dâ
mit beiden henden über sich.
in slehtem sinne einvalteclich
138d enpfie diu reine süeze daz,
wan si verdâht in leide saz
sô sêre und in beswærde,
daz si gar âne geværde
mit ir blanken hende zôch
daz sper hin ûf die louben hôch.

Und dô diu schœne daz enpfie,
Partonopier dô tougen lie
von herzen einen siuften tief.
mit sorgen sprach er unde rief
zuo der vil werden keiserîn

14235 werbet. 37 swachen. 40 geruschet. 46 degen *fehlt*. 51 seinen. 60 chlarein. 69 werden *fehlt*. 71 sâ *fehlt*. 73 sitz. h. in. 77 gueten. 80 jn. 82 Waz. 83 danne. 85 chleine. 87 Do. 88 entet. 89 panier. 90 pot er. 92 schlechten. 97 irm placken h. zog.

'ach herzeliebiu frouwe mîn,
waz dulte ich von iu mîniu jâr?
ich hân gesehen iuch für wâr
ze schaden und ze leide mir.
mîn trôst, mîn leben daz sît ir
und aller mîner sælden hort.'
nu daz der guote disiu wort
gesprach, dô kêrte er umbe sich
von sîner frouwen minneclich
und wolte sîn von ir gerant.
dô kam diu rotte sâ zehant,
diu dem soldâne bî gestuont.
si tet alsam die vogele tuont,
die stürment zeiner iulen.
mit swerten und mit kiulen
kam geriuschet manic helt,
der ûf den grâven ûz erwelt
sluoc des mâles unde stach.
ez was in allen ungemach,
daz von im der soldân
was ê gestochen ûf den plan:
des wurden im gevære
die starken helde mære.
mit swerten und mit bengeln
huob sich ein solich tengeln
und slahen ûf in alsô grôz,
sam sich ûf einen anebôz
erhebet in der smitten.
sêr under in enmitten
139a Partonopier sich werte.
mit grimmen slegen herte
schirmet er daz leben sîn.
und als in hete Gaudîn
beschouwet in der nœte starc,
die triuwe sîn er dô niht barc
vor dem gesellen ûz erwelt.
er kam gesiuset als ein helt,
der ie nâch hôhem prîse ranc.
mit kreften brach er unde dranc
durch die rotte, biz er kam
hin zuo dem grâven lobesam,
dem er gestuont mit helfe bî.
si zwêne, swaches muotes frî,
turnierten wider manegen dâ.
mit schilten rôt, grüen unde blâ,
wîz, gel und gebriunet,
wurden si beziunet
und umbeslozzen allenthalp,
rehte alsam ein hinden kalp
mit netzen wirt gevangen.
in grôzen unde in langen
sorgen si dâ rungen.
si sluogen unde drungen.
si stâchen unde stiezen.
bluot unde sweiz man fliezen
in beiden durch die ringe sach.
si liten strengez ungemach
und angestliche swære.
Partonopier der mære
und der getriuwe Gaudîn
die tâten offenlîche schîn,
daz si nâch prîse vâhten.
niht anders si gedâhten
wan wie si dâ gewürben,
daz si mit êren stürben
unde in ganzer werdekeit.
ir beider leben was geleit
ûf eine wâge zwîvellich.
des heten si des mâles sich
139b bewegen alze sêre.
des wart ir muot ûf êre
gestellet deste harter.

14306 ew. 09 tr. vnd l. 14 so. 16 als vogel. 17 strument — awlen. 18 kiulen] cholben. 19 geruschet mânes h. 23 Da v. 29 ûf in *von späterer Hand.* 32 Sere. 36 het jn. 37 note. 40 gesuset. 41 hohen. 43 hilfe. 47 wider *B*] *fehlt.* 49 gebrunet. 50 bezunet. 64 teten. 67 gewurben: sturben. 71 zwiualticklich. 75 G. auff dester.

si liten grôze marter
von ungefüegen biuschen,
diu den reinen kiuschen
frouwen gie ze herzen,
die wol ir beider smerzen
erkanten ûf der mære.
der schœnen Meliûre
was ir nôt unmâzen leit.
Cursanzen dûhte ir arbeit
sô grimmeclichen swære,
daz der vil tugenthære
die triuwe sîn erscheinte
unde er drumbe weinte
verborgen unde tougen.
die trähen ûz den ougen
begunden im dâ vallen,
daz er doch vor in allen
nâch schamericher lêre
verhal unmâzen sêre.

Si liten beide manegen slac.
ûf in zwein sô grimme lac
der turnei dâ besunder,
ez was ein michel wunder,
daz si niht beide lâgen tôt.
nu daz si rungen in der nôt
und disen grôzen kumber liten,
dô kam von Engellant geriten
der werde künic milte,
der ouch wol tûsent schilte
des mâles fuorte in sîner schar.
er hete dô genomen war,
daz ûf in zwein aleine
diu ritterschaft gemeine
lac und al der turnei.
des kam er unde brach enzwei
die rotte mit gedrange,
139c diu den gesellen ange
tet mit stichen und mit slegen.
man sach dâ swerte vil erwegen
unde ûf heben manegen brügel.
Partonopiere an sînen zügel
was gevallen manic hant,
die lôste der von Engellant
dar ûz mit sînen kreften.
enbinden unde enheften
den grâven er begunde,
daz im dâ niht enkunde
für baz gewerren noch geschaden.
ouch wart ûz grimmer swære entladen
der hôchgeborne Gaudîn.
mit der vil starken helfe sîn
erlôste den getriuwen helt
der werde künec ûz erwelt,
der wol nâch liehtem prîse ranc.
alrêrst erhuop sich grôz gedranc
von sîner ritterschefte,
diu gar mit hôher krefte
streit des mâles unde vaht.
si war sich gâhes unde flaht
under die gebluomten schar,
die der soldân hete dar
gefüeret bî den zîten.
dô wart ze beiden sîten
geslagen und gestochen,
gedrungen und gebrochen,
gestôzen und gehürtet.
vil orse dâ gegürtet
was mit rîchen borten,
diu kumber zallen orten

14377 wauschen. 78 Dy r. vnd dy chauschen. 79 gie] da. 81 erkanden. 82 Vnd der. 83 nôt] mut. 84 dauch. 86 er. 90 trahen. 95 Vil l. 96 grüme. 99 paide nit. 14409 al *B*] *fehlt.* 12 den selben g. 14 daz swert. 16 -pier an seinem. 18 Engelant. 23 gewerñ. schaden. 24 Vnd. 26 hilfe. 27 Erlôst er. 30 Aller e. 31 ritteschaftt. 32 chrafftc. 35 under *B*] Hinderin. 40 prochen. 41 gestôzen *B*] Gestochen. 44 chumer.

enpfiengen mit gedrange.
in wart vil enge und ange,
wan si niht heten rûmes.
vil bluotes unde schûmes
dranc in ûz der hiute.
die wol gemuoten liute
starke und ellentrîche
139[a] nâch êren vil gelîche
dâ wurben unde rungen.
diu glanzen swert dâ klungen
ûf den gemâlten schilten.
die werden und die milten
ervâhten gerne ruomes gunst.
erfüllet wart der hôhe luft
von ir stimme gelme.
die wol gezierten helme
von slegen liten grôze nôt.
daz wilde viur lieht unde rôt
wart ûz in gedroschen.
des tages niht erloschen
was diu liehte sunne heiz,
dâ von unmâzen schône gleiz
ir wünneclich gesmîde.
der purper und diu sîde,
daz golt und daz gesteine
erwelten schîn vil reine
bâren unde brâhten.
dô sich zein ander flâhten
die rotten wol geblüemet,
dô wart daz velt gesüemet
mit vil hôher minne kraft.
drî künege von der heidenschaft
wurben dâ nâch prîse wol,
der namen ich ensliezen sol
mit kurzen worten alzehant.
Sadoch der eine was genant
und der ander Aspatrîs;
der dritte der hiez Margalîs
und lebte in ganzer werdekeit.
er fuorte ein rîchez êren kleit,
geverwet wol ze ruome.
reht als ein ringelbluome
deck unde kursît wâren gel,
dâ grüene schîben sinewel
stuonden ûfe sam ein gras.
in der iegelichen was
ein adelar von silber wîz.
140[a] ûf êre leite sînen vlîz
der selbe tugentveste
und was der aller beste
von den Sarrazînen.
den werden helt Gaudînen
begreif er bî dem zoume.
er nam sîn rehte goume
und wolte in hân enwec gezogen.
dô kam Partonopier gevlogen
blanc unde wîz alsam ein harm.
er sluoc den künec ûf den arm
sô vaste mit dem swerte guot,
daz er den ritter hôchgemuot
liez von im und er entweich.
durch den ungefüegen streich
begunde er dannen kêren.
Partonopier nâch êren
warp und der geselle sîn,
dâ kristen unde Sarrazîn
sich zein ander wurren,
sam die sich wol geturren
wâgen durch diu schœnen wîp.
sus buten si dô beide ir lîp
durch Meliûren veile
und wurben nâch dem heile,
daz si die besten hiezen,
die sich dâ sehen liezen.

14445 vnd gedrangen. 48 pluete. 50 -muete. 51 Starck. 59 stime. 71 Waren. 74 gesumet. 79. 80 *umgestellt B.* 82 dirtte. der *fehlt.* 87 chursig. 89 Stuend darauff 90 in *B*] und in. 91 adler. 92 eren. 93 selben. 99 wolde. 14501 als. 14 dô *fehlt.* 16 erburben.

Ouch was dâ manic ander helt
sô kürlich unde als ûz erwelt,
daz er nâch hôhem prîse ranc.
sich huop von rotten grôz gedranc
ûf dem plâne lieht gevar.
vil manic poinder sich dâ war
zein ander bî den zîten.
dô wart ze beiden sîten
geriten wol nâch ruome.
des wart vil manic bluome
verswechet und gederret.
dâ wart enzwei gezerret
deck unde wâpenröcke vil.
140b für wâr ich iu daz sagen wil,
dâ wurden krôgierer gefröut,
wand ûf den anger wart geströut
samît, gesteine und edel golt.
si wolten hôher minne solt
ervehten algemeine.
Irekel diu vil reine
nam des blanken ritters war.
si dûhte in ir gemüete gar,
der mit dem wîzen schilte
der möhte wol der milte
grâve sîn Partonopier.
daz der getriuwe die banier
bôt hin ûf die mûre
der süezen Meliûre,
daz nam Irekel in den wân,
daz er benamen ûf den plân
wære ân allen zwîvel komen.
von ir besunder wart genomen
hin dan diu schœne Persanîs.
die frouwen edel unde wîs
von Meliûre giengen
vil tougen unde viengen
ein grôz rûnen von im an.
Irekel sprach 'hâstu den man
gemerket unde erkennet iht,
den man sô rehte wîzen siht
hie rîten ûf dem plâne?'
'jâ', sprach diu wol getâne
Persanîs, 'ich hân in wol
beschouwet: er ist êren vol
und ûz erwelter frümekeit.
kein ritter nie sô wol gereit
noch als edel wart bekant.'
Irekel aber dô zehant
sprach der minneclichen zuo
'weistu niht, waz er hiute fruo
sprach zuo Meliûre,
dô von im ûf die mûre
sîn banier wart geboten ir?
140c ûz minneclîches herzen gir
hôrt ich in sprechen unde jehen,
er hæte ir süezen lîp gesehen
ze schaden und ze maneger nôt.
er sprach, sîn leben und sîn tôt
diu stüenden beide in ir gewalt.
der selbe ritter wol gestalt
ûf jâmer leite sînen vlîz.
dâ von sô dunket mich, er sîz
unser friunt Partonopier.
der süeze man rein unde fier
ist ân allen zwîvel hie.
möht ich nu wizzen rehte, wie
der guote für uns kæme,
sô daz er mich vername
unde ich redete wider in!
mîn lîp, mîn leben und mîn sin
umbe in sint betrüebet gar.
mich riuwet, daz ich niht getar

14519 manig da. 20 churczl. also. 23 ponder. 30 do. 31 Decke — rock 33 Do – chorg. gefräwet (: gestrawet). 35 Samet. 39. 40 *stehen nach* 41. 42. 44 panier. 47 daz brâhte? *B.* 48 pey n 55 rawmen. 59 den. 66 sprach a. da. 70 Dauon. 71 panier. 73 in *fehlt.* gehen. 83 ane. 88 l. vnd l. 89 sindet b.; *Pf.* sint êt.

komen zuo zim ûf den plân.
owê daz wir niht boten hân,
der in bræhte alher ze mir.
got herre, wie gewerben wir,
daz wir beide in eteswie
gesprechen tougenlîche hie.'

Der lieben niuwe mære
wart dô diu wunnebære
Persanîs von herzen geil.
si dûhte daz ein grôzez heil
unde ein harte sælic dinc,
daz der getriuwe jungelinc
Partonopier dâ solte wesen.
diu maget schœne und ûz erlesen
von rehter liebe weinte,
wand in ir herze meinte
mit minneclichem muote.
nu Meliûr diu guote
erkante, daz die klâren
gegangen von ir wâren
140d durch rede alsô besunder,
es nam si michel wunder,
waz ir geriune wære.
diu süeze unwandelbære
wart ir alten riuwe ermant,
wan si gedâhte sâ zehant,
ir kôsen, daz si tæten,
daz würde von dem stæten
Partonopiere dâ getân.
diu guote hete keinen wân,
daz er noch lebte bî der frist;
doch wolte si dâ, wizze Krist,
besuochen und beschouwen,
waz die vil reinen frouwen
von im geriunes pflægen hie.
diu werde stuont ûf unde gie
zin beiden an den zîten
und hiez die künege bîten,
unz si wider kæme zin.
nu daz si zuo der swester hin
und zuo Persanîse kam,
dô sprach diu frouwe tugentsam
'waz gespræches hânt ir zwô,
daz ir besunder sît alsô
von mir gegangen beide nu?
vil schœniu swester, wie maht du
vor mir verbergen ihtes iht?
ich wânde, daz du niemer niht
verswigest noch verhælest mich.
ez ist vil gar unswesterlich,
daz du vor mînen ougen
deheine sache tougen
verborgen in dem herzen treist.
swaz du verholner dinge weist,
daz soltest du mir wol enbarn,
wande ich wolte nie gesparn
vor dir weder lîp noch guot.
ich hân den willen und den muot,
west ich verborgenliches iht,
141a daz ich des verhæle niht,
erweltiu swester mîn, vor dir.
dâ von du soltest gerne mir
daz selbe tuon her wider noch,
sît ich mit keime valsche doch
engegen dir geworben hân.
hab ich dir ihtes iht getân,
daz wandelbære dunke dich,
daz lâ versüenen, frouwe, mich,
swie du gebiutest, hiute.

14591 zu jm. 92 mir. 96 Gesprochen taugentl. 97 l. liebe newe m. 98 war da — mere. 99 Der P. 14600 ein] jm. 08 Nun. 09 Erkande. 10 Gangen. 13 gerawme. 14 suessen vñw. 15 vnd w. 16 sâ B] also. 20 heten. 22 sich. 25 gerawmes pflagen. 27 Zu jn. 29 zu jn. 33 habt. 34 stet. 35 Vnd von. 36 mahtu. 38 want. 39 verhaldest. 42 chain. 44 Waz. 45 soldest. 50 verhale. 52 soldest. 53 selle. 54 falschen. 58 versuene.

jô setze ich unde biute
ze bürgen al die sælde mîn,
daz ich nâch deme willen dîn
vil gerne bezzer mîne schult.'
sus bôt diu schœne mit gedult
ze buoze ir einen hantschuoch dar.
diu reine Irekel wunnebar
sprach dô bescheidenlîche zir
'frouwe, ich wil niht, daz ir mir
deheine bezzerunge tuont.
sît ich von kinde mich verstuont,
sît vernam ich rehte nie,
daz ir getætent mir noch ie
kein dinc, daz misseviele mir.
mich wundert sêre, wâ von ir
die rede trîbet wider mich.'
'vil schœniu swester, daz wil ich
ensliezen dir', sprach Meliûr.
'mîn angest bitter unde sûr
wart von dem gespræche nu,
daz Persanîs hæt unde du,
wand iuwer rede tougenlich
ermante mînes leides mich
und mîner alten riuwe.
ouch wart mîn kumber niuwe
und al mîn trûren bitter,
dô der blanke ritter
mir bôt sînen vanen wîz.
er leite ûf êre sînen vlîz
141b sô gar mit ellentlicher kraft,
daz ich bî sîner ritterschaft
an mînen friunt gedâhte.
dô mir sîn banier brâhte
der helt în mîne wîze hant,
dô wart mîn riuwic herze ermant
Partonopieres, wizze Krist,
dem er gelîch an êren ist
unde an ritterschefte wol.
owê daz er noch fûlen sol,
der hochgeborne, mîn âmîs,
und daz sîn wirdiclicher prîs
verdorben sî, daz riuwe got.
Partonopier was âne spot
ein spiegel hôher êren.
ich sol nâch im verrêren
die bitterlichen trâhene.
swenn ich sîn gewähene,
sô muoz mîn ouge werden rôt.
er ist durch mich gelegen tôt:
daz überwinde ich niemer.
sol mich getriuten iemer
kein ander man, daz ist mîn klage.
biz ûf ein ende mîner tage
muoz er mir zallen stunden
ze herzen sîn gebunden
und in den muot versigelt sîn.
ich wânde, liebiu swester mîn,
daz du sîn ê gedæhtes hie,
dô Persanîs besunder gie
mit dir an daz gespræche hin.
dâ von ich her ziu beiden bin
gegangen und geslichen.
mîn leit ist jâmerlichen
erfrischet unde erniuwet.
von herzen mich daz riuwet,
daz ich mîn leben ie gewan,
sît daz der hôchgeborne man
141c und der vil ûz erwelte degen
Partonopier ist tôt gelegen.'

14661 pürge. 62 mein. 65 ir *fehlt*. 67 dô *B*] doch. 68 niht *fehlt*. 69 chain. 71 vernan. 72 getatent. hie. 73 nie mir. 79 gesprachte. 80 häte. 81 taugentl. 82 Ermate. 84 ouch *B*] ach. wert. 86 Do mir d. 87 mir *fehlt*. 88 eren. 92 panier. 93 helt] selbe. 97 -schaffte. 98 fûlen *B*] füllen. 99 ains. 14700 wirdickleich. 04 verren. 05 trahene. 06 Wân. gewahene. 07 augen verderben r. 09 vberbind. 13 mir *fehlt*. 15 dem muet. 17 gedachtes. 20 zu euch. 24 daz *B*] da.

Die klage treip diu keiserîn.
si liez ir hôhe triuwe schîn
dâ werden sunder lougen.
ir spiegelvarwen ougen
von jâmer über liefen.
si zôch vil manegen tiefen
siuften ûz dem herzen.
ir angestlichen smerzen
tet si der swester dâ bekant.
si brach ir vinger unde want
ir hende jâmerlîche.
diu reine tugende rîche
Irekel sich erbarmen lie,
daz diu keiserîn begie
diz jâmer an ir lîbe klâr,
und daz diu sælege offenbâr
sô marterlîche stuont versent.
si dâhte 'ich hân si gnuoc gezent,
die jâmerhafte swester mîn.
nu muoz diu werde keiserîn
von mir getrœstet werden.
man sol die friunde ûf erden
ûz leide enbinden schiere.
daz si Partonopiere
sîn herze an fröuden hât erlemt,
daz habe ich ir wol in geremt
mit hôher kestigunge sît.'
sus wart Irekel bî der zît
mit willen des ze râte,
daz si dâ wolte drâte
die keiserinne trœsten
und ir gemüete rœsten
niht langer in den sorgen.
ir tougenheit verborgen
begunde si mit liebe sagen:
Partonopieres lebetagen
tet si Meliûre schîn.
si sprach 'vil liebiu swester mîn,
gar edel unde minneclich,
welt ir verkiesen wider mich,
ob ich engegen iu getân
mit keiner slahte dinge hân,
ich wil iu guotiu mære sagen,
und allez trûren iu verjagen
mit herzen lieben dingen.'
diu keiserîn dô twingen
began ir swester an ir brust.
si wart von ir aldâ gekust
dick und ze maneger stunde.
mit rôsenvarwem munde
sprach diu wunneclîche zir
'ach herzenfrouwe, entsliuz du mir
swaz du gebietest, reiniu fruht.
hâstu gebrochen dîne zuht
mit keiner slahte dinge an mir,
daz sol vergeben hiute dir
gar lûterlîche ûf erden
von mînem munde werden.'

Irekel wart der rede frô.
getriuwelichen sprach si dô
'lât allez trûren under wegen!
Partonopier der süeze degen
ist frœlich unde fröudenhaft.
er hât an lebelicher kraft
niht ein hâr genomen abe.
wie sich daz heil gefüeget habe,
daz er noch unverdorben ist,
daz wil ich iu bî dirre frist
mit rede künden unde enbarn.
ich wolte sîn her ziu gevarn,
dô wart mîn dinc gestellet sô,
daz ich von âventiure dô
zArdenne in daz gevilde kam

14729 Sy. 34 So. 35 Saufften. 36 -leichen. 39 hent. -leichen. 40 tugentreichen. 42 chaiserine. 43 liebe. 45 -leich. 46 gedachte. si genug. 51 enpinten. 52 den P. 53 ellent. 54 gerent. 78 -varbe. 81 Waz. 83 slächte. 84 sol v. sein. 14801 geville.

und ich den grâven lobesam
dar inne ze dem mâle kôs.
ich vant unmâzen fröudelôs
142ª den helt Partonopieren,
der sich den grimmen tieren
ze spîse wolte hân gegeben.
er hæte nâch sîn reinez leben
jâmerclichen dâ verzert:
wan daz er von mir wart genert,
er müeste sîn gelegen tôt.
er was von herzenlicher nôt
gevallen in die swære,
daz im der lîp unmære
was und ouch sîn êre starc.
den grîfen und den löuwen arc
bôt er sich zeim ezzen,
und wolte hân vergezzen
aller sîner werdekeit.
in einen holen boum geleit
het er sich als ein wilder gouch.
er gie des mâles unde krouch
ûf sînen henden als ein vihe.
nu merkent wes ich iu vergihe:
swenn er iht ezzen wolte,
sô sleich er unde holte
loup unde grüene würze.
daz ich die rede kürze,
er was ein halptôter man,
noch hete niht des mâles an
wan ein zebrochen hæzelîn.
sîn liehter wünneclicher schîn
was im dô gar entwichen.
erbleichet unde erblichen
was er von herzen leide.
bart unde hâr diu beide
im wâren sô geriuhet,
daz man in geschiuhet
möhte als einen tiuvel hân.
diz wunder hæte an im getân
iuwer minne, sælic wîp.
er wolte sînen werden lîp
des argen tôdes hân gewenet
und was sô gar nâch im versenet,
daz er niht anders gerte,
wan daz in got gewerte,
142ᵇ daz er dâ würde schiere
von eime grimmen tiere
verslunden und verdöuwet.
hæt ich in niht erfröuwet
in der vertânen wüeste,
sô wizzent, daz er müeste
verdorben endelichen sîn.
mit rede und mit dem trôste mîn
überwant ich in alsô,
daz er mit mir ze hûse dô
kêrte von dem walde.
ich half im alsô balde
mit rîcher handelunge,
daz der vil reine junge
kam wider an dem lîbe gar.
sêr unde vlîzeclichen war
nam ich sîn zallen orten.
mit brieven und mit worten
den tugende rîchen ich betrouc,
wand ich im alsô vil gelouc
von iu, werdiu keiserîn,
daz er sicher wânde sîn,
er hæte erworben iuwer gunst.
ich schuof alhie mit mîner kunst,
daz er von iu ze ritter wart.
dar nâch kêrt er ûf sîne vart
und îlte ûz mîner veste

14807 wolde. geben. 08 nohent. 15 ouch *fehlt.* 16 leon. 17 zu ainem. 20 hochen holen. 23 hende — viche. 24 wes *B*] waz. verihe. 25 wenn. 31 hazel. 33 im *B*] nu. 36 die. 37 im] hin. gerauhet. 38 *fehlt.* 39 ein. 40 hat. 43 gebenet. 51 vertane. 60 rainer. 62 Sere. 64 priefe. 65 tugent. petrog. 66 log. 69 ewren.

alsô daz ich niht weste,
war sîn lîp wære komen ie.
sît der stunde wart er nie
von mir gesehen noch erkant,
wan hiute, dô sîn werdiu hant
in den wîzen vanen bôt.
daz ich iu seite, er wære tôt
und des lîbes worden bar,
daz tet ich iu ze leide gar
durch die grôzen ungedult,
daz ir die triuwe ân alle schult
hânt an ime zebrochen.
mit zorne ich hân gerochen
142[c] den haz an iuwerm lebene,
den im sô gar vergebene
mit willen iuwer herze truoc.
ir hânt von mir geliten gnuoc
red unde kestegunge sît.
nu dunket mich des, frouwe, zît,
sît nâch im iuwer herze sent,
daz ir langer niht gezent
werdent von mir noch betrogen.
vil schœniu swester wol gezogen,
iuch hât geriuwen, daz er ie
wart von iu geswæret hie:
daz prüeve ich unde merke wol.
dâ von getar ich noch ensol
niht langer strâfen iuch als ê.
verswîgen wil ich hie niht mê
vor iu mîn tougenlichez dinc:
er lebet noch, der jungelinc,
den tugende nie bevilte.
der mit dem blanken schilte
vert als ein ritter ûz erwelt,
daz ist Partonopier der helt.'

Diz niuwe süeze mære
begunde ir alte swære
vertrîben Meliûre.
mit fröuden wart ir trûre
gemischet unde ir angest dô.
si wart als inneclîchen frô,
daz ir varwe minneclich
des mâles dicke und ofte sich
verwandelt und verkêrte.
von liebe ir ouge rêrte
wîpliche von ir trähene saf.
der fröuden klupf ir herze traf
sô vaste bî den stunden,
daz ir nâch geswunden
was von hôher trûtschaft.
frô unde sêre fröudenhaft
sprach diu werde keiserîn
'Irekel, liebiu swester mîn,
142[d] und ûz erweltiu reine maget,
hâstu die wârheit mir gesaget
von dem getriuwen manne,
waz hâstu leides danne
ûz mîme herzen mir getriben!
ich bin gar sorgen blôz beliben,
sam die fröuden rîchen tuont.
ei wie rehte ich mich verstuont,
dô mich sîn glanz belûhte,
daz mich des an im dûhte,
daz er wære mîn âmîs!
dô sich ûf wirdeclichen prîs
der blanke ritter hiute vleiz
und sô manegen puneiz
vor mînen klâren ougen tete,
dô viel mir an der selben stete
der friunt in daz gemüete mîn.
ich dâhte, daz mac wol sîn

14878 dô *fehlt.* 81 war. 82 ewch zü. 84 die *fehlt.* 85 Habet. 88 verbegene. 90 habt. 91 chestegume. 92 dencket. 94 lenger. 95 werden. 97 gerauen. 14900 ich *fehlt.* wol ich: enschol ich. 01 langer *fehlt.* ew. 05 tugent. 18 augen. 19 traben. 24 frô *B*] fri. 26 herczenl. 29 getrewe. 34 Si wie. 37 anis. 41 tet (: stet). 42 viel er m. 43 freut. 44 dochte.

Partonopier ân allen vâr.
ouch hete ich endelichen wâr:
ez was der grâve wol gezogen.
mîn herze wart dâ niht betrogen
an sîne klâren bilde,
daz mir ze lange wilde
und alze fremede was gesîn.
ach herzen liebiu swester mîn,
vor der ich nie kein dinc verbarc,
ez was an im ein triuwe starc,
daz er niht wolte werden
ze ritter ûf der erden,
wan hie von mîner hende.
ich liez in sunder ende
mit dienste koufen hôhen prîs,
alsô daz er in knehtes wîs
die zît vertrîben solte,
biz ich im selbe wolte
gürten umbe sich daz swert.
der dinge hât er mich gewert
ân alle missewende,
143a wand er von mîner hende
enphienc hie ritters orden.
ez ist beziuget worden,
daz er getriuwer ist dan ich.
er hât geminnet vaster mich
dann ich in ie getæte.
ei wie der wîbe stæte
brach für der manne triuwe!
nu wil der site niuwe
und diu gewonheit werden,
daz die manne ûf erden
sint getriuwer dan diu wîp.
Partonopier der süeze lîp
nie sîne stæte an mir gebrach,
und ist mîn triuwe gar ze swach
leider worden wider in.
er hât ze grôzen ungewin
getragen durch vil kleine schult.
sîn edel herze mit gedult
von mir gepînet wart ze vil.
dar umbe ich trûren lange wil,
die wîle daz ich leben sol.
vor wandel ist gereinet wol
sîn leben als ein lûter golt.
owê, daz er mir ie sô holt
wart von herzen unde ich hân
wider in sô vil getân,
dâ von er wart beswæret.
er hât an mir bewæret
durchnähtecliche sinne,
sît er von mîner minne
dar umbe nie gewancte,
daz ich sîn leben trancte
vil nâch biz ûf des herzen tôt.
den kumber ich für alle nôt
in mîn gemüete spreite,
daz er sich durch mich leite
in die vertânen wüeste,
dar umbe daz er müeste
sîn wünneclichez bilde
143b von eime tiere wilde
verliesen und den lebetagen.
daz jâmer sol ich tiure klagen
mit ougen und mit herzen ouch,
daz er nâch sînre spîse krouch
ûf allen vieren als ein vihe.
von wâren schulden ich des gihe,
daz nie niht wart sô guotes
noch alsô reines muotes
sô der getriuwe mîn âmîs.
Irekel, daz du sælic sîs!

14946 ich *fehlt.* 55 wolde. 57 aufl meinen. 66 meinen. 71 jm nie. 74 wil ich. 75 gewanhait. 86 lange *B*] langer. 88 ist er. 91 War. 93 war. 94 pebäret. 95 Durch naturleichen. 15012 daz. 13 nit nie. 15 So daz der.

Hie legen dise rede nider
und îlen ze den künegen wider
ûf des turnes warte.
dar merken, wie der zarte
Partonopier nâch êren strebe.
swaz nu sîn manheit lobes gebe,
daz prüeven unde schouwen.
got lâze in hie betouwen
sô gar in hôher wirde,
daz er nâch sîner girde
der beste ritter heize,
der in des plânes kreize
sî ze beiden sîten.
er müeze mich erstrîten
ze frouwen und ze wîbe.
mîn herze in mîme lîbe
muoz iemer trûren unde klagen,
sol iemen anders hie bejagen
die mîne werde minne.'
sus gie diu keiserinne
ze den künegen sitzen.
ir muot begunde erhitzen
unde enbran sô schiere
nâch Partonopiere,
daz si niht weste waz si tete.
ûf dem wege und an der stete,
dô si ze den künegen schreit,
wart si von liebe alsô gereit,
143c daz diu reine guote
vil nâch an hôhem muote
dâ nider was gesunken.
diu minne ir herze trunken
hete dô gemachet,
dâ von ir lîp geswachet
wart an kreften unde ir sin.
dar unde dan, her unde hin
gienc diu schœne alsô verdâht,
sam si wær ûz ir witze brâht:
doch kam si ze den künegen dâ.
zuo den saz si dô nider sâ
nâch vil gezogenlicher art.
Cursanz von ir gefrâget wart
der dinge und ouch der mære,
wer ûf dem plâne wære
der beste ân allen widerstrît.
dô sprach bescheidenlîche sît
der werde künec milte
'der mit dem wîzen schilte
der hât den besten prîs bejaget.
daz lât iu, frouwe, sîn gesaget,
er ist des lîbes gar ein helt.
sô kürlich unde als ûz erwelt
wart noch kein ritter hie gesehen.
wir müezen im des alle jehen,
daz er nâch êren strîte.'
der worte bî der zîte
gap im antwürte Clârîn.
er sprach 'lât dise rede sîn.
von Persîâ der Soldân
der koufet ûf dem grüenen plân
ouch vil maneger êren hort.
nu schouwet, wie der süeze dort
vert geblüemet schône
und nâch der minne lône
stellet sîne zuoversiht.
daz rede ich doch dar umbe niht,
daz er sî der beste noch.
der mit dem wîzen schilte doch
brichet für in an dem lobe.
143d sîn prîs der vert in allen obe,
die von mir hiute sint gesehen.
sît ich der wârheit iu muoz jehen,
sô dunket mich der blanke helt
an ritters êren ûz erwelt

15017 *ohne Absatz*. legen wir. 20 merckent. 28 des *fehlt*. 33 Mües. mües'? 34 ieman. 35 mine] raine. 45 D. sy dy. 46 an *fehlt*. 54 wäre. 58 in. 63 chunige. 64 weisse. 65 prelse. 68 als *fehlt*. 71 streiten. 73 antwarte. 74 dise *B*] die. 76 den. 77 ouch *fehlt*. 88 iu *B*] *fehlt*.

unde an prîse vollekomen:
er hât den sic alhie genomen.'

Hie mite was diu rede hin,
die si dâ triben under in
von dem wîzen schilte.
Partonopier der milte
der tet ez ie baz unde baz.
sîn Meliûr sach gerne daz
und nam sîn dô genôter war
denn ê, si liez ir ougen dar
ûf in sô balde swingen.
nu kam von Kärlingen
der künec aldort her gerant.
der fuorte ein sper an sîner hant,
daz wolte er bî den zîten hân
ûf den keiser dâ vertân,
swie man dâ turnierte doch;
wan der site der ist noch
rehte und offenlîche erkant
über der Franzeise lant,
daz man mit swerten und mit spern
turnieret dâ; wil iemen gern
jostierens mit den scheften,
der mac sich dâ beheften
mit starken stichen manicvalt.
der turnei sam ein strît gestalt
ist dâ ze lande, wizze Krist.
dâ von der künic bî der frist
von Kärlingen aldort her
geriten kam mit eime sper,
daz wolte er hân verstochen
des mâles und zebrochen
ûf den erwelten keiser,
der niht an êren heiser
geblüemet dâ ze wunsche reit.
mit golde wâren sîniu kleit
gezieret und beschœnet.
der adelar gekrœnet
144ᵃ mit swarzer sîden was dar în
geweben, und gap liehten schîn
allez daz er fuorte.
der künic balde ruorte
im engegen dort her dan.
der hete wâpenkleider an
mit eime purper, der was blâ,
beströuwet hie, dort unde dâ
mit liljen rôt von golde.
nâch hôher êren solde
ranc sîn edel herze gar.
nu wurden schiere des gewar
die tiutschen ritter ûz erkorn,
daz er den keiser hôchgeborn
mit stichen wolte meinen.
des kêrten si dem reinen
mit einer wol gebluomten schar
sô hurteclîche engegen dar,
daz er und ors bekâmen
dâ nider ûf den sâmen
vor Partonopiere,
der in dâ rach vil schiere,
sam der getriuwe neve sîn.
ein sper bôt im dô Gaudîn,
mit dem stach er den keiser abe.
daz wart der Tiutschen ungehabe,
si wurden leidic drumbe sâ.
doch lâgen si niht lange dâ,
der keiser und der künic hêr:
man half in ûf (waz sol des mêr?)
hin wider ûf diu ros zehant.
des wart ein turnei dâ bekant,
daz eime strîte was gelîch.

15092. 93 *umgestellt.* 92 hie. 15107 dâ *fehlt.* turniete. 10 *fehlt: ergänzt B.* 12 ieman. 13 Jostiren. schafften. 14 pehafften. 26 M. g. s. wappenklait. 27 pesch. waren. 28 adler gechr. waren. 30 Gegeben. 34 -klaide. 37 liligen r. vnd g. 40 Im w. 43 wolten. 44 den. 47 vnd daz ors. 52 da. 55 ledig darumbe.

die tiutschen ritter ellentrich
mit den Franzeisen vâhten
nâch prîse, wan si flâhten
zein ander sich mit grimme.
vil manic helle stimme
ûz ir aller munde klanc,
wan si gewalticlichen twanc
der süezen minne boie.
144[b] hie 'Rôme', dort 'Monsoie'
wart vil lûte dâ geschrît,
dô sich die rotte wíderstrît
in ein begunden stricken.
mit liehten ougen blicken
wart vil kûme dâ bekant,
wer mit ellenthafter hant
nâch prîse werdeclichen streit.
an êren sîner frümekeit
lützel ieman dâ genôz,
wan diu malie wart sô grôz
und des dicken stoubes melm,
daz man enweder schilt noch helm
erkennen mohte drunder.
dâ schiet sich ûz besunder
Partonopier ân itewîz.
sîn niuwer schilt von silber wîz
sô wol gebrûnieret was,
daz er alsam ein spiegelglas
durch daz gestüppe lûhte.
gemeine si daz dûhte,
die dâ sâzen ûf der wer,
daz dâ niemen in dem her
sô wol gerungen hæte
nâch lobe sam der stæte
mit dem wîzen schilte glanz.
sîn friunt der künic Cursanz
im aber hôhes lobes jach.
Clârîn ouch offenlîche sprach,

daz er den künec ûz erwelt
von Kärlingen als ein helt
des mâles hæte errettet,
dem ûf daz gras gebettet
was mit eime valle sûr.
diu reine süeze Meliûr
hæt in gerüemet gerne alsame.
dô getorste si vor schame
noch vor wîbes êren
sîn lop dâ niht gemêren,
als ir des was ze muote.
doch wizzent, daz diu guote
versweic niht garwe sînen prîs,
144[c] wan sich ir munt süez unde wîs
ein lützel sînes lobes vleiz.
si sprach 'ir herren, ine weiz,
wes ir jehent alle doch.
der wîze schilt der tuot ienoch
daz aller beste, dunket mich.'
des wart der frouwen keiserlich
gevolget dâ vil schône.
Partonopier die krône
des lobes und der êren truoc,
wan er nâch prîse vaste gnuoc
warp mit ellentricher wer.
den keiser und daz tiutsche her
brâht er vil gar ze spotte.
er kunde durch die rotte
vil hurticlichen dringen.
sîn œhein von Kärlingen,
der in doch niht erkande,
bôt im dâ maneger hande
zuht durch sîne frümekeit.
gnâd unde danc wart im geseit
durch daz in der vil stæte
von dem keiser hæte
erlœset unde enbunden.

15168 wan] waz. 69 suesse. 72 rotten. 77 verdeckentl. 80 macke. 81 dickes. 83 Erchenden mochten dar u. 88 D. sper sam. 89 gestruppe. 91 Da die. 92 nieman. 97 iag. 15205 jm. 06 sy nit v. 09 daz. 11 gar. 13 lucz. 14 ine] nue. 16 es noch. 19 da wil ich s. 35 Erlost.

er fuorte in bî den stunden.
einhalp ûz dem ringe dan.
'herre', sprach er, 'ich enkan
engegen iuwern hulden
niemer gar verschulden
den dienest und die friuntschaft,
diu mir ist mit hôher kraft
von iu geboten hiute.
mîn lant und mîne liute
die solten ûf der erden
durch iuch gewâget werden,
geschæhe iu mîner helfe nôt.'
Partonopier antwürte bôt
der rede alsô dem neven sîn
'geloubet', sprach er, 'herre mîn,
daz ich hie nu geriten hân
144d durch iuch mit willen ûf dem plân.
ouch sult ir wizzen, künec hêr,
daz ich iu gedienet mêr
hân eteswenne sunder twâl:
ez ist nu niht daz êrste mâl
daz iu mîn helfe ist worden schîn.'
den künec nam der rede sîn
michel wunder, als ich las,
wand er im unerkennet was.
möht im diu stæte sîn geschehen,
er hæte in gerne dâ gesehen.

Nu kam Gaudîn gerennet,
der hete schiere entrennet
ir gespræche, daz si triben.
er sprach 'wie sît ir sus beliben
an ritterlichem strîte?
wer ruote bî der zîte,
sô man turnierens pflæge?
wol dan! ez ist unwæge,
daz ir sô stille enthaltent.
die tiutschen ritter waltent
verlüste, die si hânt genomen.
des wellens an in wider komen,
wan si vil harte muote,
daz iuwer lop hie bluote
in ganzen êren werdeclich.
nu seht wâ si berâtent sich
als unverzagte liute,
wie si gerechen hiute
ir schedelichen ungeschiht!
die tiutschen mügent lange niht
schimpf âne frumen lîden.
ir kraft wil uns niht mîden,
daz wirt an ir gebærde schîn.'
alsô geschuof dô Gaudîn,
daz er sîn sprâchen lie zehant
und ûf die tiutschen kam gerant:
die riten im engegenwert
und heten alle sîn gegert
mit einer joste unmâzen snel.
ir schilte rôt, grüen unde gel
145a wâren als ein regenboge.
ûz Beierlant ein herzoge
reit ze vorderst an in her.
den stach er ab mit sîme sper
und greif dô zuo dem swerte,
dâ mite er schaden werte
die tiutschen ritter an der stete.
Partonopier des mâles tete
allez des ein helt bedarf.
ab dem ors er nider warf
manegen ûf den grüenen plân.
von Persîâ der soldân,
dô der die manheit an im kôs,
daz er die tiutschen sigelôs

15244 mine *B*] auch mein. 47 hilfe. 48 antwarte. 49. 50 *umgestellt.* 52 ew. dem *B*] den. 53 herr. 55 Hab e. sundertwar. 56 mâl] iar. 57 euch. hilfe. warden. 60 Vnd er jm vnchennet. 61 Noch im d. stäte. 63 *ohne Absatz.* 65 sy da triben. 67 -leichen. 68 ruote *B*] solte ruen. 69 turnieres. 70 ungewage. 71 enthalten. 73 si *fehlt.* haben. 80 gerache. 81 schadenl. 93 -pogen. 94 pirlant. 95 vordrest. 15301 des] das. pedorff. 03 gruen.

dà machte mit der hende sîn,
dô swuor zehant der Sarrazîn
bî sînen goten allen,
er müeste nider vallen
an êren unde an werdekeit.
hie mite brach er unde reit
durch die rotte schiere.
hin zuo Partonopiere
wolte er sâ gedrungen sîn.
dô widerfuor im Gaudîn:
der warf in ûz dem satelbogen.
und als er nider wart gezogen
von dem Sarrazîne,
dô liezen in die sîne
wider zuo dem orse niht:
si kâmen alle in einer pfliht
dar über in gedrungen.
den ûz erwelten jungen
sluoc vil maneger unde stach.
Partonopier nu der gesach,
daz sîn geselle Gaudîn
leit als angestbæren pîn,
dô wolte er im ze helfe stân.
owê dô wart im niht getân
diu state von den heiden,
daz er in dâ gescheiden
145b mohte von dem pîne,
wan der Sarrazîne
ob im enthielt sô manec schar,
daz er niender zuo zim dar
gedringen mohte, sô man seit.
dâ von sîn herze trûren leit
beid offen unde tougen.
die trähen ûz den ougen
vielen im von zorne.
und dô der ûz erkorne
zuo zim niender mohte komen,
dô wart sîn ors von im genomen
ze beiden sîten mit den sporn.
hin ûf den soldân hôchgeborn
mit nîde kam er dô gerant,
den er begunde sâ zehant
ziehen ab dem orse hin.
mit sîner hende huop er in
für sich zuo dem satele sîn.
den rîchen werden Sarrazîn,
der küene was beid unde quec,
wolt er gefüeret hân enwec,
durch daz sîn trûtgeselle
von grôzem ungevelle
mit im erlœset würde gar.
nu wart schiere sîn gewar
des soldânes ritterschaft,
dâ von si kêrten samenthaft
von Gaudîne sâ zehant;
Partonopiere nâch gerant
kâmens al gemeine
und liezen alters eine
den werden ritter lobesam,
der zuo dem orse wider kam
unde erlœset wart alsô.
die Sarrazîne ruoften dô
mit hellen stimmen under in
'nu dar, daz er niht werde hin
gefüeret, unser aller trôst!
ob er niht von uns wirt erlôst,
wir swachen an den êren.'
145c sus wart in zuo dem hêren
Partonopiere unmâzen gâch.
si kêrten im geswinde nâch
und schuofen mit ir überkraft,
daz vil schiere wart enthaft
der hôchgeborne Soldân,
wand er muost in dâ wider lân.

15315 Wald er ged. 19 den. 28 als *fehlt.* angstporn. 29 im *fehlt.* hiffe. 31 stäte. 33 den. 35 enhielt. 40 Da trehen. 47 meide. 48 so. 50 *fehlt.* 54 er enw. 55 getrawt. 56 grossen. 60 samehaft. 61 so. 68 rueffen. 69 helm stimen. 71 Gerueffet. 72 wurt; *Pf.* wurde. 74 im.

Ein ander ors im wart bereit,
verdaht nâch sîner werdekeit,
dar ûf saz er geswinde.
mit sînem ingesinde
huop er sich an den fieren,
den helt Partonopieren:
der muoste grimmen kumber tragen.
mit swerten wart ûf in geslagen
sêr unde krefteclichen dâ.
Gaudîn stuont im ze helfe sâ
mit handen und mit herzen.
si liten aber smerzen
von slegen und von stichen.
si wurden herteclichen
gequetschet von den heiden.
ouch tet vil nôt in beiden
der tiutschen liute ritterschaft.
und dô der künec ellenthaft
von Kärlingen daz ersach
unde erkante ir ungemach,
dô rief der hôchgeborne man
sîn ûzerwelte ritter an,
daz si Partonopiere
ze helfe kæmen schiere.
er sprach, sît im der stæte
dâ vor geholfen hæte,
sô wolte er im nu gerne stân
ze staten ûf dem grüenen plân
mit sîner ritterschefte.
sus wart ûz hôher krefte
Monsoie dâ von im geschrît.
er und die sîne in widerstrît
drungen durch der heiden schar.
hin zuo Partonopiere dar
kam der künec ûz erwelt
und erlôste in als ein helt,
wand er sluoc einen Persân,
der hete im aller wirst getân
unde was ûf im gelegen
vor in allen als ein degen,
der sîn hagel wolte sîn.
den selben hôhen Sarrazîn
der künic sô geswinde traf,
daz er begunde rôtez saf
ûz sîme verhe giezen.
er muoste balde schiezen
dâ nider ab dem orse tôt.
dâ von huop sich ein michel nôt
unde ein harte grôz geschrei.
der ritterlîche turnei
gedêch nu zeime strîte.
die künege bî der zîte
kâmen alle zuo geflogen,
als man die pfîle von dem bogen
siht riuschen unde snurren.
si flâhten unde wurren
zein ander sich mit hôher kraft.
der turnei wart sô samenthaft,
daz er dâ schein gesundert.
mit slegen wart gewundert
in allen enden under in.
si wancten her, si wancten hin,
biz ir gedrenge sich gezôch
für den schœnen turn vil hôch,
dâ Meliûr daz reine wîp
und der siben künege lîp
durch schouwen sâzen inne.
diu süeze keiserinne
sach mit ir liehten ougen an,
daz durch si manic werder man
nâch prîse kunde ringen.
der künec von Kärlingen

15382 Verdecket. 86 Vnd hielt. 87 grimen. 89 Sere. 94 herczenl. 97 lewten. 99 charlingern. 15401 ruefft. 04 hilfe. 08 den. 09 -schaffte. 10 chraffte. 11 geschrait. 12 seinen. strait. 17 schluege. 18 wirs. 20 regen. 21 wolde. 31 G. an ainem. 35 ruschen 38 do samenhaft. 42 *fehlt: ergänzt B.* 43 gedrange. 44 turnai h. 48 Vnd dy suesse. 49 sach *B*] sach man. 50 daz durch *B*] Durch das. maniger.

hete ez wol begangen.
ouch lie sich der von Spangen
und der von Tenemarken
146a in hôhen unde in starken
êren balde kiesen.
Westvalen unde Friesen
begiengen wunder mit ir hant.
der künec wert von Engellant
und der von Orchadie
mit grôzer massenie
nâch prîse vâhten lieht gemâl.
von Arragûn, von Portegâl,
von Riuzen und von Schotten
vier künege mit ir rotten
enpfiengen rîcher wirde zol.
ouch tâten ez nâch wunsche wol
der keiser und der soldân.
dâ streit nâch êren ûf dem plân
der künec von Sirie.
der von Barberie
wart für in geprîset doch.
von Baldac unde Marroch
die werden künege beide
nâch lobes underscheide
vermezzenlichen rungen.
die rîchen alle drungen
nâch hôher werdekeit des tages.
ouch nam an êren vil bejages
manic nôtec ritter.
der turnei wart sô bitter
und diu malle bî der stunt,
daz maneger dâ ze tôde wunt
wart durch der stahelringe niet.
ahî waz man in dâ verschriet
von rîchen wâpenkleiden,
diu kristen unde heiden
fuorten an ir lîbe!
durch willen schœner wîbe
kouften si der êren solt.
gesteine, purper unde golt
wart verrêret und versniten.
dâ wart gedrungen und geriten,
146b geslagen und gestôzen.
diu scharpfen und diu blôzen
swert dâ lûte erklungen.
diu vogelîn diu sungen
dâ bî suoz unde schône.
von dem zwivalten dône
die lüfte wurden alle
und von dem lûten schalle
ob in erfüllet harte.
sich flaht part unde parte,
rott unde rotte war sich dâ.
diu wâpenkleit rôt unde blâ,
grüene, gel, brûn unde wîz
begunden sunder itewîz
dâ lougen von den gesten.
dar under sach man glesten
die rôsen und der bluomen schîn.
ouch hete sich gemischet drîn
der sunnen blic rein unde glanz.
vil manic schilt dâ wîten schranz
von slegen muoste enpfâhen.
die siben künege sâhen,
daz niemen ûf dem plâne streit
sô wol nâch hôher werdekeit,
als Partonopier der helt.
durchliuhtic gar und ûz erwelt
wart sîn ritterlicher prîs.
der grâve sælec unde wîs
mit kreften an die Tiutschen vaht.
wan daz diu trüebe vinster naht

15453 Het des 55 tennem. 60 wer v. Engelant. 61 Archadie. 62 massanie. 64 Part. 68 teten. 72 der *B*] und der. warbarie. 74 waldack vnd m. 76 lob. 80 nam er an. 83 maile. 85. 86 Durch dy stachlein ringe wart Ach was da verschroten hart: *gebessert B.* 94 Do. 15501 wund'r. 02 laute. 03 in *B*] im. 04 pate vnd. 05 war *B*] *fehlt.* 07 Greuen. 09 laug. 17 nieman. 20 Durchleicht.

den turnei mit ir krefte schiet,
sô hæte er an der selben diet
manheite vil erzeiget.
an prîse wart geveiget
der keiser von der hende sîn.
und dô der liehten sunne schîn
was gegangen under,
dô kêrten sâ besunder
die ritter von dem plâne.
146c Gaudîn der wandels âne
und der helt Partonopier,
die zwêne trûtgesellen fier,
riten ouch ze hûse dan.
ir name in hôhem prîse bran
als ein liehter kerzen glanz.
der werde künec Cursanz
in beiden hôher êren jach.
und dô Partonopieren sach
von dannen kêren Meliûr,
dô wart ir ungemüete sûr,
durch daz si bî der stunde
niht mohte noch enkunde
mit im gereden eteswie.
besunder si dô balde gie
von den künegen alzehant.
si vielt mit jâmer unde want
ir hende lûter unde weich.
von sender nœte wart si bleich
aber als ein tôtez wîp.
si wânde ir lieben friundes lîp
niemer mêr beschouwen;
dâ von der werden frouwen
wart ûf ungemüete gâch.
diu reine sach im allez nâch,
biz der getriuwe herre
von ir gereit sô verre,
daz si sîn niht mohte mê
geschen. daz tet ir sô we,
daz ir entweich varw unde kraft.
beswæret unde jâmerhaft
sprach diu frouwe hôchgeborn
'von himele keiser ûz erkorn,
erbarme sich dîn güete
über mîn gemüete,
daz ist in leide sus begraben.
sô lâz ouch dîne milte haben
erbarmede über mînen lîp.
waz rede ab ich unsælic wîp?
mir sol von rehte sîn verseit
dîn helfe und dîn erbarmekeit,
146d wand ich si beide hân verworht
dâ mite daz ich unervorht
an triuwen mînen friunt verriet,
den ich von mîner hulde schiet
âne alle schult vergebene.
dêswâr, ez lît vil ebene
daz ich helfelôs bestân.
wer solte mîn genâde hân,
sît ich in sunder gnâde lie,
der mich hât von herzen ie
geminnet âne lougen?
dô sîniu schœnen ougen
vor mir überliefen
und er vil manegen tiefen
siuften lie von herzen,
dô solte ich sînen smerzen
erbarmeclichen hân bedâht.
von wâren schulden bin ich brâht
in trûren unde in klagende nôt.
und wære iht ergers dan der tôt,
daz solte lîden ouch mîn lîp.
wir hân daz reht, wir armiu wîp,
daz wir trûren, sô die man
kein ungemüete vellet an
von herzenlichen sachen.
wir weinen, sô si lachen,

15532 si p. 34 der *fehlt.* 38 hohen. 42 -pier. 46 erch. 69 D. ich laid sein pegr. 72 ich aber ich. 74 hilfe und deiner p. 76 vrain v. 81 hilfe. 82 genaten. 86 schone. 94 war.

und unser wîplicher name
twinget uns von rehter schame,
daz wir niht entsliezen in
getürren manegen ungewin,
den wir durch si ze herzen tragen.
sîn leit durchgründen unde sagen
mac der man dem wîbe wol:
kein wîp dem manne künden sol
ir ungemüete sorgen rich.
dâ von ist ez vil ungelich:
uns armen wîben ist gegeben
alhie ein harte trûric leben
und trûreclichez herzen sêr,
daz uns beswæret iemer mêr.
daz ist an mir nu worden schîn.
147a mîn herre und der geselle mîn
weiz nu lützel mîner klage,
wande ich stirbe ê daz ich sage
mîn herzenlichez trûren ime.
den tôt ich endelichen nime,
ê daz er mînen muot ervar
und er bevinde, daz ich gar
ze grunde bin nâch im versent.
ich hân mîn herze ûf in gewent
und dar zuo leben unde sin.
owê nu vert er von mir hin,
sô daz er niht erkennet,
daz mîn gemüete brennet
nâch sîner werden minne gar.
der süeze nimt vil kleine war,
daz mir nâch im ist alsô wê,
wand er mich lihte niemer mê
beschouwet hie ûf erden.
wie sol mîns leides werden
rât von êwe zêwe?
in tiefer nœte sêwe
versenket muoz mîn herze sîn.
ich lîde grundelôsen pîn,
der hôhes muotes mich verhert,
ob er alsô von hinnen vert,
daz er mich niht gesprichet.
mîn herze in stücke brichet
von märterlicher ungeschiht,
kum ich zuo sîner rede niht
und ob er mich niht wil gesehen.
nu wie sol aber daz geschehen?
ich bin ein wîp und er ein man:
dâ von getar ich noch enkan
von schamelicher blûcheit
im künden mînes herzen leit,
daz mir sô vaste wirret,
und bin alsô verirret,
wan ich enweiz niht, waz ich tuo.
mir fliuzet êwic trûren zuo,
147b daz ich mir ze herzen nime.
gên ich dar und rede mit ime,
daz wirt mir sô verkêret,
daz man mîn lop versêret:
ist aber, daz ich lâze
in rîten sîne strâze,
daz ich niht rede wider in,
sô vert er in dem muote hin,
daz er beschouwet niemer mê
diz rîche. owê mir armen, wê,
daz ich mîn leben ie gewan!
Partonopier, getriuwer man,
wirde ich keines mannes wîp
für dînen werden süezen lîp,
sô muoz ich sîn vertüemet,
der mich hât enblüemet
an allen sælden iemer,
wand ich enwirde niemer
frî noch fröudenhaft als ê:
mir ist nâch dir ze tôde wê.'

15604 manig. 11 geben. 12 harte *fehlt.* 18 daz *B*] unde. 20 endenl. 28 my mein. 31 alsô *B*] so. 35 v. ew zwaiß. 36 swen. 46 Nu im aber daz sol g. 49 planckait. 50 mein. 55 Dez. mir *B*] *fehlt.* 57 also. 68 werden *fehlt.* 69 verduenet.

Die klage treip diu guote
und het in ir muote
gedenke für ein wunder brâht.
swer tougenlichen ist verdâht
nâch liebe in rehter ahte,
der hât vil manige trahte:
daz wart an Melîûre schîn.
diu werde süeze keiserîn
viel in die gedenke tief,
daz si des nahtes wênec slief
von herzenlichen sorgen.
si lac biz an den morgen
nâch ir liebe gar versent.
ouch hete sich ir friunt gewent
slâfes dô vil kleine.
in beiden was gemeine
trûren unde sendiu nôt.
nu daz der liehte morgen rôt
147c was ûf gegangen und der tac,
Gaudîn dô langer niht enlac,
er machte sich ûf harte fruo.
Partonopiere sprach er zuo
'wol ûf, geselle! ez ist nu zît,
daz ir den ritterlichen strît,
der hiute ein ende nemen wil,
mit êren bringent ûf ein zil.
swaz ir noch lobes hânt bejaget
mit frechen henden unverzaget,
daz enhilfet niht ein ei,
wirt von iu der turnei
niht nâch prîse zende brâht.'
sus hete schiere sich bedâht
Partonopier, daz er bereit
wart nâch sîner werdekeit
mit aller der gezierde sîn.
er und der hübesche Gaudîn
kêrten ûz für daz gezelt
und îlten wider ûf daz velt
für die stat vil wünneclich.
ouch heten alle künege sich
und die werden geste
gewâpent in der veste
und wolten ûf den turnei zogen.
dô kam Partonopier geflogen
in die stat durch wîbes lôn.
Herman, der in ze Thenadôn
durch sîne valschen ræte
dô vor gevangen hæte,
der îlte gegen im dort her,
dar umbe daz ouch er sîn sper
mit kraft ûf in vertæte.
dô stach in der vil stæte
grâve biderb unde quec
dâ nider unde fuorte enwec
sîn ors, daz er umb êre gap:
dâ von sîn lop sich underwap
mit ritterlicher werdekeit.
diu keiserîn des wart gemeit
147d daz im diu êre dâ geschach,
wan si mit ougen selber sach,
daz er enpfie den rîchen fromen.
ouch was ze helfe schiere komen
al diu werde ritterschaft.
Gaudîn der leite sîne kraft
dar ûf mit hôhem vlîze,
daz er vor itewîze
Partonopieres næme war
und in ze ganzer wirde gar
mit sîner helfe bræhte,
sô daz er prîs ervæhte

15678 taugenleich. 80 maniger. 82 süeze *fehlt*. 83 dencke. 91 senden. 92 dy vil l. -rött. 93 gangen. 94 lenger. 95 marckte. 96 er aber z. 97 nu *B*] *fehlt*. 15700 zit. 05 N. pr. u. zô e. 09 gezirte. 13 vil *fehlt*. 14 hette. 17 wolden. 21 sîne valschen *B*] falscher seiner. 23 eilet. 24 ouch *fehlt*; *Pf. ergänzt* ét. 30 sîn lop sich *B*] sich sein lop. 31 ritterleichleicher. 33 gesach. 35 frumen. 36 hilfe. 37 All d. r. w. 38 *fehlt*. 42 jm. 43 hilfe.

und daz keiserliche wîp.
er wolte in für sîn selbes lîp
zücken unde bringen für,
dar umbe daz er niht verlür
die frouwen rîch von hôher art.
Herman, der abe gestochen wart
von Partonopiere,
der was komen schiere
zorse wider ûf den plân.
er îlte für den soldân
durch sînen ungetriuwen sin.
'herre', sprach er wider in,
'der mit dem schilte silber wîz
der leit ûf rüemen sînen vlîz,
wande er sprichet, daz er habe
hie gestôzen manegen abe,
geworfen und gestochen.
er giht, er sî gebrochen
für iuch an hôher werdekeit.
durch got daz lât iu wesen leit.'

Der soldân hübesch unde wîs
gap im der rede in spottes wîs
antwürte, wande er sich verstuont,
same die sinneclichen tuont,
daz Herman sich untriuwe vleiz.
'herre', sprach er, 'ich enweiz,
waz er von mir habe geseit:
149ª mich dunket, er hab iuch geleit
ûz dem satel ûf daz lant.
er fuorte ein ors an sîner hant,
daz was iuwer, sô man giht.
iedoch enweiz ich rehte niht,
ob er iuch selben stæche drabe.
ich wæne, ez im gegeben habe
iuwer hant durch miltekeit.'
sus kêrte von im unde reit
Herman, als ich geschriben las.
daz sîn dâ geschimpfet was,
daz verstuont er schiere.
Gaudîn Partonopiere
half nâch êren strîten.
si leiten bî den zîten
ûf ritterschaft vil hôhen vlîz.
der blanke schilt von silber wîz
gleiz alsam ein spiegelglas
für manegen schilt, der schœne was
gesteinet mit saphîre.
von Marroch und von Sîre
zwên edele künege rîche
die riten vil gelîche
dâ si prîs enpfiengen
und ez sô wol begiengen,
daz man in wirde muoste jehen.
si wurden samet dâ gesehen
und wurben gar mit vlîze,
daz der silberwîze
schilt, der alsô lûter schein,
geswechet würde von in zwein:
si wolten in verdrücken
und an sich gerne zücken
der süezen keiserinne lôn.
nu weste wol von Thenadôn
Herman der zweier künege sin:
dâ von gesellet er sich zin,
149ᵇ durch daz er sich geræche.
si huoben ein gespræche
mit ein ander alle drî,
wie si den grâven wandels frî
von sîner wirde bræhten gar.

15751 Von dem P. 57 weisse. 58 rueme vleisse. 60 Gestochen. 63 ew. 68 Same. 72 ew. 77 ew selbe — stache dar abe. 78 engegen. 82 gesimphet. 87 vil *B*] *fehlt; Pf.* ûf ritterschefte. 89 als. 92 Danoch. syrie. 93 reich. 94 geriten — geleich. 95 Do sy. 96 pegiegen. 97 in] ir. 98 sampt. 15803. 04 *umgestellt.* 05 zway ch. sein. *nach* 15806 *Wiederholung v.* 15802 Geswachet wurden von in zwain. 09 gerechte. 10 gesprächte. 13 wirden.

nu wart ir willen dâ gewar
Gaudîn, wan er si rûnen sach.
dâ von der vil getriuwe sprach
zuo dem erwelten dâ von Bleis
'geselle, werder Franzeis,
ir sult vermîden jene drî:
die stênt mit helfe ein ander bî
unde legent hôhe kraft
dar ûf und al ir ritterschaft,
daz wir von in ze schaden komen:
wir hæten schiere an in genomen
verlüsteclichen ungewin,
ob wir under si dort hin
nu kêrten alters eine.'
Partonopier der reine
durch die rede niht enliez
daz in Gaudîn vermîden hiez:
er nam daz ors mit scharpfen sporn.
alsam ein ritter ûz erkorn
kam er sô hurteclichen dar
geflogen under dise schar,
daz er die rotte gar durchbrach.
durch den schilt er obene stach
von Marroch den künic dâ.
er fuorte in eime velde blâ
von golde ein wildez eberswîn,
daz eine krône silberîn
truoc vil wol gereinet,
diu schône was gesteinet
mit smaragden grüene.
Partonopier der küene
stach ûf den schilt gar sêre.
an sîner widerkêre
sach man in frevellichen varn.
148[c] er warf des küneges swester barn
von Sîrî ab dem satele nider.
daz rach an im der œhein sider,
wande er kam ûf in gehurt,
daz er und ors vil wol begurt
samet vielen ûf daz gras.
daz ors lac tôt und er genas.

Sus kam Partonopier ze fuoz,
dem ich von schulden jehen muoz
daz er grimmen kumber leit.
er kam ze grôzer arbeit
unde in angest bitter.
der zweier künege ritter
bestuonden in mit nîde gar.
sîn edel swert blôz unde bar
gap er ze beiden henden,
dâ mite er wunder enden
wolt an den widersachen,
wan er begunde machen
alumbe sich dâ wîten rûm.
daz rôte bluot, den wîzen schûm
ûz den orsen er dâ sluoc.
und dô sîn trûtgeselle kluoc
in den nœten in gesach,
dô reit er gâhes unde stach
den künic von Sîrîe,
daz der wandels frîe
von dem orse nider saz:
dâ von die Sarrazîne laz
wurden hôher wunne gar.
von Partonopiere dar
kêrtens al gemeine
und liezen alters eine
den hôchgebornen jungelinc,
durch diu frümeclichen dinc,
daz si dem künege hülfen wider
ûf sîn ors, von dem in nider
Gaudîn gestochen hæte.
Herman der morttæte,

15815 ers geraune. 17 dâ *fehlt.* 20 hilfe an ander. 34 in diser s. 37 Marroch *B*] Danech. 47 fräfl. vorn. 48 -born. 49 Sirie. 52 vil *fehlt.* 57 grimme. 69 dem. 71 do ges. 74 daz] vnd. 76 plas. 78. 79 v. P. cherten si dar Sy alle gem. 80 l. in a. 83 chunigen. hülfen *fehlt.* 84 von dem in] palde.

dô der gesach die heiden
sus gâhen unde scheiden
148d von Partonopiere dan,
dô rief er sîne ritter an
und die Sarrazîne sider.
er hiez si balde kêren wider
zuo Partonopiere,
dar umbe daz der viere
ze tôde würde erslagen sâ.
er sprach, ob er genæse dâ,
si hæten iemer mêre
verloren prîs und êre.

Sus kam er selbe hin gerant
an den grâven ûz erkant,
der vor im ûf der heide stuont.
alsô die triuwelôsen tuont,
sus wolte er sich dâ rechen
und in ze tôde stechen
væringen unde entwerhes.
einhalp der sîten verhes
begunde er im dâ râmen.
dô wancte im ûf dem sâmen
Partonopier der guote:
mit kündeclicher huote
sîn leben er bewarte.
vil sêre und ouch vil harte
daz swert er ûf ze berge huop.
mit deme sluoc er unde gruop
Hermanne durch daz hirne:
den helm und ouch die stirne
schriet er im ûf den munt zetal.
des nam er einen swinden val
ab dem orse küene.
mit bluote wart der grüene
plân von im geroetet.
und als er was getoetet,
dô wart den sînen über in
vil gâch, durch daz er würde hin
von in gefüeret alsô tôt.
in allen wart zuo zim sô nôt,
daz si Partonopieres dâ
vergâzen ûf der heide sâ.

Der tet dô weder wirs noch baz,
149a wan daz er ûf daz ors gesaz,
daz Hermannes was gesîn.
der ellenthafte Gaudîn
half im dar ûf. mit êren
begunde er dannen kêren
und vor in allen dâ genas.
der turnei zeime strîte was
Hermanne dâ gevallen.
Partonopier in allen
muoste an prîse ligen obe.
Cursanz in aber dâ mit lobe
flôrierte sunder lougen.
ouch was er in den ougen
Meliûre niht ein dorn.
von Bleis der grâve hôchgeborn
und der getriuwe Gaudîn,
die liezen beide werden schîn
ir manheit unde ir hôhe kraft.
si brâchen durch die ritterschaft,
alsam der wilde sturmwint
durch die boume ân underbint
riuschet mit der krefte sîn.
gewaltic kleiner vogellîn
wart nie sô vaste ein adelar,
sam si dâ wâren maneger schar,
durch die si drungen unde riten.
ouch hete dâ sô wol gestriten

15887 der h. 90 riefft. 95 ersclagen da. 96 sa. 99 Aus: *ohne Absatz*. 15900 ûz erkant *B*] vnpchant. 01 haiden. 06 Ain hab. 23 Da w. d. sinne. 25 jm. 27 -pier. 28 haiden. 29 dô *fehlt*. 31 Herman. 34 pegunden d. 35 jm. 37 Herman. 43 Melawr. 51 Ruschet. 52 vogelein. 53 adelär. 55 D. dy drugen.

von Persîâ der soldân
nâch hôhen êren ûf dem plân,
daz im holdez herze truoc
Partonopier der grâve kluoc
und in begunde vaste loben.
dâ mohte Gaudîn umbe toben,
wand ez in sêre muote.
mit zorne sprach der guote
'ir welt den soldân rüemen,
der uns hie wil vertüemen
unde uns widerwertec ist?
er kêret allen sînen list
149[b] dar ûf hiut unde gester,
daz er uns hie gelester
unde uns itewîz getuo.
dâ von ir hânt guot reht dar zuo,
daz ir mêret sînen prîs.'
Partonopier der grâve wîs
wart schämic von der rede sîn.
er vorhte sêre, daz Gaudîn
der süeze untriuwen lære
gedæhte, daz er wære
verzaget an sînem muote.
dâ von der hübesche guote
begunde ûf den vil zarten
soldân aber warten
mit ougen lûter unde klâr.
er gerte, daz im offenbâr
ein schade von im geschæhe,
durch daz Gaudîn ersæhe,
daz er durch zegelîchen sin
niht hæte dâ gerüemet in.
er nam sîn vil genôte war.
ûf den kürlîchen heiden dar
begunde er balde dringen.
sîn œhein von Kärlingen
und al sîn werdiu ritterschaft
die kêrten mit im samenthaft
hin ûf den soldân ûz erwelt,
der sich werte sam ein helt
ir slege und ouch ir stiche.
doch wart er hurteclîche
von in gedrungen hinder sich,
wan die Franzeise lobelich,
der tûsent wâren an der zal,
die riten zuo zim über al
und gâben im sô manegen streich,
daz er mit sîner schar entweich
hin überz wazzer alzehant.
er kam mit sîner diet gerant
hin zuo dem turne, wizzent daz,
149[c] ûf dem diu keiserinne saz:
aldâ begunde er stille
enthalten, wan sîn wille
stuont ûf ellentrîchen sin.
Partonopier der sluoc ûf in
mit sîme scharpfen swerte,
dâ mite er in gewerte
vil starker biusche manicvalt.
ouch werte sich der heiden balt
unmâzen sêre bî der stunt.
ir beider herze was erzunt
von Meliûre minne.
daz diu keiserinne
saz ob in, daz gap in kraft.
si wâren beide unzagehaft
von ir aneblicke,
wan si wurfen dicke
ir ougen an die klâren:
dâ von si küener wâren
und deste walticlîcher striten.
geloubent, daz si kumber liten

15958 den. 59 jm so h. 62 Do. 63 jm. 65 welt *B*] sult. 66 verdienen. 68 allen] an. 70. 71 *umgestellt.* 71 etwas guete getue. 72 habt. 77 suessen trewen lere. 78 gedacht. 81 vil *fehlt.* 85 vony im. 87 Vnd d. er zu gleichen sin. 89 note. 94 chert. samenhaft. 99 jm. 16000 die] der. 01 der] dy. 03 manig. 10 Enthalden. 13 scharffe. 15 pawschen. 19 Melawre. 26 küener] chomen. 27 dester walticleichen. 28 chaumen.

von grimmen slegen herte.
ouch wizzent, daz sich werte
vil maneger dâ vil sêre,
der balde streit umb êre
und durch minne sich lie queln.
wer möhte ir namen hie gezeln,
die nâch hôher werdekeit
dâ rungen ûf dem plâne breit?
si vâhten alle in widerstrît
nâch liehtem prîse bî der zît.

Swaz iemen aber dô geranc
nâch lobe ûf süezer minne danc,
daz wac man allez kleine
biz an die wirde aleine,
die Partonopier der helt
und der soldân ûz erwelt
enpfiengen ze dem mâle.
si sluogen sunder twâle
149[d] dar unde dar und aber dar
ûf die schilte lieht gevar
und ûf die helme stehelîn.
des wilden viures rôter schîn
flouc dar ûz in widerstrît.
daz triben si sô lange zît,
biz diu vil starke müedekeit
ir hôhen kreften an gestreit
und die werden des betwanc,
daz si dâ sunder iren danc
ûf hôher bêde hielten
noch keiner wer dô wielten,
wan in ir maht vil gar entweich.
daz in ir ellen gar gesweich,
daz schein wol unde lûhte.
Partonopieren dûhte,
daz der soldân wære
küen unde tugende bære,
dar umbe er im dâ lobes jach.
zuo Gaudîne er dô gesprach
'benamen dirre werde man
nâch hôhem prîse werben kan
als ein ritter ellentrîch.
kein fürste wart im nie gelîch
an êren, die sîn herze birt.
diu frouwe, der sîn minne wirt,
diu mac wol iemer wesen frô.'
Gaudîn sprach mit gespötte dô
zuo dem erwelten jungen
'ir hânt uns wol gesungen,
wær iemen, der uns gîgete.
daz man noch geswîgete,
sô man niht vehten möhte,
ich wæne, daz wol töhte
ze ritterlichen êren.
sol zageheit versêren
iuch an des strîtes ende,
sô wirt iu von der hende
gestôzen al diu werdekeit,
dar în ir wârent ê geleit.

Lât allen zegelichen sin.
150[a] ûf den soldân wider hin
geruochent balde stapfen.
an Melûren kapfen
sult ir mit vollen ougen:
sô wirt iu sunder lougen
maht unde kraft gegeben wider.
niht henket iuwer houbet nider:
schouwet daz vil werde wîp,
sô wähset iu muot unde lîp

16033 lie sich. 36 plan perait. 39 *ohne Absatz.* ieman. 45 zu. 47 dar und *fehlt.* 48 ûf] Vnd. 50 roten. 51 Flog. 52 do langew. 53 starcken. 56 iren *B*] ir; *Pf.* al ir. 60 ellent. 61 so w. 62 den d. 64 pare. 66 dô gesprach *B*] doch sprach. 67 pey n. diser werder. 68 weben. 71 prit. 76 habt. 77 war ieman. 78 *fehlt: ergänzt B.* 79 sô *aus* sam *corrigiert.* 80 wane. 83 Ew. 84 wirte. 85 gestôzen *B*] Gestöijet. 88 den *fehlt.* 89 plade. 92 ewr. 93 geben. 96 swachet.

von ir liehten angesiht.'
Partonopier dô langer niht
begunde stille enthalten:
hin an die wol gestalten
warf er ûf diu ougen sîn.
diu gap sô wünneclichen schîn
dem ûz erwelten süezen man,
daz er sîne kraft gewan
und alle sîne maht hin wider.
in den satel vaste nider
begunde er sich dô senken:
formieren unde lenken
wolt er sich ûf ein strîten.
den schilt ze sîner sîten
begunde er twingen rehte.
von Gaudînes knehte
wart im ein ungefüegez sper
erboten willeclichen her;
daz nam er âne kriegen.
die schenkel er dâ fliegen
lie ze berge und ouch ze tal.
in truoc sîn ors hin ûf daz wal
dem soldâne engegenwert.
der hete sîn ouch dâ begert
mit eime schafte, des er wielt.
den brach der heiden unde spielt
ze sprîzen ûf dem schilte sîn,
sô daz ein wîtez loch dar în
gestochen wart von der geschiht.
ouch hæte dâ gevælet niht
Partonopier, wan er stach in
150b in den helm sô vaste hin,
daz er umb daz houbet
vil sêre wart betoubet
und im der gebel und der kopf
begunde alumbe sam ein topf
dâ zwirben ûf dem anger.
dar nâch enbeit niht langer
der grâve biderb unde kluoc:
daz swert begreif er unde sluoc
in aber ûf den glanzen helm
sô vaste, daz er in den melm
was vil nâch gestrûchet nider.
Partonopier wolt in dô wider
gerne trîben in die stat:
dâ von er an der flühte pfat
in kêrte mit dem zoume
und nam des rehte goume,
daz er in dâ gewerte
vil slege mit dem swerte.

Seht, alsô treip der edel in
vor im ze der veste hin
mit slegen und mit stichen,
biz daz er flühteclichen
kam biz an daz bûrgetor.
dâ hielt er eine wîle vor,
unz er ein lützel sich versan.
den künec Apatrîsen an
begunde er schrîen, wan der was
mit im dar komen unde las
in sîn herze vesten muot.
er was ein edel ritter guot
und der besten einer dâ:
des stuont er im ze helfe sâ
nâch küneclichen êren.
er hiez in wider kêren
in der Kärlingære schar
und îlte er selbe mit im dar
vil drâte und ouch vil schiere:
dâ von Partonopiere
von in beiden wê geschach.

16097 liechten. 98 lenger. 16106 den *fehlt.* vast. 12 von *B*] und von. 13 -ger sp. 15 chiegen. 21 des] daz. 25 dem g. 26 geuellet. 28 dem. 32 allum̃. 34 enpiet n. lenger. 35 pider. 39 nahent. 42 an *fehlt.* 48 vesten. 52 ain. 54 Asp. 55 vñ er was. 57 seime herzen. 60 hilfe. 64 selber. 65 auch schire.

150c der eine sluoc, der ander stach
ûf in sêre bî der zît.
alrêrst gedêch ûf einen strît
der turnei, wan er tœtlich wart.
swaz die heiden an der vart
erstrichen der Franzeise,
die brâhten si mit freise
biz ûf den bitterlichen tôt.
von bluote wart diu erde rôt,
daz man vergôz in kübels wîs.
der werde künec Appatrîs
verschriet sô rehte sêre
den schilt Partonopêre,
daz im daz halbe teil enpfiel.
in zorne bran er unde wiel
ûf den grâven wol getân.
er und der küene soldân
mit slegen tâten im sô heiz,
daz im der angestbære sweiz
durch die stahelringe flôz.
von swerten lûter unde blôz
wart im sîn kumber alze sûr:
dâ von diu süeze Meliûr
begunde sînen smerzen
mit ougen und mit herzen
gar inniclichen weinen.
der klâren und der reinen
tet sîn swære unmâzen wê.
gebergen mohte si niht mê
daz jâmer und die trûtschaft,
dâ mite ir herze lac behaft:
daz viur enmac niht lange sîn
bedecket, wan sîn heizer schîn
ez machet offenbære;
sam tuont verholniu mære,
diu meldent sich ze jungest ie.
dâ von diu keiserinne hie
verbergen mohte langer niht
ir senelichen ungeschiht,
150d die si von herzen liebe truoc.
mit bleiche wart gemischet gnuoc
ir varwe lûter unde glanz.
Irekel unde Cursanz
die spürten wol ir ungemach.
dâ von der werde künic sprach
zuo der getriuwen künegîn
'waz mac eht daz mære sîn,
daz iuwer swester wünneclich
envärwet alsô vaste sich
unde ûf trûren ist gewent?
nâch liebe sich ir herze sent
unde ir tugende richer sin.'
'nein!' sprach Irekel wider in;
'ich sage iu, waz ir wirret.
si müeget daz und irret,
sô nu vergangen ist diu zît,
daz man ir lîhte danne gît
einen man, des si niht gert.
geloubent, hôher künic wert,
daz ir anders niht enist.'
sus kunde Irekel bî der frist
ir swester dâ beschœnen.
die starken und die hœnen
ir herze kumbert, als ich las,
dar umbe daz in nœten was
Partonopier ir trût âmîs,
und daz der künec Appatrîs
und der küene soldân

16169 sere pey d. zeit. 70 Allererst. ûf einen *B*] jm ain. 71 Durnai. 73 Enstr. 76 dy erdn. 77 kübels *B*] ubels. 79 Werschr. 80 -piere. 81 der. 86 angsware. 87 stächlein r. 89 chumer also sawr. 93 inniel. *B*] minniel. 95 sware. 96 macht. 97 rautschafft. 98 er ir h. lage. 99 feur mag. 16200 Pedencket. 01 -bare. 03 ie] hie. 04 hie] nie. 05 lenger. 06 sendleich. 07 die] daz. 12 Do — werde. 14 eht] recht. 19 tugent. 21 gewirret. 22 muet. 27 anderst. 31 kumbert ir herz: *umgestellt B.* 33 trawtter. 34 daz *B*] *fehlt.*

mit scharpfen swerten ûf dem plân
in sluogen sêre in widerstrît.
Gaudîn stuont im ze helfe sît
unde erlôste in aber dô.
des wart diu keiserinne frô,
wand ez ir wol von herzen tete.
si zwêne kâmen an der stete
ir schaden mit gewalte wider.
den soldân woltens aber sider
triben zuo der veste hin,
wan si jâhen under in,
würd er von in gejaget niht
151a zuo Melîûren angesiht
flühteclichen in die stat,
si wæren beide an êren mat:
er hæte ez dâ sô wol getân,
daz man in für den besten hân
müeste, ob si den Sarrazîn
mit kraft niht tæten wider în
unde in ab dem velde triben.
hie mite beiden was bekliben
diu kraft vil gâhes unde ir sin,
daz si mit slegen aber in
für sich begunden vazzen.
sîn ors macht eine gazzen
mit gedrenge durch daz her
und îlte enwec ân alle wer,
wan ez begreif der flühte mez.
dô twungen si mit slegen ez
vür den herren sîn zehant.
für die stat kam er gerant,
dar în begunde er flen.
doch warf er under wilen
sich wider umbe engegen in
durch den willen und den sin,
daz er mit slegen herte
sich ir beider werte.

Daz half in aber kleine.
Partonopier der reine
mit hôhen kreften in betwanc,
daz er dâ sunder sînen danc
in die stat ze jungest reit.
dar umbe vaht er unde streit
an den grâven unverzaget,
der in hæte drîn gejaget
und nu dâ langer niht beleip.
swenn in Partonopier getreip
dar în, sô sluoc der soldân sider
in dar ûz vil drâte wider.
daz triben dise zwêne man
sô lange mit ein ander an,
biz Partonopier mit kraft
151b den soldân küene und ellenthaft
betwanc ân underscheide,
daz si bestuonden beide
in der küneclichen stift.
mit swerten bitter hantgift
ein ander si dô gâben.
stich unde slac si wâben
sêr unde balde in widerstrît.
der soldân bî der selben zît
in sîn verch von hôher art
von Partonopiere wart
geslagen durch die ringe.
diu scharpfe lûter klinge
dranc im în zer weiche
vil tiefe nâch dem streiche,
den im der küene grâve bôt.
sîn wâpenkleit von bluote rôt
wart vil sêre bî der zît.
den herten und den grimmen strît
triben si biz ûf die naht,
daz niemen si mit keiner maht
gescheiden mohte sunder.

16236 scharffen. 37 in *vor* sluogen *fehlt*. 38 im *fehlt*. 43 ir] In. 49 die] an. 50 paidew. 60 mocht er ein. 64 dô — ez *B*] Den — des. 65 vür *B*] von. 70 vnd sin. 76 gang. 78 d. über. 81 langer *B*] lange. 82 Wenn. 89 wider s. 93 An einander. 95 Sere. 97 werch. 16300 scharffen. 02 tiffe. 08 nieman. 09 machte.

dô der tac was under
gegangen, dennoch wâhten
die zwêne wol bedâhten
mit ein ander in der stat.
diu keiserîn ûf zünden bat
eine kerzen, hœre ich jehen,
durch daz si künde ir friunt gesehen:
möht ez mit fuoge sîn gewesen,
diu frouwe schœne und ûz erlesen
hæt im gegeben einen kus.
nu si gewâhten lange alsus,
dô wurden si gescheiden.
der eine von in beiden
wart geschicket ûz der stat.
der grâve wert ûf sînen pfat
kêrte von der veste guot.
der soldân hübesch unde fruot
beleip dar inne, als ich ez las.
151[r] Partonopier beswæret was
vil sêre in sînem muote,
wan der getriuwe guote
begunde vorhte und angest hân,
daz der vil werde soldân
geviele baz der frouwen sîn
dann er, und daz der Sarrazîn
mêr lobes hæte erworben.
sîn herze nâch verdorben
an fröuden was dur den gedanc.
die süezen keiserinne twanc
daz selbe trûren klägelich,
wan si gedâhte wider sich,
daz der soldân hæte
ir reine minne stæte
ervohten mit der krefte sîn.
dâ von si jâmer unde pîn
ze herzen und ze sinne vielt.
der soldân ouch des nahtes wielt
der vorhte bitter unde sûr,
daz er gedâhte, Meliûr
möht im niht werden umbe daz:
Partonopier der hæte baz
gerungen dâ nâch prîse
dann er; dâ von der wîse
betrüebet wart besunder.
manic man dar under
ouch vil herzen lieben wân
wolt ûf die keiserinne hân.

Partonopier der leite sich
in sîn gezelt vil wünneclich
mit jâmer und mit leide:
jô giengen im diu beide
mit sorgen ûf dem bette zuo.
Gaudîn hiez in des morgens fruo
ze Thenadôn geswinde varn:
wolt er die triuwe sîn bewarn,
sô müeste er sich antwürten wider
in diu bant, ûz den er sider
ûf der ritterschefte was.
151[d] in diu, als ich dâ vorne las,
solte er wider kêren
nâch ritterlichen êren,
sô der turnei wære dâ
zergangen. dâ von îlte er sâ
mit Gaudîne ûf sîne vart.
ze Thenadôn in beiden wart
gâch und ûzer mâzen nôt.
Partonopier gevangen bôt
sich der frouwen ûz genomen.
der wâren ê diu mære komen,
daz Herman tôt gelegen dort
wær ûf der ritterschefte mort:

16311 den noch. 15 Ain grosse k. hor vnd j. 17 Vnd machte. 19 geben — chüs. 23 gesicket. 24 wer. 27 ez *B*] *fehlt.* 31 haben. 32 wert. 34 daz *fehlt.* 35 erbarin. 36 nahent verdorm̃. 37 dur den *B*] der. 38 suesse. 39 selbig — chlage. 47 swär. 49 Mochte. 54 manic *B*] vnd m. 55 van̄. 58 vil *fehlt.* 60 Vnd jm engegen dy p. 63 thenodan. 65 antwarten. 67 in diu *B*] Von im. ich] ich ew. do. 70 tôt gelegen dort *B*] gelegen tot. 80 -schafft.

dâ von diu tugentlîche lie
den hôchgebornen grâven hie
von ir kêren wol gesunt.
er wart gelâzen an der stunt
von ir ledec unde frî.
des wonte im hôchgemüete bî,
wand er was der gedinge frô.
Gaudîn und er die fuoren dô
mit fröuden wider über velt
und îlten balde in ir gezelt:
dar în sô kâmen si ze naht
und lâgen drinne wol bedaht
mit bluomen und mit rîse.
des morgens dô der grîse
tac ûf dringen solte,
Partonopier dô wolte
niht langer dâ gelegen sîn.
er sprach 'wol ûf, geselle mîn,
wir suln kêren ûf den plân!
daz urteil hiute sol ergân
von siben künegen ûz erkorn,
wer die frouwen hôchgeborn
mit ritterschaft erworben habe.
friunt, dâ von sô lâzen abe
des slâfes, des wir solten pflegen,
und îlen dar, getriuwer degen,
152ª daz wir uns niht versûmen dâ.'
Gaudîn bôt im antwürte sâ
bescheidenlîchen unde sprach
'ruow unde senfticlich gemach
sul wir noch haben langer,
ê daz wir ûf den anger
von hinnen kêren ûf den jac.
sô wir geslâfen ûf den tac,
vil werder helt vermezzen,
sô trinken danne und ezzen:
daz gît uns liehte varwe.
dar nâch sul wir uns garwe
mit wâpenkleiden zieren,
als obe wir turnieren
aber wellen ûf dem plân.
sus lâzen denne hine gân
für die künege rennende:
sô wirt man uns erkennende
bî dem gewæfen lieht gevar,
wan ob wir ungewâpent dar
kæmen ûf die heide,
nieman erkande uns beide
noch würd unser war genomen.
ez ist ouch bezzer, daz wir komen
ze jungest dan zem êrsten.
man luoget niht der hêrsten
sô vaste alsam der lesten.
die tiursten und die besten
die sint dar komen danne,
und wirt von manegem manne
ûf uns gewartet bî der frist:
des niht geschæhe, wizze Krist.
ob wir bewegen uns dar zuo,
daz wir komen dar ze fruo.

Dâ von sô bitent, herre mîn;
sô wir enbizzen schône sîn,
sô rîten unde kêren dar
in dem gewæfen lieht gevar,
durch daz man uns dar inne sehe.
152ᵇ und alzehant sô daz geschehe,
sô binden ab die helme sâ:
diu blôzen antlitze dâ
lâzen ouch beschouwen
die ritter und die frouwen,
die dâ sitzen an der wal

16384 gelossen. 88 fuorten. 89 vbers; *Pf.* über daz. 90 zelt. 92 dar inne. 93 raise. 94 graise. 97 lenger. 16404 von lassēt. 05 dō slaf. 06 getrewen. 08 antwort. 15 Wil. 16 danne *B*] *fehlt*. 20 Also ob. 22 hin. 24 erkende. 25 gewaffen. 26 -wapptūt. 29 nit war. 31 dann zūm. 32 ersten. 33 als. 38 geschech. 39 bewegen *B*] pegen. 41 biten. 44 gewaffen. 48 antlutze. 51 do.

und erteilen über al,
wer Meliûren habe erstriten.'
hie mite lâgens unde biten
unz diu liehte sunne erschein.
dô wart ein lützel von in zwein
getrunken unde gezzen.
schier ûf diu ors gesezzen
wârens ouch dô beide.
mit ir wâpenkleide
kâmens ûf daz velt gerant,
dâ man die ritter alle vant,
die dâ ze rehte solten sîn.
Irekel und diu keiserîn
die liten manege riuwe,
durch daz der vil getriuwe
Partonopier sô lange was.
ir herze trûren an sich las,
wan si des wânden under in,
daz er ûf sîne strâze hin
geriten wære bî der zît;
dâ von si beide widerstrît
gar inneclichen weinten.
nu si die klage erscheinten,
dô sach diu schœne Persanîs
Gaudînen und den grâven wîs
dort her geswinde rîten.
des wart si bî den zîten
von herzen inneclichen frô.
ze Meliûre sprach si dô
'lât iuwer trûren, frouwe guot.
ûf wünnebæren hôhen muot
sult ir kêren allen vlîz:
der mit dem schilte silberwîz
152[c] und sîn geselle koment dort.'
durch diz mære und disiu wort
der süezen trûren wart benomen.
ouch wâren si dô bêde komen
schiere ûf eine grüene wisen
ze den künegen und ze disen,
die ze rehte solten
erteilen, wem si wolten
die keiserinne lâzen.
die selben schône sâzen,
wand in was ein gestüele
gemachet ûf dem brüele,
daz edel unde riche was.
Partonopier kam ûf daz gras
in wünneclichem schîne
geriten mit Gaudîne:
des wart im vil gezartet
und ûf si vil gewartet
von spiegelvarwen ougen.
Cursanz was âne lougen,
ir zweier künfte unmâzen frô,
wan sîn getriuwez herze dô
was gar ûf si gevallen.
besunder ûz in allen
begunde man dô scheiden
vier kristen und drî heiden,
wan die hæten under in
den aller besten prîs dâ hin
gefüeret vor der klâren.
die selben sibene wâren
besunder ûz genomen dâ,
dar umbe daz ir einer sâ,
dem ez erteilet würde noch,
die frouwen solte haben doch,
und daz die sehse wæren
vor der minnebæren
iemer ledic unde blôz.
Partonopier und sîn genôz
ab dem houbte bunden

16453 langens und enpiten. 54 Hunez. 59 da. 62 Do. 63 solden. 68 truegñ. 74 si *fehlt.* 76 Gaudein. 85 chumen. 87 genomen. 93. 94 *umgestellt.* 94 schonen. 98 der cham. 16506 sy g. 09 da. 10 trey. 11 sy die. 15 dâ *fehlt.* 16 ainen. 18 sollñ. 19 waren. 20 -waren.

152d ir helme ze den stunden
und liezen ir antlitze bar.
diu wâren beidiu wünnevar.

Ouch wart diu keiserin besant
unde Irekel dâ zehant
ûf die wisen grüene,
dâ manic ritter küene
si von herzen gerne kôs
durch daz wunder endelôs,
daz von schônheit an ir lac.
reht als ein wolkenlôser tac
vrou Meliûr kam glîzende.
des wart sich maneger flîzende,
daz er si dâ gesæhe.
sô lûter noch sô wæhe
nie lebendiu crêâtiure wart,
als ir lîp von hôher art
und ir gewant erlûhte.
Gaudînen wol bedûhte,
daz niemer künde werden
sô klârez hie ûf erden
sam diu keiserinne.
doch wurden sîne sinne
an ir swester baz gewant.
Irekel diu viel im zehant
tiefe in sînes herzen grunt.
swie diu vil reine bî der stunt
niht so wünnebære
und alsô kürlich wære
sam ir swester Meliûr,
doch sô wart sîn gemüete sûr
nâch ir werden minne.
nu daz diu keiserinne
geslichen ab dem turne was
durch die wisen und daz gras,
dô giengen ir engegen sâ
die siben hôhen künege dâ,
an êren ungeletzet.
von den wart si gesetzet
153a ûf daz gestüele unmâzen glanz.
der werde künec Cursanz
an ir rehten sîten
saz nider bî den zîten:
daz lie diu reine sunder haz.
Clârîn zer lenken hende saz
und ir getriuwen swester lîp.
an daz vil keiserlîche wîp
wart gesehen dicke
von liehter ougen blicke,
die dâ wurden zir gewent.
nâch ir minne wart versent
vil maneges edeln herzen muot.
Partonopier der grâve guot
lie sîner klâren ougen bolz
an die keiserinne stolz
vil ofte vliegen unde varn.
dar nâch begunde er denne warn
des soldânes tougen.
sîn vorhte sunder lougen
und sîner sorgen volleist
lac an den dingen aller meist,
daz er dâhte wider sich,
daz diu frouwe keiserlich
dem Sarrazîne ûf erden
ze teile solte werden.

Diz was sîn angest an der stunt.
sîn herze was nâch ir verwunt
vil nâch biz ûf der sêle tôt.

16525 antlutze. 26 paide wunnebar. 27 *ohne Absatz*. 29 wise. 30 Do. ritter *fehlt*. 35 vrou *B*] von. 41 erleichte. 42 Gaudein. 49 Tieff. 50 wie. 51 -wäre. 57 geschilchen. 60 hoche. 61. 62 *umgestellt*. 61 vnd an. 64 chunige. 67 rainer. 69 getrewe. 72 liechten. 75 muot *B*] munt. 76 guot *B*] gunt. 77 plocz. 80 er *fehlt*. 84 den dingen *B*] dem dinge. 87 Sarrazene. 90 erwunt. 91 nachent.

ouch tete ez im entriuwen nôt,
daz er si vaste meinte,
sît daz diu wol gereinte
sô rehte gar durchliuhtic was.
swaz man von schônheit ie gelas,
daz ist gar ein gunterfeit
biz an die liehten klârheit,
der an ir lac ein wunder.
si warf ir ougen zunder
in maneges herzen sinne,
daz nâch ir reinen minne
153[b] sêr unde lobelichen bran.
vil manic heidenischer man
hæte dâ getoufet sich,
durch daz diu frouwe minneclich
ze manne hæte sîn begert.
nu daz diu keiserinne wert
dâ nider was gesezzen,
dô sprach ein künec vermezzen,
der Ansors geheizen was,
'frouw, aller stæte ein adamas
unde ein spiegel hôher tugent,
iuwer keiserlîchiu jugent
und iuwer schœne manicvalt
hât manegen ritter, jung unt alt,
ûf disen plân gelocket her,
daz er mit schilte und ouch mit sper
durch iuch ze wunsche hât getân;
ûz den wir hie gelesen hân
und einhalp hin gescheiden
vier kristen und drî heiden,
ûf die gebelzet ist diu kür.
swer under den hie brichet für
und er gelît den sehsen obe,
beide an êren unde an lobe,
dem ist daz heil gevallen,
daz er iuch vor in allen
triuten unde haben sol.
die sibene bekenne ich wol,
an den gelegen ist der prîs.
ich wil nu, keiserinne wîs,
ir lop ze lichte bringen.
hie stât von Kärlingen
mîn herre, ein werder künec hôch,
der sich von strîte nie gezôch
durch keinen zegelichen muot.
er ist liutsælec unde guot,
rich, edel unde milte.
sîn ûz erwelten schilte
153[c] muoz ich hôhes lobes jehen.
der schilte ist lützel hie gesehen,
die bezzer wæren ûf dem plân.
er hât ez sêre wol getân
mit sîner ellentrîchen hant.
dar nâch lob ich von Engellant
den künec edel unde wîs:
der hât ouch werdeclichen prîs
ûf dem plâne an sich genomen.
er ist an êren vollekomen
unde an ritters muote.
von landen und von guote
lît an im ganziu rîcheit.
er hât ûf kiuschen muot geleit
und ûf die wâren minne
sîn leben und die sinne,
wan er kam niht dar umbe her,
daz er mîner frouwen ger
unde er meine ir süezen lîp.
er wil vermîden alliu wîp
durch got, die wîle er leben muoz.
doch wizzet, daz er hôhen gruoz
und der werden friuntschaft

16593 sy so v. 94 der dy. 95 -leichtig. 16603 Sere. 04 haidenischen. 06 dy frawen. 12 state. 16 manic. 18 stille. ouch *fehlt*. 19 ew. 22 trey. 24 Wer. 26 paide. 30 siben. 36 streyten. 39 Vnd r. — milde. 40 Seins — schilde. 42 schilt. 43 wæren *B*] waren. 46 Engelant. 53 Lait. 58 mein.

verschulden kan mit hôher kraft,
durch daz man niht enspræche,
daz er betalle bræche
von wereltlichen êren sich.
der selbe künec lobelich
hât an im rîcher tugende vil.
der dritte, den ich loben wil,
daz ist der werde Gaudîn.
der was hie vor ein Sarrazîn
und ist von Spangenlant geborn.
swie niht der ritter ûz erkorn
von edelem küneges künne sî,
doch ist er von gebürte frî:
daz hân ich wol erkennet.
sîn herze in triuwen brennet,
153d als in dem viure ein edel golt.
ûf minneclicher wîbe solt
sîn ellenthafter wille stât.
wan daz er lützel guotes hât
und er wol fünfzic jâr alt ist,
sône vinde ich, wizze Krist,
an in deheinen wandel noch.
daz sol im hie niht werren doch
an ritterlicher werdekeit.
nâch lobe er ie benamen streit
und ist gewesen ûz erwelt.
swaz êren aber dirre helt
hât erworben ûf dem plân,
die wil er sîme herren lân,
daz er si ze stiure habe.
er tuot sich mîner frouwen abe
mit willecliches herzen gir.
swaz er vorderunge zir
hât, der wil er sich bewegen
durch den jungen süezen degen,
mit dem er ist dâ her gevarn.
der ist des küneges swester barn
von Kärlingen, wizze Krist.
Partonopier geheizen ist
sîn herre, den ich meine.
nie ritter wart sô reine,
von schulden ich des jehen muoz.
von der scheitel ûf den fuoz
hât in got beschœnet,
gezieret und gekrœnet
mit êren sîne erwelte jugent.
er ist ein bluome reiner tugent
ob allen fürsten ûz erkorn.
er ist von hôher art geborn
und ouch von küneges künne.
ahî wie rîchiu wünne
lît an sîme lîbe!
wol dem vil süezen wîbe,
dem sîn minne wirt beschert.
154a mîn herze des vil tiure swert.
daz nie kempfe wart sô guot,
wand ez sîn ellenrîcher muot
bewæret hât ze maneger frist.
ich wil geswîgen, daz er ist
der beste ritter, der ie wart.
er tuot nâch milteclicher art
mit gâbe solhiu wunder,
daz man im sol besunder
durliuhteclicher wirde jehen.
kein breste wirt an im gesehen,
den got ûf erden ie geschuof.
jostieren ist sîns herzen ruof,
des gert er wol in widerstrît.
daz guot, daz er umb êre gît,
wer mac des komen zende?

16664 Verschluden m. hoch chr. 66 wet. 67 wertl. 68 selbig. 70 D. dritten. 74 Wie. 75 V. chunige edel chumē s. 76 gepurde. 81 Sint e. weibe st. 84 ich als w. 85 chain. 86 niht werren *B*] werden. 88 ie *fehlt.* 90 Was er — diser. 96 Was. 16702 Der P. 03 Sein hercze daz. 05 des ich. 06 schaidel. 08 In gez. 13 chune. 14 Alhie w. reichlich. 16 suesse. 21 pewaret. 25 soleiche. 26 jn. 27 -leichen. 29 breste *B*] presten. 30 seiner. 31 Das. 32 daz *vor* er *fehlt.* erfl. 33 zu ende.

er kan mit gebender hende
sich vor schanden fristen.
nu sint genant vier kristen,
die daz beste hânt getân.
der fünfte deist der soldân,
der von der heidenschefte
mit hôher mannes krefte
nâch êren hât gerungen hie.
kein heiden wart sô milte nie
noch sô mähtic, noch sô rîch.
im ist kein Sarrazîn gelîch
an küneclicher werdekeit.
die kunst die hât er unde treit
in sîner brust vil ûz erwelt,
daz er an dem gestirne zelt
alliu künfteclîchiu dinc.
er ist ein schœner jungelinc,
der wol kan triuten schœniu wîp.
vor allen schanden ist sîn lîp
geliutert unde wol getwagen.
er kan wol fliehen unde jagen,
lâzen unde halten.
sîn hant vil manecvalten
prîs hie hât gewunnen.
154b wan daz er in dem brunnen
des toufes niht gereinet ist
und daz er niht erkennet Krist,
son ist kein wandel mêr an im.
doch weiz ich daz wol und vernim,
daz er sich durch die keiserîn
und alle sîne Sarrazîn
vil gerne toufen lieze,
ob man im daz gehieze,
daz in diu schœne danne
erwelte zeime manne,
swenne er kristen würde.
vil maneger êren bürde
lît an ime, daz ist wâr.
der sehste künic offenbâr
hât ouch erwelt vil liehten prîs.
er ist geheizen Margalîs,
des man vergezzen niht ensol.
er kan mit urliuge wol
und ist ein ritter ûz erkorn.
die vînde mügen sînen zorn
wol entsitzen alle frist.
er hât in strîte manegen list,
der in ûf êre wîset.
der sibende wirt geprîset
von mir durch sîne werdekeit.
in Nubîe er die krône treit
unde ist Appatrîs genant.
er hât mit ellentrîcher hant
ervohten hie vil êren.
er kan die vînde kêren,
sam der wint die boume tuot.
er ist gewizzen unde guot,
schœn, edel unde wîse.
doch wil er sîme prîse
entwîchen durch den soldân;
wan allez, daz er solte hân
rehtes umb die keiserîn,
des wil er durch in âne sîn,
als ein getriuwer heiden.
154c sus werdent drî gescheiden
von der vorderunge doch,
und sint ir niht wan viere noch,
der trôst an mîner frouwen lît.
Gaudîn Partonopiere gît
ze stiure sînen werden prîs;
ouch lât der künec Appatrîs
sîn êre dem soldâne;

16737 haben. 38 fuffte ist. 39 -schaffte. 40 krafte. 42 milde. 46 chunst hat. 49 chunfftige. 53 unde *fehlt.* getaugen. 54 Vnd er. 55 halden. 56 manecvalden. 57 hat h. gewungen. 58 den. 59 Der taufe. 61 wandels. 62 daz *fehlt.* 65 tauffe. 67 jm. 68 zu sim. 69 wenn. 71 jm. 73 vil *fehlt.* 81 sere. 92 seinen. 94 solde. 95 umb] durch. 96 durch *fehlt.* 98 Suns. 99 vodrungen. 16800 n. dan. 03 stewren.

sô wil belîben âne
von Engellant der künec hêr
aller frouwen iemer mêr.

Hie mite sint ir schiere
worden niht wan viere,
die nâch ir minne wellen stân.
der eine deist der soldân,
des muot nâch ir sol ringen.
der ander von Kärlingen
ist der junge herre wîs.
der dritte der ist Margalîs,
von Sîre ein werder künec fier.
der vierde wirt Partonopier,
der hübsche tugende rîche.
ir herren al gelîche,
swer under den der beste sî,
der sol die frouwen wandels frî
triuten biz an sînen tôt.'
der rede im antwürte bôt
Clârîn, der sich unrehtes vleiz.
'her künic', sprach er, 'ich enweiz
waz iemen sprichet oder sagt:
der soldân mir sô wol behagt,
daz ich erteile ûf mînen lîp,
daz in daz keiserlîche wîp
ze manne erwerben müeze.
der hôchgeborne süeze
der hât ez hie sô wol getân,
daz er vor in allen hân
ze wîbe sol die frouwen mîn.
ez wart nie rîcher Sarrazîn
in aller heidenschaft geborn.
er ist ein ritter ûz erkorn,
154d der guotes hât und êren vil.
des alles ich geswîgen wil:
daz er sô reinen willen hât,
daz er sich und die sînen lât
toufen durch die werden fruht,
daz ist ein tugent aller zuht,
der got von himele gêret wirt
und diu der kristenheite birt
lop, êre und ganze werdekeit.
vil sælden ist an in geleit,
der disen drîn ist gar verzigen,
die für in wellent hie gesigen
an mîner frouwen lîbe noch.
er hât ir drier tugende doch
und ist dar über und dâ bî
vil rîcher danne ir keiner sî.'

Diz wâren dâ Clârînes wort.
die rede brâhte er ûf ein ort
dem grâven zeime valle.
die künege swigen alle
und hiengen ir antlitze nider,
daz ir keines munt dâ wider
sprach ein kleinez wörtelîn.
dâ von diu werde keiserîn
vil trûric unde leidic saz.
ir herze müete sêre, daz
nieman diz urteil widertreip.
diu süeze jâmerhaft beleip
umb ir gesellen wol getân.
getorste si geweinet hân,
si hæte erzeiget michel nôt.
der bitter und der grimme tôt
wolte ir herzen an gesigen,
dar umbe daz sô lange swigen
die fürsten al gemeine.
geloubent, daz diu reine
was Clârîne niht ze holt.

16806 w. ich p. 07 Engelant. 10 n. dan. 12 deist] ist; *vgl.* 16738. 13 solt. 16 ist der. 17 Sirie. 19 tugent. 21 Wer. 24 antwort. 26 wais. 27 ieman sprechet. 28 sô *fehlt.* 30 jm. 43 werde. 45 der *B*] Daz. himel geeret. 46 wirt. 50 hie w. 55 Chlarin. 59 antlutze. 64 *fehlt*: *ergänzt B.* 71 hercz. 73 alle. 75 Cl. was nicht holt: *gebessert B.*

von Malbriûn her Arnolt,
der biderb und der stæte,
der daz gerâten hæte,
daz sich erhuop der turnei,
155a der brach der frouwen sorge enzwei
mit sîme trôste wünnesam.
der werde stuont ûf unde nam
sîn hüetelîn mit zühten abe.
er sprach 'ir herren, sît ich habe
von gote leben unde sin,
sô merkent, daz ich einer bin,
der mit gewizzenheite
nie valsch urteil seite
noch niemer gerne wil gesagen.
dâ von geruochent stille dagen
und vernement mîniu wort.
durch liep noch leide noch durch hort
die wârheit ich verswîgen sol.
ir sint noch viere, die sich wol
mîner frouwen hie versehent,
wan in gar wîse liute jehent
vil ganzer êren lobelich.
daz selbe entriuwen daz tuon ich
mit willen ûf der erden.
von Kärlingen den werden
rüeme ich unde prîse.
schœn, edel unde wîse,
getriuwe und ellenthaft ist er.
mit dem schilte und mit dem sper
tuot er daz ein ritter sol.
nâch wirden kan geringen wol
der reine wandels frîe.
der künic von Sîrîe
mit willen ouch daz selbe tuot.
er ist hübesch unde fruot,
rîch, edel unde milte.
er hât ez mit dem schilte
und mit dem sper hie wol getân.
von Persîâ der soldân
ist ouch an êren vollekomen.
er hât daz gelt an sich genomen,
daz nie kein heiden wart sô rîch.
im ist kein Sarrazîn gelîch
an lîbe noch an guote.
155b an herzen unde an muote
ist der vil reine wandels frî.
si sint benamen alle drî,
der ich mit lobe hân gedâht,
an rîcher tugende vollebrâht
unde an hôher werdekeit,
frou Sælde hât an si geleit
vil wunne mit gezierde.
doch wizzent, daz der vierde
an êren für si brichet.
der schœne, der niht sprichet
und allez sitzet dâ verdâht,
der ist an prîse vollebrâht
ob allen crêâtiuren.
den jungen, den gehiuren,
den klâren und den fieren
helt Partonopieren
lob ich für alle künege wert.
ors unde schilt, sper unde swert
hât er wol genützet hie
und anderswâ, daz ritter nie
diu vieriu baz gebrûchte.
ahî wie maneger strûchte
zetal von sîner hende!
er brâhte alsô zeim ende
den ritterlichen turnei,
daz man sîn lop rief unde schrei
vor in allen ûf dem plân.

16880 s. zway. 86 merket. 87 weishaite. 88 saite. 91 vermēmet. 92 noch leide *B*] lait. 96 in] ir. 98 en *B*] *fehlt*. 16903 und *fehlt*. 04 dem *fehlt*. 10 h. edel u. 15 wol ch. 20 Am — am. 22 pey n. a. frey. 23 nicht lobes. 24 tugent volpr. 37 ors unde *B*] ors. 42 Alhie. 44 zu ainē. 46 ruefft.

nu wie treip er den soldân
gewalticlichen wider în,
den hie der künic Clârîn
für alle ritter loben wil!
hât der soldân guotes vil,
sô hât der grâve tugende mê.
wil sich von heidenischer ê
brechen hie der Sarrazîn
durch die vil werden keiserîn,
des sol man im danken niht:
daz durch sînen nutz geschiht
und gote niht ze minnen.
er wil daz lant gewinnen
155c dâ mite und ein erwünschet wîp.
lieze er toufen sînen lîp
lûterlichen wan durch got,
sô wære ez billich âne spot,
daz man sîn êre sagete.
swenn er daz lant bejagete
und mîner frouwen minne,
sô kêrte er sîne sinne
an sînen alten orden wider
und leite den gelouben nider,
die wâren kristenlichen ê.
dâ mite wære ouch iemer mê
gestôzen in die heidenschaft
diz künecrîche sældenhaft
und diz lant vil reine.
wir müesten al gemeine
vertüemet ûf der erden
von Sarrazînen werden,
wand unser êre manicvalt
diu kæme denne in ir gewalt:
dâ von behüeten uns durch got.
ich râte daz âne allen spot,
daz wir den soldân abe zeln
und wir den Franzeis erweln;
der ist ein lûter kristen
und mac diz lant gefristen
vor ungelouben alle stunt.
ez ist den Kärlingæren kunt,
daz er des lîbes ist ein degen.
sîn helfe in dicke hât gewegen
mit ellentrîcher stiure.
daz wart an Sornagiure
wol und offenlîche schîn:
den brâhte er mit der hende sîn
ze nœten maneger hande.
ouch hât er hie ze lande
ûf dirre starken ritterschaft
alsô bewæret sîne kraft,
daz ich ân allen zwîvel weiz,
daz aller wîten lande kreiz
sô guoten ritter nie gewan
155d noch alsô wünneclichen man,
als dirre junger degen ist.
in hât der süeze reine Krist
mit alsô fürstelîcher tugent
geblüemet gar in sîner jugent,
daz niender lebt nu sîn gelîch.
er ist an hôher gülte rîch
und ouch von küneges adel komen.
wâ lebt ein man als ûz genomen
und alsô keiserlichen var
als er ist gar unde gar
an êren unde an lîbe?
mîn frouwe sol ze wîbe
sich geben im, daz râte ich wol.
ob ez diz lant berihten sol,
sô mac uns allen wol geschehen.
ûf mînen eit hân ich verjehen
daz beste, des ich mich verstân.
wizz iemen anders ûf dem plân
bezzers iht, der spreche daz.

16956 werde. 58 D. er. gesicht. 63 wan *fehlt*. 64 war er. 73 gestôzen *B*] gegossen. 77 verdamet. 90 hilfe. 93 w. offenleich vnd sch.; *Pf.* wol vil offenlichen schîn. 97 diser. 17003 diser. 05 furstl. 06 gar mit s. 07 nindert. 10 Wo. 15 im *fehlt*. 19 des] daz. 20 wis ieman. den. 21 spreches d.

ist mir diu keiserin gehaz
durch daz ich hân die wârheit
durnehticlichen hie geseit,
sô hân ich si geredet doch
und wil si sprechen für baz noch
die wîle daz ich leben sol,
ich tuo dran übel oder wol.'

Diu schœne wart der rede frô.
mit rôtem munde sprach si dô
gezogenlîche wider in
'weizgot, her Arnolt, ich enbin
iu gehaz dar umbe niht,
daz iuwer munt der wârheit giht,
wand ich daz endelîche weiz,
daz iuwer herze nie gefleiz
der valschen urteile sich.
ist an dem ritter lobelich
allez, daz ir hânt geseit,
sô lît erweltiu sælekeit
an sîner jugent wandels frî.
156a daz aber er sô schœne sî,
sô man iuch dâ hœret jehen,
des enhân ich niht gesehen
noch enwart sîn nie gewar,
wande ich in gewæfens bar
nie gesach ze keiner stunt.
mir ist sîn manheit worden kunt:
der hân ich beschouwet vil.
dâ von ich gerne muoten wil,
ob an im sî daz wunder,
daz ir uns hânt besunder
geseit von sîner hôhen tugent,
daz ir mich lâzent mîne jugent
mit im verslîzen und mîn leben,
sô daz er werde mir gegeben
ze herren und ze manne
und er mich triute danne
beide stille und offenbâr.
ist aber ez niht allez wâr,
daz ir mir hânt von im geseit,
sô tuot durch iuwer sælekeit
unde gebent mir sîn niht.
lât in von mîner angesiht
wider heim ze lande varn.
geruochent alle hie bewarn
mîn êre und iuwer dinc alsô,
daz wir samet werden frô
und unser heil belîbe ganz.
vil werder künic Cursanz,
wie swîgent ir sô stille?
nu stât doch iuwer wille
ûf die wârheit alle zît,
wan ir vor allem valsche sît
geliutert unde wol bewart.
ich hôrte iuch alle dise vart
ûf der ritterschefte sagen,
daz der wîze schilt bejagen
künde alhie den besten prîs
und daz er hæte in alle wîs
ervohten ganze werdekeit.
156b des wart unmâzen vil geseit
von iu, vil werder künic, dô.
wie sît ir nu geswigen sô,
daz ir sprechet niht ein wort?
lât ir durch keiner milte hort
daz reht belîben under wegen,
sô muoz ouch iemer sîn gelegen
iuwer küneclicher prîs.
ir sît gehœnet alle wîs,
ob ir, getriuwer jungelinc,
verswîgent hie durch keinin dinc
die wârheit lûter unde ganz.'
'waz sol ich reden', sprach Cursanz,

17028 daran. 30 roten. 40 l. ewr e. 42 sô *fehlt*. 43 ew. 44 enhab. 46 gewones. 52 habt. 54 lasset. 56 geben. 60 es — alles. 61 habt v. mir g. 62 t. es d. 64 meinen. 74 allen. 76 ew. 77 -schafft. 89 -reicher. 92 h. chaine.

'von lûterlicher wârheit?
Arnolt hât si gar geseit,
dâ von sô muoz ich stille dagen.
ob ich in hôrte unrehte sagen,
sô swig ich sô lange niht.
swaz man Partonopiere giht
durchliuhtiger werdekeit,
der ist noch mêr an in geleit
dann iemer ûf der erde
von im gesaget werde.

Ob schônheit hilfet unde tugent
keinen man in sîner jugent,
sô weiz ich wol, daz er gesiget
und er an êren obe geliget
allen künegen rîche.
doch sint hie sumelîche,
die nu die wârheit solten sagen
und alze stille wellent dagen:
dâ von râte ich, frouwe guot,
daz ir den soldân hôchgemuot
und den grâven lobelich
entwâfen heizent beide sich,
durch daz man si beschouwe
und man erkenne, frouwe,
ir beider klârheit über al.
sô lât hie ûf einen sal
die werden künege für iuch komen,
die dar zuo sint ûz genomen,
156c daz si daz urteil sülen geben.
ûf sîn êre und ûf sîn leben
frâgent iegelichen sâ
besunder unde aleine dâ,
wer under disen beiden
von wandel sî gescheiden,
sô daz er müge der bezzer sîn.
hier an sô wirt iu drâte schîn
von in zwein diu wârheit.
ein man daz dinc verholne seit,
daz er verswîget offenbâr.
swer nu die rehten schulde wâr
vor den liuten hie verdaget,
der sprichet si dort unde saget,
swenne er, frouwe hôchgeborn,
heinlîche von iu wirt versworn,
daz er bî sînem eide zele,
wen man ûz in ze rehte erwele.'

Der rât die frouwen dûhte guot
und manegen ritter hôchgemuot,
der hübesch was und wol getân.
den grâven und den soldân
hiez man sich balde scheiden
von ir wâpenkleiden
und an si legen reht gewant.
diz tâten gerne dâ zehant
die klâren und die wîsen.
si legten hin daz îsen
geveget wol von liehter art.
der soldân von den sînen wart
nâch vollem wunsche dâ bereit.
si brâhten im daz beste kleit,
daz künec oder keiser ie
getruog ûf ertrîche hie,
von golde und von gesteine.
sîn her daz wart gemeine
unmüezec mit im an der zît,
durch daz er würde in widerstrît
von in gezieret schône
156d und nâch der minne lône
bekleidet dâ ze wunsche gar.
nu wart er alsô minnevar
unde ouch alsô wünneclich
von der gezierde lobelich,
daz maneger dâ begunde jehen,
kein ritter würde nie gesehen

17103 erden (: werden). 08 ob. 16 haisset. 21 ew. 26 unde *fehlt.* 29 daz *fehlt.* 34 Wer. 37 Wenne. 39 bi] da. 41 d. fr. daucht. 46 -chlaidern. 48 tâten. 53 vollen. 57 staine. 58 daz *fehlt.* 65 ouch *fehlt.*

sô schœne ûf aller erden.
sus gienc er für die werden
Meliûren ûf ir sal.
dô wart beschouwet über al
der Sarrazîn von manegem man.
si stuonden wol ein ander an,
der ritter und daz tiure kleit.
sîn lîp in ganzer schônheit
nâch wunsche sô durchliuhtic schein,
daz vil nâch wâren über ein
die künege mit ein ander komen,
daz sin wolten hân genomen
ze herren dâ besunder
durch daz rîche wunder,
daz an im von klârheit was.
sus wart er in dem palas
beschouwet als ein wildez tier.
ouch wart zehant Partonopier
bekleit, als ez dô mohte sîn.
sîn friunt, der werde Gaudîn,
vil triuwen im erscheinte,
wand er von zorne weinte,
dar umbe daz der soldân
sô manegen dûhte wol getân
und er gerüemet wart sô vil.
für wâr ich iu daz sagen wil,
daz im der hübesche reine
ein lûter hemde kleine
leite und ouch zwô hosen an,
wan der vil hôchgeborne man
niht hæte mê bî dirre frist.
sîn wâpengürtel, wizze Krist,
mit golde und mit gesteine
157a gespenget harte reine,
wart umb in ouch dâ geleit.
diz wâren alliu sîniu kleit,
dâ mite er was gegestet:
sîn houbetloch verbestet
mit eime vaden sîdîn.
gar liehten unde blanken schîn
gap sîn lûter kele da.
si was ein lützel eteswâ
râmec unde harnaschvar:
daz ab ir doch niender war
an ir glanze, dunket mich.
gezieret alsô wünneclich
was der wünnebære,
als ob er niht enwære
von dem îsen worden sal.
die wîzen flecken über al,
die dâ glizzen durch den râm,
die wâren als ein liehter krâm,
daz an im wol gemerket wart,
daz diu kele niht von art
gesälwet und gebriunet schein.
reht als ein altez helfenbein
wîz unde sleht was im der nac.
man sach den ôsterlichen tac
ûz den ougen sîn enbrehen.
sîn klâr antlitze wart gesehen
mit spilnder wünne erfrischet.
gevlœzet und gemischet
sîn varwe stuont genœte
mit wîze und ouch mit rœte
reht als ein biefenbluome.
eines keisers muome
beschouwet möhte in gerne hân.
sô flætec noch sô wol getân
wart nie mannes bilde erkant.
den wunsch truog er in sîner hant

17171 Melaure hin auf. 73 -zen v. manigen. 74 an a. 78 daz vil nâch *B*] Darnach vil. 80 si in. 94 daz *fehlt.* 96 kleine *B*] raine. 99 mê *fehlt.* 17201 golt. 02 gespanget. 05 gestet. 06 wart verwestet. 07 aim. 11 charn. 12 *fehlt.* 14 wol gez. 16 n. ware. 17 warden. 18 flecke. 20 als *fehlt.* 23 Gesalbet u. gepräwnet. 24 helfepain. *Darauf zwei Verse, die von Spalte* 157b *hierher genommen sind.* 27 enbrechen. 28 antlutze. 29 wunde. 30 Geflosset. 31 genote (: rote). 33 hiesen. 34 *fehlt: ergänzt B.*

durchliuteclicher schônheit.
den hete got an in geleit
sunder mâze und âne zil,
157[b] wan sîner klârheit was sô vil,
daz niht wandels lac dar an.
swaz ie wandels iht gewan,
daz was im allez fremde.
er kam in sîme hemde
für Meliûren, hôrte ich sagen.
hæt er gewant an im getragen,
daz sîner schœne unmâzen vin
gemæze wære dô gesîn,
wer möhte danne sînen glanz
erliten hân? er truoc den kranz
der êren ob in allen.
er muoste wol gevallen
der frouwen und der ritterschaft
durch sîn antlitze wünnehaft,
daz in der sælden ouwe
bluot als ein rôse in touwe.

Der soldân hete schœne vil:
diu dûhte gar ein kindes spil,
dô man den grâven het ersehen.
si muosten im des lobes jehen
für den klâren Sarrazîn.
durch sînen wünneclichen schîn
vil maneger dâ begunde
erklupfen an der stunde,
der in ze wunder ane sach.
ein grôz geriune dô geschach
von sîner klârheit in dem sal.
si sprâchen tougen über al
'wir hæten hiute wol gesworn,
daz der soldân hôchgeborn
schœn unde wünnebære
ob allen künegen wære:
ûz dem wâne sîn wir komen.
der grâve hât an sich genomen
die zuoversiht vil garwe,
wan er ist an der varwe
ein engel unde ein mensche niht.
swaz man ûf erden manne siht,
der schœne ist wider im ein schimel.
157[c] in hât der liehte glanze himel
zeime spiegel ûz gesant.
hæt er an im ein rîch gewant,
sô læge an sîme bilde
von schœne ein wunder wilde,
daz man sô reines niht gewan.'
sus wart der hôchgeborne man
gerüemet in dem palas.
Arnolt von Malbriûne was
von sîner sælekeite frô.
'seht, ir herren', sprach er dô:
'mac diz ein kürlich ritter sîn,
den wol diu werde keiserîn
süle erwelen zeinem man?
nu schouwet in ze wunder an
durch sîne erwelte schônheit;
wande ich hân iu wâr geseit
und lützel von im iu gelogen.'
'jâ sîn wir an im unbetrogen',
sprâchens al gemeine.
'sô lûter noch sô reine
wart nie mannes bilde mê.
mîn frouwe zeiner stæten ê
sol in nemen âne spot,
wan er ist wert, sô helfe uns got,
eins ûz erwelten wîbes,

17239 -leichen. 44 Waz nie w. nicht. 47 Melawr. 48 gwant. 51 driñe sein. 56 antlutze. 57 jm der soldan awe. 58 rosñ tawe. 60 chind sp. 62 lobe. 68 gerawme d. gesach. 80 Waz. 81 in. 84 Hiet. 87 sô *fehlt*. 90 Ornalt v. Maulpruñe. 91 -kait. 93 hurl. 98 hab euch. 99 iu *fehlt*; *Pf. ergänzt* vor. 17300 sîn wir *B*] wir sein. 01 sprâchens *B*] Do sprachens. 03 mê *B*] *fehlt*. 04 zeiner stæten ê *B*] *fehlt*.

diu sælden unde lîbes
nâch wunsche an ir ein wunder hât.
er ist vor aller missetât
gereinet als ein lûter golt.'
sus fuorte in mîn her Arnolt
für Meliûren mit der hant.
'enpfâhent hie den prisaut',
sprach der getriuwe süeze.
'daz iuwer sælde müeze
mit fröuden und mit êren
sich breiten unde mêren!'

Diu keiserinne Meliûr
liez allez ungemüete sûr,
dar umbe daz der junge helt
157[d] ir zeime herren ûz erwelt
und zeime manne erteilet wart.
ir lîp nâch wünneclicher art
wart hôher fröuden rîche.
doch tet si diu gelîche,
als ez ir wære unmâzen leit,
daz si der jungelinc gemeit
zeime wîbe solte hân.
'seht', sprach si, 'daz hât getân
von Malbriûn her Arnolt.
ich was dem soldâne holt:
den hât er mir genomen hie.
swaz mir kam ze schaden ie,
dar zuo was er gedanchaft.
ich wânde, daz diu ritterschaft
wære alsô gescheiden,
daz ich den werden heiden
mir hie haben solte
und er sich toufen wolte
gerne durch den willen mîn.'
die rede treip diu keiserin
niht wan durch zuht und durch gelimpf.
iedoch erkante wol ir schimpf
von Persîâ der soldân,
wand er begunde sich verstân,
daz er gehœnet wære gar.
dar umbe er dô mit sîner schar
wider heim ze lande fuor.
bî sînen goten er dô swuor
manegen angestlichen eit,
ê daz er lieze disiu leit
belîben ungerochen,
daz er dâ was versprochen,
ê wolte er drumbe tôt geligen.
daz im diu schœne wart verzigen,
daz müete in alsô sêre,
daz er lîp und êre
dar ûf begunde setzen,
daz er daz rîche letzen
müeste an fröuden und daz lant,
dar inne er wart alsô geschant.

158[a] Diz wâgen diu gelieben zwei
ring unde lîhte alsam ein ei,
wan sie die gar verworhten
heiden lützel vorhten
und der Sarrazîne drô.
sêr unde herzenlichen frô
wurden si dô beide.
mit eime rîchen kleide
Partonopier gezieret wart
und ouch nâch keiserlicher art
gekrœnet werdeclichen hie.
sîn Meliûr des kûme lie
vor schamelicher blûcheit,
daz si den jungelinc gemeit
niht kuste vor den liuten.

17308 vnd des l. 09 ir ein *B*] ir; *Pf.* ime. 11 lûter *fehlt.* 13 Melawr. 14 hin. 19 -ine. 20 vngemuet swär. 22 ir *B*] wart. 23 zu ainem. 26 diu] dem. 27 ez] er. 29 solde. 39 scholden. 40 solde. 43 *fehlt: ergänzt B.* 44 erkande. 47 ware. 50 gottern. 55 darumb. 60 da r. 62 ine. 63 die lieben. 64 sam. 66 l. sy do v. 67 drô] do. 68 Sere. 70 aim reichem. 75 planchait.

ir herze kunde in triuten
mit lûterlicher stæte gar.
des wart diu werelt wol gewar
an ir ougen blicke.
ir liehtiu varwe dicke
wart beide rôt unde bleich.
diu minne ir ingesigel streich
der klâren under ougen.
er was ir âne lougen
liep vor allen dingen.
der künec von Kärlingen
hete sînen friunt erkant,
Partonopieren, dô zehant;
dâ von wart er hôchgemuot.
daz im geschach êr unde guot
unde er wart ze keiser dô,
des wart er innecliehen frô
und al sîn massenie.
diu reine wandels frîe
nam zer ê den süezen dâ.
si gap ein patriarche sâ
zein ander unde ein bischof.
dâ von huop sich dâ michel hof
158b und ein sô rîlich hôchgezît,
daz man weder ê noch sît
sô keiserlîche nie gewan.
dâ heten frouwen unde man
wunne und kurzewîle vil.
daz edel süeze seiten spil
lie man dâ lûte erklingen.
man hôrte dâ wol singen
und dâ bî schône sprechen.
man sach dâ balde stechen,
bûhurdieren unde tanz.
diu liehten kleider unde glanz
man dâ schône liuhten sach.

fröud unde ritterlich gemach
enpfiengens al gemeine.
daz golt und daz gesteine
dâ zierten zallen orten
die gürtel und die borten,
die man ûf und umbe truoc.
dâ was der ritterschefte gnuoc,
der man sol ze hove gern.
helfande, löuwen unde bern
zôch man durch kurzewîle für.
swaz eht nâch edels herzen kür
geheizen fröude und êre mac,
des wielt man alles unde pflac
nâch vollem wunsche in widerstrît
ze der vil schœnen hôchgezît.

Dâ lebten beide jung unt alt
in hôher wunne manicvalt
ân alle missewende.
und dô der hof ein ende
mit ganzen êren dâ genam,
dô gap der keiser lobesam
den gernden milteclichen solt.
pfert, kleider, silber unde golt
hiez er in allen teilen mite,
die nâch hübscher liute site
den hof durch helfe suochten.
die sîner gâbe ruochten,
158c die wurden guotes rîche.
die fürsten algelîche
fuoren hein ze lande sâ.
Partonopier beleip aldâ
bî sîner Meliûre.
si wurden âne tûre
beide rîcher wunne vol.
sô sanfte und alsô rehte wol

17378 in] ir. 80 werelt] wolt. 81 irm. 83 insigel. 93 daz *fehlt.* 94 minneclichen. 99 pischolf. 17401 hoczeit. 03 -leich. 04 do. 07 do. 11 purdieren v. tanczen. 12 chlaide glanczen: *gebessert B.* 13 schône *fehlt.* 20 -schafft gen. 24 Waz recht edels nach h. 27 vollen. 28 zuc. hoczeit. 38 lante. 39 hilfe. 40 angstleich r. 41 da all. 47 reich w. 48 sanfften. alsô *fehlt.*

wart nie geliben als in was.
swaz ich von triuwen ie gelas,
daz ist vil gar ein kunterfeit
biz an die triuwen stætekeit,
die si truogen under in.
ir trûren allez was dâ hin,
des si dâ vor gepflâgen ie.
Partonopier der lebte hie
in keiserlicher werdekeit.
liut unde lant was im bereit
ze dienestlichen sachen.
er kunde wol gemachen,
daz man im holdez herze truoc.
er hete süezer wunne gnuoc
mit der vil schœnen frouwen sîn.
doch wizzent, daz diu keiserîn
niht zoubers kunde mêr dô pflegen:
die liste wâren dô gelegen,
der si mit ganzer stæte wielt,
daz si Partonopieren hielt
alsô, daz er si nie gesach,
biz im diu missetât geschach,
daz er sich von ir hulde schiet
und in diu muoter sîn verriet,
als ich dâ vorne hân geseit.
si lebten bêde sunder leit
in ganzer wünne bî der frist
ân allen zouberlichen list.

Nu kam ez bî der zît alsô,
daz der werde keiser dô
reit durch kurzewîle jagen,
158d und ez sich hæte alsô getragen,
daz ez im ze wunsche ergienc,
wand er nâch sînem muote vienc,
swaz er von wilde wolte.
und als er wider solte
hin ûz dem walde rîten,
dô hôrte er an den zîten
eines mannes stimme,
diu gar von leides grimme
sô verre durch die boume schal
und als erbärmeclichen hal,
daz Partonopier dar abe
erschrac und sich sîn ungehabe
harte sêre erbarmen liez.
die jäger und die hunde er hiez
vor dem walde bîten,
und kêrte er bî den zîten
ûf eime pfade niht ze breit.
durch wildez ungeverte er reit,
biz in der dôn gewîste dar,
dâ sîn ouge wart gewar
des mannes, der die stimme rief.
sîn trûren was unmâzen tief
und inneclich sîn ungemach.
nu daz der edel in gesach,
in einen bosch er sich dô barc,
biz er sîn ungemüete starc
vernæme und alle sîne klage.
geloubet mir waz ich iu sage:
er lie sô jâmerlich geschrei,
sam der grimme tôt enzwei
sîn herze wolte brechen.
mit wîzen und mit frechen
henden roufte er ûz sîn hâr.
von sînem antlitze klâr
vel unde fleisch er zarte.
sîn kleit er niht ensparte,
wand erz von sîner hiute reiz.
er lie manegen trahen heiz
ûz liehten ougen wallen.

17450 nie. 51 gunt. 62 gnug. 67 state. 70 gesach. 73 do. 76 alle — leiche. 78 *hierauf* mit seinem ingesinde zu tagen. 80 er s. 81 ez *fehlt*. gieng. 90 als] er. 91 daz] Do. 92 sich *B*] *fehlt*. 93 harte sêre *B*] sich. liessen. 94 *das zweite* die *fehlt*. hiesse. 96 er chert. 17500 Do. 05 poschs er si. 10 enzay. 11 wolde. 14 von *B*] und von; sime *Pf*. antlucz. 16 sparte. 18 zachrñ. 19 vallen.

159[a] für got begunde er vallen
vil ofte nider unde lac.
und als er danne des gepflac,
sô spranc er wider ûf iesâ
noch weste wie gebâren dâ
vor jâmer, daz sîn herze twanc.
ze jungest dô und über lanc
begunde er schelten einen
und in mit rede meinen,
der von niht ûf guot was komen
und sich dâ bî hæt an genomen,
daz er gelîchsen kunde
den herren mit dem munde,
als gnuoge, die von swacher art
sint komen in die hôchvart,
daz si ze hove haben gewalt.
der selben einen dô beschalt
dirre klagebernde man.
mit disen worten huop er an
vil zorneclichen unde sprach
'pfî dich, vil armez künne swach,
von dem die smæhen komen sint,
gelîchsenære, bûren kint,
ich muoz dîn leben strâfen.
dîn zunge ist als ein wâfen,
daz guoten man versêret
und werde liute kêret
ze schedelichem valle.
du bist ein nîtgalle
unde ein zornblâter.
kein viper noch kein nâter
wart nie sô mortlich sam dîn munt.
du maht wol sîn ein væric hunt,
der ungewarnet bîzet.
swaz guldîn an dir glîzet,
daz ist ein blîes bouge.
des basilisken ouge
zel ich zuo dir, bœse wiht,
der mit sîner angesiht
ermürden kan daz unde diz.
159[b] du giftic mol, du slangen biz
in einer kiuschen mägede brust,
du valsch vor aller unkust,
du sünde ob allem meine,
gelîchsenære unreine,
dîn losen manegen hât geschant.
du stichest als der tarant
und der egedehsen zagel.
du bist noch wirser danne ein hagel
in ougest und des merzen regen.
wie kan dîn valschiu lêre pflegen
rîcher fürsten hôchgemuot,
als der wolf der schâfe tuot
in eime trüeben nebele.
du treist in dîme gebele
die schalkeit eines diebes.
dir wart nie niht sô liebes,
daz du liezest ungeniten.
dîn zunge manegen hât versniten
durch der miete willen.
du gift des kokodrillen,
du spinne in einem buosen,
du saf ob aller gruosen,
diu bitter heizet über lût,
du schirlinc und du bilsenkrût,
dâ von daz hirne wüeten muoz,

17522 dane. 24 geporñ. 26 und *fehlt.* 29 auffi g. 30 au *fehlt.* 32 Den h. er. 33 Alse genug. 34 Sein. 37 Dise chlagen warñ d'r man. 38 worten *fehlt.* 39 -leich. 40 armer kune. 41 smæhen *B*] smachait. 42 Geleicher. 44 als *B*] *fehlt.* 45 mane. 46 lautte. 47 Zw — leichen. 48 mit g. 49 platter. 50 natter. 51 sô *fehlt.* marterleich. 53 vngewarnc. 54 Waz. 55 pange. 56 wasel. 57 posw. 58 seinen. 61 chawssen. 63 Dy. allen. 66 tor. 67 de edechsen. 69 zu angst. 72 den schaffen. 74 deinen. 75 Den schalck. 76 nie *fehlt.* 80 Dy. der. 82 saft. geruesen. 84 pisen. 85 des h.

du tracken sweiz und kroten fuoz,
du löuwen zan, du serpant,
du meines bunt, du mordes bant,
du tiuvel ûz der helle
und allez ungevelle,
an dem lît arkheit mit genuht,
ich meine dich, gebûren fruht,
diu von nihte erhœhet wirt
und allez übel danne birt
den guoten und den werden.
in lüften noch ûf erden,
in wazzer noch in viure
wart nie ein crêâtiure
sô gar unreine, wizze Krist,
159c sam dîn verworhtez leben ist,
daz ûf sîme rucke treit
verborgen alle unsælekeit
und der schanden überhort.'
diu griuwelichen scheltwort
treip der klagebære.
von herzenlicher swære
truoc er in im einen soum.
er hete sich an einen boum
geleinet unde stuont alsô
vil harte riuweclichen dô.

Partonopier nu daz er in
von jâmer solhen ungewin
sach trîben sêre und üeben,
dô hæte er in von trüeben
sorgen harte gerne erlôst.
durch daz er im dâ gæbe trôst,
sô kêrte er ûz der stûden her,
dâ vil tougenlichen er
hete sich geborgen in.
der riuwesære und als er in
begunde sehen an der stete,
weizgot dô warp er unde tete
als ein helt küen unde wert:
durch wer sô greif er an daz swert
und wolte ez ûz gezücket hân.
dô bat in stille lâzen stân
der junge ritter ûz erwelt.
er sprach 'vil tugende rîcher helt,
vermezzen und getriuwer,
lât in der scheiden iuwer
edel swert vil ûz genomen.
ich bin durch übel niht her komen,
ich wil iuch trœsten, ob ich kan.
iu schînet michel jâmer an,
daz wolte ich gerne stillen.
durch aller tugende willen
sô lât mich wizzen und verstân,
waz hânt die bûren iu getân
159d und der armen liute kint,
die sus von iu gescholten sint?
war umbe sît ir in gehaz?
und weiz ich doch benamen daz
ân allen zwîvellichen spot,
daz arme liute minnet got:
daz wirt dar an vil wol schîn,
daz al die zwelfboten sîn
und ander sîne knehte
an guote und an geslehte
swach unde nider wâren.
wie siht man iuch gebâren
wider arme liute sô?'
der rede ein antwürte dô
bôt der jâmerbære man.
'herre', sprach er, 'ich enkan
iu gesagen anders niht,
wan swâ man nider liute siht

17587 zan *B*] zorn. 88 wunt. 17601 D. in auf. 05 chlagent bare. 08 in ainem. 12 solichen. 17 here. 18 In die v. -leiche ere. 20 rew weser. 24 war. an] ine. 27 Den jungen. 28 tugent. 30 daz ewr. 31 vil *fehlt*. 38 haben. 40 gescholden. 44 minnent. 45 vil *fehlt*. 46 al *B*] alle. 47 chechte. 50 siecht — ew. 52 ein *fehlt; Pf. ergänzt* er. antwarte. 53 *fehlt: ergänzt B.* 55 sagen.

gewinnen guot ûf erden,
dâ nîdent si die werden,
die hôch und edel sint von art:
wan sô grimmes niht enwart,
sô der von nihte erhœhet wirt.
ein wazzer lützel schaden birt,
daz von alter ie was grôz,
und schadet vil der beche flôz,
die von nâtûre kleine sint
und die der regen und der wint
hânt gemêret danne.
si tuont gelîch dem manne,
der von nihte erhœhet ist.
ir sprechent, daz der süeze Krist
arm unde nider liute
für die rîchen triute
beide stille und offenbâr.
daz ist ouch endelichen wâr;
er minnet die für allez guot,
die willeclîche ir armuot
wellent durch in lîden.
swer aber niht wil mîden
hôchverteclîche sinne
160[a] bî sînem ungewinne,
den wil er hazzen iemer,
wand er besitzet niemer
den himelischen palas.
swaz gotes zwelfboten was,
die wielten lützel guotes:
si wâren aber muotes
gar edel unde rîche.
zuo den ich niht gelîche
den armen tugentlôsen,
der smeichen unde kôsen
üebet durch gelîchsen
und dâ mite rîchsen
beginnet an dem guote.
der ist an sînem muote
ein giftic slange wilde
und treit des tumben bilde
an sînem antlitze enbor.
Mareis ein grâve hiez hie vor,
den ich mit ougen selbe sach,
der was an der gebürte swach
unde erwarp dô rîchen hort.
des kunde er mein unde mort
mit grôzen untriuwen
an den vil werden briuwen,
die von geslehte wâren hôch,
wand er mit valsche in abe zôch
ir güete und al ir stiure.
dem künege Sornagiure,
der in erhœhet hæte,
wolt er mit meintæte
prîs und êre hân benomen.
ich bin des ûf ein ende komen,
daz nie wart sô übels niht,
sô der nider bœse wiht,
der mit valschem muote
gesament hât daz guote.'

Nu daz der klagebære
geseite disiu mære
160[b] und er alsô began verjehen,
daz er Mareisen wol gesehen
und Sornagiuren hæte,
dô sach in der vil stæte
Partonopier genôter an,
wande in sêre des began
dunken an dem mære,
daz er benamen wære
Anshelm sîn getriuwer kneht,
der daz kristenlîche reht
und den touf durch in erkôs,

17660 nicht s. gr. w. 66 reng. 67 haben. 68 gelich *fehlt*. den. 70 d. ist d. 79 -leichen. 81 den] Dy. 84 Waz. 89 Der. 90 smaicken. 93 pegunnet. 97 antlutze. 17700 parde. 01 erworb. 07 al. 10 mainete. 14 posw. 16 gesâmet. 19 began *B*] begunde. 21 -gewre. 23 genotter. 28 Das er d. — leichs. 29 dy tauff.

ich meine den, der in verlôs,
dô der hôchgeborne
mit jâmer und mit zorne
von im zuo dem walde reit,
als iu dâ vorne wart geseit
und als ir hânt vernomen ê.
waz touc hie langiu rede mê?
der niuwe keiser ûz erwelt
besach den jâmerhaften helt
sô lange dâ nâch sîner ger,
biz er gedâhte, ez wære der
ân allen zwîvellichen wân,
von dem ich iu gesaget hân,
daz er getoufet hete sich.
den werden ritter lobelich
begunde er hân für sînen kneht.
er hete ouch endelichen reht:
ez was der sælige Anshelm.
dar umbe er lûter stimme gelm
lie von sînem munde;
dâ mite er in begunde
sô rehte schône grüezen,
daz man nie keinen süezen
kneht gesâlûierte baz.
'Anshelm, unde bistu daz?'
sprach der keiser ûz genomen.
'sô wis mir gote willekomen
tûsent werbe und dannoch mêr.
160c sorg unde grimmez herzen sêr
muoz an mir iemer sîn gelegen,
sît ich dich, getriuwer degen,
geschouwet hân und funden.'
hie mite und an den stunden
kêrte er ab dem pferde hin
und umbevienc mit armen in
schôn unde minneclîche alsus.
er gap im manegen friundes kus
an ougen unde an hende.
diu sorge nam ein ende
an in beiden ze der frist.
wan si vor liebe, wizze Krist,
gar minneclichen weinten.
vil wol si dâ bescheinten,
daz si gerne sâhen
ein ander, wan si jâhen
der süezen ougen weide
vil hôher wunne beide.

Ir sorgen sprach diu fröude mat.
den kneht der edel herre bat
durch got, daz er im sagete,
waz er sô trûric klagete
und wen er schülte in zorne.
dô sprach der ûz erkorne,
daz er in die rede sparn
lieze, biz er heim gevarn
ze sîme hûse wære:
sô wolte er im diu mære
entsliezen vor den liuten.
solt er si nu bediuten,
sô würden si ze lange ein teil.
sus kêrten frôlich unde geil
si bêde von dem walde
und îlten heime balde
zuo der keiserinne,
diu wol nâch hôher minne
enpfie den tugende rîchen gast,
dem ûf der erden niht gebrast,
wande er was gar vollekomen.
diu schœne hete wol vernomen
160d von Partonopiere,
daz Anshelm der fiere

17734 do. 35 habet. 36 tauget. 42 iu *B*] nu. 44 Der werde. 45 chencht. 46 ellentleichen. 51 schöne. 53 gesaluwirte was. 56 pis m. gotwilch. 57 warbe. und *fehlt.* 63 phärte sein hin. 66 frewnden. 70 vor *fehlt.* 74 An ainander. 77 prach dy frewdemacht. 78 chencht. 80 tiure? 81 schuldt. 90 sy frolich. 92 heime *B*] haim. 95 tugent. 96 prast.

wære an triuwen ûz erkorn
und ouch von küneges fruht geborn,
dâ von diu reine guote
mit willeclichem muote
daz aller beste im gerne tete.
zehant und an der selben stete
huop er ûf und seite
von maneger arbeite,
die der getriuwe hæte
gedolt durch sîne stæte,
sît daz er von ime schiet.
Gaudîn und alliu hovediet
buten herze und ôren dar:
si nâmen sîner mære war
und ouch der liehten schônheit,
der wunder was an in geleit.

Sus vienc er an die rede sîn.
er sprach 'getriuwer herre mîn,
dô sich diu zît getruoc dar zuo,
daz ir an jenem morgen fruo
verholne von mir kêrtent
und ir mîn herze sêrtent
mit leider hineverte,
dô wart mîn trûren herte
und al mîn sorgen bitter.
ich suochte iuch, edeler ritter,
ûf unde nider bî dem mer.
dô sach ich, daz ein michel her
von liuten in daz wazzer viel
und daz under gie der kiel,
der in bereit zer verte was.
kein dinc dar inne mêr genas
daz ie lebende wart gesunt,
wan ein schœner jagehunt.
dô mich des ouge hete erkant,
dô wolte er zuo mir an daz lant
sîn geswummen gerne sider.
nu sluogen in sô vaste wider
die wilden ünde bî der frist,
daz er niht mohte, wizze Krist,
161[a] zuo mir geswimmen her ze stade.
sus ranc er in des wâges bade
mit vil manicvalter nôt.
er was nâch gelegen tôt
von kumberlicher arbeit.
und dô mîn ouge sîniu leit
ersach und al sîn ungehabe,
dô zôch ich mîniu kleider abe
und lie mich nider in den sê.
mit swimmen tete ich mir sô wê,
biz ich begreif ze jungest in
und in ze lande fuorte hin
mit henden und mit armen.
und als ich mich erbarmen
liez alsô daz ime was
und ich im half, daz er genas,
dô lief er zuo mir unde spranc.
an mich streich er unde twanc
den zagel und daz houbet sâ,
und wolte niender von mir dâ
komen einen halben fuoz.
für wâr ich daz sagen muoz,
er wart von mir geheizen Swam,
durch daz er in dem wazzer kam
engegen mir geswummen.
ich sage des guoten summen,
dar ûf er leite sînen vlîz.
er was benamen alsô wîz,
daz nie kein swan wart alsô blanc.
sô balde lief er unde spranc,
daz kein wilt vor im genas.
gar michel unde kreftic was
der selbe wunnecliche hunt.

17806 und *fehlt.* 10 *fehlt: ergänzt B.* 11 daz *B*] *fehlt.* 19 trueg. 20 ainem. 21 cherent. 22 serent. 23 laide hin v. 25 sorgne. 31 zü der. 38 schlug. 39 Der w. unden. 40 Der m. nicht w. 44 nachent. 46 augen. 60 nindert. 66 des *B*] der. 69 swam. 73 selbig.

sîn tougen wirt iu von mir kunt:
er was nâch wunsche vollekomen.
ich hete in schiere an mich genomen
nâch sînem ungevelle.
sus wart er mîn geselle
und ich zehant der sîne dâ.
wir fuoren mit ein ander sâ
bî dem mer ûf unde nider.
ein ander schif daz vant ich sider,
161[b] dâ wâren koufliut inne:
die fuoren nâch gewinne
her unde hin, dar unde dan.
die rief ich flêhelichen an,
daz si mich næmen in den kiel.
zehant ich in sô wol geviel
und mîn hunt schœn unde vîn,
daz si balde mich dar în
enpfiengen ze der selben zît.
si brâhten mich ze Rôme sît
durch prisant einem keiser,
der niht an êren heiser
lebte werdeclichen dâ.
des ingesinde wart ich sâ,
wand er mich liepliche enpfienc
und die tugent sîn begienc
an mir durch milteclîchiu dinc.
nu was ein flætic jungelinc
aldâ ze hove bî den tagen:
den sach man rîchiu kleider tragen
und alsô herrenlîche gân,
daz ich in dâ wolte hân
für eines küneges kint fürwâr.
süez unde guot was sîn gebâr,
mit dem sô trouc er als der alp.
ein engel schein er ûzerhalp
und innen gar des tiuvels barn.
niemen kunde sich bewarn
vor sîner bœsen trügeheit.
ûf parât unde ûf gunterfeit
was er alle zît verdâht.
in hete ûf hôhe gülte brâht
sîn smeichen und sîn kôsen.
gelîchsen unde lôsen
kunde er mit dem keiser wol.
der hof was sînes künnes vol,
daz er mit valsche brâhte für.
die fürsten rîch von hôher kür
mit kluterîe er dâ verriet,
sô daz er si von gelte schiet
161[c] und leite ez sînen friunden an.
ich wânde, er wære ein edel man:
dô was er ein gebûre gar,
der bœste, den ie wîp gebar
hie ûf ertrîche.
nie keiner sîn gelîche
vor êren alsô wart behuot.
sîn vater durch sîn armuot
het in daz münster in geleit
dâ vor in sîner kintheit,
und hete in allen stunden
in der keiser funden:
von dem wart er alsô erzogen.
er hete im alsô vil gelogen
mit rede und mit gebærde,
daz er die bewærde
wolt an im einer tûben hân.
dô was der wille sîn getân
alsam ein slange bitter.
die pfaffen und die ritter,
die dâ ze hove wâren,
die hete er bî den jâren
mit valsche gar verdrücket

17874 euch. 75. 76 *umgestellt.* 82 schef. daz *fehlt.* vant] vñ. 83 Do. 85 dar *B*] von. 86 Do ruefft ich plachtenl. 17903 herczenleich. 06 Suesse v. guete. 07 trug. 09 ynen — t. war. 10 nieman. pewar. 11 trugh. 15 smaicken. 16 Gleischssen. 18 künnes *B*] kunne. 21 claterie — verirret. 26 poste. 27 auf al'm e. ûf allem e.? 29 alsô *fehlt.* 35 er *von der andern Hand.* 39 ann. 41 Als sam.

und über si gerücket
sich selben alze sêre.
gar michel was sîn êre,
die er hæte in sîner pfliht.
der selbe triuwelôse wiht
was hezzic unde nîdic.
vor den liuten lîdic
wolte er sîn mit zühten,
und kunde nâch in frühten
mort und engestlichen mein.
sîn hôchgewalt sô michel schein,
daz er des rîches alles pflac
und des keisers êre lac
an sîme râte zaller zît.
durch daz er in dem hove wît
hæte alsô gehœhet sich,
sô bevalch der keiser mich
in sîne stæteclîche pflege,
161d alsô daz er mir alle wege
büte dâ geselleschaft
und mir mit aller sîner kraft
schüef edel unde rîch gemach.
diz wart getân und diz geschach,
daz er mîn solte pflegen sâ.
nu was ein juncfrouwe dâ,
schœn unde wunnebære,
diu dem keiser mære
vil harte nâhe sippe was.
si lûhte sam ein spiegelglas
an lîbes êren unde an zuht.
diu selbe sûberlîche fruht
was Iglâ genennet.
si wart nâch mir enbrennet,
daz ir muot ûf minne wiel,
wande ich ir alsô geviel,
daz si wânde sterben,
ob si niht möhte erwerben
ze friunde und ouch ze trûte mich.
doch hat si dirre mære sich
vor mir sô rehte lange zît,
daz der vil süezen minne strît
gesiget an ir mit gewalt
und er si machte dar ûf balt,
daz si mir tete ir jâmer kunt,
wie si biz ûf des herzen grunt
nâch mir enzündet wære.
mich bat diu wunnebære,
daz ich ir willen tæte.
dô was eht ich sô stæte,
daz ich ir minne dâ versprach,
wan ich mîn êre ungerne brach
an mîme herren tugenthaft.
vorht unde ganzer triuwen kraft
verbuten mir daz an den lîp,
daz si würde niht mîn wîp.

Iedoch gelobte ich ir, daz ich,
swenn ez gefüegen möhte sich,
gerne ir willen tæte
und ich mit ganzer stæte
162a ir bieten wolte liebes vil.
ich machte ir alsô manic zil,
des mich stæte niht erliez,
daz mich diu schœne drumbe hiez
der vergezzenlîche Anshelm.
mich hete ir rôten mundes gelm
unde ir liehten ougen blic
vil nâch geworfen in den stric,
daz ich erfüllen wolte ir muot,
hæt ich der triuwen niht gehuot.

17949 *fehlt: ergänzt B.* 50 selbig. 51 nidic] indicht. 52 ledig. 54 furchten. 55 -leich. 57 aller. 59 allezeit. 60 dem *fehlt.* 64 mit albege. 66 mir *B*] mit. 68 vnd gesach. 69 Des. 72 ware. 73 nach. 75 leib. 76 selbe *B*] *fehlt; Pf. ergänzt* vil. 77 genant. 78 enbrant. 83 ouch *fehlt.* 84 dise märe mich. 91 ware (: -bare). 92 Mit. 94 recht. 98 Forcht ich g. tr. vñ chraft. 18002 Wen. 03 gerne] daz ich. 05 libes. 07 erliez *B*] enl. 08 darumb. 09 vergossenl. 12 nahent.

mîn wille wære an ir getân.
ich kunde ir vor mit listen gân
schôn unde kündeclichen dô.
nu kam ez zeiner zît alsô,
daz ich von geschihte kam
dâ diu maget lobesam
lac an ir bette in eime sal.
die ritter wâren über al
und der keiser ûz genomen
des mâles ze dem münster komen
mit einer grôzen presse:
si wolten hœren messe,
und stuont der palas eine,
in dem diu frouwe reine
dannoch an ir bette lac.
ez was alrêrst dô worden tac,
dâ von mir übel dâ geschach,
wand ich ir in dem sal niht sach,
sô vinster was dar inne gar.
iedoch sô wart si mîn gewar
unde erhôrte mînen ganc:
dâ von diu minnecliche spranc
ab dem bette engegen mir.
mit willecliches herzen gir
si wolte vâhen mich zehant.
ich brach mich gâhes unde want
ûz ir armen snêwîz.
ze flühte kêrte ich mînen vlîz
und îlte von ir schiere sâ.
nu was ein grimmer lewe dâ
an eine sûl gebunden:
162b der hete bî den stunden
diu bant zebrochen über al
und kêrte nâch mir durch den sal,
durch daz er mich gevienge
unde an mir begienge
den willen sîn geswinde.
des hoves ingesinde
was algemeine sînen wec,
noch was dâ niemen alsô quec,
der mir ze helfe kæme dar.
des wart mîn herze fröuden bar,
wan ich in grôze vorhte kam.
mîn lieber hunt, geheizen Swam,
dô der gesach mîn angest tief,
an den lewen er dô lief,
den er sô krefteclichen beiz
in die kelen goteweiz,
daz er tôt vor im gelac.
dâ von ich des wol jehen mac,
daz nie wart als edel hunt
gesehen bî dekeiner stunt.

Nu daz der keiser lobesam
des grimmen lewen tôt vernam,
dô viel er in sô strengen zorn,
daz er den hunt vil ûz erkorn
hiez werfen einen vels ze tal.
er nam sô schedelichen val,
daz er vil nâch erstorben was.
doch half ich im, daz er genas
unde kam ze lîbe sider.
ich truoc in ûf daz hûs hin wider:
dâ schuof ich ime guot gemach,
wan mir sô leide nie geschach,
daz er alsô gewirset wart.
durch sîner hôhen triuwen art
generte ich in von sîner suht.
nu was mir diu reine fruht
Iglâ dar under alsô holt,
daz si durch keiner fröuden solt
ir minne wolte lâzen abe.

18017 Schône v. chundel. 19 gesihte. 21 ain. 27 staind. 30 aller erst. 39 wolte si mich von ir zehant: *gebessert B.* 46 h. sich. 48 nâch mir *B*] mir nach. 53 seine weg. 54 nieman. alsô *B*] so. 55 hilfe. 56 -war. 57. 58 *umgestellt.* 62 got das w. 64 das. 66 bî dekeiner *B*] hie b. keiner. 72 sedenl. 73 nachent. 76 hin *fehlt.* 77 gerne gem. 80 tr. hocher a.

ze herzenlicher ungehabe
162c wart si von miner schulde brâht.
diu schœne was dar ûf verdâht,
wie si fröudenhaft belibe
und die nôt von ir vertribe,
diu si niht geruowen liez.
ze jungest diu vil reine hiez
den argen triuwelôsen wiht,
der mich dâ hete in sîner pfliht,
dêr mich des erbæte,
daz ich ir willen tæte:
si wolte im lîhen unde geben
die wîle daz er solte leben.

Nu jach der morttæte,
daz er mit ganzer stæte
ir botschaft werben wolte,
und daz er danne solte
ir tuon mîn antwürte kunt.
dô gienc er wider sâ zestunt
zuo der süezen unde sprach,
daz er mich fünde an êren swach
und alsô tugende lôsen,
daz ich niht wolte kôsen
wider in ein wörtelîn;
ez würd an mir vil wol schîn,
daz ich wære ein bœse wiht;
si solte ir hôhe zuoversiht
von mir kêren an der zît
unde in selben âne strît
minnen gar mit stæte.
und ob si des niht tæte,
daz si würde noch sîn wîp,
ez gienge ir weizgot an den lîp,
er wolte deme keiser sagen,
daz si mir holden muot getragen
hæte und ich ir wære bî
gelegen aller sorgen frî.

Mit dirre vlentlichen drô
wolt er die juncfrouwen dô
vil schiere des betwungen hân,
daz si den willen sîn getân
hæte durch der minne solt.
162d dô was diu liebe mir sô holt
unde ir êren, wizze Krist,
daz si wolte bî der frist
den lîp verlieren und daz leben,
ê daz si müeste ir minne geben
eime als triuwelôsen man.
dâ von sîn herze in valsche erbran
unde in hazze sam ein gluot.
für den keiser hôchgemuot
gienc er unde seite im sâ,
daz ich der minneclichen dâ
gelegen hæte nâhen bî.
des wart der keiser wünne frî
und alsô zornbære,
daz er mir was gewære
und alsô vlentlichen gram,
daz er mir sîne hulde nam
und er mir gruozes niht enbôt.
möht er des mâles mînen tôt
gefüeget mit gelimpfe hân,
daz hæte er gerne gnuoc getân:
dâ von sô wart ich sêre unfrô.
vil harte mich daz müete dô,
daz er wider mich niht sprach
und er mich twerhes ane sach,
swenn er mich grüezen solte,
wan ich des wænen wolte,
daz er wære mir gehaz

18091 geruowen *B*] gerne. 99 tate. 18103 Mir t. ir potschaft. 04 sâ *fehlt*. 06 er mich fünde] ich wäre. 08 Wolde. 10 vil *fehlt*. 19 wolde. 23 *ohne Absatz*. 24 -fraw. 25 schiere *fehlt*; *Pf.* lihte. 26 hiet get. 27 hæte *fehlt*. 33 Ainem. 35 sam. 39 nahent. 48 gung. 49 sero. 54 wanen.

durch anders niht wan umbe daz,
daz mîn hunt schœn unde starc
erbeiz den sînen lewen arc.
daz ich verrâten wære
von dem glîchsenære,
dâ weste ich umbe kleine dô.
bî der zît ergienc ez sô,
daz in den hof ein bote kam
für den keiser lobesam
und im dâ seite mære,
daz ein insel wære
dâ bî gelegen in dem mer,
163ª ûz der striche ân alle wer
in daz lant ein michel ber,
der schüefe dâ nâch sîner ger
der werlte schedelîche nôt.
vih unde liute wæren tôt
von sîner grimmekeite,
dâ mite er balde leite
den kreiz des mâles wüeste,
wan verderben müeste
swer mit im wolte strîten.
ez würde in keinen zîten
sô rehte grimmez tier erkant,
sô dirre wilde vâlant,
der liutes hæte vil verlorn.
diu rede wart dem keiser zorn,
wande im was diz mære leit
durch des landes arbeit,
daz mit verlüste wart beladen.
er hæte gerne sînen schaden
mit der helfe sîn gewant.
nu seite ich wider in zehant,
liez er mich sîne hulde hân,
ich wolte strîtes dâ bestân
den wilden beren niht ze laz.
und dô der glîchsenære daz
erkante, seht, dô was er frô.
den werden keiser nam er dô
besunder von den liuten hin.
verholne sprach er wider in,
ob er rechen wolte sich,
daz er mit strîte lieze mich
daz angestlîche tier bestân:
sô würde mir der tôt getân
von sîner grimmeclîchen kraft.
diu lêre guot und endehaft
den keiser dûhte bî den tagen,
und hiez mir daz schiere sagen,
slüeg ich den angestlîchen bern,
er wolte hulde mich gewern.

163ᵇ Der dinge wart mîn herze frô.
zuo der verte wart ich dô
bereit mit mîme hunde.
kein wâfen an der stunde
het ich ze wer begriffen
wan ein wol gesliffen
bîle lûter stähelîn
und einen bogen hürnîn:
dâ mite kêrte ich mînen wec.
mîn hunt vil edel unde quec
lief mir getriuwelîche nâch.
mir wart in die riviere gâch,
von der man seite mære,
daz drinne wonhaft wære
der ungehiure vâlant.
den selben kreiz ich wüeste vant
beide an liuten unde an vihe.
von wâren schulden ich des gihe,
daz ich kein mensche mohte ersehen,
daz mir künde dâ verjehen,
wâ daz egebære
tier des mâles wære.

18161 Do. 64 *darnach die vorhergehende Zeile wiederholt.* 70 schuff dar n. seine. 71 welde. 72 woren. 76 wan er. 77 wolde. 79 rechtes. 87 hilfe. 96 verhole. 97 wolde. 18204 *daz B*] da. 06 wolde. 07 digne. 09 mit *fehlt.* meinen. 12 Peyl. 20 dariñe wanh. 23 laûte. 24 das.

Sus fuor ich dâ hin unde her
suochend allez, wâ der ber
hæt in der wilde sîn genist.
ich wolte in slahen bî der frist
durch sîniu mortlîchiu werc.
nu vant ich einen hôhen berc
vil harte nâhen bî dem mer.
ûf den gienc ich mit mîner wer
durch warten unde schouwen,
ob iender in den ouwen
der ber des mâles wære.
nu was ein insel mære
gelegen in dem wâge wît,
dar inne wonte er bî der zît
und hete drinne sîn behalt.
von hungernœte manicvalt
was im ûzer mâzen wê,
163[c] wande er vant niht spîse mê,
diu sîn narunge wære.
liut unde vihes lære
gemachet hete er disen kreiz.
des tete der hunger im sô heiz,
daz ich in schrîen hôrte sâ.
ouch hete er mich ersehen dâ
vil schiere, dâ von wart er frô.
her ûz dem werde kam er dô
geswummen an des berges fuoz.
für wâr ich iu daz sagen muoz,
er was gar michel unde frech,
dâ bî swarz alsam ein bech
an hâren unde an hiute.
er fraz ors unde liute
und allez, daz er lebende vant.
der ungehiure vâlant
kam zornecliche brimmende,
grisgrammend unde limmende
ûz dem werde nazzer.
er schutte ab im daz wazzer
und îlte gên mir an den berc,
durch daz er mortlîchiu werc
an mir dâ würken solte.
zerschrenzen er mich wolte
ze kleinen stücken manicvalt.
sô rehte griuwelich gestalt
was der gar verworhte,
daz ich in sêre vorhte
unde ich mit dem hunde mîn
nie wolte dar bekomen sîn.
iedoch sô bôt ich mich ze wer.
und als ich ûz dem wilden mer
den starken und den grimmen
sach den berc ûf klimmen,
dô lief ich im engegen dar.
und dô mîn hunt des wart gewar,
daz er wolte her ûf mich,
dô lief er gellend umbe sich
und wolte mîn dâ hüeten.
163[d] dar umbe in zorne wüeten
began der angestliche ber.
nu daz er an mich wolte her,
dô was bereit der starke hunt:
ûf in sô spranc er sâ ze stunt
unde ergreif in obene.
der küene wol ze lobene
ûf im gewalteclichen lac.
durch nûwen unde durch den nac
beiz er in und zôch in wider
ab dem hôhen berge nider.
der ber niht volleclichen doch
geklummen was ze berge noch
die halden und die lîten:
daz wart im an den zîten

18229 Aus. 35 nahent. 38 indert. 40 mere. 42 want. 43 darinne seinen geh. 48 Lewte. lare. 51 schraien. 59 hare. 60 was ross. 61 leben. 63 cham priffende vnd limende: *gebessert B.* 69 wurchten. 72 -leich. 78 wilde. 81 Da. 83 *dann* gar bitter und gar veintlich. 84 dô *B*] *fehlt.* sich *B*] mich. 90 sâ *fehlt.* 98 Geclimen.

ein vil schedelicher slac.
der hunt in hinden überwac,
der in zôch alsô ze tal,
daz si nâmen einen val
hie mit ein ander beide.
vil gar ân underscheide
kâmens in den wilden sê.
dô wart in herzenlicheh wê
von strîtes nœten under in.
der eine her, der ander hin
zôch sêr unde vaste.
von des hundes laste
mohte sich der grôze ber
niht erlœsen dâ, want er
die zene hæte in im behaft,
sô daz er niht mit sîner kraft
von im gescheiden kunde.
doch wante er bî der stunde
sich von im ein lützel hin
und umbegreif mit armen in.
seht, die begunde er brûchen
und wolte in under tûchen
und in dem wâge ertrenken,
wand er begunde in swenken
hin unde her, dar unde dan.
164[a] dar umbe er jâmerlichen an
mich ofte und dicke blicte,
daz er mir ûf erquicte
daz wazzer ûz dem herzen.
ich weinte sînen smerzen
und île von dem berge wider.
in den sê viel ich dâ nider
mit mînem willen unde swam,
biz ich nâhe in beiden kam.
Sus wolte ich mîme hunde
mit helfe bî der stunde
stillen al sîn ungemach.
und dô der bere mich ersach
komen, seht, dô liez er in
und île balde zuo mir hin,
als er dô mohte bî der stunt.
iedoch enliez in niht der hunt
an mich rehte komen hie,
wande er zôch in wider ie,
swenne er mir genâhte.
hie mite ich balde gâhte
zuo zim ûf den schaden sîn:
der zinke von dem bîle mîn
schuof sîn bitter ungemach,
wan den sluoc ich unde stach
in sînen veigen lîp iesâ.
von mir wart er geschrenzet dâ
sô rehte sêre bî der zît,
daz im ûz der wunden wît
gie beide verch unde smalz
und daz des sûren meres salz
und daz wazzer gie dar în.
dô wart vil grôz der smerze sîn
und ouch sîn ungemüete hôch.
daz wâfen ich her wider zôch,
dâ mit ich in aber traf
in den kopf, daz im der saf
dar ûz des rôten bluotes wiel:
dar umbe er sînen wîten giel
164[b] entslôz vil schiere ân underbint.
man hôrte in brüelen als ein rint
von sîner angestlichen nôt.
dar nâch lac er schiere tôt

18301 schag. 06 -schaiden. 11 sere. waste. 13 sy. 14 wand er. 15 zende häten. 18 wande. 21 die] do. 22 dauchen. 25 dar *B*] her. 26 er] mich. 27 O. u. d. er pl. 30 senem. 31. 32 *umgestellt.* 32 vil. 33 will. 34 nâhe in *B*] nahen. 35 Aus. 36 hilfe. 38 ber; *Pf.* ber mich êrste ersach. 39 lie. 41 Alls da er. 45 wann. 46 ich mich p. 48 Den z. — wiel. 50 ich schluch. 51 veigen *B*] waigen: *Pf.* weichen. 52 W. gecrenzet. 56 daz *fehlt.* 58 smerczen. 59 loch. 61 aber in. 62 der in s. 63 pluet. 65 -windt. 68 log.

unde erstarp dô sâ zehant.
und dô mîn hunt daz hete erkant,
dô liez er in und gienc ich dar.
mit nœten kûmeclichen gar
brâht ich in ûf des landes griez.
den hunt ich sîn dâ hüeten liez
und île ich zuo den liuten hin.
die bat ich, daz si fuorten in
ze Rôme, wande er wære tôt.
sus tâten si daz ich gebôt,
wan si der mære wurden frô.
vier wägene si gewunnen dô,
dar ûf der vâlant wart geleit.
in vier stücke man in sneit,
der man iegelichen wagen
ze Rôme liez ie einez tragen.

Nu dô der glîchsenære
vernam diu leiden mære,
daz ich und mîn getriuwer hunt
wider kâmen wol gesunt
unde uns beiden niht enwar,
dô wart er aller fröuden bar,
wand ez im an sîn herze gienc.
der keiser mich vil wol enpfienc,
dar zuo bat er mich tiure sâ,
daz ich im vergæbe dâ,
daz er gar âne schult mîn leben
dem tôde wolte hân gegeben,
wand ez in het geriuwen sît,
daz er mich hæte bî der zît
ûf mînen schaden ûz gesant.
durch einen fremden prîsant
zerteilet wart der grôze ber
und in daz lant hin unde her
gesendet manegem hôhen man.
daz houbet wart gesehen an
164c durch ein unbilde bî der stunt.
si nam daz wunder, daz der hunt
wart alsô getürstec ie,
daz er betwanc den beren hie,
der alsô michel was gesehen.
uns beiden lobes wart gejehen
und dâ bî ganzer wirde gnuoc.
mîns herren gunst ich aber truoc,
der liez mich hân die hulde sîn.
Iglâ diu süeze frouwe mîn,
diu bran ie rehte drunder
nâch mir alsam ein zunder,
daz in dem heizen viure lît.
der lieben wart ich alle zît
ie werder unde ie trûter vil.
sunder mâze und âne zil
truoc si mir holdez herze.
sô bitter wart ir smerze,
daz ir ûz den ougen
verborgen unde tougen
vil manic heizer trahen wiel.
ze füezen si mir dicke viel,
daz ich ir willen tæte
und ir genâde hæte
durch alle mîne sælekeit.
swie vil si mich des an gestreit
mit herzenlicher riuwe,
doch wolte ich sô getriuwe
dem keiser und den êren wesen,
daz ich die maget ûz erlesen
gewerte ir süezen bete niht.

18369 dô sâ] dô; *Pf.* ouch dâ. 70 daz] des. 71 ich gie. 72 chûneckleichen war. 76 die] Da. 79 wnden. 80 wägen s. gewungen. 82 schrait. 83 -leichem. 84 ie *fehlt; Pf.* wan. 86 mare. 88 chomen. 93 trewelich. 96 wolde haben geben. 97 im het Was. 18403 manigen. 08 betwanc] pegund. 11 ganze. gung. 12 meines herczen. 15 recht darunder. 16 als sam. 17 haisse fewre frewe lait. 18 l. was. s. 22 so w. 27 Daz ich irn. 30 si *fehlt.* 32 doch] So. 35 irs s.

dâ von mir niemer mêr geschiht
diu state, daz ich müge an ir
volenden mînes herzen gir.

Swie gerne ich daz nu tæte
des mich diu reine bæte,
sô möht ez nu niht gesîn.
dar umbe sol daz herze mîn
an fröuden sterben iemer.
ich enwirde niemer
164d durch die verlust mir selben holt,
daz ich ir tiuren minne solt
als üppeclichen von mir lie.
swenn ich gedenke rehte, wie
diu süeze nâch mir weinte
und waz si klage erscheinte,
mîn herze möhte wol enzwei
von leide springen als ein ei,
dem daz viur ze heize tuot.
ich truoc ir alsô holden muot
sam diu reine guote mir,
unde enwolte ir herzen gir
leider niht erfüllen doch.
dâ von sô bin ich riuwic noch
unde enwart sît frôlich nie.
owê mir armen, daz ich ie
des herren mîn geschônte,
der mir sît swache lônte
und mir untriuwe erscheinte!
daz mich diu liebe meinte
sêr unde minneclichen gar,
des wart diu keiserîn gewar
an ir gebærden an der zît.
dâ von diu werde frouwe sît
begunde si der mære
frâgen, waz ir wære.

Des treip si mit ir alsô vil
(für wâr ich iu daz sagen wil),
biz si mit worten überwant
die reinen, daz si tete bekant
ir herzenlichez trûren ir
unde ir seite, daz si mir
trüeg alsô lûter sinne,
daz si nâch mîner minne
wânde ersterben an der stat.
ze füezen viel sir unde bat,
daz si begienge ir hôhen tugent
unde ir hülfe, daz ir jugent
von leide würde enbunden,
sô daz si bî den stunden
mich genôte bæte,
165a daz ich ir willen tæte
unde entslüzze ir sorgen bant.
nu daz gelobte ir alzehant
diu werde keiserinne guot,
wan si was hübesch unde fruot,
sûber stæte und reine.
diu süeze wandels eine
gie zuo dem keiser alzehant,
der von ir tiure wart gemant,
daz er belibe ân allen zorn:
ich und sîn niftel hôchgeborn
wæren gar ein ander holt.
er solte uns silber unde golt
ze rehter hiustiure geben
und mit ein ander lâzen leben
stæteclichen und zer ê;
dâ von belibe er iemer mê
werdekeite und êren vol.
ouch hæt ich verschuldet wol,
daz er mir solte danken sô.
der keiser tugentlîchen dô

18436 gesicht. 39 Bye. 42 solt. 44 *fehlt: ergänzt B.* 45 selber. 46 trawren. 48 Wenn. 51. 52 *umgestellt.* 51 Daz m. h. vil enz. 54 daz ich ir trug also hohen muot: *gebessert B; vgl.* 18489. 59 seint. 66 -inne. 75 -leichen. 77 Truege. 80 si ir. 88 gelaubt. *nach* 89 ich trug ir also holden muot; *vgl.* 18454. 90 trew h. 91 sûber *B*] vnd s. 94 trewe w. genant. 97 waren g. an a. 99 hawstewre. 18503 -keit. 04 *fehlt: ergänzt B.*

sprach, daz er uns beide
mit liebe sunder leide
bî ein ander lieze
und er uns geben hieze
stiure maneger hande.
sît unser herze brande
gelîch dem dürren kiene
und uns zein ander spiene
der strengen minne klamere,
weizgot, sô wolte er kamere
uns geben unde spîse
in eigenlicher wîse,
durch daz wir iemer âne haz
beliben samet deste baz.

Alsus getâne stiure guot
wolt uns der keiser hôchgemuot
hân gegeben an der zît.
des wart er wendec aber sît,
wan Phâres der vertâne,
165b der bœse triuwen âne,
der valsche wandelbære,
dô der vernam diu mære,
daz uns mîn herre wolte sâ
stiuren alsô hôhe dâ,
dô seite er ime starken mein
von sîme wîbe und von uns zwein,
daz er uns wart von herzen gram
und aber in den zwîvel kam,
daz er ein wort niht zuo mir sprach
und er mich twerhes ane sach
beid offen unde tougen.
daz viur im ûz den ougen
von zorne bî den zîten bran.
benamen ich sach im wol an,
daz er mir sêre was gehaz.
iedoch enweste ich, umbe waz
sô vaste mich sîn herze nîte.
er hete vîentlîche site
wider mich, daz ich wol sach.
in den zîten ez geschach,
daz dem vil hôhen keiser wert
brâhte ein smit zwei schœniu swert
ze krâme und zeime solde.
der einez er dô wolde
beschouwen unde kiesen gar.
er zôch ez ûz der scheiden bar
und sach ez vlîzeclichen an.
sîn herze ûf mich in zorne bran,
wand ich und mîn getriuwer hunt
wir stuonden vor im an der stunt,
dô man diu swert im hæte brâht.
dâ von was aber dô verdâht
Phâres ûf eine meintât.
valsch unde marterlichen rât
den rûnte er sîme herren zuo
mir armen leider alze fruo.

Der arge sunder lougen
began dem keiser tougen
165c dar in sîn ôre sprechen,
ob er sich wolte rechen
der vreislichen swære,
daz im sîn niftel wære
von mir gehœnet an der stunt:
er jach, er solte durch den hunt,
der mich erhœhet hæte dâ,
stechen mit dem swerte sâ,
daz er hæte in sîner hant:
sô würde ich jâmers vil ermant,

18515 klamere] swâme, *undeutlich.* 16 kamere *B*] gentwe; *von anderer Hand* danne. 17 spîse *B*] weise. 20 sampt er erster. 23 Haben geben hie an. 25 wande ph. vnd v. 26 pösen trewe. 31 Da. starken *B*] starck ain. 37 Paide. 39 *vorher* vor zorne im aus den ougen bran. 40 pey n. 46 gesach. 48 [ein] im. 49 zu aim. 50 da. 52 schaide par. 57 disew. im *B*] *fehlt.* 58 Do. 59 ain. 64 den. 67 vreislichen *B*] kaiserleichen. 74 wurt — jamer.

wan mir enkünde niemer mê
sô leide noch sô rehte wê
geschehen an dekeiner tât.
den argen vientlichen rât
sînem herren er dô riet,
dâ mite er in von lobe schiet
unde ûz keiserlicher art,
wande er ein gebûre wart
von sîner valschen lêre hie.
durch sînen rât er dô begie
vil grôzer dörperîe starc.
geloubent, daz er tûsent marc
niht wolte vor genomen hân,
daz er hæte dô getân
von im selben an der stete,
daz er nu durch die lêre tete
des ungetriuwen argen zagen.
nu lât iu künden unde klagen,
wie bœslich er sich an mir rach:
durch den erwelten hunt er stach
daz swert, daz er hielt in der hant,
daz im der veige stich erwant
an dem gehilze und er gelac
vor mir tôt. dâ von erschrac
mîn herze in mînem lîbe alsô,
daz ich vil nâch erstorben dô
was von leide bî der stunt.
ich viel dâ nider ûf den hunt
reht als ein halptôter man.
er sach mich jâmerclichen an
mit ougen und mit herzen.
165d ich weinte sînen smerzen
mit inneclicher andâht.
dar nâch wart ich kûme brâht
ze kreften und ze sprâche wider.
mir hulfen ûf die liute sider,
die mir an den stunden
der swære mîn erbunden.

Nu man mich wider ûf genam,
dô viel ich weizgot unde kam
in den zorn an dirre stete,
daz ich alsam ein tôre tete
und ich zuo mîme herren sprach,
diu râche sîn wær alze swach;
hæt ich im leides iht getân,
daz möhte er wol gerochen hân
vil anders bî der stunde
dann er an mînem hunde
gar gehœnet hæte sich.
ich jach, er hæte drîstunt mich
gehazzet âne widersagen.
nu wolte er wizzen bî den tagen
für ein offen mære,
daz ich sîn vîent wære
und ich im schaden tæte,
swenn ich die state hæte
und ez mit fuoge möhte sîn.
sus kêrte ich mit dem hunde mîn,
ich nam in tôt in mîne pfliht
unde ensûmte mich dô niht,
ich îlte balde zeime grabe:
mit klägelicher ungehabe
begruop ich in dar inne.
mîn herze und mîne sinne
wurden jâmerunge wol.
für wâr ich daz reden sol:
durch sîne hôhe triuwe
in jâmer unde in riuwe
versinket noch daz herze mîn,
swenn ich gedenke rehte sîn.

18575 enchunden. 77 chainer. 80 in *fehlt.* 88 da. 90 nu *fehlt.* 93 posleichen. 97 gehulze. 98 do. 18600 nahent. 04 er *B*] vnd; *Pf.* und sach in. 07 iarmerchkl. 13 erbunden *B*] verbunden. 14 man] nam. 15 dirre *B*] der. 18 war. 34 ersawte nich doch n. 37 in *fehlt.* 42 in] Vnd.

Nu daz ich in alsô begruop
und ich von dannen mich erhuop,
dô kâmen knehte sâ zehant,
166ª die der keiser dar gesant
hete ûf mînen ungewin.
reht als ez was geboten in,
sus wart ich an den stunden
gevangen und gebunden,
wan ir was wider mich ein her.
ein insel diu lît in dem mer,
dar wart ich gefüeret sâ
und zeime kärkære dâ
geworfen harte freissam.
swer in den selben turn dâ kam,
der muoste wesen iemer
dar inne, wande er niemer
mohte werden drûz erlôst:
sunder helfe und âne trôst
solt er verderben drinne.
wan daz diu keiserinne
mir tete ir hôhe tugent schîn,
sô müeste ich êweclichen sîn
gevangen in der swære.
diu reine wünnebære
und diu vil sældenrîche
diu schuof dâ tougenlîche,
daz man mich ûz dem turne liez.
schatz unde guot si den verhiez,
die mîn dô pflâgen an der zît,
daz si mich âne schaden sît
ûf mîne strâze liezen varn.
got der müeze ir lîp bewarn,
diu mich tete der sorgen frî.
der keiser wænet, daz ich sî
noch gevangen an der stat,
wan si mich heimlîche bat
von dannen füeren mit ir ger.
seht, alsô bin ich komen her
lîbes halben wol gesunt;
doch lît mîn sendez herze wunt
vil gar nâch mîner frouwen,
der minne mich verhouwen
hât biz ûf den lebetagen.
ich muoz ir holdez herze tragen
166ᵇ mit stæte unz ûf mîn ende doch.
daz ich ir minne darbe noch
und daz mîn lieber hunt verdarp,
daz schuof mit willen unde warp
Phâres der ungetriuwe,
der mich in leides riuwe
mit sîme valsche brâhte
und in der sorgen âhte
leite mich dur sînen haz:
dâ von sag ich iu, herre, daz,
daz die gebûre unertic
iu sîn gar widerwertic
und ir si hazzet iemer
noch ir künne niemer
ze guote bringent mit genuht.
wan swâ der swachen liute fruht
erhœhet wirt ûf erden,
sô hazzent si die werden,
die von adel sint geborn.
herr unde friunt vil ûz erkorn,
nu hân ich iu mîn arbeit
und die sache für geleit,
wie Phâres mich ûz fröuden schiet
und âne schulde mich verriet.'

Sus hete sînin mære
Anshelm der triuwebære
mit worten ûf ein ende brâht.

18646 danne. 47 so. 54 diu *fehlt*. lag. 56 charcher. 57 fraysam. 58 dâ *fehlt*. 60 innen. 61 daraus. 62 hilfe. 63 dar inne. 70 taugentl. 72 dem. 76 der *fehlt*. 78 keiser *fehlt*. want. 83. 84 *umgestellt*. 89 unz] pis. 90 durbe. 92 daz] Doch. 97 dur] dar. 98 sag *fehlt*. ich] mich. 99 d. pawrn vnd ertig. 18702 ir künne *B*] chunnen ir. 03 bringent *B*] bringen. 12 aine. 13 Aus. 14 trewbare; *Pf.* riuwebære.

des wart gesprochen und gedâht
vil ofte bî den stunden,
er hæte nôt erfunden
und âventiure gnuoc ersehen.
Partonopier begunde jehen,
daz niemer swachez künne
daz gelt von im gewünne,
dâ mite ez würde erhœhet gar.
des wart er von der hoveschar
gepriset harte sêre.
Anshelme zuht und êre
wart erboten an der zît.
sîn herre machte in ritter sît
in ganzer werdekeite.
ros, kleider und gereite
106[c] und swaz ein ritter haben sol
ze sîner swertleite wol,
daz gap im der vil guote
mit willeclichem muote,
wand er was sîner künfte frô.
Anshelm der süeze kêrte dô
beide leben unde kraft
ûf turnei unde ûf ritterschaft,
des sîn herze ruochte.
hof unde fröude er suochte,
sam der nâch hôhem prîse vert,
durch daz in würde lop beschert,
des tugende richez herze gert.
er was Partonopiere wert
und ouch der keiserinne guot.
daz kunde sîn getriuwer muot
verschulden umb si beide wol.
sîn herze ûf êre sam ein kol
bran und als ein zunder.
nu was eht dar under
der soldân allez trahtende
und angestlichen ahtende,
wâ mite er des begunde,
daz er gerechen kunde
die schamelichen schande,
daz im aldâ ze lande
der keiserinne wart verzigen.
in trûren was sîn muot gesigen
unde sînes herzen ger.
er wolte sterben, ê daz er
liez ungerochen disiu dinc.
dâ von der werde jungelinc
an sich gewan ein wunder hers.
swaz hôher künege jenent mers
iender im gesezzen was,
die nam er zuo zim unde las
zein ander alle sîne kraft.
mit der vil starken ritterschaft
kam er geschiffet über sê.
ze Mabriûl (waz sol des mê?)
dâ stiezen ûz die kiele sîn.
die werden rîchen Sarrazîn
106[d] die sluogen ûf daz wîte velt
ir pavelûn und ir gezelt,
der man dar ûf ein wunder spien.
bedecket wart heid unde grien
mit liuten an der wîle.
al umbe sich zwelf mîle
wart daz her gespreitet
und allenthalp gebreitet
umb Arnoldes veste.
die ungetouften geste
wolten sus besitzen
den helt von hôhen witzen
ze Mabriûl in sîner stift.
dâ von des tôdes hantgift
manegem wart gegeben sît.

18719 genug. 21 nyme. 23 ez] er. 26 -helm. 31 swaz *fehlt.* 32 swert lawt. 36 der cherte. 39 Das. 40 Hofe. 41 wert. 42 lobe wurd. 43 tugentreichen. 49 ûf êre *B*] in eren. 50 recht. 57 Der. 60 Ee w. 61 Liessen. 62 Do. 64 ienunt. 65 im *B*] in. 75 nam — spuen. 76 gruen. 82 Dise. 83 wolden sus da. 87 manigen — geben.

nu daz diu mære bî der zît
Partonopiere kâmen,
daz ûf der heide sâmen
der soldân hæte sich geleit
und im sîn wille wart geseit,
war umbe er in daz lant was komen,
dô gienc der keiser ûz genomen
ze râte bî der stunde,
wâ mite er im dô kunde
gewalticlichen widerstân.
ein bote schiere wart getân
von Mabriûl Arnolde.
der wîse friuntholde
kam dô williclichen gar.
fünf süne brâhte er mit im dar,
der namen ich bediute alsus.
der eine hiez Supplicius
und der ander Walther:
die wâren beide an hôher wer
küene und ellentrich erkant;
Marsûn der dritte was genant,
der vierde der hiez Aldamas,
der fünfte Alius genennet was.

Diz wâren Arnoldes kint,
der namen iu genennet sint,
daz ir si wizzent deste baz.
ir edel herze nie vergaz
167[a] vil hôher êren ûz genomen.
si wâren alle vollekomen
an manheit unde an witzen.
Partonopier gie sitzen
zuo sînen fürsten an den rât.
sîn muot ûf ellentrîche tât
vil sêre was erbrunnen.
schôn unde wol versunnen
sprach er zuo zin allen
'diz lant daz ist gevallen
michel nôt und angest an.
nu sît ir mîne dienestman
und sol ich iuwer herre sîn.
daz rede ich ûf die triuwe mîn
in ze keiner smâcheit:
ich spriche ez niwan durch den eit,
daz ir mir hulde hânt gesworn
und daz ich bin dar zuo erkorn,
daz iu mîn helfe muoz gestân.
ir sult mir wesen undertân
unde erdenket eteswie,
daz wir mit ein ander hie
daz lant behüeten und daz leben.
sît daz ir mîne râtgeben
sît über lîp und über guot,
vil werden ritter hôchgemuot,
sô bietent mir die lêre,
daz ich behabe mîn êre
unde ir iuwer gelt bewarnt,
dar ûf die leiden vînde varnt
mit gewalteclicher hant.
si wellent mir und iu diz lant
mit unreht an gewinnen.
nu sult ir iuch versinnen
des râtes, der uns wol gezeme,
sô daz er mir und iu beneme
mit der vil starken helfe sîn
sorg unde schedelichen pîn.'

Nu sô er disiu wort gesprach,
ein michel swîgen dâ geschach
167[b] von der vil werden ritterschaft.
doch wart ze jungest redehaft
von Mabriûl her Arnolt,

18789 chomen. 90 haiden. 96 da. 18809 v. hies. 10 fuffte — genant. 13 ester. 21 erprwnen. 22 Schone — versunen. 29 swachait. 30 niwan durch den] durch den geswarn. 31 habt. 32 daz *fehlt.* 33 hilfe. 35 etwie. 36 wir] mir. 43 ir *fehlt.* pewart. 44 laide — vart. 47 -wingen. 48 ew. 49 gezame. 50 pename. 51 starcke hilfe. 52 schedenleiche. 54 gesach. 57 Arnalt.

wand er ûf hôher witze solt
gesetzet hete sînen sin.
'herre', sprach er 'swenne ich bin
ze ritternôt geleitet
und über mich gebreitet
wirt vil hôher sorgen büne,
sô bite ich helfe mîne süne,
die nu mit mir sint komen her.
in nœten ich ir lêre ger;
und als ir iegelicher hât
entslozzen sînes herzen rât
und sînen willen mir gesaget,
swaz mir danne wol behaget,
daz merke ich dâ besunder.
ist aber, daz dar under
ir keines lêre dunket mich
weder guot noch lobelich,
sô lâze ich abe ir aller sin
und kêre ich in mîn herze hin:
dâ vinde ich etelichen rât,
der mir ze helfe lihte stât,
als er mir eteswenne stuont.
daz selbe wil ich daz ir tuont,
vil werder keiser ûz erwelt.
ir hânt hie manegen wîsen helt,
des rât vernement ûf ein ort.
und als ir iegelîches wort
gehœrent hie besunder,
sô merkent ir dar under,
daz iu ze helfe wol behage.
ist aber, daz ir keiner sage,
daz iu ze râte nütze sî,
vil reiner fürste wandels frî,
der uns ze herren ist gezelt,
sô tuont ir selbe swaz ir welt.'
Diz lobtens al geliche.
Gaudîn der tugende rîche
167c des râtes dâ begunde.
er sprach ûz wîsem munde
bescheidenlichen al zehant
'diz rîche und diz erwelte lant
in kumber sint gevallen
sô gâhes, daz uns allen
verswigen was der vînde komen.
wir hân ir reise alrêrst vernomen:
des sî wir ungewarnet doch
und haben niht der state noch,
daz wir bî disen zîten
ze velde mügen strîten
an die vertânen geste.
dâ von sol man die veste
mit liuten und mit spîse
berâten in der wîse,
daz man vor sturme si behabe.
diu bœsen kastel brechen abe,
diu ze hôher wer niht tügen;
und swelhiu sich enthalten mügen
und ze strîte nütze sîn,
diu sterken unde kêren drîn,
durch daz wir si behüeten gar.
niht lâzen hie der vînde schar
die bürge uns an gewinnen,
die wir mit keinen sinnen
behalten mügen unde erwern.
daz wir selbe si verhern
unde erstœren drâte,
daz lêre ich unde râte,
wand ez uns læsterbære
und ein grôz schade wære,
daz uns die fremden geste
zebræchen bœse veste

18860 wann. 61 getailt. 64 hilfe meinen. 65 D. sein mir chomen nu h. 73 ir *B*] *fehlt.* 78 hilfe. 79 etewenne. 82 habt. 87 iu *fehlt.* hilfe. 88 ir *fehlt.* 92 waz. 93 si all. 94 tugent 96 weisen. 97 -leiche. 98 vnd erb. 18902 haben — allererst. 04 der *B*] zeder; *Pf.* zer stete. 07 vertane. 13 taugen. 14 enthalden. 21 Behalden. 23 unde *B*] Vnd si. 25 l. wäre. 27 fromde. 28 zebröchen.

und uns dar inne erslüegen.
man sol ez alsô füegen,
daz wir durch strîtes widergelt
niht kêren zuo zin ûf daz velt,
ê wir uns baz gewarnen.
wir müesten ez hie garnen,
167d bestüenden wir mit kleiner wer
der heiden ungefüegez her,
daz alsô rehte kreftec ist.
swâ man daz urliug alle frist
gar bescheidenlîche niht
vor bedenket und besiht,
dâ mac grôziu vlust geschehen.
betrahten sul wir unde sehen
beide schaden unde fromen,
ê wir mit in ze strîte komen.'

Die lêre dâ ze sîner nôt
Gaudîn Partonopiere bôt,
wand er was im triulîche holt.
von Mabriûl her Arnolt
begunde sînen wîsen
rât dô sêre prîsen,
des er dâ volgen wolte.
er sprach, daz man in solte
vil gerne stæte lâzen.
und swaz dâ fürsten sâzen,
die dûhte guot diu lêre sîn,
wan daz diu werde keiserîn
im der volge niht enjach.
diu wîse kündeclichen sprach
'vernement alle mînen muot.
mich dunket nutzbær unde guot,
ê daz urliug ane gê.
daz wir teidinc suochen ê
mit boten an den soldân.
daz wirt ûf solhiu dinc getân,
daz wir uns gewarnen baz,
und niht dar umbe, daz der haz
gestillet werde und ouch der strît,
wan ze dem mâle und an der zît,
sô wir mit in teidinge pflegen,
sô setzen wir uns unde wegen
mit urliug ûf die geste.
wir füllen unser veste
mit korne und ouch mit wîne,
und swaz die Sarrazîne
gerætes brâhten über mer,
169a daz mügen si mit hôher zer
die wîle gar verswenden,
sô wir die boten senden
dar unde dan, her unde hin,
die beide zwischen uns unt in
die teidinc werben müezen.
mit linden und mit süezen
worten slahen ûf den strît,
biz daz wir in die veste wît
genemen swaz wir guotes hân.
und sô daz denne sî getân,
daz wir alsô geflœhen,
sô sterken unde zehen
unser teidinc vaster.
in schanden unde in laster
versenket wirt der vînde her,
sô wir bereiten uns ze wer
unde ergrîfen unser dinc.
wan sô des landes umberinc
in deheine fruht gebirt
unde ir guot gebrûchet wirt
daz si brâhten über sê,
sô wirt von hunger in sô wê,
daz si gâhen ûf die fluht

18929 dar innen. 33 gewaren. 38 wa. vrlinge. 41 verlust. 46 -pieren. 49 pegunden. 50 do so sere. 53 stäte. 54 was. 55 Dis. 58 chundl. 60 Duncket ew. 61 urlinge. gie. 62 tadinge. 63 soldane. 64 wir — getane. 65 gewarñ. 67 wert. 71 vrlinge. 72 sullen. 73 ouch *fehlt*. 79 d. vnd her. 85 was. 92 vns peraiten. 94 wan sô *B*] wo da sol.

od aber dâ sterben mit genuht,
sô si ze strîte kêrent hin.
mit kündekeite sul wir in
einen fride erwerben abe,
biz si verzeren alle ir habe
und unser volc zein ander kome.
daz wirt uns ein sô rîcher frome,
daz wir in allen an gesigen
und in mit kreften obe ligen.'

Die fürsten albesunder
nam des râtes wunder,
den diu keiserinne tete.
si jâhen des, daz an der stete
nieman gesprochen hæte baz.
ouch wizzent âne zwîvel daz,
ir wart gevolget alzehant.
die boten schiere dô gesant
zuo dem soldâne wurden hin,
die beidiu zwischen im unt in
168[b] die teidinc füeren solten
und einen fride wolten
erwerben kündecliche.
Anshelm der tugende rîche
wart zeime boten ûz erlesen:
wand er ein heiden was gewesen
und die sprâche kunde,
sô wart er bî der stunde
gesendet an die Sarrazîn.
der ander bote muoste sîn
Supplicius Arnoldes kint.
si fuoren beide ân underbint
mit ein ander ûf die vart.
als ez in dô geboten wart,
sus kêrtens in der heiden her,
daz mit gewalteclicher wer
was über mer geleitet
und in daz lant gebreitet
alumbe sich zwelf mîle.
si kâmen in der wîle
geriten ûf daz wîte velt,
dâ manic wünneclich gezelt
von purper und von sîden was
geslagen ûf daz grüene gras.

Si funden manegen Sarrazîn,
den ie vil tiure was gesîn
der touf und ouch daz firmen.
nu sâhen si dâ schirmen
zwêne, als ich geschriben las.
Turkîs genant der eine was
und hete an im dâ friunde gnuoc.
der ander was ein knappe kluoc,
Alîs geheizen, hôrte ich sagen.
doch hete er mâge bî den tagen
lützel in der heiden her.
ir zweier schirmen unde ir wer
was nîtlich unde bitter.
die zwêne junge ritter
Supplicius und Anshelm,
die kêrten an des ringes melm,
dâ si beide vâhten
168[c] und sich ze nœten brâhten
mit slegen an den stunden.
der fremde sluoc den kunden,
der gefriunt dâ sêre was,
daz er nider ûf daz gras
viel von ungelücke tôt.
des kam in angestlîche nôt
der gast kûen unde stæte,
der dô niht mâge hæte,
wande im wart von nœten wê.
ein fürste, der hiez Markabrê,
der ze Valdûne herre was,

19000 Oder. 03 Eines. 06 so ain. 12 daz *fehlt.* 13 Daz n. 14 an allen z. 19 solden. 20 friden wolden. 24 ein jn. 27 Gesant. 29 Si wurden. -wind. 34 gewelt. 35 vbers m. getailt. 45 ouch daz *B*] die. 49 frewd. 66 cham er in.

der kam vil schiere durch daz gras
hin ûf den werden jungen
mit sîner schar gedrungen:
er wolte werben sîn unheil.
der knappe was sîn sippeteil,
der dâ tôt lac ûf der wisen:
dâ von sô kêrte er balde ûf disen,
der in erslagen hæte.
nu werte sich der stæte,
als er dô beste kunde;
mit slegen an der stunde
gienc er in harte lange vor,
die dâ wolten ûf sîn spor
kêren durch den schaden sîn.
er leit vil angestbæren pin
des mâles von gedrange;
sô gar unmâzen ange
wart getân dem armen,
daz er begunde erbarmen
Supplicium Arnoldes barn,
der durch teidinc was gevarn
mit Anshelme zuo dem her.
des wolte er bringen in ze wer
od aber schicken an die fluht.
milt unde erbermecliche zuht
begienc an im der guote dâ.
von sînem snellen orse sâ
erbeizte er unde lêch im daz,
166[d] dar ûf der angestriche saz
behendeclichen unde flôch.
dem herren von geslehte hôch,
den man dâ nante Markabrê,
dem tet des tôten schade wê,
wand er im nâhe sippe was;
des nam er an sich unde las
alliu sîniu wâpenkleit.
Alise kêrte er unde reit
mit sîner ritterschefte nâch,
im wart ûf sînen schaden gâch.

Und dô der helt Supplicius
gehalf dem angestrichen sus,
daz er was enwec gerant,
dô gap der soldân im zehant
ein ander ors dar umbe sâ,
daz er begangen hete dâ
die frecheit an dem flühtigen.
den werden und den zühtigen
begunde er frâgen mære,
waz sîn gewerp dâ wære
unde ouch des gesellen sîn.
diz wart dem hôhen Sarrazîn
von Anshelme schiere kunt.
mit zühten sprach er alzestunt
'uns hât ze boten her gesant
mîn herre, der diz rîche lant
hât in gewalte und in der wer.
wir komen her in iuwer her,
durch daz ir uns geruochet sagen,
war umbe ir sît bî disen tagen
gestrichen ûf sîn eigen,
daz ir mit brande veigen
und ouch mit rouben stœren welt.
mîn herre, der getriuwe helt,
der hât mit stætes herzen ger
enboten iu vil schône her,
hab er iu schaden iht getân,
des welle er iu ze buoze stân,
als iuwer hof erteile noch.
in dunket ungefüege doch,
169[a] daz man iuch âne widersagen
in sîme lande siht betagen,
in daz ir alsô sît geriten.
dâ von sô heizet er iuch biten,

19077 do. 80 sicher der. 83 laugen. 87 vor. 91 praß. 94 er *fehlt*. 95 oder a. sicken. 96 Milde. 97 sa: da. 98 snelle. 19101 -leich. 03 Dem. nande. 04 schaden. 08 Aliere. er *fehlt*. 09 -schaffte. 12 Gehaff. 14 der *fehlt*. 17 frecheit *B*] freihait. 27 der *B*] *fehlt*. 32 brande *B*] banden. 35 mit] mir. 40 vnfuge. 41 ew. 42 sein l. 44 von *B*] *fehlt*. ew.

daz ir dem zorne allue gestemet
und daz ir sîn unschulde nemet
nâch iuwers hoves rehte.
und daz er niht envehte
vergebene. er enwizze wie.
sô wil er iu ze krâme hie
beide silber unde golt
geben; durch den vil tiuren solt
geruochent kêren hinnen
und lâzent ez nâch minnen
teidingen, werder soldân:
sô wil der keiser undertân
belîben in vil stæter pfliht,
daz doch dar umbe niht geschiht,
daz er entsitzen welle
des schaden ungevelle,
der im von iu geschehen kan.
er hât sô manegen schœnen man
und ist ouch selbe alsô gemuot,
daz er durch vorhte wênic tuot.

Ir hânt daz selbe wol gesehen,
ob ir der wârheit wellent jehen,
daz der vil hübesche reine
die vînde entsitzet kleine
und daz er ûf die ritterschaft
hât beide manheit unde kraft.
dar an sô mügent ir verstân,
daz iu dis êre wirt getân,
die man iu bieten wil alsô,
vil mêr durch liebe dan durch drô.
wan zwâre, ê daz der herre mîn
durch vorhte ein zage wolte sîn,
ê gienge er von dem lande.
die tugent maneger hande
sult ir bedenken hiute.
sîn lant und sîne liute
die lâzent hie mit fride leben.
169b er wil iu rîchen prisant geben,
den nement, oder sîne unschult.
eintwederz ir enpfâhen sult
durch iuwer tugent wît erkant.'
der rede antwürte hôt zehant
der werde soldân vollekomen.
er sprach 'ir hânt daz wol vernomen,
daz man verr unde nâhen schrei
alsô den grôzen turnei,
der hie ze lande ê ist geschehen:
swem des besten dâ gejehen
würde ân allen valschen wân,
daz er daz rîche solte hân
und iuwer frouwen sælden vol.
nu weiz diu werelt alliu wol,
diu dâ zer ritterschefte was,
daz ich mit kreften an mich las
vil gar durchliuhteclîchen prîs.
ich was der beste in alle wîs
ze beiden sîten ûf dem plân:
dâ von solt ich die süezen hân
und alle ir keiserlîche habe.
nu wart si mir gesprochen abe
mit valschem urteile.
durch daz biute ich veile
mîn leben und der êren solt.
von Mabriûl her Arnolt
und ouch der künic Cursanz
hânt mir die keiserinne glanz
genomen gar ûz mîner pfliht.
dar umbe ich doch enlâze niht
mîne vorderunge an ir.
sît daz si mit unrehte mir
genomen ist von disen zwein,

19145 dem zorne *B*] den zorn. 51 Geben p. 52 geben *fehlt.* tuen s. 55 Vnd lassent Tedingen. 57 in *B*] nu. 62 schon. 64 habent. 69 die *B*] der. 72 dise. 75 ê *B*] *fehlt.* 76 an z. 86 *Absatz.* antburt bot. 97 Daz d. w. s. volch. 88 habt. 91 ê *fehlt.* 92 *fehlt: ergänzt B.* 94 solde. 96 welt alle. 97 dâ *fehlt.* zu. 98 ich *fehlt.* 19201 den. 02 suesse. 06 pint. 10 haben. 12 lassen.

sô bin ich komen über ein,
daz ich gewalticliche
die lieben und diz rîche
nu wider wil gewinnen.
ir vil reinen minnen
muoz ich teilhaft werden,
od ich wil ûf der erden
durch daz hôchgeborne wîp
169f verliesen leben unde lîp.

Ich weiz wol, daz diu guote
mit minneclichem muote
mich triutet unde meinet.
daz wart an ir bescheinet,
dô si wart enpflœhet mir
mit valscher urteile gir
und ich mit jâmer von ir streich.
si wart durch mîne schulde bleich,
daz kôs ich an ir tougen.
ouch gienc ir ûz den ougen
vor leide manic trahen heiz.
dar an erkenne ich unde weiz,
daz si mir holdez herze treit.
ouch minne ich si mit stætekeit
ob allen frouwen iemer.
der friunt euwirde ich niemer,
die mir die lieben hânt entragen.
dâ von sult ir dem herren sagen,
der iuch hât zuo mir gesant,
well er behalten disiu lant,
daz er mir gebe daz schœne wîp
und der zweier manne lîp,
die mit valschen sinnen
mich schieden von ir minnen,
noch westen, waz si râchen.
daz urteil, daz si sprâchen
unde unrehte hânt gegeben,
daz garnet ir vertânez leben,
sô mir diu state an in geschiht.
si müezent beide in mîne pfliht
und diu keiserinne wert,
ob man der suone von mir gert,
daz ich von hinnen kêre
und niht die liute sêre
mit roube und ouch mit brande.
die fürsten von dem lande
die heizen mir die frouwen geben
und der ungetriuwen leben,
die mir den schaden hânt getân:
sô wil ich in diz rîche lân
für eigen iemer mêre,
169d sô daz ich hinnen kêre
mit dem erwelten wîbe,
wan ich getriuwe ir lîbe,
an dem ich tugende vil vernime,
daz si mir holder sî dan ime,
der si hât in sîner pflege.
die wil ich haben alle wege.'

Anshelm der rede antwürde bôt
mit lachendem munde rôt,
wan si dûhte in gar ein spot.
'herre', sprach er, 'sam mir got,
uns wære ein kumberlichez dinc,
daz wir des landes umberinc
behielten eigenlichen noch,
sô daz ir Meliûren doch
von hinnen füeren soltent.
und ir verderben woltent
Cursanzen unde Arnolden.
verzinsen und versolden
müesten wir ze tiure alsô.

19220 ir *B*] an ir. 22 Oder. 24 den l. 29 enpholhen. 34 ir *fehlt.* 40 wirt. 41 entragen *B*] ertragen. 42 herczen. 44 dise. 46 zway mane. 51 V. daz v. haben geben. 52 gearnet. 53 stäte. 56 mir] im. 59 ouch *fehlt.* 60 meinen l. 61 haissent. 66 Son. 69 A. den der ich vil t. mifle. 72 *fehlt: ergänzt B.* 73 antbert. 78 vbering. 80 Melawr. 85 stewre.

è daz wir aber iuwer drô
iemer lîden wolten.
wir tæten swaz wir solten
und daz gefüege wære.
ez ist ein wildez mære
unde ein kumber alzesûr.
daz unser frouwe Meliûr
Partonopieren hât zer ê
und iuch ir herze minnet mê
dann ez den ellentrichen tuo.
leit unde sorge mac ir zuo
fliezen alle stunde wol,
ob si den lange triuten sol,
den ir gemüete nidet.
ei waz si kumbers lidet,
sô der sich an ir bette leit,
dem si niht holdez herze treit;
wan swâ der vient alle zît
bî dem menschen nâhe lît,
daz ist ein nôt ob aller klage,
dâ von daz herze sîne tage
belîbet ganzer wünne frî.
170a herre, ob iu mîn frouwe sî
günstec, als ir hânt verjehen,
daz lânt ervaren und besehen
an der vil reinen guoten.
wir wellen iu des muoten,
ob ez wider iu niht ist,
daz ir uns gebent eine frist,
vier wochen sunder allen strît,
biz wir versuochen in der zît,
wie Meliûren wille stê.
Partonopier hât si zer ê:
wil si den lân und wil iuch nemen,
daz sol uns allen wol gezemen,
wand ez uns liep von herzen ist.
ê daz wir müezen alle frist
von in mit ungenâden leben,
ê sol man iu die schœnen geben,
ob sîn diu schœne iu volgen wil.
dâ von sô gebent uns ein zil
und einen fridelichen tac,
dar inne man versuochen mac
ân alle missewende
ir willen ûf ein ende.'

Anshelm die rede tet durch schimpf
unde iedoch ûf den gelimpf,
daz man im gæbe frides tac
und alsô langen ûfslac,
daz Partonopier mit her
bereiten möhte sich ze wer
und er gewarnet würde baz.
nu was der soldân alsô laz
an witzen unde an sinne
durch Meliûren minne,
daz er niht kunde dâ verstân,
durch waz diu rede was getân
und des frides wart begert.
der heiden edel unde wert
was ergouchet als ein kint.
diu liebe machte in alsô blint,
daz er dô niht erkande
170b den schaden maneger hande,
der im zerstôrte sînen prîs.
einvaltecliche in gouches wîs
gelobte er einen stæten fride
bî dem swerte und bî der wide
vier wochen sunder allen strît,
biz si versuochten in der zît
der frouwen willen unde ir sin.
dâ von die boten kêrten hin

19288 waz. 93 hât *fehlt.* zu der. 94 ir] ewr. 95 ez *fehlt.* 96 sorgen. 19301 der sich] dann. 03 wo. 04 pey disem. 09 habt. 10 daz *B*] So. 12 an ew. 17 willen. 19 lassen — ew. 20 gezamen. 23 euch. 24 schone. 26 sô *fehlt.* 27 ainem. 28 dar innen. 29 -wenden. 36 sych. 39 wicze. 50 gouches *B*] guotes. 54 wir versuechen.

mit urloub âne freise.
si wâren ûf die reise
niht ze træge noch ze fûl.
si fuoren gegen Mabriûl,
dâ wolten si des nahtes sîn.
nu heten ez die Sarrazîn
zeiner sîten dâ belegen,
daz si mit langen umbewegen
muosten in die veste komen.
diu strâze was in gar benomen
zuo der bürge mit gewalt.
durch einen ungefüegen walt
gienc ein wec verholne:
den wolten si verstolne
kêren ûf die veste guot.
der herre tugende rîch gemuot,
Arnolt, der was hein gevarn,
durch daz er daz hûs bewarn
mit starker huote solte.
mit bûwe er sterken wolte
daz wünnecliche kastel,
dâ von die jungelinge snel
in wolten sunder lougen
gesehen dâ vil tougen.

Nu si verliezen diu gezelt
und dô si kâmen ûf daz velt
vil harte verre dort hin dan,
dô sâhen si wol hundert man
den knappen strîteclichen jagen,
der in dem ringe hete erslagen
den jungelinc, des ich gewuoc.
170r daz edel ros in balde truoc,
daz im gegeben hæte
Supplicius der stæte
durch sîne werde tugent hôch.
geloubet, daz er sêre flôch,
wan im tet diu vorhte wê.
doch wizzet, daz in Markabrê
vil nâch erilet hæte.
und dô der knappe stæte
die zwêne ritter komen sach,
dô ruofte er zuo zin unde sprach
mit vorhten und mit leide
'ir werden herren beide,
durch got und durch die kristenheit
bedenket hie mîn arbeit
unde erlœsent mich von nôt,
durch daz ich lîde niht den tôt
von der vînde henden.
mich armen ellenden
geruochent nu beschirmen hie.'
diu rede in zwein sô nâhen gie,
daz si begunden weinen.
die klâren und die reinen
durch den knappen ungemeit
begiengen grôze tôrheit,
wan si bestuonden hundert man.
die kêrten si des mâles an
vil gar vermezzenliche.
Anshelm der tugende rîche
tet allez, des ein helt bedarf.
daz ors er mit dem zoume warf
hin ûf den fürsten, als ich las,
der Markabrê geheizen was:
er wart ûf in enbrennet.
des kam er zim gerennet
balder danne ein snellez wilt.
durch sînen vestenlichen schilt
stach er im der lanzen gêr

19359 trage. 64 vmbegen. 66 gar *fehlt; Pf. ergänzt* dô. 68 ain gefuegten. 72 tugent. 73 der *fehlt.* 80 dâ *fehlt.* 82 da. 85 striteclichen *B*] streitlichen. 87 gewung. 89 geben. 94 im. 95 nahent ereilte. 96 *fehlt: ergänzt B.* 97 ritter *B*] chappen. 98 ruefft. 99 forchte. 19400 herre. 01 durch *fehlt.* 04 nit l. 07 pesirmen. 11 chappen. 14 Da. 16 tugent. 17 bedorff. 18 zäme. 23 pälder.

sô vaste, daz der fürste hêr
ab dem rosse kam alsus.
der junge helt Supplicius
der valte ouch einen Sarrazin
170d dâ nider an der joste sîn,
der Morchades geheizen was.
von in beiden ûf daz gras
wurden zwêne dâ geleit.
des wart der jungelinc gemeit,
dem si mit helfe stuonden bî.
dar nâch sô kêrtens alle drî
mit ein ander in den walt.
Markabrê der degen balt
reit in dar geswinde nâch.
vil lûte ruofte er 'vâhâ vâch!
daz si niender hinnen komen.'
dar umbe erschrâken niht die fromen,
si riten für sich mit genuht.
diu ors si wurfen ûf der fluht
hin wider umbe dicke
mit der zoume stricke
unde ersluogen ir dâ vil,
der namen ich verswîgen wil,
wand ich ir zwâre niht enweiz.
dô wart der bitterlîche sweiz
vergozzen und daz rôte bluot
von den gesellen hôchgemuot,
wan si stuonden alle drî
mit triuwen gar ein ander bî.

Supplicius der kunde
vil wege bî der stunde,
die dâ giengen in den walt:
des etelicher tiure engalt,
der si dâ wolte erîlen.
si trâfen under wîlen
an der umbekêre
vil manegen harten sêre,
den si dâ nider leiten
und danne sich entseiten
mit einem wanke wilde.
si fuoren daz gevilde
mit witzen und mit listen.
die zwêne wâren kristen,
der dritte was ein heiden
und doch sô wol bescheiden,
daz er ûz êre nie getrat.
171a ûf der flühte er helfe bat
Mahameten sînen got.
daz was gar der zweier spot,
die mit im des mâles riten.
si jâhen, waz er den gebiten
möhte sîner stiure,
der in der helle viure
begraben müeste ân ende sîn.
dô sprach der hübesche Sarrazîn
'ich wil biten Mahameten:
sô sult ir Jêsum ane beten,
den Longîn der ritter
mit einer lanzen bitter
stach durch sîne zeswen hêr.
swer under in gewaltes mêr
in himel und ûf erden habe,
der lege uns disen kumber abe
unde sende uns disen trôst.
würde ich von ir eime erlôst
ûz angestlichen swæren,
waz möhte ich wâ si wæren?'

Die rede tribens under in
und îlten ie genôte hin
flühteclichen an der zît.
durch ein tal tief unde wît
kâmen si dô balde

19429 velte. 30 josten. 33 da nider g. 34 Das. 35 hilfe. 37 dem. 38 *fehlt.* 40 lēwte rueffen sy. 41 hinen. 44 wurffens. 49 zwâre] namen. 57 do. 72 hilfe. 77 sein st. 79 müeste] in veste. sey. 80 sprachen — Sarrazey. 83 Longinus. 85 zesen. 87 Im. 90 ainem. 97 do.

geriten ûz dem walde,
wan si twanc der vorhte grûs.
si sâhen Mabriûl daz hûs
vor in ûf dem velde,
daz ich mit lobe melde
für ein kastel wunniclich.
Arnolt des mâles hete sich
gesetzet an die zinnen.
mit herzen und mit sinnen
bedâhte der vil guote,
wie daz hûs mit huote
würd an der zit bewachet
und alsô starc gemachet
daz man ez mit nihte erstrite.
nu sach der herre wol gesite
171b flühtic komen dise dri
unde in harte nâhen bi
die vinde riten ûf ir spor.
Supplicius der rante vor,
wande er lêrte si daz pfat.
dâ von erkante in an der stat
Arnolt sin vater lobesam,
der im ze helfe schiere kam
mit aller siner hoveschar.
in wâpenkleide lieht gevar
kêrte er ab der bürge sin.
dar umbe erschrac der Sarrazin,
der Alis was genennet,
der mit den zwein gerennet
kam sô flühteclichen dar:
er wânde, daz ein ander schar
der vinde kæme ûf in alsus.
dô sprach der helt Supplicius,
daz er sin angest lieze sâ,
der vater sin der kæme dâ
mit sinem ingesinde
und wolte si geswinde
von sorgen lœsen alle dri:
sin helfe stüende in schiere bi
und lieze in schaden niht geschehen,
wand er benamen lieze sehen
des mâles, daz er wære
ein helt küen unde mære.

Dô disiu rede ein zil genam,
Arnolt von Mabriûl dô kam
gerant mit dem gesinde sin.
unde als in die Sarrazin
zuo riten sus gesâhen
und er begunde nâhen
in sô balde engegenwert,
des wurfens umbe ir snelliu phert
unde ir stüefen ors aldâ.
si kêrten an die flühte sâ,
dar ûf wart in gemeine gâch.
den argen dô geswinde nâch
reit der sælige Arnolt.
171c er hete liute zuo geholt,
die riten im dô nâhen bi,
daz si der vorhte wurden fri
die dâ gejaget wâren ê.
der herzoge Markabrê,
der ê nâch in fuor unde zôch,
der reit nu vor in unde flôch
mit siner ritterschaft enwec.
die kristen biderb unde quec
triben sus die heiden hin.
ir gnuoge wurden under in
erilet ûf der verte,
die grimmen schaden herte
enpfiengen unde swæren solt.
von Mabriûl her Arnolt
schuof in dâ bitter ungemach.
wan im für schande was ein dach

19509 Wurde. 11 es nit e. 20 hilfe. 22 in *B*] ir. 25 genannet. 26 geranhet. 29 chamen. 32 seine. 34 wolde. 36 hilfe. 40 chune. 44 also dy. 48 phart. 50 an] von. flucht. 51 jm. 54 dar zu. 56 *fehlt*; *ergänzt B*. 64 genuge. 70 wan] Waz.

gewesen ie der êren büne.
er unde sîne werden süne
fünve ritter wâren,
die vînde kunden vâren
und si mit strîte meinen.
ir iegelicher einen
stach dâ nider ûf den plân.
ouch wart ez sêre wol getân
von Anshelme bî der zît.
der heiden wart in widerstrît
vil erslagen und verwunt.
und swaz ir dâ beleip gesunt,
die kêrten flühteclichen dan.
ir leiter unde ir houbetman,
der Markabrê genennet was,
der îlte vor in durch daz gras
ûf einem orse unmâzen snel.
daz was geheizen Môrel
und hete an im als edel art,
daz nie ros kürlicher wart,
noch alsô rehte frevel mê.
nu daz der fürste Markabrê
mit den sînen âne wer
vil harte nâhen zuo dem her
des soldânes was gerant,
Arnoldes sun, Walther genant,
171d sprach bescheidenlichen dô
'wir sîn unwîse, daz wir sô
nâhen dar geriten sîn,
dâ die vertânen Sarrazîn
hânt ir leger und ir gesez.
nu lâzen dirre verte mez
belîben gâhes unde varn
hin wider von der heiden scharn,
der hie sô manic rotte lît.
wie möhten wir in allen strît
geben hie besunder?
von ritterschaft ein wunder
hât der soldân unverzagt.
wir hân den vînden nâch gejagt
ze verre und alze lange doch.
dâ von sô kêren wider noch,
ê daz unheil uns geschehe,
daz uns der heiden her gesehe
und der ungetouften schar,
wan unser ist ze lützel gar
und ir ze vil an dirre zît
dar zuo, daz wir in geben strît.'

Diz wâren Waltheres wort,
der vil hôher künste hort
versigelt in dem herzen truoc.
er kunde von der schrifte gnuoc.
wan der hete er vil gelesen.
ze schuole was er ê gewesen
nâch eines pfaffen orden,
und was doch leie worden
unde ritter, hœre ich sagen.
dâ von sô gap er in den tagen
sô rîche wîse lêre
und riet die widerkêre,
dô niht wæge was der strît.
dô wart sîn vaste bî der zît
geschimpfet von ir eime doch.
Alius sîn bruoder der sprach noch
'ez wirt an dînem râte schîn,
daz du ze schuole bist gesîn
unde in strîte lützel kanst,
172a sît daz du werde ritter manst,
daz si vliehen sam die zagen,
ê daz man si beginne jagen.
und daz si mit unêren

19571 prunne. 72 sunne. 73 die fueffe. 81 erwunt. 82 waz. 85 gennenet. 91 als. frauel. 95 soldanes. 99 da. 19601 haben ir liger. gesas. 02 nu *B*] wir. diser. mas. 10 haben. 11 al *fehlt*. 17 diser. 22 geschrift genug. 27 Vnd ze r. 30 riet] rait. 31 wæge] pege. 32 dô] doch. 33 ainen. 34 prueder sprache. 36 schulde. 37 gar l. 40 m. pegunne.

hin strichen unde kêren
ûf die snellen widervart.
man hœret dich nâch dîner art
hie reden unde klaffen.
waz solten denne pfaffen
râten anders dan die fluht,
wan si selten mit genuht
hânt erliten rehte nôt?
man sol verhouwen oder tôt
uns von den heiden ziehen,
ê wir von hinnen vliehen
und alsô zegeliche varn.'
die rede treip Arnoldes barn,
der Alius genennet was.
Walther sîn bruoder an sich las
dar umbe zorneclichen muot.
alsam ein edel ritter guot
sprach aber dô vil schiere
der hübesch unde fiere
'diu rede sunder lougen ist,
ich enhabe der buoche list
gelernet eteswenne.
swaz aber ich erkenne
der schuole und ouch der schrifte noch,
sône wirde ich niemer doch
der êrste, der hie vliehen sol.
ez wirt an mir bewæret wol,
daz ich die rede niht enhân
durch zegelichen muot getân
und durch mîne sinne swach.'
Arnolt von Mabriûle sprach
zuo sîme sune Aliuse
'jô prüefe ich unde kiuse,
daz du wênec dich verstâst,
sît daz du des gespottet hâst,
der beide kunst unde êre kan.
du redest als ein tumber man,
172[b] des witze sint vil gar enwiht.
ein junger ritter solte niht
sô frevenlichen schimpfen.
ich muoz dir ungelimpfen,
daz dîn bescheidenheit ist kranc.
Walther mîn sun der habe danc,
daz er gelernet hât sô wol.
die schuole ich iemer prîsen sol,
dar în er wart gesetzet ie,
wand er uns hât gerâten hie
daz wægest und daz beste gar.
wir suln von der heiden schar
nu kêren balde hinnen,
ê daz wir hie gewinnen
beide schaden unde leit.
ez wære ein grôziu tumpheit
und ein kintlichiu wer,
bestüenden wir ein michel her
mit alsô kleiner ritterschaft.
swâ man hôhe magenkraft
bestên mit wênic liuten wil,
dâ muoz man hân gelückes vil,
ob man sol mit êren
hin von dem strîte kêren.'

Mit disen worten unde alsô
treip Arnolt die sînen dô
vil gâhes ûf die widervart.
sîn ritterschaft dô wendec wart
und al sîn volc gemeine;
niwan sîn sun aleine,
Walther, der ilte für sich dan,
wand im der muot in zorne bran

19644 Nu hie. 46 denne *B*] wenuen. 48 selden. 49 haben. 52 hinen. 56 Baither. 58 r. edel vnd g. 60 unde] vnd auch; *Pf.* und ouch der fiere. 62 habe — puecher. 63 etew. 66 So wirt. 71 durch *fehlt.* 72 Mabriul. 73 alewse. 76 des *fehlt.* 77 eren. 78 vil *fehlt.* 80 freuntl. 82 dein schaid. 89 wagrist. 98. 99 Wa man besten hoche manhafft Mit ain w. l. vil: *gebessert B.* 19700 Do. 01 solt. 06 da. 08 nicht wan.

durch sînes bruoder itewîz.
er wolte kêren sînen vlîz
ûf der vînde schaden bie,
durch daz man sæhe, daz er nie
geriete zegelîchen sîn.
swie schiere daz sîn vater hin
wider kêrte und al sîn diet,
aleine er von in allen schiet
und îlte ûf sîner vînde spor.
er gâhte nâch, si fluhen vor.

172c Sus jagte er alterseine
die Sarrazîn gemeine,
den zuo der flühte wart vil gâch,
daz in die kristen alle nâch
riten, seht, daz was ir wân.
der tac der hete dô verlân
sîn wünneclîchez schînen,
dâ von den Sarrazînen
wart verborgen sêre
Arnoldes widerkêre
und aller sîner liute schar.
doch schein der mâne wunnevar
sô lieht und alsô wolkenlôs,
daz Walther wol die vînde kôs
vor im ûf der heide wît.
ouch sâhen si wol an der zît
in komen alterseine.
doch wânden si gemeine,
daz nâch im riten liute mê.
ir houbetherre Markabrê
was der hinderst under in.
nâch dem sô kêrte balde hin
Walther der junge süeze man.
lût unde dicke ruofte er an
den heiden, daz er kêrte
und sîn lop an im mêrte
mit ritterlîchem strîte.
swie vil er des geschrîte
zuo dem Sarrazîne,
doch flôch er und die sîne,
wand im sîn muot verzagte.
nu daz er in gejagte
vil nâhen der gelegenheit,
dâ der soldân sich geleit
hete mit den sînen nider,
dô kêrte alrêrst der heiden wider,
wand er sich helfe dô versach,
der man für strengez ungemach
in rehter nœte wol bedarf.
172d daz ors vil drâte er umbewarf
und îlte sich dô vaste wern.
an den vil küenen Walthern
kam dô Markabrê gerant,
der im begegent alzehant
und an in kam geruschet her.
die lanzen stach er und daz sper
mit kreften ûf den herzogen,
daz er geswinde kam gellogen
dâ nider in ein tiefez mos.
Môrellen daz erwelte ros,
daz der ungetoufte reit,
als ich dâ vorne hân geseit,
daz nam der kristen âne wer.
nu wâren si der heiden her
sô nâhen bi der zîte komen,
daz die Sarrazîn vernomen
heten wol ir zweier braht,
wan die des heres in der naht
phlâgen mit ir huote gar,

19714 sache. 15 *nur* geriete: *ergänzt B.* 16 swie schiere *B: fehlt.* 20 gâhte *B*] eilte; *Pf.* jagete. 23 warde g. 26 tage h. 27 schein̄. 28 Sarrazein. 29 verpogen. 31 lautten. 36 sachen. 37 Im chamen. 41 hindrist. 44 ruefft. 46 Vnd er. 49 den Sarrazein. 50 seinen. 54 Der do s. 56 erst. 57 hilfe. 60 vil drâhte er *B*] der drate. 61 da. 63 dô] der. 65 geruschet. 71 daz er d. 72 *fehlt.* 73 âne] in sein. 78 hers. 79 phagen.

die wurden schiere nu gewar
bî des mânen glaste,
daz von einem gaste
verlôs der kunde sînen prîs.
der werde künec Appatrîs
nam sîn zem êrsten ahte.
er pflac der schiltwahte
mit tûsent mannen wol bereit
und ersach daz wâpenkleit,
daz an im fuorte Walther,
wan ez besunder in daz her
schein unmâzen lieht gevar.
sîn schilt der was von golde gar,
der schœnen glanz den ougen bôt
gemâlet von zinober rôt
was ein frouwen ermel drîn.
dâ bî sô wart dem künege schîn,
daz ein getoufet ritter dar
was komen zuo der heiden schar
und in dâ gerne schaden tete.
dâ von sô mante er an der stete
mit lûter stimme schalle
173a die tûsent ritter alle,
die mit im dâ wachten.
er hiez daz si sich machten
Walthere engegen balde hin.
'wol ûf, ir herren', sprach er zin,
'ich hân der vînde kunft vernomen
und ist ein ritter nâhen komen
durch spehen in mîn angesiht.
nu kêren zim, daz er uns niht
entfliehen müge von hinnen.
wir mügen hie gewinnen
prîs unde lop, des bin ich wer.
aleine ist er niht komen her,
swie man in doch besunder sehe.
umb anders niht wan daz er spehe
durch daz ist er gerennet für.
an sînem wâpenkleide ich spür,
daz er ein fremder ritter ist.
ergrîfe ich in an dirre frist,
ich swache an êren sînen prîs.'
sus reit der künec Appatrîs
Walthere engegen schiere dan.
er unde sîne tûsent man
begunden im zuo gâhen.
und dô sîn ougen sâhen,
daz alsô vil der vînde kam,
und er des rehte war genam,
daz ir was sô grôz genuht,
dô kêrte er wider an die fluht,
noch wart dar ûf niht træge.
in dûhte gar unwæge,
daz er langer iht dâ bite
und er aleine an tûsent strite:
dar umbe enhielt er dô niht mê.
der hôhe fürste Markabrê
was von im gestochen abe.
den liez er dâ mit ungehabe
und îlte balde sînen wec.
daz ros vil edel unde quec,
daz er mit êren dâ gewan,
daz fuorte er an der hende dan
173b durch ganzer sigenüfte prîs.
der werde künec Appatrîs
kêrt ûf des jungelinges spor
und reit den sînen allen vor
nâch dem erwelten manne hin.
nieman des mâles under in
kund im genâhen wan eht er.
dar unde dan, hin unde her
Walther von im dô kêrte.

19780 nu] von. 81 mannes. 88 vnd er sich. 90 ez] er. 94 zinopel. 95 darein. 99 tât. 19800 stat. 01 In l. 03 do. 06 ûf *fehlt*. 09 D. das sp. vñ mein. 10 keret. 11 Entfliegen. 12 gewingen. 17 er ist. 18 wappenchlaiden. 20 an in diser. 26 V. in doch s. 31 trage. 32 vnwage. 42 hande. 43 signnfte. 49 rechte. 51 da.

der junge wol gelêrte
dem künege tet vil manegen wanc,
durch den sin und den gedanc,
daz er im entrünne sâ.
wand im die stîge wâren dâ
und die lantriviere kunt,
sô mohte er im dâ bî der stunt
deste baz entwichen,
daz er in niht erstrîchen
moht unde im niht ze nâhen kam.
an ein wazzer wunnesam
treip in der werde Sarrazîn.
dâ reit der junge ritter în
küen unde wol bescheiden.
der hôchgeborne heiden
ûzen an dem stade erwant.
wand im der furt niht was bekant,
sô getorste er in die fluot
niht komen, dâ der ritter guot
în getürsteclichen reit.
der ungetoufte heiden neit,
daz sich der werde kristen
vor im dô solte fristen,
und er sich in daz wazzer liez.
dâ von begreif er sînen spiez,
den schôz er nâch im unde swanc
sô krefteclichen, daz er dranc
in sîn ors vil unbetrogen.
hinder deme satelbogen
oberhalp der goffen
wart ez von im dâ troffen
173[v] sô vaste und alsô sêre,
daz ez niht langer mêre
leben mohte wol gesunt,
wan ez begunde bî der stunt
dâ sinken in daz wazzer.
ab im dâ balde sazzer
behendeclichen unde schreit
ûf daz ander ors gemeit,
daz er fuorte an sîner hant.
Môrel daz selbe was genant,
als iu wart hie vorne schîn.
ouch hete dô der Sarrazîn
gar ûz erwelt an der geburt
gelernet wol den rehten furt:
des wart im in daz wazzer gâch.
er îlte Walther aber nâch,
der vor im an der flühte reit
noch sîn langer niht enbeit.

Môrel sîn ors vil ûz erwelt
daz truoc den ellentrîchen helt
sô balde enwec, als ob ez flüge.
daz in Appatrîs bezüge,
dar ûf sô leite er sîne pfliht.
iedoch enhalf ez allez niht
swaz im der heiden nâch gezôch.
wan er vor im sô balde flôch
daz er in bî der stunde
niht erîlen kunde
mit allen sînen listen.
dâ von hiez er den kristen
kêren minneclichen dô.
mit zühten sprach er zuo zim sô
'erwindâ, tugende rîcher degen,
daz dir ze lône müeze wegen
frou Minne wunnebæren solt.
ob du reinen wîben holt
würdest ie mit stæter gir,
sô justiere engegen mir

19855 entrinne. 56 stiege. 58 ju. 60 *fehlt: ergänzt B.* 61 moht unde *B*] vnd er. 62 wunes. 65 Chume. 67 Aussam: einsit *B?* 68 wand] Vnd. niht *fehlt.* 69 flucht. 76 Do. 79 vngetr. 80 Hin der dem. 81 Oberth. 82 ju. 84 er. 93 was. 96 frucht. 97 der] Daz. 98 Walthere. 99 fluchte.
zuchten
19901 *ohne Absatz.* 02 truge. 05 ûf *B*] *fehlt.* sol. 14 chuchten. do. 15 tugent. 16 geben.

und nim die widerkêre
durch dîner frouwen êre,
der du ze dienste sîst geborn.'
173d der junge ritter ûz erkorn
antwürte alsô dem künege bôt,
ûz lachendem munde rôt
sprach er mit schimpfe wider in
'diu frouwe reine, der ich bin
unde an der mîn leben stât,
geboten mir vil tiure hât,
daz ich des lîbes schône
und daz ich nâch ir lône
mit hûsgemache ringe
noch niemer mich getwinge
durch si dekeiner arbeit.
si wil, daz ich mit senftekeit
ir minne erarnen müeze.'
die rede treip der süeze
in schimpfe mit im an der stete.
geloubet, daz er sîn niht tete
durch einen zegelichen muot:
wan daz der werde ritter guot
der heiden überkraft entsaz,
sô wizzet âne zwîvel daz,
er hæte dô bestanden
mit ellentrîchen handen
den künec Appatrîsen.
wer möhte drumbe prîsen
den jungen ritter stæte,
ob er gevohten hæte
aleine an tûsent Sarrazîn?
ez wære ein tumpheit grôz gesîn
und der êre ein ungewin.
dâ von sô reit er allez hin
flühticlichen an der zît,
biz in der künec aber sît
kêren hat in kurzer frist.
er sprach 'ob du von adel bist
komen, ritter ûz erwelt,
sô kêre, sælden richer helt,
durch alle dîne werdekeit.
gelücke müeze dir bereit
zallen strîten iemer sîn,
ob mir dîn ellen werde schîn
174a und ob du ruochest mich bestân.'
der küene ritter wol getân,
Walther von Mabrûel genant,
sprach aber wider in zehant
'erwelter künec ûz erkorn,
wær ich von hôher art geborn,
als ir von hôhem adel sît,
sô gæbe ich iu benamen strît,
swie mirz dar umbe ergienge noch.
nu bin ich niht als edel doch,
daz iu mîn kampf gemæze sî;
wan daz an der gebürte frî
mîn vater endelichen ist,
sô hât er anders, wizze Krist,
hie keine starke hêrschaft.
sô sît ir, künec adelhaft,
gewaltec eines rîches
und ist iu niht gelîches
an dem geslehte, daz ich hân.
dâ von getar ich niht bestân
iuch mit strîte noch ensol.
wær ich gezieret alsô wol
als ir mit hôher edelheit,
mîn kampf enwürde iu niht verseit.'

Der küene heiden Appatrîs
gap alsam ein herre wîs
Walthere des antwürte.
er sprach 'swer an gebürte
gefriet ist und êren gert,

19930 trewe. 35 kainer. 37 erarnen. 39 Im. 46 -reicher. 48 *fehlt: ergänzt B*. 52 so was. 53 êre ein *B*] eren. 60 saldan h. 64 ellent. 71 adel hochem. 72 pey meinem str. 74 niht *fehlt*. 75 genasse. 76 fri] sey. 83 geschlätige. 84 Do. 85 Ew. 86 wurde euch nit. 89 chume.

der mac wol eime künege wert
und eime keiser geben strît.
und ob an im diu wirde lît,
daz er ritters namen hât,
sô wizzet, daz er wol bestât
mit êren iegelichen helt.'
'jâ', sprach der degen ûz erwelt,
von Mabriûl Arnoldes kint,
'sît denne alsô diu mære sint,
daz ich billichen unde wol
mit einem künege vehten sol,
174[b] sô hân ich alze lange zît
gesûmet mich, daz ich in strît
niht gap mit willeclicher hant.'
hie mite er wider kam gerant
als ein helt, der lobes darf.
daz ors er gâhes umbewarf
und îlte zuo dem Sarrazîn.
der hete dô gerâmet sîn
mit einem grimmen stiche.
si kâmen hurtecliche
zein ander dô gesinset.
man hœret unde kinset
wol an ir getæte,
daz si wâren stæte
an êren als ein quâderflins.
si gâben herteclichen zins
ein ander mit den scheften.
die brâchen si mit kreften,
daz si ze sprizen sich dâ bugen
und daz die werden ritter flugen
dâ nider ûf des plânes habe.
si stâchen beide ein ander abe
an der vil hurteclichen just.
durch den schilt al in die brust
Walther den werden künic traf,
daz im dar ûz bluot unde saf
begunde sîgen balde nider.
ouch hete er in gestochen nider
mit der lanzen stähelîn
an den helm, daz er sich în
bouc ûf sîn antlitze klâr
und er gefleischet offenbâr
an sîme liehten bilde wart
sô vaste, daz er alle vart
muoste an ime mâsen hân.
ab den orsen ûf den plân
wâren si dô bêde komen.
diu scharpfen swert wol ûz genomen
heten si gezücket
und alzehant gerücket
für sich die schilte lieht gemâl.
si drungen schiere sunder twâl
174[c] ûf ein ander âne fluht,
alsam diu grimme tobesuht
daz hirne bêden hæte ergramt.
daz wilde viur vil ungezamt
daz sluogens ûz dem îsen.
ring unde spæne rîsen
begunden ûf daz grüene velt.
si gâben strîtes widergelt
beide ein ander ûf der wisen,
wan dirre den und jener disen
brâhte in angestbæren pîn.
der kristen und der Sarrazîn
teten ez gelîche wol.
si liten kumberlîche dol
und einen kampf sô bitter,
daz man nie zwêne ritter
gesach ze keinen zîten
sô grimmeclichen strîten.

19994 ain. 95 ain. 96 widert l. 20003 pilleich. 06 ich *von späterer Hand.* wartet
12 geramet. 15 gesauset. 16 h. do vnd chäwset. 17 getate. 21 An ein. 24 d. sy dy. 26 an a. 39 jm. 41 da. 48 Als in dy. 49 ergrant. 50 vil *B*] *fehlt.* ungezänt. 51 flugens. 52 Ringe spone vnde. 55 an ander. 56 diser d. 57 -wäre pein. 59 geleichen. 60 churmerleichen.

Si vâhten sêre ein ander an.
nu kâmen ouch die tûsent man
gerennet niht ze lîse,
die dô mit Appatrîse
geriten wâren ûz dem her.
si wolten hüeten dâ mit wer,
daz er sîn leben iht verlür.
er was von in gerennet für
durch strît, als ez im tohte,
wand ir dekeiner mohte
daz ors ervolgen, daz in truoc;
des si gesûmet heten gnuoc
des mâles an der künfte sich.
und dô der ritter lobelich
Walther si komen alle sach,
dô weste er wol, daz er ze swach
wære aleine ûf tûsent man.
dar umbe er vallen dô began
dem heiden für die füeze.
'genâde, künic süeze',
sprach er mit zühten wider in,
'sît daz ich alters eine bin
und iuwer ist ein michel her,
174d sô helfent mir, daz ich gener
mîn leben und daz ich genese,
dar umbe, daz ich iemer wese
für eigen iuwer dienestman.
iuch hœrent dise ritter an,
vor den beschirmet, herre, mich.'
'nu wol ûf, degen lobelich!'
sprach der werde künic dô,
'niht rede, sælic friunt, alsô,
daz du mîn diener wellest sîn.
jô muost du der geselle mîn
beliben ûf der erden.
sô tiuren noch sô werden
ritter ich erkante nie.
daz wil ich dir geloben hie
durch dînen ellentrîchen muot,
daz ich weder lîp noch guot
von dir gescheide niemer:
ich wil von herzen iemer
dich meinen unde minnen.
ich hilfe dir von hinnen,
daz man dir keinen schaden tuot.
sitz ûf dîn ors unmâzen guot,
daz ist gar edel unde quec.
Môrel treit dich dînen wec,
daz niemen hie gevolget im.
dar zuo, vil trût gesellé, nim
drât unde schiere an dîne hant
mîn ors, daz Verûn ist genant
und île ûf dîne strâze.
niht schaden ich dir lâze
die ritter mîn, getriuwer man,
wan ich mit rede si wol kan
enthalten ûf sô lange frist,
daz du geriten verre bist
unde ir keinen fürhtest mêr.'
'genâde, erwelter künic hêr',
sprach wider in der jungelinc,
'ir tuot engegen mir daz dinc,
daz ich verschulden iemer sol.
175a ez wirt an iu bewæret wol,
daz ir von adel komen sît.
dar umbe ich alle mîne zît
gebunden iu ze dienste bin.'
sus saz er ûf und île hin
flühteclichen alzehant.
des küneges ors von Ungerlant
daz fuorte er an der hende sîn,
und Appatrîs der Sarrazîn

20065 an ander. 70 hüeten *B*] *fehlt.* 71 leben *fehlt.* 73 im *B*] nu. 74 do ch. 75 in do tr. 76 hete. 79 alle si komen. 82 da. 86 alter. 87 ein *fehlt.* 92 Ew chorčt. 20101 erkande. 05 geschaiden. 12 seinen w. 13 nieman. 14 nim] mein. 15 schir nym̄ an. 16 Verûn *B*] Veruu. 19 getrew. 21 Enh. 22 tu. 28 iu] mir. 33 allez. 34 *darnach* Das hie verun was genant.

beleip ze fuoz dâ stênde.
dar nâch sô kam er gênde
sîner ritterlichen schar
engegen alters eine dar
mit einer wunden alze tief.
'ir herren!' sprach er unde rief,
'wie habent ir sô lange zît
gesûmet, daz ir mir niht sît
mit helferichen handen
ze staten hie gestanden?
ir möhtent unde soltent,
sît ir niht vehten woltent,
beliben ouch dâ heime sîn.'
des gâben im die Sarrazîn
antwürte dô gemeine:
si sprâchen 'künic reine,
waz frâget ir von strîte?
iu wære an dirre zîte
vil durfter, daz ir læget
und arzenîe pflæget,
dan ir geruochent kampfes mê.
wâfen iemer unde owê,
wer hât iuch sus verhouwen?
sich lât an iu schouwen
vil harte schedelich verlust.
ir sît versêret in die brust:
von wem hânt ir den stich genomen?
nu dar, daz er niht müeze komen
von hinnen, der iuch hât versniten.'
sus kâmens alle dô geriten
nâch dem vil küenen Walther,
175b und Appatrîs reit in daz her
aleine bî den stunden.
dâ bant er sîne wunden
mit jâmer und mit smerzen.
ouch hete er in dem herzen
Waltheres michel angest dô.
durch in wart der getriuwe unfrô.
wand er sîn vorhte sêre
an sîner widerkêre
von al der ritterschefte,
diu dâ mit hôher krefte
nâch im begunde rîten.
nu was ouch bî den zîten,
dô Walther der flühte pflac,
gegangen ûf der schœne tac
und des liehten morgens schîn.
des truoc vil angestbæren pîn
von Mabriûl her Arnolt.
er wânde, daz sîn sun geholt
den grimmen schaden hæte,
daz der getriuwe stæte
erslagen wære bî der stunt.
an fröuden gar ze tôde wunt
kam er geriten an die vart,
dâ sô vil der vînde wart
des âbendes verschrôten.
er suochte bî den tôten
Walthern den getriuwen.
von herzenlichen riuwen
begunde er klage erscheinen.
man sach in harte weinen
und üeben strengez ungemach.
sîn sun Alius mit leide sprach
und mit klägelicher nôt
'ich hæte wol den grimmen tôt
verdienet und verschuldet.
wan ob mîn bruoder duldet
dekeiner slahte kumber,
den hân ich gouch vil tumber
gemachet im, daz wizze got.
er hât den lîp durch mînen spot

20137 fuessen. 39 ritterleicher chlar. 45 hilfe. 47 mochend. 49 heimen. 50 Das. 52 sprochen. 54 diser. 56 Vnd guetter arcznei. 58 *dann* Sprachen sy da alle wider in. 59 ew. 63 Won waſ: *Pf.* wâ von. 65 ew. 70 Do. 71 mit] laide. 74 trewe. 77 alter ritterschaffte. 78 chraffte. 82 Gangen. 84 -ware. 86 sin] der. 92 *fehlt.* 95 Walther. 98 herte. 20201 *fehlt: ergänzt B.* 05 Do ch. 06 hab ich. gouch] töte. tôre tumber? *B.* 07 in.

und durch mîne rede verlorn.
owê daz ich ie wart geborn!
wes hân ich armer in gezigen?
175c ich möhte gerne hân geswigen
durch daz er wære niht erslagen.
daz ich in zelte zeime zagen,
dar umbe ist er verdorben sus.'
des antwurt im Supplicius
erbärmeclichen unde rief
'ich muoz in houbetsorgen tief
hiute und iemer sîn begraben,
ob wir alsô verloren haben
den bruoder mîn vil ûz erwelt.
mîn herze sich von schulden quelt
mit jâmer und mit riuwe.
er was mir sô getriuwe,
daz nie sîn helfe mich verlie.
owê nu hân ich leider hie
mich versûmet wider in,
daz ich in alters eine hin
lie kêren in den grimmen tôt.
daz ich mîn leben niht enbôt
mit im ûf der wâge zil,
daz ist ein dinc, dar umbe ich wil
von herzen iemer weinen.'
sus hôrte man den reinen
Walthern klagen an der stete.
der bruoder iegelicher tete
vil angestbærez trûren schîn:
daz er alsô daz ende sîn
solt an der zîte hân genomen,
des wâren si ze leide komen
und ze sorgen schiere.
si weinten alle viere
den helt vermezzen unde snel.
ir löcke sam ein sîde gel
die zugens unde zarten
vor jâmer ûz der swarten.

Arnolt ir vater der begie
sô grimmecliche marter hie,
daz man daz wunder nie gesach.
'owê mir armen', er dô sprach:
'Walther, wie hân ich dich verlorn!
175d du wære doch als ûz erkorn,
daz an dir lac erwelter prîs.
ez was nie junger man sô wîs
noch alsô wol gestalter.
ich was in mînem alter
durch dîne manheit vorhtesam,
wan swer daz ellen dîn vernam,
der muoste mich entsitzen.
mit kreften und mit witzen
geblüemet was dîn reinez leben.
ob daz ein ende hât gegeben,
daz noch an eime zwîvel stât,
wie mac denn iemer werden rât
der gruntlôsen swære mîn?
ân ende muoz mîn herze sîn
in leide ertrunken und begraben,
soltu den lîp verloren haben.'

Die klage treip von Mabriûl
Arnolt, der als ein marmelsûl
vest unde stæte erkennet wart.
mit wîzer hant den grîsen bart
begunde er ûz dâ rupfen
und in sîn herze knupfen
grôz jâmer unde swæren sin.
er zarte sîniu kleider hin,
als ein wüetic man, der tobet.
nu daz der herre hôchgelobet

20211 hab. 14 zu ainē. 15 alsus. 17 rüeff. 25 hilfe. 28 alter. 36 Des. 37 -waren. 38 daz er *B*] Der; *Pf.* Dèr. 39 Solte — zeit. 44 seiden. 49 daz *B*] des. 50 Awe wie m. a. er do gesach sprach. 53 erwelte. 58 ellent. 62 geben. 64 denne. 69 von] vñ. 70 marbel. 71 Veste.

in dirre klage nœte ranc
unde er hete den gedanc,
daz er erslagen wære,
Walther der tugenthære
seht, dô kam er zuo gerant.
daz ors daz brâhte er an der hant,
daz im der künec Appatrîs
durch ganzer werdekeite prîs
gap unde durch die manheit sîn.
und als er wart dem vater schîn
und in die bruoder sâhen komen,
ahî waz wunne dâ vernomen
und ûz erwelter fröuden wart!
sîn kunft wart in sô rehte zart,
176a daz si vor liebe weinten,
unde im gruoz erscheinten
gar minneclichen an der stunt.
an hende, an ougen unde an munt
wart im gegeben manic kus.
daz er in wider kam alsus,
dar umbe wart der süeze Krist
gelobet sêre bî der frist
mit herzen und mit munde.
er seite in an der stunde
diu mære, als ir vernâmet ê,
daz der fürste Markabrê
von im abe gestochen wart,
und wie der künec von hôher art
Appatrîs in hæte
mit sîner hende stæte
bestanden eines strîtes grôz.
dâ bî verjach er unde entslôz,
daz er in ouch von sîner diet
ân aller hande swære schiet
und er im gap sîn ors vil guot.
den heiden edel unde fruot
begunde er loben unde sprach
'swaz ich von künegen ie gesach,
der übergulde ist Appatrîs.
er blüeget als ein rôsenrîs
an lobe in hôher wünne.
und swer mir guotes günne,
der wünsche im heiles iemer,
wan ich enkünde niemer
verschulden noch verdienen gar
die tugent, der ich bin gewar
an sîner stiure worden.
er hât wol ritters orden
an mir gezieret, wande ich lebe
von sîner helferichen gebe.'

Der dinge seitens alle
mit fröuden und mit schalle
dem werden Appatrîse danc:
si jâhen im des âne wanc,
daz er sô lûterbære
vor allem valsche wære,
176b daz si keinen bresten
anders an im westen,
wan daz er niht den wâren
got in sînen jâren
durchliuhteclichen hæte erkant.
der rede antwürte dô zehant
gap in Alîs durch sînen spot;
er sprach 'er üebet einen got,
der was im gewære gnuoc.
ez wære an im ein ungefuoc,
ob er sich von im kêrte,
wand er sîn heil ie mêrte
und im sô rîche sælde gap,
daz er der êren leitestap
und der wirde banier treit.

20279 diser. 82 -bare. 84 daz *vor* brâhte *fehlt.* 87 und *fehlt.* 89 komen *fehlt.* 90 ahî waz] Alle sy hie. 94 unde im *B*] Wañ jn gros. 97 geben. 20303 vernomet. 09 pestunden. 10 vernich er. 12 hende. 16 pegunt. 16 künegen *B*] kunege. 17 -golde. 18 pluet — rosens r. 22 enchonde. 23 verdieñ. 24 Der t. ich. 32 anevanck. 33 lauter wäre. 34 allen — ware. 41 jm. 43 geware gen. 44 ware. 46 gemerte. 47 salde. 49 panier.

die wîle er im die werdekeit
ze helfe und ouch ze stiure gebe,
sô râte ich im wol, daz er lebe
willeclîche in sîme gebote
und daz er diene keime gote,
der im niht vaste mêre
sîn lop und al sîn êre.'
diu rede was ir aller schimpf.
durch gämelîche und durch gelimpf
geschach si von Alîse dô.
vil hôhes muotes unde frô
ze Mabriûl si kâmen wider.
dâ leiten si Waltheren nider,
wan er het eine wunden.
diu wart im dô verbunden
und ouch verheilet schône sît.
er hete bî der selben zît
vil gewunnen prîses.
die ritter Appatrîses,
die dâ gejaget heten in,
die kêrten wider umbe hin,
dô der ritter lobesam
in sînes vater veste kam.

Reht under des, dô diz ergie,
daz er sich alsô nider lie
176c durch sînes wunden lîbes fromen,
dô was ouch Appatrîs bekomen
hin wider zuo der heiden her,
daz der soldân über mer
gefüeret hete und über sê.
der rîche fürste Markabrê
begegent im eht ûf dem wege:
der hete balde in sîne pflege
zwei tûsent Sarrazîn genomen.
mit den wolt er geriten komen
ze Mabriûl, als ich ez las.
daz er gestochen nider was
von Walthere an dirre zît,
daz wolt er mit sturme sît
an sîner veste rechen.
dâ von begunde sprechen
Appatrîs dô wider in
'nu war stêt iuwer reise hin,
vil werder fürste Markabrê?
daz iuwer dinc nâch heile ergê,
sô sehent, daz iu niht bekume
Walther der edel und der frume
und daz er iu niht widerstrebe.
ich fürhte, er iu daz bœse gebe
mit einem stiche sâ zehant,
sô daz ir gâhet ûf daz lant
hin under daz erwelte ros.
er stiez iuch hinaht in daz mos,
in dem hât er (waz sol des mê?)
getoufet iuch nâch sîner ê.'

Diu rede in schimpfewîs geschach.
der fürste Markabrê dô sprach
'oh Walther hât getoufet mich
nâch sînem orden kristenlich,
sô hat er iu gefirmet
den schilt, der iu dâ schirmet
vor slegen und vor stichen:
durch den ist iu gestrichen
an die brust diu heilekeit,
diu von rehte doch geleit
an iuwer houbet solte sîn.
mit einer lanzen stähelîn
176d streich er iu den krisen an.
geloubet, künecllcher man,
swaz mir von im geschehen ist,

20351 hilfe. ouch *B*] *fehlt*. 53 -leichen in seinem. 54 chainen. 55 Das er nit so v. in ere. 58 vnd schimph. 69 dâ *fehlt*. 73 *ohne Absatz*. Ret. 75 seinen. 76 bekomen *B*] chumen. 78 vbers. 81 rechte. 84 dem. 87 diser. 88 er wolt m. sturmen. 89 vesten. 92 wastet. 95 iu *fehlt*. bekome. 96 vnd frome. 98 f. das er. 99 so. 20402 ew hein. 04 iuch *fehlt*. 09 ew. 10 ew. 19 Waz.

daz wirt in einer kurzen frist
gerochen, wan ich valle
für Mabriûl mit schalle,
noch entwiche niemer dan,
ê daz ich ez mit sturme kan
ervehten unde erstrîten.'
sus kêrte bî den zîten,
der herzog ûf die strâze sîn.
er und zwei tûsent Sarrazîn,
niht ze trâge noch ze fûl,
kâmen gegen Mabriûl
gerennet vil geswinde.
Arnoldes ingesinde
nu daz ir künfte wart gewar,
dô gie diu werde hoveschar
ze râte bî den zîten,
ob si ze velde strîten
solten wider die geste
od aber in der veste
belîben unde die bewarn
vor der vil argen heiden scharn.

Ze jungest kâmens über ein,
die werden ritter âne mein,
daz sin der veste wolten
belîben und die solten
beschirmen gar mit hôher wer.
'nein!' sprach der wunde Walther,
'durch got des lâzet niht geschehen.
man sol uns ze velde sehen
mit blôzen swerten lieht gevar.
bereiten uns ze strîte gar
und îlen an die brücken:
die weren unde zücken
der argen heidenschefte.
ze hôher mannes krefte
werd unser muot niht lazzer.
niht lâzen über wazzer
die vinde gar unmilte.
sô man ir liehten schilte
beschouwet uns in widerstrît,
177ª dennoch entwiche wir enzît
in die veste wol vor in.
ouch senden einen boten hin
ze Partonopiere,
der im daz künde schiere,
daz wir sîn bestanden.
ich weiz in sînen handen
wol daz ellen und die kraft,
daz er mit sîner ritterschaft
von Schiefdeire balde vert
und uns mit sîner helfe nert
von strîtes ungelücke.
ê diu veste brücke
werde uns allen hie genomen,
ê mac er uns ze trôste komen
und ist gelegen maneger tôt
durch vehten unde strîtes nôt.'

Des râtes wârens alle frô.
si wurden vil gemeine dô
bereit ûf einen grimmen strît
und îlten an die brücke sît,
diu bî der veste nâhen was.
Arnolt von Mabriûle las
wol zweinzec man ûz sîner diet:
die selben er im ûz beschiet
ze helfe dâ besunder,
wand ir gnuoge drunder
wâren sîner mâge,
und leiten ûf die wâge
beide guot und lebetagen.
gewin den wolten si bejagen
oder kiesen die verlust.

20424 ez *fehlt.* sturmen. 25 erstreichen. 31 gernnet. 32 gesinde. 37 *fehlt.* 38 oder. 43 si in. 53 -schaffte. 54 chraffte. 55 Werde. 57 vnd milde. 58 ir *fehlt.* 59 uns] vil? *B.* 60 in z. 67 dy ellent. 69 scheffdawre. 82 Mabriûle *B*] Mabriul; *Pf.* Mabriûl der. 85 hilfe. 86 genuge darunder. 90 den *B*] *fehlt; Pf.* gewinne.

si kunden wol daz armbrust
gebrûchen und genützen.
die selben zweinzic schützen
nam der wirt von alter gris.
sîn frouwe diu hiez Bêâtris,
die kuste er unde nam ir segen.
si bat got sîn vil tiure pflegen,
biz daz er wider kæme.
der küene und der genæme
kêrte dô ze sînen sünen.
die heten breter unde bünen
177b ab der brücken dô genomen,
durch daz kein heiden möhte komen
dar über mit gewalte.
von Mabriûl der alte
kam dar geswinde rîtende
und vant die sîne strîtende
jensît dem wazzer sêre:
ê daz er sîne kêre
genæme von der veste,
dô wart der fremden geste
vil erslagen und verwunt,
wan si wâren bî der stunt
an die brücken dô geriten,
die mit in genôte striten,
dô der wirt gerennet kam.
nu daz den selben strît vernam
der ritter edel von geburt,
seht, dô begreif er einen furt,
den kêrte er über jensît.
vil lûte wart von im geschrît
sîn zeichen 'Mabriûl' zehant.
sus kam er an den strît gerant
alsam ein degen ûz erwelt.
des lîbes ein vermezzen helt
kêrte wider in dort her,
der warf engegen im sîn sper
schier unde frevenlichen ûf.
der selbe ritter der hiez Lûf
und was geborn von Anîs.
der bart sîn was von alter grîs
und dâ bî des hâres loc.
sîn decke und ouch sîn wâpenroc
wâren beidiu wîz hermîn.
von rôten kelen was dar în
gesniten manec adelar.
er kam geriten fluges dar
von Mabriûl Arnolde engegen,
der in geswinde kunde legen
ab dem orse dô zehant.
er stach in nider ûf den sant
und îlte für baz in den strît.
des wart von sîner hende sît
177c den argen Sarrazînen wê.
der küene fürste Markabrê
Alîses dô begunde warn,
der im dort sîner swester barn
ersluoc, als ir ê hânt vernomen,
dô si zein ander wâren komen
durch schirmen in dem ringe.
dem werden jungelinge
der fürste leite lâge,
durch daz er sîner mâge
doch leben müeste rechen.
ûf in begunde er stechen
gar einen ungefüegen schaft
mit alsô rîcher magenkraft,
daz er in kleine sprîzen brach.
Alîs ouch dâ sîn sper zebrach
mit kreften ûf den herzogen.
dar nâch sô kâmen si geflogen
zesamene mit den swerten,

20494 selbig. 95 der w't von. 98 sin *fehlt.* wil ewr p. 20502 prufien. 05 gewalde. 06 alde. 08 seinenden str. 13 da. 17 gerunet. 18 der. 22 warn. 23 chnichen mabrul. 32 was *fehlt.* 34 ouch *B*] *fehlt.* 35 hermlein: wîz *zu streichen? B.* 37 adler. 39 gegen. 49 ir habt v. 51 den. 52 Den. 54 seine. 58 -schaft. 59 daz er *B*] der; *Pf.* dêr.

mit den si kampfes werten
ein ander striteclichen gar.
si sluogen dar und aber dar
ûf helme und ûf die schilte.
si kunden beide unmilte
der stiche und ouch der slege sîn.
ein wâpenkleit von lâsûr vîn
fuorte an im dô Markabrê,
dâ striche wîz alsam ein snê
giengen durch ein wênic breit,
ûf die mit vlîze wart geleit
vil heidenischer buochstaben.
die sach man eine varwe haben:
diu schein alsam ein rôse rôt.
Allsen brâhte er dâ ze nôt,
wande er sluoc in ûf den kopf
sô vaste, daz im als ein topf
daz hirne al umbe und umbe gienc
und im daz houbet nider hienc
durch schedelichez ungemach.
177[d] Walther und als er in gesach
in alsô grimmer nœte dâ,
dô stuont er im ze helfe sâ
mit sîme scharpfen swerte blôz.
den heiden von gebürte grôz
liez er sich niht erbarmen:
daz swert mit beiden armen
begunde er zeime slage wegen.
er wolte in gerne tôt gelegen:
dô misseriet der selbe slac,
wande er ûf daz ors gewac
unde ûf ez dô wart gezogen.
er schriet im vor dem satelbogen
den kragen und die brust enzwei,
dâ von der heiden lûte schrei,
daz man im bræhte ein anderz dar.
diz wart getân dô schiere gar:
ein ander ors wart im geholt.
des nam dâ kumberlichen solt
Alls und angestbæren pîn.
mêr danne vierzic Sarrazîn
kâmen zim gedrungen,
die den erwelten jungen
wurfen ab dem orse nider.
si fuorten in gevangen sider
bî dem wazzer hin ze tal.
dô nam der edel einen val
âmehteclichen ûf den sant,
wand im sô dicke dâ geswant
von grimmeclicher herzen nôt,
daz si dâ liezen in für tôt
geligen alters eine.
ze jungest kam der reine
ze kreften und ze muote wider.
dar unde dan, ûf unde nider
liez er sîn ougen wunneclich
nâch helfe warten umbe sich:
diu wart im schiere dô geholt.
von Mabriûl her Arnolt
und Astulôn sîn werder mâc
die brâhten im dar an den wâc
178[a] ein ors, dar ûf der guote saz.
dô Markabrê gesehen daz
hete, daz er was gesunt,
dô rief der fürste sâ zestunt
'Waldûn' sîn zeichen unde reit
dâ mit im der getriuwe streit
Arnolt von Mabriûl genant.
zein ander kâmen si zehant
vermezzenlichen durch den klê.
des wart gestochen Markabrê
von im ab dem orse nider.
dô wart im ûf geholfen sider
von den Sarrazînen.

20565 An ander. 67 die B] *fehlt.* 68 milde. 73 Gieng. 75 haiden schr. 77 als. 81 und umbe *fehlt.* 86 jm auff ze hilfe. 99 prachte. 20602 churmerl. 03 angswäre. 08 in *fehlt.* 20 hilfe. 24 *fehlt.* 28 riefft — so. 32 zestunt. 33 kel.

sîn ellen lie dâ schînen
von Mabriûl her Arnolt.
er hete schützen dar geholt,
der ich dâ vorne hân gedâht:
die heten bî der zîte brâht
vil manegen heiden in den tôt.
diu heide wart von bluote rôt
und der grasegrüene klê.
wan daz der küene Markabrê
den sînen bôt vil hôhen trôst,
si wæren von dem strîte erlôst
und ûf die fluht gerennet.
sîn herze was enbrennet
ûf einen ellentrîchen sin.
dâ von hiez er ze strîte hin
sîn volc dô kêren an der stete.
daz selbe Arnolt mit vlîze tete,
der ouch die sîne mante,
daz ûf den strît genante
ir herze und ir gemüete gar.
'ir herren', sprach er, 'îlent dar
in gotes namen an den strît!
daz an uns reht geloube lît,
daz hilfet uns noch hiute.
dis ungetoufte liute
müezen von iu tôt geligen.
daz reht lât uns in an gesigen:
dâ von belîbet unverzagt.
178[b] und hiute wirt von uns bejagt
durchliuhteclicher êren solt.'
hie mite kam her Arnolt
geriuschet an der vînde schar.
dar în sô flaht er unde war
sich selben und die sîne.
der valschen Sarrazîne
sluoc er ze tôde ein wunder.

ouch tâten ez dar under
nâch vollem wunsche sîniu kint.
reht als der wilde sturmwint
die starken boume neiget,
sus wart von in geveiget
der ungetouften liute her.
dâ striten gar mit hôher wer
Supplicius und Anshelm.
si valten in des stoubes melm
vil heiden von Turkîe.
Walther der wandels frîe
der vînde bluotes vil vergôz,
daz von ir verhe nider flôz
und ûf ze berge danne rouch.
Alius und Alîs vahten ouch
nâch ritterlicher werdekeit.
swaz aber iemen dâ gestreit,
daz dûhte ein schade kleine
biz an die slahte aleine,
die von Mabriûl der helt
begie: si wâren ungezelt
die liute, die sîn hant ersluoc.
mit bluote er jâmerlichen twuoc
den anger und daz grüene velt.
doch gab im strîtes widergelt
ein junger heiden ûz erkorn,
der was von Orient geborn
und hiez sîn name Galathîs.
ein herzog edel unde wîs
sîn vater von gebürte was.
durchliuhtec als ein spiegelglas
an êren schein sîn werdiu jugent.
er wolte dâ durch sîne tugent
178[c] prîs unde ganze wirde holn.
von Appatrîse dar gestoln
hæte sich der guote,

20638 ellent. 47 Dem. 48 wann. 55 seinen. 59 dem. 61 haute (: laute). 62 Dise. 64 in *fehlt*. 59 Geruschet. 71 seinen. 72 Sarrazeinen. 73 tot.
freye
75 vollen wunsch. 78 jm. 84 fiere. 86 daz *B*] da. 88 alies. 90 ieman.
velt
91 schaden. 97 gros. 20701 namen. 04 -leichtig. 06 dâ] der. 09 Sich hete.

wand er von sippebluote
vil nâhen was der neve sîn.
der selbe klâre Sarrazîn
was schœne, frevel unde grôz:
dar umbe in sêre des verdrôz,
daz Arnolt sô manegen sluoc.
daz ors, daz in des mâles truoc,
daz twanc er mit den scharpfen sporn
hin an den ritter ûz erkorn
von Mabriûl genennet.
er kam ûf in gerennet
noch balder danne ein windes brût.
er was ein zarter frouwen trût,
des wolte er leisten ir gebot.
Amûr, der süezen minne got,
an sînem schilte swebte.
nâch wunsche, als ob er lebte,
was er mit lichter varwe dran
gemâlet als ein nacket man,
der vetech an gebunden wat.
noch rœter danne ein rôsenblat
was daz velt dar under,
und schein dar ûz ein wunder
der lichten margarîten.
diu bein er ze den zîten
begunde strecken unde saz
reht in dem satel unde baz
dann er gesezzen wære vor.
den schaft den warf er ûf enbor
unde ergreif in aber sît.
er sluoc in ze der selben zît
under sînen zeswen arm.
dem orse wart von hitze warm,
wand ez mit sporen an den louf
wart getwungen, daz im trouf
ûz sînem verhe schûmes genuoc.

178d sô hurteclichen ez in truoc
Arnolde engegen ûf den plân,
daz im dô wart ein stich getân
von Galathîse ze der brust,
der im dô brâhte die verlust,
daz er und ors bekâmen
dâ nider ûf den sâmen:
daz wart den sînen ungemach.
dô Bêâtris sîn frouwe sach
ab der mûre sînen val,
dâ von ir herze ûf trûren swal
und aller fröuden muot verswuor
si selbe reit schier unde fuor
ze Schiefdeire bî der stunt.
Partonopiere tet si kunt
mit jâmer disiu mære,
daz hie geschehen wære
und Arnolden hæte ir man
gevallen strît und angest an
von manegem Sarrazîne.
si bat den herren sîne
genâde an ir bewæren,
sît si gevallen wæren
in kumber durch den willen sîn,
daz er in lieze werden schîn
helf unde stiure bî der stunt.
an fröuden gar ze tôde wunt
viel diu reine süeze
dem keiser für die füeze
mit nazzen ougen unde bat
in sîner gnâden an der stat
umbe ir süne und umbe ir man.
si weinet in von herzen an
durch strengez ungemüete sûr.
diu keiserinne Meliûr
sprach güeteclichen wider in

20716 daz *vor* in *fehlt.* 21 sprut. 24 An ir. 28 nachet. 29 vechte on gewunden. wat *B*] hat. 36 unde *B*] *fehlt.* 38 den *vor* warf *fehlt.* enpar. 41 zesen. 43 an *fehlt.* 45 schawês. 47 engengen. 48 Des. 54 Vnd do — frawen. 56 Der von herzen. 57 *fehlt: ergänzt B.* 59 -drawe. 62 geschen. 63 hæte *B*] *fehlt.* irn. 67 pewarn. 68 waren. 71 hilf. 79 swär. 81 guettickleichen sprachen: *umgestellt B.*

'geruochent, herre, balde hin
nâch helfe senden in diu lant,
enbieten allen den zehant,
die verdienen wellen solt.
man gebe in silber unde golt,
179a ob si ze staten iu gestên.
lât ez, vil werder keiser, gên
beid über hort und über schatz,
daz von iu starken widersatz
gewinne allhie diu heidenschaft.
ich hân von guote wol die kraft,
daz mir sîn niht gebristet
die wîle mir got fristet
den lebetagen und den lîp.'
'genâde', sprach er, 'sælic wîp,
ir hânt gerâten harte wol.
nâch liuten wil ich unde sol
vil gerne senden in diu lant.
iedoch ist ez alsô gewant,
daz ich bî disen zîten
niht helfe mac erbiten,
wan ich zehant muoz an den strît,
durch daz ich in kurzer zît
den liuten mîn ze staten stê.
sûm ich die reise langer mê,
si werdent lîhte an êren mat.
dâ von sult ir an mîner stat
briev unde boten senden
nâch helfe in allen enden:
sô kêre ich unde rite
die wîle zuo dem strîte
mit dem gesinde, daz ich hân.'
diu frouwe sprach 'daz si getân,
vil herzetrût geselle mîn.'
diu werde süeze keiserin
gap im ir segen unde ir kus.
mit disen dingen unde alsus
wart er ze strîte wol bereit.
rîch unde liehtiu wâpenkleit
leit er und alle sîne man
schier unde snellechlichen an.

Er îlte dan ûf sîne vart.
nâch wunsche hete er sich bewart
zeim argen strîte bitter.
fünfzehen hundert ritter,
179b die sîne burger wâren,
die fuoren mit dem klâren
von Schiefdeire bî der zît.
ouch wart daz povel an den strît
ze ros getwungen und ze fuoz.
für wâr ich iu daz sagen muoz,
swer dâ ze kampfe tohte
unde iht helfen mohte,
der muoste dise reise dô.
der künic was der dinge frô
von herzen bî den zîten,
daz er dô solte strîten,
wan er vil lange was gesîn
dâ heime bî der keiserin,
daz er anders niht enphlac
wan daz er in gemache lac
und er dâ teilte sînen hort.
der eine hie, der ander dort
gerîchet wart von sîner hant.
ros, silber unde rîch gewant
het er gegeben sîner diet:
dâ von si willeclîchen schiet
durch sîn gebot von hûse.
er was der êren klûse
und aller sælden obedach.
swer in des mâles rehte sach,

20783 hilfe. 85 wellent. 89 *das zweite* über *fehlt.* 90 Dy v. 95 lebent. 97 habet. 20802 hilfe. 04 *fehlt: ergänzt B.* 05 state. 06 lenger. 08 Do. 09 priefe. 10 hilfe. 15 herezen. 18 und *fehlt.* 19 er *fehlt.* 20 Reiche. 22 vn s. 23 danne. seiner. 25 Zu ainen. 27 purgern. 29 -drawe. 30 dem. 45 was. 46 unde *fehlt.* 47 geben.

der muoste ân allen zwîvel jehen,
kein ritter würde nie gesehen
kreft unde muotes alsô rîch.
er was zwâr eime man gelîch,
der einen kampf berihten sol.
ouch dorfte er endelichen wol
des mâles aller sîner kraft.
wan er mit starker ritterschaft
was überladen sêre.
Gaudîn mit hôher lêre
gestuont im ûf der strâze bî.
der werde ritter wandels frî
sprach alsô dô wider in
179c ‘niht gâhent alsô balde hin,
vil werder künec, an den strît;
verhenget niht bî dirre zît,
erwelter man von hôher kür,
daz von uns iemen renne für
besunder an die ritterschaft.
lîs unde schône samethaft
sol iuwer samenunge zogen,
durch daz kein ors vil unbetrogen
werde erstecket hiute.
swaz hinder iu noch liute
ze rosse und ouch ze fuoze sî,
die lânt iu komen nâhen bî,
durch daz iu niemen ûf dem wege
enzücket in der vînde pflege
mit lâge werden müeze.
ouch sult ir, künic süeze,
mit den ritterlichen scharn
die breite lantstrâzen varn:
sô renne ich für den smalen stec,
durch daz ich iu des kampfes wec
und die gelegenheit ervar.
wird ich des dinges iht gewar,
daz iu dâ schade mac gesîn,
daz tuon ich iu mit rede schîn,
wan ich begegen iu zehant.
ich bin sô balde für gerant,
daz ir von mir gewarnet sît,
ê daz ir komet an den strît.’

Des râtes im gevolget wart.
Gaudîn der île ûf sîne vart
in einem smalen stîge für,
durch daz er schouwet unde kür
die vînde und ir gelegenheit.
Partonopier die strâzen reit
mit sîner massenîe stolz.
und als er in ein schœnez holz
geriten ûf der verte kam,
vil manege stimme er dô vernam,
179d diu lûte durch sîn ôren hal.
swaz in der gegend über al
bûre und armer liute was,
die wâren ûf ein grüenez gras
ze samene komen trûrens balt.
ir klage was vil manicvalt
und ir geschrei gar inneclich.
si rouften unde sluogen sich
vil sêre von beswærde.
mit grôzer ungebærde
riefen si vil lûte ‘owê,
wâfen hiute und iemer mê!
wer hât den künic uns beschert,
der uns an fröuden sô verhert,
daz wir durch in verlieren
den klâren und den fieren
von Mabriûl Arnolden?
er wil uns iemer solden
mit herzenlicher swære,
gelît der wunnebære
spiegel dirre lande,

20655 chreffte. 70 ieman. 72 Leise. samehaft. 73 So ewr. 74 vnberogen. 76 Waz. 77 ros — fuessen sein. 78 lassent. 79 nieman. 80 enzuchet. 85 steig. 88 War. 20905 Daz. 06 gegent. 07 Pawrn. 09 trûrens balt *B*] paldt. 10 Herchl. 15 Rueffen. 20 den] auch. 25 diser.

der in sô maneger hande
nœten hiute vihtet.
wir armen sîn entrihtet
an allen fröuden iemer,
noch werden sælic niemer,
verdirbet der gehiure.
sô reine und alsô tiure
wart nie gesteine und edel golt,
sô der sælige Arnolt
gewesen ist tac unde naht.
wâ nu Partonopieres maht,
der uns ze herren ist gegeben,
daz er in lât sô lange streben
sunder helfe und âne trôst?
ob er niht schiere wirt erlôst,
sô stirbet er von strîtes nôt
und sîn wir alle mit im tôt.'

Diz was ir klage und ir geschrei.
von leide möhte in gar enzwei
180a gespalten sîn daz herze.
ir jâmer unde ir smerze
sô wê Partonopiere tete,
daz er dâ mit in an der stete
verborgenlichen weinte.
und dô der wol gereinte
durch den walt geriten was
und in sîn edel herze las
umb ir geschrei vil swæren pîn,
dô kam her wider Gaudîn,
der im dâ engegen reit.
die vinde und ir gelegenheit
het er vil rehte dô besehen.
der wart im dô von im gejehen
gar biz ûf ein ende hin.
'nu, herre', sprach er wider in,
'Arnolt der edele von geburt
ist über wazzer einen furt
geriten und die sîne.
dâ sint die Sarrazîne
mit im ze strîte vaste komen.
ob ir im hie wellet fromen,
sô lâzet im daz heil geschehen,
ê daz die heiden uns gesehen,
daz ir hin über komen sît.
geruochent nu bî dirre zît
kêren über dise fluot:
den furt begrîfet, herre guot,
der uns engegenwürtec ist,
und îlent danne bî der frist
rückeshalben in daz her,
daz mit frevelicher wer
Arnolden hât bestanden.
ez wirt in strîtes banden
beslozzen unde al umbezogen,
sô wir hinden zuo geflogen
ungewarnet komen sîn,
und ez dâ vorne swæren pîn
dulden ouch von kampfe sol.
wir mügen dâ gesigen wol,
ob diz dinc alsô ergât.'
Partonopier dô sînen rât
begunde erfüllen an der zît.
180b er kêrte zuo dem wazzer sît
und îlte drüber alzehant.
dar nâch der werde kam gerant
den vinden rückeshalben zuo.
daz dûhte si vil gar ze fruo,
wan diu vertâne heidenschaft
wart umbevangen dâ mit kraft,
als in dem garne ein wildez tier.
und dô der helt Partonopier

20930 ymer. 32 tiure] gehewre. 36 Wo ist nu. 39 hilfe. 40 niht *fehlt.* 41 stribet. 43 *ohne Absatz.* war. 47 -pieren tet. 53 swäre. 57 *fehlt: ergänzt B.* 58 der *B*] Dy. gejehen *B*] gesait. 62 vbers. aine. 63 seinen. 64 Sarrazeinen. 70 dirre *B*] der. 76 Damit. 82 do — swäre. 87 Pegunne. 88 ze. 89 dar über.

die vinde reit ze vorderst an,
dô kam dort her ein wartman
geriuschet als der winde sûs.
der was genant Emidalûs
und hete sîn genomen war.
der îlet im engegen dar
ûf einem snellen orse frech.
sîn wâpenroc reht als ein bech
schein geswerzet, als ich las.
von keiner varwe drane was
gemâlet weder zam noch wilt.
Partonopieren ûf den schilt
stach er entwerhes mit dem sper,
wande er kam ennebent her
gesiuset ûf den künic hêr
sô vaste, daz der lanzen gêr
wart in der bügelen gehaft
und daz der ungefüege schaft
sich dâ spielt ze stücken.
Partonopier dô zücken
sîn swert begunde bî der zît:
und dô der heiden aber sît
ûf in wolte kêren hin,
dô sluoc der werde künic in
durch des helmes nasebant,
daz im daz houbet alzehant
schôz wol halbez ûf den wasen.
er schriet in niderthalp der nasen
krefteclîchen durch und durch.
des viel dâ nider ûf die furch
daz ober teil des kopfes gar.
daz swert was im gedrungen bar
entwerhes durch die zene blanc
biz ûf des nackes ûzganc.

180c Alîs wart der geschihte frô,
wan er Partonopieren dô
den heiden alsô treffen sach.
Arnolde er zuo mit fröuden sprach
'diz mac wol sîn Partonopier,
der einen slac sô rehte zier
geslagen hât dem Sarrazîn.
daz leben und der name sîn
die müezen gêret werden.
man solte in ûf der erden
als einen schepfer ane beten.
wir sîn ûz aller nôt getreten,
sît er uns helfe hât geholt.'
'jâ', sprach der edel Arnolt,
'uns wirret nu vil kleine,
sît daz der künic reine
vernomen unser angest hât,
wand ez im an daz leben gât
swem er genâhen hiute kan.
durch einen alsô werden man
sol man gerne strîten
und iemer zallen zîten
in sîme dienste wachen.
an ritterlichen sachen
ze nœten wol sîn helfe touc.
mîn wân mich an im nie getrouc,
daz ist alrêrst bewæret hie.
mîn ouge, daz erkante nie
dekeine tât sô bitter,
sô daz er hât den ritter
gevellet nider ûf den melm
und er im houbet unde helm
durchslagen hât enmitten.
sîn herze ist in der smitten
der êren lûter worden.

20997 veinde — vodrest. 98 partman. 99 Geruschet. 21002 îlet *B*] eilte. 03 ors vnd fr. 06 denne w. 07 zawm. 11 Gesuset. 17 pegunt er da p. d. z. 24 im. 27 champhes. 28 pläck par. 29 zwen. 31 *ohne Absatz.* gesihte. 37 den. 38 namen. 39 geeret. 42 aller *fehlt.* 43 hilfe. 48 an *fehlt.* 49 genahen. 53 sein. 54 ritterlichen *B*] kristenl.; *vgl.* 21685. 55 hilfe taugt. 56 mîn wân *B*] wan. 57 allererst pebaret. 59 Do ch. 64 im.

er zieret küneges orden
alsam diu gimme tuot daz golt.'
die rede treip her Arnolt
mit Alîse bî der zît.
Partonopier kam in dên strît
gerennet dô nâch prîse.
180d dem werden Galathîse,
der Arnolden nider stach,
begegent er, wan er in sach
dâ rîten alsô glanzen.
er traf in mit der lanzen
sô krefteclichen an die brust,
daz er vil schône von der just
viel ab dem orse und im geswant.
nu tet Alîs Walthere bekant,
daz der werde Galathîs
und der künec Appatrîs
ein ander wâren sippe gar.
dâ von sô hiez er kêren dar
bald über in die knehte sîn,
die den erwelten Sarrazîn
vil klâren unde stüefen
ûf næmen unde im schüefen
nâch sînem willen guot gemach.
diz wart getân und diz geschach,
daz er schiere ûf wart gehaben.
dar nâch begunde man in laben
mit wazzer und besprengen.
er wart von sîner strengen
swære dâ mit helfe brâht.
dâ von der heiden wol bedâht
mit süezen worten über lanc
den knehten seite hôhen danc,
daz im sus wart geholfen hin.
'nein!' sprâchen si dô wider in,
'ir sult uns, herre, der geschiht
genâden unde danken niht:
Walther, dem iuwer neve wîs,
der werde künec Appatrîs,
wol unde küneclichen tete,
der schuof, daz wir an dirre stete
iu durch in gedienet hân.
und ist iu liebes iht getân,
daz danket im, ob ir eht welt.'
hie mite saz der junge helt
ûf sîn ors dâ bî der zît
und île wider in den strît:
181a der was dô grimmer worden.
man sach dâ ritters orden
Partonopieren üeben.
den vînden gap er trüeben
kumber in diu herzen.
er machte ir lîbes smerzen
grôz unde maneger hande.
die liute von dem lande
die zugen al gemeine dar:
dâ von diu kristenlîche schar
sich vil starke mêrte
und inneclichen sêrte
die toufelôsen heiden.
si wæren dô gescheiden
vil gerne flühteclichen dan.
dô lief ûf si sô manic man
dâ vorne und ouch dort hinden,
daz si niht weges vinden
zuo der flühte mohten.
des wart von in gevohten
mit manicvalter herzenôt.
ir lac dâ vil des mâles tôt.

Nu daz der angestbære strît
wart sô herte bî der zît
daz man der heiden vil ersluoc,
dô wâren ir entrunnen gnuoc,

21072 Galateise. 83 Anander. 84 Do. 86 dem. 90 vnd gesach. 91 wart auffg. 95 hilfe. 21106 diser. 09 eht *fehlt*. 16 gar. 20 den. 24 minnickl. 25 tauffl. 26 waren. 28 loff. 29 Do. 31 Ze. 32 jm. 35 angstwabre. 38 genug.

die dem soldâne seiten,
daz in den arbeiten
rünge alhie diu ritterschaft.
dâ von den künec ellenthaft
bestuont ein grimmeclicher zorn.
er hiez ein hellez herhorn
lût unde balde erschellen.
ze strîte bat er stellen
die fürsten und die künege sich.
ir wâpenkleider wunneclich
die wurfens unde leitens an.
si fuoren algemeine dan
mit ein ander über velt.
iedoch sô liezens ir gezelt
mit huote wol besetzet dâ,
dar în si füeren wider sâ,
swenne es in geschæhe nôt.
181[b] wîz unde gel, brûn unde rôt
ir schilte verre glizzen.
ir sult daz rehte wizzen,
si fuoren mit sô richer wer,
daz man ir manicvaltez her
niht mohte ergründen gar mit zal.
ez kunde niemen über al
ze rechenunge bringen.
mit sô vil hers betwingen
möhte ein herre manic lant.
ir sumeliche für gerant
kâmen zuo dem strîte.
die wurden bî der zîte
gevellet in des plânes melm.
dô stach der edel Anshelm
Lubîn von Klassenie.
in hete sîn âmie
gesant nâch hôhem prîse dar.
sîn wâpenkleit was lieht gevar
von gimmen und von golde.
Walther nâch êren solde
des mâles ouch mit vlîze streit.
ze tôde er einen dâ versneit,
der was geheizen Galathîn.
mit dem erwelten swerte sîn
sluoc er in durch daz ahselbein,
daz im daz leben dâ verswein
und er ein bitter ende nam.
dar nâch daz her geriten kam
mit ein ander samenthaft,
des manicvalten überkraft
Arnolt von Mabriûl entsaz.
wan dô sîn ouge ez übermaz
und alsô vil der heiden sach,
erschrockenlichen er dô sprach
zehant Partonopiere zuo
'daz man die widerkêre tuo,
daz râte ich endelichen hie.
mîn ouge daz erkante nie
sô rehte maneger muoter kint.
ich wæne, daz die berge sint
entslozzen alle und offen;
181[c] dar ûz sint si geloffen:
von wannen wærens anders komen?
erwelter künec ûz genomen,
rich und edel von geburt,
wir sulen vor in an den furt
lîs unde sanfte wîchen,
niht gâhen unde strîchen
ir rotten unde ir schar engegen,
ê wir zein ander die gewegen,
die ze velde uns wellen komen.
die wîle daz wir hân genomen
unser kêre zuo der fluot,
sô hât sich, künic wol gemuot,

21140 D. im dy a. 42 *fehlt.* 43 sein — leichen. 47 die *fehlt.* 49 -klaiden. 52 zelt. 55 wen. 56 wiz unde *fehlt.* 59 Das si. sô *fehlt.* 61 gar *fehlt.* 62 Er. nieman. 65 her. 66 -leichen. 71 Klasseine. 72 âmie] aine. 76 scholde. 78 tot. 81 in *fehlt.* 84 daz her] er. 85 samenhaft. 91 -pieren. 94 erkande. 95 und all. 98 sein. 21203 Leise. 06 zuander.

all unser maht gesamnet,
wir müesten hie verdamnet
an lîbe und an den êren sîn,
ob wir zehant die Sarrazîn
mit strîte wolten meinen.
ir ist an unser einen
ie wol hundert oder mê.
wie mohte ie komen über sê
sô rehte manic rotte?
swer unser drumbe spotte,
wir sulen unser liute
ê lâzen komen hiute
zein ander, ê wir strîten
mit in ze disen zîten.'

Der rât den künic dûhte guot:
dâ von si wider an die fluot
lîs unde senfticlichen sigen.
si wolten an dem furte ligen,
biz daz ir volc genæme
zein ander allez kæme,
des hinder in was harte vil.
für wâr ich iu daz sagen wil,
in solte starkiu helfe komen:
die liutę heten êrst vernomen
den grimmen angestbæren strît,
wand er vil lûte was geschrît
in daz lant des morgens fruo.
des îlten unde sigen zuo
die jungen mit den alten.
die strîtes mohten walten,
181d die kâmen gar gemeine.
dâ von der künic reine
ir aller bî den zîten
wolt an dem furte bîten,
ê daz er mit den heiden strite.
und dô der soldân wol gesite
den klâren und den rîchen
sach hinder sich entwîchen,
dô wart sîn herze sorgen frî.
des mâles reit im nâhen bî
der künec, Appatrîs genant.
der fuorte ûz sîden ein gewant,
daz niht ze kampfe tohte.
wand er niht vehten mohte,
sô was er âne wâpenkleit.
als ich dâ vorne hân geseit,
sô wart er in die brust verwunt.
dâ von sô reit er an der stunt
in sô getâner wæte hin.
der soldân kêrte wider in
sîn bilde gâhes unde sprach
'heil unde rîcher êren dach
wil uns bedecken hiute.
Partonopieres liute
sint alle zuo der flühte komen.
er hât die widervart genomen
an daz wazzer hinder sich.
sîn übermuot hôchverteclich
enpfâhen muoz ein ende sûr.
daz er die schœnen Meliûr
mit unrehte erworben hât,
daz wirt bewæret unde gât
im benamen an daz leben.
er muoz den lîp dar umbe geben,
ob ich in kan erstrîchen.
nu wer gesach entwîchen
ie keinen fürsten wol gemuot
sô zegelichen als er tuot?'

Der rede gap im Appatrîs
antwürte: sam ein künic wîs
sprach er dô wider in zehant
'sîn fluht ist niender sô gewant,
182a als ir wellet iuch versehen.
ez ist durch kündekeit geschehen,

21211 vnsre. 12 verdampnet. 19 rote (: spote). 20 darumb. 24 inj uie. 27 Leise. 33 hilfe. 40 walden. 42 Do. 44 Wolte. 45 dem. 58 Do. 59 wate. 65 ze. 76 sach. 78 sô *fehlt.* 82 also. 83 ew.

daz man in hie wichen siht.
vergâhent iuch ze vaste niht,
daz râte ich ûf mîn êre.
jô fürhte ich harte sêre,
daz uns der vinde fliehen
ze schaden welle ziehen
und in beswærde stricken.
man sol der liute schicken
ein teil hin wider ûf daz velt,
dâ wir gelâzen diu gezelt
hân mit rîchem guote.
man sol si baz mit huote
besetzen und bestellen.
ich wæne, daz uns wellen
die vinde hindergrîfen,
sô daz wir müezen slîfen
in grôzen schaden bî der stunt.
in ist diu lantriviere kunt,
dâ von sô fürhte ich, daz si dar
ze den gezelten lieht gevar
ein umbestrâzen kêren
und uns dâ lihte sêren
an liuten unde an horde.
vor sus getânem morde
behüeten uns mit hôher wer.
die besten ritter von dem mer
die lâzen hie belîben,
und heizen widertrîben
daz ander teil geliche
ze den gezelten rîche,
diu wir hân gelâzen dort.
wir müezen anders al den hort
hân verloren iemer mê,
den wir nu brâhten über sê.'

Der soldân wart des râtes frô.
ze den gezelten schicte er dô
der heiden manic hundert.
doch wurden ûz gesundert
die besten alle bî der zît.
182b mit den sô kam er an den strît
vil schiere dô gestrichen.
die zuo dem furte wichen,
den îlte er unde kêrte nâch.
Partonopiere enwas niht gâch
zuo der flühte, sô man seit,
wand er vil stæteclichen reit
sîgende allez an den furt.
des kâmen dô nâch im geburt
die Sarrazîn mit hôher kraft.
und dô der künec ellenthaft
erkante mit der angesiht,
daz in der soldân wolte niht
vermîden und die heiden,
dô warf der helt bescheiden
sîn ors her wider umbe sît:
ze wer bôt er sich an der zît
und al sîn her vil küene.
diu banier gel und grüene,
wîz, rôt, brûn unde blâ gevar,
diu wurden beidenthalben dar
geneiget und diu starken sper.
die heiden hin, die kristen her
vil gâhes ûf ein ander stuben,
die schefte brâchens unde kluben
ze schivern und ze sprîzen.
der soldân sêre vlîzen
begunde sich Arnoldes schaden.
in dûhte, möhte er in geladen
mit angestlicher swære,
daz er enbunden wære
von allen sînen nœten.
er wolte in gerne tœten
od aber heizen vâhen.

21286 ew. 91. 92 *umgestellt.* 92 Vnd in sol. 94 zelt. 98 wane. 21302 Im. 04 zelten liechten v. 14 zelten. 18 prächten. 28 -pieren was. 29 ze. 30 statec-lichen. 33 Sarrazen. 35 Erkande. 38 worff. 39 her *fehlt.* 42 panier pla g. 43 blâ *fehlt.* 44 -halbe. 47 flugen. 48 stuben. 54 punden. 57 Oder.

durch daz begunde er gâhen
hurteclîche ûf in zehant,
daz er in stach ûf daz lant
mit einem schafte, des er wielt.
den schilt er im ze stücken spielt
und fuogte daz er brach enzwei.
dar nâch der soldân lûte schrei
'nu dar, daz er niht hine kume!'
182[c] seht, sô was Arnolt der frume
hin ûf den plân gevellet.
des wart er umbestellet
von der heidenschefte sâ.
doch lac er niht ze lange dâ,
wande er ûf dô wider spranc.
den schilt er im ze schirme twanc
für sîne brust, als ich ez las.
swie vaste er im durchstochen was,
doch barc er sich dâ hinder
und werte sich geswinder
dan iemen künne erdenken.
al umbe sich dâ swenken
begunde er mit dem swerte sîn.
er lie der argen Sarrazîn
dâ lützel in genâhen.
vil manec ors enpfâhen
muoste tiefe wunden,
daz an in bî den stunden
getriben wart mit scharpfen sporn.
der werde ritter ûz erkorn
füez unde hende sâte,
liut unde ross er mâte,
als ein grüenez gras der meder.
holz, îsen, purper unde leder
kunde er wol verschrôten.
der veigen und der tôten
valt er dâ nider ein wunder.
er galt ouch ie dar under
mit slegen und mit stichen.
er wart vil angestlichen
umvangen bî den stunden.
ein eber vor den hunden
sô vaste nie ze bîle
gestuont in keiner wîle,
sam Arnolt der küene tete
vor sînen vînden an der stete.

Der helt von Mabriûle
den rüezel und daz mûle
vil manegem orse dâ verschriet,
daz hinder sich von im dâ schiet
noch wider zuo zim wolte mê.
182[d] von strîte wart im alsô wê
und alsô bitterlichen heiz,
daz im der angestbære sweiz
durch die stahelringe flôz.
der soldân sînen jâmer grôz
machte und sînen schaden sûr,
daz im diu schœne Meliûr
von sînem urteil wart genomen,
daz wolte er an im überkomen
mit stichen und mit biuschen.
er brâhte den vil kiuschen
mit slegen in die sorge tief,
daz er dâ sînen sünen rief
erbarmeclichen an der stat.
helf unde trôstes er si bat:
daz half in aber kleine.
der hôchgeborne reine
was umbegriffen sô mit kraft,
daz im der süne ritterschaft
niht mohte dâ ze staten komen.
und dô Partonopier vernomen
hete sîn grôz ungemach
und in den nœten in gesach,

21362 schielt. 63 fuogte *B*] *fehlt.* 65 Nu daz er niemer hinne kome. 66 frome. 68 vmbgest. 72 im *B*] *fehlt.* 73 ez *fehlt.* 77 ieman. 83 ain t. 89 da nider. 93 velt. 97 Vmbf. 98 vor *B*] von. 21402 veinde. 05 manigen. 18 chausen. 22 hilf.

dô wart sîn klage bitter.
der unverzagte ritter
versuochte dicke und ange,
ob er dâ mit gedrange
möhte durch gebrechen
und eteswie gerechen
Arnoldes schaden und verlust.
dô wart genomen ûf sîne brust
sô rehte manic punder,
daz er sich niht dar under
getorste weren bî der zît.
iedoch sô hete er schiere sît
an daz gelücke sich ergeben:
den lîp den leite er und daz leben
ûf eine wâge sunder twâl.
den schilt von golde lieht gemâl
begunde er für sich vazzen.
dem orse muoste nazzen
diu sîte von dem bluote,
daz der vil reine guote
183a dar ûz wol kunde houwen.
daz wilde viur beschouwen
lie sich ûf sîner verte,
daz von dem flinse herte
fuor des mâles unde schein.
die schenkel liez er und diu bein
ûf unde nider fluges varn.
er kam gelîch eim adelarn,
den dâ twingent sîniu kint,
diu nâhen tôt von hunger sint,
daz er nâch spîse ringet
und einem vogel swinget
sêr unde grimmeclichen nâch.
Partonopiere wart sô gâch
ûf die verlust der heidenschaft,
daz er mit aller sîner kraft
daz ors ûf einen puneiz twanc.
er kam gesiuset unde dranc
aldurch die rotte bî der zît.
'Schiefdeire' wart von im geschrît,
daz er mit heller stimme schrei.
der vînde schar spielt er enzwei,
durch die begunde er gâhen.
und dô die sîne sâhen,
daz im ze juste was sô gâch,
dô kâmens im geriuschet nâch
alse ritter ûz erkorn.
den rîchen soldân hôchgeborn
begunde er mit den ougen spehen.
als er in rehte hete ersehen,
dô kam der edele von geburt
ûf in sô vaste dar gehurt,
daz er und ors mit alle
bekâmen zeime valle
und daz si ganzer wunne frî
gelâgen beide Arnolde bî.

Daz tet den Sarrazînen wê.
vernement, wie dô Markabrê
den soldân wolte rechen sâ.
mit armen umbe und umbe dâ
Partonopieren er begreif.
er hienc sich an in unde sleif
183b ab sînem orse hin ze tal.
sich selben twanc ûf einen val
der heiden sunder alle trüge,
durch daz er mit im nider züge
den werden künic wol bedâht.
ouch hete er in dô schiere brâht
hin ûf die wisen grüene.
der Sarrazîn vil küene
den reinen kristen überwac.
er valte in nider unde lac
ûf dem erwelten künege hôch.

21435 prechen. 36 etewie. 37. 38 *fehlen: ergänzt B.* 44 den *vor* leite *fehlt.* 59 twingen. 67 puners. 68 geuset. 71 stime. 74 die] daz. 76 geruschet. 77 Als dy r. 80 *fehlt: ergänzt B.* 85 wune. 86 Arnolden paide. 87 -zain. 89 reche. 21502 velt.

ab sîner sîten er dô zoch
ein spitzic mezzer, hœre ich sagen:
daz wolte er durch in hân geslagen
nâch tobelichen sinnen.
dô wart sîn Arnolt innen,
der im dâ sîne helfe bôt:
er schielt in aller sîner nôt
den schilt ze rücke hinder sich.
sîn edel swert gar wünneclich
vast über sich ûf hôher
mit beiden armen zôher
unde erbôt sich dâ ze slage.
geloubet mir swaz ich iu sage:
den heiden Markabrê genant
sluoc der getriuwe dâ zehant
sô krefteclichen ûf den helm,
daz dar ûz des viures melm,
mit bluote wol gemischet,
vil schiere was gewischet,
und der Sarrazîn verwunt
wart in sîn houbet an der stunt
sô tiefe, daz im dâ geswant
und er den künic lie zehant,
der sich von im geswinde brach.
sîn ors er neben im ersach,
dar ûf er snellecliche saz.
Walther gevangen hete daz
und im engegen ez geholt.
alsô erlôste in Arnolt,
der im sîn angest dâ vertreip.
er selbe in grimmer nôt beleip,
183[c] wande er an die vînde vaht,
die mit sô grôzer übermaht
ûf in des mâles kâmen,
daz si den werden nâmen
gevangen bî der stunde.
Partonopier niht kunde
gestillen im sîn ungemach,
wan er selbe sich enbrach
kûme von den heiden.
er wart von im gescheiden
mit grimmer nœte bî der zît.
Arnolt der ellenthafte sît
gefüeret wart von dannen.
zuo friunden und zuo mannen
vil jâmerlîche er umbe sach.
Walther zAliuse tougen sprach
mit herzenlicher swære dô
'wie tuon wir ungetriuwen sô,
daz wir niht grôzen ungewin
hie lîden, ê wir lâzen hin
den vater füeren sînen wec,
der an den êren alsô quec
ist alliu sîniu jâr gesîn?
ich wil râten, bruoder mîn,
daz wir helfen im ûz nôt,
od aber hie geligen tôt.'

'Nein!' sprach Alius wider in:
'den vater lâzen füeren hin
und îlen wir dem künege nâch.
zuo dem sol uns hie werden gâch,
daz râte ich, werder bruoder mîn.
wir sulen im von rehte sîn
mit ganzen triuwen undertân.
man sol dem herren bî gestân
vor allen friunden, hœre ich jehen.
dar an wir hiute müezen sehen,
ob wir die hôhen sicherheit
behaben wellen und den eit,
den wir im gesworen hân.'
Walther sprach 'nu sî getân
swaz dîn wille, bruoder, ist.'
183[d] sus kêrten si dô bî der frist
mit jâmer und mit leide
nâch ir herren beide,

21509 hilfe. 11 rucken. 13 Vaste — hocher. 14 zocher. 16 in *fehlt.* 25 tieff. 28 o. neben i. erstach. 44 in. 49 -leichen. 50 Aleise. 52 tuen. 60 Oder. 75 Waz.

der klage vil erscheinte
und inneclichen weinte,
durch daz er niht Arnolde
ze helfe komen solde
und in erlœsen mohte niht.
Arnolt ze leide ouch hete pfliht,
für wâr ich iu daz sagen wil,
niht durch sich selben alsô vil,
sô durch Partonopieren.
daz der den sic verlieren
solte nu bî dirre frist,
daz was sîn klage, wizze Krist,
und sîn meistiu vorhte.
sîn triuwe an im daz worhte,
daz er got vil tiure bat
und inneclichen an der stat,
daz er geruochte senden
mit helferichen henden
Partonopiere sînen trôst,
alsô daz er würde erlôst
von schandebernden dingen.
sîn ouge liez er swingen
ûf gegen himel unde sprach
'Krist, aller sælden obedach,
swie mîn dinc alhie gevar,
den werden künic du bewar
mit dîner gotelichen kraft
und mache in hiute sigehaft.'

Mit disen dingen unde alsô
wart enwec gefüeret dô
von Mabriûl der werde man.
Partonopier der îlte dan
betrüebet bî der selben zît.
er suochte vehten unde strît,
den er vil harte schiere vant.
im widerfuor ein helt zehant,
der was geheizen Luciân
und hete ez ouch sô wol getân
184ª daz man im seite lobes gnuoc,
den selben er ze tôde sluoc
in sînem grimmen zorne.
und dô der hôchgeborne
soldân hete daz erkant,
dô kam er aber hin gerant
ûf den erwelten Franzeis.
ouch hete sîn der helt von Bleis
genomen harte schiere war.
des kam er im engegen dar
bälder danne ein pfîl geflogen.
si bêde heten ûz gezogen
diu glanzen unde scharpfen swert.
mit den sô wurden si gewert
sleg unde maneger stiche.
si vâhten strîtecliche
mit ein ander umb daz leben.
ouch wâren vaste in ein geweben
ir liute und alle ir rotte gar.
hier unde dort vil manic schar
sêr unde tobelichen streit.
Partonopier in arbeit
kam von dem soldâne.
der machte in ûf dem plâne
sêr unde vaste kumberhaft,
wand er von sîner ritterschaft
allenthalp wart umbezogen.
die pfîle kâmen zim geflogen
alsam der snê von himele vert.
ouch wart vil sêre ûf in gebert
mit swerten lûter unde glanz.
sîn schilt enpfie vil manegen schranz,
wan er in dâ ze schirme bôt.

21582 hilfe. 84 auchte p. 89 *fehlt.* 90 klage *fehlt.* 91 V. all sein. 93 trewe. 94 minnecl. 96 hilfe. 97 -pieren. 99 schandenbaren. 21600 swinden. 01 h. er do spr. 03 alle h. 06 V. das m. 08 erweg. 12 schuchte. 14 wider *fehlt.* 21 daz hete. 29 sarffen. 36 Hye. 37 Sere. 41 Sere. 42 -balben. 48 vil *fehlt.*

er kam von slegen in die nôt
und in sô grimme swære tief,
daz er Gaudîne lûte rief
und sprach der künec lobelich
'du sûmest alze lange dich,
daz du ze helfe mir niht stâst.
181b in sorgen du mich hiute lâst,
des du vil selten hâst gepflegen.
du slâfest oder bist gelegen
tôt benamen eteswâ.'
die rede treip der küene dâ,
wand er mit grôzer übermaht
was in grimmeclicher aht
bestanden an der zîte.
nu daz er in dem strîte
leit den angestbæren pîn,
dô kam gerennet Gaudîn
mit tûsent mannen wol bereit,
der zimier unde wâpenkleit
vil maneger hande lûhten,
wan si gevärwet dûhten
als ein geblüemet garte.
si wâren in drî parte
geteilet und gesundert.
ze vorderst riten hundert
an den herteclichen strît.
dar nâch vier hundert kâmen sît,
die fuoren drinne enmitten.
fünf hundert in der dritten
rotte kâmen schiere dort.
die wurden an des strîtes ort
geschicket dâ mit hôher wer.
sus wart der ungetouften her
in drîn enden an geriten
und mit den kristen undersniten,
die ritterlichen vâhten,
wan si dar în sich flâhten,
als under warf sich tuot daz wevel.
Gaudîn der küene wart sô frevel,
daz er Partonopiere
kam ze helfe schiere
und daz er zuo zim îlte dar.
er spielt enzwei der vînde schar
als einen boum der donerschuz.
des wart des rôten bluotes fluz
184c gelâzen bî den stunden
ûz vil der verchwunden.

Sich huop dâ jâmer unde mort.
der eine hie, der ander dort
gelac erbarmeclichen tôt.
diu wâpenkleit gel unde rôt,
grüene, brûn, wîz unde blâ,
zeschrenzet wurden sêre dâ
mit swerten und mit lanzen.
der rîchen und der glanzen
schilte man dâ gnuoc verschriet.
ze beiden sîten man dâ schiet
vil manegen von den lebetagen.
der heiden wart dâ vil erslagen
und der getouften kristen.
wer mohte sich gefristen
dô vor Partonopiere?
Gaudîn und er vil schiere
ze tôde manegen sluogen.
mit bluote si dâ twuogen
den liehten wunneclichen plân.
ouch tet der küene soldân
allez des ein helt bedarf.
man schôz des mâles unde warf.

21655 hilfe. 59 etewa. 60 redt. 62 Er was in grimmer vaht: *gebessert B.* 65 dy angstwaren. 67 manen. 68 vnd ir w. 69 tauchten. 70 lauchte. 71 garten. 72 parten. 74 vodrest. 77 drin. 78 Funffzehen h. 81 Gesicket. 83 drey. 85 ritterlichen *B*] kristenlichen; *vgl.* 21054. 90 hilfe. 93 ain. 96 Si taten vil verwunden: *gebessert B.* 21707 lebent. 15 wuneckl. 17 des] daz. pedorff.

man sluoc, man stach, stiez unde ranc.
sich huop dâ herteclich gedranc,
grisgrammen unde schreien.
man hôrte ros dâ weien
unde lûte grînen.
man sach dâ verre schînen
des wilden viures blicke,
daz dâ mit slegen dicke
ûz helmen wart geswungen.
diu scharpfen swert dâ klungen
ûf dem gevegeten îsen.
man sach dâ nider rîsen
gesteine, sîden unde golt,
daz durch gezierde was geholt
hin ûf den angestbæren strît.
164d dô wart von stoube ze der zît
ein trüebez wolken unde ein nebel.
man spielt dâ houbet unde gebel,
füez unde hende sluoc man abe.
geschicket wart mit ungehabe
vil heiden in der helle cruft.
daz velt mit stimme und al der luft
erfüllet wurden beide.
beströuwet was diu heide
mit tôten liuten und daz mos.
dâ lâgen ritter unde ros,
fürsten, grâven, dienestman.
si giengen alle ein wunder an
mit stætelicher degenheit.
swaz aber iemen dâ gestreit
nâch prîse lûter unde zier,
sô was eht ie Partonopier
der beste vor in allen.
von sîner hende vallen
muoste ein junger künic wîs,
der was geheizen Floridîs,
und hete in Libiâ daz lant
in hôhem prîse dar gesant
als einen werden heiden.
ûz sînen wâpenkleiden
gesteine bran und edel golt.
er hete dâ mit im geholt
rîch unde keiserliche wât.
sîn kursît was ein ciclât
und ouch diu covertiure sîn.
diu beidiu gâben liehten schîn
von glanzen margarîten.
ez wart dâ bî den zîten
von Partonopiere
verhouwen alze schiere
mit einem stiche, der was twerch.
er stiez im durch der sîten verch
die lanzen sîn urschiltes dar,
165a dâ von der künic lieht gevar
lac dâ jâmerlichen tôt.
sîn ors daz was mit golde rôt
beslagen an den hüefen.
Partonopier dâ brüefen
kund angestliche marter.
er vaht des mâles harter
dan ie getete ritter.
ein löuwe nie sô bitter
in sîner hungernœte wart
als der helt von hôher art
was in der tagezîte
den vînden an dem strîte.

21719. 20 *umgestellt.* 21 Des grisgram̄. 22 ros *fehlt.* 23 unde lûte *B*] Vnd die liute. 25 wildes fewre. 28 scharpfe. do. 38 wart *fehlt.* 40 stime. al *B*] *fehlt.* 47 statlickl. 48 ieman. 50 recht. 52 henden. 57 ain werden. 61 Reiche. 62 chursig. 65 Vor glancze. 69 du'ch. 76 -pierñ. 77 angestlicher. 81 seinem. 84 streite etc'.

DER TURNEI VON NANTHEIZ.

59a Ein künic was in Engellant, (1, 1)
der lûter lop mit frier hant
rîlîche ervohten hæte.
er was getriuwe und stæte,
gewaltic edel unde rîch;
ez lebete niender sîn gelîch
in maniger lande kreizen.
Rîchart was er geheizen
und lac an ime hêrlîchiu zuht.
sîn lop kond er ân alle fluht
mit ganzer tugende mêren:
des wart im hôher êren
vil manic zunge gihtic.
durchliuhtic und durchsihtic
was sîn küniclicher prîs.
er bluote sam ein rôsen rîs,
wan er mit sîme schilte
schuof und mit sîner milte,
daz man im wirde muoste jehen.
dâ von wart sît noch ê gesehen
nie künic alsô tugenthaft.
ellende und arme ritterschaft
mit rîchen gâben er beriet,
und wart von sîner hovediet
zeimâl des willen überstriten,
daz er nâch sîner tugende siten
niht solte milteklichen leben. (5, 3)
durch êre lîhen unde geben
het er ein jâr versprochen.
daz wart von ime gebrochen
59b und übergangen harte sît.
nôthafte ritter zeiner zît
in bâten sîner stiure.
dô sprach der vil gehiure,
daz si für sînen schœnen sal
gewâpent kæmen über al,
swenn er ob tische sæze,
und ein gestürme ræze
mit strîte erhüeben an sîn tor:
sô würfe er ab dem hûse enbor
mit silber und mit golde zin.
dô kômens eines tages hin
mit harnasch an die pforten sîn.
des wart vil hôher milte schîn
getân von im gar swinde.
er sprach zuo sîme gesinde
'ich bin besezzen unze her.
nu hân ich zît daz ich mich wer,
wil ich der sorge entwischen.'
hie mite er von den tischen
spranc in ein venster al zehant.
swaz er des mâles drinne vant

Ueberschrift Hie hebt sich an der turnei von nantheyz (*roth*); *im Register* Der turnei vō anthes. 3 Rilich. 4 vū, *immer.* 6 niergen. 7 lande, *aus* bande *gebessert*, kreizzen. 8 geheizzen. 9 herliche. 10 konde er ân. 11 *fg.* mern: ern. 13 mannic. 14 Durchbihtic. 16 blûwet. 17 wañ. 18 siner] der. 23 bere[i]jte. 24 hofediete. 25 zeimâl *Haupt*] Ein mal. 26 sinre. 27 Nit, *aus* Mit *gebessert*, solde. 32 zû einer. 33 bôten sinre stûre (: gehûre). 35 sie. 40 ab hubē enbor. 41 zû in. 43 harnas[ch]. 47 biz her. 49 sorgen entwisschen. 50 mit. tisschen. 51 zû. 52 dor inne des males.

von kostbærlichen vazzen, (9, 5)
daz warf er an die gazzen
den gernden algemeine.
güldîne köpfe reine
und manic schüzzel silberîn
wart von der milten hende sîn
geworfen ûf die ritterschaft,
diu nôtic unde kumberhaft
sîner helfe gerte.
rîliche die gewerte
59c der künic vil bescheiden.
sus konde er sînen eiden
nâch ganzer tugende lône
gelüppen harte schône.

Dô wart an im bewæret wol,
daz man den milten kûme sol
ûz edeln muote bringen.
swer in mit râte twingen
wil ûz sîner frîen art,
weizgot, der leidet im die vart,
die frîez herze triutet.
swie vil man im gebiutet
daz er unmilteklichen lebe,
sô wirt gevellet doch sîn gebe
rîliche ûf alter unde ûf jugent.
in lêret an geborniu tugent
daz er ûf êre warte.
daz edel muot unarte,
dâst gar ein ungehœret dinc.
dâ von Rîchart der jungelinc
durch durnehtiger tugende rât
êr unde milteklîche tât
bî sînen zîten nie verbar.
er gap und gap und gap et dar
mit ellentrîchen handen. (15, 3)
ez wart in Engellanden
sô kürlich ritter nie geborn.
sîn dinc was allez ûz erkorn
mit hôchgelobter werdekeit.
er fuor turnieren unde reit
nâch âventiure in manic lant
und wart ie mê dâ bekant
59d der beste an beiden sîten.
nu kam ez zeinen zîten,
daz ein turnei hin geleit
durch schœne frouwen vil gemeit
wart ûf den plân ze Nantheiz.
dâ von er sich des harte fleiz,
daz er mit êren kæme dar.
manc schœne frouwe nam des war,
daz was der êren widergelt.
manic keiserlich gezelt
von purpur und von sîden gleiz.
herberge wart ze Nantheiz
enpfangen hêrlich unde wol.
diu stat der ritterschefte vol
des mâles wart beschouwet.
dô was der plân betouwet
von des meijen süezekeit.
gras unde bluomen an geleit
het er nâch wunneklicher art.
von Engellande Rîchart
wolt êre dâ beherten.
mit hundert schiltgeverten
kam er ze Nantheiz în geriten,
die fuorten kleider an gesniten
von frischem baldekîne.
diu wâren mit hermîne
vil kostbærlichen underzogen.

53 kosperlichen. 56 Gûldin. 57 mannic schûzzeln. 60 Die. kûmerhaft. 61 hilfe. 62 Rilich er die. 64 Also. 65 tûgende. 66 Gelûpet. 67 *kein Absatz.* Daz. im. 70 wer. 73 Der. 75 unmiltekl. 76 geben. 78 die vngeborne. 81 dâst *Haupt*] Daz. 82 der] ein. iûngelinc. 83 Durch sûnehten tugentlosen rat. 86 gab. et] auch. 93 abentûre in manige. 96 zû einen. 97 hin *fehlt.* 101 ern. 102 manic. 103 der *fehlt.* 107 herlichen wol. 110 bestrauwet. 111 meyen. 113 wunnenkl. 120 Die warn. 121 kôstlichen.

ûf disen turnei kam geflogen (21, 3)
küng unde fürsten wunder,
und wâren herren drunder
mit liehten massenien.
60a herzogen unde frien,
grâven unde dienestman,
die kômen dar, wan in began
dô wirde und êre nâhen.
vier tûsent ritter gâhen
sach man ûf die plâniure.
durch lobes âventiure
huop sich ein vesperie grôz,
der manic ritter wol genôz
mit lûterlicher werdekeit,
der ûf den plân geblüemet reit
und dâ vermezzenlichen stach.
wê, waz man schefte dô zebrach
mit ellenthaften handen!
Richart von Engellanden
justierte werdeclichen dâ.
von golde in eime schilte blâ
fuorte ein grâve ein eberswîn:
den valte er mit der hende sîn
geswinde zuo des plânes habe.
dennoch stach er einen abe
mit sîner ellenrichen hant.
der was nâch prise dar gesant
von sîner frouwen ûz erkorn.
ein edel barûn hôchgeborn
was der wandels frie.
er kam von Normandîe
gestrichen zuo dem plâne:
Gotfrit hiez er von Gâne
und het wol zweier manne kraft. (26, 5)
kein ritter schein als ellenthaft,
der in getörste dâ bestân.
er reit justieren ûf den plân
60b umbe ein ors guot unde starc
und umbe silbers hundert marc,
daz guot wær unde lœtic.
er was ein man vierschrœtic
mit einer wîten brüste.
er hete ze verlüste
gefrumet manigen ritter.
er dûhte sich gar bitter
und wart iedoch bestanden.
Richart von Engellanden
justierte mit im an der zît.
si wurden beide widerstrît
hêrlichen unde wol bereit.
Gotfrit der fuorte ein wâpenkleit
ûz frischem purpur wol gesniten.
von sîden guot was ez gebriten
nâch hôher wirde ruome.
gel als ein ringelbluome
sîn kleit geverwet dûhte;
dar ûz vil schône erlûhte
vil manic swarzer steinboc,
der ûf deck unde ûf wâpenroc
von zobele schône was geleit.
ze strîte kam er wol bereit.
alsam die besten gerne tuont.
eins bockes houbet schône stuont
mit eime gehürne güldîn
ûf dem rîlichen helme sîn.

123 künige. ein w. 124 und] Nu. 125 liehter massenien. i. scharn. 127 grâven] Serrazin. i. heiden. unde] vñ edel. 128 wañ. 132 Do i. Durch. 133 Sich hûb ein vispie. 136 ûf *fehlt*. 139 hellenthaften. 142 in *Haupt*] mit. 144 valte] stach. 147 ellenthafter siner. 150 barûn *Haupt*] born. 152 Normanie. 156 so elenthaft. 158 reit] begonde. 159 ûm ein ôrsch, *darüber* equo. 160 ûm. 165 manic. 170 Sie. 171 Herlich. 172 der *fehlt*. 173 ûz] Von. purpur frischem. 175 nâch] von. 178 ûz *Docen*] uf. 181 zobel. 182 strite] velde. 183 alsam] Als noch. 184 Eines.

Alsus kam er ze velde (32, 1)
in ritterlicher melde
mit ellenthaften handen.
wie der von Engellanden
60c gezieret wære bî der stunt,
daz wirt iu durch mînen munt
reht unde wol her nâch geseit.
er fuorte ein richez wâpenkleit,
daz müget ir selbe wizzen.
si beide sich dâ flizzen
ûf ritterliche wirde:
mit edeles herzen girde
zesamene si gesprancten.
diu sper si vornen sancten
und liezen schenkel fliegen.
sus fuorens âne triegen
ûf unde nider harte wol.
si trâten mit den füezen hol
den stegereif ze wunsche gar.
den rossen beiden bluotgevar
die sîten schinen von den sporn.
si wolten prîs gar ûz erkorn
bejagen unde erîlen.
gelich zwein doners pfîlen
gesnurret kômen si dâ her.
die schefte brâchens und diu sper
ze stücken und ze schiveren sâ.
Richart Gotfriden traf aldâ,
dâ man den helm dâ stricket,
daz er zehant genicket
wart ûz dem satele hinder sich,
und in der ungefüege stich
mit kraft und mit gewalte (37, 3)
zuo der plânje valte.

Seht, alsô kam ze prîse
von Engellant der wîse,
60d wan erz mit sîner kraft gewan,
dâ was manic werder man,
der wol nâch hôhem lobe streit.
doch was sîn ganziu werdekeit
durchliuhtic vor in allen,
durch daz Gotfrit gevallen
was zuo der heide grüene.
er dûhte sich sô küene,
daz er vil lobes an im ervaht.
die ritter schiet diu vinster naht
mit ir künfte von dem plân.
ez hete maniger wol getân,
des ich niht kan genennen.
wie möhte ichs alle erkennen,
die dâ nâch prîse rungen!
si kêrten unde drungen
in die stat ze Nantheiz,
dâ sich vil maniger inne fleiz
rîlicher koste durch die naht.
sich huop dô giuden unde braht
in den herbergen über al.
si triben hovelichen schal,
die werden geste en widerstrît,
biz gein der schœnen tagezît.

Des morgens, dô diu sunne
mit lûterlicher wunne

187 *kein Absatz.* Alsus *Docen*] Als. 188 Mit ritterlichem. 189 un̄ mit elenth. 191 wer bi der stunde. 192 Daz wirt von minem munde. 196 Sie. 197 riliche. 199 zů sammē sie. 200 sie fornan. 201 die sch. 202 sus fuorens] Sie furen. 205 den stegereif *Hpt.*] Die stegereife. 206 Die rosse beide. 208 Sie, *immer.* 209 here ilen. 210 donders. 211 do. 212 brachen sie. 213 schifern do. 214 aldo. 215 Do. dâ *fehlt.* 220 dem plan. 221 *kein Absatz.* alsô] do. 225 lobe] prise. 226 gantze. 229 der heide] dem plane. 232 diu *fehlt.* 236 ich sie. 241 rîlicher *Docen*] Riliche. 247 *kein Absatz.* 248 Mit durchlûhtelicher.

den grüenen plân gezierte (42, 3)
und ûz dem himele smierte,
der fîn was unde lâsûrblâ,
dô wart gesungen schiere dâ
mit flîze ein schœne messe
der ritterlichen presse,
61ᵃ der muot sich wolte ergeilen.
dar nâch man solte teilen
den wunneklichen turnei.
man schiet die ritterschaft enzwei,
sô daz Rîchart von Engellant
sich eines teiles underwant
und wolte sîn ir houbetman.
er hete sich genomen an,
daz er bî der selben zît
den turnei müeste zeiner sît
halten und sîn solte pflegen.
dô kam vil manic kürlich degen
an sîne parte hin gezoget:
sô nam der Kerlingære voget
daz ander teil in sîne wer.
er brâhte durch rîlîche zer
vil goldes dar in malhen.
swaz ritter dâ von Walhen
und hôchgenanter liute was,
die zôch er an sich unde las
mit willeclichem muote.
mit dienestlicher huote
sîn flîz der pflegen wolte.
welsch unde tiusch dâ solte
ein ander widerwertic sîn.
dô wart gelîch teilunge schîn,
wan si begerten harte,
daz ietweder parte
zwei tûsent ritter an sich züge. (48, 1)
nu si geteilet âne trüge
ze rehte wurden under in,
dô kêrten sâ ze hûse hin
61ᵇ die ritter algemeine
und âzen ouch ein cleine,
als in daz was gebære.
dar nâch die geste mære
begonden sich bereiten.
si wurfen unde leiten
diu rîchen wâpenkleider an.
dô wurden ros beid unde man
vil schiere bî den zîten
bedaht ze beiden sîten.

Von Engellant der küene
zuo der plânîe grüene
zogete mit den sînen.
man sach hêrlîche erschînen
sîner wâpenkleider wât.
er fuorte liehten cyklât,
der mit golde was gebriten,
dar ûz sîn wâpenroc gesniten
und sîn covertiure was.
man fuorte vor im ûf daz gras
einen gar tiurlichen schilt,
der was sô rîch, daz mich bevilt
der manicvalten koste sîn.
mit golde lieht von Arâbîn
was im sîn velt bedecket
und wâren drîn gestrecket
entwerhes drî lêbarten.
der glaste muoz ich zarten
und ir gezierde reine.

249 *fg.* gezieret: smieret. 255 Ir mût wolt sich da geilen. 256 solt man. 257 wunnenkl. 259 Also. 260 eines] sins. 262 het. 264 wolt zû einer. 265 sin *fehlt.* wolte. 267 part. gezogen. 268 Do. kerlinger. 270 ritterlicher. 271 dor. 274 zôch] nam. 276 dienstl. 278 Welisch. 284 nu] do. 286 sâ] sie. 287 ritter *Hpt.*] riten vñ. 289 *fg.* gebeire: meire. 292 wurfen] taten. 294 beid *fehlt.* 296 Bedackt 298 dem plane. 304 gesnite. 305 convertûre, *darüber* tegimē equi. 309 manicvalte. 312 warn.

si konden von gesteine (53, 4)
durchliuhten und durchschînen
und wâren ûz rubînen
61[c] nâch hôher wirde lône
geleit zein ander schône.

Die schar der künic fuorte,
den laster nie beruorte
noch keiner missewende râm.
er het der êren tiuren krâm
in sînes herzen arken.
der künic von Tenemarken
geteilet was in sîne schar:
durch daz sô wart er wunnevar
gesant mit im ze velde.
daz wâpenkleit ich melde
durch sînen wunneberenden schîn.
er wolte ein frouwen ritter sîn:
durch daz het er an sich geleit
ein alsô rîchez wâpenkleit,
daz worhte man ze Kriechen.
reht als die wæhen ziechen
was ez mit golde wol durchnât.
ez was ein rîlich pllât,
der zweier hande varwe erschein.
sich konde an im wol under ein
rôt unde grüene mischen,
und was dar ûf enzwischen
zernæjet wol zam unde wilt.
ûz einem purper ûf den schilt
was ein rîchez dach geleit;
ouch schein deck unde wâpenkleit
in küniclicher wîse
gesniten wol nâch prîse.

Seht, alsô kam der werde Tene (59, 1)
mit minneclîches herzen sene
61[d] von wîbes hant gegestet,
und wart diu heide erglestet
von sînen liehten rotten.
der künic rîch von Schotten
was in der selben parte,
die wol mit kraft bewarte
der werde künic von Engellant:
durch daz wart er mit in gesant
ze velde bî der zîte.
er fuorte von samîte
liehtiu wâpenkleider an,
dar ûz golt und gesteine bran
kostbære und ûzer mâzen fîn.
zwivalteclicher varwe schîn
mit golde sînen schilt bevienc.
ein rant geblüemet drumbe gienc
sô rôt als ie kein rôse erkant.
ouch was enmitten ûf den rant
geleit ein güldîn strickelîn.
die bluomen sach man ûz und în,
die von dem rande lûhten
und alse liljen dûhten
gestellet an ir bilden.
der schilt mit einem wilden
löuwen stuont verdecket,
der was in golt gestrecket
und lûhte von rubînen rôt.
er bar den ougen unde bôt
tiurlichen schîn ze solde:
man sach in ûf dem golde
glenzen missewende frî.
dirr edeln künige wâren drî,

318 Sie warn. 321 schier. 324 *die ganze Zeile* Ere tûrlichen kram. 325 barken. 328 wart der wunnē var. 331 wunnē. 336 vehen. 337 ez *Docen*] er. 339 der] vñ. 342 entzwischen. 343 genæjet *Hpt.*] genet. 344 einem *B*] *fehlt:* ûzer purper *Hpt.* 347 in] Nach. 349 Seht *fehlt.* 350 minnenkl. 352 und *fehlt.* 356 die *fehlt.* 366 dor ũmme. 367 sô *fehlt.* 368 Was do mitten. 370 sahen uz. 372 als lylien. 375 stuont] was. 378 bar] bran. 379 Gar tûrlichen. 381 Geleutzen. 382 Dirre.

62[a] die sus ze velde kêrten (64, 5)
und dise rotte mêrten
hêrlichen unde schône.
ein wol gesteintiu krône
zierte ir iegeliches helm,
wan von in dâ stoup unde melm
der heide muoste wahsen.
der fürste rîch von Sahsen
ze velde ouch in der rotte kam,
des wâpenkleider wunnesam
von glanzer sîden glizzen.
er hete sich geflizzen
ûf eine ritterliche tjost.
gebriten was von rîcher kost
in sîn gewant zam unde wilt.
der herzog einen tiuren schilt
von zweier varwe stücken
für sich begunde drücken
nâch ritterlichem rehte.
sîn halbez teil strîfehte
von zobel und von golde was;
daz ander stücke, als ich ez las,
erschein durchliuhtic wîz hermîn,
und was von rôten kelen drîn
geleit ein halber adelar.
der fürste wol gezieret gar
ûf sîme glanzen helme kluoc
ûz eines pfâwen zagele truoc
zwô wünneclîche stangen
bedaht und umbevangen
mit golde lieht und edele
biz an die zwêne wedele
62[b] der pfâwenspiegel viderîn,
die glanzen wunneclichen schîn
ûf der plânie bâren. (69, 3)
die stangen beide wâren
ûf den helm durch liehten prîs
geschrenket schône in criuzewîs.

Sus kam der herzog ûz erwelt
von Sahsen als ein kürlich helt
gezieret wol in fürsten wîs.
von Brandenburc der markîs
wart in der selben schar bekant.
er fuorte ein stehelîn gewant,
daz lûter als ein spiegel schein.
den lîp het er und ouch diu bein
mit liehten ringen wol bewart.
ein kursît von rîlicher art
fuort er von baldekîne drobe.
nâch eines werden fürsten lobe
gezieret was er vaste gnuoc.
den schilt den fuorte er unde truoc
verdecket mit hermîne,
dar ûz in liehtem schîne
ein glanzer adelar sich bôt,
der was von liehten kelen rôt,
und schein daz velt wîz als ein snê.
geriten kam er ûf den klê
und zuo des plânes melme
mit eime tiuren helme,
den zwêne flügele zierten;
die glizzen unde smierten
ûz einer swarzen varwe
sô sêre und alsô garwe,
62[c] daz nie sô vinster wart kein bech.
der marcgrâv edel unde frech
alsus ze velde wart gesant.

386 gesteinte. 387 Zieret ir iegl. heln. 388 von in *fehlt.* meln. 394 het. 395 ein. tyoast. 397 in] uf. 398 hertzoge ein türn. 399. 400 *vertauscht.* 399 Er schein von zwein stücken. zweier *B*] zwein *Schwanr.* 402 stückehte. 404 stücke] teil. 406 keln. 410 zagels. 411 zŵ. 412 bestecket vñ behangen. 416 die] Den. 417 plânie] heide. 418 beide] schône. 419 dem helme. 421 Als kam. 428 ouch *Hpt.*] *fehlt.* 430 kursit, *darüber* gaplin. richer. 431 baldekein dor obe. 433 genuoc. 436 in liehtem] nach wunneklichem. 439 schein] luhte. 442 türlichen. 445 einre. 447 nie *fehlt.* 448 markrave.

der marcgrâv ûzer Missenlant (75, 6)
kam dar alsam die werden tuont.
ein stange ûf sîme helme stuont
rîlich von pfâwen vederin.
daz kleinœt edel unde fîn
sach man dâ verre glesten.
der stil biz an die questen
bewunden was mit golde.
nâch hôher wirde solde
enmitten gienc dar ümbe
ein schîbe, diu mit krümbe
die liehten stangen dâ beslôz.
von silber was si niender blôz,
wan si verdecket was dâ mite.
er kam nâch eines fürsten site,
der wol gezieret dûhte.
sîn schilt güldîn erlûhte,
dâ mite er wol geblüemet reit,
und was ein löuwe drûf geleit
von zobele swarz alsam ein kol.
bereit kam er ze vëlde wol
und fuorte liehten purper an.
von Missenlant der werde man
nâch prîse wolte ringen.
der lantgrâv ûz Düringen
kam dar in liehtem schîne.
mit frischem baldekîne
was er und ouch sîn ors verdaht.
er fuorte ein wâpenkleit geslaht
62¹ und einen schilt von lâsûr blâ,
dar ûz man verre glenzen dâ
sach einen löuwen vlentlich.
der het dar in gestrecket sich
vil gar nâch sîme rehte:
rôt unde wîz stückehte (61, 4)
was er von hermîn und von keln.
sîn schîn lie sich dâ niht verheln
an dem vil hôchgebornen.
sîn helm was mit zwein hornen
gezieret wol in fürsten wîs,
diu lûhten beide silbergrîs
und heten schône sich gebogen.
ûz in geslozzen und gezogen
von golde löuber wâren,
diu glast der heide bâren
rîlichen unde schône
und mit ir klanges dône
gefröuten maniger muoter kint.
sô sich geruorte ein kleiner wint,
sô klungen si ze prîse
in maniger hande wîse.

Alsus kam der lantgrâve dar
und fuor ouch in des küniges schar,
Richardes dâ von Engellant.
der fürste wert von Brâbant
kam dar, als ime gezæme was.
man sach in kêren ûf daz gras
mit einem tiuren schilte gar,
der schein von zobele swarz gevar,
und was nâch hôher wirdekeit
ein güldîn löuwe drûf geleit,
63ᵃ der gap der heide liehten schîn.
mit wâpencleiden sîdîn
zogt ûf die plâniure
von Cleven der gehiure,
ein grâve missewende bar,
mit eime schilte wîz gevar,

450 margrave. mis hen, *aus* mischen. 453 Rich. 454 kleinot. 456 Den. 457. 8 *vertauscht.* 459 ging d. &mme (: krömme). 462 niergen. 464 kan. 467 gezieret. 468 lauwe dar vf. 471 purpur. 472 mischen. 474 lantgrave. ûz *Hpt.*] von. 477 ôrs. 480 dar vz sach man glentzieren da. 481 Saht ein lauwe vintlich. 486 nit. 490 silber wiz. 495 Rilich. 497 Gefrâuwet. 501 Also. 506 kern. 507 tûrn. 508 Daz. 510 dar vf. 511 *das zweite* der *fehlt.* 513 zogt er. 514 cleben.

der was mit hermîn überspreit. (87, 1)
ein ander schilt was drîn geleit
der ûzer glanzen kelen rôt
vil liehten glast den ougen bôt.

Dis edelen herren ûz erwelt
und ander manic kürlich helt,
der namen ich gedenke niht,
ze velde brâhte in dirre pfliht
von Engellant der fürste rîch.
dar nâch mit rotten wunneclich
ûf disen turnei kam gezogt
der werden Kerlingære vogt
als ein rîcher künic tuot.
er fuorte wâpencleider guot
von glanzer sîden reine,
dar ûz golt und gesteine
der heide engegen spilte.
er fuorte in sîme schilte
durch hôher werdekeite schîn
fünfzehen liljen güldîn,
die glizzen wunneclichen dâ.
von Orient safîre blâ
den plân mit glaste zierten,
dar ûz die liljen smierten
schône unde lobelichen gar.
ze velde zogete an sîner schar
63[b] der werde künic von Spangen;
des lîp was umbevangen
mit purpur edel unde frisch,
dar in der vogel und der visch
geleit rîlichen dûhten.
ûf sîme schilte erlûhten
vier stücke, als im daz reht gebôt,
zwei wâren wîz, zwei wâren rôt,

und liezen sich dâ melden. (92, 5)
in den zwein rôten velden
geleit alsam ein lieht rubîn
zwô bürge wâren güldîn,
dô sach man ûz den wîzen
dâ zwêne löuwen glîzen,
die lûhten swarz reht als ein brant.
gewieret was des schiltes rant
mit liehtebæren gimmen,
als ob die löuwen grimmen
an füezen unde an tâpen.
diz sint des küniges wâpen,
dâ mite er was gezieret.
nu stuont der schilt gevieret
nâch kostbærlichem flîze
mit rôte und ouch mit wîze
und underbriten swarz unde golt.
er was den êren alsô holt,
daz er schande al gar verswuor.
der künic von Navarre fuor
ouch in der samenunge.
den prîset wol mîn zunge
für einen ritter lobesam,
wan er ze velde schône kam
63[c] mit wâpenkleiden sîdîn.
enmitten ûz dem schilte sîn
gleiz ein lieht karfunkelstein,
der verre zuo dem plâne schein,
durch werden küniclichen prîs.
von im in eines sternen wîs
güldîne strîme giengen,
dar an von golde hiengen
bisande michel unde breit,
die wâren ûf den schilt geleit,
der von rubînen lûhte rôt.

517 Des. 519 glanzen *B*] glantzer. 520 glast den ougen] schin der heide. 521 Dise. 528 werde Kerlinger. 534 an. 535 werdekeit. 537 wunnĉkl. 538 safier. 539 daz velt. 544 îme. 547 dûhten *Hpt.*] duhte. 548 erluhte. 552 rôten. 557 reht als] als; alsam *Hpt.* 558 gezieret. 559 lichtebern. 566 ouch *fehlt.* 567 underbriten] schinnē. 569 al *B*] als; daz alle schande er gar *R.* 570 nav'ne. 571 sammen.

dem künige sîn gewalt gebôt, (97, 4)
daz er dâ rîlich wart erkant,
wan er het in sîner hant
Navarre und ouch Schampanje.
ein herre von Britanje,
der einer grâveschefte wielt,
mit lobe sîne stat behielt
und sîner edelkeite reht.
blanc unde rôt schâchzabeleht
wart sîn glanzer schilt gesehen.
ein ort lie sich dar inne spehen,
daz was mitalle wîz hermîn,
dar ûz diu kleinen zegellîn
des hermelînes lûhten,
diu swarz geverwet dûhten
sam ein schînât unde ein kol
und ûf daz ort gesprenget wol
beide wider unde für.
der schilt nâch edeles herzen kür
vil schône was gewieret.
der herre alsô gezieret
63d ze velde konde swingen.
der fürste von Lutringen,
ein herzog aller schanden bar,
der fuor ouch in der selben schar
gezieret wol durch êren solt.
ûz sîme schilte erlûhte golt,
daz in bedacte und umbevienc.
entwerhes von dem orte gienc
biz an die spitze ein rôter strich,
der liez von kelen schouwen sich,
und lûhten ûz im wandels frî
snêwîzer adelaren drî,
die glizzen von hermîne blanc.
nâch hôher werdekeite ranc

der edel und der klâre. (104, 3)
ein grâve wert von Dâre
lie sich in dirre parte sehen,
durch daz man im begonde jehen
durchliuhticlicher êren dâ.
den schilt fuort er von lâsûr blâ
geverwet und verdecket,
und wâren drûf gestecket
von golde zwêne vische.
dâ bî mit undermische
lac drinne manic kriuzelîn,
daz ouch erlûhte güldîn
und ûz dem blâwen velde schein.
sus wart gezieret âne mein
der hôchgeborne Franzeis.
dar kam der grâve rîch von Bleis
geblüemet hêrlich ûf daz gras.
sîn schilt mit siben strichen was
61a vil wol bedecket über al,
die durch in giengen hin zetal,
als in diu wâre schult gebôt.
von kelen viere wâren rôt
und wâren drî vêch unde bunt.
der schilt der beide zaller stunt
gap liehten unde tiuren schîn.
entwerhes über die breite sîn
gestrecket was mit solde
ein stücke lieht von golde,
in dem die siben striche
dâ giengen wunneclîche
dar inne gein der spitze.
mit rîcheit und mit witze
gezieret kam der grâve wert.
sîn herze daz het ie gegert
fröude unde spilender wunne.

589 Naverne. ouch *fehlt*. 591 grafschefte. 592 lobe er. 596 spehen] sehen. 605 gezieret. 606 gevieret. 610 der *fehlt*. 615 spitzen. 617 lûhten *Hpt.*] luht. 618 adelarn. 619 luhten. herminē. 624 durch *fehlt*. 625 Durch lûhtiger. 626 Ein. 632 Die auch erluhten. 636 pleis. 642 kelen] keln ir. 643 worn ir dri veͤch vñ brunt. 645 lielthten. 649 den. 650. 59. 73. 84. 805 wunnēkl. 654 daz het ie *B*] do het ie; hete dô *R*. 655 Frâude.

der herzog ûz Burgunne (110, 2)
gezieret kam zer heide
mit einem wâpenkleide.
daz lûhte wunnecliche.
sehs ûz erwelte striche
den schilt sîn überviengen
und von sîm orte giengen
schôn unde lobelichen dâ.
drî wâren güldîn und drî blâ
von lâsûr edel unde fîn.
der schilt het einen liehten schîn
und einen glast vil wunnesam.
von Arteis der grâve kam
ze velde werdeclichen dâ.
den schilt fuort er von lâsûr blâ.
64^b und was geströuwet wol dar în
vil manic lilje güldîn,
die glizzen wunneclichen hie.
den schilt ein rant al umbevie
von kelen rôt geverwet.
der herre was gegerwet
in wunneclichiu wâpenkleit.
von Nervis der grâve reit
ze velde lobelichen gar
und fuor ouch in der selben schar.
daz von dem rosse gienc der rouch.
der striche sehse wâren ouch,
die an dem schilte viengen an
und wunneclichen lâgen dran
durch hôher wirdekeite solt:
drî wâren gar durchliuhtic golt
und drî sô rehte lâsûrfîn,
daz si niht blâwer konden sîn.

Dis edeln herren vollebrâht,
der wâpenkleit ich hân gedâht,
die kâmen sus gezieret dar (116, 1)
in dirre zweier künige schar,
die des turneies pflâgen
und wider ein ander wâgen
mit lîbe und mit dem guote sich.
vier tûsent ritter löbelich
die wâren mit in wol bereit,
der zimier und der wâpenkleit
ich muoz verswîgen und verdagen.
solt ich ir aller namen sagen,
der rede würde ein wunder.
der fürsten hân ich drunder
64^c mit worten iuch bescheiden
und von ir wâpenkleiden
geseit daz beste, daz ich weiz.
der wîte plân ze Nantheiz
der wart geblüemet mit den scharn.
si kâmen ûz der stat gevarn
als engel wol gezieret.
in wart getambûrieret,
geschellet und gepfîfet.
dâ von der muot begrîfet
fröud unde rîcher wunne spil.
des wart gehœret alze vil,
dô si ze velde kâmen.
si zogeten ûf den sâmen
in zwein kürlichen parten.
irn schouwet in den garten
ze meijen niht sô manige bluot,
sô maniger hande varwe guot
von ir gewæfen lûhte.
der plân beschœnet dûhte,
alsô gleiz bî den zîten
daz velt ze beiden sîten
von golde und von gesteine.
die glanzen helme reine

656 herzogȯ von. 662 und von sim] Von sinem. 667 vil] so. 669 lôbelichen. 672 lylye. 674 al ûmme. 677 In so wunnekliches. 681 gien. 685 wirdekeit. 689 Dise. 692 diser. 695 mit dem] auch mit. 698 zimer. 699 geswigen vñ gedagen. 700 Sôlt. 703 Ich. 711 Geschalmiet. 714 alze] da so. 715 dô] Daz. 716 den] die. 719 meijen *B*] meye; meien *R*. 721 So ir gewefen.

und daz erwelte stahelwerc (122,1)
erlûhte dô tal unde berc
mit sîme tiuren glaste.
diu sunne schein sô vaste
und alsô lûterlichen dran,
daz von ir beider schîne enbran
der plân und daz gevilde.
vil manic wunder wilde
64ᵈ sach man die decke zieren.
zahl waz von zimieren
dâ lûhte spæher dinge!
dâ glizzen liehte ringe
und manic edel sîde drobe.
die schar nâch hôher wirde lobe
ze samene sich dâ wurren.
man hôrte banier snurren,
als ûf dem sê ein segeltuoch
und als ein rôr, daz in den bruoch
der wint mit sturme neiget.
hie wart ein just erzeiget
und ein hurtieren ritterlich.
ûf und zetal begonde sich
vil manic schenkel biegen.
bi snellen orsen fliegen
sach man dâ ritterlichiu bein,
dô sich begonden under ein
die schar mit nîde werren.
grâzieren unde scherren
diu ros man hôrte lûte.
den bluomen und dem crûte
geschach dô von ir loufe wê.
dô muoste vîol unde klê
von justieren dorren.
schar under schar geworren
ûf der vil hurteclichen vart (127,5)
mit rehter ordenunge wart.

Hie wurden ors gehouwen
daz in daz verch betouwen
begonde von dem bluote rôt,
daz in durch grimmeclîche nôt
65ᵃ ûz sîten wart gedrungen.
vrlîche kam geswungen
ein rotte her, diu ander hin.
ez galt der turnei under in
reht als der man ze velde fuor.
der wint durch eines kornes fluor
sô tôbelichen nie geswanc,
sô balde durch die rotte dranc
Richart von Engellanden.
mit orse und ouch mit handen
maht er im selben wîten rûm.
er spielt die schar alsam den schûm
ein kiel zetrîbet ûf dem mer.
sich huop von ritterlicher wer
vil hurteclich gedrenge.
nu wart ir gnuogen strenge,
dô sich die rotte flâhten.
nâch hôhem prîse vâhten
die Tiuschen und die Walhe.
vil manic richiu malhe
wart guotes îtel von der kost,
diu dâ vertân wart an der tjost
von den zwein samenungen,
die vîentlichen drungen
ze samen ûf den orsen frevel,
als under warf der sîden wevel
sich wirret von den kammen.

727 erwelt. 728 Derluhtet tal. 732 embran. 739 manic *fehlt.* dar obe. 741 Zů sammē. 742 hort die. 744 den *Hpt.*] dem. 750 ôrschen. 751 dâ]so. ritterliche. 752 begonde. 753 rechen w'ren. 754 grazziern. 758 unde] vñ der. 760 under] vñ. 761 hurtelichen. 763 ôrsch. 764 brauwen. 768 vrilich. 769 die andere. 770 Der turnei galt. 772 eines *Hpt.*] *fehlt.* 776 ôrsche. ouch *fehlt.* 777 selber. run: schun. 779 Die kiel zů triben. 781 hurtebere. 782 in genuoge. 786 rich. 787 koste. 788 v'ten von der tioste. 789 Wart von zwein. 790 vintlichen. 791 den *Hpt.*] *fehlt.* ôrschen. 792 wefel.

dô sprungen fiures flammen (133, 2)
ûz helmen alsô grôze,
als ûf dem anebôze
die gneisten von dem îsen.
golt und gesteine rîsen
65[b] begonde nider ûf den plân,
dô mit den swerten wart getân
dar ûf sô manic grimmer slac.
mit nîde man turniereus pflac,
als ob ez wære ein herter strît.
golt, sîd unde samît
erlûhte wunneclichen dâ.
rôt unde gel, grüen unde blâ
ir wâpenkleider glizzen,
diu sich von slegen rizzen
und von swerten bitter.
dâ reit vil manic ritter
gezieret als ein engel.
dâ huop sich grôz getengel
ûf der plânîe ringe,
als man dâ pfenninge
vil unde wunder slüege.
dâ wart ein ungefüege
unde ein griuwelicher schal,
daz in den wolken wider hal
der swerte griuwelicher dôz.
manegen hurtebæren stôz
enpfiengen dâ ros unde man,
die under sich dar unde dan
begonden ziehen ûf der wisen.
der eine den, der ander disen
bî sîme zügele begreif.
dô wart vil manic stegereif
erlæret unde satelboge.

von Sahsenlant der herzoge (138, 6)
wart ûz mit sîme zoume
gefüeret zeinem boume,
65[c] der ûf dem anger bluote,
dâ sich der wol gemuote
vil wackerlichen werte.
ûf in sluoc unde herte
der künic wert von Spangen.
dô het in umbevangen
der grâve rîch von Bâre:
die stuonden im ze vâre
und manic ritter küene.
ûf der plânîe grüene
wart von in ein gestürme,
als ob die bînenwürme
sturmten umbe ein honicvaz.
nu werte er sich, geloubent daz,
ir aller wol mit frîer hant.
als ob dâ stüende ein steines want,
alsus enthielt er under in
und leit von slegen ungewin.

Man sluoc ûf in dâ sunder twâl.
mit scharpfen swerten lieht gemâl
wart ûf in sô gekempfet,
daz im dâ von gestempfet
die ringe wurden in daz vel.
stoup und ouch gesteines mel
umb in ein vinsternisse wap,
in dem enthielt er unde gap
den widersachen swæren zins.
er was noch herter denne ein flins
an ritterlicher degenheit.
nu daz er in der nœte streit

796 ûf] von. 797 genstern. 798 und *Docen*] von. 800 dô] Die. 801 Dor. 806 Rot gel grûne; wîz brûn rôt gel *R*. 810. 12. 16 Do. 813 plauûre. 817. 19 grûlicher. 820 hurtebern. 821 enpfiengen *Hpt.*] Enpfienc. 825 zûgele be- begreif *B*] zûgel schier begreif; zûgele schiere ergreif *R*. 826 sa^{h}ssen. 830 zû einô. 836 ſme. 837 rîch] wert. 840 planire. 841 von *Docen*] ſm. 843 Stûrmenten ſm. 852 dâ von] dar in. 853 ringe mahten im. 854 gesteine. 855 ſmme. 857 swern. 860 do er in den nôten.

und alsô was bestanden. (144, 3)
dô wart von Engellanden
65[d] Rîchart der swære sîn gewar.
sîn wâpenkleit durchliuhtic gar
ersach der künic reine
mit golde und mit gesteine
glenzen durch des stoubes melm,
wan er bekante sînen helm
bî zweier stangen solde
bewunden wol mit golde,
dar ûz man dô sach glesten
zwô spiegellichte questen,
als in dâ vorne wart gezelt.
und dô von Engellant der helt
den herren in den nœten sach
und er sîns herren ungemach
alsus begonde schouwen,
dô wart sîn ors gehouwen
ze beiden sîten sêre.
mit sneller umbekêre
kam er dâ hin gerennet,
dâ sîn gesiht erkennet
den fürsten het ûz Sahsenlant.
sîn lop begonde er alzehant
an hôhen êren ûfen
und stiez ûf einen hûfen
mit sîner hürteclichen vart
vil manigen helt von rîcher art,
der umbe den herzogen hielt.
die schar zecloup er und zespielt,
dâ mite er was beslozzen.
er kam durch si geschozzen
mit snelleclicher île,
gelîch dem doners pfîle,
66[a] der schiezen kan durch einen boum.
den helt von Sahsen in den zoum
gevangen het ein ritter. (150, 3)
dem wart mit slegen bitter
sô nôt und alsô wê getân.
biz er den zügel muoste lân
geswinde ûz sînen handen.
Rîchart von Engellanden
sluoc im dâ starke biusche.
vil kumberlich geriusche
begonde eht aber wahsen.
Rîchart und der von Sahsen
mit nîde sich dâ werten.
verhouwen und verscherten
sach man si lichte schilte.
von Engellant der milte
spæn unde ringe sâte.
sô balde nie gemâte
die bluomen und daz gras ein meder.
sô vaste er îsen unde leder
verschriet mit sîme swerte.
vil schaden er gewerte
den künic rîch von Spangen.
er het in nâch gevangen
und ûz gefüeret durch den melm.
den liehten und den glanzen helm
wolt er im abe würgen.
mit löuwen und mit bürgen
sîn glanzer schilt gezieret was,
der wart ze stücken ûf daz gras
gevellet und gerêret.
Rîchardes lop gemêret
66[b] wart mit hôher wirdekeit.
doch wizzent, daz er drumbe leit
vil kumberlicher swære.
er wart ein marterære
nâch reiner tugende lêre,
des mâles dâ umb êre

867 Glentziern. 872 zẘ. 873 Als do vor nam. 874 und *fehlt.* 877 Also. 878 ôrsch. 880 Imme. 887 hortlichen. 889 im. 890 zecloup *Hpt.*] claub. 894 donders. 897 ein *Hpt.*] er einē. 899 guot. 904 kûmerlich. 905 cht] er. 909 lihte. 911 spejn. 914 unde] vñ daz. 917 Dem. 918 nahe. 928 doch *fehlt.* drûmme. 929 kûmerlicher. 932 do im.

huop sich ein grôz malie. (156, 3)
ûf in wart ein störie
gedrücket unde ein punder.
dâ was der herzog under
geheizen von Lutringen.
mit fürstelichen dingen
der helt geblüemet kam gevarn.
ein rôter strich mit wizen arn
in golde zierte sînen schilt.
sîn ors lief sam ein snellez wilt
mit sprüngen ûf der heide.
er îlte ân underscheide
zuo der patelle griuwelich.
hie wart Richart der künic rîch
und der von Sahsenlanden
vil sêre dô bestanden
und dar nâch harter überriten.
und dôs in disen nœten striten,
dô wart ir kumber dâ geseit.
ein knappe von den wâpen reit
des mâles dô kroijierende
und manigen schilt brüevierende.
der wart Richardes innen
und sach in nôt gewinnen,
dâ von rief er mit schalle
66c 'ir tiuschen ritter alle,
wes lâzet ir in banden
den künic von Engellanden,
der aller fürsten krône treit?
sîn lîp von kumber arebeit
unde grôzen smerzen hât.
der im ze helfe niht enstât,
die Walhe ziehent in enwec.
ir fürsten edel unde kec. (161, 6)
lât in niht füeren in ir fride!
ûf sîne küniclîche lide
wirt alze vil gedroschen.
der Tiuschen prîs erloschen
ist an êren hiute,
gesigent welsche liute
an dem rîchen künige wert,
des herze frîer milte gert.'

Die fürsten von den worten
die wurden zallen orten
sêr ûf die Walhe enbrennet.
des kam ir gnuoc gerennet
zuo dem von Engellanden.
der herzog ûz Brâbanden
begonde im ouch ze staten komen.
dâ wart ein turnei hin genomen,
daz vor sô herter nie geschach.
diu wâpenkleider man dô sach
mit schîn den plân erbleichen.
dâ schein des fürsten zeichen
ûz Brandenburc von kelen rôt,
ûz dem sich ze schîne bôt
der adelar gar wîz hermîn.
dâ gap ouch liehtebæren schîn
66d von Brûnswîc des herren schilt,
dâ zwêne löuwen ûf gezilt
von golde wâren in ein velt,
dar an vil hôher koste gelt
von rôten kelen was erkant.
dâ gleiz des helm ûz Düringen lant
mit zwein hornen silberîn;

933 sich grozze. 935 ein wunder. 936 hertzoge. 941 zieret. 942 lief] für. 944 on°. 945 grülich. 949 darnâch] dennoch. 950 dôs in disen *B*] do sie in den. 951 dâ] do. 953 krogierende. 954 manic. brûvierude. 955 der *B*] er. 958. 70 tůschen. 962 kûmer arbeit. 967 in *Hpt.*] *fehlt.* 972 welische. 974 des] Sin. 977 erbrennet. 978 kam ir gnuoc *B*] komen ir genuoc; kômen gnuoge *Hpt.* 980 herzoge von Pr. 981 kumen. 982 Do. hin *fehlt.* v'numen. 984 diu *B*] der. 985 mit *B*] ir. erbleichen *B*] erweichen. 987 ûz] von. 990 lichtebæren] liehbern. 996 gleiz *B*] *fehlt*; stuont *R.* heln. 997 hornern.

diu bâren wünneclichen schîn: (167, 2)
si lûhten unde klungen.
sô wol der mînen zungen,
daz mich ir lobes niht bevilt!
man sach des Missenæres schilt
von golde lieht dâ glîzen wol,
dar ûz geverwet als ein kol
ein löuwe swarz von zobele schein.
hie wart eht aber under ein
schar unde schar geflohten
und hôhez lop ervohten
mit ellenthaften handen.
swaz von der werlde landen
was guoter ritterschefte iesâ,
die kâmen zuo ein ander dâ:
von den huop sich ein michel stoup.
dâ vielen ritter sam daz loup
von dürren boumen riset.
Richart wart dâ gepriset
für manigen êregernden man;
ahtzehen ros er dô gewan
mit sîner hant alleine.
von Brandenburc der reine
und ouch der Missenære
vil rosse mahten lære,
67a wan si wurfen manigen abe.
dô wart enblœzet sîner habe
vil manic werder Franzeis.
hey waz ûf die plânie reis
gesteines unde goldes!
wê, waz riches soldes
verdarp von hôher koste dâ!
der samît rôt, grüen unde blâ
wart sêre dâ zerizzen.
diu zimier, diu dâ glizzen
von wunneclicher varwe, (173, 1)
diu wurden alle garwe
zefüeret ûf den helmen.
von lûter stimme gelmen
huop sich dâ wüefen unde braht.
dô wart mit stoube alsô verdaht
diu sunne liehtebære,
als obe gegangen wære
dâ für ein wolken tunkel.
smaragden und karvunkel,
jâchande und krisolîten,
die wurden bî den zîten
getengelt ûz den schilten.
turnierens vaste spilten
die ritter dâ mit frier hant.
der künic wert von Engellant
enpfienc dô hôher êren hort.
der eine hie, der ander dort
begonde im sicherheite jehen.
ouch wart in prise dâ gesehen
der künic von Tenemarken:
der schuof mit sîner starken
67b und herlichen mannes kraft,
daz in der werden ritterschaft
sîn hôhez lop durchliuhtic schein.
er fuorte manigen ritter hein
für sîner letze barre.
der künic von Navarre
gezoumet wart von sîner hant.
hie wart ein grôz malie erkant
und ein gestœze griuwelich.
slac under slac, stich under stich
mit nîde wart gedrungen.
diu swert dâ lûte erklungen
von der schilte bôzen.

998 diu *B*] und. bâren wunneclichen] gaben liehtebern. 1000 wol, *aus* von *gebessert*, den. 01 mich] si. 03 glizen] schinen. 07 unde] under. 11 was *Docen*] Des. 14 sam] als. 24 emblözzet. 25 franzeiz. 26 ey. der planiere kreiz. 32 Die zimer die. 33 wunnēklicher. 34 Dt. 35 dem helm. 36 von] Mit gelm. 43 Jechande. 45 uſ. 55 und *fehlt*. 63 grûlich. 64 Slahe slach stich vñ stich. 65 nîde] fride. 66 Dt. 67 von] vñ. schilt.

der eine konde stôzen, (178,6)
der ander hurteclichen dranc,
der dritte vientlichen ranc,
der vierde grimmeclichen zôch,
der fünfte snelleclichen flôch,
der sehste balde jagete,
der sibende tiure klagete,
der ahte sich dâ fröute,
der niunde sêre dröute,
der zehende konde flêhen.
man lêch dâ strengiu lêhen
ân aller slahte bürgen.
helm ab den köpfen würgen
begonde manic kreftic hant.
hie wart gerüefet 'Engellant',
sô wart 'Fraucrîche' dort geschrît.
ûz eime schimpfe wart ein strit
gemachet bî den stunden.
von Rîchart überwunden
67^c wart alsô der turnei,
daz man sîn lop sprach unde schrei
beid offen unde stille.
seht, wie der kocadrille
ûz eime rôre springet
und schâf ze nœten bringet
swâ man si weidet bî dem mer,
alsus geschuof mit sîner wer
der künic, daz in freise
bekômen die Franceise.

Ouch het ez maniger ûf dem plân
sô rîlich und sô wol getân,
daz er geblüemet wart mit lobe;
iedoch sô fuor in allen obe
Rîchart an sîner werdekeit. (184,3)
swaz er mit sîner hant erstreit
ors unde guoter dinge,
daz gab er ûf dem ringe
den knappen algelîche,
die von den schilten rîche
und von den helmen sprâchen.
dâ von si niht zebrâchen
sîn lop noch sîne wirde.
mit edeles herzen girde
kroijiertens ûf in alle
und riefen dô mit schalle
gelîche und algemeine
'von Engellant der reine
der ist ein fürste zeinem man!
hurtâ hurt, wie wol er kan
nâch hôhem prîse dringen!
ahî, wie kan er ringen
67^d nâch êren manicvaltec!
kein sperwer sô gewaltec
wart nie der kleinen vogellîn
als er der ritterschefte sîn
wil und mit sîner hende mac.
sûsâ wie lît rîch bejac
versigelt hiute in sîner hant!
ahtzehen ros het er gesant
von der plânie velde.
mit hôher wirde melde
sol man kroijieren sînen lîp.
für zucker möhten in diu wîp
durch sîne frîheit niezen,
sît daz in niht verdriezen
mac êren unde tugende
dâ her von sîner jugende.

1068 ein. 69 hurtlichen. 70 vintl. 71 grûlichen. 75 frâuwete. 76 drauwete. 78 lehe da strenge. 79. 80 Ane. Helme. 81 krefic. 83 Do w. frankerich dort gerûfet geschrit; dort Frankerich *R.* 89 Beide. 91 springe. 92 schof. bringe. 93 So. weident. 94 Also. 1100 sô *Docen*] sie. 01 an] mit. 03 örse vñ. 09 noch sîne *Hpt.*] nach siner. 11 Groiertens. 12 da. 13 alle. 16 hurtâ hurt *Hpt.*] Hurta do. 18 ahî] Herre. 22. 23 ritterschefte wil sin vñ mit: *R.* ritterschaft wil sin und mit. 24 lît *Hpt.*] sit. 25 hût. 27 planiere. 29 Sol manic krogierer. 30 in *Hpt.*] *fehlt.*

Alsus wart er geprîset: (190, 1)
sîn name uns des bewîset
und sîn durchliuhteclicher schîn.
daz schuof er mit der milte sîn
und mit rîlicher hende.
genomen het ein ende 68ᵃ
der wunnecliche turnei.
sîn kraft diu spielt die wirde enzwei
der widersachen ûf dem plân.
si wurden alsus în getân,
daz si verlust dâ nâmen
und zeinem valle kâmen (191, 6)
an werltlichen êren.
Rîchart begonde kêren
mit hôhen êren in die stat.
swer in dâ pfantlœse bat
und sînes guotes gerte,
rîliche er den gewerte:
ritter unde varnde diet
mit hôhen gâben er beriet
und reit aldâ von dannen
mit allen sînen mannen.

1135 Also. 36 des *Hpt.*] daz. 37 In gar durchlûhteglichen. 40 Genumen hat. 43 wider sache. 44 also. 50 pfantlose. *nach* 1156 *folgt* D (*roth*) iz ist der werde turnei. Nu sprechent alle heya hei Das er sus ein ende hat. Wie wol er hie geschriben stat Von den meisters handen. Man fuͥnde in allen landen Keinen schriber so gût. Got gebe vns frâude vñ hohen mût. Swer tugent hat der ist wol geborn Ane tugent ist adel gar verlorn. (*roth*) Hie get vz der turnei von Nantheya.

SANT NICOLAUS.

1.

und er dâ von der schrift vernam
oder hôrte, als im gezam,
daz slôz er in sîns herzen schrîn,
durh daz er niht vergæze sîn.

Nu was sô vil vergangen
der zît, daz er bevangen
wart mit grôzem leide;
wan im empfielen beide
sîn vater und sîn muoter.
iedoch gedâhte er guoter
dinge in sînem muote
und brâhte daz vil guote
wort vil dicke tougen
vür sînes herzen ougen,
daz in dem êwangelje stât:
'swer niht allez daz er hât
lât und sich verzîhet sîn,
. . . .
noch ir loben noch ir ruom,
wan der vil edele richtuom,
den dâ Crist bewæret hât,
alsô vestecllch bestât,
daz er niht mac werden
verbrennet hie ûf erden
von bœser sünden samnen.
den hû mac niht verdamnen
noch verderben êwic viur,
der veste ist immer und sô tiur,
daz der bœste wercman in
hât gezimbert und sîn sin
ouch gemeistert ordenlich.
brich die twâle, vürder dich,
vollebrinc diz guote werc.
brinc ze liehte dîn gebere,
daz die liute mügen sehen
. . . .
und dô er solcher girde pflac
daz er in mîltem herzen wac,
wie daz würde vollebrâht
des er ze tuonne het gedâht,
dô began ein vorhte guot
rüeren sînen jungen muot,
daz er alze sêre entsaz,
daz der liute gunst im daz
verdarbte und ir guot wille,
des er gedâhte stille
ze tuone in Jêsû Cristes namen.
dar umbe er zuo dem lobesamen
unserm herren sîne gir
kêrte und liez in werden ir
innen genzlich unde gar.
âne bette kêrte er dar
unde bat mit über . . .
. . . .
die süezen vrühte, dês mîn rât,
die Jêsus Crist gesæjet hât
in dînes herzen acker,
wan si sint vil gesmacker
denn aller hande vrühte.
niemen mag an genühte
vinden sîner vrühte gaten:
weder trefsen noch den raten
mac man vinden drinne.

3 sin. 5 *kein Absatz*. 6 da zit. 19 soben. 20 edel rihtûm. 25 samen. 28 die. immer] . . . . 30 gezimmert. 49 umm. 51 innan. 52 bete. 56 gesewet.

là durh gotes minne
schouwen dînen rîchen schatz.
sliuz ûf âne widersatz,
sliuz ûf den vil rîchen schrîn
dâ der süezen milte dîn
hörde schône entspringent
und rîchen wuocher bringent

2.

des gar fînen goldes gôz
verbunden: innerhalp diu flôz
des hûses, als in ist geseit.
dirre ist der in stætikeit,
süezer Jêsû, meister guot,
dînen willen gerne tuot.
ern überhœret, herre got,
dîn heizen unde dîn gebot:
zwei hât er der gebote dîn
ervüllet mit der milte sîn,
daz eine, daz er inneclich
von herzen hât erbarmet sich
über den vil armen man.
daz ander leistet er dar an,
daz sîn rehtiu hant alhie
der erbermde werc begie,
daz ez die linggen wart verholn,
do er sô tougen und verstoln
der miltekeite werk begienc.
des morgens, dô der tac an vienc
und liuhten über al began,
dô dirre guotes arme man
sâ zestunt und alzehant
daz golt in sînem hûse vant,
er nam ez unde wag ez her
unde dar. wie aber er
an der êrsten stunde
ruorte zuo dem vunde,
wie hôhe er in dô wæge,
und waz er vreuden pflæge,
wie grôze gnâde und danc sîn munt
und ouch sîn herze um disen vunt
seiten dem vil rîchen gote,
nâch des willen und gebote
diz gelücke im was geschehen,
daz mag ie der man wol spehen.

Nu huop mit solchen worten an
sîn gebete dirre man
'herre herre, rîcher got,
âne des winken und gebot
ein spare noch eins boumes loup,
ez sî saffig oder toup,
niht vellet zuo der erden:
ich bite dîne werden
unmæzige miltekeit,
daz du, der eine in sicherheit
maht aller dinge künde hân,
mich armen sünder wizzen lân
gernoches und mir zeigen in,
von dem ich rîche worden bin,
der mir, des ich empfunden hân,
sô vil ze guote hât getân:
und des bite ich, herre, dich
dar umbe niht daz immer ich
daz geneme in mînen sin,
daz ich getürsteclichen in
rüeren ger und vrevellich
mit den henden mîn, die sich
in sünden hânt entreinet.
mîn herze aleine meinet
daz ich bekenne dînen kneht,
der sô heilig und gereht
hie den liuten wonet bî,
süntlicher getæte vrî,
und dem ûf erden hât gegeben
dîn milte ein engelischez leben:
ei herre, den lâ kennen mich,
daz ich dar umbe lobelich

79 er uberhort niht. 112 an. 126 Dar umme. 140 dar umme.

prîsen müge dînen namen
werden unde lobesamen,
der beidiu nu und zaller vrist
heilig und gesegent ist.

3.

an den wec des tôdes trat
ein bischof wert in einer stat,
diu Myreâ was genant
in latîn, in tiutsch ich vant,
als diu schrift mich wizzen liez,
daz man si Stammirten hiez.
an disen namen beiden
darf nieman underscheiden,
wan si tiutent eine stat.
der bischof vuor des tôdes pfat,
der in mit kreften überwant.
sîn tôt wart über al daz lant
geclaget harte sêre,
wan er durch gotes êre
vil geistlich was ûf erden
. . . .
. . . .
. . . .
grôze clage und jâmers nôt
um sînen lîplichen tôt,
wans in mit triuwen meinten.
dar nâch si sich vereinten
um eine samenunge,
dâ beide alt unde junge
pfaffen zuo in kêrten,
daz si gemeinlich êrten
got, und dâ mit sîner kunst
nâch geschribens rehtes gunst
einen andern bischof kürn,
der, als siz wol konden spürn,
bescheiden wære und nütze gar.
nu was ein bischof in der schar,
dâ grôziu wirdikeit an lac
. . . .
. . . .
. . . .
ir valschiu süeze und ir gelust.
er enwolte sô noch sust
in allen sînen jâren
weltliches ruomes vâren,
ûf daz im würde niht benomen,
dar er gerne wære komen,
der heiligen gesellleschaft.
einzeclich mit sîner kraft
bevalh er gote aleine sich,
der alliu dinc gar eigenlich,
als im sîn wîsheit tihtet,
ordent und verrihtet,
swenne er wil und swie er wil,
wan sîner maht ist niht ze vil.

Dô diu geschiht wart vollebrâht,
si vrâgten wes er het erdâht:
swen er mit namen bræhte vür
und in ze solher wirde kür,
den wöltens algemeine weln
âne zwîvel unde in zeln
zeinem bischof in der stat.
dirre guote bischof trat
ûf der zwelfboten spor
aller dinge, und als si vor
tâten, alsô tet er nâch.
im was ze gotes lobe gâch:
daz liez er dâ werden schîn.
er bat die genôzen sîn,
und die andern in der rote
mant er vlîzeclich in gote
ze beten und ze vasten.

4.

sô nimt ez swæren widerkêr.
ez briuwe ot vür sich immer mêr,

164 un] in. 173 andren. 195 *kein Absatz*. 196 . . . . . het erdaht. 204 ding . . . s si vor. 213 bruw.

unz im sîn gir muoz werden sat.
an selcher bœsen girde pfat
wâren lasterlich getreten
unde samenthaft geweten
die verræter vor geseit.
in was der vürsten leben leit,
die der keiser noch beslôz;
wan dô lützel hin gevlôz
der tag, und ez si dûhte zît,
si kômen aber durch ir nît
zuo dem rihter vor genant
und brâhten im aldar zehant
die gâbe dies im beten ê
gelobt und sprâchen aber mê
den guoten liuten an ir leben.
'sag an war umbe ir habt gegeben,
du und der keiser, selche vrist
iuren vînden, daz in ist
ir leben biz dâ hin beliben,
die sô vil valsches hânt getriben,
daz in zehant niht sint geslagen
diu houbet abe von den cragen?
oder wândet ir, daz ir
dâ mite möhtet ire gir
erwenden unde ir übeltât,
der ir ungetriuwer rât
iu ze schaden hât erdâht,
obs in den kerker würden brâht?
nein dêswâr, ez treit niht vür.
man siht, daz nâch ir willecür
ir gesellen zuo in kumen,
die mit helfe in wellen vrumen,
daz si her nâch entrinnen
und daz nâch ir sinnen
ir bôsheit werde vollebrâht,
dar ûf si lange hânt gedâht.
dar umbe ist nœtlich daz dâ zuo
selchen vlîz dîn wîsheit tuo,
daz si des niht vollenden mügen
dar ûf si denken unde hügen:
uns muoz anders riuwen
daz wir mit ganzen triuwen
gewürket hân ein michel teil
umb iuren vride und umbe iur heil
und müezet ir verderben
und vil schiere ersterben,
werdent si verderbet niht:
des man die wârheit wol besiht.'

Von disen valschen zungen
der rihter wart betwungen
und von der gâbe unreine
und von dem grôzen meine,
daz im die velscher seiten,
sô daz er sunder beiten
anderweide ir lügene stift
und solher worte unreine gift
in des keisers ôren gôz,
dazs im in sîn herze vlôz.

'Herre keiser', sus sprach er,
'die meintætigen, den biz her
dîn milte hât verlân ir leben,
noch wellent niht daz mein begeben
des si gedâht hânt wider dich.
tœtliche ræte stæteclich
in übellichen ahten
si mit den liuten trahten,
die in mit eiden hânt gesworn
und in ze helfe sint erkorn,
und weiz ân allen zwîvel daz

5.

dazs in ir nœten tâten.
er tet des si dâ bâten,
als ob der sældenbære
sant Niclaus dort wære
in sînem hœhsten rîche

214 múz. 229 *fehlt.* 231 tren. 245 wollen. 246 na. 247 *fehlt.* 257 vm — vm. 266 *fehlt.* 271 dass. 283 Dass.

und gegenwertecliche
dô dise drî vertræte
und selber vür si bæte.

Wes sint aber, süezer Crist,
der ein getriuwer lôner bist,
dise gâbe danne dîn?
wes mac diz widergelt gesîn
und disiu grôzen wunder,
danne dîn besunder,
der alle die dich êrent
und dîn lop hie mêrent,
dort êres vor dem vater dîn
in dem himelrîche sîn
. . . . becort.
. . . . . . sîn (?) hort
. . . er ouch . . . n
. . . an si . . werden
. . . vor de . . hie
. . . âne . . . ged ie.

Nu kom ez daz der tac vergienc
und diu leide naht an vienc,
daz die strâtillâten,
als ê was gerâten,
gehoubtet werden solten,
die die marter dolten
âne schulde und âne reht.
dô der keiser und sîn kneht,
der eparche vor genant,
entslâfen wâren, alzehant
sâhens in ir slâfe
von götelicher strâfe
zwêne troume glîche gar,
als si wurden sît gewar,
die ich dar umbe sunder
wil sagen zeinem wunder,
daz uns werd offenlichen kunt,
daz er, der nu und zaller stunt
almehtig ist, aleine niht
den, die man übertreten siht,
daz reht tuot offenliche dô,
sunder daz er ouch unvrô
si machet unde dröuwet in
mit nahtgesihten, dazs ir sin
wenden wider an daz reht.
dar an tuot er niht wan sleht,
wan sîne milte des gezimt,
daz er im grœzer vröude nimt
von einem sünder, ob er hât
riuwe um sîne missetât,
dan von unwandelbæren
niun unde niunzic wæren:
dar umbe erzeiget er sô vil
mit strâfe und anders, daz er wil
den sünder niht versmâhen,
sunder gerne enpfâhen
aller menschen riuwe,
diu wâr ist und getriuwe.

Nu hœret die gesihte,
der ich iuch berihte:
dem keiser in der naht erschein
in forme sant Niclauses ein
bilde, dô er lag und slief,
daz im sus zuo sprach und rief
'Constantîn, sag an durh waz
hâstu billich geheizen daz,
daz man die strâtillâten,
die doch niht arges tâten,
widerz reht gevangen hât?
wes hâst du sunder missetât
si verteilet hie in nôt
unde in unverdienten tôt?

301 .. cort. 307 Nu *fehlt.* 308 und *fehlt.* die heide auch (?) anvienc. 315 ... che vor g. 318 von *fehlt.* 319 treume. 321 umme. 329 drewet. 330 dass. 334 vreúde. 339 Darumm. 345 Nu hort von den gesihten. 346 der wil ich ôch berihten. 352 hast unbillich.

stant ûf snelle und heiz si sân
ledic von ir banden lân:
wilt du dar an versmâhen mich
und anders werben vrevellich
dan ich dich geheizen hân,
sô wil ich biten sunder wân
in, ders himels künig ist,
daz er, ob du verhertet bist,
sô daz du wilt versmâhen mich,
über dich tuot sîn gerich
und schiere des verhenget,
daz wider dich entsprenget
ein sô starc urliuge wirt,
daz der tôt dich niht verbirt,
du müezes werden dâ erslagen
und dîn vleisch dâ werden nagen
die vogele zeiner spîse
und ouch diu tier unwîse.'

'Wer bist du?' sprach der keiser sân,
'und waz gewaltes maht du hân,
daz du ze dirre zît in mîn
palas kumen bist her în
und selche drô sô vrevellich
getars gesprechen wider mich?'
'Nycolâus bin ich ie',
sprach er, 'den du hœres hie:
und swie ich ein sünder sî,
doch ist mir diu wirde bî,
daz ich erzebischof bin
Stanmyrên der kilchen.' hin
vuor er dô er daz gesprach
dâ der eparche sîn gemach
het in sînem slâfe,
den er mit selcher strâfe
erschracte und mahte vil unvrô
mit selcher angestlichen drô:

'Ablaviê, du swacher kneht
des herzen und vil ungereht
des muotes und der sinne wan,
waz grôzer nœte lac dir an,
daz alse gar verhertet ist
dîn herze, daz du worden bist
ein verrâter âne nôt
der unschuldigen in den tôt?
var snelle dîne strâze
und schaffe daz man lâze
her ûz des kerkers banden vrî
die unschuldigen, alle drî:
tuosdu des niht in disem zil,
sô wis des sicher, daz ich wil
umb in der êwik keiser ist,
erwerben in vil kurzer vrist,
daz er mich an dir richet,
daz dîn lîp ûz brichet
sô sêre an allen enden,
daz in die würme schenden
und vrezzen, daz du stirbes
und lasterlich verdirbes
und daz zestœret schiere wirt
dîn hûs: diu nôt dich niht verbirt.'

Nâch dirre drô vil grimme
mit gar betruobter stimme
sprach der rihter vil unvrô
'wer bist du, der uns selche drô
legest an sô vrevellich?'
er sprach 'wilt du bekennen mich,
sô nim vil rehte in dînen sin,
daz ich Myrêner bischof bin
und Nicolâus bin genant.'
nâch disen worten er verswant.

6.

daz zolhûs diebe solten gên.
dô die ez offen sâhen stên
und in den selben stunden
dâ keinen huoter vunden,
si wurden des ze râte

371 urlaûge. 375 vogel. 390 Do. 409 um. 417 vil schier zestoret.

dâ mit ein ander drâte,
daz si des nahtes wolten kumen
und stelen wolten in ze vrumen
swaz dar inne læge,
sit sin dâ nieman pflæge.

Diz geschach: si kâmen dar
in der naht und nâmen gar
silber, golt, geveze, cleit
und allez daz dâ lac bereit:
dâ mite vuoren si dâ hin.
dâ beleip nihtes hinder in
wan daz bilde daz dâ hienc.
diu geschiht alsus ergienc:
der verhancte gotes rât,
daz offenlîch mit der getât
durh allez Africâner lant
Nicolâus würde erkant,
sîn wirde und ouch sîn heilikeit,
die er vor gote ân ende treit.

Dô der heiden kom hin hein,
sîn zolhûs îtel im erschein:
des wart er gewar zehant.
niht anders er dar inne vant
wan sant Niclauses bilde.
er weinde und wart im wilde
swaz er vreuden ie gewan.
vil sêre siufzen er began,
mit grisgrammen in zorne toben.
in ungebærden harte groben
crumplich er daz bilde an sach
sant Niclauses unde sprach
im zuo mit grôzer swære,
als ez ein mensche wære
und âls im wær bescheidenheit,
vernunst und menschlich sin bereit:
'ô Nicolaus, mîns zolles hie
in triuwen ich dich hüeten lie;
sage mir, waz hâst du getân,
daz du mich hâs beroubet lân?
gip wider snelle mir mîn guot,
daz du soltes hân behuot:
tuosdu des niht, geloube mir,
ich geisel dich nâch mîner gir.'
und als er selchiu wort gesprach,
dem bilde er den geheiz niht brach,
wan erz mit einer geiseln sluoc
vast und ernestliche gnuoc:
und dô erz eine lange vart
gesluoc, biz daz er müede wart,
er sprach aber solhiu wort
'gîst du niht wider mînen hort
mir und alle mîne habe,
ich gelâze nimmer abe
mînen zornlichen muot.
ich wirfe dich in eine gluot
und in eins viures flammen.'
der zorn und daz grisgrammen
bewegte der ie was gereht,
sant Niclausen, gotes kneht,
sô daz der milde mildeclich
sîn bilde liez erbarmen sich,
als ob er selber het erliten
die geiselslege und daz unsiten,
daz jener mit dem bilde treip.
niht lange ez in der nôt beleip,
wan er sich mahte snelle dar
vil nâhen dâ die diebe gar

7.

gezinge in Criechen elliu lant,
dar inne er, als uns ist bekant,
wart geboren und ouch erzogen,
und lât ouch werden niht betrogen
der wunder sîn geliche

436 steln. 439 *kein Absatz.* komen. 444 bleip. 447 verhangte. 453 *kein Absatz.* 468 vernunft. 479 geislen. 480 ernstlich genûc. 488 werfe. 489 flamen.

allez Ôsterriche:
sîniu zeichen wunderhaft
erkennet ouch diu heidenschaft,
dâ mite maniger hande
zungen unde lande,
die mir niht alle sint bekant.
Ytaliâ daz grôze lant
und alle welsche zungen
mit guoten hoffenungen
êrent disen gotes kneht,
und begênt, des hânt si reht,
mit andâht sîne hôhgezît,
iârgelîch als si gelît,
wan si sint worden ouch gewar
der wunder sîn envollen gar:
dar umbe si dem hêren
hânt gebiuwen zêren
und gewîhet kirchen vil.
nu müet mich einez deich iu wil
sagen wan es lüstet mich,
ûf disen, der gar endelich
von sant Niclause hât geseit
und in latîne vür geleit
diu wunder diu ich hân beschriben
und mit rîme in tiutsch getriben,
daz er ze dienste hât gezalt
durh sîniu wunder manicvalt
sant Niclause zungen gnuoc
und er der tiutschen nie gewuoc.
er hât elliu welschen lant
und die Criechen ouch genant
und maniger hande heiden.
die Tiutschen sint gescheiden
al ein von sînem buoche.
swaz ich die dran geruoche,
sô kan ich ir niht vinden.
iedoch wil ich enbinden
die gewizzen die ich hân
von den Tiutschen sunder wân,
und wil daz vrîlich sprechen,
daz allenthalp vür brechen
an cristenlichen dingen
die Tiutschen unde twingen
sich ze haltenne vil mê
die reinen cristenlichen ê
denn alle die den lobesamen
werden cristenlichen namen
genomen hânt von Criste.
ob wol in sünden miste
die Tiutschen sich bewellent,
dar an si doch gehellent,
daz si di reinen cristenheit
hânt vil baz in werdikeit
denn alle zungen die ich weiz,
als wît der cristenheite creiz
al umbe mac gereichen.
daz si durch sîniu zeichen
denne den vil hêren
gotes kneht niht êren
sölten, daz sî genzlich abe.
ich bin sicher daz er habe
in tiutscher lande creize
vil manigen, der gar heize
gir und andâht zuo im trage.
ich hoffe, daz im alle tage
von mannen und von wîben ouch
reiner andâht senfter rouch

508 erkennet *und* diu *B*] *fehlt.* 509 mit. 510 lande *B*] *fehlt.* 518 iergelich. 521 darûme. 522 gebuwen. 524 einz daz ich. 535 er *B*] *fehlt.* 542 enpinden. 561 ume.

LIEDER UND SPRÜCHE.

Got gewaltic, waz du schickest MSH. 2, 310a
wunderlicher dinge ân allen mein!
für der himele dach du blickest
unde durh der helle dillestein.
hei wie du mit kraft verzwickest
dîne almehtekeit, diu nie verswein!
wan du dich ân urhap strickest
unde ân ende dringest under ein.

Dîn majestât in einen knopf
drivalt sich wirret unde leit;
ir vesten êwekeite zopf
geflohten ist ân underscheit.
nu schenke uns in des herzen kopf
der wâren minne süezekeit:
du trüege wîlent grâwen schopf,
dem ist ein ander schîn bereit.

Juncherre wîs, du wære grîs:
nu zieret dich ein bruner vahs.
dô menschlich wart dîn bilde zart,
dô war sich under sîden flahs.
uns flôz dar heim dîn honges seim,
wan der barc sich in unser wahs:
dâ von sîn ort ze jungest dort
uns kêre niht sîn spitzic sahs.

Uns sol helfen alremeist
daz du menschlichiu zeichen treist:
dir wab ein kleit der frône geist
mit götelichen kammen
in der megde lîbe guot,
warf unde wevel was ir muot:
avê daz wort alsam ein gluot
begonde ir herze enpflammen.

1, 3 himel. 4 der *Hagen*] *fehlt.* dilestein. 10 driwalt. 16 dē. 26 du *Hagen*] *fehlt.* 28 götlichē.

daz gab ir sô heizen ruch
daz si dich durh den selben spruch
ze kinde enpfienc ân allen bruch
in ir vil kiuschen wammen.
dîn gruoz durh ir ôre dranc,
der von des engels munde klanc:
dâ von du lieze ân allen wanc 2. 310[b]
si werden zeiner ammen.
Dîn gewalt vil manicvalt
der mahte nâch ir kiuschem lîbe dich gestalt,
alsam nâch einem glase diu sunne verwet sich.
swâ si ganz ân allen schranz
durch ez geschînet, dâ gelîchet sich ir glanz:
sich alsô mâlte nâch ir diu juncfrouwe dich.
wan ir muot rein unde guot
nâch hôhem flîze streich dir an fleisch unde bluot.
ir edel herze, alsam diu sunne lûterlich.
wart ein schrîn, dâ slôz sich în
sun, vater unde geist, doch wart eht ûz in drin
der sun gezeichent nâch ir bilde wunneclich.
Dîn figûre wart gestempfet
in ir kiuschen forme insigel,
daz den tiefel überkempfet,
der sich rimpfet als ein igel
unde in fiure lît verkrempfet;
sîner heizen flammen tigel
wolde uns hân mit rouche erdempfet:
dô vieng in der sorgen rigel.
Got herre, dur dîn heilic bluot
diu sünde erlasch und ir gehei:
dîn ouge uns armen hât behuot
alsam der wilde strûz sîn ei.
des löuwen welfer lebende tuot
sîn wüefen unde sîn geschrei:
alsô brach an dem kriuze guot
des tôdes bant dîn ruof enzwei.
Du woldest sîn ûf erden gast
und ein ellender pilgerîn,
sô daz ze himele niht gebrast

37 ir durh dû oren. 41 vil *fehlt.* 42 nah. 62 gehey. 65 löwen. 71 himel.

der almehtigen sterke dîn;
geist unde vater âne last
beliben dur des sunes pîn,
und was iedoch ir beider glast
bî dir ein gotelicher schîn.
Hey, waz du genâden leist
an die sündesiechen!
wan du lieze dînen geist 2, 311ª
ûz dem munde riechen;
dô wart in gesunt
ir gemüete wunt.
dîn âten verlüste gnuoc
schuof dem hellemôre,
daz er in ze tôde sluoc
mit dem süezen trôre,
der von im dâ gienc
und den slangen vienc.
Daz pantier ist dir gelîch,
daz mit sînem smacke,
maniger süezekeite rîch,
füeget, daz der tracke
sunder widerstrît
tôt von ime gelît:
alsô wart der hellewurm
sigelôs gestrecket
âne kampfes widersturm,
dô von ime gesmecket
wart dîn âten ouch,
der nâch wunsche rouch.
Dîne wunden
uns enbunden
von des tôdes smerzen;
altiu missewende grôz
wart vertrochen,
dô gestochen
zuo dîm edeln herzen
wart ein sper scharpf unde blôz.
herre guoter,

76 gotlicher. 83 verlust genuog. 90 smake (: trake). 95 wurn (: sturn).
106 wart *vor* dô *punktiert*.

dîner muoter
sinne, sunder lougen,
wurden jâmers vil gewert;
wan dîn marter
dranc vil harter
dur ir sêle tougen,
danne ein wol gesliffen swert.
Sich bewârte an dir daz wort,
daz ir seite Symêôn,
dô man rèch der lanzen ort,
herre, in dîne sîten frôn:
daz si wart dar în gebort,
daz gæb uns sô rîchen lôn,
daz uns züge an heiles port
dînes grimmen endes dôn.
Hilf uns von dem wâge unreine
klebender sünden zuo dem stade,
daz uns iht ir agetsteine
ziehen von gelückes rade. 2, 311b
dînen sun, den crûcifixen,
heiz uns leiten ûz dem bade
der vertânen wazzernixen,
daz uns ir gedœne iht schade.
Ich zel dich zuo dem swanen blanc,
der an sîm ende singet sanc:
dîn schrei verdranc
Sŷrênen klanc,
der dônes vanc
ze grunde zôch der sünden kiel.
dîn helfe uns an dem slangen rach,
der uns den apfel ezzen sach;
von dir geschach
im ungemach,
diu gift zerbrach,
in der sîn valsch geschihte wiel.
sîn ouge uns was ein mordes bic,
den widersach dîn strûzes blic,
an im den sic
nam sorgen stric;

122 gêb. 123 zúch: *Hagen* zûg. 127 agtsteine. 128 zúhe. 130 leidē, *gebessert in* leitē. 132 icht. 133 dē; 142 ime. 146 dîn *Bodm.*] dines.

dîn sun den ric
verschriet im und des mundes giel,
alsam daz hermelîn den unc
versêren mac in sîner tunc:
altherre junc,
dîn gallen trunc
lêrt in den spruuc,
an dem er sich ze tôde erviel.
Ûz niuwen sünden uns entbint!
dîn helfe wol gereinet hât
von alten schulden dîniu kint,
wan du für unser virne missetât
würd in den wâc gediuhet.
alsam der helfant mit genuht
in wazzer lûterlich gevar
enpfâhet sîner kinde fruht,
alsô enpfienc uns unde wider gebar
dîn touf, der sünde schiuhet.
dîn heilic tou wart uns gesant
daz grüene machet unser höu;
du lieze ein rôserichez lant
und îltes her in unser armez göu,
mit dornen wol geriuhet:
man jagte dich ûf kiusche grôz,
als ez dîns vater minne enbôt,
des suochtest du der megde schôz
alsam der wilde einhürne in sîner nôt
ze der juncfrouwen fliuhet.
Dîn frôn almehtekeit 2, 312ª
starkiu wort mit êweclicher stæte
barc sich in êren kleit,
daz wol zieret reiner tugende næte.
dir wart an dich geleit
magtuomlichiu kiusche zeiner wæte,
die dir dîn tohter sneit,
diu ze kinde dich enpfangen hæte.
Wilder schepfer wunderhaft,
jâ gebar dich dîn geschaft
und diu crêatiure dîn:

151 hermlin. 161 wurde — getûhet. 168 höi (: göi). 178 sterken. 180 tugenden. 185 scherpfer.

dînen glanz verdahte ir schîn,
daz mac wol ein wunder sîn
aller wunderlichen kraft:
durh sîn tougenlich geberc
slouf ein rise in ein getwerc,
dô dîn bilde almehteclich
hal in kindes forme sich.
wercman hôch, du woldest dich
lân versêren dîn antwerc.

Uns heilte dîner wunden tou,
dô dich unser tôt gerou,
den uns dîn zorn durch sünde brou.
du tæte alsam der pellicân,
der sich wil geriuwen lân
swaz sîner frühte wirt getân:
der machet lebende sîniu kint,
diu mit sînem bluote sint
erkicket schiere ân underbint:
alsô vertreib uns wernde nôt
dîn bluot, als ein rôse rôt,
dô dich erbarmet unser tôt.

Wol dir, himelfürste,
daz nâch menschen heile
dîn gemüete dürste!
sælde wart uns veile
dô der stûden hürste
wart ein fiur ze teile.

Si wart schône enpfenget
von hitz als ein zunder;
doch wart ir verhenget
für ein künftic wunder,
daz vil unbesenget
stuont ir loup dar under.

Dâ wart uns bezeichent an
für ein wârez mære,
daz dîn muoter dich gewan
sunder alle swære; 2, 312b
si beleip kiusch âne man
unde sünden lære,

195 hoh. 206 werndû, *in* wernde *gebessert*.

dô von dînem geiste enbran
ir lîp wunnebære.
Si vil süeze müeze gar
uns von houbetsünden lœsen!
ir lop blüemen unde rœsen
solten alle zungen.
ir lîp trûter lûter var,
truoc dich, herre, alsô ze herzen
daz nie von dekeinem smerzen
wart ir lîp betwungen.
hilf uns allen wallen dar,
dâ mit rîcher engel dœnen
werde ein êwic prîs der schœnen
sunder zil gesungen.
tuo von swachen sachen bar
uns vil armen ûf der erden,
lâz von dînen hulden werden
niemer uns verdrungen.

2 Vênus diu feine diust entslâfen,
diu wîlent hôher minne wielt;
des schrîet manic frouwe wâfen,
diu von ir helfe sich enthielt,
daz man ir süeze minne schiuhet
und ir vil minneclichen lîp,
und aller fröide sich enziuhet
dur der vil argen herren kîp,
Die lange sint
an minnen blint
und in dien reisen wol gesehent;
schürf unde schint
schâf unde rint,
daz sint die minne, die si spehent.
Her Mars der rîhset in dem lande,
der hat den werden got Amûr
verhert mit roube und ouch mit brande:
des sint die minne worden sûr,
die man hie vor vil suoze erkande,

229 süssü. 234 her. 238 döne. 239 schöne. 234 lâz *Hagen*] lach. 244 *folgt* amen. 2, 1 diu ist. 8 herren *B*] herten. 11 gesehen.

dô Rivalin und Blantschiflûr
vil kumbers liten von ir bande.
nu wil der herre und der gebûr
Roup unde brant vil gerner üeben,
dan er die süezen minne tuo;
daz muoz diu reinen wîp betrüeben, 2, 313ª
diu wol gebildet sint dar zuo,
daz man vil gerner solte minnen
ir zuht, ir êre, ir werdekeit,
dan ein vil krankez guot gewinnen:
sin überkraft ist worden breit.
Den ich hie vor genennet hân,
daz ist der leide strites got:
der fröiden tor ist zuo getân
dur sîn gewalteclich gebot:
der frouwen tanz ist hin geleit,
die schôpen die sint worden wert,
für einen kranz man gerne treit
ein beggelhûben oder ein swert.
In dirre wîten werlde kreizen
hât irresâmen uns gesât
ein frouwe, ist Wendelmuot geheizen.
der fruht birt mangen valschen rât:
si kan den man dar ûf wol reizen
daz er unbildes vil begât
an armen küejen unde an geizen
und an dien liuten, die man vât.
gewalt ist ûf der strâze michel,
gerihtes hât man sich verschamt;
diu reht stênt krumber dan ein sichel;
frid unde gnâde sint erlamt.
des muoz der werlde minne tiuren
und aller fröide sîn verzigen,
sît man den süezen got Amiuren
an werdekeit hât überstigen.
Des strites got
und sîn gebot
vil sêre missehellen kan;
vil mangen man

20 rivalis un flantschiflur: *gebessert Hagen.* 52 sint 56 unde.

ir valscher rât
biz ûf den tôt verleitet hât.
daz schein dar an,
dô Troie bran
und der vil werde künic Pâris
in krieges wîs
verlôr den lîp:
daz schuof Discordiâ daz wîp.
Nu werâ dich, vil werder fürste Amûr,
ê daz man gar und gar verdrücke dich,
du mache ir eteslichen jâmers sûr,
der von der minne ziuhet sich.
sît daz diu werlt sô gar verzwîvelt ist,
daz si dekeiner fröide nimet war,
lâ schouwen, herre, ob du gewaltic bist, 2. 313b
du mache, daz si strîtes werden bar
Und den lîp ûf minne setzen,
diu vil hôch gemüete birt;
lâ diu wîp ir leide ergetzen,
diu an minnen sint verirt;
schiuz den pfîl und ouch die strâle,
diu vil mangen hât verwunt;
drücke ir vil mit sender kâle,
sô wirt in diu minne kunt.
Swenne si ir strîten lânt,
und des krieges abe gânt,
und den frouwen bî gestânt,
die vil süezer minne hânt,
Ir rîten,
ir strîten
wirt in vil gar unmære:
ir sinne
diu minne
beroubet vil der swære;
ir lîben
an wîben
mit fröiden muoz gelingen;
si kunnen

68 und gar *B*] *fehlt.* 72 nimit. 75 den *fehlt.* 76 hohgemûte. 77 leide *B*] leides; *R.* ir leides lâ diu wîp. 81 verdruke. 84 die kriege. 89 vil *fehlt.* 90. 91 diu minne ir sinne: *gebessert B.*

vil wunnen
mit hôchgemüete bringen.
Vênus, vil werdiu künigîn,
wache, ein frouwe, êst an der zît;
dîn sun Amûr der beitet dîn,
ir varnt sament in den strît;
Wirf dîn fiur und ouch dîn zunder
in ir herze mit gewalt,
die mit kriege stiftent wunder,
mache ir lîp an minnen balt;
mit dien senden minne stricken
mache ir kumber kumberlich,
lâz ir herze in fiure ersticken
biz daz si versinnen sich,
Daz diu süeze minne gît
hôchgemüete zaller zît
und des fröide machet wît,
der bî herzeliebe lît.
Sô singent
und springent
mit fröiden, junge und alte;
ir herzen
von smerzen
si scheidet mit gewalte. 2, 314ª
die krenze,
die swenze
die werdent vil genæme,
die jôpen,
die schôpen
dien liuten widerzæme.
Beide roup und ouch der brant
wirt gestillet sâ zehant,
sô diu minne wirt bekant,
diu gewaltes ist gepfant.
Werden wîp, nu sint getrœstet;
iuwer sorge wirt wol rât,
diu minne noch vil manigen rœstet,
der mit kriegen umbe gât.
disen tanz hât iu gesungen

98 hoh. 102 varent. 108 mache *Hagen*] machen. 109 lasse. 124 die *fehlt*. 127 ouch der *fehlt*.

Kuonze dâ von Wirzeburc:
ir wünschent, daz von sîner zungen
niemer rîm gefliege lurc.

3 Nu gît aber der süeze meie
sælde und êre maniger leie:
bluomen rôt, gel unde blanc
dur daz grüene gras ûf dringent;
dâ bî kleine vogele singent
alsô fröiderîchen sanc,
daz diu heide erkrachet
und der wunneclîche walt.
ûz dem swarzen dorne lachet
wîziu bluot vil manicvalt.
Wol dem manne, der mit wîbe
disen sumer sô vertrîbe,
daz er liebes wirt gewert!
hey, wie dem sîn leit verswindet!
wand er nâch dem wunsche vindet
allez, des sîn herze gert:
reiner wîbe güete
baz dan al des meien bluot
fröiwet mannes hôchgemüete;
wan si sint für trûren guot.
Swer sîn herze welle entstricken
ûz den sorgen, der sol blicken
an diu reinen guoten wîp:
vinde er dâ niht sælde und êre,
sone gesuoche niemer mêre
fröide an keiner stat sîn lîp.
wîp sint âne lougen 2, 314b
bernder wunde ein meien rîs:
ez lît under wîbes ougen
aller fröiden paradîs.

136 Würzeburc. 138 rime. 3 = *C* 1—3. 5 kleinú vogelú. 10 wîsse. 19 frówet. 21—30 = *N* 8. 21 wil *N*. instricken *N*, entstrehen *C*. 23 reyne göde *N*. 24 vint he niet da *N*. 25 so *N*. 27 sunder *N*. 28 wmnin meyin *N*. 30 paradys *CN*.

4 **M**aniger wunne bilde
geschepfet hât
meie mit der künfte sîn.
seht, wie daz gevilde
geblüemet stât!
ez gît pfellelvarwen schîn.
dâ bî kleidet sich der walt.
der hât der loube ein wunder;
süezen sanc dar under
vil manicvalt
singent wol diu vogelîn.
Sumerzît
fröide gît
unde wunneclichen rât:
hei waz er nu fröiden hât,
der liebe nâhe lît!

Meie trûren krenket:
ûf richen lôn
dienet im berg unde tal.
ûz der blüete klenket
vil süezen dôn
manic wildiu nahtegal.
blâwen viol, grüenen klê,
die gelwen zîtelôsen
unde rôte rôsen
vil schône als ê
siht man springen über al.
Sumerzît
fröide gît
unde wunneclichen rât:
hei waz er nu fröiden hât,
der liebe nâhe lît!

Wol im, der nu minnet
ein sælic wîp!
bî sô maniger wunne guot
fröiden vil gewinnet
sîn werder lîp:

A = C 4—6. 4 *hat blauen Anfangsbuchstaben wie das vorige Lied, ist aber durch ein am Rande stehendes* Nō *zum folgenden gewiesen.* 7 bekleidet. 22 wilde. 28—32 *nur* Sumer etc.

liep nu wol dem herzen tuot.
swâ dien ougen liehten schîn
die blüenden boume bringent
und den ôren singent
diu vogellîn,
dâ fröit minne mannes muot.
Sumerzît 2, 315ᵃ
fröide gît
unde wunneclichen rât:
hei waz er nu fröiden hât,
der liebe nâhe lît.

5 Jârlanc ûf der heide breit
valwent liehte rôsen rôt:
daz ist manigem herzen leit,
daz durh minne lîdet nôt.
mannes sinne nâch der minne deste mê
trûrent, sô der kalte snê
velwet bluomen unde klê.
Sendez herze wirt ermant
herzeclicher ungehabe,
sô der linden ir gewant
valwet unde rîset abe.
sende swære ein sendebære vinden kan,
swenne enblœzet sich der tan
und die winde stôzent dran.
Ir vil reinen guoten wîp,
lânt iuch vinden alsô guot,
daz ir stæten friundes lîp
machent fröiderîch gemuot.
iuwer güete hôchgemüete bringen sol
dem getriuwen manne wol,
der vil kumbers von iu dol.

6 Jârlanc scheiden wil diu linde
von ir kleiden grüenen sô geswinde,

44—48 *nur* Sumer etc. 5 = *C* 7—9. 6 sô] da. 13 enblôtzet. 18 fröiderichen muot. 6 = *C* 10—12.

daz si loubes âne wirt;
ûf den heiden von dem winde
fröide leiden muoz dem ingesinde,
daz der süeze meie birt:
die nôt mîn herze klaget 2, 315b
niht so tiure, sam die schulde,
daz mich hiure mîner frouwen hulde
twinget unde in trûren jaget.
Ich gelîche mîne frouwen
sicherlîche rôsen in den ouwen,
die der liehte meie lât
wunneclîche dâ betouwen
unde in rîche varwe gît dur schouwen,
diu doch schiere ein ende hât:
reht als der bluomen schîn
vor dem walde wirt gevelwet,
alsô balde trüebet unde selwet
sich diu liebe frouwe mîn.
Ir vil süeze werde minne
leiden müeze mir noch ûze und inne,
sô daz si ze keiner stunt
trûren büeze mînem sinne:
wand ir grüeze tuont mit ungewinne
mich an wernder fröide wunt;
ir lôn ist jâmers vol
unde ir ende trûric sêre;
missewende bieten kan ir lêre:
wê, daz ich ir dienen sol!

7 Seht an die wunneclichen zit,
diu mit spilnder güete
gelfe rôsenhüete
bringen aber sol!
diu heide in liehter varwe lît
von des meien blüete.
fröiderich gemüete
zimet den jungen wol
zieren kan sich daz gevilde, 2, 316a

17 alsam. 23 keine'n. 7 = *C* 13—15.

grüene sint berg unde tal,
dâ diu liebe nahtegal
und diu lerche wilde
sanges ein unbilde
schellent über al.
Meien bluot
hôchgemuot
sendes herzen sinne
minne- clichen tuot.
Geblüemet schône stêt der plân:
dâ von wil ich kôsen.
ûz der velse klôsen
brunnen klingent dâ;
man siht durh grüenez gras ûf gân
gelwe zîtelôsen;
bî den rôten rôsen
glenzent viol blâ;
durh die swarzen dorne lachet
wîziu bluot vil manicvalt:
die sehs varwe treit der walt,
der von dœnen krachet
unde ûz loube machet
kleider wol gestalt.
Meien bluot
hôchgemuot
sendes herzen sinne
minne- clichen tuot.
Sô wol dem manne, der nu sî
vrô von wîbes minne!
dem wirt ûze und inne
wunnen vil bereit:
wan im der bernden boume zwî
gruonet nâch gewinne,
daz im sîne sinne
machet vil gemeit.
liep nâch herzeliebe denket
unde mîdet leiden pîn,
sô diu bluot ir gelfen schîn
sînen ougen schenket

10 berge 16 hoh. 27 swarze. 34—36 *fehlt.* 45 nah.

und diu lerche klenket
in daz ôre sîn.
Meien bluot
hôchgemuot
sendes herzen sinne
minne- clichen tuot.

8 Sumer hinnen kêre! mit sêre sîn êre swachen wil, 2, 316[b]
heide und anger worden sint vil ungemeit.
walt von sînem kleide mit leide nu scheide! bluomen vil
siht man valwen in der liehten ouwe breit.
leides wunder wil dar under
uns besunder tuon der winter hœne;
kranc sint sîne lœne. vil schœne gedœne stillet er,
daz betrüebet maniges edeln herzen ger.
Swer nu frô belîbe von wîbe, der trîbe trûren hin
unde prîse frouwen für des meien bluot!
wîp sint âne lougen den ougen vil tougen ein gewin,
der vil baz dann alle bluomen drinne tuot.
wîplich triuten kan betiuten
liep den liuten für der vogele schallen;
wîp sint âne gallen: uns allen enpfallen sorge muoz
durh der minneclichen reinen wîbe gruoz.
Ich wil minne grüezen, diu büezen ir süezen friunde sol
kumber unde senelichez ungemach.
minne mit ir stiure gehiure vil siure süezet wol
unde machet herzeliebe trûren swach.
wîbes minne stœret sinne;
mit gewinne wil si fröide mêren. 2, 317[a]
minne diu mac lêren vil êren; ir sêren dienestman
heilen si mit senfter arzenîe kan.

9 Meie den grüenen walt
hât bekleit
gar mit sîner güete, daz ist wol schîn.
zweie sich jung und alt!

52—54 *fehlt.* 8 = *C* 16—18. 14 vogel. 18 kum b: 23 dienst man.
9 = *C* 19—21. 3 dast wol. 4 zweie *Hagen*] zweiē.

âne leit
ûz der boume blüete diu vogellîn
singent süezen sumersanc;
dâ bî siht man wunne mê,
bluomen rôt, gel unde blanc
dringent in touwe durh den grüenen klê.
Der meie machet hôhen muot;
dâ bî trûren swachet diu minne guot.
Hœne der winter was,
lieben kint!
nu siht man die heide geblüemet wol;
schœne loub unde gras
worden sint.
nieman sich mit leide nu binden sol!
wünneclicher varwe schîn
hât daz velt an sich geleit.
swer mit zühten frœlich sîn
künne, der sî der lieben zît gemeit!
Der meie machet hôhen muot;
dâ bî trûren swachet diu minne guot.
Geilen sich werde man
unde wîp!
minne ist jungen liuten für trûren guot;
heilen ir helfe kan
wunden lîp;
herzeclichez triuten vil sanfte tuot.
minne zwein gelieben gît 2, 317b
süezen wunneclichen rât,
sô der walt gezieret lît
inne mit loube und er vil sanges hât.
Der meie machet hôhen muot;
dâ bî trûren swachet diu minne guot.

10 Jârlanc wil diu linde
velwen sich geswinde
von dem leiden kalten snê.

6 des, *in* der *gebessert.* 10 dringent *Hagen*] dringen. 20 velt *Hagen*] *fehlt.* 22 zît *Hagen*] zuht. 23. 24 *nur* Der meie machet. 30 vil *fehlt.* 34 er *Hagen*] ir. 35. 36 *nur* Der meie.
10 = C 22—24.

meien ingesinde
durh die scharpfen winde
trûret jæmerlîche als ê.
dâ gevilde
wilde stuont gerœset,
dâ ist fröide erœset;
von dem anger lœset
rîfe bluomen unde klê.
  Swer bî liebe læge,
sît er sich bewæge
der vil schœnen sumerzît,
spilnder fröide er pflæge,
wan sîn herze træge
würde ûf ungemüete wît.
wîbes künne
wünne kan gemêren
. . . .
ob des meien êren,
der uns liehte bluomen gît.
  Man sol reine frouwen
für die bluomen schouwen,
sît in wont vil tugende bî.
wie mag in den ouwen
iemer bluot betouwen,
diu für trûren bezzer sî
sendem manne,
danne wîbes minne?
si kan mit gewinne
wundes herzen sinne
machen aller sorgen frî.

11 **H**eide, velt, berg unde tal
sint gezieret über al;
von der boume blüete
stânt si wol bekleit. 2, 318ª
hœrent, wie diu nahtegal
suoze dœnet âne zal;
wan des meien güete

13 sît *Hagen*] sint. 14 schonen. 18 liebes künne: *gebessert Hagen*.
11 *C* = 25—27. 3 boumē. 6 sûsse. czal.

swen ir berndez minnezwî
niht ergeilen künne,
der gê sterben unde sî
lebender fröide ûf erde frî!
wîp hânt alle wünne
mit trôst überzilt.
Meien bluot 2, 318b
mannes lîp
frœlich tuot,
liebez wîp
trœstet sînen muot.

12 Schouwent, wie diu heide sich enpferwet!
liehte bluomen unde gras
hânt ir gelfen unde ir wunneclichen schîn verlorn.
in ein trüebez kleit der walt sich gerwet,
der mit grüenem loube was
umbevangen, hiure bluote manic rôsedorn,
der vil schône zierte daz gevilde:
nu sint sînin löuber val;
ir gedœne seltsæn unde wilde
sanc diu liebe nahtegal,
diu für süeze stimme sendez trûren hât erkorn.
Klage ein man niht liljen unde rôsen,
noch diu kleinen vogellîn,
der mit herzeliebe jârlanc spilnder wunne pfliget!
der vergizzet wol der zîtelôsen,
swenne er bî dem trûte sîn
nâhe und wunnecliche dise lange nehte liget.
im ist baz dann ob er viol bræche.
wan sol wîp für bluomen loben;
swer niht wol getriuwen frouwen spræche,
der wolt an im selben toben:
wê dem manne, der niht hôhe wîbes güete wiget!
Prîsen wir die minneclichen frouwen
für des liehten meien bluot
unde für der wilden kleinen vogellîne sanc!

47 swenne. 52 troste. 53–57 *nur* meien bluot. 12 = C 28—30. 6 unbevangen. 8 sine. 9 seltzen. 13 noh. 17 wunnekliche, *nicht* -lichen. 21 wolte. 25 kleine.

ir gebærde, ir lachen unde ir schouwen
heilent minnesiechen muot
baz dann alle bluomen schœne rôt, gel unde blanc.
wîp sint bezzer, danne vil gesteines
oder silber unde golt;
ûf der erde wart nie niht sô reines,
sam der süezen wîbe solt:
wol im, der verschulden kan ir senften umbevanc.

13 Jârlanc vrîjet sich diu grüene linde
loubes unde blüete guot;
wunder güete bluot des meien ê der werlte bar.
gerner ich durh lichte bluomen linde 2, 319ᵃ
hiure in touwes flüete wuot,
danne ich wüete fluot des rîfen nu mit füezen bar.
mir tuont wê die küelen scharpfen winde.
swint, vertânez winterleit,
dur daz mînem muote sorge swinde!
wint mîn herze ie kûme leit,
wand er kleiner vogellîne fröide nider leit.
Owê, daz diu liebe mir niht dicke
heilet mîner wunden funt!
ich bin funden wunt von ir: nu mache si mich heil.
sendez trûren lanc, breit unde dicke
wirt mir zallen stunden kunt:
wil mir kunden stunt gelückes, sô vind ich daz heil,
daz si mich in spilnde fröide kleidet.
leit an mir niht lange wert:
ir gewant mir ungemüete leidet.
kleit nie wart sô rehte wert,
sô diu wât, der mich diu herzeliebe danne wert.
Welt, wilt du nu zieren dich vil schône,
sô gip dînen kinden wint,
der niht winden kint zunêren müge: dêst mîn rât.
swer mit stæte diene dir, des schône;
hilf im sorge binden. vint,
die dich vinden: bint si zuo dir, gip in hordes rât,

28 schone. 13 = *C* 31—33. 11 vogellin. 17 vinde. 18 spilnde. 20 mir *Hagen*] *fehlt.* min gemuete. 23 tu, *gebessert in* du.

reiniu wîp: den rât mein ich ze guote.
muot und zuht ist in gewant:
swen si kleident mit ir reinem muote,
guot und edel daz gewant
ist, dar umbe ich ûz ir dienste mich noch nie gewant.

14 Dô daz liehte morgenrôt
was durch den grüenen hac gedrungen
und die vogele sungen,
dô rief ein wahter an der zinnen
'swer nâch senelicher nôt
an liebes herze lît betwungen,
dem sî gnuoc gesungen:
er wache und île balde hinnen.
von liebe scheide er sich enzît,
daz dicke leit dem friunde gît,
der im ze lange bî gelît. 2, 319b
wil er niht hinnen balde kêren
sô wil er versêren
sîn trût an êren unde an sinnen.'
Von der stimme ein frouwe guot
begunde jâmer unde trûren
in ir herze mûren.
si sprach zir friunde ûz rôtem munde
'liep, getriuwez herzebluot,
mîn trôst ob allen nâchgebûren,
fröide muoz mir sûren,
dîn scheiden sêret mich ze grunde.
diu minne ist wunderlich gemuot:
in übel kêret si daz guot,
daz si ze liebe manigem tuot.
daz wirt an mir vil wol bewæret:
mich hât sorge erværet,
nâch fröiden swæret mir diu stunde.'
Mit den worten unde alsus
zein ander twungen sich mit leide
diu geliebon beide:
der tac si nôt und angest lêrte.

14 = *C* 34—36. 3 dú vogellú. 6 den si genuog. 12 von hinnen. 20 nah. 25 manigē. 27 dú sorge. 30 zen.

manigen herzesüezen kus
enpfiengens ûf der minne weide
dicke ân underscheide:
dar nâch ir trûren sich dô mêrte.
der gast der gap den morgensegen:
liep wart mit leide widerwegen,
ir hôchgemüete was gelegen.
ze sorgen wart ir muot gespannen
fröide in wart verbannen.
der ritter dannen trûric kêrte.

15 'Ich sihe den morgen- sternen glesten',
rief ein wahter über al.
'swer nâch sînes herzen wal
hie minne tougen sunder lougen
ûf dem sal, der scheide sich enzît
von liebe, daz im nâhe lît.
vil unverborgen ûf den esten 2, 320a
manic wildiu nahtegal
lûte dœnet âne zal;
den tac vermelden in den welden
kan ir schal: dâ warne ich friunde bî,
dur daz in gâch von minnen sî,
ê den palas erliuhte
daz frœliche morgenrôt.
ein scheiden mich von liebe diuhte
wæger denne ein grimmeclicher tôt.
diz merke ein ritter, dem ze bitter
al sîn fröide werden mac,
ob er langer ûf den tac
wil spulgen hinne süezer minne:
swer gepflac der mâze an liebe nie,
dem misselanc an minnen ie.'
Ein frouwe schœne von der stimme
sêre und inneclîche erschrac,
dô si liebe nâhe lac:
ir jâmerwunde gar ze grunde

39 hoh. 40 ir] in der. 42 dannan. 15 = C 37—39. 3 wal, *aus* gal *gebessert*. 12 gah. 14 frölich. 20 spulchen.

tiefe wac; diu reine sprach: 'owê!
nu muoz ich trûren aber als ê.
der minne lœne sint ze grimme,
wol ich daz erkennen mac:
wan ir fröide ist mir ein slac,
sît ich dur dîne glanzen schîne.
leider tac, vermîden sol mîn liep.
du wære ie mînes heiles diep,
der mîn gelücke stôrte
mit unsælden kumberlich:
swenn ich den morgen nennen hôrte,
sô verbarc mîn hôchgemüete sich.
geselle reine, dem ich eine
ganzer triuwe schuldic bin,
wache und île von mir hin.
der tac ûf dringet unde bringet
leiden sin, der mich an liebe wunt 2, 320[b]
wil machen ûf des herzen grunt.'
Dem ritter küene sorge entsperret
wart von jâmer inneclich:
zuo der schœnen twanc er sich;
er sprach 'trût herze, bitter smerze
lêret mich, daz ich von sender nôt
gelige an hôher wünne tôt.
mîn fröide grüene wirt gederret,
mîde ich unde lâze dich.
herzetrœsterinne, sprich,
waz sol mîn werden ûf der erden,
frouwe, ob ich ze lange schînhen muoz
dich unde dînen werden gruoz?
du solt mir des gelouben,
daz ich kûme dîn enbir.
uns wil der morgen fröiden rouben:
lege mich, trût, ein wênic nâher dir,
an dînen armen lâz erwarmen
mich, vil reine sælic wîp,
unde twine ouch dînen lîp
zuo mînem herzen! senden smerzen

34 mînes *fehlt.* 38 hoh. 47 er sich twanc: *gebessert Hagen.* 48 trût *fehlt.*
49 leret, *aus* leitet *gebessert.*

du vertrip und gip ein küssen mir!
dâ mite scheide ich mich von dir.'

16 **Heide** mit kleide zieret sich gar âne wê,
wunnen mê
bringen uns der meie wil:
schœne gedœne singent vogellîn als ê.
durh den klê
dringet liehter bluomen vil.
walt dar under wunder löuber an sich leit;
daz gevilde wilde rôte rôsen treit,
die sint maniges herzen spil.
Grüezen mit süezen dœnen sol man aber die zît,
wan si gît 2, 321a
wunne vil ân allen wanc:
minne die sinne fröiwet, sô diu heide wît
schône lît;
wîp nu machent trûren kranc
sendem manne; danne minne fröide birt,
sô der wase grase- grüene tragende wirt
bluomen rôt, gel unde blanc.
Schouwen die frouwen sol man für die rôsen rôt.
sende nôt
büezet reiner wîbe lîp.
stiure gehiure wîbes minne ie manne bôt;
fröide ist tôt
âne minneclichiu wîp.
dem niht schœne lœne gît der wîbe trôst
. . . .
wîp sint mannes leitvertrîp.

17 **Jârlanc** wil diu heide mit leide
vrîjen unde enblœzen sich
liehter bluomen wunneclich,
die der süeze meie kunde bringen.
walt, von dînem kleide nu scheide,

66 mit. 16 = *C* 40—42. 13 fröit. 16 minne] wibes minne. 22 gebot.
17 = *C* 43—45. 2 enplözen.

grüeniu löuber du versprich!
des wil rîfe twingen dich
und der snê mit angestbernden dingen.
lerche, tröschel, nahtegal,
amsel und galander
huure mit ein ander wol sungen,
die nu swigent über al:
manigen fröiderichen schal
hât diu kalte winterzît verdrungen.

Swer mit lieben wiben vertriben
sol die langen winterzît,
hei, waz deme wunnen gît
minne bî den herzesüezen frouwen! 2, 321[b]
wer mac von ir liben geschriben,
waz an in gewinnes lît
unde fröide ân allen strît?
man sol wîp für liehte bluomen schouwen,
unde für der vogele sanc
wîplich kôsen hœren.
gote in sînen kœren ze muote
was vil wol, dô sîn gedanc
reiniu wîp ân allen wanc
schuof dem man ze sælden und ze guote.

Ich wil umb ein lêhen nu flêhen
frouwen hübesch unde fruot,
daz ir edeliu minne guot
argen herren nütze werden müeze
sam ein stift der zêhen. swer vêhen
künne tugentrichen muot,
dem werd iemer vor behuot
hôchgelopter wîpe minne süeze.
swer niht êre meinen kan,
wie sol der geminnen
reinez wîp mit sinnen getriuwen?
wizzent, daz unertic man
liep von grunde nie gewan,
wan sîn triuten bringet leides riuwen.

6 grüne. 17 deme *B*] dē; dem der *Hagen*, *Roth*. 18 wiben frouwen. 19 geschribe. 23 vogel. 32 als nütze, *von Haupt gebessert*. 37 ère *B*] eren.

18 Milte zieret edeln muot,
sam daz golt gesteine tuot,
milte laster unde sünde stillet;
milte gülte mêren kan,
milte hœhet nidern man,
milte wol in wîbes ôren hillet.
der liute gunst diu milte koufet unde gotes hulde;
wizzent, daz diu miltekeit
hôher êren spiegel treit:
milte ist aller tugende ein übergulde.

Merke, ein hôchgeborne jugent,
daz rîliches herzen tugent
edelt baz dann alle friunde ûf erden.
swer von mâgen edel sî,
der won edeler tugende bî,
sô mac ûz erwelt sîn adel werden. 2, 322ª
ein edelkeit von tugenden unde ein edelkeit von künne,
swer die bî ein ander treit
âne wandels gunterfeit,
der hât aller êren houbetwünne.

Zuo dem fuhse ein affe sprach
'friunt, mîn hinder hât kein dach,
gip dâ für dîns zagels mir ein kleine,
der dir kelget in den mist.'
'nein', sprach er, 'swie lanc er ist,
ich wil in doch tragen alters eine;
ich tuon dir, sam der karge tuot, der in hor unde in erden
birget sîne richen habe,
ê daz er gebüezet drabe
lâze eim armen sînen kumber werden.'

Ein löuw' einen spiegel kôs,
dâ von wart er meisterlôs,
wan er spürte an sînes bildes krefte,
daz sîn pfleger, der in twanc,
schein dâ wider im ze kranc:
des entweich er sîner meisterschefte.

18, 1 = *C* 46. 7 der milte liute. 11 = *C* 47. 18 dû *Bodm.* 21 = *C* 48. 22 tach. 23 dines. 25 lange. 31 = *C* 49. löwe.

diz merke ein herre, der nu sehe in êren spiegel sêre:
ob er drinne erkennen müge,
daz sîn râtgeb im niht tüge,
sô versmâhe er sîne kranken lêre.

19 Ich solt aber singen von den rôsen rôt
und des meien güete,
der mit sîner blüete zieret wilden hac:
nu wil mich betwingen des ein ander nôt,
daz ich mit gedœne
liehte bluomen schœne niht geprîsen mac.
ich muoz strâfen die verschamten rîchen tugendelôsen,
die sich in der schande klôsen hânt getân:
ich enwil niht kôsen
hiure von den rôsen ûf dem grüenen plân.
Ûz dem besten wîne scharpfer ezzich wirt,
swenne er sich verkêret: 2, 322b
diu bischaft mich lêret, daz ich wirde sûr.
swie guot ich erschîne, mîn gemüete girt
doch in argem willen,
herren kan ich villen, sam der wilde schûr
boume vellet unde si beroubet mit genühte:
jô wis ich von êren frühte kargen man
zuo der schande sühte,
sît ich mîner zühte niht geniezen kan.
Gernder man die kleinen gâbe schelte niht,
die der milte biete,
der vil grôzer miete niht ze gebene hât.
swer zerbrichet einen spiegel, der gesiht
in den stückelînen
ganziu bilde schînen: sus wirt volliu tât
in der kleinen gâbe erkant, diu von dem guote spaltet,
des ein nôtic herre waltet: ganzen schîn
mæzlich gelt behaltet,
daz durh êre valtet sich in stückelîn.

Hûsêr ist ein gnâde rîch, diu fremden gast 2, 325a
ûz vil sorgen wîset

19 = C 50—52. 10 uf den. 17 betruebet ir genûhte. 23 geben. 26 ganze. 27 die. 29 meslich. 31 = C 66. Husere — genade. frömden.

und die wirte priset baz dann al ir tugent.
sam daz golt cyclâde breitet sinen glast,
alsô kan si mêren
prîs ob allen êren hôchgeborner jugent.
dâ bî trœstet si daz alter, dem si fröide entsliuzet.
von hûsêre wirde fliuzet lobesam.
ir guot wol erschiuzet,
wan ir gülte niuzet wilt beid unde zam.

20 Tou mit vollen aber trinfet 2, 322[b]
ûf die rôsen âne tuft.
ûzer bollen schône sliufet
manger lôsen blüete kluft.
dar în senkent sich diu vogellîn,
diu gedœne lûte erklenkent,
daz vil schœne kan gesîn.
Bî der wünne wol mit êren
sol sich kleiden mannes lîp, 2, 323[a]
daz im künne fröide mêren
ein bescheiden sælic wîp.
swer verschulden wîbes minne sol,
der muoz ringen nâch ir hulden
mit vil dingen tugende vol.
Swer mit sinne valsch kan üeben
als ein dieplich nâchgebûr,
der wil minne sô betrüeben,
daz ir lieplich lôn wirt sûr:
wan sol zwischen minne mit genuht
triuwe in glanzer stæte mischen:
daz birt ganzer fröiden fruht.

21 Jârlanc von dem kalten snê
valwent bluomen unde klê:
mê siht man grüenes loubes in dem walde niht.
schouwent, wie der anger stê
jæmerlichen aber als ê;

33 danne alle. 36 hoh. 38 huseren. 39 gû. 40 beide. 20 = *C* 53—55. 21 = *C* 56-58, *P* 20—22. 1 Jarling me von *P*. 2 uñ der *P*. 3 sihet men *P*. 4 sehent wie daz gevilde ste *P*.

wê manigem kleinen vogellîn dâ von geschiht.
manicvalter sorgen schar
twinget daz gevilde;
wilde rôsen lieht gevar
sint verswunden alze gar:
bar wunneclicher blüete man die boume siht.
Swer bî liebe sunder nît
dise lange winterzît
lît, der vergizzet wol der sumerlichen tage,
wan im âne widerstrît
minne hôchgemüete wît
gît unde machet ringe sînes herzen klage.
wîbes minne mêret baz
fröide sendem manne,
danne klê von touwe naz.
wizzent sunder allen haz, 2, 323b
daz wîbes minne kumber unde leit verjage.
Wîp sint guot für ungemach,
wîbes trôst ie sorge brach,
swach unde kleine machet trûren wîbes lîp.
wîp sint lieber dinge ein dach,
daz man liebers nie gesach:
ach got, wie sælic sint diu minneclichen wîp.
wîplich güete sanfte tuot;
man sol guote frouwen
schouwen für des meien bluot;
wîp sint guotes überguot:
muot reiner wîbe mac wol heizen leitvertrîp.

22 Willekomen sî diu zît
vil wunneclich,
diu mit gelfen kleiden hât
gezieret anger unde plân!
heide in liehter varwe lît;
si gestet sich

6 manigē *C*, manigen *P*. beschihet *P*. 7 manicvalt der *P*. 8 schouwent daz *P*. 14 wunnenclichen *P*. 16 hoh *C*. git wit *P*. 17 ringe machet *P*. 19 senden *P*. 20 wanne ein kle *P*. 22 guete *P*. veriaget *P*. 25 kleines truren machet *P*. 26 tach *CP*. 28 minnencliche *P*. 29 wibes minne *P*. 30 schône *P*.
22 = *C* 59. 60.

mit rîlicher sumerwât;
man siht den walt geloubet stân,
dâ diu nahtegal ir sanc
lûte dœnet under;
wunder- licher stimme klanc
erhillet dâ:
bluomen rôt, gel unde blâ
siht man durh grüenez gras ûf gân.
Fröuwe sich ein sælic man,
der minnen sol,
unde si der zit gemeit,
diu trûren krenket aber als ê.
liep noch liebe liebes gan
von herzen wol
unde swendet sîniu leit,
alsam diu sunne kalten snê.
swâ des lichten meien bluot
durh diu spilnden ougen
tougen lachet in den muot,
dâ geilent wîp
minnegernder manne lîp,
alsam daz tou den grüenen klê.

23 Jârlanc treit
heide breit
manige nôt und arebeit: 2, 324ª
si was âne leit,
dô si fröide erstreit
unde rôsen willeclichen bar.
grüeniu kleit
unde weit
ir der liehte sumer sneit,
âne kunterfeit:
diu sint nu verseit
ir von schedelicher nœte gar.
si muoz horden leides orden;
worden ist ir hübescheit
unbereit,

9 da dû liebe nahtegal. 10 under *Hagen*] *fehlt.* 19 nach. 25 dem.
23 = *C* 61—63. 11 die.

wan si ueit
rîfe durch die werdekeit,
daz man in vermeit,
unde maniger streit
nâch ir bluomen wunneclich gevar.
  Herze mîn,
vogellîn
unde glanze rôsen fîn
lâ nu dulten pîn,
unde klage dîn
selbes trûren michel unde starc.
tugende schrîn
umb den Rîn
stêt vor dir beslozzen in;
des dorr unde swîn!
künic Salatîn
gap durh êre wîlent manige marc:
nu wil schande in maniger hande
lande vollekomen sîn
künigîn;
êren schîn
blîchet als ein baldekîn,
daz vernetzet wîn;
tugende widergrîn
worden ist nu manic herre karc.
  Schanden grân
unde ir zan
missezierent rîchen man,
dem ich wirde erban
unde im lobes niht gan,
dur daz ie sîn herze tugent verswuor.
Êren van
von im dan
snurret wîzer danne ein swan:
er ist milte wan, 2, 324[b]
diu von im entran
unde zuo dem tugentrîchen fuor.
im ze râte gar ze spâte
krâte des gelückes han,

16 sneit. 20 nah. 28 umbe. 37 bliket — baldegin. 46 tugende.

sît im kan
haften an
gît, der sich nie tugent versan.
sit im dâ zerran,
dâ diu Sælde span
sîner êweclichen wunne snuor.

24 Swer sich dar an stœzet,
daz diu milte künne geben
bresten unde ein armez leben,
der ist ein gouch:
swer si bescheidenlichen hât,
des gelt wirt erschœzet
und mit êren underweben:
acker, wisen unde reben
si mêret ouch:
an guote milte niht zergât.
als elliu wazzer ûz dem mer
gewalteclichen giezent
und drin aber fliezent:
alsô gat des milten er
wider hein aldurh daz jâr,
diu rede ist wâr:
got gap ie gebender hende rât.

Ich prüev unde kiuse,
daz ein tugende blinder man,
der nie lichten prîs gewan,
vil ofte gert
durhlûterlicher wirde breit.
einer fledermiuse
wol ich den gelîchen kan,
diu des nahtes fliuget an
ein glanzez swert,
dâ man ez blôz zen handen treit,
und snîdet dran ze tôde sich.

57 der *B*] er. tugende. 58 dâ *Hagen*] *fehlt.* 24, 1 = *C* 64. stôsset. 3 gebresten. 8 acher. 10 rehte milte an guote. 13 unde. 14 zer *Roth.* 24, 18 = *C* 65. 28 *für eine dritte Strophe ist Raum gelassen.*

swer lûter lop wil rüeren,
des er niht sol füeren,
dem wirt ez sô schedelich,
daz er dran versêret wirt:
vil schanden birt
ein unverdientiu werdekeit.

25 Aspis ein wurm geheizen ist, 2, 325a
der zuo der erden strecket
ein ôre, und in daz ander stecket
sînes zagels ort,
durh daz er kein wispelwort
verneme, sô man in vâhen wil.
owê daz nu der selbe list
niht mangen herren decket,
der bœser rede sîn ôre enblecket
hie beid unde dort,
dâ von er den schaden bekort,
daz er verliuret êren vil.
schalc in sînem munde
wunde- bernde sprüche treit,
dâ mit er in schande leit
nu ritter unde knehte,
die durh sîn lasterlich gebrehte
werdent vil gemeit:
swaz ein zühtic man geseit,
daz hânt si für ein gougelspil.

Vorht unde schamendes herzen ger
für manige tugende ich krœne;
si bringent beide riche lœne.
swem si rehte kunt

25, 1 = *C* 68, *t* 538, 1 (*Hagens Museum* 2, 216). 1 wurn *C*, slang *t*. 2 uff die *t*. 4 des sinen wadels *t*. 5 also daz *t*. 6 anhör *t*. 7 daz nit der valsche *t*. 8. n. m.] etliche *t*. 9 do falsche red ir oren bleckel *t*. rede] ere? *C*. empleket *C*. 10. 11 beyde hie und dort da huft sich vil der schanden hort *t*. 12 damit verlurt er *t*. 13 Ein sch *t*. 14 munde *t*. 15 er hie in iamer *t*. 16 gut ritter und auch *t*. 17 das für sin *t*. 18 dick werden so *t*. 19 was in ein *t*. nu seit *t*. 25, 21 = *C* 67, *t* 538, 2. schame uss h. *t*. 22 ich vor alle tugend *t*. 23 die zwey die br. r. *t*. 24 sie nu *t*.

worden sint biz ûf den grunt,
der mac wol heizen lobesam.
diu scham verhenget niht, daz er
mit schanden sich gehœne:
sô machet in vor sünden schœne
vorhte zaller stunt: 2, 325b
dirre zweier tugende funt
ist aller missewende gram.
swer bî grôzem meine
kleine fürhtet gotes zorn
und die schame hât verkorn,
sô schande in wil verwunden,
der wirt an êren blôz hie vunden,
unde ist dort verlorn.
wê daz er ie wart geborn,
der vorhte mîdet unde scham!

Ich weiz wol, daz des kargen muot
ouch êren gert besunder
und ist sô zæhe doch dar under,
daz er niht getar
durh si werden miltevar,
swâ man ir lop mit gâbe ûz gebt.
möht er si koufen âne guot,
er wolte ir haben wunder,
und wære dar ûf gerne munder,
daz sim würde gar.
nein, er muoz ir wesen bar,
sît er niht gebender tugende entsebt.
swer gewinnen êre
sêre lobelichen sol,
der muoz lân der milte zol
vrîliche ûz sînen handen.

25 sint oder werden an *t*. 27 verhenget] die wil auch *t*. 28 in schande sich verhœne *t*. 29 sie kan vor sunden hute schœne *t*. 30 die vorcht zu *t*. 31 wan d. selden riche funt *t*. 33 Wer hie by grosser *t*. 35. 36 und nit die scham hat usserkorn schand hat in uberwunden *t*. 38 dort] auch gar *t*. 39 we im daz *t*. 40 Wer *t*. 25, 41 — *C* 69, *t* 538, 3. 42 der ere *t*. 43 ist doch als verzag dar *t*. 44 und daz *t*. 45 al dorch die werde *t*. 46 da man *t*. 47 haben *t*. 48. 49 er hett ir gern ein wunder daruf so wolt er wesen munder *t*. 50 si im *Ct*. 51 nein zwar er *t*. 52 er mit gabe die enthept *t*. 53 Wer nu *t*. 55 und der *t*. lân] auch *t*. 56 vrilich *C*, langen *t*.

dâ von enbirt ir in den landen
manic herre wol,
unde wirt doch zornes vol,
sô man sîn laster im ûf hebt.

Der karge riche vert von hûs
in purpur unde in bisse;
des wænet er daz er niht misse
glanzer werdekeit,
durh sîn liehteberndez kleit:
son hilfet wât für laster niht.
er biuwet als ein fledermûs
der schanden vinsternisse,
diu nahtes fliuget vil gewisse,
dâ man hât geleit
einen fûlen ronen breit,
den si vür liehten glanz ersiht;
alsô nimt diu tumbe
krumbe trüge für wâren schîn.
ir gelîche mac wol sîn
der karge tugende blôze;
der wænet, daz ich im genôze
lop schœn unde fîn:
nein, er hât alsam ein swîn 2, 326ᵃ
ze trüeber schanden pfuole pfliht.

An liuten hât diu gotes kraft
für elliu dinc gewundert:
beschouwe ich menschen tûsent hundert
âne valschen list,
bî den allen, wizze Crist,

57 dar umb geburt er in *t.* 58 vil mangem herren *t.* 59 werdent dicke *t.* 60 wann man ir laster in *t.* 25, 61 = *C* 7, *t* 538, 4. 61 riche karge *t.* 62 bysse *Ct.* 63 er w. daz er sy gewysse *t.* 64 vil hoher *t.* 65 aldurch s. liecht goltfarwes *t.* 66 so decket wat die schande n. *t.* 67 ein] die *t.* 68 in truber *t.* 69 und die da fluhet *t.* 70 man hin hat *t.* 71 ein *Ct.* 73. 74 Suss hant die tummen krummen regen fur den liechten schin *t.* 73 So *C.* 74 trüge] triuwe *C.* 75 dem mag vil wol geliche sin *t.* 76 der rich an tugend *t.* 77 er went auch das er sy g. *t.* 78 des lobes clar und *t.* 79 zwar nein er hat recht als *t.* 80 trübem bache pfules *t.* pfülle *C.* 25, 81 = *C* 71. *t* 537, 1. 82 so rechte vil *t.* verwundert *C.* 83 nu vint man menschen *t.* 84 so gar on arge *t.* 85 das undryn allen *t.*

sint zwêne glich ein ander niht;
ir lîbes bilde ist an geschaft
in mange wîs gesundert:
ouch wirt ir herzen sin gemundert
dar ûf alle frist,
daz er underscheiden ist.
dâ von diz wunder hie geschiht,
daz ein man gevallen
allen liuten mac niht wol;
jâ müest er gelückes vol
nâch ganzem wunsche liuhten,
des tugende vollekomen diuhten,
swâ man êren zol
werdecliche enpfâhen sol:
wer lebt, dem man niht wandels gibt?

Nieman ist âne bresten gar:
dâ von der niht erschrecke,
bî dem gefüeger wandel stecke;
swer dar umbe wil
mîden hôher êren vil,
daz im gelît ein laster obe,
der ist bescheidenheite bar.
twing in ein wandels flecke,
sô râme er zuo der tugende zwecke,
triffet er daz zil
mit der sinne kugelspil,
sô brichet sîner schande klobe.
nieman sol von êren
kêren als ein bœser zage,
durh daz ûf in sîne tage

86 zwey ein ander gliche *t.* gelich *C.* 87. 88 ir menschlich form ir eigentschaft die ist-also gesundert *t.* 89 und ob ir herze wird vermundert *t.* 90 sehir und in kurtzer frist *t.* 91 syt das im u. *t.* 92 ein wandel dick g *t.* 93 und solt ein *t.* 94 l. alzyt wol *t.* 95 sich so *t.* mûs *C*, müst *t.* 96. 97 gar wirdig sin durchluchte und ob in yn sym synne tuchte *t.* 98 wie er der eren *t.* 99 so wird. *t.* 25. 101 = *C* 72, *t* 537. 2. on gebresten *t.* 102 des sol man n. erschrecken *t.* 103 in dem gefugen wandel stecken *t.* 104 licht ob er selber wil *t.* 105 und miden *t.* 106 das er dem wandel lyge ob *t.* 107 Sol wesen ungemûtes bar *t.* 108 rurt man sin w. fleck *t.* 109 râm] schyb *t.* der eren zwecken *t.* 110 licht tr. *t.* 111 der] siner *t.* 112 ym der schanden *t.* 113 en sol *t.* 114 recht als ein tummer zag *t.* 115 und ob ym alle s. *t.*

ein wandel sî gevallen.
er tuo daz beste: ob er niht allen
liuten wol behage,
sô begnüege in, ob er trage
den pris, daz in diu menige lobe.

26 Gar bar lît wît walt.
kalt snê wê tuot: gluot sî bî mir. 2, 326b
gras was ê, klê spranc
blanc, bluot guot schein: ein hac pflac ir.
schœne dœne klungen jungen liuten.
triuten inne minne mêrte:
sunder wunder- bære swære wilden
bilden heide weide rêrte.
dô frô sâzen die,
der ger lâzen spil wil hie.
Trût brût, sich mich an!
man hât rât dâ swâ du nu bist.
dîn schîn wît gît muot
guot dem, swem sîn pîn arc starc ist.
süeze, büeze trûren! sûren smerzen
herzen reine kleine mache!
kluogen fuogen schœne lœne mêre
sêre! niuwe riuwe swache!
lîch rîch lêben mir,
wîp! lîp vlêhen sol wol dir.

27 Jârlanc wil diu linde von winde sich velwen,
diu sich vor dem walde ze balde kan selwen;
trûren ûf der heide mit leide man üebet:
sus hât mir diu minne die sinne betrüebet.
Mich hânt sende wunden gebunden ze sorgen; 2, 327a
die muoz ich von schulden nu dulden verborgen.
diu mit spilnden ougen vil tougen mich sêret,
diu hât mîn leit niuwe mit riuwe gemêret.

116 sî gevallen *fehlt t.* 117 so tu er ie das best das allen *t.* 118 luten gar wol *t.* 119 in demut sinen wandel trag *t.* in das ob *C.* 120 den pris *fehlt t.* menigi *C.* meiste menge *t.* 26 = *C* 73. 74. 6 mertte. 16 herzen *Hagen*] *fehlt.* 17 klûgen fûgen. 20 *Raum für eine dritte Strophe.* 27 = *C* 75—77. vō; *Hagen* vom. 5 wunde.

Gnâde, frouwe reine! du meine mich armen!
lâ dich mînen smerzen von herzen erbarmen!
mîn gemüete enbinde geswinde von leide!
ûz der minne fiure dîn stiure mich scheide!

28 Mînen muot
hât diu minne sêre enzunt:
als ein gluot
ich enbrinne zaller stunt.
ungewinne
sint mir inne worden kunt.
küniginne,
mîne sinne tuo gesunt!
hôher fröiden funt
sende in mînes herzen grunt;
ich bin in den tôt verwunt:
daz tet mir dîn rôter munt.
Frouwe mîn,
du verkêre mîniu leit!
lâ mir sîn
fröiden lêre vil bereit!
prîs und êre
dir, vil hêre, sî geseit
iemer mêre; 2, 327[b]
dîn lop sêre werde breit,
sît dîn name treit
hôher wîbe werdekeit;
âne wandels gunterfeit
zieret dich der tugende kleit.

29 Willekomen sî diu zît,
diu mit spilnder güete
manigem herzen fröide gît
unde hôchgemüete!
heide in liehter varwe lît
unde in touwes flüete;

9 Genade 28 = C 78. 79. 14 mine. 29 = C 80—82. 3 manigē.
4 hoh.

vogele singent widerstrit
ûz der boume blüete.
Helfent alle enpfâhen
mir den wunneclichen meien, der beginnet nâhen!
Winter hât ein endezil,
daz sint liebiu mære,
diu vil maniges herzen spil
machent wunnebære;
meien zît uns komen wil
aller sorgen lære:
doch sint frouwen bezzer vil
uns für sende swære.
Helfent alle enpfâhen
mir den wunneclichen meien, der beginnet nâhen!
Man sol minneclichiu wîp
für die bluomen schouwen.
wîp sint mannes leitvertrîp,
daz in hât verhouwen.
elliu crêâtiure, schrîp
lop dien reinen frouwen,
unde prîse ir werden lîp
vor geblüemten ouwen!
Helfent alle enpfâhen
mir den wunneclichen meien, der beginnet nâhen!

30 Swâ tac er- schînen sol zwein liuten,
die ver- borgen inne liebe stunde müezen tragen,
dâ mac ver- swînen wol ein triuten:
nie der morgen minne- diebe kunde büezen klagen. 2, 328a
er lêret ougen weinen trîben;
sinnen wil er wünne selten borgen.
swer mêret tougen reinen wîben
minnen spil, der künne schelten morgen.

7 vogel. 12 liebe. 13 die. 18. 19 *nur* Helfent. 21 minnekliche. 25 creature. 29. 30 *nur* Helfent alle etc. 30 = C 53. 3 verswînen *Hagen*] verswinden. 5 er lêret *Hagen*] ert. sinnen] sinen sinnē; *Hagen* sinne: minne.

31 Winter ûf der heide bluomen selwet,
der mit vroste velwet
anger unde walt;
löiber ab der linden
rîsent von den winden
unde lâzent dürre sich beschouwen.
dise nôt enklage ich niht sô tiure
sô daz aber hiure
schanden rîfe kalt
twinget mangen bœsen,
der mit tugende rœsen
solte sich in edeles herzen ouwen.
der meie widerbringet bluomen unde löiber in dem hage:
sô muoz der an êren iemer dorren
der sich hât verworren
alle sîne tage
in der schanden stricke;
von der sunnen blicke
mac sîn herze in tugende niht betouwen.

Maniger nu von sîner tugende gâhet,
der die schande enpfâhet
in daz herze sîn;
dâ mit er bezeiget,
daz er balde veiget
unde schiere tôter nider stürzet.
dâ von ich für mîne friunde erschricke,
die mir wîlent dicke
tâten helfe schîn,
unde nu von êren
drâte wellent kêren,
sam die zuo der flühte sint geschürzet.
ich fürhte, daz ir niuwer site si niht lâze werden alt;
swâ sich angebornìu tugent verwandelt,
dâ wirt missehandelt
sêre an ir gewalt
diu natûre danne,
sô daz si dem manne
leben unde wirde balde kürzet.

31. 1—38 = C 84. 85. 6 lassen. 25 tôter *Wackernagel*] tot. 32 furhte. sitte. 33 angeborne.

Wâfen über die schande si geschriet, 2, 328b
diu vil êren vriet
alter unde jugent:
gnuoge milte wæren,
ob die lasterbæren
niht ze spotte bræhten si mit schalle;
der siht man sô vil ûf allen strâzen
daz durh si muoz lâzen
maniger sîne tugent,
der nu fürhtet sêre,
daz man im verkêre,
daz er lebe niht als die bœsen alle.
der kargen manicvaltekeit diu stœret rîcher sælden hort.
wil ieman ze herzen tugende zücken,
die muoz er verdrücken
rehte als einen mort,
vor den aller bœsten,
durh daz er der grœsten
und der meisten menge wol gevalle.
  Wære ab ich ein herre vries muotes
sô wolt ich des guotes
deste milter sîn,
daz man vindet hiute
mê geschanter liute,
danne gêrter lebe in disen zîten.
triuwe und êre glenzent deste vaster,
daz mein unde laster
gebent sô trüeben schîn.
ob die liute umb êre
würben alle sêre,
wie möht ieman danne lop erstrîten?
daz arge bî dem guoten erger unde bœser liuhten kan,
und daz guote bezzer bî dem argen;
dâ von ûz dem kargen
tugende rîcher man
kan vil schînes bringen,
als ûz kiselingen
schône glîzent edele margarîten.

31, 39—76 = *C* 86. 87. 42 genuoge. 51 diu *Hagen*] *fehlt.* 58 Wer aber. 72 uns dē.

Einen kargen wîlent des bevilte,
daz ein man sich milte
unde êr underwant;
des kêrt er ze walde
zeinem schâcher balde,
den bat er, daz er den milten slüege.
dô sprach er, solt er den man verhouwen,
sô wolt er beschouwen
sînen lôn zehant.
des bôt der unholde 2,'329*
driu pfunt im ze solde;
wand er fünve in sînem seckel trüege.
dô sprach der schâcher 'sô mord ich durch fünviu lieber argen schalc,
danne ich umbe driu den milten sêre;
dîn bluot ich verrêre,
wan ich dînen balc
hie ze tôde snide.'
swer den fromen nîde,
dem geschehe alsam, daz ist gefüege.

Wart ie bezzer iht für ungemüete,
danne wîbes güete,
des erkenne ich niht:
swaz ein man verborgen
leides unde sorgen
allen tac ze herzen hât geslozzen,
daz kan im ze naht sîn frouwe büezen:
von ir werden süezen
minnen liep geschiht
sînem senden lîbe:
wol dem reinen wîbe,

31,77 = *C* 88. *t* 556,1. Eins mals ein richen kargē daz *t*. 78 so daz ein armer milte *t*. 79 und eren *C*, sich eren *t*. 80 da ylt der rich gein *t*. 81 zu einem *t*. 82 er batt daz er den armen milten *t*. 83 Der schacher sprach sol ich den milten hauwen *t*. 84 so mustu mich lan schauwen *t*. 85 den mynen *t*. 86. 87 da verliess er ym soldes wol dru marck rotes goldes *t*. 88 der er doch *t*. fünfe *C*, funf *t*. butel *t*. 89 Er sprach umb. V. marck slach (*fehlt* ich) lieber dich vil karger schalk *t*. fünfe *C*. 90. 91 solt ich umb dru marck nu den milten töten. mit bluot müst ich in röten *t*. 92 er wil ich *t*. 93 nu dir zu t. schnyden *t*. 94 dorch got den milten myden *t*. 95 durch sine tugend duncket mich gefuge *t*. 31,96 = *C* 89. *t* 544,1. Wo wart ie bessers ie vor *t*. 97 waß reiner wybe *t*. 98 sich dez *t*. 99 Was nu *t*. 100 vil l. *t*. 101 alltag in sinē h. h. beslossen *t*. 102 sin frauwe dez nachtes *t*. 103 mit yr`edlen s. *t*. 104 liep] daz *t*. 105 dem sinē *t*. 106 so wol *t*

die niht hôher êren hât verdrozzen!
diu tiuret unde krœnet mit ir edelen tugenden werden man:
swenne si mit spiegellichten ougen
in geblicket tougen
herzeclichen an
unde ûz rôtem munde
lachet im von grunde,
sô hat in der sælden tou begozzen.

Daz die milten alsô früege sterbent,
die nâch prise werbent,
daz geschiht dâ von,
daz ir alze kûme
got in himels rûme
wil enbern ze stætem ingesinde.
lange lât er si niht leben ûf erden,
durh daz si dort werden
fröiden vil gewon,
unde er mit in schiere
sine kœre ziere,
dâ man inne keinen bœsen vinde.
waz solte ein tugentlôser bœsewiht in gotes himeltrôn?
er lât in den tôt vil lange fliehen,
durh daz im geziehen
sol kein ander lôn,
wan daz er mit schanden
lebe in sünde banden 2. 329[b]
und daz in diu helle danne slinde.

107 die nu nit *t.* 108 Sie *t.* kröut mit yr' myñ den werden *t.* 109 wañ sie yn mit yrn liechten spiluden *t.* 110 in blicket an so *t.* 111 so muss er fro bestan *t.* 112. 113 von grunde sines hertzen sie kan im wenden smertzen *t.* 114 in wol der *t.* 31, 115 = *C* 90, *t* 556, 2. Ach daz *t.* hie so schiere sterben *t.* 116 die hie nach eren werben *t.* 117 daz kumet alz da von *t.* 118 daz got daz yre kunne *t.* 119 in synes hymmels wûnne *t.* 120 nit wil *t.* 121 er lat sie nit lang leben hie uf *t.* 122 er wil sie lassen werden *t.* 123 dort fr. *t.* 124 daz sie nu alle schiere *t.* 125 schauwen sinr *t.* 126 daz man auch keynen kargen by ym vinde *t.* 127 Waz taug ein richer karger in dez himmelriches tron *t.* 128 got lesset sie hie l. *t.* 129 daz sie da nit beziehen *t.* 130 dort keinen andern *t.* 131 sie leben in zu schanden *t.* 132 hie in der sunden *t.* 133 daz sie recht dann der helle grunt verslinde *t.*

32 Got herre, waz du wunders an dir selben hâst geschicket!
wie gar dîn vrôn almehtekeit mit kreften ist verzwicket,
diu sich hât verstricket
sêr in der êwekeite dîn!
drivalt in ein gedrungen unde einlich in driu geflohten
bist du: der stric hât allen sin werlichen übervohten:
nie gedanke mohten
gebrechen in die bünde sîn.
sunder ende und âne ursprinc was ie dîn lebende majestât,
diu sich undermischet hât
mit drîn personen vaste,
und ein got ist ân underscheit bî drier bilde laste;
sich vlaht an ir ein drivalt rîs ie zeime ganzen aste,
der mit sîme glaste
gît endelôser' wunne schîn.

Almehtic schepfer, den ich obe den künigen allen prîse, 2, 330ᵃ
du bist ein brûner jungelinc und ein altherre grîse,
der sich zeiner spîse
gît uns vil armen tegelich!
fleisch unde bluot dîn vaterlichez wort umb uns ist worden:
diu beide niezen wir durh wâren cristenlichen orden,
sît die jüden morden
begonden an dem kriuze dich.
dîn lîchame der wirt enpfangen sunder pîn und âne schranz,
sô daz er belîbet ganz

32, 1 = *C* 92, *J* 4, *K* 1, *t* 568, 2, (*u* 96, 2). O herre *u*. wunder mit dir *u*. selber *JKtu*. has *J*. 2 frone *K*. vürzwicket *J*, fivr zwicket *K*. 3 und die *t*. fiurstricket *K*, gestricket *J*, gericket *t*. 4 tieff in die *t*. 5 got herre in ein drylichē gantz in einen got geflochten *t*. an eyn *J*. an dry gevluchten *J*. 6 du bist der strick der alle sick hat werlich *t*. alle dinc mit kreften *K*. ubervuchten *J*. 7 gedenck ym nit enmochten *t*. gedenke *K*, gedanken *J*. müchten *J*. 8 wnder *K*, bende *t*. 9 Got herr on end on underscheit in siner werden *t*. ursprunc *CK*. ie] e *J*. lebender magestat *K*. 10 und der sich *t*. 11 in dry person gar faste *t*. 12 ander got ist ane under las *K*, got vatter son heiliger geist *t*. unde ist eyn got *J*. bi] in *Kt*. 13 zu dir barg sich ein dryfalt rich zu einem *t*. an im *K*. ie] tzû *J*, vs *K*. 14 der uns mit *t*. 15 bracht endelosen berdō schin *t*. wunnen *JK*. 32, 16 = *C* 93, *J* 6, *t* 568, 3, (*u* 96, 3). 16 Almachtiger *u*, Got herr ein *t*. ob *C*, hoh *tu*. den werden kuningen *J*, ob allen kungen *u*, ob allen dingen *t*. 18 tzû einer *Jt*. 19 gib *t*. 20 sin *t*. vatterliches *C*, vetterlichez *Jt*. ist an uns *J*. ist dorch uns *t*. 21 der beyder nyeze wir durch warer kristelicher *J*, die beyde sampt die niesen wir nach cristenlichem *t*. 22 recht als die *t*. 23 begunden *Jt*. 24 Der ie was got und ymmer ist on anfang end und ane schranz *t*. liehname *J*. 25 so daz sin gotheit blybet *t*. Also *J*.

und âne sêr da enzwischen:
mit sîner wandelunge wir die siechen sêle erfrischen.
wir slahten, ôsterlichez lamp, dich ûf dien vrônen tischen,
dâ ze brôte mischen
dîn heilic lîp beginnet sich.

Got wil ze jungest sînen tôt verwîzen uns vil armen,
dur daz wir in der helle müezen êweclîche erwarmen:
daz lâ dich erbarmen,
erwelte muoter ûz erkorn!
sîn rôtez bluot er uns ze schaden vor gerihte enblœzet:
des lâ von dîner brüste werden blanke milch geflœzet:
hei! wie daz verstœzet
von uns dâ sînen grimmen zorn!
wie mac ungenâde uns iemer von dîm edelen sun geschehen,
sô dun lâst dîn brüstel sehen,
und er dich sîne wunden?
er wart versêret und du swanger durh der menschen sunden:
der liebe urkünde sol uns dort von leide tuon enbunden,
sô daz zallen stunden
iht werde an uns sîn tôt verlorn.

Frouw aller fröide, ich lobe an dir, daz du den got gebære,
des tohter und des muoter du bî ganzer kiusche wære, 2, 330[b]
sô daz dir niht swære
was aller bürden houbetlast.
den dort der himel niht begreif, noch hie daz ertgerüste,
der wolte dîn gevangen sîn mit vrîer muotgelüste.
wol der engen brüste,
dar în sich barc der hôhe gast,
des almehtikeit ist allen starken risen übergrôz.
in dîn herze er sich beslôz

26 gar one *t*. tzwischen *J*, zuschen *t*. 27 da mitte wir die armen siechen selen wyder fryschen *t*. dyner *J*. 28 so stet daz osterliche lamp dort uff dem *t*. 29 daz da *t*. 30 sin heilikeit *t*. **32**, 31 = *C* 94. verwissen. 32 mûssen. 36 dinre. 40 du in. 41 súnden, *der strich über* u *ausgekratzt*. 42 sünden. **32**, 46 = *C* 95, *J* 5, *K* 2, *t* 568, 5, *t'* 532'. 46 Ich lob dich frauw ob allen (fraw aller *t'*) frauwen daz *tt'*. aller tugende *K*. den got *t'*. 47 unde muter *t'*. bi] mit *C*, in *tt'*. rechter *t'*. kuscheit *t*. 48 dar umb ist dir nicht swere *t'*. Also *J*. als *K*. nichte *t*. 49 was] fraw *t'*. burde *C*. 50 dert *K*. die *t*. nye *Jt'*. no hie *t*. 51 wolte ouch din *J*. durch fryer *J*. 52 so wol *Jt'*. engel *t'*. 53 da in *J*. 54 des selben her a. *t*, dez frone hoch a. *t'*. starken *fehlt t*. 55 dar inn din herze sich *t*. er *fehlt J*. besloss *t'*.

menschlichen hie besunder,
und was ze himele samenthaft sîn gotheit ie dar under.
sîn wort bî dir ze fleische wart durh sînes geistes zunder:
frouwe, durh diz wunder
nie rîches lobes dir gebrast.

Ûz rôsen brennet man ein wazzer, sô man daz gemêret
und einen valschen tropfen anders wazzers drîn gerêret,
sâ zehant verkêret
sîn varwe sich in trüeben schîn:
diz wazzer ich gelîche wol rîlicher êren flüete,
die man dâ brennet ûz des edelen herzen tugende blüete
mit des fiures glüete,
daz im diu scham enzündet drîn.
êre ist alsô lûterlich geverwet und sô rehte clâr,
ob man sô tiur als ein hâr
valschheite drunder mischet,
daz ir durchliuhteclicher schîn sich trüebet unde erlischet;
mit gunterfeite man si niht gemêret noch erfrischet:
êre den verwischet,
der niht ir lûter friunt kan sîn.

Der nît sîn vals vil tunkel verwet, als ein bleich gehilwe;
swen er besitzet, des gemüete wont in leides gilwe;
sam daz hâr diu milwe
kan tougenlichen wol zerkiun,
sus kiuwet er sîn selbes nest, der üppecliche trûret,
er machet, daz durh fremde süezekeit ein herze sûret. 2, 331a
dar inn er vermûret
lit als ein made in einer schiun.
wizzent, daz ein nîdic herze niemer ruowe wirt gewar,

56 mensliche *K*, mentschelich *t*, sin menscheit *J*. 57 was] dort *t*. zu hymmel ist er samenthafft s. g. ob und under *t*. ie *fehlt JK*. da *J*. 58 von dir *t*. zu mentsche *t*. von sines *t*. 59 ei frauwe *t*, sich frauwe al *t*. daz *Jt*. 60 dir — nie *lt*. hohes *JKtt*. 32, 61 = *C* 96, *J* 3. brynnet *J*. 63 san *J*. 65 dis *C*, daz *J*. 66 brynnet *J*. der *C*. tugenden *C*. 68 daz schame hat untzunt da yn *J*. 70 túre als umb ein *CJ*. 71 valscheit dar under *J*. 72 tzû haut ir lutterlicher — vûr lischet *J*. 73 cunterfeite man siu — gevrischet *J*. 32, 76 = *C* 97, *J* 1. Der niht *C*. vas *C*, vaz *J*. gehilewe (: kylewe: milewe) *J*. 77 swenne (er *kleiner zwischengeschrieben*) besizet *C*. wont] lebet *J*. 78 milwe, *aus* milme *gebessert*, *C*. 79 tougeliche *J*. ze^rkiven *C*, tzûr kyben *J*. 80 sam kibet *J*. der] de *C*. 81 schaffet *J*. frömde *C*, vremede *J*. 82 dar inne *C*, da in *J*. 83 schiven *C*, schiben *J*.

wan ez sîn gemüete gar
ze tôde an fröiden snîdet,
durh daz die werden ungelücke schînhet unde mîdet.
wol im der haz durh sîne sælde von dem argen lîdet!
swen der bœse nîdet,
der wirret sich in heiles riun.

Ein frouwe, diu mit kiusche unstæte ûz ir gemüete riutet,
und si daz mîdet, daz si doch gar inneclîche triutet,
diu gît unde biutet
ir lîbe grôze meisterschaft.
mac si ze tougenheite ir minnegernden sin verkêren,
sô daz si mit gebærden wil dekeinen man versêren,
sô wirt si mit êren
an ir gemüete sigehaft.
ez enkan hôchklunger niht kein lebende crêâtiure sîn,
denne ein wîp clâr unde fîn,
diu minne flamme dempfet,
und si daz hilt, sô daz nâch ir kein wille si verkrempfet.
wol ir, diu sus mit reinekeit sich selber ane kempfet!
diu leit unde stempfet
in wîplich herze mannes kraft.

Ûf erde nie kein man gesach sô tougenlîche klôsen,
sô wîbes herze, in dem diu minne lûzet âne kôsen:
si kan mit ir lôsen
gebærde ir friunt beschâchen wol.
ahî, wie sæleclîchen der mit fröiden wirt gerichet,
der si vil reinen winkeldiupen vâhet unde erslîchet,
diu der strâze entwîchet
dur lâge in gar ein engez hol.
ûf den si den roup muoz lân, den si verborgenlîchen hilt,

86 wendez *J.* 87 die biderben *J.* 88 so wol ym der durch syne tugent haz von den *J.* 89 arge *J.* 90 her *J.* riuen *C*, riben *J.* **32,** 91 = *C* 98. *t* 564. 2. (*u* 94. 3). 91 Welch frauwe mit ir kusch unkusch *t*, Welch fraw gantzleich unstätigkeit *u*. uss irem hertzen *tu*. 93 die tút ouch und gebutet *t*. 95 daz sie ir mynnenbernde syñ in taugenheit kan keren t. 96 also daz sie mit argem icht woll yren man *t*. 97 zwar die wirt wol mit *t*. 99 ich gleub daz hochgelobter creatur uff erd icht mög gesin *t*. 100 danne ein wyp die da ist fin *t*. 101 und mynnen flam verdēpfet *t*. 102. 103 wol reinen wyben die sich selber also ane kempfet also daz sich kein arger wille an ir icht enkrempfet *t*. 104 leyttet *t*. 105 ir wyplich herez in *t*. **32,** 106 = *C* 99. 107 lôsset. 111 dupē.

swaz sir friunden abe gestilt, 2, 331b
daz si ze loche tücket,
daz wirt her wider ûz von in gehelset und gedrücket,
si giltet kus mit kusse, dem si tougen hât gezücket,
swâ sich liep gesmücket
zuo liebe, als ez von rehte sol.

Zwelf schâcher zeines türsen hûs in einem walde kâmen:
der fraz er einlif sunder wer, die schiere ein ende nâmen:
sît begunde er râmen,
daz se alle würden gar verzert.
dô werte sich der zwelfte, und wolte alsam ein helt gebâren.
dô sprach der türse 'du enmaht nu keiner wer gevâren:
dô dîn zwelve wâren,
dô soltest du dich hân gewert!'
dir gelîchet ein geslehte, daz ein herre stœren wil;
daz enlâze sich niht vil
besunder underzücken,
ez wer sich mit ein ander sîn, swenn erz beginne drücken:
wil ez sich einzelingen under sîne füeze smücken,
sô wirt ez in stücken
ze jungest gar von im verhert.

Genühtic man an sippeschefte prüeve in dîme sinne,
wie dîn getriuwer dienest und dîn lûterlîchiu minne
friunde gnuoc gewinne,
die zuo dir in der nœte traben.
ein trûtgeselle ist bezzer danne vil unholder mâge;
dâ von du flîzeclichen des mit dînem dienste lâge,
der sich bî dir wâge,
sô dich die sorge al umbegraben.
ob er sî gereinet dir, sô liuter im ouch dînen sin,
sô daz du dich wider in
vor allem meine schûmest.
den friunt du lange suochest, ê du zim den wec gerûmest,
er wirt unsanfte funden und behalten aller kûmest: 2, 332a
helfe du versûmest,
wilt du niht guoten friunt behaben.

115 si ir. 116 tuket *etc.* 32, 121 = *C* 100. türsten. 122 frâs. 124 dasse alle wurdent. 126 türste. 127 zwelfe. 129 diu gelich ist? *B.* 131 zuken *etc.* 132 ers. 32, 136 = *C* 101. dime] dem. 137 luterliche. 138 genuog. 144 luter.

Hôchvertic schale enmac niht lange rîhsen bî gelücke;
wan er bescheidenlichen wil niht vâren sîner tücke;
swer ûf ez gerücke,
der sî ze rehter mâze geil:
ist er ze vrevel und ze dol, er wirt unfrô gemachet.
dem argen under ougen daz gelücke suoze lachet,
dur daz im geswachet
werd aller sîner wunnen teil.
sælden anegenge tugentlôsem manne fröide birt.
dem von êrst gelücke wirt
ûf die verlust gemêret,
daz er ze jungest werden künne gar von im versêret.
swer an dem ende wol gevert, den hât vrô Sælde gêret:
sô ze stade kêret
der marner, sô lob ich sîn heil.

Ein hübescher hunt, der spilte gegen sînem herren schône,
wan er sprang ûf in unde bal in süezer stimme dône;
des wart er ze lône
von im gestreichet sâ ze stunt.
daz sach ein esel, unde wânde, im solte alsam gelingen,
dâ von er lüegend ûf den herren ouch begunde springen:
des hiez er in swingen;
von slegen wart im sîn rügge wunt.
sus entuot der edele niht, der einen künstelôsen schale
triutet, dem er sînen bale
mit stecken solte weichen;
dur sîn gebrehte kan er im rîliche miete sleichen,
und wil gefüegem man durch kunst enheine gâbe reichen,
den er solte streichen,
alsam der herre tet den hunt.

32, 151 = *C* 102. 162 vō in. 32, 166 = *C* 103, *f* 119ᵃ. hunt nun spielen gunst vor seinem *f*. 167 wan *fehlt f*. und payl in an. in seiner weyse done *f*. 168 do wart im auch zu lone *f*. 169 ein freuntlich streichen zu der stunt *f*. 170 Ein esel das ersach er meint *f*. also *f*. 171 und er gunt zu derselben stunt auf seinen herrn dringen *f*. 172 und do hiess man in singen *f*. 174 Vnd also tut hie mit geprechen manig kunsten loser schalck *f*. edel *C*. 175—179 den sol man hie den seinen palck mit slegen gar zu prechen. die meister lassen in zu vil gar smehelich zusprechen. man solt die kunstenreiche ding mit scharpfen wortten rechen gar heymelichen stechen *f*. 180 recht als dem esel *f*. dem *C*, der *f*.

Ir edelen tumben, wes lânt ir iuch gerne tôren triegen, 2, 332[b]
die mit ir valsche rîlich guot iu kunnen abe erliegen?
sinnelôse giegen
hânt in ir herze die vernunst,
daz si den künsterichen stelnt ir rede und ir gedœne,
dar umbe si vil dicke enpfâhent hôher gâbe lœne:
in der tievel hœne,
der ûf si kêre sîne gunst!
wære ich edel, ich tæte ungerne eim iegelichen tôren liep,
der die meister ˊals ein diep
ir künste wolte rouben.
ein herre möhte wol erkennen bluomen under schouben:
owê, daz ich ir manigen sihe an witzen alsô touben,
daz er wil gelouben,
daz eigen sî verstolniu kunst.

Ein ritter, der niht wæte habe von golde noch von sîden,
der sol ûz triuwen unde ûz manheit kleider an sich sniden;
sô lât er sich lîden,
swâ man die werden schouwen sol.
er wirt durh sînen stæten sin und dur sîn ellen gêret.
dâ man den bœsen wol bekleit mit purpur siht behêret,
dar gêt unde kêret
der vrume ân allen pfellel wol.
ez enwart nie ritterlicher wât als edel noch sô guot,
sô triuw unde manlich muot:
swem si ze herzen læge,
dem solt ein hôher künic sîn mit gâbe niht ze træge.
mich diuhte reht, daz er mit golde in tiure widerwæge:
daz er sîn wol pflæge,
daz bræhte im rîcher êren zol.

Mir ist ein lôser hoveschalc, als ein kobolt von buhse:
jâ wahset ein unküstic wilt von wolfe und ouch von vuhse,
daz sich zeinem luhse
kan bilden schiere und alzehant: 2, 333[a]
daz selbe tier unfrühtic ist, von arte ez niht enkindet.
wê daz der ungetriuwe alsam niht an geburt erwindet!

32, 181 = *C* 104. 182 üch. 187 der tievel in gehœne. 189 eine. 32, 196 = *C* 105. *J* 10, *aber nur vier Zeilen.* hat *J.* 198 lezet *J.* 199 sus man *J.* 200 ellent. 201 des bœsē. 203 ane allen pfellol. 32, 211 = *C* 106.

swâ diu schande bindet
man unde wîp sêr in ir bant,
dâ wolt ich, daz an ir sun erwünde ir beider künne gar.
ob er næme ir sites war
und ûf ir spor hie træte,
sô wære ez wol, daz sîn geburt an ir den bresten hæte,
dâ von im kæme niemer kint, daz im gelîche tæte:
sô zergienge unstæte,
diu valschen herzen ist bekant.

Wie sol ich richen edelen schale mit valschem muote erweschen?
von kupfer scheidet man daz golt mit eines unkes eschen:
hei, daz miner teschen
vil nâhe ein pulver nie gelac,
dâ mite ich guldîn adel schiede ûz kupferînem willen!
wê daz ein iderslange mac dur herten cokodrillen,
und daz niht gebillen
mîn zunge in arge sinne mac!
swaz ich singe ald ich gesage der valschen richen edelen schar,
des nimt si ze kleine war;
ir muot alsô vereinet
an triuwen unde an êren ist, daz si niht tugende meinet.
in korne wart ein kündic wahtel nie sô sanfte erbeinet,
als ir herze ersteinet
in schanden ist naht unde tac.

Des argen ôre müeze sîn verwâzen und vertüemet,
daz niht wil hœren dâ man tugende riche liute rüemet!
swâ diu rebe sich blüemet,
dâ fliuhet daz gewürme dan;
des wînes blüete mac ez niht gedræhen noch geliden:
alsô muoz êren blôzer schale der vromen lop vermiden, 2. 333[b]
wan der bœse nîden
wil iemer tugende richen man.
bernder miltekeite blüete kargen herren gar bevilt;
tugende spürt er sam daz wilt
ein nasewiser bracke;
doch mestet sich mit ir ungerne sines herzen backe.

220 sittes. 32. 226 = *C* 107. 227 aschen, e *übergeschrieben.* 229 nah. 234 alder. 235 nimet. 237 da si. 32. 241 = *C* 108. verduemet. 243 reb. 245 gedrehen, d *übergeschrieben.* 247 bœsen. 251 drake. 252 bagge.

des fliuhet er des milten lop, als ein pantier der tracke,
der vor sînem smacke
sîn leben niht gevristen kan.

Mir ist als ich niht lebende sî, swenn ich entnücke sêre:
dâ von den tôt betiutet mir der slâf mit sîner lêre.
bî der sunnen kêre
bezeichent mir der schate mîn,
daz in gelîch zergât mîn leben: ouch wird ich bî der hitze
der helle ermant, swenn ich in einer badestuben gesitze.
bî der bluomen glitze
spür ich unstæter wunnen schîn.
in dem spiegel ich erkenne, daz ich esche bin, als er:
sô kan mir der kerenter
mit dem gebeine künden,
daz mich die würme nagende werdent mit unreinen münden.
wil ich dâ bî niht hüeten mich vor allen houbetsünden,
in der helle gründen
muoz ich ân ende quelnde sîn.

Sô wê mir tumber, daz mich iemer langer tage verdriuzet
und mîner jâre vrist enwec sô rehte balde schiuzet,
daz ein bach niht fliuzet
sô drâte ûz velse noch ûz hage!
ich wünsche dicke, daz diu stunde werde mir gekürzet:

253 er *Hagen*] dir. trake (: smake). **32**, 256 = *C* 109, *J* 7. *N* 21', *t* 567, 4. als] daz *t.* ich icht *J*, ich ich *t.* bin ich entnuket *t.* 257 da bi bewiset mich der slaif den dot *N.* hiemit der slaff bezeichent mir den tot *t.* der slaf — mich den tot *J.* 258 albi *t*, an *N.* sunden *N.* 259 bezeichent (betzeichet *J*) sich *Jt.* die schatte *C*, den czaden *N.* 260 dat zegenclich is min leuin *N*, daz ich dem tot ie neher gan *t.* ouch] so *JNt.* wirt *C.* word *t.* in der *N*, von der *t.* 261 hellen *N.* batstuben *C*, batstûue *N.* sitze *JNt.* 262 albi *t*, an *JN.* 263 wunnen] blûmen *C*, farwe *t.* 264 daran erkenn ich bi dem spigel daz ich aschen wurd als er *t.* erkennich wol *N.* asche *J*, eyn esche *N.* 265 sus *J*, do *N.* und daz *t.* mir ouch *C.* kerinter *N*, gerner *C*, kerker' *t.* 266 sim gebein wol *t.* 267 myr *J.* gnagen werden *J.* sûlen knagen *N.* werden nagen *t.* mit iren unr. *Nt.* 268 wil mich selber hûden niet *N*, han ich dann nit gehutet mich *t.* wûr grosen *N.* 269 tieff in *t.* hellin *N.* aptgrunden *t.* 270 on ende mûz ich faren hin *t.* **32**, 271 = *C* 110, *J* 8, *N* 22, *t* 567, 2. Owe mir tumben *J.* irdruzsit *N.* 272 sint daz *JN*, und sich die *t.* ouch miner *J.* mine kurte zyt so snellich von mir vlûzsit *N*, mynē jares frist so balde von mir dusset *t.* un weg *C.* 273 recht alz ein bach der flusset *t.* eyne — schûzsit *N.* 274 so sere uz velsen unde *J.* dorch velse und dorch *t.* 275 dat mir mine stunde werde g. *N*, und daz die wyle werde im g. *t.* die tzit ouch werde *J.*

und ist si doch ûf einen gæhen louf alsô geschürzet.
daz dar inne erstürzet
geswinde sich mîn lebetage.
jâ klag ich mîn gelt, daz ich verzer, und klage niht mîne zît,
die mir nieman wider gît,
swenn ich si gar verliure. 2, 334[a]
vertet ich verne guot, ich mac gewinnen anderz hiure;
verswende ich aber mîniu jâr, diu sint mir iemer tiure:
von dekeiner stiure
vertâne zît ich wider bejage.

Der Missener hât sanges hort in sînes herzen schrîne, 2, 334[b]
sîn dôn ob allen ræzen dœnen vert in êren schîne,
dâ mit er bî Rîne
die singer leit in sîn getwanc.
in fuorten überz lebermer der wilden grîfen zwêne:
dâ lêrte in under wegen dœne singen ein sŷrêne:
lebte noch Elêne
von Kriechen, si seit im ir danc
dur sîn adellichez dœnen, daz dâ klinget hôhe enbor.
er gêt an der wirde vor
smaragden und saphîren;
er dœnet vor uns allen, sam diu nahtegal vor gîren;
man sol ze sînem sange ûf einem messetage vîren.
'alsus kan ich lîren',
sprach einer, der von Eggen sanc.

Vür alle fuoge ist edel sanc getiuret und gehêret,
dar umbe daz er sich von nihte breitet unde mêret.

276 die sich doch up so hoin loif so ga hait geschûrzit *N.* so hat sie sich uff *t.* und] so *J.* mit eyme snellen loufe so besch. *J.* 277 daz sich da ynne sturtzet *J*, daz sie villicht enburczet *t.* 278 verswunden sint myn lieben tage *t.* beswinde *C*, vil schere *N*, ouch alle *J.* sich *fehlt JN.* myne lieue (lebenden *J*) tage *JN.* 279 Ich clag daz gut *t.* Jo *J*, so *N.* gût *J.* vúrtzere *J*, v'zerde *N.* unde *C*, ichn *J*, in *N.* niht *fehlt J.* miniu *C*, min *N.* myn verlorne *t.* 280 mir nu *t.* ingijt *N.* 281 wan ich die he v'lûre *N*, so ich sie hie v. *t.* 282 han ich daz fert myn gut verzert mir wurd licht a. *t.* verent *N*, vert min *J.* gelt *JN.* 283 verzer ich dann die mynen jar unnûcz sie sint mir ture *t.* aber] alle *J.* 294 van die gein stûre *N*, mit keyner hande sture *J*, in keiner slachte st. *t.* 285 vertaniu *C*, verlorne *JNt.* ich e weder *N.* iag *t.* 32, 286 = *C* 111. 287 rèsen. 32, 301 = *C* 112, *t* 574, 3, *u* 91, 3. Ob aller kunst *t.* Gesanckh ist uber ander kunst *u.* gebriset *t.* 302 sit es sich doch von nichte wol sich br. *t*, s. das es sich von nichte wol doch fachet *u.*

ellìu kunst gelêret
mac werden schône mit vernunst,
wan daz nieman gelernen kan red und gedœne singen;
diu beide müezent von in selben wahsen unde entspringen:
ûz dem herzen klingen
muoz ir begin von gotes gunst.
ander fuoge durfen alle râtes und geziuges wol.
swer si trîben rehte sol,
der muoz hân daz gerüste,
dâ mite er si volende nâch der liute muotgelüste;
son darf der sanc niht helfe, wan der zungen und der brüste:
sunder valsche âküste
gêt er dâ von vür alle kunst.

Dem adelarn von Rôme werdeclichen ist gelungen,
wan er krinvogele ein wunder hât mit sîner kraft betwungen;
er hât lop erswungen 2, 335*
durliuhtic, lûter unde glanz.
hebch unde valken twanc er zÔsterlanden unde in Stîre:
daz mac in Pülle erschrecken wol die rappen und die gîre.
rubîn und saphîre
vil billich zierent sînen kranz.
sîn gelücke und sîne kraft entsitze swaz nu wildes lebe,
   ez gê, swimme, od ob ez swebe,
ob dem kan er wol fliegen.
kein vogel kan ûz allen landen wider in nu gekriegen;
sich muoste ein löuwe ûz Bêheim under sîne klâwen smiegen:
er ist âne triegen
vest unde an hôhen êren ganz.

303 und wer die kunste leret *t*, und wer es gerne leret *u*. 304 gewinnet schone (dem geid es freyd *u*) und gut v. *tu*. 305 ich mein daz ieman lebend si *t*, ich mein nicht das er lembtig sey *u*. der ane red (wort *u*) kan (khūn *t*) singen *tu*. 306 wañ sie doch (seyt das sy *u*) beide mit ein ander wachsen *tu*. mûssent *C*. erspringen *t*. 307 und uss *tu*. dringen *tu*. 308 nach irer wird und gottes gunst *t*, nach gottes ler und seiner gunst *u*. gottes *C*. 309 gar alle kunst wil haben fug darzu darf sie geretes wol *t*, sunst andere kunst dorff zeuges vil dar zu geräte wol *u*. 310 der sie nu vollenbringen sol *t*, wo er es nu füeren sol *u*. 311 daz] ir *t*, vil *u*. 312 wie er sie vollenbringē gar al nach der welt geluste *t*, ob er es aber treiben wil nach der welt muet all friste *u*. 313 secht hin so darf gesanck nicht me dann zungen *t*, so darff gesanckh nicht anders mer wen zung *u*. und weyse liste *u*. 314 sus keiner han kuste *t*, darumb gesanckh wol iste *u*. 315 es get gesanck vor *t*, zw preysen über *u*. andrew *u*. 32, 316 = *C* 113. 320 er *Hagen*] *fehlt*. 325 oder. 328 müste ein lewe. klawe.

Der biber ist rîlicher vil dan gnuoge herren schînen:
sô man in jaget, sô kan er sich ûf hôhe milte pînen, 2. 335b
dur daz im verswinen
sorg unde er habe zer flühte pfliht:
er bîzet abe sîn geil und lât ez vallen zeiner miete,
vür daz man in niht suoche mêr in holze noch in riete.
wê der edeln diete,
diu niht an sîne tugende siht!
swen des gernden kumber jage, dar ûf er sich versinne wol,
daz er milteclichen zol
verrêre an dem gejegde,
ê man beginne suochen in mit lasterlicher klegde.
zen êren fliehe er sam der wilde einhürne zeiner megde:
dur ein kranc getregde
lâz er sich schande vâhen niht.

Mich wundert daz ich mazzes iemer willecliche erbîze
und daz ich in der zuoversiht diu mîniu jâr verslîze.
sint des tôdes wîze
ze jungest mich ersterben wil.
ein wildez tier enæze es niht vor engestlichen sorgen,
ob ez erkante sînen tôt, der vor im lît verborgen;
âbent unde morgen
sô hete sîn herze sorgen vil.
hungers ez vor leide erstürbe, wære im niht der wân gegeben,
daz ez iemer solte leben:
sus spür ich unde erkenne,
daz ich ie nâher unde nâher gegen dem tôde renne;
sint ich daz weiz, war umbe vröuwe ich mich sô dicke denne?
trûren eteswenne
solt ich gein mînes endes zil.

32, 331 = *C* 114. danne gnuoge. 32, 346 = *J* 9, *t* 567, 2. Mir ist doch daz ich ymmer masses *t*. williehlichen vurbize *J*. 347 und ich die mynen jares frist alz uppiclich verslysse *t*. myne *J*. 348 sint] und mich *t*. 349 mich] doch *t*. hersterben *t*, vûrsterben *J*. sol *t*. 350 tier *fehlt t*. genese nicht *t*. 351 und wûstes dann den sinen *t*. 352 den abent und den *t*. 353 wer es on essen ymmer wol *t*. 354 Zvar es verdurbe hungers not und wer *t*. 355 es doch *t*. ymmer solde *J*. 356 nu bruff ich *t*. 357 daz ich dem mynem tod ie neher und aber neher renne *t*. ia] é *J*. 358 wesz frew ich mich hie also dick und denne *t*. 359 myn hertz trurig etwenne *t*. 360 vor mynem end ist leydes vol *t*. kegen *J*.

Ein lop geblüemet vert in hôher werdikeite solde, 2, 334
ez wehset ûf ze berge, sam des zêderboumes tolde;
sam geste ne ûz golde,
kan ez vil wunniclichen brehen.
ez schînet, sam ein lieht juncfrouwe in kiuschem magetuome;
sîn varwe glestet sam der liehte morgensterne in ruome·
sam in touwe ein bluome
lât ez sich wunniclichen sehen.
ez kan glenzen sam durch einen klâren miol lûter wîn,
rehte alsam der sunnen schîn
durch blâwen himel schœne,
und kan ouch glesten sam nâch dienste werder wîbe lœne:
von Strâzeburc ein Liehtenberger, iuwer lop ich krœne,
iu muoz mîn gedœne
durchlûterlicher tugende jehen.

[Ich hân durchvaren wîtiu lant und suocht doch inder künde, 3, 453b
ob ich der schœnen ir gelîchez iender vinden künde;
disiu mære ich künde,
sist reiner hôher êren wert.
waz obe wir diu wunderlîche mære fürbaz bürgen:
ich hân gesuocht in dorfen unde in steten unde ûf bürgen;
ich bedarf niht bürgen,
sint mich diu wârheit selber wert,
daz sô schœnes niht enlebt; dâ von darf ich niht fürbaz varn.
het ich sâmen von dem varn,
den würfe ich dar den scheiden,
daz sin verslünden, ê mîn dienest von ir solde scheiden;
ich hân der schœnen vil gedient mit swerten bar der scheiden:
durch si wolde ich scheiden
spæn al die wîl mîn leben wert.

Ich bin wunt, gevangen, în geslozzen mit vil ringen;
diu minne treit die slüzzel, des muoz ich in sorgen ringen:
si enwil niht ringen
mir alliu mîniu sendiu leit.

32, 361 = *J* 2. 362 wessel of tzû birge — tzolde. 364 bren. 369 let — sen. 372 deneste. 373 lechtenberger. 375 ien. 1 wide. sugte. 2 gelige erin vinde. 4 sist] wer. gert. 5 of. 6 dorfin in stieden. 12 si in. 13 szoner. 15 wile. 19 alle mine sende.

si verschriet mir miniu bant ê ber mit sîner clingen;
ich hôrt der vogelîne sanc sô suoze nie erclingen
ûf bergen unde in clingen,
diu mir benæmen mîniu leit.
minne und diu vil minneclîche müeste machen mich gemeit.
süezer gruoz der mich ie meit,
und künde ich den verdingen,
sô wolde ich hôhes muotes sîn in vreuden zallen dingen.
nust mir ir wîplich triuwe vor beslozzen sam ê dingen: 3, 454a
ich hân gar mîn dingen
an dich, vil sælic wîp, geleit.]

20 verszrede. 21 horte. 22 ûf berg und? 23 beneme̅ mine. 27 hoys gemûte. 28 nu ist. 29 mine.

ANMERKUNGEN.

PARTONOPIER UND MELIUR.

1. Konrad, der den jambischen Fall der Verse so sehr bevorzugt, wird schwerlich ein Gedicht mit einem auftaktlosen Verse begonnen haben, wie Pfeiffer (German. 12, 7) schreibt *Ez ist gar ein nütze dinc*, statt *ein* hat die Hs. *vil. ein* durfte allerdings nicht fehlen, fraglich kann sein ob es vor oder hinter *gar* zu ergänzen war. *ez ist gar ein vil nütze dinc* wäre ebenso gut, vgl. Lieder 32, 113 *in gar ein engez hol.*

4. Pfeiffer schreibt *und daz er niemen stœre.*

34. Pfeiffer (German. 12, 9) *man üebet tugende harte vil.* Allein wie hier, so wird von der Hs. auch V. 497 das mit *über* zusammengesetzte Verbum ausgelassen, es steht *über* statt *übervaren.* Vgl. zu 4471. Ich habe *überhüebe* 'übergienge' dem an sich noch näher liegenden *übergienge* vorgezogen, weil sich der Ausfall graphisch leichter erklärt.

48. statt *guote* ergänzt Pfeiffer (German. 12, 91) *süeze*, doch ist wegen des ähnlichen Auslautes (*bluote guote*) und wegen V. 33. 57 mir *guot* wahrscheinlicher.

95. ich habe gegen den Gebrauch aller bisherigen Herausgeber von Werken Konrads nicht *nû dû*, sondern *nu du* geschrieben; denn der Dichter reimt nur diese beiden Wörter auf einander, und bindet sie nirgend mit einer entschiedenen Länge. Er reimt ferner *dun* (= *du in*) auf *sun*, was ebenfalls auf Kürze hinweist. Für die Länge könnte sprechen, dass troj. 1830 *nu* im Hiatus auf der Hebung steht, *wâ nu, ir frouwen, sprechent dar*, und ebenso steht im Hiatus *du*, Lieder 32, 126, wo man allerdings *du nemaht* setzen dürfte; aber auch *si* (Part. 3147. Engelh. 5094. Lieder 2, 83. troj. 15352. 15936), und doch ist die Kürze von *si* bei Konrad zweifellos: er konnte es im Reim nicht brauchen, weil kein anderes kurz auslautendes *i* vorhanden war.

120. lies *dur* mit der Hs.

141. *tugenderîch* statt *tugentrîch*, wie die Hs. immer hat, habe ich nach Pfeiffers Vorgange (German. 12, 13) hier und anderwärts gesetzt; es wäre nicht nöthig gewesen, auch in den Liedern hat die Pariser Hs. meist *tugentrîch.*

146. Pfeiffer (German. 12, 15) schreibt *swaz listes in sîm herzen lît*, aber *sîm* vor folgendem Consonanten ist bei Konrad unglaublich und der gen. plur. *liste* ganz unbedenklich.

209. Pfeiffer (German. 12, 17) setzt *wälsche*, die Hs. hat *walhisch.*

230. *eime* mit Pfeiffer (German. 12, 19) zu schreiben ist nicht nöthig, denn wenn jene Form auch durch den Reim erwiesen ist, so zeigt innerhalb des Verses der Gebrauch von *einem mînem sînem* vor folgendem Vocale, dass der Dichter beider Formen sich bediente, z. B. *sînem ingesinde*, wo man *sîme* nicht schreiben dürfte.

243. besser *starke* als Adverbium.

256. *itewîze;* vgl. 1831, wo derselbe Fehler in der Hs., troj. 10814, Pantal. 465.

272. *eht* vor Zahlwörtern in der Bedeutung 'nur' bei Konrad häufig: die Hs. entstellt fast immer in *reht*, ein Zweifel, ob dies beizubehalten, kann bei nachfolgendem Consonanten gar nicht entstehen.

277. *zAngies*, in Anjou, im Original *Angiens* und *Blois*.

309. lies *hôhen*, um den Hiatus zu vermeiden.

328. *begonde*, was die Hs. hier bietet, habe ich gelassen, und es sollte überall, wo die Hss. bei Konrad es bieten, nicht entfernt werden. Denn neben *began* scheint die dem Dichter geläufigste Form *begonde* gewesen zu sein. Bei sehr häufigen Reimen in *unde* reimt er doch *begunde kunde* selten auf andere Worte in *unde*, meist auf einander, was also eher für als gegen *o* beweist. Auch beim Conjunctiv bindet er nur *begünde: künde* mit einander, nicht mit andern Worten; daher dem Indic. entsprechend er wohl *begönde: könde* sagte. Danach sind im Troj. eine Menge Stellen zu bessern, wo theils die Strassburger, theils andere Hss. *begonde konde* (conj. *-ünde*) haben: Troj. 25. 79. 205. 231. 483. 524. 534. 600. 726. 735. 743. 785. 1089. 1114. 1233. 1710. 2176. 2574. 2696. 2705. 3084. 3241. 3899. 3936. 4046. 4117. 4158. 4166. 4186. 4202. 4212. 4266. 4339. 4366. 4501. 4520. 4621. 4656. 4669. 4960. 5000 u. s. w. Ebenso verhält es sich mit *gunde*, prät. von *gunnen*, *gonde* ist nach den Hss. zu schreiben Troj. 6526. 16140, und *erbonde* 10263.

346. *brâmen* war dem von Pf. vorgeschlagenen *dorne* (Hs. *born*) vorzuziehen, weil es den Hiatus vermeidet.

359. lies *geriuschet*, denn Konrad bedient sich, wie die Reime zeigen (Troj. 795. 11155), nur der Form in *iu*, wie er auch immer *biuwen triuwen* sagt: zum Engelh. 5222.

410. den Absatz nach dem zweiten Reimworte, der gegen Konrads Weise verstösst, kann man vermeiden, wenn man schreibt

der edel unde süeze kneht.
er tet dem swîne gar sîn reht
und gap den hunden dar ir teil.
er machte si frech unde geil u. s. w.

436. *schift* fehlt in den Wbb. und ist auch bei Konrad sonst nicht nachzuweisen. An eines seiner Lieblingsworte, *stift*, zu denken, verwehrt der Sinn. *schift* ist auf *schîben* zurückzuführen, wie *trift* auf *trîben*, und wird demnach 'abschüssige Stelle' oder ähnliches bedeuten.

438. *im* ist Druckfehler für *in*.

468. *sluog ez*, trieb es (das Ross) auf die Weide: ein stehender Ausdruck.

482. *dáz wart im leit únde zórn* kann man unbedenklich betonen; doch macht das nachfolgende *daz* ein vorausgehendes *sô* wahrscheinlich, also *daz wart im sô leit unde zorn*.

492. *treuleich* für *tiure* steht auch 3138 in der Hs.

514. *wær* habe ich geschrieben auch vor nachfolgendem Consonanten, weil dieses Wort alle mhd. Dichter in diesem Falle kürzen: die zwei wenn auch durch einfachen Consonanten getrennten Silben in der Senkung scheinen mir bei Konrad bedenklicher.

516. vgl. Troj. 37659 *den habich in den hürsten* (: *fürsten*).

532. besser *der übel aspis*, um auch den Anschein eines Hiatus zu vermeiden; aus gleichem Grunde wird man auch 556 lieber *der edel*, 557 *der hövesch*, 606 *daz tobend* schreiben.

581. da die Hs. die flectierte Form *âmehtiger* hat, so ist *âmehtic unde*, das sonst so nahe läge, zu verwerfen. Doch ist nicht *âméhtigér* sondern *âmehtiger* zu betonen, vgl. *âlmehtiger:* zum Engelh. 2647.

599. vielleicht *ein krimmevälkelîn*, vgl. *krinvogele* Lieder 32, 317.

633. *schef:* so hat die Hs. fast immer, während die Reime des Dichters nur die Form mit *i* zeigen.

643. das überlieferte kann beibehalten werden, wenn man schreibt *niht lebender sache drinne.*

655. lies *frœzen.*

690. entweder muss *sorge* in die Senkung kommen, und dann ist besser zu schreiben *und hete sich sorg an genomen*, oder *sorgen*, was infin. sein kann, aber auch gen. plur. vgl. Parton. 200.

691. Konrad wird wohl immer *arebeit* gesprochen haben.

710. *kurte* hat die Hs., man könnte an eine Ableitung von dem subst. *küre* denken, das Konrad Troj. 1401. 9641 hat, aber die hier geforderte Bedeutung passt nicht zu dem Subst. Auch reimt an Stellen, wo der Dichter das Bild *leit, jâmer, riuwe in daz herze mûren* braucht (zum Engelh. 2142), immer darauf *trûren.*

725. vgl. *si kâmen snurrend als ein pfîl, der snellet ûz der nüzze* Troj. 3922; *mit einem pfîle, den snurren ûz der nüzze lie von im ein sneller boge* 31832.

746. *beholfen sîn*, 'hilfreich sein': zu *welle* muss *en* ergänzt werden: 'wenn Gott mir nicht hilfreich sein will.'

806. *ouch* ist wohl zu streichen; die Hs. setzt es zuweilen nach Weise jüngerer Hss. wo *unde* Hebung und Senkung im Verse bildet; vgl. zu 11086.

816. lies *schônheite;* ebenso 884.

923. *redelîch* habe ich für das überlieferte *rechtleich* geschrieben, wie auch 1462 die Hs. *recht* für *rede* setzt.

974. *alsam* war nothwendig für *als*, um den Hiatus zu umgehen; und so macht es den Vers wohllautender 844, wo *ùnd gleiz âls* indess zu ertragen wäre.

979. *der* habe ich des Auftakts wegen hinzugefügt; doch sagt Konrad oft genug *ûf erde*, auch im Reime.

1025. *spürt*, 'erforschte': deutlicher wäre *suocht er.*

1026. *gebreht* ist auffallend, statt *gebrehte.* Vielleicht *noch der breht*, *breht* als Nebenform von *braht* mhd. Wb. 1, 243b.

1039. Pfeiffer besserte *niuwan kleine;* doch vgl. Troj. 6658. 10401. 21349. 21551. 29575.

1045. da Konrad aller Wahrscheinlichkeit nach immer *gnuoc* sprach, so ist hier zu schreiben *wirtschefte gnuoc.*

1076. statt *rîchez* ist wohl besser der Gen. *rîches*, von *nie* abhängig zu setzen.

1089. *erfûhte* = *erfiuhtete.* Sonst hat Konrad immer *erfiuhtet* als Participialform. Die Aenderung statt *erlûhte* verlangt der Sinn.

1168. vgl. 3068.

1170. *ùnlîdige*, unleidliche: denn *léidige* wäre gegen des Dichters Brauch (zum Engelh. 2647). Da man jedoch betonen darf *dáz niht dér leidige vînt*, wie Silv. 1438 *ùnder dén heiligen dort*, Silv. 543 *ùnd sîn gár heiligiu tugent*, so ist doch wohl *leidic*, ein stehendes Epitheton, beizubehalten.

1190. *briuwen* muss hier im Sinne von 'bei sich bewegen' genommen werden: 'Leid und Sorge bewegte er in seinem Herzen.' Deutlicher wäre *prüefen*, das in der That nicht selten mit *briuwen* verwechselt wird; aber *pruofte der* wäre so wenig als *pruoft der* statthaft; wohl aber *pruofte er guoter.*

1193. vgl. *dar ûf in twanc der niuwe klobe und alter schulde klamere* (: *trisekamere*) gold. Schmiede 346.

1197. statt *ime* (Hs. *jm*) wird besser zu lesen sein *inne.*

1218. nach *versach* gehört ein Komma.

1256. nur eine Aenderung ist nöthig, wenn man schreibt *ahî wie harte balde ich nim nu jâmerlîche ein ende*, wodurch auch der zweite Vers seinen Auftakt behält.

1304. um die schwache Form *mûren* zu vermeiden, könnte man *trûre* stf. schreiben, aber dies Subst. scheint Konrad nicht zu kennen: vgl. zum Engelh. 1742.

1307. es wird wohl überall, wo die Hs. *zuo ein, zuo im, in, ir* hat, zu setzen sein *zuo sein, sim, zin, zir.*

1343. die schwache Form ist auffallend: vielleicht ist zu lesen *in grôz angest;* vgl. 10648.

1403. vielleicht *daz zwô kerzen.*

1485. *erswüere* verstehe ich nicht. Vielleicht ist zu lesen *ervüere?*

1493. Pfeiffer nahm *wunde*, wie die Hs. schreibt, für *wunte;* aber abgesehen von dem besseren Sinne, den *würre* hat, weist auch das erhaltene *ew* auf ein Verbum mit dem Dativ.

1506. da auch 13246 *gemüete* falsch für *muote* steht, so wird man hier besser *muote* schreiben. Uebrigens ist die Herstellung der verderbten Zeilen nur ein Nothbehelf: *ûf* in der zweiten bedeutet 'im Hinblick auf.'

1531. *næher* ist Druckfehler für *nâher.*

1547—50. Die Auslassung der beiden Zeilen, welche ich nach dem Zusammenhange mit ziemlicher Wahrscheinlichkeit ergänzt habe, erklärt sich um so leichter, da der Schreiber gleich in der ersten Zeile *gesein* für *sîn* schrieb und damit einen scheinbar vierfachen Reim gewann.

1579. *hin dane*, vgl. 1669. 3639, Troj. 30039. 39315, Part. 2296 *her dane* im Reime.

1631. auf *antwürte* fallen zwei Hebungen und eine Senkung; betonte man *antwürte*, so entstände ein Hiatus, den Konrad vermeidet. Der gleiche Fall 10787.

1679. *unde hôher tugent* ist auch richtig, denn Konrad wiederholt keineswegs immer die Präposition.

1707. da nach Haupt (zum Engelh. 209) Konrad *ge* vor *l* nicht kürzt, so musste *Partonopiers* geschrieben werden. Allein diese Kürzung ist mir weniger wahrscheinlich als die Form *glücke*, und so ist auch unbedenklich *glîch* zuzugeben, das an mehreren Stellen nur dann *gelîch* lauten kann, wenn man Verschleifung annimmt.

1722. 24. auffallend ist, dass hier zweimal nach einander hinter dem zweiten Reimworte der Satz schliesst.

1730. besser *hülfe*, da Konrad auch vor doppelter Consonanz den Umlaut eintreten lässt: ebenso lies *künde* für *kunde* 1954.

1763. vielleicht *niwan daz ich dich hân bekort.*

1821. hier ist besser ein Abschnitt zu machen.

2092. *in sælden ist betouwet* ist richtig, und ebenso 7562 beizubehalten. Vgl. 15024. Lieder 31, 19. *in sælden ist betouwet* Troj. 6642.

2128. es ist nur eine Ergänzung nöthig, *aber* oder *en*: letztere ist die leichtere.

2139. *süezer* für *süezerr* (sc. *minne*); es könnte auch *süezers* heissen.

2150. der Versschluss *hie vie* ist übellautend; da Konrad *si* im Hiatus braucht (zu 95), so wird man besser schreiben *si ouch vie.*

2326. vgl. *apfalter von Punicke* (: *nardespicke*) gold. Schm. 1324; und Grimms Anmerkung. Es wird aber auf Grund der Stelle des Part. der Reim in der gold. Schm. zu ändern sein in *nardespîke: Punîke*, was auch mit *spîca* besser stimmt.

2439. *beschouwet*, das zwei Verse so rasch nach einander beginnt, ist wenig geschickt: erträglicher ist für das erste *gesæhe*, wenn auch *gesehen* zwei Zeilen vorher steht. Dann ist auch nicht nöthig, die Ueberlieferung weiter zu ändern, sondern zu schreiben *gesæhe nie sô schœnes iht.*

machet si gemeit.
si kan singen lûte als ê.
daz diu heide erkrachet.
manic bluome dur den klê
wol betouwet âne wê
gegen der sunnen lachet
gar ân underscheit.
Meien bluot
mannes lîp
frœlich tuot,
liebez wîp
trœstet sînen muot.
Meie wunnecliche zît
ûf dem liehten velde wît
mit den bluomen teilen
aber schône wil.
swer nu liebe nâhe lît,
hey wie der ân allen strît
kan mit fröiden heilen
sender wunden vil!
liep von leide manicvalt
sich bî liebe lœset.
sô geloubet stêt der walt,
und diu heide wol gestalt
schône lît gerœset
in ir wunnespil.
Meien bluot
mannes lîp
frœlich tuot,
liebez wîp
trœstet sînen muot.
Wîp sint guot, süez unde wîs,
wîp hânt reiner tugende prîs.
nâch ir minne tougen
mannes herze quilt.
wîp sint heiles wünschelrîs;
aller fröiden paradîs
ûz ir liehten ougen
blüejet unde spilt.

10 dc dc dû. 19 trœstent. 34—38 *nur* Meien bluot.

2440. es stand 2228 *daz ouge sîn und angesiht;* danach kann man auch hier, statt *an*, das zweite *sîn* streichen: *swaz sîn ouge und angesiht.* Doch vgl. 9456.

2477. *wüeste* ist Druckfehler; die Hs. hat das richtige *wüester*.

2484. *Schiefdeire;* im Original *Chief d'Oire*. Die Hs. hat anfänglich immer *Schiefdawre*, später das richtige *-eire*, das auch das Fragment von A bei Massmann S. 45 gewährt.

2531. wahrscheinlicher als *Owê* ist mir *Frouwe*, woraus jenes leicht werden konnte, wenn der Schreiber die vielleicht nicht ausgefüllte Initiale übersah; vgl. 2586.

2555. *hessen*: bis jetzt war nur das damit zusammengesetzte *hessehunt*, molossus (mhd. Wb. 1, 726ª) belegt. *hessen* verhält sich zu *hetzen* wie *was* zu *wetzen*.

2573. *smerillen*, wie ich für das offenbar entstellte *samrmellen* der Hs. geschrieben, ist direkt nach dem altfr. *esmerillon* gebildet; die gewöhnliche deutsche Form ist *smirl*, demin. *smirlîn* (mhd. Wb. 2ᵇ, 430ᵇ).

2589. den fehlerhaften Hiatus der Ueberlieferung vermeidet ebenso gut ein nach *und* ergänztes *ouch*: vgl. zu 8703.

2629. bei dem überlieferten *tumben* erinnert Pfeiffer an ags. *tumbian*, altn. *tumba*, ahd. *tûmôn*, sich im Kreise drehen (mhd. Wb. 3, 128ª): indess entspricht dem Sinne doch mehr ein Wort, welches ein eiliges Herbeikommen bezeichnet; vgl. 2638.

2632. statt *wâren* kann man auch *wârens* schreiben.

2644. eher wohl *gebriunet* als *gebrûnet*; vgl. 11349. Troj. 5942.

2703. besser *liep von liebe:* es ist aus Pfeiffers Angabe nicht ersichtlich, ob die Hs. *i* oder *ei* hat. Vgl. 7291.

2723. dem Sinne entspricht noch besser *sô verdâht.*

2791. bei dem feinen Gefühle, welches Konrad für den Hiatus hat, ist wahrscheinlich, dass er eher schrieb *ist hie* als *hie ist.*

2852. *rouben unde brant* statt des formelhaft feststehenden *roup unde brant*, um eine Senkung zu gewinnen. Ebenso Troj. 13570. So verbindet Konrad aus gleichem Grunde nicht selten Verba und Substantiva: *ir glenzen unde ir schîn* Part. 1247. *guften unde ir schal* Troj. 25802. *ein siusen unde ein dôn* Silv. 1844. *ein brasten unde ein clac* Troj. 12241. *durch slâfen und durch ruowe* Engelh. 5493.

2911. so nahe es liegt zu schreiben *ûzerrede* (mhd. Wb. 2ª, 606ª), so bestätigt doch der Reim *ûzerriet* 8877 (vgl. auch 8882) die Richtigkeit der hs. Lesart. *ûzerrâten* war bisher in den Wbb. unbelegt. Nur übersehen habe ich, dass auch 2941 die hs. Lesart herzustellen ist, welche Pfeiffer durch *ûzerrâte* ebenso wie in 2911 ersetzte.

3211. *von heimen* ist auffallend, wenn auch nicht unglaublich; doch kann es leicht Schreibfehler für *von hinnen* sein.

3216. lies *helfe*, wie schon die Angabe der Lesart der Hs. andeutet. Diese setzt immer *hilfe*, Konrad hat nur *helfe*.

3221. wird man besser mit dem vorausgehenden Satze verbinden. Allerdings muss es, wie *sô* in 3222 zeigt, zum folgenden nochmals hinzugedacht werden.

3237. *sich ze staten biete*, seine Hilfe anbiete: vgl. *ze staten komen* Troj. 24833.

3270. Pfeiffer schrieb *den sic aldâ*. Konrad bedient sich beider Formen, *sic* und *sige*.

3290. 91. statt der von Pfeiffer vorgeschlagenen Aenderung der Ueberlieferung wird vielmehr zu setzen sein

der zehen tûsent wâren
bî helfebæren jâren,
und brâhte sînem neven die.

3314. *Punteise*, im franz. Originale *Pontoise* d. i. *Pont d'Oise* V. 2076.

3323. *Orchadîe*, im Original *Orcanie*, die Schreibung mit *O* bestätigt A bei Massmann 48, 15.

3327. *Gruonlanden*, im Original *Guenelande*.

3355. *Agisors*, im Französischen *Gisors*: es stand also *agisors*, wobei die Präpos. *a* zum Namen gerechnet wurde.

3358. *ûf*: vgl. *ûf manigen sin was si verdâht* Troj. 8600. *wâren ûf den sin verdâht* 10226. Allerdings auch *dâ von wart si dar zuo verdâht* Troj. 11026, aber es folgt *ûf*.

3372. die Form *Partonopêr* wird durch den Reim als Nebenform noch erwiesen V. 3729. 3802. 7013. 7149. 7279 u. s. w.

3394. vgl. *ich sitze tiefe in sorgen wâg* Herman der Damen, Wackernagel LB. 651, 8.

3403. *entslâfen*: man würde eher erwarten *enslâfen*. Nach Wackernagels Bemerkung (Fundgruben 1, 274) steht *en* vor dem Infinitiv nur nach unmittelbar voraus gehendem *niht*: vgl. Lachmann zu den Nib. 47, 2. Indess hat diese Regel keineswegs allgemeine Geltung.

3409. *gefüege*: aus der Bedeutung 'fein, zierlich' entwickelt sich leicht die von 'klein, (vgl. *kleine*): vgl. Part. 10003; Heinrich von Veldeke MF. 58, 23 *swie mîn nôt gefüeger wære*.

3414. *melde*: vgl. Troj. 25564. 29762. 30175. 34133.

3499. ob man *sêre* oder *harte* schreibt, ist gleichgiltig; von der Ueberlieferung (*ruen*) entfernt sich beides gleich stark, doch weiss ich keinen sich näher anschliessenden Ausdruck.

3508. *Swers*: im Originale *Chaars*.

3516. lies *diu zweinzic tûsent*; ebenso 3543 *diu zehen hundert*. An letzterer Stelle war *hundert* für *tûsent* nach V. 3696 zu setzen.

3550. *an* für *dan* setzt die Hs. ebenso fehlerhaft noch 634. 1393.

3567. *ûf dem plân*, wie Pfeiffer änderte, ist nicht gegen Konrads Gebrauch: indess lässt sich syntaktisch auch der Accus. rechtfertigen, den die Hs. hat.

3586. das Komma nach *bî* ist natürlich zu streichen.

3600. *Aldîn*, im Originale *Heldin*.

3624. *Arnost*, im franz. Gedichte *Brunolt*.

3714. allerdings sagt Konrad im Reime *valte*, aber um den Hiatus zu vermeiden, wird er sich hier der dreisilbigen Form bedient haben.

3717. 18. *Phâres*, *Marases*, im Originale *Fares* und *Marroes*.

3724. *Sâret*, im Originale *Sauret*.

3807. 12. 16. auch hier weicht Konrad in den Namen etwas von dem gedruckten Texte des französ. Gedichtes ab, in diesem heissen die entsprechenden Namen *Lugan*, *Fursin* und *Valbruor*; aber der zweitgenannte heisst auch bei Konrad nachher *Fursin* (4330).

3856. in *tôt verwunt* könnte auch *verchwunt* liegen, was auf den Sinn von *tôtwunt* hinauskommt.

3872. für das hs. *werdig* vermuthet Pfeiffer *bekêric*: vgl. Parz. I, 1065.

3931. weniger entfernt man sich von der Hs. wenn man liest *zeimâl in der wochen*.

3943. der Vergleich wird erst verständlich, wenn man für *tan* der Hs. schreibt *tou*. Konrad von Megenberg 222, 10 von dem sitich: *er nist auf dem perg Gelboe, darumb daz ez dar auf nümmer geregent, wan er mag des regens niht gedulden, wie daz sei daz er ander wazzer leidt, iedoch stirbt er von dem regenwazzer*. Das masc. *der tou* aber hat Konrad mehrfach; vgl. Troj. 26122. 35270. 39350.

3978. ergänzt nach Troj. 29914 *ze strîte wol bereitet und ûf daz velt geleitet*.

4035. auch im Französischen ist es ein Dienstag (2351): die dort gegebene Erklärung, die den gelehrten Dichter verräth,

mardi, cis mos, que que nus die,
jor de bataille senefie

ist im Deutschen wiedergegeben.

4040. vgl. 5578. Danach ist auch die Stelle im Engelh. 4676, wo Haupt für das überlieferte *die lagen in solchen stempffen* setzt *dô lac in swachen stempfen*, zu bessern:

mit lügen ensol ich stempfen
niht an disen mæren.

4050. *ungewitter* habe ich, nicht *ungewiter*, nach dem Reime des Troj. *erwittern: erzittern* 34091 geschrieben. Roth schreibt 33349 *ungewiter*, was mir inconsequent scheint. Das richtige ist in beiden Fällen wohl das einfache *t*, denn Konrad reimt nur *ritter: bitter*, und jener Reim ist zu schreiben *erwiteren: erziteren.*

4058. das zweite *durch* zu ergänzen ist nicht durchaus nothwendig; denn Konrad kann gelesen haben *bânekên.*

4100. *Lôemêr* für *Lonmer*, wie die Hs. immer (nur 4267 *Loymer*) schreibt, habe ich nach dem Originale gesetzt.

4155. *prisant*, nicht *prîsant*, habe ich geschrieben, wegen des Wechsels mit *presant*, und weil bei Fremdwörtern die Kürze der vorletzten Silbe, auch wenn sie zwei Hebungen bilden, ganz unbedenklich ist. Ebenso verhält es sich mit *smaract* u. a.

4191. *Fabruîn*, das Original hat *Faburin.*

4204. auch *heime kêren* wäre erlaubt, vgl. *heime suochen:* zum Engelh. 4402.

4225. die Form *unsich*, welche hier noch die so späte Hs. bewahrt, war bei Konrad bisher nicht belegt.

4301. die Kürzung *geveht* ist auffallend und lässt sich nur mit dem ebenfalls im Reime stehenden *gebreht* (zu 1026) vergleichen.

4341. statt *noch* ist vielleicht *joch* zu lesen, welches mit *swie* zu verbinden ist.

4354. lies *rîchez kleinæt*, denn die Form in *ât* kennt Konrad nicht.

4378. *rehte* zu bessern liegt nahe: doch vgl. 4973. *dem rehten* (: *vehten*).

4406. *Mareis*, im Originale *Mares*, auf *pales* reimend, also hatte die von Konrad benutzte Hs. vielleicht *Marais.*

4451. auch hier ist vielleicht ein Abschnitt zu machen.

4471. Pfeiffers Besserung war *und üebet hôher milte leben*. Vgl. Troj. 3377. Walther 36, 15 L. Part. 9371.

4505. aus dieser Stelle ist ersichtlich, dass das von Haupt (zum Engelh. 5059) bezweifelte Neutrum *teidinc* dem Dichter wirklich zukommt. Und so ist auch das in der Strassburger Hs. Troj. 38457 überlieferte *diu clagebæren tegedinc* nicht anzutasten.

4678. aus Pfeiffers Angaben ist nicht ersichtlich, ob die Hs. *verlorniu* oder *verlorne* hat: wenn letzteres, dann ist vielleicht besser zu schreiben *verloren' arebeit.*

4684. *verdücket* kann vielleicht doch beibehalten werden: es gehört zu *diuhe* wie *zücken* zu *ziuhe*, unser 'ducken.'

4727. vielleicht ist *tugent* zu setzen.

4758. die zweite Hebung muss auf *daz* fallen.

4765. *insigel* verlangt allerdings der Vers Lieder 1, 54; sonst aber bedient sich Konrad immer der Form *ingesigel:* vgl. Troj. 6386. 31189. g. Schm. 490.

4831. *deme* für *dem* habe ich, um einen Hiatus zu vermeiden, hier und 302. 2445 gesetzt.

4850. vgl. *diu rede mir ze herzen wac* Engelh. 6016. *der zorn der im ze herzen wac* Troj. 11447.

5078. besser *langiu rede.*

5188. *twerchakes:* Ziemann citiert *twerahs* bipennis nach Sumerl. 51; im mhd. Wb. fehlt das Wort.

5206. *ouch* ist nicht zu beanstanden: es steht häufig nach *danne.*

5352. für das hs. *herse* ist offenbar *herre* zu lesen: der Herr des Rosses.

5504. *sêre unde:* der Hiatus bleibt bei der Ergänzung *sêre* auffallend. Wenn Konrad sich noch des Compar. *sêrer* bediente, würde er vermieden: 'sie fochten noch heftiger als vorher.'

5597. vgl. *der liehtebernde tac* Troj. 5881. Part. 8561.

5610. wegen der folgenden Adjectiva *guot* und *wæge* ist die fehlende Zeile wohl eher zu ergänzen *swenne ez tet der eine;* denn bei *ez tuon* steht ebenso gut das adj. wie das adverb.

5717. vielleicht besser *sô vaste* 'mit solcher Gewalt'; vgl. 5729.

5755. ergänzt nach Anleitung von 5351.

5821 *ûf den plân* ist richtig: er musste sich auf den Plan beugen, um das Schwert aufzuheben.

5858 fg. Meine Besserung ist nur ein Nothbehelf; leicht kann es sein, dass mehr als eine Zeile in der Verderbniss steckt.

6032. vielmehr *dâ si den wol gestalten,* mit *aldar* 6034 zu verbinden.

6094. besser *manegiu tiefiu wunde.*

6212. *über:* vielleicht ist *aber* zu lesen.

6327. 28. dem Zusammenhange entsprechen besser die Präterita *stôrtest, ertôrtest.*

6353. vgl. Part. 6507 und Engelh. 3894 *den süezen wîn von Cleven* (: *neven*); ebenfalls in bildlicher Anwendung.

6393. ich habe *vreischet* ergänzt, weil am leichtesten erklärlich ist, dass dieses später unübliche Wort der Schreiber ausliess.

6428. *art* entstellt auch 6088 die Hs, die an dem Mascul. Anstoss nahm, in *rât.*

6441. vgl. gold. Schmiede 631 *an den jungestlichen sent.*

6468. vielleicht *wand in der grâve Mareis.*

6476. der Compar. *hôher* hat keine rechte Bedeutung: man wird daher den Positiv zu setzen haben.

6490. statt *ze hande* wird zu lesen sein *ze lande.*

6507. vielleicht *alsam wîn von Cleven: als ain* für *alsam* setzt die Hs. mehrfach.

6557. *durchnähtiger* ebenso wie hier betont Troj. 8407 *mit durchnehtigen sinnen.*

6623. man dürfte auch schreiben *diu sîn gemüete in sorge twanc;* doch vgl. *des muoz ich an fröiden mich nu twingen* MSH. 1, 121a.

6672. *daz wil ich wizzen,* das glaube ich zu wissen.

6717. Konrads Gebrauch entspräche es, wenn man schriebe *der frouwen klâr beid unde fier.*

6751. auch hier ist wohl ein Absatz zu machen, da nach dem zweiten Reime die Rede schliesst.

6763. lies *kêre ich; kêrte* ist Druckfehler.

6946. da Konrad sehr selten von der natürlichen Wortstellung abweicht, so ist vorzuziehen *ir leben ich des krœne.*

6952. *dâ sunder tougen* würde heissen 'öffentlich', was so wenig als möglich passt: *dar under,* während der Zeit dass die Jungfrau bei Partonopier war.

6991. vgl. *ir beider sin ertôren begunde von der minne* Troj. 7892.

7062. vielleicht ist *was* statt *ist* zu lesen.

7167 fg. die versuchte Herstellung ist sehr unsicher. Nach dem Ausdrucke *fraz* in V. 7166 ist vielmehr *rost,* nicht *rôst* in der folgenden Zeile zu schreiben, denn der Rost frisst. Aber das darauf reimende Wort und überhaupt die folgenden Worte sind schwer zu errathen: Konrad reimt *kost*, *frost*, *most*, *jost*, davon will keines recht sich fügen. Vermuthlich steckt in 7168 mehr als eine Zeile, und die Reime waren *rost*, . . ., . . ., *trôste*, so dass die letzte Zeile hiess *der im sîn angest trôste:* die Aehnlichkeit der Reimsilben veranlasste den Ausfall, vgl. zu 1547.

7234. *éin wîp* muss betont werden, um nicht zwei Hebungen zusammenstossen zu lassen. Diese Unregelmässigkeit hat, namentlich am Anfang des Verses, Konrad häufig.

7305. *eht aber:* vgl. 7210, wo die Hs. ebenfalls *reht* hat.

7329. vielleicht *ze bitterlich*.

7361. die Umstellung der Worte ist nothwendig, nicht so die Ergänzung von *en*, das in diesem Falle auch fehlen darf, wie 746. 8902. 9109. 9529.

7370. besser wohl *ê daz du sæhest*.

7396. 98. man würde eher *solte* und *zebræche* erwarten.

7432. nach der Bemerkung zu 4050 wird *weter* zu schreiben sein.

7458. der Reim beweist, dass auch in den Stellen des Troj. (25579. 36063. 39193. 39961), wo überall *stiufen* steht, *stüefen* zu schreiben ist; auch lautet der Nom. nicht *stiuf*, sondern *stüefe*. Das Wort erscheint nochmals im Reime 21087, nicht im Reime 3321.

7539. *hindergreif* ist als éin Wort zu schreiben.

7542. *sus geteiltes*, 'so beschaffenes.'

7745. besser *künde: begünde*.

7766. *wert* für *werde* hat die Hs. auch 6400. 8364. 11920. 13142.

7779. *nackent* ist offenbar die jüngere Form der Hs., der Dichter sagte wohl *nacket;* ebenso 7661.

7798. *ûf sîne* (Hs. *seine*) *wege*, wie Engelh. 4559 *îlte ûf sîne strâze*.

7841. *sîn* ist richtig: vgl. Engelh. 6294 *sîn herze ân allez fulter* (: *kulter*).

7888. *liebes* für *wîbes* steht fehlerhaft auch Lieder 10, 18.

7960. *herzewazzer:* vgl. Parz. XV, 1472 *durh liebe ûz sînen ougen vlôz wazzer, sherzen ursprinc*.

8006. dass etwas fehlt scheint mir sicher, vielleicht sogar mehr als zwei Zeilen; vgl. 8480.

8129. vgl. Troj. 19058 *ich hân von allem dem gelesen, daz ie geflôz und ie geflouc*.

8249. eher wohl *diu ist ze laster nu gedigen*, denn *nu* fehlt in keiner der übrigen Antithesen.

8310. *ûf* fehlt: vgl. Troj. 21967 *dâ von diu starke vorhte ledet swær unde sorge ûf mînen lîp*.

8398. *offenbâr* zu schreiben konnte ich mich nicht entschliessen. Ich nehme vielmehr an, dass Konrad das Wort mit langem *â* sprach, ebenso wie er *konde*, *begonde*, *solte*, *erkante* u. s. w. gesprochen haben wird; die Form mit kurzem *a* war ihm gleichwohl nicht unbekannt, so wenig als *kunde* etc., und er bedient sich ihrer zuweilen. Vgl. W. Grimm bei Haupt 2, 379.

8430. *verwâzen*, ein neuer Beleg zu den seltenen, in denen das Wort in anderer Form als im partic. prät. gebraucht wird.

8472. ob Konrad *mit* für *dâ mit* sagte, ist mir zweifelhaft: es ist daher doch wohl mit *a* zu lesen *ez wüelet dâ mit*. Allerdings steht *vor* für *dâ vor* 18587.

8486. *enphüelen*, eine sonst nicht vorkommende Ableitung von *phuol* (vgl. 8480), 'in den Pfuhl werfen.'

8561. vgl. zu 5597.

8570. *hie* war nicht zu streichen, sondern *hie gnuoc* zu schreiben: vgl. zu 1045.

8603. *dér*, wie Pfeiffer schrieb, habe ich stehen lassen; doch ist wahrscheinlicher *daz er*, da Konrad den Auftakt bevorzugt, und ich hätte daher hier ebenso *daz er* schreiben sollen, wie ich es 5632. 20238. 20559 that.

8626. *winneclichen*, ohne Besinnung.

8654. mehr Konrads Weise gemäss wäre es, wenn man schriebe *rèhte alsám* (Hs. *ain*, vgl. zu 6507) *milch ùnde blùot;* vgl. 8679.

8666. vgl. Troj. 19924 *zwô bràwen heten sich dar obe gewelbet und gekrümbet wol.*

8685. vgl. Troj. 19908 *ir hàr was crispel unde krûs.*

8694. den Zug, dass der Wein durch den weissen Hals einer Frau durchleuchtet, hat auch Dietrich von Glaz, Hagens Gesammtabenteuer 20, 48, und ebenso romanische Dichter: vgl. Jahrbuch für roman. Lit. 5, 400. 6, 350.

8703. *ouch* hat Pfeiffer mit Recht ergänzt, um nach *und* den Hiatus zu vermeiden: das gleiche habe ich gethan 275. 797. 1520. 1653. 2257. 3554. 3999. 7476. 20351. 20534; aus demselben Grunde *ouch den* 5489, wie in den Liedern 2, 127 *ouch der*. Ebenso zwischen *seite* und *im*, wo man allerdings *saget im* schreiben dürfte, 2451. Aus gleichem Grunde ist *nu* ergänzt 15697.

8708. gebessert nach dem gleichlautenden Verse Troj. 20134.

8737. *nüschen* refl., sich die Spangen zuheften; vgl. 8742. 43.

8784. besser *gnàde*, denn wie bei *gnuoc* scheint Konrad die verkürzte Form, wenn auch nicht grade ausschliesslich, jedoch mit Vorliebe zu gebrauchen.

8798. der accus. *daz* kommt wohl nur auf Rechnung des jüngeren Schreibers, der Dichter schrieb ohne Zweifel *des*.

8812. besser *schœnste* zu lesen.

8844. der Name *Irekel* wird vom Dichter meist auf der mittleren Silbe, einigemal (vgl. 8983) aber, wie hier, auf erster und dritter betont. Im Franz. lautet der Name *Urraque*.

8857. es muss betont werden *èrbarmùnge*, was durchaus nicht unerlaubt ist. Aber nach der Bemerkung zu V. 8784 werden wir lieber lesen *gnàd ùnde erbàrmùnge zùo*.

8935. die Hs. wechselt zwischen *benamen* und *bei namen* d. i. *bînamen*. Die Ausgabe des Troj. setzt letzteres.

9025. *gewegen*. refl., mit *sîf:* vgl. Engelh. 4930. Troj. 3342. 12818.

9044. *ener* habe ich mit Pfeiffer für das überlieferte *ainen* geschrieben; aber ich zweifle, ob Konrad die Form ohne *j* brauchte, denn sonst entstünde in dem Verse *hie dissît unde jenhalp mers* Part. 13332 ein Hiatus: auch hier hat a *enhalb*.

9181. entweder *hine* oder *hinnen* muss geschrieben werden.

9345. *zeimâl:* vgl. Haupt zu Engelh. 5557.

9364 fg. derselbe Gedanke in Meliurs Rede V. 7340.

9412. vgl. Engelh. 1782 *mîn herzelichez ungehaben daz ich verborgenlichen dol.*

9423. *dar în saz er* würde heissen 'da hinein setzte er sich', was nach *beslôz* 9423 nicht passt.

9490. vielleicht *nein, frouwe.*

9531. bei dem allgemeinen Subject *man* kann der Plural *herzen* stehen; aber ebenso richtig wäre *in herze.*

9546. besser *dîn hôchgeburt,* denn nur diese Form ist im nomin. nachweisbar.

9551. *einigez* ist, wenn man es auf der mittleren Silbe betont (vgl. zu 1170) nicht falsch und kann bleiben.

9886. *sich des bekêren,* sich dazu bekehren, entschliessen.

10039. lies *herzeclicher*, wie auch die Hs. hat.

10057. das Adj. *triuwe* kommt wieder wohl auf Rechnung des Schreibers; Konrad schrieb *getriuwez*, wodurch der Vers auch Auftakt erhält. Freilich scheint 10103 die Form des Adj. ohne *ge* zu fordern; aber es kann *du* vom Schreiber zugesetzt sein, und der Dichter schrieb *bewæret hâst, getriuwer kneht.*

10147. besser vielleicht ist der Conjunctiv *müeze.*

10225. ob Konrad *gote* oder *göte* sagte, lässt sich nicht feststellen.

10228. *Anshelm*, im Originale *Anselet.*

10401. genauer wäre *lebenden*, ihn während er noch am Leben ist.

10643. lies *stœzet*, vgl. Troj. 2451 *geflœzet: stœzet.*

10687. *offenbære* neben *offenbâr* (und *offenbar*) ist bei Konrad nicht mit Sicherheit zu belegen. Im Reime steht es nur in dem unechten Ave Maria, Hagen 3, 340ª, 19.

10696. *éinhúrne* muss betont werden, um den Hiatus zu vermeiden: doch darf man auch lesen *stéinböck únde einhúrne.* Vgl. zu 1631.

10728. *diu* ist ein von mir übersehener Schreibfehler Pfeiffers; die Hs. hat sicherlich *die* oder *dy*, da sie accus. und nom. selten scheidet.

10801. *ditze* habe ich geschrieben; die Hs. hat ohne Zweifel *dicz.* Aber ich glaube nicht, dass Konrad *ditze* sagte, wohl nur *diz*, das auf *biz* reimt, also mit weichem *z*. Daher wird hier eher zu schreiben sein *hie diz hol.*

10840. *von dir* zu schreiben ist nicht nothwendig.

10907. für *lân* setzte Pfeiffer *dîn*, allein die Construction mit dem Particip, bei welcher eine Vertauschung der beiden Verba stattfindet (*lâzen* müsste im Partic., *erbarmen* im Inf. stehen), ist nicht unerhört: zwei Beispiele hat Grimm, Gramm. IV, 127 aus Hartmann und Wolfram gegeben. Nicht anders wird das sinnverwandte *heizen* construiert: Frommann zu Herbort 1996, mhd. Wb. 1, 658b. Zu Strickers Karl 11410.

11028. *sich verwalten:* vgl. Troj. 2976 *daz er sich möhte bî der zît dar inne wol verwalten.*

11058. nach *kraft* wird besser nur ein Doppelpunkt gesetzt, da die beiden folgenden Zeilen noch zur indirekten Rede gehören.

11086. *unde* statt des überlieferten *und ouch* habe ich gesetzt noch 1102. 6707. 7131. 19660. Statt *ouch* wendet als Ausfüllung der Schreiber *sy* an 4516, und ein andermal setzt er *und versehen* statt *unde sehen* 1562.

11102. *Salenze:* auch im Original *Salence.*

11109. da nach Haupts Bemerkung (zum Engelh. 5222) der Dichter nur *getriuwen biuwen* sagt, so musste hier *biuwe* geschrieben werden. Allein ein Nom. *biu* statt *bû* ist nicht glaublich: Silv. 3477 schreibt Grimm *von starkem biuwe.* So würde auf Grund unserer Stelle *getriuwen* dem Dichter kaum abgesprochen werden können.

11125. wahrscheinlich *nâch wunsche* und dies zu verbinden mit *handelunge.*

11145. *Miléte* ist im Französischen vielmehr der Name des Landes, welches ihr Vater beherrscht.

11207. *enwær:* die Kürzung, welche Haupt (zum Engelh. 441) in Abrede stellt (doch vgl. zu Part. 514), wäre zu vermeiden, wenn man umstellte: *ir niftel wære niht gewesen.*

11307. *vaste* ist offenbar aus der vorigen Zeile eingedrungen: man braucht also bei der Besserung kein ähnlich aussehendes Wort zu suchen. Der gleiche Fall ist 6829.

11340. *der dinge*, in dem Masse, in dem Grade.

11488. des Gegensatzes wegen ist wahrscheinlich zu lesen *daz dir sîn muot getriuwer ist dann im dîn herze welle sîn.*

11554. *zeim herren*, was dem Sinne nach ganz unbedenklich, ist metrisch bei Konrad nicht statthaft.

11590. da *beide* bei Konrad oft nach dem ersten der durch *beide—und* verbundenen Begriffe steht (jedoch wohl nur wenn *beide* in die Senkung kommt, und zur Ausfüllung derselben dient), so kann man zur Noth die Ueberlieferung beibehalten.

11738. statt *sir* (= *si ir*) liest man besser *si sich:* vgl. 12839. 12885. 14741.

11806. *ungevar* bedeutet 'kein gutes Aussehen habend' (mhd. Wb. 3, 240b), was einen Sinn hätte, wenn der Vordersatz negativ wäre. Es wird zu lesen sein *ungewar*, 'unbemerkt' (Wb. 3, 505a), wie MSH. 3, 203b *ich kom dar ungewar;* oder da das Wort 'unvorsichtig' bedeutet, kann der Sinn auch sein 'sorglos, unbesorgt.'

11810. man kann allerdings betonen *dáz hân ich wol*, aber die natürliche Betonung ist doch *daz hán ich wól*, es wird daher wohl zu schreiben sein *vil guoter helt.* Oder es muss *wole* zweisilbig genommen werden: die zweisilbige Form scheint in der That dem Dichter nicht fremd gewesen zu sein und ist auch wohl Troj. 7776 herzustellen, wo die Strassburger und St. Galler Hs. allerdings haben *ez wart an in vil harte schîn*, die übrigen aber (Zeiler, Berliner, Würzburger) für *harte—wol*, die Berliner *wolle*, was eben *wole* bedeutet.

11828. *alberc*, für das sonst übliche *halsberc*, bestätigt Wackernagels Ansicht, nach welcher *halsberc* aus dem roman. *halberc*, und dieses aus *alberc* entstellt ist.

11832. Sinn und Reim verlangen gleichmässig eine Ergänzung, welche kaum anders lauten kann.

11841. sollte zu schreiben sein *danne ie samît wurde mêr?* Vergleichen liesse sich Troj. 3734 *der samît als ein rôse bran in einem rôten glaste, dar ûz dem werden gaste was sîn wâpencleit gesniten. ein wunder was dar în gebriten, daz diu Syrêne heizet.*

11903. *sorgen* in *sorge* zu verändern ist nicht nothwendig; es ist das Gerundium.

11947. der Gleichmässigkeit wegen wird auch hier zu lesen sein *und diz geschach*, oder umgekehrt *ez* an den andern Stellen: vgl. 11947.

11998. *ez* ist ergänzt worden, um das Zusammenstossen zweier Hebungen oder Hiatus zu vermeiden: ebenso 5158. 5566. 16327. 21373; vgl. *daz* 6001.

12282. *phingestén* ist betont wie *krógierer* Part. 14533, *méintætic* Silv. 382.

12312. besser ist der Conjunctiv *belîben.*

12328. *wirt belîben* wie im Nhd., vgl. *wirstu mir gelouben* 12191. *rouben wirt* 12192. *wirt justieren* 13612.

12403. *houpt* ist bei Konrad wenig wahrscheinlich; vielleicht ist zu lesen *und helen ûf gebunden.* Vgl. zu Engelhart 444, aber auch der Reim *getouft: gekouft* Part. 13203.

12448. die Zusammenstellung der sechs Farben hat Konrad sehr häufig: vgl. Part. 836. 13446. 14186. 14348. 15506. 21342. 21700. Lieder 7, 29. In einem Verse wie hier auch Troj. 1410. 27710: *wîz brûn rôt gel grüen unde blâ*, denn *brûn* wird meist für *swarz* gesagt. Ebenso Troj. 16222, wo nur *gel rôt* für *rôt gel* und desgleichen 17586. 20188. 40155. In zwei Zeilen *si wâren gel grüen unde rôt, wîz, brûn und als ein lâsûr blâ* 17400; vgl. 36874.

12706. *vor der ûfvert* so viel als *vor der nêne:* letzteres ist nicht gewählt, weil es Hiatus ergeben hätte. Vgl. zu Lieder 29, 28.

12754. *Herman*, im Französischen *Armant*, seine Insel heisst *Thenedon.*

12773. In den formelhaften Verbindungen, namentlich wenn sie durch Alliteration getragen werden, lässt Konrad die Senkung aus: doch auch sonst, wo er zwei synonyme Begriffe verbindet, wie wenige Zeilen vorher, 12770. Vgl. Haupt zu Engelhart S. 222 ff.

12791. der Versschluss *den turn sîn* ist genau wie im Otte 717 *den zorn mîn.*

12874. besser *daz ich niht vollebringen*, um Auftakt zu gewinnen.

12916. *wær kein wîp* halte ich allerdings nicht für falsch (vgl. zu 514), aber der Zusatz von *kein* durch den Schreiber ist nach jüngerem Gebrauche wahrscheinlicher, und der Vers wird ohne *kein* geschmeidiger.

12970. vielleicht *swie mirz ergê.*

13073. in *vor* kann auch *vuor* stecken, und dann ist *kam* zu streichen: was ich wegen des folgenden *dâ vorne* vorziehe.

13085. *zinopel*, ebenso 13110: ich habe an beiden Stellen *zinober* geschrieben, weil Konrad *zinopel*, wofür jenes steht und was allerdings auch einen rothen Farbestoff bezeichnet, nicht zu brauchen scheint. Uebrigens ist hier *zinoberrôte* als ein Wort zu schreiben.

13114. wahrscheinlich *gezoget*, denn dafür setzen die jüngern Hss. immer *gezogen*.

13141. *iu* schrieb Pfeiffer: es ist nicht ersichtlich, ob die Hs. *ew* oder *euch* hat, aber sicherlich muss der Accus. stehen, da *tuon* für *ich lâze wizzen* steht.

13209. statt *beidiu* zu schreiben, wodurch der Hiatus allerdings weniger fühlbar, aber doch nicht aufgehoben wird, ist vorzuziehen *mit schilte beide und mit dem sper*, denn Konrad setzt häufig bei dem zweiten der durch *und* verbundenen Substantiva den Artikel.

13247. um den Hiatus zu vermeiden, muss man *dér red* betonen, was nicht gegen Konrads Art ist. Aber wahrscheinlicher ist doch *der rede vil inneclichen*, aus *uilinneclichen* konnte leicht *minneclichen* werden. Doch der Schreiber setzt auch 16193 *minneclichen* für *inneclichen* bei vorausgehendem *gar*, und dies mag auch hier ausgefallen sein.

13335. *Swâbe* habe ich mit A geschrieben, weil das darauf reimende *gâbe* wahrscheinlicher ist als *gâben*; allerdings reimt 3995 *die Swâben* (: *nâch sînen gâben*), aber auch dort wird *die Swâbe* (: *nâch sîner gâbe*) das ursprüngliche sein, die zweite Zeile ist in beiden Fällen wegen der dem Schreiber von a geläufigen Form *Swâben* geändert.

13485. im Französischen *Corsol*, ferner entspricht dem deutschen *Germanz—Gernar, Ansins—Ansor*, *Clarins* hat denselben Namen, *Cursabris* heisst *Corsabre*, *Grundalis—Gondre, Arnûs—Genor*.

13487. hier wird der Hiatus kaum zu vermeiden sein, er ist durch den Namen zu entschuldigen.

13534. da Konrad im Ganzen die Silbenverschleifung innerhalb des Verses wenig begünstigt, so ist wohl das zweite *ûz* zu streichen.

13539. *lûter mîol*, vgl. *durch einen klâren miol* Lieder 32, 369.

13563 *er*: wahrscheinlich *ez*, auf das Haupt zu beziehen, denn wenn auch *sîn krône* auf den Helm bezogen werden kann, so deutet doch *sîn hâr* auf das *wîplich houbet*.

13571. zu meiner Ergänzung vgl. 20724; doch ist wohl die fehlende Zeile nach 13572 zu ergänzen und danach umzustellen.

13597. der Name *Kursîs* hat im Französischen nichts entsprechendes, und ist wohl durch Missverständniss von *Corsol* zu erklären, der auf der Mauer bei der Königin sitzt und die beiden kommen sieht.

13683. der Sinn der fehlenden Zeilen kann nur gewesen sein, dass auch diese Speere alsbald verthan und zu schwach befunden wurden.

13825. hier wird ein Absatz zu machen sein.

14060. natürlicher ist das relat. auf das zweite substant. bezogen, daher ist wohl *diu* zu schreiben.

14326. wenn hier nicht ein Absatz zu machen, was dem Sinne nach wenig wahrscheinlich ist, so ist vermuthlich zu schreiben

des wurdens im gevære.
die starken helde mære
mit swerten und mit bengeln
huoben solich tengeln.

14441. derselbe Fehler des Schreibers, *gestochen* für *gestôzen* kehrt 15760 wieder. Eine andere Entstellung ist *gegossen* 16973.

14474. über *süemen* vgl. Haupt zu Engelh. 24.

14597. entweder ist *niuwen* zu schreiben, oder *niuwemære* als ein Wort; vgl. 14909.

14746. *zenen*, reizen, kommt noch 14894 vor.

14754. *în remen*, bis jetzt nur bei Neidh. 70, 6 nachgewiesen. Die Bedeutung ist aber nicht 'hemmen', wie Haupt annimmt, sondern 'einträuken, eintreiben.'

14831. *hæzelîn*, demin. von dem stn. *hæze*, Kleid.

14912. nach dieser Stelle ist Haupts Bemerkung zu Engelh. 1742 dahin zu ändern, dass zwar *triure* dem Dichter nicht zukommt, wohl aber *trûre*.

14944. *wol sîn* ist nicht ganz gegen Konrads Gebrauch; zu Engelhart S. 226. *gesîn* hätte ich schreiben können, doch könnte ebenso gut Konrad *wole* gesprochen haben: vgl. zu 11810. Pfeiffer schrieh *diz mac ët wol sîn*.

15017. *wir* widerstreitet nicht dem Verse (doch vgl. zu 13534), aber die Auslassung des Pronomens ist bei cohortativem Conjunctiv üblicher: das eben so gebrauchte *merken* 15020 verstand der Schreiber nicht. Vgl. 16404.

15092. statt *al* zu ergänzen, kann man auch setzen *den sige hie*, vgl. zu 3270.

15110. auch *in der Franzeise lant* wäre nicht gegen des Dichters Art, der *lant* im Reime kürzt und *Frânzéise* betont.

15147. *er und ors*, ebenso 15852. 20751. 21483.

15161. *daz* kommt wohl auf Rechnung des Schreibers: Konrad wird *der* gesagt haben: *daz* für *dazz* zu nehmen wäre gegen des Dichters Brauch.

15170. da *Monsoie* auch 15411 steht, so habe ich nicht gewagt *Monjoie* zu schreiben; eher kann man annehmen, dass Konrad *Monschoie* sprach, denn die Hs. sagt auch *pesirmen* und ähnliches für *beschirmen* etc.

15282. nach den Worten des Originals

et Tiois ne sevent sofrir
nul gap s'il n'est a lor plaisir.

15294. im Original heisst er *Herman*.

15485. ich sah kein Mittel, die starke Verderbniss zu heben, als durch die Annahme, der Schreiber habe *niet* nicht verstanden und deshalb die beiden Zeilen verändert.

15582. wenn der Text unentstellt ist, so beweist allerdings dieser Vers, dass Konrad neben *gnâde* auch *genâde* sprach: vgl. zu 8784. 8857. Gleich die folgende Zeile hat aber die gekürzte Form: vielleicht ist *mîn ouch gnâde* zu schreiben.

15673. entweder ist auch hier wie 14924 *frô* zu schreiben, oder was mir jetzt richtiger scheint, an beiden Stellen *frî* beizubehalten.

16027. *walticlich* ist bei einem oberdeutschen Dichter nicht sehr wahrscheinlich, aber auch *deste gewalticlicher* nicht bei Konrad; es wird daher wohl *diu gewalticlicher* zu schreiben sein.

16064. *tugentbære* ist allerdings üblicher, aber nach *kampfes bære* bei Wolfram, Parz. IV, 908 ist auch *tugende bære* erlaubt, und es ist nicht wahrscheinlich, dass der Schreiber für ein vorliegendes *tugent* sollte *tugende* geschrieben haben.

16230. *hœne* ist hier nicht in dem tadelnden Nebensinne zu nehmen, den das Wort sonst meist hat, sondern bezeichnet wohl nur 'stolz'.

16413. *ûf den jac* ist schwerlich das echte, das einfache *jac* zu bezweifeln: wahrscheinlich ist zu lesen *ûf bejac*.

16544. vielleicht besser der gen. *klâres*, von *niemer* abhängig; vgl. zu 1076.

16619. *ouch* ergänzt: vgl. zu 8703.

16632. statt *nu* ist vielleicht zu lesen *iu*.

16678. *brennet* für *brinnet* ist nicht denkbar: der Fehler wird aber wohl im ersten Reimwort liegen. Ich vermuthe *daz hân ich wol besinnet* (: *brinnet*).

16842. *die sînen* schreibt die Hs. durchgängig; da jedoch 20671 *die sîne: Sarrazîne* reimt, wo die Hs. ebenfalls beide Worte in *n* endigen lässt, so wird auch hier *sîne* zu schreiben sein.

16886. zu meiner Besserung vgl. 17212 *daz ab ir doch niender war an ir glanze.*

16892. man kann auch schreiben *durch liep durch leide.*

16973. Vgl. zu 14441.

17062. es ist doch wohl *tuotz* zu schreiben (Hs. *tuot es*), da man sonst ein Adverb, etwa *tuot sô wol*, erwarten würde.

17165. Pf. schrieb *wünne rîch: lobelîch*, aber *lîch: lîch* kommt bei Konrad, wenn auch nicht häufig, vor, sobald dem einen *l* ein *e* vorangeht: W. Grimm, zur Geschichte des Reims S. 19.

17234. die zu ergänzende Zeile wird kaum anders gelautet haben, wenn auch *keisers muome* in dieser sprichwörtlichen Anwendung von *keiser* mir nicht vorgekommen, nur *keisers tohter, keisers kint.*

17300. bei einem mit *jâ* beginnenden Satze findet immer Inversion statt.

17374. besser wohl *daz kûme lie.*

17405. mehr Konrads Weise entspricht es, wenn man schreibt *wunn unde;* wie 17414 und oft.

17412. die vorgeschlagene Besserung ist mir glaublicher als *bûhurdieren, tanzen. diu liehten cleider glanzen,* weil wahrscheinlich der Schreiber wegen der vorausgehenden Infin. *tanzen* schrieb und danach die folgende Zeile änderte.

17429. hier ungefähr beginnt der nicht von Crapelet herausgegebene Theil des Gedichtes.

17468. in den Zusammenhang passt besser *dô* als *daz.*

17518. Konrad wird wohl geschrieben haben *er lie vil manegen.*

17544. statt *als* zu ergänzen kann man auch schreiben *dîn zunge diust ein wâfen;* vgl. 16738 und zu Liedern 2, 1.

17557. der Vers wird gefälliger, wenn man schreibt *zel ich zuo dir, du bœse wiht,* denn auch bei den folgenden Schimpfwörtern wird *du* hinzugefügt.

17560. *mol* auch im Engelh. 1338 und Anm.

17619. da Konrad nur *în*, ein, nicht auch *in* sagt, und doch nicht *în: in* gereimt haben kann, so wird das zweite Reimwort in *sîn* verändert werden müssen. Dann kann aber *sehen* auch nicht richtig sein; es ist wohl an die Stelle von *waren* 'gewahr werden', getreten, vgl. 20547.

17652. statt *ein* kann man, und wohl besser, *im* ergänzen: eine Ergänzung verlangt der Hiatus, da *dér red* unwahrscheinlich ist; vgl. zu 13247.

17696. es wird zu bessern sein *der tûben bilde,* im Gegensatz zu der Schlange: vgl. 17939.

17719. *began* war nothwendig, weil Konrad in die zweite Silbe einer Senkung, die aus zwei verschleifbaren Silben besteht, niemals *ver* setzt.

17811. statt *daz* kann man auch *sich* ergänzen.

17862. da die Betonung *für wâr* wenig ansprechend ist, so wird man zu lesen haben *ich iu daz:* vgl. 18472. 21232, aber auch 18640.

17866. wenn *der* richtig ist, wird man zu schreiben haben *der güete*, der guten Eigenschaften.

17921. die Besserung Pfeiffers ist wohl unzweifelhaft, doch wirt das Wort mit Umlaut, *clüterîe*, zu schreiben sein.

18009. der Name muss, damit der Vers auskommt, auf der letzten Silbe betont werden, wenn er auch in der Regel am Schluss des Verses zwei Hebungen ausmacht.

18055. *dêr* zu schreiben habe ich für unnöthig gehalten.

18060. statt *lewe* ist bei Konrad überall *löuwe* zu schreiben, da er auch nur *vröuwen, dröuwen, ströuwen* sagt.

18095. auch hier zöge ich vor *daz er* zu schreiben: vgl. zu 8603.

18142. *gewære* ist nur Druckfehler; lies *gevære*.

18223. da die Hs. *lüüte* hat, so ist vermuthlich der seltnere Singular zu setzen und dann *ouch* zu ergänzen: *an liute und ouch an vihe*.

18263. 64. beide Zeilen zusammen lauten so wie in der Lesart zu 63 angegeben ist, und sind von mir ergänzt worden.

18297. es wird hier ein Absatz zu machen sein.

18366. *als ein ohse brüelen* Troj. 27320 (: *erküelen*), wodurch die im mhd. Wb. 1, 267 fragend angesetzte Form gesichert ist.

18428. wohl besser *unde ir gnâde hæte*.

18515. vgl. zu 1193.

18531. vielleicht *sô starken mein* wegen des folgenden *daz*.

18612. *verbunden* in *erbunden* zu verändern, war nicht nöthig, da jenes denselben Sinn hat.

18626. *wolte wizzen*, glaubte zu wissen, behauptete.

18741—44. vierfacher Reim, wie oben 18167—70.

18748 *ûf êre*: vgl. *ûf ellentrîche tât was erbrunnen* 18820.

18753. besser *begünde: künde*; doch vgl. 18796.

18765. vielleicht *under im*, die ihm unterthan waren.

18781. ich habe *umb*, nicht *umbe*, geschrieben, weil der Dichter wahrscheinlich *Árnöldes* betont wissen wollte.

18804. im Französischen *Suplices*, Konrad hat also den Namen latinisiert.

18853. mehr in Konrads Art wäre den Absatz zu beginnen *Nu daz er*.

19035—37. dieselben Verse in gleichem Zusammenhange standen fast wörtlich schon 18778—80.

19127. wahrscheinlicher ist mir *in gewalte und ouch in wer*: doch wäre in diesem Falle auch die Auslassung der Senkung (nicht aber Hiatus) erlaubt, wie oben *mort unde mein*, und im Otte *mein unde mort* 566.

19133. *mit rouben* statt des üblichen *mit roube*: vgl. zu 2852.

19145. der Dativ ist nothwendig: vgl. Haupt zu Engelhart 441.

19157. statt *in* könnte es auch *iu* heissen, und dann wäre *stæter pfliht* Genetiv.

19164. vgl. Otte 515 *daz er durch vorhte wênic liez*; Nib. 1513, 1, *durch vorhte ich niht entuo*.

19191. *ê* ergänzt man besser nach *ist*, wodurch ein Hiatus vermieden wird, den bei langem Vocal allerdings Konrad hat, aber doch auch möglichst meidet.

19259. statt *ouch* zu ergänzen, darf man auch schreiben *mit rouben und mit brande*, vgl. zu 2852. 19133.

19272. ergänzt nach Troj. 3430 *ich will in haben alle wege*.

19274. *lachéndem* muss betont werden, denn *láchéndem* ist gegen Konrads Betonungsweise. Ebenso 19926.

19431. im Französ. *Morcades*, Massmann 188, 1.

19448. das französische Gedicht nennt hier noch mehrere Namen; dass also Konrad die andern nicht gekannt habe, ist nicht ganz genau.

19472 ff. vgl. Massmann 189, 18 ff.

19483. *le vostre requerrez que vos ocist Longis*.

19492. *poi m' est li quex ce soit, mais qu'il nos en giet vis* a. a. O.

19588. *Macabrez vient avant sor Morel* Massmann S. 187. Auch hier kommen im französischen Gedichte eine Menge Namen vor (S. 191), die Konrad weggelassen hat.

19632—55. statt dessen hat das Original nur die Worte *trestuit li quatre frere s'en vont escharnissant* S. 192, 5.

19732. *a la lune luisant* hiess es früher im Französischen S. 191, 2.

19770. *Gautier .. guenchist au cheval, la resne en a saisie* S. 193.

19784. im Französischen *Aupatriz de Nubie.*

19786. *la vint eschaugaitant o grant chevalerie* S. 193.

19928. vgl. *m'amie, fait Gautier, me deffendi l'autrier que ne face por lui dont j'aie destorbier* S. 194.

19954. das folgende ist etwas anders gewendet als im Französischen, wo der Heide nach Gautiers Namen fragt, dieser ihn nennt, beides aber keine rechte Bedeutung hat. Konrads Wendung ist viel geschickter.

20049. Konrad schrieb wohl *ergremt: ungezemt*, vgl. Troj. 28513 *het in erzürnet unde ergremet* (: *gezemet*), und 9744.

20084. *Aupatriz, fait Gautier, pour amour dieu merci; je devenrai tes hom, si me giete de ci* Massmann S. 195 fg.

20116. im Französischen *Vairon* Massmann S. 198.

20329. *der dinge,* in dieser Weise.

20403. auch diesen Scherz und die Antwort darauf hat der Dichter aus dem Originale: *mais il te baptiza l'autrier en un marchés* (l. *marés*), *nos t'en levames tuit parrains en quis ades* S. 198; und dann (V. 20407) *et Macabrez respont 'toi ra il fait confes, quant il trancha parmi de ton escu les es.*

20428. *dix conroiz de paiens fervestiz, en chascun a deux cenz de chevaliers esliz* (S. 198).

20429. es sind doch wohl die Adjectiva gemeint, daher *niht ze træge.*

20480. hiermit bricht die unter den bekannten Hss. am weitesten reichende ab, Massmann S. 200. Die Konrad vorliegende hatte demnach noch eine weitere Fortsetzung, aber auch sie wird ohne Ende abgebrochen haben.

20502. vgl. *si despeçons trestoz les fuz et lec cloiz* Massmann S. 199.

20523. *he riep wel lûde 'Marberon'* im nl. Gedichte, Massmann 63, 15.

20530. im Niederl. *Herman van yfeniis* 63, 19, worin *Anîs* zu erkennen ist.

20555. die Zwischenschiebung von *doch* zwischen den Genetiv und das Substantivum, von dem derselbe abhängig ist, begegnet ähnlich beim Dichter der Erlösung, Anm. zu 5327.

20567. besser ergänzt man *ouch* statt *die: ûf helme und ouch ûf schilte.*

20584. im niederländ. Gedichte ist es, und das ist wahrscheinlicher, Arnolt (Massmann S. 202).

20629. im Französischen *Valdolon* Massmann S. 193, im Niederländ. *Waldalon* 69, 19.

20701. ob *Galathîs* identisch ist mit *Maltan* in dem nl. Gedichte, lässt sich nicht ausmachen, da dieses bald danach eine Lücke hat.

20729. *wat,* 'verknüpfte' ist allerdings nur ein Nothbehelf; aber unmöglich kann *hât: blat* der echte Reim sein. Die zweite Zeile steht ähnlich Troj. 19956 *si lûhten als ein rôsenblat* (: *stat*), und wörtlich ebenso 25566, woraus sich ergiebt, dass der Fehler in der ersten Zeile stecken muss.

20757. vgl. *der alle untugent ie verswuor* (: *fuor*) Troj. 4671. *der allen wandel ie verswuor* (: *fuor*) Troj. 37979.

20909. *balt* mit dem Gen., das aus Wolfram bekannt ist, kann ich aus Konrad nicht nachweisen.

20957. ein vierfacher Reim wäre nicht unmöglich, vgl. zu 18741, aber wahrscheinlicher st doch, dass der Schreiber wie so oft eine Zeile übersprang, und, den Fehler bemerkend, das Reimwort den vorigen beiden Zeilen anpasste.

21156. alle sechs Farben (vgl. zu 12448) können nicht in der Lücke gestanden haben, höchstens noch *blâ* oder *grüene*.

21347. 48. vgl. *die lanzen beide sich ercluben und in diu wolken ûfe stuben die schivern und die sprîzen* Troj. 3933.

21365. gebessert nach 20164.

21389. vgl. *er kunde liute schrôten, alsam daz grüene gras der meder. man sach in îsen unde leder, golt, silber unde sîden verhouwen und versnîden* Troj. 12612. *er schriet dâ liute und îsen, golt, silber, sîden unde leder, als ûf der wisen tuot ein meder die bluomen und daz grüene gras* 26146; und Turnei 912.

21399. vgl. *si giengen dâ ze bîle sam die wilden ebere tuont* Troj. 4220.

21407. *daz mûle* ist nicht wahrscheinlich; daher wohl zu lesen *den rüezel mit dem mûle.*

21514. *zôher: hôher;* so reimt auch Gottfried Tristan 65, 37.

21520. vgl. *sluoc Effemenîsen durch den helm sô vaste, daz des fiures melm dar ûz begunde wischen und man sich drunder mischen daz rôte bluot geswinde sach* Troj. 25702.

21615. *Luciân:* es ist dies wohl kaum der *Lucius* des niederl. Gedichtes (80, 7), da derselbe nachher noch auftritt.

21707. wohl *von dem lebetagen;* vgl. 19687.

TURNEI.

1. *Engellant* im Dativ bei Konrad im Reime noch Engelh. 2350. 3210. 4001. 4430. Troj. 36823; ebenso *Ungerlant* Troj. 23910. *Irlant* 23937. *Egyptenlant* Silv. 3230. Im Turnei noch 259. 357. 503. 1048.

2. *mit frîer hant*, vgl. *mit frecher und mit frîer hant* Troj. 30659. *mit sîner frîen hant* 36380. *sîner frîen hant* Schwanr. 459.

3. vgl. *sît iuwer hant die werdikeit aleine hât ervohten* Troj. 10334; vgl. noch Troj. 25340. 33031. 33365. — *hœte* bei Konrad; vgl. Weinhold, alemann. Grammatik S. 384.

6. vgl. *von schulden ich in* (den Apfel) *haben sol, wan niender lebet mîn gelîch. ich bin gewaltic unde rîch, junc, edel unde tugenthaft* Troj. 1922; *daz niender lebet sîn gelîch* 6361; *daz sîn gelîch dâ niender wart beschouwet in den landen* 14758; vgl. noch 19674. 37544. 37654, und wie *gelîch* auch *genôz* Troj. 1529. 6337. 14402. Namentlich aber folgende Stelle: Troj. 5847

> *sîn kraft diu was sô rehte grôz,*
> *daz niender lebte sîn genôz*
> *in al der welte creizen.*
> *Schyrôn was er geheizen.*

7. derselbe Vers Troj. 33261. 37137. 37395, und ähnlich *in der lande creizen* 51. 19804, vgl. 23848. 23942. 24904. *von dirre lande creizen* 29822; vgl. 10252. 21619. Auch *in al der welte creizen* 5849. 13908. 14548; *in dirre wîten werlde kreizen* Lieder 2, 39.

10. *ân alle fluht:* vgl. *âne fluht* Troj. 18424. *sunder alle fluht* 34339.

11. *mêren — sîn lop:* vgl. Troj. 7371. 11986; ebenso *heil* 9640. 13606. *fröude* 23192, wo immer eine nähere Bestimmung durch *mit*, wie hier, dabei steht.

13. *gihtic:* vgl. *des wart ir lobes gihtic vil manic wîsiu zunge* Troj. 13918; vgl. noch Pantal. 638. gold. Schm. 1033.

14. derselbe Vers Troj. 13917. gold. Schm. 1034.

15. *küniclich* als Beiwort von *prîs* ebenso noch Troj. 4223. 17556. 22599.

16. derselbe Vers Troj. 564; und ebenso *als ein meijen rîs* Weltlohn 134.

19. *wirde jehen* ebenso Troj. 10102. 19586. 26983. 29636.

28. *lîhen unde geben:* vgl. Troj. 18534. 24071. 34672. Otte 619. 732.

33. vgl. *gar flîzeclîche bat er die göt unde (umbe?) ir hôhe stiure* Troj. 24264.

44. *schîn tuon* mit dem Genetiv: vgl. Hahn zu Otte 653. — *hôher milte* vgl. Silv. 1053.

49. *entwischen:* vgl. Troj. 12517.

66. *gelüppen*, wie Roth das hs. *Gelûpet* bessert, verstehe ich nicht. Dem Sinne würde entsprechen *gelîchen* oder *genilegen*.

71. *frîen art:* vgl. *von vrîer art* Troj. 37923; zu *frîez herze* 73, vgl. Troj. 18547. 39715.

80. *unarten:* vgl. Troj. 28452 *ob nu dîn herze unartet*, und namentlich Silv. 2630 *daz edel muot unartet, daz stât unlobelîche.*

81. vgl. Troj. 6436 *daz ist ein ungehœret dinc.* 32990 *daz sol ein ungehœret dinc belîben ûf der erden.*

86. Nachahmung von Trist. 9, 24 *wan lebet und lebet und lebet et dar.*

89—90. vgl. *ez wart nie knabe sô tugentrîch noch alsô* (l. *als*) *ellenthaft geborn. sîn dinc nâch wunsche ist ûz erkorn* Troj. 6362. Die letzte Zeile wiederholt sich wörtlich Troj. 7302; vgl. auch 690. 22053.

92. vgl. *si fuor des mâles unde reit durch kurzewîle in manic stift* Troj. 11194; vgl. 19772. 39969.

95 *an beiden sîten*, 'bei Freunden und Feinden'; vgl. Troj. 6306 *und wart ze beiden sîten für den tiursten dâ gezelt.*

97. *hin geleit:* vgl. *daz disiu hôchgezît geleit wart dur mînen willen her* Troj. 3628, vgl. Engelh. 2465.

100. vgl. *sô vleiz er des vil harte sich* Troj. 3254. *der vogel sich des harte fleiz* Schwanr. 112.

102. *manc* zu schreiben hält Haupt (Engelhart S. 238) für bedenklich, doch vgl. *künc*, ebenfalls im Auftakt, Troj. 23838. 35036. 36722. 36767.

104. vielleicht *vil manic*, denn so lautet wörtlich der Vers Troj. 1118, und *künielich* 29008. An zahlreichen Stellen geht *vil* dem *manic* voran.

107. *hêrlîch unde wol:* dieselbe Verbindung Troj. 20565. 25229. 27844. 29844.

108. *der ritterschefte vol* ebenso Troj. 17692; vgl. 25611.

110. *betouwet:* vgl. Haupt zum Engelhart S. 225. Troj. 6642. 33428 u. s. w.

116. *schiltgeverten:* vgl. Troj. 11943.

121. *kostbærlîch* sagt Konrad gewöhnlich, nicht *kostlîch* oder *kostelîch:* vgl. Troj. 1123. 2924. 3763. 30595.

123 *küing unde:* ebenso Troj. 26667; ebenso in den Liedern *hebch unde* 32, 320. Vgl. auch zu 102.

127. die Besserung *grâven* ist gesichert durch Schwanr. 76 *grâven unde ouch* (vielleicht ist *ouch* zu streichen, vgl. zu Part. 806) *dienestman, herzogen unde frîen gnuoc.* Vgl. auch Weltlohn 203.

132. vgl. *strîtes âventiure* Troj. 24952. 28580. 39092; *kampfes â.* 30233. 35193.

133. *sich huop* sagt der Dichter nur am Beginn bei Sätzen, sonst *huop sich.*

137. vgl. *und in vermezzenlichen stach* Troj. 32452.

138. vermuthlich *hei waz*. Doch steht *wê waz* auch 1028.

142. vgl. *der fuorte in eime schilte rôt ein eberswîn von golde lieht* Troj. 31594; vgl. 31806.

145. *zuo des plânes habe*, ebenso Troj. 31512. 36260. 39692. 39854; an allen Stellen ist das dazu gehörige Verbum *vellen*, und *stechen*, das hier (146) folgt, geht beidemal unmittelbar vorher. Vgl. noch *der viel dâ zuo des plânes habe* 31450; ebenso *îlte* 34624; *stürte* 40004; ferner Pant. 1976.

146. vielleicht *dar nâch*.

147. *ellentrîchen* ist wegen *ellenthaften* in V. 139 gesetzt.

148. *den helen werde vrouwen nâch hôhem prîse dar gesant* Troj. 31296. 32512; vgl. 30936.

150. derselbe Vers Troj. 23850; vgl. auch 32909.

156 fg. vgl. *und man dekeinen ritter vant als ellenthaft ze Sahsen .. dâ von den strîtebæren helt nieman getorste dô bestân* Schwanr. 595 ff. *kein ritter lebte als ellenthaft* Troj. 27120.

162. *vierschrœtic*, vom Rosse, Schwanr. 864.

173. Haupt (zu Engelh. 1304) bessert *von fritschâle*; doch vgl. Troj. 32738 *der fuorte ein blankez wâfenkleit gesniten von hermîne vrisch*; ferner *von purper .. was sîn wapencleit gesniten* 25780.

174. *von sîden gebriten:* vgl. Troj. 1651.

176. derselbe Vers, nur *sam* für *als*, Troj. 32438.

177. vgl. *der swarz geverwet dûhte* Troj. 32742, und ebenso *wîz* 19972.

178. *dar ûz vil schône lûhte* Troj. 17529; vgl. 19971.

179. vgl. *dar ûz vil manic steinboc erlûhte* Troj. 33392.

182. *ze strîte* statt *ze velde* (letzteres V. 1871): vgl. *gewarnet zuo dem strîte wol kam er gesprenget* Troj. 25670.

183. *als noch* kann hier und Schwanr. 640 beibehalten werden; vgl. Troj. 1318 *si tet als alle die noch tuont*, und ebenso *er tet* 14936.

187. derselbe Vers Schwanr. 893.

188. *mit* steht allerdings auch Troj. 28837. Schwanr. 894, kann aber hier wegen des folgenden *mit* nicht richtig sein. *in offenlicher melde* Troj. 25564. 29762. 30176.

193. *reht unde wol* Troj. 29777.

197. *ritterlîche wirde:* vgl. 30493.

200. vgl. *die schefte michel unde grôz zetal si vornen sancten* Troj. 34501.

203. *daz er .. beide schenkel fuorte ûf unde nider sam si flügen* Troj. 6250 und 39479. Vgl. *ûf und zetal* in gleicher Schilderung Troj. 35604. 35881.

204. vgl. *und wart mit holme fuoze der stegereif dâ wol getreten* Troj. 30966.

210. *si kâmen snurrend als ein pfîl* Troj. 3922. *gelîch dem wilden pfîle, der ûz dem tonre snellet* 7688. *kâmen hin gesnurret bî der wîle gelîch dem snellen pfîle* 34522.

215. vgl. *Pârîsen er beruorte, dâ man den helm dâ stricket, daz er vil nâch genicket was ûz dem satele hinder sich. daz im der angestbære stich* u. s. w. Troj. 34538. Die Verse 215—217 kommen auch wörtlich ebenso im Schwanritter 975—977 vor, doch ist dort 975 zu lesen *dâ* für *dô*. Vgl. auch *dâ man den helm dâ knüpfet* Troj. 36220.

218—220. fast wörtlich ebenso *und in zehant der selbe stich mit kraft und mit gewalte zuo der plânîe valte* Troj. 35978; woraus sich die Besserung von 220 ergab. Vgl. auch 36845; und zu 219 Troj. 12576. 32028. 39535; auch Schwanr. 728.

221. *ze prîse komen:* vgl. Troj. 33463.

238. derselbe Vers Troj. 25528. *dringen* und *kêren* verbunden auch Troj. 1088.

242. vgl. *sich huop dâ wüefen unde braht* Troj. 39932.

. 244. *hovelichen schal:* vgl. Troj. 23314. Engelh. 5003.

251. vgl. *der himel einvar unde blâ schein sô rehte vîn lâsûr* Schwanr. 950. *der himel als daz lâsûr vîn* Engelh. 4860.

252—254. vgl. Part. 14046—48.

255. vgl. zu *ergeilen* Troj. 11053. 29046.

260. *sich underwant:* vgl. Troj. 25075. 29782.

261. *er solte sîn ir houbetman* Troj. 25062.

265. *den turnei halten:* vgl. Part. 14088 — *müeste* und *solte* verbunden Silv. 1895. 97.

269. *nam in sîne wer* ebenso Troj. 25068.

273. *der hôchgenande* Engelh. 2896.

275. dieselbe Reimzeile Troj. 15489.

275. vgl. *der pflac ir wol mit huote* Troj. 30855; *mit huote .. besorget haben* 12431: *mit ir huote walten* 25081.

284. vgl. *nu si geteilet wurden gar* Engelh. 2696.

289. dieselbe Reimzeile Troj. 38943; vgl. 1649.

292. *wurfen* ist gesetzt nach Troj. 11854 ff.

die Kriechen ellentrîch gemuot
begunden sich bereiten
und wurfen unde leiten
ir liehten wâpencleider an.

Vgl. auch Troj. 11924.

294. *beid* ist hinzugesetzt nach Troj. 33728 *dâ vielen ros beid unde man;* 12284 *si sluogen ros beid unde man.* Vgl. noch Lieder 19, 40. Troj. 5866. Otte 377.

301. *sîner wâpenkleider wât:* vgl. *sîner hiute wât* Troj. 6702. 9416.

302. 303. vgl. *von ciclâtsîden wol geb.iten* Troj. 35267.

307. vgl. *einen tiuren schilt* Troj. 11993. 30889. Umzustellen, wie Roth wollte, *einen gar* ist nicht nothwendig; vgl. *gar einen* Troj. 33181. 37203.

308. derselbe Vers Troj. 30890, worauf folgt *der koste sîn betalle.*

310. dieselbe Reimzeile, nur *von* für *mit* und *ûz* für *von*, Troj. 33622; vgl. auch 19911. 30903.

312. *die sach man drinne strecken* Troj. 32556; vgl. noch 25962. 33092.

314. *zarten* mit Dativ Troj. 7278. 15325.

322. *daz hete nie berüeret deheiner slahte breste* Troj. 39362.

323. vgl. *ân aller missewende râm* Troj. 28343, ebenfalls auf *krâm* reimend.

325. ebenso *vil manges herzen arken* Troj. 2181. *sînes herzen arke* 28571. An sich würde auch *des herzen barke* zulässig sein, vgl. *des herzen schif* Engelh. 2226. *des herzen kiel* Engelh. 2234; das Bild der vorausgehenden Zeile spricht jedoch für *arke.*

328. vgl. *daz jâmer ich iu melde* Troj. 36454.

332. *ein frouwen ritter:* ebenso Engelh. 2579; vgl. Troj. 25024.

335—343. vgl. *den aller besten plîât . . . und was dar ûf .. zernæjet wol zam unde wilt* Troj. 33812. *nie wâpencleit sô rehte guot geweben wart ze Kriechen. alsam die wæhen ziechen was ez mit wîbes henden zernât in allen enden von beren und von bilden. des zamen und des wilden was ein wunder drîn gebriten* 12550.

340. *under ein:* vgl. zu den Liedern 1, 8.

344. 45. vgl. *ûf dem lac ein rîchez dach ûz einem purper wol gesniten* Troj. 25953.

347. vgl. *und schein* (der Schild) *in küniclicher wîse gevazzet wol nâch prîse* Troj. 30915.

350. zu *sene* vgl. Troj. 5325. 5747.

355. vgl. *in dirre selben parte* Troj. 30650.

361. *die fuorten ritterlîche wer und liehtiu wâfencleider an* Troj. 33733; vgl. Engelh. 2695. Troj. 24884. 30069.

362. vgl. Troj. 3846. 10044. 17669. 35928.

363. *ûzer mâze fîn* steht Troj. 1507. 17531.

372. *die nâch dem wunsche dûhten geverwet und gestellet* Troj. 35915.

375. vgl. *ein löuwe von rubînen: den sach man rœter schînen denne ein fiur* Troj. 25963.

381. *missewende frî*, ebenso Troj. 2609. 15449. 16462. 19126. Schwanr. 183. Silv. 4742.

389. vgl. *der heide wuohs dâ michel schate* Troj. 30760. *wuohs dem gevilde tunkel schate* 39163.

398—420. wiederholen sich im Schwanritter 906—928.

400. vgl. *den schilt begunde er für die brust dâ twingen unde drücken* Troj. 36056; vgl. noch 30889. 31661. 39294. Nach der erstern Stelle habe ich *begonde* dem *konde* des Schwanr. vorgezogen.

402 ff. *ûz golde lieht gerœtet sîn halbez teil gesmidet was; daz ander stücke, als ich ez las, schein durchslagen silberwîz* Troj. 1397. 4012. Vielleicht besser *bedecket und bevangen*, vgl. Troj. 32903.

419. 20. *der stuonden zwêne schœne gnuoc geschrenket drûf in kriuzewîs und wâren die durch liehten prîs durslagen rôt von golde fîn* Troj. 33102.

426. derselbe Vers Troj. 25672, wo die folgende Zeile ganz ähnlich *daz hete spiegelvarwen schîn.*

427. wörtlich ebenso Troj. 30983, nur *sam* für *als*; vgl. 12579.

430. vgl. *diu rîlichen kursît* Troj. 30787.

434. dieselbe Reimzeile Troj. 31524.

440 fg. *er viel dâ nider ûf den plân und zuo dem wunneclichen klê* Troj. 36250.

441. *des plânes melm* auch Troj. 33429. 39591; vgl. *der plânie melm* 3775. 33188.

447. *nie* fehlt: vgl. *daz nie kein lilje wart sô wîz* Troj. 20083, ebenso 2629. 12545. 13857. 26127. 33109. 35031.

448. *edel unde frech:* die gleiche Verbindung Troj. 11991.

451. *als die werden tuont* Engelh. 2683.

455. derselbe Vers Troj. 25519. 25957.

464. vgl. *nâch eines menschen site* Silv. 4009.

477. vgl. *mit eime pheller tiure was sîn ros und er verdaht* Troj. 33096; ferner Engelh. 2559.

486. *daz sich ir hût dâ niht verhal* Troj. 20223.

490. wenn nicht die vorhergehende Zeile entstellt ist (etwa *durch hôhen flîz*), kann man kaum anders als *silbergrîs* schreiben; vgl. 423. Doch ist *silberwîz* bei Konrad üblich: *sîn gehürne silberwîz* Troj. 10046.

492 ff. ein ähnliches Werk wird mit ähnlichen Ausdrücken beschrieben Troj. 17562 ff. Danach war *sanges* 496 in *klanges* zu ändern. *mit ir sanges dône* steht Troj. 193.

500. derselbe Vers Troj. 16401.

504. ebenso, nur *rîch* für *wert*, Engelh. 1413.

511. *der gap der heide rôten schîn* Troj. 33821.

515. derselbe Vers, nur *der grâve* Troj. 36802.

517. *mit rubînen überspreit* Troj. 31679.

520. vgl. *der liehten glast den ougen bôt* Troj. 30844.

526. *dar nâch der künic selber kam mit eine rotte wunnesam . . gezoget* Troj. 20367.

528. derselbe Vers Troj. 23949. 36837.

533. vgl. Troj. 19921. 36894.

534. *in:* vgl. Troj. 25742. 32288. 33682. 34597.

539. *den plân* wegen *ze velde* 542: vgl. *daz si den plân gemeine dâ zierte mit ir glaste* Troj. 34069.

541. *schôn unde lobelichen* noch 663, ebenso Engelh. 691.

546. *der vogel und der visch* wie Troj. 20104.

558. *gewieret* wegen *gezieret* 563; vgl. Troj. 9581. 35261.

566. vgl. *mit wîze und ouch mit rôte* Troj. 5937. 19947.

567. vielleicht *undersnîten?* doch vgl. gold. Schm. 353.

568. vgl. *er was iedoch den êren holt* Troj. 31637.

569. *versworn* mit den Objecten *untugent, wandel, zageheit* Troj. 4671. 30652. 37979.

574. *ze velde schône kam:* vgl. *ze velde schône kâmen* Troj. 30847.

577. *als ein lieht karfunkelstein* Engelh. 5304; und ebenso, nur *alsam,* Troj. 23165.

591. derselbe Vers Troj. 24933. 36719.

592. *sîne stat behalten,* ebenso Troj. 996. 1058. 24934.

594. *schâchzabeleht* auch Troj. 3000.

601. *schînât:* vgl. Troj. 2983. 20256. 31795. 32741.

603. derselbe Vers Engelh. 2841.

610. *der* fehlt: vgl. Troj. 974. 10721. 10724. 23918.

625. *durchliuhticlicher êren* ebenso Troj. 33141.

628. derselbe Vers Troj. 17404.

643. *vêch unde bunt* ebenso Troj. 9086.

647. *mit solde:* Troj. 26236.

655. *spilender wunne:* ebenso Troj. 14681. 19879. Der ganze Vers wie hier Troj. 20914.

669. *werdeclichen,* wegen *lobelichen* in V. 663.

676. *gerwen* mit *in* Troj. 1132. 9813. 31628.

680. vgl. *der künic fuor in sîner schar* Troj. 39152.

685. derselbe Vers, nur *ganzer* für *hôher,* Engelh. 2505.

688. *daz ez niht schœner mohte sîn* Troj. 17431.

689. *vollebrâht* wie hier Troj. 32387.

693. *die des krieges pflâgen* Troj. 1857.

698. vgl. *ir zimier und ir wâpenkleit wil ich mit rede niht verheln* Troj. 25740.

699. *noch verswîgen noch verdagen* Troj. 21007.

701. vgl. *der rede würde ein wunder hie* Troj. 36266; vgl. 925.

709. vgl. *der kam gezieret in daz lant gar schœne alsam ein engel* Troj. 24860; vgl. noch Turn. 811. Engelh. 2768. Troj. 20239. 33489. 34592.

710. *tambûrieren:* Engelh. 2709.

714. 15. *alze* und *dô* gebessert nach Troj. 30808.

715. 16. vgl. *ze velde schône kâmen. si zogeten ûf den sâmen* Troj. 30847. 40708.

721. *liehten* mit *von* noch Troj. 356. 1525. 17446.

727. *daz erwelte stahelwerc* ebenso Troj. 39567.

734. 35. dieselben Verse Troj. 30784. 86; vgl. auch 869. 17470. 40240.

742 ff. vgl. *von sîden banier wol geweben hœrt man dâ snurren lûte, als in des rôres krûte der lobelichen winde sûs* Troj. 27874; ferner Troj. 12233. 25177. 25637. Die ganze Zeile wie hier 30815, wo der Vergleich *alsam die segel ûf dem mer.* Den Vergleich *snurren sam daz segeltuoch* finden wir auch 36877.

745. *alsam der sturmewint daz rôr mit crefte neiget in daz mos* Troj. 32710.

748. vgl. Troj. 35604. 35881.

751. vgl. *von ritterlichen beinen* Troj. 32867.

754. *grâzieren:* im Reime nur *grâzen* nachweislich: vgl. Troj. 3905. 36930. Engelh. 2706. Zu *scherren* vgl. Troj. 33892.

756. *bluomen* und *krût* verbunden auch Troj. 1074. 15144.

761. vgl. *ûf sîner hürteclicher vart* Troj. 12573. 35608.

762. *mit rehter ordenunge* ebenso Troj. 29721. 30217.

768. *vrîliche*: vgl. Troj. 30858. 35333.

770. vgl. *ez solte gelten under in reht als der man ze velde kam* Engelh. 2670.

772. *eines kornes fluor* Troj. 25976.

777. *er mahte im selber wîten rûm* Troj. 32715.

778. vgl. *die rolle spielt er unde brach reht als ein kiel den blanken schûm* Troj. 25996. Ein anderes Bild Troj. 25575.

780. *sich huop von den storîen sô hürteclich gedrenge, daz gnuogen wart als enge* Troj. 33856.

782. *diu gnuogen alze strenge wart* Troj. 39202.

784. *nâch prîse vâhten:* vgl. Troj. 33134.

787. *îtel* mit gen. noch Alex. 268. Otte 555. Troj. 26389.

789. derselbe Vers Troj. 32854.

794. 95. dieselben Zeilen, nur *dicke* statt *grôze*, Troj. 34216.

796. dasselbe Bild Troj. 34576.

804. *golt* scheint fehlerhaft, da es 798 hiess *golt und gesteine.* Auch der Hiatus *sîde unde* ist nicht zu dulden. Vielleicht *gimmen sîde und samît.*

809. *swerten bitter:* vgl. *sîn bitterlichez swert* Troj. 32792.

812. *grôz getengel,* ebenso Troj. 33490. 34591.

815. *vil unde wunder:* vgl. *wunder unde vil* Troj. 14199.

817. *griuwelicher schal* ebenso Troj. 9849.

819. die Wiederholung von *griuwelich* ist allerdings verdächtig; doch steht ganz wie hier *der swerte griuwelicher klanc* Troj. 33921. Man könnte *vientlicher* bessern nach Troj. 33433.

820. vgl. *hürtebære stœze* Troj. 32919. 33749. 34321. 39799.

824. dieselbe Reimzeile Pantal. 1059; vgl. Engelh. 2716.

826. derselbe Vers Troj. 35494.

833. *wackerlichen* noch Troj. 34186.

834. *bern, ûf einen*, ebenso Troj. 32460. 32999. 35536. *slahen und bern* wie hier verbunden Troj. 33034. 35176.

837. *rîch* wegen *wert* 835.

843. *sturmten* kann aus *gestürme* 841 hier eingedrungen sein. Wahrscheinlich ist *füeren* zu lesen, vgl. *mit lanzen und mit gêren wart ûf in ein gestürme, als ob vil binenwürme dâ füeren umbe ein honicvaz* Troj. 34655; oder *snurten*, was graphisch näher liegt, nach Troj. 39299.

852. *daz im der harnasch in daz vel und in daz fleisch gestempfet wart* Troj. 31184; vgl. auch 31164.

855. *vinsternisse* neutr., wie man aus *ein* sieht: als femin. Troj. 10497. Pantal. 629.

858. *ein flins an,* ebenso Troj. 23873. 36792. Engelh. 6007.

860. gebessert nach Troj. 4773 *nu daz er in der næte ranc*, und ebenso *vaht* 35770.

862. vgl. *dô wart ein helt, hiez Têseus, der grimmen swære sîn gewar* Troj. 35772.

874 ff. *dô si den ritter ellenthaft begunde in næten schouwen, dô wurden ors gehouwen mit sporen wol gezieret* Troj. 32862.

880. derselbe Vers Troj. 25550. Alex. 964.

881. *kam gerennet*, wie Troj. 11767. 12009. 26022. 31276.

890. vgl. *die rotte kloup er unde spielt* Troj. 12642.

892. *reht als ein pfîl geschozzen kômens* Troj. 22534; vgl. 25776.

893. derselbe Vers Part. 13270.

894. dasselbe Bild Engelh. 4816. Troj. 12242. 39215.

896. vgl. *den werden künec von Riuzen het er gevangen in den zoum* Engelh. 2762.

899. vgl. *sô heiz und alsô nôt getân* Troj. 39751; und noch 25446. 37339.

963. *starke biusche* ebenso Troj. 34607.

909. *verscherten und versêren* Troj. 37249.

911. *ring unde spæne sâten* Troj. 31159. *spæn unde ringe sâten* 37267; vgl. *ring unde spæne rêren* 34598.

913. dasselbe Bild Troj. 12613. 26146. 36369.

917. vgl. *ein künic rîch von Spangen* Troj. 23940.

928. *doch* ergänzt nach Troj. 15072. 16448. 17012. 26234. 29976. 29790. 36252. Alex. 164.

930. vgl. *der êren marterære* Troj. 35652.

933. *mâlîe:* vgl. Troj. 32592. 32989. 34233. 34310.

935. *ûf in wart manic punder gestôzen und gedrücket* Troj. 31329.

942. *lief* ist gesetzt nach Schwanr. 905 *und lief ez sam ein snellez wilt;* Troj. 35891 *si liefen sam ein snellez wilt.*

944. *ân underscheide* Silv. 2952. Troj. 3818. g. Schm. 412.

945. derselbe Vers, nur *von* statt *zuo*, Troj. 12497; und *grimmeclich* 33743. 35969. 38832.

952. *ein knappe von den wâpen*, vgl. Engelh. 2755.

964. *und in ze helfe niht enstât* Troj. 28453.

965. *ziehen enwec* ebenso Troj. 35612.

969. *ich weiz wol daz er iuwer lider hât alsô gar zerdroschen, daz iuwer prîs erloschen muoz stân* Troj. 40326.

973. *und die rîchen künige wert* Troj. 1889.

977. *enbrennet ûf*, ebenso Troj. 26098.

981. *ze staten komen:* vgl. Troj 11533. 24833. 35789. Silv. 2134.

982. vgl. *dâ was ein turnei hin genomen* Engelh. 2465, und Anm. zu Turnei 97.

984 fg. so glaubte ich bessern zu müssen: wenn *mit schîn* bedenklich scheint, darf man schreiben *des plânes schîn.*

994. *hôher koste gelt* ebenso Troj. 2942.

1015. *die tôten von den orsen risen als ab den boumem gelwez loup* Troj. 12524; vgl. Engelh. 4878.

1032—35. vgl. *diu zimier wol erliuhtet mit glanzer varwe glaste, diu wurden alle vaste zervüeret bî der wîle* Troj. 35866.

1036. derselbe Vers Troj. 33916. Vgl. auch *von wunder liute gelmen huop sich dô wüefen und geschrei* 36918.

1045. *ûz*] vgl. Troj. 25901. 33145. 39217. — *getengelt:* vgl. Troj. 36917 *dâ wart vil manic edel stein getengelt ûz den helmen.*

1046. *turnierens man gespilte* Engelh. 2802.

1049. *hôher sælden hort* Silv. 240.

1050. derselbe Vers Troj. 33344.

1057. *sîn lop durliuhtic werden sol* Silv. 46.

1061. *in fuorten .. gevangen und gezoumet hin* Troj. 35075. *gevangen und gezoumet was* 35574.

1063. *ein grôz gestœze* Troj. 3487; vgl. 40091.

1064. *slac under slac wart dô geweben und stich geflohten under stich* Schwanr. 1005. *slac umbe slac, stich umbe stich* Troj. 12324.

1067. vgl. *von glanzer schilde bôze* Troj. 33434.

1076. *daz ir mîn lêhen lîhent hin* Otte 491.

1089. derselbe Vers Troj. 6414. 28424. 30905. 34149. 36070. An vorletzter Stelle folgt dasselbe Bild wie hier: *reht als ein cocatrille ûz eime dicken rôre vert ze schâfen unde ir gnuoc verzert, swâ man si weidet bî dem mer* etc.

1100. ebenso *iedoch sô was in allen obe* Troj. 7290.

1101. *an*, wie Troj. 16454. 19728. 19836.

1102 ff. vgl. Engelh. 2752—55.

1113. dieselbe Zeile Schwanr. 325. 1119. Troj. 18078. 32703; und umgekehrt *gemeine und algelîche* Troj. 1839. 11601. 18015. 18481 etc.

1115. *er was ein helt ze manne* Engelh. 4728 und Anm.

1118. *ahî wie:* vgl. Lieder 32, 110. Troj. 33416. 33804. 33886. 37438. 38844.

1125. *versigelt in sîner hant* wie Troj. 26056. 39310.

1137. *durchliuhteklicher schîn* ebenso noch Troj. 1164. 1201. 1220.

1140. derselbe Vers Troj. 17050. 25922.

1144. *în tuon:* vgl. Troj. 36341.

1146. *komen zeime valle* Troj. 19018. 24878.

1147. gebildet wie *an werltlicher wünne* Herzmäre 222. *an werdeclichen êren* steht Troj. 33299; vgl. 13902.

SANT NICOLAUS.

18. die fehlende Zeile kann etwa gelautet haben *dem mac diu werlt niht vrum gesîn.*

25. *samnen, verdamnen:* dieser Formen bediente sich, wie die Reime zeigen, Konrad immer, vgl. Troj. 19029. 24007. 24493. Part. 21211.

34. *geberc*, ein bei Konrad mehrfach vorkommendes Wort: vgl. Engelhart 3160 und Anm.

36. das Reimwort der fehlenden Zeile wird *geschehen* gewesen sein.

57. vgl. Troj. 606 *ez wuohs vil rîcher tugende gelt ûf sînes herzen acker.*

61. *gate*, Genoss, ist allerdings wesentlich niederdeutsch; aber es findet sich auch bei dem gleichfalls alemannischen Ulrich von Zatzikhoven, Lanz. 2672. 5213.

62. *rate*, nicht *râte* wie das mhd. Wb. 2¹, 583ᵃ auf Grund der späteren Form *roten* ansetzt; doch ist die Form mit *â* wohl ziemlich frühe eingedrungen, MSH. 3, 104ᵇ reimt *râten* auf *berâten.*

66. *âne widersatz* ein Lieblingsausdruck Konrads, vgl. Troj. 1942. 2122. 29181, und *sunder widersatz* 2689.

72. der Vordersatz muss mit *swaz* begonnen haben: danach kann man die beiden fehlenden Zeilen etwa so ergänzen

von vil wünneclicher art,
swaz im vor gelesen wart;

vgl. Legenda aurea: et quicquid ibidem de sacra scriptura intelligere poterat, memoriter retinebat, und Pass. K 7, 55 *swâ man im daz vor las.*

74. *diu* muss sich auf ein im Vorausgehenden erwähntes *menge* beziehen; vgl. Jacobus

de Voragine *massam auri panno involutam in domum ejus per fenestram nocte clam jecit.* *verbunden* d. h. eingewickelt.

77. *dulcissime deus* Surius VI, 885.

79. eine Kürzung *überhœrt* durfte dem Dichter nicht zugetraut werden, und ebensowenig ein Imper. *hœret* 374. Vgl. jedoch Troj. 27875.

86. vgl. *cum enim jubeas misericordes nos esse, vetas tamen sinistram scire quid faciat dextera nostra* Surius p. 885.

112. die schwebende Betonung von *âne* am Anfang des Verses ist nicht auffallender als *zwischen* (zum Engelh. 3056). Doch schrieb der Dichter vielleicht *âne des winc und gebot.*

114. den Ausdruck *toup* vom Laube hat K. auch Troj. 12526 *die tôten von den orsen risen als ab den boumen gelwez loup, daz dürre ist worden unde toup.*

143. *nu* im Hiatus wie in den zu Part. 95 angeführten Stellen. Ebenso noch 323.

147. *Myrêâ:* leg. aurea: miree civitatis, Pass. Mirreen; den (wie er sagt) deutschen Namen hat nur Konrad, hier und 387: er verwechselt Smyrna, dessen deutscher Name Stammerre in den Schlettstädter Glossen (Haupt 5, 368) lautet.

155. *des tôdes pfat:* derselbe Ausdruck Troj. 25877, und ähnlich *der wâren minne pfat* 7811.

174. *konden:* also auch in dieser guten und alten Hs. eines Gedichtes von Konrad das Präteritum mit *o*, vgl. zu Part. 328.

197. vgl. Pass. 9, 58 *nu was bî in ein reiner degen, beide gewaltic unde wîs, der hete an ime sulichen prîs, in dem er trat die andern vur, daz vil nâch die willekur allein an sîme herzen stunt.*

199. *wölten:* ich habe den Umlaut des Conjunctivs, den die Hs. bezeichnet, beibehalten, wenn auch nicht nachzuweisen ist, dass K. wirklich so gesprochen. Er reimt häufig *solte: wolte* im Conj. auf einander, was nicht gegen den Umlaut spricht. Ebenso steht *söllen* V. 564.

208. die schwache Form *genôze* hat der Dichter auch Troj. 28333 *sîn mîne lantgenôzen* (: *grôzen*).

209. auffallend ist, dass Konrad hier *rote* sagt, während er sonst immer *rotte* zu brauchen scheint. Die entsprechende Stelle des Passionals 9, 66 lautet: *er bat die gesamente rote* (: *gote*), *daz sie mit vlêlîchen siten den gûten got solden biten.* Wenn Konrad, was chronologisch wohl möglich ist, das Passional kannte und die vorliegende Stelle benutzte, würde die Abweichung von seinem sonstigen Gebrauche des Wortes sich erklären.

257. wenn auch das zweite *umbe* gestrichen und *iuwer heil* geschrieben werden kann, so ist doch *iur heil* keineswegs falsch, wie Haupt (zum Engelh. 382) annimmt. Denn *iur* in der letzten Senkung wird bestätigt durch alle Hss. Troj. 5218 *dâ von sô tuont ez durch iur zuht,* wo Roth mit Unrecht Haupts Vorschlage gefolgt ist und *sô* gestrichen hat; und auch Troj. 7148 ist von der Lesart von Ad *wan iuwer dröuwen unde iur strît* abzuweichen nicht nothwendig.

309. die Quelle, aus welcher Konrad den Ausdruck *strâtillâten* entnommen hat, habe ich nicht auffinden können.

319. *glîche* ist ganz richtig, und *troume gelîche* wäre mehr gegen Konrads Gebrauch; vgl. zu Parton. 514. Dies bestreitet allerdings Haupt (zum Engelh. 209), und muss deshalb mehrfach ändern. Engelh. 827 ist demnach *alsô glîch* ganz richtig, nicht *sô gelîch* zu schreiben, ebensowenig 1247. 2314 von der Ueberlieferung abzuweichen. Roth folgt daher mit Unrecht Haupts Vorschlage zu Schwanr. 304.

336. vielleicht mehr in Konrads Sinne wäre wenn man schriebe *riuw umbe sîne missetât.*

342. ob der Dichter auch sonst *sunder* in der Bedeutung 'sondern', 'vielmehr' braucht, ist mir nicht erinnerlich: das mhd. Wb. 2², 739 führt kein Beispiel aus Konrad an. Hier noch V. 327.

348. *ein* am Schluss des Verses ist nicht auffallend, da Konrad auch den bestimmten Artikel durch den Versschluss von seinem Substant. getrennt werden lässt. Vgl. *min* 378. *der* Part. 182. *daz* 13904.

359. *sân* ist am meisten von dem Gebrauche des Dichters abweichend, da er sonst immer nur *sâ* im Reime anwendet. Es kommt nochmals V. 376 vor.

374. *werden nagen*, dieselbe Anwendung von *werden* wie Part. 12191. 12192. 12328.

397. *wan* mit gen. auch Troj. 22179 *ir lônes îtel unde wan*. Lieder 23, 50 *milte wan*.

439. *kâmen* habe ich hier für *kômen* geschrieben, um den vom Dichter wahrscheinlich beabsichtigten Doppelreim *kâmen dar : nâmen gar* nicht unbemerkt zu lassen.

444. *bleip* wäre gegen Konrads Art: wahrscheinlich ist zu lesen *dâ beleip niht hinder in*.

465. *grisgrammén* zu betonen wie in den zu Part. 12282 bemerkten Stellen.

467. *wær* schreibt die Hs. hier ganz mit Recht: vgl. zu Parton. 514. 11207.

472. *hâst beroubet lân:* dieselbe syntaktische Erscheinung wie die zu Parton. 10907. bemerkte.

480. da Konrad nur *gnuoc* sagt, so musste *ernestlîche* geschrieben werden. Haupt zum Engelh. 209) scheint beide Formen, *genuoc* und *gnuoc*, zuzulassen, ich habe mich aber überzeugt, dass nur die gekürzte Form bei Konrad sicher ist. Die Hs. hat sie V. 532.

490. vgl. *vil starc ist sîn grisgrammen* (: *fiures flammen* wie hier, *und sîn toben* Troj. 8202; vgl. 12619.

524. die Zusammenziehung *deich* kann man vermeiden, wenn man schreibt *einez daz ich wil iu sagen*, wofür der Schreiber die prosaische Wortfolge setzte. *einez* in *einz* zu kürzen, wie die Hs. schreibt, wäre unerlaubt, wenn auch der Dichter *eins* häufig hat.

539. *al ein* ist nur dann erlaubt, wenn es nicht aus *eine* gekürzt ist, und dies ist wohl hier der Fall, vgl. Parz. VII, 313 *ez ensî dan mîn hêrre al ein* (: *erschein*); VIII, 3 *al ein* (: *schein*). Sonst müsste man, da auch *sîm* für *sînem* vor Consonanten nicht gestattet ist, *dem buoche* lesen.

LIEDER.

1. Konrads beide Leiche, welche seine Liedersammlung eröffnen, tragen formell durchaus schon den Charakter der späteren Leiche an sich, indem alle Absätze regelmässig durch zwei (oder vier) theilbar sind, unter sich fast nie in formeller Verwandtschaft stehen, und kein Eingang oder Schluss, der untheilbar wäre, sich findet.

8. *under ein* 'unter einander' hat Konrad häufig, *under ein dringen* nur hier, dagegen *under ein werren* g. Schm. 338. Troj. 752. 1260. 31768. 33630. *verwerren* 1404. *under ein vlehten* Troj. 9144. 34241. *under ein gevlohten und geweben* 6477. *under ein weben* 3516. 23201. *under ein verstricken* 726. 7869. 37398. *under ein fliezen* 3025. *under ein mischen* Part. 12296. Silv. 4126. Engelh. 3685. Troj. 7770.

37. die Besserung verlangt der auftaktlose Vers. Der Singular *ôre* aber ist gesetzt nach g. Schm. 1278 *der* (Engel) *want sich durch dîn ôre* (: *kôre*) *zuo dîner brüste reine*. 1286 *âvê der veterlîche spruch, der durch dîn ôre ân allen bruch dir gie ze herzen unde sleich*, und so wird man auch *er vlouc durch dînes* (Hss. *dîner*) *ôren tor dar in dîn herze lîse* 1970 zu lesen haben.

40. *ammen*, vgl. gold. Schm. 293.

43. vgl. *diu sunne verwet nâch dem glase ir clâren unde ir liehten glanz: swâ si durch ez schînet (geschînet?) ganz, ez sî gel, rôt oder blâ, si wirt nâch im gestellet sâ und in die varwe sîn geleit: sus wart diu lûter gotcheit nâch dir geverwet, vrouwe guot. du striche ir an vleisch unde bluot* g. Schm. 778 ff.

55. *überkempfet:* vgl. *daz ie der gîtic slange von dir wart überkempfet* g. Schm. 1302.

57. *verkrempfet:* vgl. 32, 102.

59. *erdempfet:* vgl. *er wolt uns hân gedempfet (erdempfet g) mit sînem hellerouche* g. Schm. 1302.

60. *der sorgen rigel*, wie *der unbescheidenheite rigel* Troj. 6385. In bildlichem Sinne, auf Menschen angewendet, bei Konrad häufig: vgl. Troj. 31190. Engelh. 474. g. Schm. 489. Andere Bilder von *sorge* sind *der sorge stric* Lieder 1, 148. Troj. 7833. 14733. Part. 12700. *der sorgen forst* Engelh. 1941. *der sorgen ezzich* 2117. *der sorgen schûr* g. Schm. 1549.

64. dasselbe Bild g. Schm. 528. Troj. 20934.

78. nach dieser Stelle ist ohne Zweifel (wie schon Grimm vermuthete) g. Schm. 808 zu lesen *der siechen sêle wunden verheilen kan dîn süezer list, wan du dem sündesiechen (sündære Grimm) bist ein salbe und ein lactwarje.*

83. *âlén* mit verschobenem Tone ist nicht auffälliger als *vier und drîzic galînen* Troj. 23854. Vgl. auch *bîschâft* Lieder 19, 13. *vrœlich* Troj. 10311. *tœtlich* 26032.

97. *kampfes widersturm* ist wie *krieges widerstrît* Troj. 28259.

119. *rêch:* vgl. *sîn sper daz rêch er unde dranc durch einen ritter ûf dem plân* Troj. 33394.

137. *der dônes vanc*, vgl. *ir schœner worte grif* Engelh. 2225.

151 fg. vgl. *diu wisel, diu daz hermelîn gebar, daz den slangen eitervar ze tôde an sîner krefte beiz* g. Schm. 161. *Crist der hôhe himelharm slouf in der tiefen helle tunc, und beiz den mortgîtigen unc ze tôde* 172. Ferner Troj. 39454 ff.

173. Konrad schwankt bei *bern* zwischen trennbarer und untrennbarer Zusammensetzung mit *wider: wart geboren wider* Silv. 3540. *wart wider geborn* 3739. *wider geboren wirt* 3743. *diu dîn tugent wider gebar* g. Schm. 1070. *gebære du si wider* 1073. Dagegen *sô wirt er von mir widerborn* Troj. 10452. *durch daz wir alle widerborn werden* Silv. 4440.

185. vgl. *wie möhte ouch immer werden kein dinc sô wilde wunderhaft, sô daz den schepfer sîn geschaft menschlîche an dise werlt gebar* g. Schm. 333 (Grimm *an die*); vgl. noch 1128. 1150.

191. *und bî dir suochte sîn geberc, als ob ein rise in ein getwerc durch tougenheit verslüffe sich* g. Schm. 1263.

213 ff. Bezug auf den brennenden Busch, den Moses sah: vgl. g Schm. 448 ff.

2, 1. *diust* halte ich trotz Haupts Bemerkung (Engelhart S. 237) für richtig: wenn es sonst bei Konrad nicht vorkommt, so hat es seine Analogie in *deiz* und *deist* (zum Engelh. 3786). Uebrigens ist die Einschaltung von *diu*, das in Hagens Texte fehlt, nicht ein Vorschlag von Hagen, sondern *diu* steht in der Hs.

8. *herren* ist wohl unbedenklich zu schreiben, da das folgende *reisen* auf Fürsten und Herren hindeutet; vgl. auch 22.

31 ff. der innere Reim ist bei von der Hagen übersehen.

40. *irresâme:* vgl. *si* (Discordia) *kunde ir scheidelsâmen wol under friunde sæjen* Troj. 1274.

53. *Amiuren* ist allerdings auffallend; doch wird man kaum *türen: Amûren* schreiben dürfen.

68. *gar und gar:* vgl. Troj. 10777, wo Roths Ausgabe *ganz und gar* hat. Engelh. 1625 und Haupts Anm.

70. nach *minne* wird wohl ein Substant. von dem *minne* abhängt (etwa *bande*) zu ergänzen sein. Dass die Zeilen 67—70 einen besonderen, von 71—74 zu trennenden Absatz bilden, ist unglaublich, da Konrad zwei so wenig sich unterscheidende nicht unmittelbar auf einander würde folgen lassen.

81. *verdrücken* passte V. 69, nicht hier. Auch verlöre der Rhythmus sehr durch die jambisch anhebenden Zeilen 77 und 81. Aber aus gleichem Grunde wird 133. 137 wohl auch trochäisch zu nehmen, und daher *diu* und *ir* zu streichen sein: denn beide Absätze sind gleich gebaut.

3, 9. vgl. 7, 27 und *der swarze dorn ist worden wîz* Hagen MS. 3, 185a. *er* (der Mai) *kleidet swarzen dorn in wîze bluot* 3, 211a.

19. vielleicht ist zu lesen *fröiwet manne sîn gemüete.* Vgl. 4, 43.

21. vgl. *er kunde manic herze entstricken ûz starkem ungelouben* Silv. 210.

4, 3. *der meie hete dô gevröut mit der liehten künfte sîn diu wilden waltvogelîn* Part. 13284. *der meige dâ gefröuwet het alliu wildiu vogellîn von der vil süezen künfte sîn* Troj. 18838. *wan des liehten meigen schîn gap in dô mit der künfte sîn schœn unde guot geverte* 11576. *von dîner süezen kunft* Engelh. 5369. Hagen setzt *künste.*

17. *trûren krenken* ebenso 22, 18. *trûren kranc machen* 16, 15. g. Schm. 968. Vgl. *trûren swachen* 9, 12. *trûren swach machen* 8, 20. 21, 25.

24. *zîtelôse* bezeichnet nicht unsere Herbstzeitlose, sondern Crocus.

5, 12. die Elision beweist, dass die beiden kurzen Zeilen in éine zu verbinden sind. Zweifelhaft bleibt, ob auch die nachfolgenden drei Silben noch zu ihr gehören oder einen Vers für sich bilden. — *senebære* steht Troj. 14817, aber als Adj.: hier ist vermuthlich *senedære* oder *senendære* (Troj. 15994) zu schreiben.

6, 17. wenn *alsam* richtig, dann müsste V. 7 geschrieben werden *dise nôt*, und 27 *ir lôn der ist jâmers vol*, wodurch alle Zeilen trochäisch würden. Aber ebenso wie hier die erste Zeile des Abgesangs die einzige jambische, ist es in 7 die erste Stollenzeile, in 18 die Anfangszeile des Abgesangs.

27. diese Schlusswendung deutet darauf hin, dass unter der Frau, der der Dichter dient, die Welt zu verstehen ist.

7, 17. 18 bilden bei Hagen nur éine Zeile: für die Annahme eines Schlagreimes (*sinne: minne-*) und die Zerlegung in zwei Zeilen spricht die Uebereinstimmung mit dem Schluss des Abgesangs und der Stollen.

8, 1. die weiblichen Inreime zählen nur für éine Silbe, ebenso wie 9, 1. 3. 16, 1. 17, 1. 27, 1 ff. vgl. Germania 12, 192. Durch die Zusammenfassung werden alle Zeilen der Strophe trochäisch.

9, 3. der Beweis für die Annahme eines innern Reims hier und z. 6. 10 liegt in dem dann hervortretenden gleichen Schlussverse aller drei Strophentheile, in welchem der innere Reim nur seine Stelle wechselt. Nach Analogie von 3 aber war 1 ebenso zu fassen.

10, 7. wahrscheinlich ist diese Zeile mit der folgenden zu éiner zu verbinden; vgl. 16. 10; und zu 20, 5.

11, 10. *diu heide erkrachet*, ebenso 3, 7.

12, 17. *dise lange nehte* ist statthaft, doch liegt nahe vor dem folgenden *n* den Ausfall eines *n* anzunehmen, und daher *langen* zu schreiben. So ist im Part. 13231 *sam ir* für *sam mir* geschrieben. Vgl. jedoch 7, 27.

13. 2. 3. den Stollen dreizeilig zu schreiben lehrt die völlige Gleichheit dieser Strophenform mit der vorausgehenden. Hagen macht den Stollen vierzeilig, indem er nach *bluot* absetzt, Wackernagel (LB. 755), dem Schade (LB. 282) folgt, ebenfalls vierzeilig mit Ab-

satz nach *güete*. Aber schon in sich zeigt die Strophe, wie abzutheilen ist, denn die drei letzten Zeilen des Abgesangs sind dem Stollen gleich gebaut.

14, 11. in dem dem Stollen entsprechenden Schlusstheile des Abgesangs weicht diese Zeile vom Stollen in Bezug auf den Auftakt ab. Er liesse sich hier beseitigen, wenn man schriebe *der ze lange im bî gelît*, in der dritten Strophe könnte man *ir* streichen; aber 25 lässt sich nicht bessern: vgl. auch 25, 1 mit 15. Die Annahme des innern Reimes in der Schlusszeile ergibt sich aus der Uebereinstimmung mit dem Stollen.

15. 25. besser wohl *dâ si liebe nâhe lac.*

16, 1. *heide* als innern Reim zu nehmen veranlassen die kurzen Zeilen *walt dar under, daz gevilde*, welche ich mit den folgenden sieben Silben zu éinem elfsilbigen Verse vereinigt habe, weil in der zweiten Strophe *wase: grase* zwar als Inreim, aber nicht als Endreim, einem *gevilde: wilde* entsprechen darf.

26. der fehlende Vers wäre etwa so zu ergänzen: *der ist beide leide und trûrens unerlôst*, wobei *leide* stl. wäre.

17, 25. *in*, nicht *an*, hat die Handschrift.

37. *êre:* der Singular scheint mir hier angemessener als der Plural.

18, 27. die Betonung *in hor ùnde in erden* hat bei Konrad manche Analogie: vermieden würde sie wenn man schriebe *sam der karge, der in hor* (oder *horwe*) *und in der erden*.

19, 1. die Zusammenfassung der beiden ersten Zeilen durch Inreim ergibt sich aus der zweiten Zeile des Abgesangs, in welcher der innere Reim seine Stelle wechselt. Daraus wird aber auch die längere Schlusszeile aller drei Theile wahrscheinlich.

31—40 habe ich, da es offenbar derselbe Ton ist, hier angereiht. Wackernagel, der bei Haupt 6, 387 die Strophe mittheilt, setzt nach jedem Reime ab: ebenso Hagen.

20, 5. Wackernagel (LB. 756) und Schade (LB. 283) machen aus dieser Zeile zwei: doch ist zu beachten, dass der Dichter es liebt, dem Theile des Abgesangs, der dem Stollen gleich ist, eine längere Zeile vorhergehen zu lassen.

23, 13. die Zusammenfassung durch Inreim ergab sich aus der Elision in V. 33: vgl. zu 5, 12. *in* ist keineswegs mit Hagen und Roth zu streichen.

58. *sit* nimmt Hagen, dem Roth sich anschliesst, für *site*. Doch ist wohl *sît* gemeint, das freilich fehlerhaft aus 55 wiederholt sein kann, zumal da auch *im* folgt. Ich lese daher *wand im der* (sc. *tugent*) *zerran.*

24, 14. *er* kann freilich nicht *êr* sein, wie Hagens Schreibung *er'* es auffasst. Aber auch eine Aenderung in *zer* ist nicht nöthig, *er* gehört zu *arn* und bedeutet das bebaute Feld, aber auch, wie *art*, die davon gewonnene Frucht oder das auf das Feld verwendete, die Aussaat. Der Sinn ist: dem Freigebigen wird seine Aussaat von Gott vergolten, seine Freigebigkeit gelohnt.

25, 14. fraglich ist mir, ob der innere Reim in dieser oder der vorhergehenden Zeile anzunehmen ist. Für letzteres spricht, dass die späteren Nachahmer den von ihnen für unumgänglich betrachteten Auftakt nach der neunten Silbe des Stollens setzen: vgl. meine Meisterlieder Nr. 106. 107. Danach wäre zu schreiben

schale in sînem munde wunde-
bernde sprüche treit.

Das ursprüngliche ist wahrscheinlich aber auch dies nicht, sondern éine lange Zeile, die 13. 14 umfasst: vgl. zu 20, 5.

29, 23. aus dem zusammengesetzten *leitvertrîp* wird *leit* genetivisch herausgenommen und darauf *daz* bezogen.

28. gewöhnlich wäre *für*, was aber der Dichter hier nicht brauchen konnte, weil Hiatus entstanden wäre.

31. Mit diesem Liede beginnt die von den spätern Meistersängern Konrads Morgenweise genannte Melodie, in welcher auch das unechte Ave Maria gedichtet ist.

31, 9. *schanden rîfe*, vgl. *sünden rîfe* gold. Schm. 863. 1872.

79. da beide Hss. *êren* haben, so darf man schliessen, dass beide Zeilen (78. 79) ursprünglich eine bildeten, in welchem Falle *milte und* zu verschleifen sind.

32, 42. auffallend ist *sunden* für *sünden*, und schon das Verbum *sünden*, wo man *sünde* erwartet, wäre ungewöhnlich. Da gleichwohl ein Verdacht gegen die Strophe nicht vorliegt, so ist eher anzunehmen, dass das ursprüngliche Reimwort verloren gegangen: es könnte geheissen haben *durch uns sündewunden*, vgl. *sündesiechen* (zu 1, 78), was wegen des rührenden Reimes schon Anstoss geben konnte.

129. zur Rede des Türsen kann man die folgenden Worte nicht mehr ziehen: wenn dies aber ist, so wäre es ungeschickt vom Dichter mit *dir* fortzufahren. Daher vermuthe ich *dir* entstellt aus *diu*, und lese *diu gelîch ist*.

231. *îderslange*, hydra; *mac* ist in prägnantem Sinne zu nehmen, *mac dur*, durchzudringen vermag. Vgl. mein prov. Lesebuch 329, 6—9. Troj. 3726 *des kocatrillen vel kein wâfen kan versnîden*.

301 ff. denselben Gedanken führt Konrad in der Einleitung des Trojanerkrieges (V. 82 ff.) aus.

BERICHTIGUNGEN.

Lies Part. 1360 sô daz; 4282. 7728 tiuvel; 5857. 15261 state; 6270 viel; 7674. 9265 diu; 8163 selbe; 8734 von; 11722 dem; 11934 si; 13415 manic; 19273 antwürte. *Lied.* 17, 36 wîbe. 32, 325 ez swimme.

Punkte sind zu setzen Part. 4507. 8474; *zu tilgen* 3586. *Nic.* 137; *Kommata zu setzen Part.* 1218. 6560. 8597. 16138. *Turn.* 713; *zu tilgen Part.* 5563. 20426.

Druck von J. B. Hirschfeld in Leipzig.